HEYNE BÜCHER

SACHBUCH

INHALTSVERZEICHNIS

1976

1977

1978

1979

Zur Aussprache chinesischer Wörter

Im Chinesischen war ursprünglich jede Silbe ein Wort. Für jede Silbe steht ein Schriftzeichen, von denen heute 3000 bis 4000 im allgemeinen Gebrauch sind. Es gibt viele Versuche, die Zeichen mit Buchstaben zu umschreiben. Keiner befriedigt ganz.

In diesem Buch wird die von den Chinesen ausgearbeitete Pinyin-Umschrift verwandt, die sich international immer mehr durchsetzt. Bei einigen im Deutschen eingebürgerten Namen und Bezeichnungen wird die bisher übliche Schreibweise beibehalten, z. B. Tschiang Kaischek, Jangtse, Kuomintang, Schanghai, Peking, Tientsin.

Bei der im Text benutzten Pinyin-Umschrift sind folgende Regeln zu beachten:

Q wird ausgesprochen wie TJ (SchalTJahr)
X Wird ausgesprochen wie SJ oder S-CH (HanSJOachim, RöS-CHen)
Y wird ausgesprochen wie J (Jung)
C wird ausgesprochen wie TZ (SeTZer)
J wird ausgesprochen wie DJ
Z wird ausgesprochen wie DZ
CH wird ausgesprochen wie TSCH (PaTSCHe)
ZH wird ausgesprochen wie DSCH (GIovanni, Joe)
S wird ausgesprochen wie SS (paSSen)
Der Vokal A wird in der Silbe -ian zu ä
Der Vokal I wird nach C, Ch, S, Sh, Z und Zh zu einem dem E ähnlichen Laut (TatzE)
Der Vokal O wird in -ong zu U (LeitUNG)
Der Vokal U wird nach J, Q, X und Y wie Ü ausgesprochen

Einige Beispiele: Jiang Qing wird ausgesprochen: Djiang Tjing

Deng Xiaoping = Deng Sjiaoping
Mao Zedong = Mau Dzedung

Tian An Men	=	Tiän An Men
Qufu	=	Tjüfu
Qin Shihuang	=	Tjin Schechuang

Merke: Im Chinesischen steht der Familienname an erster, der gegebene Name — bei uns der Vorname — an zweiter Stelle.

VORWORT
oder
UM EIN BILD CHINAS VON INNEN BITTEND

Wo alle verurteilen, da muß man prüfen.
Wo alle loben, da muß man prüfen.
Konfuzius, Gespräche (Lun Yü) XV, 27

In diesem Buch beschreibe ich, was ich in China gesehen und erlebt habe, und suche das Erlebte zu verstehen. Eine Formel jedoch, die China und seine Menschen erklärt, habe ich noch nicht gefunden — allerdings auch nicht sonderlich danach gesucht.

Mein Freund Conrad Ahlers kam einmal zu Besuch nach Peking. Er hatte eine Theorie, die ihn die Ereignisse in China verstehen ließ. Fast alle Menschen, die zum ersten Mal nach China kommen, haben eine solche Theorie. Conrad Ahlers sah schon am nächsten Tag, daß seine nicht stimmte; und auch die anderen Theorien, die er in den nächsten Wochen entwickelte, verwarf er meist schon am Tage darauf. Als er abflog, sagte er: »Ich bin jetzt ganz konfus; denn ich weiß heute weniger von China als bei meiner Ankunft.«

In Wirklichkeit hatte er den Weg gefunden, der zum Verständnis Chinas und der Chinesen führt. Er beginnt mit dem Abbau von Vorurteilen und der Bereitschaft, unvoreingenommen zuzuhören. Manche finden den Weg, manche nie.

Die chinesische Kultur hat sich seit Jahrtausenden unabhängig von der abendländischen entwickelt. Sie hat nicht nur ein anderes Wert-, sondern auch ein anderes Koordinatensystem. Daß es so etwas gibt, ist für manch einen, der nach China kommt, störend, für manche ganz unerhört.

»Es tut einem leid um dieses begabte Volk«, hörte ich einmal einen unserer Studenten sagen, der noch nicht lange im Lande war, »es ist noch um Jahrhunderte zurück. Von der Technik, der Wissenschaft, der Hygiene, dem Komfort will ich gar nicht einmal reden; das sehen sie selbst. Aber die Grundrechte und

Freiheiten des Menschen, die Selbstverwirklichung der Persönlichkeit, die Befreiung von den Tabus, die sexuelle Emanzipation — die chinesischen Studenten hören mir zwar höflich zu, aber was ich sage, interessiert sie anscheinend gar nicht. Sie machen einfach so weiter wie bisher.«

Nun, für Grundrechte und Demokratie interessieren sich heute doch schon viele Chinesen; aber im übrigen fand er für seinen extremen Liberalismus in China tatsächlich wenig Verständnis. Er fuhr noch eine Weile fort, seinen Kommilitonen von der Freiheit des Individuums und den Vorzügen allgemeiner Permissivität zu erzählen. Er predigte den Chinesen den Liberalismus, wie die Missionare des vorigen Jahrhunderts ihnen Jesus Christus predigten. Mit dem gleichen Erfolg.

Einer von diesen Missionaren, James Legge, ein großer Sinologe übrigens, hatte ähnliche Worte gefunden wie der junge Student, als er vor rund hundert Jahren schrieb: »Und trotzdem ist noch Hoffnung für dieses Volk, wenn es sich nur von seinen Philosophen abwenden und zu Gott aufschauen würde, dem allein lebendigen und wahren Gott, und zu Jesus Christus, den er auf die Erde gesandt hat.«

Die Jesuiten, die im 16., 17. und 18. Jahrhundert nach China gekommen waren, sind tiefer in die chinesische Welt eingedrungen als die Missionare und meisten Chinareisenden des vorigen Jahrhunderts, denen in China alles höchst anders und kurios erschien und die sich schließlich damit begnügten, über alles etwas amüsiert und süffisant zu urteilen, zum Beispiel über die chinesische Musik oder die Anschauung, daß Kalligraphie eine der höchsten künstlerischen Ausdrucksformen sein kann, oder über das Drama der Yüan-Dynastie, das nichts Dramatisches im abendländischen Sinn aufweist. Auch heute hört man gelegentlich solche Urteile.

Vieles würde dem westlichen Besucher verständlich, wenn er nach den Gründen für das Andere fragte. Vieles kann er verstehen, auch ohne die vertrauten Maßstäbe aufzugeben. Ja erst in einer solchen Auseinandersetzung, die Chinesisches mit westlichen und die Westliches mit chinesischen Augen sieht, wird die Begegnung fruchtbar. Schwärmerische Begeisterung für Laotse und den Taoteking, Meditation über das Prinzipienpaar Yin und Yang, möglichst beim Duft von Räucherkerzen, oder die mystische Hingabe an die rätselhaften Sprüche des Yijing (I Ging) bringen dagegen nichts, vielmehr: Sie bringen nichts ein als Mißverständnisse.

Man kann jedoch auch Besucher aus dem Westen treffen, die überrascht und fasziniert von dem sind, was ihnen in China gegenübertritt, und die mit ihrem Urteil zunächst zurückhalten, die neugierig sind, den Chinesen zuhören, sie fragen und mehr wissen wollen. »Einer der Vorteile eines längeren Aufenthaltes in Peking besteht darin, daß man seinen Stolz etwas zurücknimmt«, schrieb der Kölner Jesuitenpater Adam Schall von Bell im Jahr 1637 an einen Ordensbruder. Ein bemerkenswertes, damals wie heute gültiges Wort!

In diesem Buch nun will ich versuchen, einige Erscheinungen Chinas, besonders solche der letzten Jahre von innen heraus zu verstehen und zu erklären. Ich maße mir nicht an, *die* Wahrheit über China und die Chinesen zu wissen und verkünden zu können. Es gibt nicht nur eine Wahrheit über dieses große und alte Volk, in dem viele Traditionen fortwirken und in jeder Epoche, ja in jedem Menschen anders in Erscheinung treten. Ich habe mich nicht unterfangen, die Widersprüche im chinesischen Wesen aufzulösen. Das wäre wohl auch nicht möglich. Aber ich habe versucht, sie zu zeigen, und mich bemüht darzustellen, wie die Menschen in China damit leben.

Ich greife oft auf die chinesische Geschichte zurück, obwohl die Chinesen nach Hegels Meinung »eigentlich gar keine Geschichte haben«. In Wirklichkeit jedoch ist die Geschichte Chinas von einem unerschöpflichen Reichtum an großen, bewegenden Gestalten und Ereignissen, an bedeutenden Ideen und Auseinandersetzungen. Es wäre ein Gewinn für die westliche Welt, würde sie sich diese Geschichte ebenso aneignen wie die der Antike, die jetzt leider wieder in Vergessenheit zu sinken droht.

Doch ich schreibe nicht als Historiker, und ich bin weder Sinologe, noch schreibe ich für Sinologen; ich schreibe vielmehr für Leser, denen Berichte über flüchtige Beobachtungen in China nicht genügen, sondern die das Land und den chinesischen Menschen verstehen und die wissen wollen, welche Ereignisse und Gedanken die Chinesen von heute geprägt haben; Leser, die sich fragen, ob es sich lohnt, sich mit dem anders gerichteten chinesischen Denken auseinanderzusetzen. Es lohnt sich, gerade *weil* die Chinesen anders sind.

Gewiß fehlen in der chinesischen Geschichte Ideen, die unsere Welt geprägt haben: Die Chinesen haben weder den Begriff der Transzendenz noch die Idee des Guten an sich, noch unseren engen Eigentumsbegriff entwickelt. Sie haben sich um Metaphysik, Logik und Erkenntnislehre nicht gekümmert. Sie haben wenig oder gar nicht nachgedacht über den Begriff des Raumes und der Zeit und auch nicht über die Freiheit, weder im philosophischen Sinn noch im praktisch-politischen Bereich. Die chinesische Sprache hat überhaupt kein Wort für »Freiheit«. Erst westliche Missionare des 19. Jahrhunderts wählten das archaische Wort *ziyou* (wörtlich »sich gehenlassen«), um den Begriff Freiheit auszudrücken. Aber *ziyou* hat für die Chinesen einen leicht negativen, anarchistischen Unterton. Sie sind von sich aus nie auf den Gedanken gekommen, Stimmen zu zählen und die Mehrheit entscheiden zu lassen. Desto mehr Gedanken haben sie sich über Menschlichkeit, Gesittung, Bildung, das Verhältnis der Menschen zueinander, über ihre sozialen Pflichten (nicht über ihre Rechte) und über die Aufgabe der Regierung gemacht, kurzum über Fragen, mit denen sich unsere Gesellschaft heute so schwer tut.

In diesem Buch berichte ich von der Zeit, als ich in Peking auf Posten war (1976 bis 1980). Ich stelle aber die Entwicklung Chinas in diesen Jahren weder chronologisch noch zusammenhängend, noch vollständig dar. Einige politische Themen habe ich behandelt, andere ebenso wichtige nicht. Ich mußte eine Auswahl treffen. Das Buch will kein Handbuch und kein Nachschlagewerk sein, sondern es will helfen, China und die Chinesen zu verstehen.

Es ist ein bunter Strauß von Geschichten, Begegnungen, Betrachtungen und Schilderungen: unsystematisch, wie die Ereignisse unsystematisch waren, die auf mich zukamen und die ich in meinem Tagebuch festhielt. Ich habe darin aufgezeichnet, was mir gerade bemerkenswert erschien, wobei die Optik oft wechselte. Manchmal lasse ich den Leser auch einen Blick in das Büro des Botschafters tun.

Von meinen Tagebuchnotizen — einer Auswahl von ihnen — bin ich jeweils ausgegangen, habe sie aber nachträglich oft

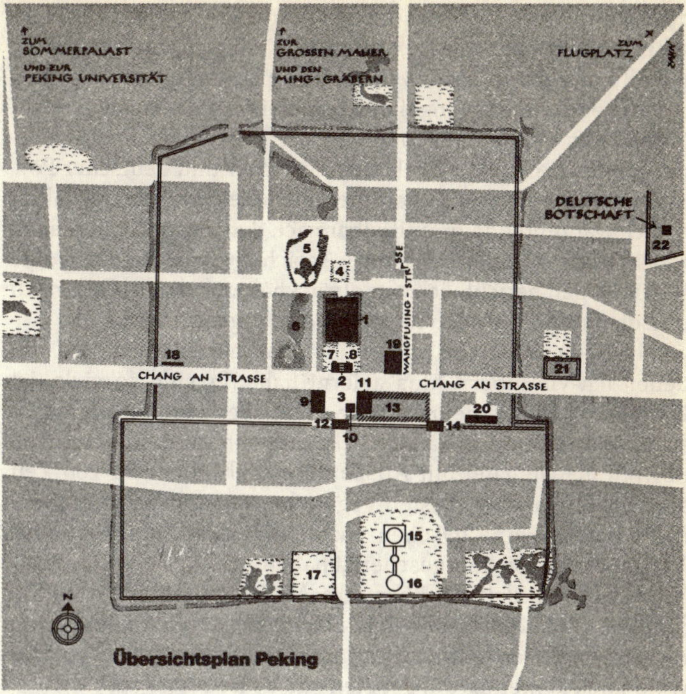

Übersichtsplan Peking

1 Kaiserpalast, Verbotene Stadt
2 Tian An Men
(Tor des Himmlischen Friedens)
3 Tian An Men Platz
4 Kohlenhügel
5 Beihai (Nordsee)
6 Zhongnanhai Gelände (Mittel- und Südsee), Sitz der Parteiführung
7 Sun Yatsen Park
8 Kulturpark der Werktätigen
9 Große Halle des Volkes
10 Mao-Gedenkhalle
11 Nationalmuseum
12 Qian Men (früher südliches Haupt-Tor)
13 Ehemaliges Gesandtschaftsviertel
14 Hata Men (heute abgerissenes Tor)
15 Himmelstempel
16 Himmelsaltar
17 Ackerbautempel (heute überbaut)
18 frühere »Mauer der Demokratie«
19 Peking Hotel
20 Bahnhof
21 Erstes Diplomatenviertel (mit Britischer, Amerikanischer, Japanischer Botschaft)
22 Zweites Diplomatenviertel
(mit u. a. Botschaften der Bundesrepublik Deutschland, Schwedens, der Schweiz, Frankreichs, der DDR)
Begrenzung des ehemaligen Gesandtschaftsviertels
Verlauf der Alten Stadtmauer, die jetzt abgerissen ist

durch Hinweise auf frühere Erfahrungen oder den historischen, politischen und kulturellen Hintergrund erweitert. Manchmal habe ich auch verschiedene Eintragungen zum gleichen Thema zusammengefaßt, zum Beispiel wenn ich über die Mauer der Demokratie oder die Persönlichkeit Deng Xiaopings berichte. In den Zitaten chinesischer und deutscher Politiker habe ich mich strikt an meine Aufzeichnungen gehalten, die ich während oder unmittelbar nach den Gesprächen niederzuschreiben pflegte. Über ihre Ansichten zu aktuellen politischen Fragen berichte ich nur zurückhaltend, da die Gespräche und die Ereignisse noch nicht lange genug zurückliegen.

Ich habe meinen Kollegen und Mitarbeitern zu danken, von denen ich viel über China gelernt habe. Es sind so viele, ich kann sie nicht alle nennen. Vor allem aber haben mir chinesische Freunde und Bekannte geholfen, ihr Land zu verstehen, obwohl ihr Umgang mit Ausländern auch in der kurzen Zeit, als sich China dem Westen gegenüber weit zu öffnen schien, nicht immer gerne gesehen wurde. Ich danke ihnen für das Vertrauen, das sie mir geschenkt haben.

Sie wußten, daß ich über ihre Ansichten berichten würde. Sie waren trotzdem sehr offen. Die meisten von ihnen treten in diesem Buch verfremdet oder unter anderem Namen auf, obwohl mich keiner darum gebeten hat. Es ist besser so.

1976

Hongkong im Rücken

29. August
Ich wünschte, der Zug führe schneller. »Wenn er weiter so langsam fährt und an jeder kleinen Station hält, dauert es zwei Stunden, bis wir an der Grenze sind«, sagte ich. Franz kramte in ihrer Handtasche und suchte ein Taschentuch, um sich den Schweiß von der Stirn zu wischen.

Es war feucht und heiß, und alle Fenster des Eisenbahnwagens waren offen. Auf den anderen Plätzen saßen Studenten und Studentinnen und ganz hinten ein chinesisches Ehepaar mit unzähligen Gepäckstücken. Die Frau trug ein ärmelloses Kleid und der Mann ein Freizeithemd in lauten Farben. Er trug das Hemd über der Hose. Die Frau hatte Dauerwellen. Es waren also Überseechinesen oder Einwohner Hongkongs, und in dem Gepäck waren sicher Geschenke für die Verwandten in der Volksrepublik China. Aber es war kein »Neuer Mensch« im Wagen.

»Wenn Sie einen Neuen Menschen treffen«, hatte Milovan Djilas bei meinem letzten Besuch in Belgrad gesagt, »schreiben Sie mir bitte! Ich bin neugierig. Der Hauptfehler des Marxismus-Leninismus ist, daß er nicht auf den Menschen zugeschnitten ist, wie der Mensch nun einmal gebaut ist. Die Chinesen, höre ich, haben nun den merkwürdigen Einfall gehabt, nicht den Kommunismus für den Menschen passend zu machen, sondern einen Menschen zu schaffen, der für den Kommunismus paßt.«

»Die Idee scheint in China nicht neu zu sein«, sagte ich, »denn es gibt dort eine Redewendung: ›die Zehen abschneiden, damit die Schuhe passen‹. Aber wie werde ich den Neuen Menschen erkennen?«

»Er sieht so aus wie die Helden des Sozialismus auf den Plakaten: stolz, entschlossen, siegesbewußt, stark, mutig, froh in die Zukunft blickend. Er denkt nur an den Sozialismus. Er ist bedürfnislos, kommt ohne Nahrung aus. Er ist nicht neidisch; er will keine Macht und keine Privilegien für sich, er liebt nicht, er liebt nur die Partei und den Vorsitzenden. Er haßt die Feinde des Sozialismus, vor allem die sowjetischen Hegemonisten und Sozialimperialisten.«

»Ich werde Ihnen gleich schreiben, wenn ich einen getroffen habe. Aber es wäre schade, wenn der alte chinesische Mensch ganz verschwunden sein sollte.«

Die acht- oder zehnstöckigen Mietshäuser, die an uns vorüberzogen, waren früher alle einmal weiß gewesen. Jetzt hatten sie große, häßliche graue und schwarze Flecken, als ob sie verrotteten und verfaulten. An Bambusstangen vor den Fenstern hingen Hemden, Bettdecken, Hosen, Röcke. Sie hingen in der Sonne, weil sie bei der feuchten Hitze in den Zimmern verschimmelt wären.

Früher waren hier Reisfelder gewesen, jetzt standen da Baracken. Manche sahen wüst aus, weil der Taifun der letzten Woche die Dachpappe abgerissen hatte.

Der Zug fuhr langsamer und hielt an einem offenen Bahnsteig. Dahinter standen Hunderte von Hütten, die sich die Bewohner aus Holz, Wellblech, Pappe oder dem Blech von Benzintonnen selbst gebaut hatten. Da war nirgends Schönheit. Auf den Pfaden zwischen den Hütten spielten halbnackte Kinder.

Der Zug hielt und fuhr weiter und hielt wieder. Wie lange dauerte es denn noch, bis wir zur Grenzstation kamen! Auf der rechten Seite stieg ein Hügel aus der Ebene auf. Eine Straße führte in einer Spirale zum Gipfel. Sie war noch unbefestigt, und es sah aus, als habe man sie aus dem roten Hügel herausgefräst. Der Gipfel war verstümmelt. Nur ein Teil des Berges war unbeschädigt, der Rest war von einer Riesensäge waagerecht abgesägt worden. Nein, nicht abgesägt. Als wir näherkamen, konnte man es sehen: Er wurde abgenagt. Über ein Dutzend Bagger und Bulldozer waren an der Arbeit, nagten den Gipfel ab und planierten ihn. Man ahnte, auf mittlerer Höhe des Hügels würde ein Betonplateau mit Tennis- und Parkplätzen und Apartmenthäusern entstehen, von denen aus man einen schönen Blick haben würde, nicht etwa auf die Bahn, die Blechhütten, den Autofriedhof, sondern über die grünen, schönen Reisfelder, auf eine Bucht und das Meer.

Die rote, spiralenförmige Wunde würde bald verheilt sein; die Bäume und Sträucher, die man an beiden Seiten anpflanzte, wuchsen in diesem Klima schnell. Ein paar tausend Leute, die das bezahlen konnten, würden aus Hongkong hierherziehen. In Hongkong war der Wegzug gar nicht zu spüren; denn zur gleichen Zeit würde dort die Bevölkerung um Zehntausende gewachsen sein. »Und Gott segnete sie und sprach zu ihnen: Seid fruchtbar und mehret euch und füllet die Erde und machet sie euch untertan!« Das war zu Adam und Eva gesagt worden. Man hatte den Eindruck, daß das Gebot in Hongkong erfüllt und übererfüllt wurde.

Am Fuße des Hügels war das große Depot mit Betonmischmaschinen, Kränen, Bauplatten. Einige Leute standen zusammen und sahen zum Berg. Vielleicht wollten sie wissen, wo ihr Apartmenthaus später stehen sollte. Aber ich hatte auf einmal ein ganz anderes Bild vor Augen, Breughels *Turmbau zu Babel* aus dem Kunsthistorischen Museum in Wien. Unten links steht der König, der sich nach dem Fortgang des Baus erkundigt, der Baumeister und die Bauleute, und über ihnen, bis über die Wolken hinaus türmt sich der Turm. Eine Baustraße führt in einer Spirale hinauf. Noch ist man ganz zuversichtlich. Aber wir erinnern uns ja an das Ende der Geschichte: Der Turm wird eines Tages zusammenstürzen, und das wird die bekannten beklagenswerten Folgen haben.

Der Zug fuhr wieder langsamer. Die Studenten und Studentinnen klappten ihre Bücher zu, schlossen ihre Taschen und standen auf. Hinter einer langen weißen Mauer, auf gepflegtem grünem Rasen mit Palmen und blühenden Sträuchern standen weitläufige, weiße Gebäude. Sie hatten keine häßlichen grauen Stockflecken. Hier war alles sauber. Neben den Kieswegen gab es keine Blechhütten, und nirgends waren halbnackte Kinder zu sehen. Es war eine der Hongkonger Universitäten. Die Studenten stiegen aus.

Jetzt waren wir mit dem chinesischen Ehepaar allein im Wagen. Als der Zug wieder anfuhr, begannen die beiden, ihre Siebensachen zu ordnen. Der Mann machte einen Koffer auf, und sie holte ein Päckchen aus ihrer Handtasche und versteckte es tief unter den Kleidern. Dann drehten sich die beiden um und wollten sehen, ob wir sie auch nicht beobachtet hätten.

Auf dem Weg neben den Gleisen gingen nicht mehr so viele Leute.

In diesem Jahr hatten sich merkwürdige Dinge in China ereignet. Am 8. März um drei Uhr nachmittags war ein Meteor in die Erdatmosphäre eingetaucht, mit einem großen Knall natürlich, war wie ein Feuerball über den Himmel der nordchinesischen Provinz Jilin gesaust und in der Nähe der Provinzhauptstadt explodiert. Teile des Meteors regneten auf ein Gebiet von fünfhundert Quadratkilometern herab. Das Hauptstück war 1,7 Tonnen schwer. Es war der größte bisher gefundene Meteorit, wie die chinesischen Zeitungen behaupteten.

Am 29. Mai hatten zwei Erdbeben die Provinz Yünnan erschüttert. Die Verluste an Menschen waren gering. Vor vier Wochen jedoch, am 28. Juli, hatte ein Erdbeben die Stadt Tangshan, etwa 150 Kilometer östlich von Peking, völlig zerstört. Nächst dem Erdbeben, das im Jahre 1556 in der Provinz Shansi 830000 Menschenleben gekostet hatte, war das von Tangshan das schwerste in der Geschichte der Menschheit. Man sprach von mehr als einer halben Million Toten. Auch in Peking und Tientsin waren viele Häuser zusammengestürzt. Das Außenministerium in Peking arbeitete auf dem Hof in Zelten. Die Angehörigen der Botschaften waren bis auf kleine Bereitschaftsstäbe nach Kanton oder Hongkong evakuiert worden. Jetzt, einen Monat später, erlaubte man ihnen, wieder zurückzukehren.

Als ich mich vor einer Woche von Paul Frank in Bonn verabschiedete, fragte er: »Warum beeilen Sie sich eigentlich so, nach China zu kommen?« Paul Frank war Staatssekretär und Chef des Bundespräsidialamts. Ich antwortete: »In China ist ein Meteor niedergegangen, die Erdbeben sind häufiger geworden, und das gilt dort seit alten Zeiten als Zeichen für das Ende einer Dynastie, zumindest aber als Vorzeichen für den Tod des Kaisers. Und Große Vorsitzende fallen doch wohl in dieselbe Kategorie.«

Paul Frank sah mich zweifelnd an. Schließlich fragte er ohne Umschweife:

»Glauben Sie etwa daran?«

»Die Chinesen glauben daran.«

»Auch heute noch?«

»Anscheinend, denn sonst würden die Zeitungen nicht Artikel gegen diesen Aberglauben veröffentlichen. Aber ich frage mich, ob das viel nützen wird; denn die rationalen Erklärungen widersprechen den Erfahrungen, die die Chinesen in ihrer langen Geschichte gemacht haben. Schon der Erste Kaiser hatte vor über zweitausend Jahren versucht, dem Aberglauben entgegenzutreten. Es war natürlich umsonst.« Ich fügte hinzu: »Vielleicht sollte ich mich deshalb doch etwas beeilen.«

Paul Frank sah mich forschend über seine Brillengläser an und wußte nicht, ob das mein Ernst war oder nicht. Ich ließ ihn im Zweifel.

Der Zug fuhr langsamer in die stille Zone, wie man sie auch von anderen Grenzen her kennt. Das chinesische Ehepaar stand auf. Ich zählte die Koffer, und Franz zählte sie auch. Franz heißt eigentlich ganz anders. Aber wir nennen sie in unserer Familie schon seit jeher Franz, um Verwechslungen zu vermeiden — schon damals, als sie vor 36 Jahren zum ersten Mal und jungverheiratet mit mir nach China ausgereist war —, nicht Franziska oder Frances, sondern Franz. Es waren sechs Koffer und zwei Regenmäntel. Ich fragte Franz nun schon zum dritten Mal, ob sie auch die Pässe bei sich habe. Sie sagte: »Ja.«

»Guck lieber noch mal nach!« sagte ich.

Sie guckte in der Handtasche nach. Die Pässe waren da. Ich sagte: »Laß nur die Handtasche nicht im Zug liegen!«

Ich kann nicht behaupten, daß mich der Grenzübertritt ganz gleichgültig ließ. Es war ja auch kein gewöhnlicher Grenzübertritt, und es war keine gewöhnliche Reise. Es war meine Reise auf meinen letzten Auslandsposten. Ich kam nun als Botschafter zurück in das Land, das ich vor vierzig Jahren als Student zum ersten Mal gesehen und in dem ich vor sechsunddreißig Jahren als Attaché begonnen hatte. Der Ring schloß sich. Von der Sprache, die ich damals zu lernen begonnen hatte, wußte ich nur noch wenig. Würde noch etwas wiederkommen?

»Sie werden gar keine Gelegenheit haben, sich mit Chinesen auf chinesisch zu unterhalten«, hatte Außenminister Macovescu beim Abschiedsessen in Bukarest gesagt. »Sie sehen die chinesischen Funktionäre nur bei offiziellen Gelegenheiten, und dann spricht man nur über Dolmetscher. Kein Chinese würde es wagen, mit Ihnen über etwas Persönliches und Privates zu sprechen oder Sie gar zu besuchen. Die Posten am Botschaftstor würden ihn überhaupt nicht durchlassen. Es ist in Peking eben anders als in Bukarest, wo die Künstler und Schriftsteller bei Ihnen ein- und ausgehen durften. Im Theater sehen Sie nur die acht Modellopern, und Bücher aus dem Westen werden nicht übersetzt. Soll ich sagen«, fügte er lächelnd und mit leichter Ironie hinzu, »daß es bei uns zulande freier zugeht?«

Der Zug fuhr in den kleinen Bahnhof von Shun Chun ein. Vor der Tür stand schon ein Gepäckträger, der unsere sechs Koffer zusammen mit den Gepäckstücken des auslandschinesischen Ehepaars auf einen Karren lud und davonfuhr. Wir folgten ihm, aber er ging uns in der Menge der umherstehenden Chinesen verloren. Wir hatten den innigen Wunsch, unser Gepäck noch einmal zu sehen; aber es war niemand da, dem wir es sagen konnten. Die Wagen der Dritten Klasse waren voller. Es stiegen immer mehr Chinesen mit Kartons, rohrgeflochtenen Koffern und großen Ballen aus. Sie luden alles auf die Schultern oder trugen es an Tragstangen. Wir gingen neben den Gleisen über die Lowu-Brücke, über die unser Zug nicht fahren durfte. Der Fluß unter der Brücke war die Grenze zwischen der Volksrepublik China und der britischen Kronkolonie Hongkong. Auf unserer Seite wehte der Union Jack, auf der anderen Seite die rote Flagge mit den fünf gelben Sternen. Drüben stand der chinesische Posten in der grünen Uniform der »Volksbefreiungsarmee«. Das Gewehr hatte er neben sich. Das Bajonett war aufgepflanzt. Er blickte durch uns hindurch.

Fahren wir in eine heile Welt?

Die Wagen unseres neuen Zuges waren luftgekühlt. Da es draußen tropisch heiß war, hatten wir das Gefühl, in einen Eiskeller gekommen zu sein oder in die abhörsichere Kabine meines amerikanischen Kollegen in Bukarest: Wer im Sommer etwas Vertrauliches mit ihm zu besprechen hatte, zog sich am besten einen dicken Pullover an.

Bei dieser Temperatur im Wagen konnte sich die Stimmung unmöglich erwärmen, und mein Verhältnis zur Volksrepublik China wurde, je länger der Aufenthalt an der Grenzstation dauerte, desto kühler. Ein paar Afrikaner und Inder saßen schon in dem Großraumwagen. Zuletzt kam das auslandschinesische Ehepaar. Ich hatte sie im Vorbeigehen in einem kleinen Abteil der Zollkontrolle gesehen, als wir im Bahnhofsgebäude warteten. Sie hatten den gesamten Inhalt ihrer Koffer auf einem Tisch ausgebreitet und diskutierten mit dem Zöllner. Jetzt kamen sie eiligst herein, verstauten ihre Siebensachen im Gepäcknetz und sanken dann verschwitzt und erschöpft in ihre Sitze.

Meine Stimmung wurde nicht besser, als der Zug anfuhr; denn im selben Augenblick schlug uns Musik in Discostärke entgegen. Es war die Hymne *Der Osten ist rot,* von einem Massenchor gesungen. Der Chor sang viele Strophen, während ich unter dem Klapptisch am Fenster nach dem Knopf suchte, mit dem man, wie mir ein wohlmeinender Bekannter in Hongkong verraten hatte, den Lautsprecher in den Zugabteilen abstellen konnte. Es gab aber keinen Knopf unter dem Klapptisch, weil wir in einem Großraumwagen saßen; da gab es nur einen Knopf an der Stirnwand des Wagens. Die Afrikaner und Inder sahen gelangweilt aus dem Fenster, als der Zug langsam aus dem Bahnhof hinauszog. Die Musik störte sie nicht. Das Ehepaar war zu erschöpft. Die beiden hörten überhaupt nichts.

Nun kam eine noch gewaltigere Hymne. Der Massenchor wurde von einem Massenorchester begleitet. Den Text konnte ich nicht verstehen, aber wenn die Melodie sich in die höheren Tonlagen erhob, schmolz sie gedehnt dahin über den Worten *Mao Zhuxi* — Vorsitzender Mao. Bei dem dritten Lied und dem Gedanken, daß wir drei Stunden bis zu unserer Ankunft in Kanton diese Hymnen in diesem eisgekühlten Wagen anzuhören hätten, baute sich in mir eine verdrießliche Laune auf. Für wie primitiv hielt man uns eigentlich? Wollte man uns mit diesen kitschigen Chorälen zum Maoismus bekehren? Glaubte man, uns damit überzeugen zu können?

Ich sagte zu Franz: »Als wir vorhin aus dem Bahnhof herausfuhren, konnten wir rechts einen Dorfplatz sehen, auf dem viele Fahrräder standen. Während der Kulturrevolution mußten die Einreisenden, bevor sie in den Zug stiegen, dorthin gehen und sich Reden über die Verbrechen des Imperialismus und über den revolutionären Weg der Volksrepublik China anhören. Und die abkommandierten Dorfbewohner brüllten Beifall und schwenkten die kleinen roten Mao-Bücher. Ich habe mich immer gefragt, was diese Demonstrationen sollten. Wollte man jemand überreden, an die Kulturrevolution zu glauben? Oder wollte man sich nur die eigene Entschlossenheit bezeugen? Und ich frage mich heute, was man sich davon verspricht, wenn man uns stundenlang mit diesem Chorgesang beschallt.«

Franz stimmte mir zu und suchte mich abzulenken: »Sieh mal den hübschen Bauernhof mit den Trauerweiden! Und wie vergnügt die Kinder spielen!«

Ich antwortete mißmutig: »In dem, was wie ein Bauernhof aussieht und was früher sicher auch einer war, wohnt heute wahrscheinlich die Produktionsgruppe der Brigade einer Volkskommune mit ich weiß nicht wie vielen Familien. Vom Zugfenster sieht das vielleicht wie eine Idylle aus. Aber die werden auf dem Hof bestimmt auch einen Lautsprecher haben, der vom Wecken in der Morgendämmerung bis zum Lichtaus-Kommando am Abend die gleichen Hymnen ausstrahlt.«

Es kam eine Schaffnerin in blauer Uniform. Unter der Mütze standen ihre Zöpfe weit ab. Sie goß heißes Wasser aus einer Thermosflasche in die Porzellanbecher auf unserem Fenster-Klapptisch und gab uns Teebeutel. Ich fragte sehr höflich, und niemand konnte, so bildete ich mir ein, aus meinen Worten oder der Tonlage schließen, daß ich etwas gegen Chorgesänge hätte — ich fragte also sehr höflich, ob man die Musik nicht vielleicht etwas leiser stellen könne.

Nach meinen Erfahrungen in der Sowjetunion erwartete ich jetzt eine Belehrung, wonach solche Lieder zum Preise des Sozialismus und zum Lob des Großen Steuermannes erdacht seien und daß jedermann ihnen mit Freude, Dankbarkeit und Andacht lauschen müsse, ja, daß sie überhaupt nicht laut genug erschallen könnten. Die Schaffnerin goß meinen Porzellanbecher voll, wischte mit einem Tuch einen Tropfen Wasser von der Spitzendecke, die auf dem Klapptisch lag, wandte sich mir zu und fragte mit schräggeneigtem Kopf: »Oder wünschen Sie vielleicht, daß ich die Musik ganz abstelle?«

Da war ich aber aus dem Gleichgewicht! Ich war beschämt, weil ich den chinesischen Bahnbehörden unrecht getan und ihnen offenbar falsche Motive untergeschoben hatte. Sie hatten nicht Propaganda im Sinn gehabt, sondern wollten uns lediglich mit der Musik erfreuen. Ich wollte der Höflichkeit der Schaffnerin mit gleicher Höflichkeit begegnen und sagte, entgegen meinen wirklichen Absichten: »Nein, Sie brauchen die Musik nicht ganz abzustellen; aber vielleicht etwas leiser.«

»Oder sehr leise«, sagte Franz.

»Wenn Sie es wünschen, kann ich sie auch ganz abstellen.«

»Nein«, sagten wir, »sehr leise, das genügt schon.«

Die Musik wurde nun ganz leise, kaum noch hörbar. Hoffentlich, so dachten wir, können die Mitreisenden diese Stille bis Kanton aushalten. Aber sie sahen weiter zum Fenster hinaus. Nachher hörte die Musik ganz auf. Sie nahmen davon keine Notiz.

Ich fragte mich, warum die Schaffnerin meinen Wunsch so bereitwillig erfüllt hatte. Sicherlich hatte sie Weisung, auf Wunsch die Musik abzustellen, um Diskussionen mit unverständigen oder aufsässigen, politisch unreifen ausländischen Passagieren zu vermeiden. Heute und im Lichte späterer Erfahrungen in China vermute ich aber, daß das nicht der einzige Grund gewesen ist, sondern daß die Schaffnerin den entscheidenden Schritt zum Neuen Menschen noch nicht getan hatte, kurzum: daß sie selbst diese Musik auch nicht mehr ertragen konnte.

Die Verdrossenheit war verflogen, und an die Temperatur hatten wir uns gewöhnt. Die Landschaft, die draußen an uns vorüberzog, schien damit heiterer geworden zu sein. Sie war flach, nur manchmal fuhren wir an niedrigen Hügeln vorbei. Rechts und links des Bahndammes standen mehrere Reihen von Bäumen. Es waren keine schönen Bäume. Sie standen dünn und gerade wie Bleistifte nebeneinander und hatten nur wenig Laub. Sie waren vielleicht zehn oder fünfzehn Jahre alt.

Wenn die Bäume uns den Blick nicht versperrten, konnten wir die Männer und Frauen in den Feldern sehen. Sie jäteten, in Reihen vorrückend, mit Hacken. Auf den Feldwegen gingen sie oft im Gänsemarsch. Jeder hatte eine Tragstange auf der Schulter, und an beiden Enden der Tragstange hingen Lasten.

Es waren nicht immer leichte Lasten, manche Bambusstangen bogen sich durch und federten bei jedem Schritt. In den Reisfeldern pflügte man mit Wasserbüffeln. Auf den Feldwegen fuhren manchmal Radfahrer, die Körbe, Säcke oder hohe Strohballen auf die Gepäckträger gebunden hatten. Autos waren nicht zu sehen, nur einmal ein Bus.

Hier kam niemand auf den Gedanken, einen Berg von Maschinen abtragen zu lassen. Hier gab es keine Wellblechbaracken, keine Autofriedhöfe, keinen Turmbau zu Babel. Es gab keine Industrie, die die Umwelt verschmutzte. Man pflanzte Bäume an und forstete auf. Man pflügte wie in alten Zeiten, und manchmal sah man Kinder, die auf den breiten Rücken der Wasserbüffel saßen. Es war eine heile Welt.

Eine heile Welt? Ja, du bist wohl nicht gescheit! tadelte ich mich. Ein heile Welt vom Zugfenster aus vielleicht. Und ich dachte an Jacob Burckhardts Betrachtungen über Glück und Unglück in der Weltgeschichte: Wir denken uns das Glück, so schreibt er, in einer schönen Gegend, in einem bestimmten Hause wohnhaft — etwa wie abendlicher Rauch aus einer entfernten Hütte die Wirkung hat, daß wir uns eine Vorstellung von der Innigkeit zwischen den dort Wohnenden machen. Das sei aber, meint er, oft eine optische Täuschung.

Wir werden uns mit dem Urteil, ob die Welt, die am Zugfenster vorüberzieht, heil ist oder nicht, also zunächst zurückhalten.

Ankunft in Kanton

Eine kleine Delegation steuerte auf uns zu, als wir ausstiegen: zwei Herren der Protokollabteilung des Büros für Auswärtige Angelegenheiten im Revolutionskomitee der Provinz Guangdong, eine deutschsprechende Dolmetscherin und ein schmächtiger Gepäckträger. In einem kleinen, für offizielle Gäste bestimmten Warteraum tranken wir Tee, und die beiden Herren vom Protokoll hießen uns im Namen der Provinz Guangdong und des Pekinger Außenministeriums auf chinesischem Boden willkommen. Freundliche Worte und Höflichkeiten. Die Protokollabteilung werde dafür sorgen, daß wir morgen mit dem Nachmittagsflugzeug nach Peking fliegen können. Herr Qing vom Amtlichen Reisebüro werde uns immer begleiten. Wir brauchten uns um nichts zu kümmern. Er spreche auch deutsch.

»Nein«, rief Herr Qing protestierend, »nur sehr schlecht. Ich spreche leider nur sehr schlecht deutsch.«

Herr Qing war also gar nicht Gepäckträger, sondern Fremdenführer und Dolmetscher, und sein Deutsch war gut.

Als wir zur Taxe kamen, die die Protokollabteilung uns zur Verfügung stellte, öffnete der kräftige, stämmige Fahrer den Kofferraum, er blieb aber, ohne einen Finger zu rühren, daneben stehen, während Herr Qing versuchte, die Koffer einzuladen. Wir halfen dem schmächtigen Herrn Qing. Der Fahrer schloß den Deckel des Kofferraums und fuhr uns zum *Dongfang-Hotel,* einem Betonkasten, von sowjetischen Architekten in der Zeit der Großen Freundschaften gebaut. Weder der Taxifahrer noch die vielen Hotelangestellten, die am Eingang standen, machten Anstalten, uns beim Ausladen oder Tragen des Gepäcks zu helfen. Sie hatten offenbar sehr präzise Vorstellungen von ihren Pflichten. Wir waren überrascht. Früher hätten uns die Taxifahrer und Hotelangestellten die Koffer aus den Händen gerissen, wenn wir auch nur versucht hätten, sie selbst zu tragen. Des Trinkgeldes wegen. Aber Trinkgeld anzunehmen, galt heute als unwürdig.

Im Kulturpark

Wir hatten früh gegessen und wollten den ersten Abend in der Volksrepublik China nicht im Hotelzimmer verbringen. Doch Herr Qing sagte, es gebe heute weder eine Theater- noch eine Opernaufführung. Auch die Akrobaten spielten nicht.

Und Kinos?

Nein, das hatte Herr Qing aber noch nie gehört, daß die ausländischen Gäste ins Kino gehen wollten! Außerdem gebe es leider keine Karten. Woher Herr Qing das denn wisse, fragten wir.

»Wir hätten sie«, sagte er, »vorher beantragen müssen. Es gibt keine Karten an der Kasse zu kaufen.«

»Wie das?« fragten wir. »Wie kommt man denn dann in Kanton zu Kinokarten?«

Die Karten, so erklärte uns Herr Qing, werden in den Betrieben verteilt.

Ja, was konnten wir denn sonst unternehmen? Einen Spaziergang durch die Altstadt? Aber dieser Vorschlag alarmierte Herrn Qing. Davon hielt er gar nichts. Da sei höchstens der Kulturpark, sagte er, um uns abzulenken; aber dort seien wiederum so viele Menschen. Wie leicht könnten wir uns da verlieren!

In einem Pavillon des Kulturparks waren neue Kalligraphien ausgestellt. Ein Gedicht Mao Zedongs bedeckte die ganze Wand des Eingangs. Der Vorsitzende hatte es in seiner eilenden, nervösen, ungeduldigen, manchmal zupackenden, manchmal aber auch fahrigen Kursivschrift geschrieben. Wir sahen sie bald überall im Lande wieder. Gebildete Chinesen rühmten sie, weil sie an eine alte Kalligraphenschule anknüpfte.

Ob das ein Original sei, fragte Franz. Ja, natürlich, antwortete Herr Qing. Aber doch wohl eine Vergrößerung? bemerkte ich. Ja, natürlich, sagte Herr Qing.

Also dann nicht vom Vorsitzenden Mao mit eigener Hand geschrieben? O doch! protestierte Herr Qing. Man hat in China eben ein anderes Verhältnis zum Original; auch in den renommiertesten Museen sind oft Kopien ausgestellt, ohne daß darauf hingewiesen wird. Sie sind doch vom Original gar nicht zu unterscheiden!

Die Kalligraphie ist eine esoterische, dem ungeübten Auge nicht leicht zugängliche Kunst, die von den Chinesen der Malerei gleich geachtet wird. Erst wenn man selbst versucht hat, ein chinesisches Schriftzeichen ausgewogen, harmonisch, vollkommen, rhythmisch befriedigend darzustellen, beginnt man den langen, steilen Weg zur Kunst der Kalligraphie zu ahnen.

Ich hatte gelesen, die Kalligraphie werde seit der Kulturrevolution in China nicht mehr gelehrt und gepflegt. Hier jedoch sah man eindrucksvolle Beispiele der Kunst, von großen Schriftmeistern geschrieben. Aber auch die schönsten Rollbilder enthielten nicht etwa sublime Gedanken über die Natur, die Einsamkeit des Menschen oder Wind und Wolken. Sie bestanden vielmehr aus massiven Schmähungen der Wegbereiter des Kapitalismus, sie beschimpften die Leute, die das Aprikosengelbe Banner, das kaiserliche Banner also, gehißt hatten; sie wandten sich gegen den rechtsabweichlerischen Wind, kurz also: gegen Deng Xiaoping, der vor vier Monaten, am 7. April, von den Ultralinken in der Parteispitze auf Vorschlag des Vorsitzenden Mao entmachtet worden war. Dengs Name kehrte immer wieder, sei es in frühzeitlicher Siegelschrift, sei es in »Gras«-Schrift oder in »offizieller« Schrift. Während wir die in schönsten Zeichen gegen ihn gerichteten Schmähverse betrachteten, war er vermutlich ganz nahe. Er hielt sich, wie ich später erfuhr, hier als Gast des Militärbefehlshabers der Region Kanton auf. Er stand unter seinem Schutz.

Vor einer großen Freilichtbühne, die von einer Halbkuppel überdeckt war, drängte sich eine große Menschenmenge. Wie leicht konnte Herr Qing uns hier verlieren! Aber er, der für uns verantwortlich war, behielt uns scharf im Auge. Er sorgte dafür, daß ganz vorne vor der Bühne drei Stühle für uns hingestellt wurden. Erst als wir saßen, konnte er sich ganz auf das Spiel konzentrieren. Es wurde eine Ballettoper gegeben. Eine Truppe der Yi-Minderheit, eines Volksstamms von etwa drei Millionen Menschen aus den südchinesischen Gebirgsregionen, tanzte nach der Musik eines kleinen Orchesters.

Die Oper hatte gerade begonnen: Eine Gruppe junger Yi-Mädchen trat in der farbenfrohen Tracht ihres Volkes auf, und bei einer Pirouette hoben sich die Röcke für eine Sekunde gar bis zu den Knien. Man beließ es aber bei dem einen Mal, wohl um die Gedanken der Zuschauer nicht auf Abwege geraten zu lassen. Die Mädchen, wie einige von ihnen singend kundtaten, waren in die Berge gegangen, um seltene Heilkräuter zu sammeln. Angeführt wurden sie von der Primaballerina, einer jungen Schönheit, die leider mit Taubstummheit geschlagen war. Da sie sich nur mit Gesten unterhalten konnte, war das, was sie mitzuteilen hatte, auch uns verständlich. Sonst griff Herr Qing mit Erläuterungen ein.

Als die Mädchen Heilkräuter gepflückt hatten und mit vollen Körben zurückkamen, fanden sie auf der Bühne einen Soldatentornister. Sie vermuteten — mit Recht, wie sich später herausstellte —, daß er einem Sanitäter der Volksbefreiungsarmee gehöre, der ebenfalls auf Kräutersuche war. Auf den Rat der Primaballerina und aus Liebe zur Volksbefreiungsarmee beschlossen die jungen Mädchen nun, ihre Heilkräuter in den Tornister des Soldaten zu legen und dann in den Bergen noch einmal auf die Suche zu gehen.

Sie tanzten nach links ab, während von rechts der Soldat kam, sichtlich müde vom ungewohnten Bergsteigen, und gesammelt hatte er auch nichts Rechtes. Da sah er plötzlich, daß sein Tornister bis obenhin mit den seltensten Heilkräutern gefüllt war. Erstaunt rieb er sich die Augen. Als erstes kam ihm der Gedanke an eine gute Fee. Als aufgeklärter Revolutionär wies er jedoch diesen Gedanken, der nur aus verwerflichem feudalistischen Aberglauben kommen kann, mit entschiedener Geste weit von sich. Dies war, das wußte er, Menschenwerk. Er hielt nun nach allen Seiten Ausschau, und schon erspähte er in der Ferne die Wohltäterinnen.

Die wollten, als sie sich entdeckt sahen, schnell entschwinden; aber, wie zu erwarten, gelang es ihnen nicht. Der Soldat verlangte eine Erklärung. Er wollte die Heilkräuter bezahlen; aber empört lehnten die Mädchen ein solches Ansinnen ab. Sie überließen es der Primaballerina, mit beredten Gesten und behenden Sprüngen deutlich zu machen, wie dankbar jedermann der Volksbefreiungsarmee sein müsse. Nicht dem Soldaten, der Armee habe man die Heilkräuter geschenkt.

Der Soldat nahm den Dank der Mädchen in edler Bescheidenheit entgegen, nicht ohne auf den weisen Vorsitzenden Mao hinzuweisen, dem allein die Befreiung des Volkes zu verdanken sei. Um sich aber seinerseits erkenntlich zu zeigen, wohl auch, um die Volksverbundenheit der Armee zu bezeugen, erkundigte er sich nach dem Leiden des jungen Mädchens, der Primaballerina. Wir erfuhren nun von ihren Freundinnen, daß sie von Geburt an taubstumm, im übrigen aber gesund sei. Der Soldat beließ es nicht bei der Anamnese.

Er befahl dem Mädchen, sich an einem Baumstamm niederzusetzen und anzulehnen. Dann schritt er entschlossen zur Tat, nahm aus seiner Tasche einige Akupunkturnadeln, desinfizierte sie entsprechend den Regeln der modernen Hygiene mit Alkohol und steckte sie sodann dem Mädchen in drei mit größter Sorgfalt festgestellte Punkte der Ohrläppchen und des Halses. Für einen Augenblick verlor die Taubstumme die Besinnung, aber gerade als sich erste Sorge in den Mienen ihrer Freundinnen zeigen wollte, stand sie schon wieder munter auf den Beinen. Der Soldat entfernte die Akupunkturnadeln, und die Patientin tat ein paar wohlgesetzte Schritte zur Bühnenrampe, breitete die Arme aus und sang laut und deutlich und voll tiefer Bewegung: *»Mao Zhuxi wansui!«* — »Der Vorsitzende Mao lebe zehntausend Jahre!«

Ende. Kurzer Beifall des Publikums. Die Tänzerinnen und der Soldat traten nach vorn und klatschten ebenfalls in die Hände. Dann gingen sie tanzend zu beiden Seiten ab. Das Publikum hatte offensichtlich Freude gehabt an der Darstellung.

In der Kalligraphieausstellung hatte ich Herrn Qing nach seiner Ansicht zu den Schmähreden auf Deng Xiaoping gefragt. Herr Qing hatte geantwortet: »Man wirft Deng vor, einen rechtsabweichlerischen Weg gegangen zu sein und auch sonst viele Fehler gemacht zu haben.« Es wäre unhöflich gewesen, auf der Frage nach seiner eigenen Meinung zu bestehen, und auch zwecklos. Wir fragten ihn jetzt, wie ihm der Schluß gefallen habe. Er antwortete, er habe gehört, es sei in der Tat gelungen, Taubstummheit mit Akupunktur zu heilen.

»Und die ersten Worte des früher taubstummen Mädchens?« fragte ich.

Herr Qing antwortete, er habe meine Frage nicht richtig verstanden. Ich: »Finden Sie den Hochruf auf den Vorsitzenden Mao glaubhaft, oder war er nicht doch etwas übertrieben?«

»Ja, aber irgend etwas muß sie doch singen, damit der Zuschauer merkt, daß sie nicht mehr taubstumm ist!«

Irgend etwas! Daß der Dank an den Vorsitzenden Mao, der im Grunde genommen durch sein heiliges Wirken das Mädchen geheilt hat, die Moral der ganzen Ballettoper ist, das sah Herr Qing wohl gar nicht?

Ich versuchte es nun anders und sagte: »Es hätte sich doch zum Beispiel im letzten Teil der Oper eine Zuneigung zwischen der Taubstummen und dem Soldaten entwickeln können, und ihre ersten Worte hätten sein können: ›Ich liebe dich!‹«

Da lachte Herr Qing laut heraus. »Aber nein, das geht doch nicht. Es standen doch so viele Mädchen herum. Die hätten das ja alle gehört, und außerdem kannten die beiden sich ja auch erst so kurze Zeit.«

Ich fügte hinzu: »Und die Eltern hatten sie auch noch nicht gefragt.«

»Richtig!« sagte Herr Qing mit Nachdruck.

Er war also kein Neuer Mensch.

Der Neue Mensch hätte mir wie folgt geantwortet: »Die proletarische Ehe wird von Mann und Frau ohne Mitwirken Dritter geschlossen. Heute ist im Gegensatz zur feudalistischen Gesellschaft die Ansicht der Eltern ganz unmaßgeblich. Die Grundlage für eine gute und dauerhafte Ehe ist vielmehr gegeben, wenn beide Partner ein hohes, möglichst ein gleich hohes revolutionäres Bewußtsein haben.«

Die verwunschene Insel

Shameen sei eine Insel im Perlfluß, hatte ich immer geglaubt. Aber jetzt sah ich, daß sie von der Südstadt nur durch einen schmalen Kanal getrennt war. Über den Kanal führten zwei Brücken.

In den ersten Jahrzehnten des vorigen Jahrhunderts war Kanton der einzige Hafen Chinas gewesen, in dem ausländische Kaufleute Handel treiben durften. Aber die chinesischen Behörden erlaubten es den europäischen und amerikanischen Kaufleuten nicht, die Stadt zu betreten. Da dämmten die Briten und Franzosen eine Sandbank im Perlfluß ein, füllten sie mit Steinen und Sand auf, errichteten dort ihre Faktoreien, die *hongs,* und ordneten an, daß kein Chinese ohne ihre Erlaubnis die Insel betreten dürfe. Abends wurden die Brücken mit schweren Eisengittertoren geschlossen. Die Insel Shameen, ein ständiges Denkmal der Demütigungen, die die imperialistischen Mächte China zugefügt hatten — wie winzig war sie in Wirklichkeit! In zehn Minuten waren wir von einem Ende zum anderen gegangen, und in der Breite hatten wir sie in fünf Minuten durchquert.

Auf der Uferpromenade, zum Perlfluß hin gelegen, standen große, alte Banyanbäume und hinter weiten Rasenflächen die Konsulatsgebäude aus dem Anfang unseres Jahrhunderts. Sie waren in verschwenderischer Pracht gebaut. Die Konsuln waren längst ausgezogen, und jetzt sah man auf den hohen Balkonen, die von muskulösen Atlanten getragen wurden, Fahrräder, Bretter, Gerümpel und vor den Fenstern und in den Loggien unter monumentalen Rundbogen trocknende Wäsche. Wo es noch Jalousien gab, hingen sie schief herab oder waren nur halb hochgezogen. Der Putz war von den Wänden abgefallen, und das Gemäuer verschimmelte. Die Straßen hinter der Uferfront, zur Stadt Kanton hin gelegen, waren still. Alte Bäume gaben Schatten. Eine Kirche stand da, so baufällig, daß wir es nicht gewagt hätten, sie zu betreten. Ihr Portal war mit Balken versperrt. Sie diene als Lagerraum, hörten wir von Herrn Qing. Doch, es waren Menschen in Shameen außer uns: Ein Dutzend kleiner Kinder aus einem Kindergarten kam, geführt von zwei jungen Chinesinnen, über die Straße. Jedes Kind hielt sich an der Hand des vorangehenden fest. Sie verschwanden in einem dunklen Tor. Vielleicht würden sie in Siebenbürgen wieder herauskommen.

Wir waren in einer europäischen Kleinstadt, die von ihren alten Bewohnern verlassen und nach Südchina versetzt worden war. Vor langer Zeit. Und jetzt verfiel und vermoderte sie in dem feucht-heißen Klima. Es war eine verwunschene Stadt, und über den Prachtbauten der Uferfront lagen die Spinnweben vergangener Macht. Es war eine Stadt wie aus dem Zeichenbuch Kubins. Hinter Steinen und unter verrosteten Gitterstäben in den Vorgärten hatten sich bestimmt Kröten und Schlangen versteckt. Abends kamen sie dann heraus.

Die Alten Hundert Familien

Wir wollten sehen, wie die *lao bai xing* leben, eigentlich die »alten hundert Familiennamen«, das gewöhnliche Volk also, die Menschen. Es klingt im Chinesischen freundlich, wenn man von den *lao bai xing* spricht, vertraut: Es ist die große Verwandtschaft des Volkes, der Sippen und Familien.

Aber Herr Qing hatte andere Pläne mit uns, sicher auch anderslautende Weisungen. Er wollte uns das Mausoleum der Märtyrer des Kommuneaufstandes vom Jahre 1927 zeigen. Wir aber antworteten, das wollten wir uns für ein anderes Mal aufheben. Wir wollten zu den Alten Hundert Familien.

»Gut«, sagte Herr Qing, »dann fahren wir also in das Universitätsviertel!"«

Das aber war, wie wir ihm klarzumachen versuchten, nicht ganz das, was wir meinten.

Ach, er wußte! Die Arbeitersiedlungen, natürlich! Sie waren aber von hier aus etwas umständlich zu erreichen, und wenn wir noch rechtzeitig am Flugplatz sein wollten . . .

Also fuhren wir erst einmal zum Hotel; aber unterwegs sahen wir auf einmal kleine Gassen, die von unserer Durchgangsstraße abgingen. Wir baten zu halten und stiegen auch gleich aus. Herr Qing wollte uns abraten. Er dachte an unsere Gesundheit. Diese Gassen, in die wir gehen wollten, seien doch so schmutzig und unhygienisch. Sie seien ja auch überhaupt nicht typisch. So habe man früher gewohnt. Die Häuser würden ohnehin bald abgerissen. Hier sollten neue, hohe Apartmenthäuser entstehen, acht, zehn, zwölf Stockwerke hoch.

Herr Qing war gar nicht glücklich, als wir ihn höflich baten, uns wenigstens durch ein, zwei dieser ganz untypischen Gassen gehen zu lassen. Nur um einen Vergleichsmaßstab zu haben, an dem man das neue später messen könne. Herr Qing genierte sich. Wir sollten nicht sehen, wie armselig die Leute in China leben.

Wir kannten das. Es war überall das gleiche, vom Balkan bis zum Fernen Osten: Warum fotografieren Sie denn den Zigeunerwagen? Er ist doch nicht typisch für das Verkehrswesen der Sozialistischen Republik Rumänien? Warum wollen Sie den Bazar sehen? Wir haben in Isfahan doch ein neues Warenhaus. Die Teppiche sind da auch nicht teurer. Die Slums von Manila wollen Sie sehen? Da ist doch nichts zu sehen, nur ein paar Hütten, und außerdem haben wir eine hohe Mauer herumgebaut. Wir zeigen Ihnen statt dessen die große neue Kongreßhalle.

Wir verstanden Herrn Qing und sagten, natürlich könne man in ein paar Jahrzehnten nicht alles modernisieren. Es sei auch sehr die Frage, wo die Leute glücklicher seien: in diesen Mietskasernen oder hier, wo man keinen Fahrstuhl brauche, der doch nie funktioniere und wo man das Wasser aus der Wasserleitung an der Ecke holen könne.

Die Häuser waren alle aus Holz, einstöckig und standen eng nebeneinander. Die Haustüren waren der Hitze wegen geöffnet, und man konnte in die Zimmer und Küchen sehen. Es war Mittagessenszeit. Kinder saßen auf der Türschwelle, weil sie da den besten Überblick über die Straße hatten. Sie hatten einen Napf mit Reis und Gemüse zwischen die Knie geklemmt und aßen. Mit Stäbchen natürlich.

In einem kleinen Laden von höchstens zwei Quadratmetern saß ein alter Mann mit schütterem grauen Bart. Er verkaufte Gewürze und Kräuter. Neben ihm, auf dem zweiten Stuhl, saß eine graue, gestreifte Katze. Sie konnte auf den kleinen Tisch, sie konnte auch auf den Boden springen, aber sie konnte nicht weglaufen; denn ein Bindfaden war um ein Hinterbein gebunden, und das andere Ende war an der Stuhllehne festgemacht. Auch an die beiden Vogelbauer aus Bambusstäbchen, in denen Singvögel saßen, konnte sie nicht heran. Die Vogelbauer waren sicher alt. Zwischen den Gitterstäben hingen Miniaturlandschaften, auf kleine Porzellanteller gemalt, damit die Vögel glaubten, sie seien in der freien Natur. Der alte Mann aß aus seinem Reisnapf und legte der Katze ein Stück Fisch auf den Rand des Tisches, der zugleich Ladentisch war. Die Katze roch daran, dann fraß sie. Uns beachtete der Mann gar nicht.

Ich fragte Herrn Qing, ob der Mann die Kräuter auf eigene Rechnung verkaufe. Nein, er arbeite im Auftrag der Nachbarschaftsorganisation, und was er einnehme, das müsse er auch abliefern. Er bekomme aber ein Gehalt.

»Viel wird es aber wohl nicht sein.«

»Richtig!« sagte Herr Qing, »viel ist es sicher nicht. Aber er ist beschäftigt und steuert noch etwas zur Familienkasse bei. Für sein Essen reicht es schon.« Man hatte ihn nicht abgeschoben. Er lebte noch in der Arbeitswelt, war noch ein nützliches Glied der arbeitenden Gesellschaft.

In einem Fenster saß ein halbwüchsiger Junge und übte auf der Er-hu, einem zweisaitigen Streichinstrument, dessen Klangboden mit Schlangenhaut bespannt war, aber natürlich nicht von irgendeiner, sondern von einer ganz bestimmten Schlangenart. Bei den kratzenden Flageolett-Tönen hatte der Junge die Augen genießerisch geschlossen. Als er wieder in einer mittleren Tonlage spielte, öffnete er sie, und da sah er uns.

Er sprang mit einem Satz zurück ins Zimmer und verschwand. War das ein Schrecken!

Aus einem anderen Haus hörten wir eine chinesische Oper. Die Becken und Holzklappern wurden aneinandergeschlagen, immer schneller, und es war sicher, daß sich jetzt gleich auf der Bühne etwas Aufregendes ereignen würde. Zum Beispiel würde ein General auf die Bühne geritten kommen. Sein Gesicht würde vielleicht furchterregend und schwarz geschminkt sein, damit der Zuschauer gleich wußte, daß er einen integren und mutigen Heerführer vor sich hatte. Er würde goldene und silberne Brokatgewänder tragen, eins über dem anderen, so daß er kaum laufen konnte, und auf seinen Schultern würden vier Fahnen stehen, als Symbole für seine Armeen. Er würde vom Pferd steigen — nicht wirklich, versteht sich —, er würde seine Reitpeitsche von der rechten in die linke Hand nehmen, und jedermann im Zuschauerraum wüßte, daß er vom Pferd gestiegen war. Das Pferd mußte man sich denken.

Da hörten wir im Lautsprecher schon seine tiefe Stimme, und ein Sopran fiel mit einem Rezitativ ein: sicher eine Dame in verzweifelter Not, die eine rührende Geschichte erzählte und dringend Hilfe erflehte.

Was jedem, der die Musik zum ersten Mal hört, als Katzenmusik vorkommen mag, erinnerte uns an frühere Jahre in China, an die naive Freude, mit der das chinesische Publikum dem Geschehen auf der Bühne mit den abgefeimten Schurken, den edlen Gelehrten, einfältigen Bauern, scharfsinnigen Richtern, furchtlosen Generalen und zerbrechlichen Damen zusah, deren Charakter schon aus der Maske erkennbar war. Wenn die komische Person nur ihr Gesicht mit dem weißen Fleck auf Nase und Stirn zeigte, mußte das Publikum schon lachen. Ach, es war rührend, das alles wiederzufinden. Das gab es also noch!

»Nein«, sagte Herr Qing, »das gibt es nicht mehr. Wir haben statt dessen die acht revolutionären Modellopern.«

»Und was ist das, was wir jetzt hören?«

»Ich sagte ja schon vorhin: Das Viertel der Alten Hundert Familien ist nicht typisch. Was wir hören, ist eine Peking-Oper, und die kommt aus dem Radio.« Er dachte einen Augenblick nach, dann fügte er hinzu: »Von einem Sender aus Hongkong.«

Als wir in Peking ankamen, war es dunkel. Wir fuhren auf der schnurgeraden, nicht sehr breiten Chaussee vom Flugplatz zur Botschaft.

Unser Fahrer hatte auffallende Ähnlichkeit mit Buddha, jedenfalls was seinen Körperumfang anging. Er hieß Zhou — wie Zhou Enlai — und sein Name wurde etwa so ausgesprochen wie »Joe«. Aber man nannte ihn Lao Zhou. Lao heißt »alt« und ist ein Titel respektvoller Vertrautheit. Wie bei Old Shatterhand zum Beispiel. Lao Zhou fuhr mit Standlicht. Alle Autos fuhren mit Standlicht. Die Radfahrer aber hatten überhaupt kein Licht. Sie tauchten für uns unerwartet aus dem Dunkel auf, nicht aber für Lao Zhou. Manchmal blendete er kurz auf, und dann sahen wir rechts und links von der Straße lange Reihen von Pappeln.

Wir fuhren durch eine lange, enge Allee ins Dunkel, und die Allee wollte nicht aufhören. Von solchen Fahrten durch lange, dunkle Alleen kann man träumen.

Vor einem Dreivierteljahr hatte ich Bundesaußenminister Genscher gesagt, ich würde gerne nach Peking gehen, wenn der Posten frei werde. Franz war davon wenig begeistert. Die fünf Jahre in Rumänien hatten uns zugesetzt. Sie setzen jedem zu. Wir hatten uns zwar daran gewöhnt, daß wir ständig belauscht und bespitzelt wurden, daß man uns *agents provocateurs* zuschickte und daß wir alles, was nicht für Dritte bestimmt war, bei Spaziergängen im Wald oder im Garten sagen mußten; schwerer zu ertragen war es gewesen, immer Zeuge des politischen Drucks und der Willkür zu sein, denen unsere rumänischen Freunde und Bekannten ausgesetzt waren, und die Demütigungen zu sehen, die sie alle, auch hochgestellte Funktionäre, hinnehmen mußten.

Wieder in ein sozialistisches Land? Nicht nur, was Macovescu gesagt hatte, auch was wir von anderen wußten, klang wenig verheißungsvoll. Persönliche Gespräche mit Chinesen, hieß es, seien nicht möglich. Man war beschränkt auf das Stadtgebiet Peking und zwei kurze Autostrecken zur Großen Mauer, den Ming-Gräbern und den Westbergen. Der Kohlenhügel, die Parks und Seen neben dem Kaiserpalast, der Tempel der Azurblauen Wolken, der Lama- und der Konfuzius-Tempel waren geschlossen. Waren sie vielleicht in der Kulturrevolution zerstört worden? Man durfte mit dem Auto nicht einmal die hundert Kilometer nach Tientsin fahren. Reisen in die Provinz wurden nur selten genehmigt. Hatte Macovescu mit seiner ironischen Bemerkung vielleicht recht, daß es in Rumänien freier zuging als in China?

Auch für mich waren das gewichtige Einwände. Ministerpräsident Zhou Enlai, der die Wendung zum Westen eingeleitet hatte, war im Januar gestorben. Mao war offensichtlich sehr krank. Seit einigen Monaten empfing er keine ausländischen Besucher mehr. Er litt schon lange an der Parkinsonschen Krankheit und hatte, wie man hörte, vor einiger Zeit einen Schlaganfall gehabt. Die Zügel waren ihm, wie es schien, schon entglitten. Die politische Führung war tief gespalten, das öffentliche Leben gelähmt. Was würde geschehen, wenn Mao starb? Ein Kampf aller gegen alle? Ein langer Nachfolgestreit, in dem unsere Lebensbedingungen noch mehr eingeschränkt würden, war möglich. Auf jeden Fall aber würde der Eintritt in die neue Ära ohne Mao ein tiefer, der Beobachtung werter Einschnitt sein. Konnte sich die Kulturrevolution wiederholen, in der mir vieles unerklärlich geblieben war? Kurzum: Ich war neugierig.

Ob wir in dieser Zeit unsere Beziehungen enger knüpfen, den Handel steigern konnten, war zweifelhaft. Aber auf alle Fälle sollten wir die Entwicklung genau verfolgen, damit wir jede Chance sofort ergreifen konnten. Denn das Potential dieses Landes an Menschen, Begabung und Rohstoffen war groß, wenn auch noch längst nicht entfaltet. Unsere Warenlisten ergänzten sich, und gute wirtschaftliche Beziehungen konnten einmal die Grundlage für engere politische Beziehungen bilden, vielleicht nicht heute oder morgen; aber für die fernere Zukunft sollten wir sie nicht ausschließen. Chinas strategische Lage war für Europa von großer Bedeutung: Denn obwohl China militärisch schwach war, band es sowjetische Kräfte und zwang die Sowjetunion, in ihrer Europapolitik auch die Ostflanke zu bedenken und nicht zu entblößen. Den Gedanken, die »chinesische Karte« auszuspielen oder auf China einzuwirken, damit es uns in einem Konflikt mit der Sowjetunion entscheidende Hilfe leiste, hielt ich allerdings für Träumerei.

Im Mai 1964, unter Bundesaußenminister Schröder und Staatssekretär Carstens, hatte ich die ersten offiziellen Gespräche mit der chinesischen Botschaft in Bern geführt, um — als ersten Schritt — ein Warenlistenabkommen auszuhandeln. Die Gespräche hatten hoffnungsvoll begonnen, scheiterten aber: Als Bundeskanzler Erhard im Juni 1964 Washington besuchte, sagte ihm Präsident Johnson, zu einer Zeit, in der amerikanische Truppen in hartem Kampf mit den Nordvietnamesen stünden, würde ein deutsches Abkommen mit Hanois engstem Verbündetem, der Volksrepublik China, in den Vereinigten Staaten ungünstig wirken vor allem, wenn das Thema vor den Kongreßwahlen im Herbst hochkomme. Bundeskanzler Erhard gab sofort nach und distanzierte sich öffentlich von den Gesprächen und ihren Zielen.

Jetzt, bei meiner Ankunft in Peking, mußte ich mich fragen, ob die Bundesregierung sich wiederum distanziert verhalten würde, wenn China sich bereit zeigen sollte, die Beziehungen zu uns zu verstärken — distanziert nicht aus Rücksicht gegenüber den Vereinigten Staaten wie zur Zeit von Bundeskanzler Erhard, sondern aus Rücksicht gegenüber der Sowjetunion.

Von Bundesaußenminister Genscher wußte ich, daß er die Beziehungen mit China weiterentwickeln wollte, wenn die Chinesen dazu bereit waren. Im Bundeskanzleramt war man zurückhaltender. Man argwöhnte, China habe vor allem *ein* Interesse an uns, nämlich uns gegen die Sowjetunion »in Stellung zu bringen«, und man fürchtete, enge deutsch-chinesische Kontakte würden uns schlechte Noten bei der Kreml-Führung eintragen. Es mußten also ebenso viele günstige Umstände zusammenkommen, bevor überhaupt die Voraussetzungen für eine aussichtsreiche Tätigkeit in Peking bestanden.

Ich erinnerte mich daran, daß in den fünfziger Jahren ein China-Referent des Auswärtigen Amtes, als ich ihn nach unserer China-Politik befragte, nicht ohne Stolz geantwortet hatte: »Wir haben keine China-Politik.« Er hielt das für gut, weil wir damit einer Entscheidung für Taiwan oder für Peking auswichen.

Im Herbst 1972, als die Bundesregierung im Begriff war, diplomatische Beziehungen zur Volksrepublik China aufzunehmen, hatte die *Frankfurter Allgemeine Zeitung* — etwas voreilig —

gemeldet, man werde mich als Botschafter nach China entsenden. Ich fragte Caspar Hilzinger, den Staatssekretär des Auswärtigen Amtes, ob an der Nachricht etwas Wahres sei. Er sagte: »Nein. Peking ist nichts für Sie; denn Sie sind, was man heute einen ›Macher‹ nennt. In Peking aber ist für uns nichts zu machen. Wir können uns nur anhören, was die Chinesen uns zu sagen haben.«

Er hatte damals nicht ganz unrecht. Ich wäre auch jetzt, vier Jahre danach, als ich auf dem Wege war, meinen Posten in Peking anzutreten, in Verlegenheit gekommen, wenn ich hätte sagen sollen, wo etwas zu machen war. Auf jeden Fall aber würde es eine entscheidende Epoche in der Geschichte Chinas werden. Um Zeuge sein zu können, mußte man einige Opfer an Bequemlichkeit in Kauf nehmen.

Lao Zhou fuhr immer noch mit abgeblendeten Lichtern durch die dunkle Allee. Es wurde auch nicht heller, als er links auf eine breitere Straße einbog, und dann in eine kleinere. Hinter Bäumen sahen wir hohe Mauern, und vor den Toren standen chinesische Soldaten im Licht starker Lampen. Wir waren im Botschaftsviertel.

In eins der Tore bogen wir ein. Die beiden chinesischen Posten grüßten. Einfahrt und Auffahrt zur Residenz waren festlich beleuchtet. Die Residenz selbst, ein zweistöckiges Gebäude hinter Bäumen und Büschen, war dunkel. Als wir hielten, begrüßte uns der wachhabende Bundesgrenzschutzmann.

Es fehlte indessen der Schlüssel zur Haustür. Wo war der Schlüssel? Der Mann vom Bundesgrenzschutz stellte sich ernsthaft die Frage, aber er wußte auch keine Antwort. Und so ging es auch dem Gesandten Berendonck, der uns mit anderen Botschaftsangehörigen am Flugplatz begrüßt hatte und nun eintraf. Ich sprach die Vermutung aus, daß mein Vorgänger Rolf Pauls, der jetzt Botschafter bei der Nato in Brüssel war, ihn noch in der Tasche habe. Aber mein Gedanke wurde verworfen. Der Schlüssel sei ja vor kurzem noch dagewesen. Man müsse warten, sagten alle, bis Palu komme, die schon seit vielen Jahren Sekretärin und Vorzimmerdame des Botschafters sei. Ohne sie könne man doch nichts machen.

Palu kam in einem alten blauen Volkswagen-Käfer. Natürlich hatte sie einen Reserveschlüssel in ihrer Handtasche. Wir brachten das Gepäck in den ersten Stock, der unsere Wohnung sein würde. Unsere Schritte und Stimmen hallten in den leeren Zimmern. Sie waren gerade gestrichen worden, hellblau und grün. Zu den Farben äußerten wir uns nicht. Es war doch nichts mehr zu ändern; aber wir lobten, daß man rechtzeitig fertig geworden war.

In den Wänden vieler Zimmer waren starke Risse von den Erdbeben. In manche Risse konnte man bequem den Finger stecken. Andere waren bereits mit Gips ausgespachtelt und wieder übermalt worden. Im Schlafzimmer standen zwei chinesische Betten, zwei Lehnstühle, ein kleiner Bürotisch und zwei Gartenstühle. Es war das einzige möblierte Zimmer. Hier würden wir die nächsten drei Monate wohnen, bis unsere Möbel mit dem Schiff eintrafen.

Wir gingen kurz durch die Empfangsräume der Residenz. Der Salon war über hundert Quadratmeter groß; an der langen Tafel im Eßzimmer konnten zweiunddreißig Gäste sitzen. Außerdem gab es eine Bibliothek, allerdings ohne Bücher, die ich mir aber später besorgte. Die Einrichtung war gut.

Wir ließen uns im kleinen Blauen Salon nieder und aßen Butterbrote, die Palu in der richtigen Annahme gemacht hatte, daß wir seit Kanton nichts mehr gegessen hätten. Das Hauspersonal hatte schon seit vier Uhr Dienstschluß, und die Dienstzeiten wurden hier, wie wir erfuhren, streng eingehalten.

Draußen war es trocken, aber noch sehr warm. Wir schliefen tief und fest bei offenen Fenstern. Aber dann schreckten wir plötzlich beide hoch. Was war das? Es waren nicht, wie im Augenblick des Aufwachens befürchtet, die Posaunen des Jüngsten Gerichts. Viel schlimmer: Ein Großlautsprecher entbot uns mit dem Lied *Der Osten ist rot,* gesungen von einem Massenchor, begleitet von einem Massenorchester, einen freundlichen Morgengruß. Er stand auf dem Nachbargrundstück und diente der Beschallung von Bauarbeiter-Baracken. Er begrüßte uns fortan jeden Morgen um fünf Uhr dreißig, im Winter aber erst um sechs.

Am Abend zuvor hatten mich die Mitarbeiter der Botschaft am Flugplatz begrüßt: Nun waren sie in der Bibliothek versammelt, in der zwar Regale, aber wie gesagt, keine Bücher standen.

Ich beruhigte die Mitarbeiter. Die Zeitungen hatten geschrieben, ich sei ein Sinologe. Das aber sei ich mitnichten. Das Auswärtige Amt habe mich hierher entsandt, um gemeinsam mit den Anwesenden die Beziehungen zwischen der Bundesrepublik Deutschland und der Volksrepublik China zu pflegen und zu fördern. Die Zeitungen hatten geschrieben, ich sei ein Kenner Chinas. Auch das sei ich keineswegs, auch wenn ich über das alte China Bücher geschrieben hätte. Allenfalls hätte ich Laien voraus, daß ich wisse, wie unendlich viel man eigentlich wissen müßte, um China wirklich zu kennen.

Und ich erzählte meinen Mitarbeitern, wie ich Peking zum letzten Mal gesehen hatte. Ich war Rundfunkattaché in Schanghai gewesen und 1941 nach Tokio versetzt worden. Aber es gelang mir mit plausibel klingenden Vorwänden, im Sommer 1943 die Genehmigung für eine Dienstreise nach Schanghai zu erhalten. Ich sollte umgehend mit dem Schiff zurückkommen. Unser Freund und Mentor in Schanghai aber, der Gesandte Erich Kordt, jener bedeutende Diplomat und mutige Mann in dieser schlimmen Zeit, riet uns, ungehorsam und entgegen der Weisung langsam über Peking zurückzureisen. Wer weiß, ob wir diese Stadt sonst jemals wiedersehen würden.

Ein guter Rat. Wir folgten ihm.

»Es waren sieben unvergeßliche Sommertage in einer Stadt der Schönheit, die der Gegenwart ganz entrückt war und wie verwunschen in der Vergangenheit lebte. Ich weiß, daß es heute anders aussieht. Jeder, der aus Peking kam, hat es mir berichtet. Aber ich will Ihnen trotzdem davon erzählen; denn es leben nicht mehr viele Menschen, die das alte Peking gekannt haben.«

Ich versuchte, mit wenigen Worten den Zauber, die Anmut, die majestätische Heiterkeit Pekings und die Menschlichkeit seiner Bewohner zu schildern. Meine Mitarbeiter sahen mich mit erstaunten Augen an, als redete ich von einer anderen Stadt.

2. September
Außenminister Qiao Guanhua wollte mich sehen.

Auf architektonische Wirkung hatte es der Erbauer des Gebäudes, zu dem Lao Zhou mich fuhr, nicht abgesehen. Ursprünglich sollten hier die Angestellten der Akademie der Wissenschaften arbeiten, die die Ergebnisse der westlichen Forschung für die chinesischen Wissenschaftler übersetzten und aufbereiteten. Aber schon vor einigen Jahren war das Außenministerium eingezogen. Es war eine Kiste mit fünf oder sechs übereinanderliegenden Fensterreihen. Zu dem schmucklosen Eingang in der Mitte der Kiste führte eine ebenso schmucklose Freitreppe. Auch die Eingangshalle war karg. Links und rechts gingen Flure ab. Zur Rechten waren die Empfangszimmer. In einem von ihnen hatte der Protokollchef mir vorgestern erklärt, welche protokollarischen Regeln bei der Übergabe des Beglaubigungsschreibens zu beachten seien. In dem Flur zur Linken war, wie man mir sagte, noch nie ein westlicher Ausländer gewesen, und auch nicht in den oberen Stockwerken.

Der Protokollchef begrüßte mich auf den Stufen der Freitreppe; dann führte er mich durch die Eingangshalle ein paar Stufen empor zum Großen Empfangssaal. Eine unsichtbare Hand öffnete die Glastür; aber man konnte nicht in den Saal sehen, denn der Blick wurde von einem Wandschirm verstellt, der nicht etwa dort stand, um gegen Zugwind zu schützen, sondern gegen Geister, die bekanntlich nur geradeaus, aber nicht um Ecken gehen können.

Der Außenminister Qiao Guanhua stand in der Mitte des großen chinesischen Teppichs. Er kam mir entgegen. Er war hochgewachsen und schlank. Er hatte den Kopf eines Intellektuellen, einen guten Kopf. Er war entspannt, strahlte Wärme aus. Er reagierte schnell und sicher, und später im Gespräch lachte er einige Male laut und herzlich — als habe er keine Sorgen.

Er gab mir die Hand und sagte auf deutsch: »Guten Tag! Ich freue mich, Sie hier in Peking begrüßen zu können.« Dann fuhr er in englisch fort. Er beherrschte beide Sprachen und drückte sich in der einen wie in der anderen fließend und korrekt aus.

Er war lange Zeit Dolmetscher und persönlicher Sekretär Zhou Enlais gewesen, der ihn gefördert und zum Assistierenden Außenminister gemacht hatte. Am Totenfest Anfang April hatte die Bevölkerung Pekings des Premierministers Zhou Enlai gedacht, der zu Beginn des Jahres gestorben war. Es kam zu Unruhen, die niedergeschlagen wurden. Die Partei befahl eine Gegendemonstration. Außenminister Qiao Guanhua nahm daran teil. Er marschierte an der Spitze der Beamten des Außenministeriums durch die Straßen. Das hatte viele verwundert: War das nicht eine Demonstration gegen das Andenken Zhou Enlais, dem Qiao alles zu verdanken hatte? Andere Minister mit mehr Rückgrat waren nicht in der parteiamtlich verordneten Demonstration mitmarschiert.

In der Mitte des Empfangssaales lag der große Teppich. Auf der gegenüberliegenden Seite, unter dem Bild Maos, standen die beiden Sessel, in denen wir Platz nahmen. Etwa ein Dutzend Sessel schlossen sich zu beiden Seiten an und bildeten ein Hufeisen. Rechts unter dem Bild Maos saß der Außenminister, links ich, hinter uns beiden der chinesische Dolmetscher. An der Seite des Außenministers saß der Protokollchef, und wenn es ein größerer Empfang gewesen wäre, hätten sich ihm die anderen chinesischen Beamten angeschlossen. An meiner Seite saß mein Vertreter, der Gesandte Berendonck, und hätte ich mehr Mitarbeiter mitgebracht, dann hätten sie neben ihm Platz nehmen müssen. So war die protokollarische Sitzordnung; so saß ich von nun an immer, wenn ich nicht deutschen Ehrengästen, die zu Besuch hier waren, meinen Platz abtrat. Einen Konferenztisch, dieses zumeist überflüssige Möbelstück, gab es nicht. Die Menschen blieben als ganze Menschen sichtbar.

Ein junges Mädchen brachte Tee und goß ihn in den Porzellanbecher, der auf dem Beistelltisch neben dem Notizblock und den scharf gespitzten Bleistiften stand. Auch das war von nun an immer so.

Qiao sprach jetzt auf chinesisch: »Ich habe Ihren Vorgänger Pauls geschätzt. Er war ein aufrechter Mann. Ich bin überzeugt, wir werden ebensogut zusammenarbeiten.«

Er wußte, daß Genschers Wagenkolonne vorgestern einen Unfall gehabt hatte. Er bedauerte, daß es unter den begleitenden Journalisten Todesfälle gegeben hatte, und er war froh, daß der Minister nicht verletzt war.

»Sie werden sich gewundert haben, daß ich Sie schon heute zu mir gebeten habe, obwohl Sie Ihr Beglaubigungsschreiben noch nicht überreicht haben. Aber wir Chinesen sind nicht formalistisch. Sie können von uns aus schon jetzt alle Funktionen eines Botschafters ausüben.

Die Beziehungen der Volksrepublik China zur Bundesrepublik Deutschland sind zufriedenstellend. Unser Handelsvolumen steigt. Über die politische Lage wollen wir uns demnächst ausführlich unterhalten; aber ob ich vor der UN-Vollversammlung dazu kommen werde, weiß ich noch nicht.«

Ich erinnerte ihn daran, daß wir im nächsten Jahr Mitglied des Sicherheitsrats würden. Wir würden es begrüßen, wenn China unsere Initiativen in den Vereinten Nationen zur Errichtung eines Menschenrechts-Gerichtshofs und zu einer Vereinbarung über das Verhalten gegenüber Geiselnehmern unterstützte. Darauf antwortete er, wie zu erwarten war, unverbindlich.

»Darüber müssen wir einmal eingehender sprechen. Wann sind Sie zum ersten Mal nach China gekommen?«

»Im Jahr 1936. Ich war damals Student.«

»Dann sind wir wohl gleichaltrig. Ich habe damals in Tübingen studiert.«

Er hatte der Philosophischen Fakultät angehört und eine Dissertation über *Zhuangzi,* das vielleicht bedeutendste Buch des philosophischen Taoismus aus dem vierten vorchristlichen Jahrhundert, geschrieben. Aber ich mied das Thema, denn der Taoismus war jetzt verfemt, und in den Augen der linken Ideologen war diese Dissertation sicher eine ganz schwarze Seite in Qiaos Biographie.

Er stellte mir die Frage, mit der in China von jeher der äußere Umfang der Bildung gemessen wurde, nämlich: Wie viele Schriftzeichen ich schreiben könne.

»Sehr wenige«, sagte ich, »die meisten habe ich vergessen; aber wenn ich Peking verlasse, hoffe ich, wieder mehr Zeichen schreiben zu können.«

Das war eine sehr vage Antwort, denn selbst wenn ich alle gängigen Zeichen hätte schreiben können, hätte ich aus Höflichkeit auch nicht anders antworten dürfen.

Ich sagte, ich wünschte, ich könnte in China viel reisen, so wie ich früher viel gereist sei. Er fand das richtig.

»Waren Sie früher auch in Dörfern und auf dem Land? Ja? Gut! Dann gehen Sie heute wieder in die Dörfer! Da sehen Sie am besten, was sich bei uns alles verändert hat!«

Ganz unvermittelt wechselte er die Richtung des Gesprächs, kam vom Austausch allgemeiner Höflichkeiten auf ein anderes Thema.

»Gibt es in Deutschland eigentlich Übersetzungen der Gedichte des Vorsitzenden Mao?«

»Ja, und ich finde sie auch ganz lesbar. Ob und wieweit sie korrekt übersetzt und richtig verstanden sind, das kann ich nicht sagen.« Qiao antwortete: »Ich habe mich in letzter Zeit eingehend mit den englischen Übersetzungen befaßt und viele Fehler gefunden. Natürlich ist es schwer, den Sinn und die Anspielungen, die Übernahme poetischer Ausdrücke unserer Klassiker und all das zu erfassen, was in einem chinesischen Gedicht mitschwingt. Da gibt es Grenzen, die kein Übersetzer überschreiten kann; vieles muß unübersetzt bleiben. Aber ich habe in den englischen Übersetzungen auch ganz handfeste Fehler gefunden.

In einem Gedicht zum Beispiel kritisiert der Vorsitzende Mao die Rote Armee; aber der englische Übersetzer meinte, die Kritik richte sich gegen die Armee der Kuomintang. Durch diesen Fehler wurde der Sinn des Gedichtes völlig verkehrt. Sie sehen: Man kann aus einem Gedicht des Vorsitzenden Mao, wenn man es nicht verstanden hat, genau das Gegenteil dessen herauslesen, was er gemeint hat.«

Ich hatte mit wachsender Verwunderung zugehört. Hatte er mich heute zu sich gebeten, um mir das zu sagen? Daß man nun bald anfangen werde, Mao falsch auszulegen? Oder hatte er andere politische Fehlinterpretationen im Sinn? Vielleicht das von Washington und Peking verschieden interpretierte chinesisch-amerikanische Kommuniqué von Schanghai aus dem Jahre 1972? Denn zu einer literarischen Plauderei hatte er mich sicher nicht ins Außenministerium gebeten.

Um seine Absichten klarer zu sehen, gab ich der Unterhaltung eine Wendung ins Politische. »Solche Fehlinterpretationen von Gedichten«, sagte ich, »sind bei Übersetzungen oft nicht zu vermeiden. Aber in der Regel werden sie keine schweren Folgen haben. In der Politik ist das anders. Die falsche Interpretation des Vier-Mächte-Abkommens durch die DDR zum Beispiel hat erhebliche politische Auswirkungen gehabt.«

Aber Qiao benutzte die Brücke nicht, die ich ihm zu Reflexionen über das »Schanghaier Kommuniqué« baute. Ihn beschäftigte anscheinend wirklich die Sorge, daß man Mao falsch lesen, daß man aus dem, was er geschrieben hatte, das Gegenteil herauslesen könnte.

»Auch eine falsche Deutung oder Übersetzung eines Gedichtes aus der Feder des Vorsitzenden Mao kann große Folgen haben.«

Ich bestritt das nicht und sagte, auf die politischen Gedichte des Vorsitzenden Mao treffe das sicher zu. »Aber natürlich nicht allein auf Gedichte. Ich stelle fest, daß man überhaupt allzu sorglos mit Worten umgeht. Und unsere deutschen Dichter sind, wenn sie von Politik sprechen, darin oft die schlimmsten. Ich weiß nicht, ob ich heute und in diesem Saal den Namen des Konfuzius aussprechen darf, aber ich war immer beeindruckt von einem seiner Worte: Als er nämlich gefragt wurde, was er zuerst tun würde, wenn er die Regierungsgeschäfte übernehmen sollte, antwortete er: ›Sicherlich zuerst die Bezeichnungen richtigstellen.‹« Der Dolmetscher hatte Schwierigkeiten beim Übersetzen, wahrscheinlich, weil er nie Konfuzius in der Schule gelesen hatte.

Qiao aber hatte das Zitat erkannt; doch er war vorsichtig, und da Konfuzius seit langem verfemt war, ging er nicht darauf ein: »Es fehlt mir jetzt an Zeit, des längeren über Konfuzius zu sprechen. Ich bin mir auch nicht sicher, ob es in das Belieben eines einzelnen gestellt sein sollte, Bezeichnungen und Begriffe zu ändern. Mehr als das Wort, das Sie eben zitierten, haben mich die Gedanken Hegels zu...« Ja, hier war der Dolmetscher am Ende seines Deutsch. Er machte verschiedene Anläufe, bis ihn Qiao Guanhua unterbrach und in deutscher Sprache einwarf: »Ich meine Hegels Vorstellungen von der absoluten Idee.« Und er fügte, ebenfalls auf deutsch, hinzu: »Ich will damit sagen: Die Idee ist unveränderlich und bleibt bestehen, unabhängig davon, ob man ihr diesen oder jenen Namen gibt, oder ob man sie gar durch Interpretationen zu fälschen versucht.«

Sollte das heißen: Auch wenn Maos Gedanken, die hoch und hehr am Firmament stehen, zeitweise durch Fehldeutungen verdunkelt oder verkehrt werden, so werden sie eines Tages doch wieder rein und unverfälscht erstrahlen und den Menschen den Weg zeigen? Hatte er mir das sagen wollen? War er besorgt, weil die Zeit der Worte Maos vorbei war und weil jetzt die Zeit anbrach, wo jeder sie interpretieren konnte, wie es ihm paßte?

Als sei nun das Wichtigste gesagt, erkundigte Qiao sich nach meiner Familie, den Kindern und Enkeln, wie das in China üblich ist. Ich gab Auskunft und dankte ihm, daß er mich so bald empfangen hatte. Ich dachte daran, daß in Bonn die ausländischen Botschafter oft viele Monate oder gar Jahre warten müssen, bis sie vom Außenminister empfangen werden.

Als Qiao mich hinausbegleitete, sagte er auf deutsch: »Wir sind also gleichaltrig; aber Ihr Außenminister ist viel jünger als wir beide.«

»Das ist richtig«, sagte ich, »und — mit Respekt gesagt — er ist auch dicker.«

Qiao lachte laut und wiederholte meine Bemerkung dem Protokollchef auf chinesisch. In meinem Drahtbericht an das Auswärtige Amt über das Gespräch schloß ich mit Qiaos Ansichten über Interpretationen und Fehlinterpretationen von Maos Lyrik. Der Außenminister begleitete mich zur Tür und sagte in deutscher Sprache: »Auf Wiedersehen!«

Ich habe ihn nie wiedergesehen.

Auf der Suche nach dem alten Peking

Ich schloß die Wagentür und bat Lao Zhou, mich zum Hata Men zu fahren. Lao Zhou drehte sich gemessen um und sah mich fragend an. Er hatte mich anscheinend nicht verstanden. Ich wiederholte, daß ich zum Hata Men fahren wollte. Es war das große Tor in der südöstlichen Stadtmauer.

Zum Hata Men? Er schien noch ein Wort auf der Zunge zu haben, aber nach kurzem Zögern sagte er: »Ja, gut.«

Wir fuhren eine breite Straße entlang. Hinter einer doppelten Baumreihe standen vierstöckige, kasernenähnliche Wohnhäuser, sie waren aus grauen Ziegeln gebaut. Wir bogen in eine andere Straße ein. Auch da waren hinter einer doppelten Baumreihe vierstöckige graue Wohnhäuser. Und in einer noch breiteren Durchgangsstraße mit dreifachen Baumreihen zu beiden Seiten sah ich wiederum solche kasernenähnlichen Häuser. Wir fuhren einige Kilometer an ihnen entlang.

Unter den Bäumen aber standen überall Hütten. In den ersten Nächten nach dem Erdbeben vom 28. Juli hatten die Leute im Freien geschlafen, aber dann war der Regen gekommen, und die Menschen bauten sich aus Brettern, Blech, Pappe und Plastik Schutzdächer. Jetzt war man dabei, daraus Hütten zu machen, denn es gab noch immer kleinere Beben, und es hieß, das Epizentrum des Erdbebenherdes wandere auf Peking zu.

Die Häuser im Hintergrund mochten eintönig sein, hier an den Hütten aber entfaltete sich die ganze Phantasie und Findigkeit der Pekinger. Von Mauern, die das Erdbeben umgestürzt hatte, schleppten Kinder Steine herbei. Vorhänge aus Säcken wurden durch roh zusammengezimmerte Türen ersetzt. Viele Hütten wurden in die Erde eingelassen: Man sparte dadurch Wände. Ich versuchte mich zu orientieren. Das war früher ganz leicht gewesen. Denn die Stadt ist wie ein Schachbrett angelegt, und man konnte sich immer an der Mauer orientieren, die man von jeder größeren Straße sehen konnte. Die Stadtmauer beherrschte die Stadt. War sie es vielleicht, die einem das Gefühl der Geborgenheit gab?

Alle Straßen verliefen in nordsüdlicher oder ostwestlicher Richtung. Wenn der Rikscha-Kuli einbiegen sollte, sagte man nicht »links!« oder »rechts!«, sondern »nach Norden!« oder »nach Westen!« Und selbst in der Wohnung sagte man dem Boy, er möchte den Sessel etwas weiter nach Süden rücken. Jetzt war die Mauer nicht mehr da, nach der man sich richten konnte, und mein Orientierungssinn war ausgelöscht, als hätte man mich in einem Kreisel gedreht.

Lao Zhou hielt vor der Kreuzung zweier breiter Straßen und sagte: »Wir sind da! Hata Men!«

Ich stieg aus und sah mich um. Wo war denn das Tor? Lao Zhou hatte mich wohl woanders hingefahren. Das Tor konnte man doch nicht übersehen: Über dem hohen Tonnengewölbe der Mauerdurchfahrt und über der Stadtmauer, die allein fünfzehn Meter hoch war, erhob sich ein Torturm mit mehreren Stockwerken und zwei weitausladenden, übereinanderliegenden Dächern. In dem Torturm hing kein Gong wie in den anderen Türmen der Mauer, sondern eine Glocke, die jeden Abend geläutet wurde. Das hatte etwas mit einem Schweinsdrachen zu tun, der hier einmal vor langen Zeiten gesichtet worden war und der eine Überschwemmung des Stadtgrabens bewirken konnte. Glockengeläut jedoch besänftigte ihn, während Gongs nichts ausrichteten. Aber wo war der Turm?

Jetzt endlich beliebte Lao Zhou, mich aufzuklären: Das Tor war abgerissen, und da, wo früher die hohe Stadtmauer gestanden hatte, auf der man spazierengehen konnte, war nun eine breite Schneise von Wüstenei und Mauerschutt wie mit einem Lineal durch die Stadt gezogen. O weh! Das verwirrte nicht nur, das schmerzte in den Augen und im Gedächtnis.

Doch nun konnte ich mich wieder einigermaßen orientieren. Ich suchte das Nord-Hotel, das der deutschen Familie Marschall gehörte und das sich dem internationalen Publikum als *Hôtel du Nord* präsentiert hatte. In einer deutschen Kleinstadt wäre es vielleicht das erste Hotel am Platze gewesen. Eins der drei gegenüberliegenden Häuser mußte es gewesen sein, aber keins wollte ganz auf das Hotel passen. Man hatte inzwischen hinzugebaut und abgerissen.

Ich bat Lao Zhou, mit dem Wagen im Schatten zu warten und ging nach Norden, um die Gasse der Alten Bogenmacher zu suchen. Links, also westlich von mir, wo früher das Glacis vor dem Gesandtschaftsviertel, später das Polo-Feld gelegen hatte, erhoben sich jetzt Hügel, spärlich mit Büschen und Bäumen bewachsen. Es waren Hügel aus dem Schutt der Stadtmauer.

Die sieben Tage meines letzten Aufenthalts in Peking waren — ich sagte es schon — wie verwunschene Tage in einer Stadt gewesen, über die die Zeit hinweggegangen war. Auf den Dächern der Tempel und Paläste mit ihren gelben oder blauen glasierten Ziegeln und in den weiten Höfen der Verbotenen

Stadt wuchsen meterhohe Gräser. Das Dachgebälk der großen Hallen war morsch, und Tauben nisteten in ihnen. Noch ein paar Jahre, so dachte man damals mitten im Krieg, und eine Dornenhecke würde um die Stadt wachsen, und wer hier lebte, würde einschlafen.

Aber noch schlief man nicht.

In der Chinesen-Stadt, wie das Viertel südlich und außerhalb der großen Stadtmauer hieß, war damals reges Leben, und man konnte Tage damit verbringen, in der Silber- oder der Jadegasse, der Elfenbein- oder Porzellangasse, der Seiden- oder der Bildergasse von einem kleinen Laden zum anderen zu gehen und sich die Waren, die Schätze, die kleinen Nichtigkeiten zeigen zu lassen. Ganze Nachmittage hatte ich bei Sammy Lee, dem Teppichhändler, gesessen, Tee getrunken, Teppiche angesehen, gelernt und gehandelt. Er hieß Sammy, weil er ein großer Kenner von Samarkand-Teppichen war, wie die Engländer die Teppiche aus Xinjiang nannten. Ich sollte ihn bald wiedersehen. An der Stadtmauer lagerten noch oft die Kamele der Karawanen, die die Teppiche aus Khotan, Kaschgar und Yarkand gebracht hatten. Die Kamele lagen müde und träge da. Ihr braunes Fell war verfilzt und hing manchmal in dicken Lappen herab.

Menschlichkeit und Fröhlichkeit traf man überall, selbst bei den Rikscha-Kulis am Bahnhof und vor den Hotels. Sie waren keineswegs die Ärmsten. In ihrer Gilde waren sie straff organisiert, und eine Lizenz, mit der Rikscha Geld zu verdienen, wurde nur sparsam erteilt. Ebenso streng, wenn nicht strenger, war die Gilde der Bettler. In Peking war es nicht leicht, Bettler zu werden.

Elend gab es überall, aber in Peking ließ man es nicht zum Äußersten kommen, wie etwa in Schanghai. Für einen Reichen wäre es ein großer Gesichtsverlust gewesen, wenn vor seiner Tür ein Bettler gestorben wäre. Es waren die Menschen in Peking, die dem Bettler halfen und seine Reisschale füllten. Die Behörden halfen nicht. Sie waren durch und durch korrupt, und die Chinesen hatten sich zwar kurzsichtig, aber gewitzt und fröhlich mit der Korruption arrangiert.

Peking war eine Stadt der Muße und Beschaulichkeit. In der Morgendämmerung sah man in den Parks und vor der Mauer die Männer bei ihren Taiji-Übungen, der Gymnastik im Zeitlupentempo mit dem streng vorgeschriebenen Übungsablauf. Alte Männer trugen ihre Vögel in Bauern oder auf einem Stock in die Parks, um sie zu zerstreuen und ihnen Abwechslung zu bieten. Und wenn nicht gerade Winter war, setzten sich die alten Herren im Park auf eine Bank, die Vogelbauer wurden derweil in die Bäume gehängt, solange die Unterhaltung oder das Kartenspiel dauerte.

An der weißen Flaschenpagode am Nordsee hatten Amateur-Goldfischzüchter ihre neuesten Kreationen — denn wie sollte man sonst die erstaunlichen Zuchtergebnisse nennen? — ausgestellt. Zuweilen hörte man aus der Luft einen an- und abschwellenden Ton wie von einer Orgel. Stiegen etwa Engel herab? Nein, Tauben waren Ursache der himmlischen Musik: Man hatte ihnen kleine Bambuspfeifen unter Brust- oder Schwanzfedern befestigt, und wenn ein Schwarm aufstieg, vorbeiflog oder sich auf einem Dach niederließ, ertönten die Flöten in an- oder abschwellendem harmonischem Klang.

Es gab auch andere Tauben, »kriminelle« Tauben, die in der Bambusgitterstraße zu Hause waren. Die Eigentümer hatten sie abgerichtet, aus den Getreidespeichern Korn zu stehlen. Ihre Kröpfe waren künstlich erweitert worden, und wenn sie aus den Speichern zurückkamen, gab man ihnen alaunhaltiges Wasser zu trinken, damit sie den Kropf leerten. Der Reis wurde gewaschen, getrocknet und verkauft. Erst am Abend, wenn die Tauben ihre Arbeit getan hatten, wurden sie gefüttert. Ein Mann mit hundert Tauben konnte am Tag fünfzig Pfund Reis, den er nicht geerntet hatte, in seine Scheuer einfahren. Die Tauben wurden des Nachts in Käfigen aus Bambusflechtwerk untergebracht, um sie vor Katzen zu schützen, und daher hatte die Bambusgitterstraße ihren Namen.

Der Diebesmarkt war nicht weit entfernt. Zu ihm ging man am besten in der Morgendämmerung, weil man dann noch die neuesten Akquisitionen sehen konnte.

Zu fast jeder schmalen Gasse — oft so schmal, daß kaum eine Rikscha einfahren konnte —, zu fast allen Häusern, Gedenksteinen und Gärten gab es Geschichten. Allein die Namen der Tore und Gassen sind Geschichten:

Da war das Tor, das Militärische Stärke verkündet, oder das

Tor der Langwährenden Aufrichtigkeit, des Ererbten Glanzes, der Himmlischen Reinheit, des Himmlischen Friedens, der Irdischen Ruhe, der Geraden Herrschaft, der Großen Vollkommenheit und des Korrekten Benehmens.

Die Straße des Höherstehenden, Edlen Menschen lag natürlich gegenüber dem Konfuzius-Tempel. Eine Straße hieß Neue Nordbrücke, obwohl es dort gar keine Brücke gab. Sie trug den Namen nur, um einen angeblich dort lebenden Schweinsdrachen zu täuschen, über dessen Aussehen und Charakter ich nie befriedigende Auskunft erhalten konnte. In der Straße der Pferde-Physiognomen lebten die Experten, die aus dem Kopf eines Pferdes auf sein Wesen, seine Tüchtigkeit, seine Fehler und seinen Wert schließen konnten: eine Kunst, die in der Pferdezeit mit Recht hoch bezahlt wurde. Die Fang-den-Dieb!-Straße war vermutlich so genannt, um abergläubische Diebe abzuschrecken; denn welcher chinesische Dieb würde ausgerechnet in einer Straße mit einem so unheilträchtigen Namen einbrechen!

Nun ging ich nach Norden und suchte die Gasse der Alten Bogenmacher. Sie war nicht zu finden. Ich suchte, ich irrte umher. Sie war wohl schon längst abgebrochen worden. Vor vierzig Jahren war ich einmal dort gewesen. Ich erinnerte mich genau.

Die Häuser waren klein und aus Holz. Über den Türen hingen die Handwerkszeichen: Bogen oder Armbrust. In die Werkstätten konnte man nicht hineinsehen. Einige Fenster hatten keine Glasscheiben: Sie waren mit durchscheinendem Papier verklebt. Die Glasfenster aber waren blind vom Staub der Staubstürme.

Der Meister hatte am Fenster gearbeitet. Als ich eintrat, stand er auf. Er war auf einem Auge blind. »Er ist heute der Größte in seiner Zunft«, hatte der Gesandtschaftsrat Hans Bidder gesagt, »und wohl auch der Letzte. Bald wird es niemand mehr geben, der Augen und Sinn für seine Kunst hat.«

Der Meister lud mich zum Sitzen in der kleinen Werkstatt ein, in der kaum noch Platz für einen Stuhl war. Einer der Lehrlinge begann auf einem Spirituskocher Teewasser heiß zu machen. Der Meister zeigte mir, wie ein Bogen aus zwei Hälften zusammengeleimt wurde. Jede Hälfte bestand aus sieben Bambusschichten. Der Scheitelpunkt mußte genau in der Mitte liegen, die Spannkraft beider Seiten absolut gleich sein. Er zeigte einen Bogen aus Büffelhorn, Pfeile mit Eisenspitzen und Pfeile mit stumpfem Kopf, die die Pelztiere zwar töteten oder betäubten, das Fell aber nicht verletzten. In der Mongolei gab es noch Jäger, die mit dem Bogen jagten, »denn ein Pfeil macht keinen Knall wie eine Büchse«.

Die drei Lehrlinge arbeiteten, aßen und schliefen in der Werkstatt. Einer setzte mir Tee vor. »Wenn sie ausgelernt haben«, sagte der Meister, »wird niemand mehr mit dem Bogen jagen. Dann werden sie keine Arbeit finden; aber sie lernen in der Lehre ja auch mehr, als Bogen zu machen.«

Der Meister war unumschränkter Herr im Hause. Der Meisterbrief, den ihm die Gilde ausgestellt hatte, gab ihm das Recht, sein Handwerk auszuüben und Lehrlinge einzustellen. Er übernahm ihnen gegenüber soziale Verpflichtungen, sorgte für sie bei Krankheit und kleidete sie. Er vertrat an ihnen Vaterstelle und wollte aus ihnen nicht nur gute Bogenmacher, sondern auch im konfuzianischen Geist erzogene Menschen machen.

Die Bogenmacher waren bis zum Jahr 1912 in einer seit vielen Jahrhunderten bestehenden Zunft zusammengefaßt. Als ich im Jahr 1936 den alten Meister besuchte, war die Bindung lockerer geworden: Es gab nur noch die wenigen Handwerksbetriebe in der Bogenmachergasse. Die Lehrlinge aber wurden noch immer nach den alten »Zehn Geboten für Lehrlinge« ausgebildet, die ich mir damals notierte. Sie lauten:

1. Das Wichtigste für einen Lehrling ist, ein gebildeter Mensch zu werden und sittengemäß zu leben. Andernfalls wird er unnütz sein und ein ungeschliffener Mann bleiben. Der Lehrling gleicht einem Stein, und wie es unmöglich ist, aus einem Stein etwas zu machen, man schleife ihn denn –, ebenso ist es mit dem Lehrling.

2. Wer ein Kaufmann werden will, soll nicht in einem großen Laden lernen. Dort ist alles reichlich. Das Essen ist hervorragend, und die Kleider der Angestellten sind aus Seide. Wer dort arbeitet, gewöhnt sich an den Luxus und wird in seinem zukünftigen Beruf versagen, selbst wenn er ein fähiger Kaufmann ist.

Am besten ist es, in einem kleinen Laden anzufangen; denn es gibt doch keinen Reichtum in der Welt, der nicht verginge. In einem kleinen Geschäft werden die Kleider, die er trägt, aus rauhem Stoff sein, und das Essen, das er ißt, wird gewöhnliche Speise sein. Er wird kein Geld verschwenden können. Er muß sparen lernen und das Unnütze und Außergewöhnliche meiden. Sein Leben wird in der Familie des Meisters sein. Er wird schwere Arbeit kennenlernen; und wenn er abends das Tor geschlossen hat, wird er merken, daß es nicht leicht ist, Geld zu verdienen. Ein altes Sprichwort sagt: »Wenn du die Schärfe des Sturms nicht vertragen kannst, wie willst du dich des Duftes einer Rose freuen, den er mit sich bringt!« Und ein anderes: »Kein Schmerz ist kein Gewinn.«

3. Die Schnelligkeit, mit der ein Lehrling begreift, hängt von seinem Geschick ab; aber er soll erst die einfachen Dinge im Hause erlernen, wie Säubern und Kochen. Und darin soll er richtige Übung haben! Dann kann er Geld zählen, Rechnen, Schreiben und die Regeln der Höflichkeit lernen.

4. Wenn ein Kunde in den Laden kommt, soll der Lehrling ihm eine Pfeife anbieten und sagen: »Bitte, rauchen Sie!« und ihm mit beiden Händen eine Teeschale reichen und sagen: »Bitte, langen Sie zu!«

Wenn der Kunde längere Zeit bleibt, soll der Lehrling ihm noch einmal Tabak und Tee anbieten; und wenn er gegangen ist, soll er Pfeife und Teeschale wieder an den richtigen Platz stellen.

5. Der Lehrling soll immer aufmerksam sein. Vor anderen Leuten darf er sich nicht scheuen und nicht unhöflich sein.

6. Der Lehrling soll sich bei Tage nicht setzen, es sei denn bei Tisch; denn die Männer im Laden sind älter als er und seine Lehrer.

7. Der Lehrling soll hinter dem Ladentisch stehen und achtgeben, wie sein Meister die Kunden behandelt; er soll sich die Art merken, in der der Meister spricht.

8. Der Lehrling soll nicht sprechen, wenn andere Leute reden. Er soll zuhören, aber nicht sprechen. Er soll immer die Augen aufsperren, aber nie den Mund.

9. Der Lehrling soll sich nicht beklagen, wenn der Meister ihn berichtigt und belehrt. Er schikaniert ihn nicht, wenn er ihn

etwas besser zu machen lehrt. Wenn er sich beschwert, wird sich der Meister nicht mehr um ihn kümmern. Der Lehrling ist sehr jung. Und wenn er unerzogen bleibt, welch ein Mensch ist er dann!

10. Der Lehrling soll sich nicht scheuen zu fragen. Wenn es irgend etwas gibt, was er nicht vollkommen versteht, soll er einen älteren Mann bitten, ihm davon zu erzählen. Er soll seinen Mund auch nicht geschlossen halten wie eine Holzfigur.

Wenn er einen älteren Mann höflich fragt, wird der ihn gerne belehren; denn er verliert ja nichts dabei. Er gebraucht nur seine Zunge. Aber der Lehrling gewinnt Wissen, das er behalten kann und das ihm weder Räuber noch Feuer, noch Soldaten stehlen können.

Phylax

Mit dem neuen roten Ausweis konnte ich die hundert Meter über den Flugplatz bis zu der Maschine gehen, die gerade gelandet war. Sie kam aus Bukarest. Die Chinesen nahmen wohl an, ich wolle einen hohen Politiker abholen und dirigierten mich zur Vordertreppe des Flugzeugs. Aber Phylax flog nicht Erster Klasse. Phylax war blond und groß. Er war in Deutschland geboren und bei uns in Rumänien aufgewachsen. Er war eine gewichtige Persönlichkeit, mit der man rechnen mußte, wenn man ihm nicht vorgestellt war oder unangemeldet das Zimmer betrat.

Ich ging unter dem Flugzeug durch zum klimatisierten Frachtraum, dessen Klappe gerade geöffnet wurde. Als ich pfiff, hörte ich sofort, wie sein Schwanz stark wedelnd an die Wand seiner Kiste klopfte; klopfte und wollte nicht aufhören.

Im Zollgebäude durfte er endlich aus seiner Kiste heraus, und ich konnte ihn an einen Baum führen, was ihn sichtlich erleichterte. Als ich zurückkam, hatten die Zollbeamten sein Gesundheitszeugnis und seinen Impfschein vor sich; aber sie konnten Rumänisch nicht lesen.

Wie der Hund heiße, fragten sie.

Phylax, sagte ich, das sei griechisch und heiße »Wächter«.

Wie man Phylax auf chinesisch schreibe? Die Zollbeamten

wußten es nicht, und ich auch nicht. Ich schrieb es also mit lateinischen Buchstaben auf den Zollschein.

Welche Rasse? Eine rumänische?

Nein, sagte ich, eine deutsche. Sie heiße Hovawart, aber das Wort sei auf chinesisch sehr schwer zu schreiben. Vielleicht genüge es, wenn sie sein Gewicht notierten. Er wiege 62 Kilogramm. Sie schrieben das auf und verzichteten darauf, meine Angabe nachzuprüfen. Als Phylax von mir wegstrebte, sagte ich »Platz!«, und er legte sich hin. Die Beamten waren beeindruckt, und ein Spaßvogel fragte, ob er auch chinesisch spreche.

Natürlich, sagte ich. Sie wußten nicht, ob sie das ernst nehmen sollten oder nicht. Ich begrüßte Phylax daher auf chinesisch und sagte: *»Ni hao«* und gab ihm das nur uns beiden bekannte Handzeichen. Er antwortete mit einem tief aus der Brust kommenden Laut, den jedermann als *»Hao!«* deutete. Die Begeisterung über den sowohl deutsch wie chinesisch sprechenden Hund war groß. Von allen Seiten kamen Neugierige. Phylax mußte immer wieder chinesisch sprechen. Auch die Zollbeamten baten darum. Sie erwähnten noch einmal sein Gesundheitszeugnis, aber ich erinnerte sie daran, daß wir Phylax nun schon ein dutzendmal gefragt hätten, ob es ihm gutgehe, und er habe doch jedesmal geantwortet: *»Hao!«*, das heißt: »Gut!« Wir hätten also aus seinem eigenen Munde gehört, daß er gesund sei.

Die Zollbeamten lachten, stempelten die Papiere und gaben Phylax die Einreiseerlaubnis.

Des Bundespräsidenten Großer und Guter Freund

»Der Botschafter«, hatte uns das Außenministerium in einem Aide-mémoire mitgeteilt, »wird vom Protokollchef des Außenministeriums in einem Staatszeremonien-Auto abgeholt, das die chinesische Nationalflagge trägt, und zur Großen Halle des Volkes gefahren. Die anderen Botschaftsmitglieder fahren in Wagen der Botschaft.« Die große Staatslimousine war ein chinesisches Fabrikat der Marke *Hong Qui,* das heißt »Rote Fahne«. Die hohen chinesischen Funktionäre fahren meistens in diesen großen Wagen, deren Rücksitzfenster mit dunklen Seidengardinen verhängt sind, durch die man zwar hinaus- aber nicht hineinblicken kann.

Erst als wir im Begriff waren einzusteigen, sagte uns der Protokollchef, wer heute als Staatsoberhaupt fungiere und wem ich mein Beglaubigungsschreiben überreichen werde. Marschall Zhu De, der diesen Ehrenposten bekleidet hatte, war vor zwei Monaten gestorben; aber das Außenministerium hatte uns nicht mitteilen können, wer seine Funktionen jetzt wahrnahm.

Das Politbüro war gespalten und konnte sich nicht entscheiden, einen Nachfolger, ja nicht einmal einen Stellvertreter zu ernennen. Nach Maos Tod würden alle höchsten Ämter neu verteilt werden, und bis dahin wollte man nichts präjudizieren. So wurde schon in dieser protokollarischen Frage die Lähmung und Handlungsunfähigkeit der Führung sichtbar.

Xü Xiangqian werde das Beglaubigungsschreiben entgegennehmen, sagte der Protokollchef. Geert Ahrens, unser politischer Botschaftsrat, konnte mich aus dem Stegreif unterrichten: einer der zweiundzwanzig stellvertretenden Vorsitzenden des Ständigen Ausschusses des Nationalen Volkskongresses, seit rund fünfzig Jahren Mitglied der Kommunistischen Partei und einer ihrer bedeutendsten Heerführer. Mitte der fünfziger Jahre sei er Marschall geworden.

»Der Titel ist jetzt abgeschafft«, sagte der Protokollchef, »die Anrede ist ›Herr Stellvertretender Vorsitzender‹.«

Die Große Halle des Volkes liegt am Platz des Himmlischen Friedens, dem Tian-An-Men-Platz. Sie ist schätzungsweise hundert Meter breit und dreihundert Meter lang. An allen vier Seiten hat sie hohe, säulengeschmückte Portale, und über dem Eingang hängt jeweils ein Riesenporträt Mao Zedongs. In dem Gebäude gibt es neben dem Bankettsaal und der Kongreßhalle, in der zehntausend Personen Platz haben, dreißig große Empfangsräume, die nach den Provinzen Chinas benannt sind.

Diktaturen und Despotien neigen dazu, große Bauwerke in Rekordzeit zu errichten, ob es sich nun um eine Große Mauer, einen Kaiserkanal, ein Reichsparteitagsgelände oder eine neue Reichskanzlei handelt. Sie bestätigen sich damit, daß ihnen alles möglich ist. Auch die Große Halle des Volkes war im Hauruck-Verfahren errichtet worden. Ein Jahr nach Baubeginn war sie bezugsfertig. Als wir die Freitreppe zum Eingang hinaufgingen, sah ich mich um, ob Ahrens den Anschluß in der Kolonne auch nicht verpaßt hätte. Er war mitgekommen, er hatte die Urkunden in der Hand. Sie lagen zwischen zwei schönen Pergamentdeckeln. Die Vorderseite trug den Bundesadler. Der Kalligraph des Auswärtigen Amtes hatte die Urkunden in kunstvoller Schönschrift geschrieben.

»Herr Stellvertretender Vorsitzender, Großer und Guter Freund!« begann der Text, in dem der Bundespräsident mich ankündigte und versicherte, meine bewährten Eigenschaften berechtigten zu der Erwartung, daß ich bestrebt sein werde, mir die Anerkennung seiner Exzellenz, des Großen und Guten Freundes, zu erwerben. Es war der international übliche Standardtext, aber eine recht vorsichtige Formulierung, fand ich. Ferner bat der Bundespräsident, den neuen Botschafter mit Wohlwollen zu empfangen und ihm in allem, was er in seinem Namen oder im Auftrage der Regierung der Bundesrepublik Deutschland vorzutragen berufen sein werde, vollen Glauben beizumessen. »Zugleich benutze ich diesen Anlaß, um meine besten Wünsche für das Blühen und Gedeihen der Volksrepublik China und Eurer Exzellenz persönliches Wohlergehen zum Ausdruck zu bringen. Ich verbinde hiermit die Versicherung meiner vollkommenen Hochachtung. Ihr guter Freund Scheel.«

Im Empfangssaal erwarteten uns der alte Xü Xiangqian, der den Marschalltitel nicht mehr führte, ein Vizeaußenminister und einige andere Beamte. Marschall Xü, Mitte Siebzig, war groß. Er stand gerade. Sein Gesicht war faltig, die Augenlider hingen schwer und tief. Sein Gesicht war unbeweglich. Ich sagte, warum ich gekommen sei, und überreichte, gemäß dem chinesischen Protokoll mit beiden Händen, die Urkunde. Er nahm sie ebenso entgegen und gab sie, als wir ins Nebenzimmer gingen, einem Mitarbeiter.

Wir setzten uns in der gewohnten Ordnung. Ich überbrachte die Grüße des Bundespräsidenten, die der Stellvertretende Vorsitzende in wohlgesetzten Worten erwiderte. Ich sprach von der Weiterentwicklung unserer Beziehungen und unserem gemeinsamen Interesse, daß der Frieden erhalten bliebe.

Der werde uns aber nicht in den Schoß fallen, sagte der Marschall, sondern müsse errungen werden. China und wir hätten einen gemeinsamen Nachbarstaat, der uns und den Frieden bedrohe.

Ich stimmte ihm darin zu, daß man den Frieden nicht durch Beteuerungen und Deklarationen erreichen könne. Wir hätten, um uns gegen einen möglichen Angreifer zu schützen, deshalb schon früh die Folgerungen gezogen, indem wir der NATO beigetreten seien. Ich sprach nicht aus, daß wir die Folgerungen schon viel früher als die Volksrepublik China gezogen hatten.

Der Stellvertretende Vorsitzende und frühere Marschall sagte, die Teilung Deutschlands sei ein Unrecht. Deutschland müsse sich wiedervereinigen. Ich dankte ihm, daß er für unser größtes nationales Problem Verständnis habe.

Der alte Soldat saß regungslos in seinem Sessel und hörte mit schweren Lidern zu. Wie ein kaiserlicher Mandarin, meinte später einer meiner Mitarbeiter. Als eine Pause eintrat, blickte er auf und sagte, wenn ich einverstanden sei, wollten wir das Gespräch heute nur bis zu diesem Punkt führen. Er dankte und wünschte mir Erfolg.

Die Zeremonie war kurz, höflich, sehr formell. Mir schien, als sei der Stellvertretende Vorsitzende mit seinen Gedanken nicht ganz bei der Sache. Vielleicht waren sie bei dem Ereignis, von dem wir am nächsten Tag hören sollten.

Das Mondfest

8. September

Ich gab ein Abendessen für deutsche Wissenschaftler der Max-Planck-Gesellschaft und Mitglieder der chinesischen Akademie der Wissenschaften, der *Academia Sinica.* Deren chinesische Dolmetscher sprachen immer von der Marx-Planck-Gesellschaft. Die chinesischen Schriftzeichen für Marx und Max sind zwar verschieden, die Aussprache im Chinesischen aber ist gleich.

Unser Koch Lao Huo hatte zum Nachtisch Mondkuchen gebacken: kleine, runde und sehr süße Kuchen. Die Chinesen waren gerührt, denn heute, am 15. Tag des achten Monats nach dem alten Mondkalender, wurde früher das Mondfest, eins der beliebtesten chinesischen Feste, mit Lampions und Laternenumzügen gefeiert.

»Bei uns auf dem Lande«, erzählte der Vizepräsident der *Academia Sinica,* »gab es eine Mondkuchen-Gesellschaft. Die armen Familien zahlten jeden Monat etwa zehn Pfennig ein. Kassierer war der Bäcker. Er durfte mit dem Kapital das Jahr über arbeiten, mußte aber am Mondfest alle Mitglieder mit Mondkuchen versorgen.« Ich fragte, ob es heute auch noch so gefeiert werde wie früher. Unser Gast sagte: »Nein. Nur die Mondkuchen gibt es noch.«

Ich fragte nicht weiter; denn er hätte mir sonst vielleicht erklären müssen, warum solche Gebräuche aus der alten, feudalistischen Gesellschaft in der neuen nicht weiterleben dürfen.

Nach dem Essen gingen wir auf die Terrasse. Der Mond stand klar und hell über dem Schwimmbecken der Botschaft und den Bäumen. Wir waren einen Augenblick still. Die Luft war trocken und schon so weit abgekühlt, daß wir sie als erfrischend empfanden.

Die chinesischen Gäste sagten: »Jetzt beginnt der Herbst.«

Es klang bedrückt.

Das Ende einer Epoche

9. September

Diesen Tag, dieses Datum wird man nicht vergessen.

Wir hatten, ebenso wie die chinesischen Ministerien, in der Botschaft noch Sommerdienstzeit. Um 14 Uhr war Dienstschluß. Der Tag war verlaufen wie jeder andere: Morgenbesprechung, Vortrag über Presse- und Rundfunknachrichten, Gespräche, Besuche und Gegenbesuche, die ich bei anderen Ministerien machte, Telegramme.

Die Luft war auch heute trocken, die Sonne schien aus klarem tiefblauen Himmel. Das Thermometer stand auf 32 Grad, und am liebsten wäre ich ins Schwimmbecken gesprungen; aber wir brauchten für unsere leeren Zimmer dringend einen Kleiderschrank. Frau Höfer, die Frau des dpa-Korrespondenten, wollte einen mit uns einkaufen gehen. Da Franz aber einen Antrittsbesuch zu machen hatte, fuhr ich allein mit Frau Höfer, die mich in ihrem Wagen abholte.

Ihr Fahrer kannte die Altwarenläden der Südstadt. Dort hatte das Erdbeben an den alten, einstöckigen Ziegelhäusern größeren Schaden angerichtet als bei den neuen Bauten in unserer Gegend im Nordosten. Viele Häuser waren ganz oder teilweise zusammengestürzt. Die Dächer hingen schief, Fenster waren herausgefallen. Vor den Häusern lagen große Ziegelhaufen. Es wurden immer noch neue Ziegel aus den Höfen herausgekarrt und am Rande der Straße aufgeschüttet.

In einem Altwarenladen fanden wir ein Paar alte Schränke, die aussahen, als hätten sie jahrzehntelang in einem Stall gestanden. Auf Frau Höfers Rat kaufte ich sie trotzdem, für umgerechet etwa hundert Mark. »Wenn sie repariert und gebeizt sind, werden sie eine Zierde des Zimmers sein«, sagte Frau Höfer. Von neuen Schränken werde man das nicht behaupten können, ganz abgesehen davon, daß es nirgends welche zu kaufen gebe. Wir fuhren auf der großen Ost-West-Achse, der Chang-An-Straße. Es war kurz vor vier Uhr, als wir an einem großen Tor vorbeikamen, einem Prunkeingang im alten chinesischen Stil mit rotlackiertem Gebälk und vergoldeten Ornamenten. Das Tor war offen, aber man konnte nicht hineinsehen, weil die Geistermauer den Blick versperrte. Auch die Geistermauer war tiefrot, ebenso wie die Tore und Säulen nebenan im Kaiserpalast. Auf der Geisterwand stand eine Inschrift in Maos Hand. Vor dem Tor hielten zwei Soldaten in den grünen Uniformen der Volksbefreiungsarmee mit aufgepflanztem Bajonett Wache. Auf dem Tor flatterte die rote Flagge mit den fünf Sternen. Sie war aus Seide, und das Rot war daher hell und leuchtend. Ich bat, kurz zu halten, weil ich das Tor etwas genauer sehen wollte; aber der Fahrer überhörte meine Bitte.

War das der Eingang zu dem Park- und Seengelände westlich des Kaiserpalastes, in dem ich früher öfter Tee getrunken hatte? Aber Frau Höfer lachte: Das sei *Zhongnanhai,* das Gelände des Mittel- und Südsees. Gewöhnlichen Sterblichen sei der Eintritt verwehrt. In dem Park befinde sich das Allerheiligste, das Zentralkomitee der Kommunistischen Partei Chinas. Die obersten Parteiführer hätten dort ihre Häuser. Auch Mao.

Wir fuhren weiter an der hohen, roten Mauer entlang, die diesen Bezirk umschließt, und bogen dann nach Norden in eine kleinere Straße ab, vorbei an Läden, in denen man Obst, Fahrräder, Thermosflaschen, Schüsseln und Töpfe kaufen konnte.

Auf einmal rief Frau Höfer erschrocken dem Fahrer zu: »Stell das Radio an! Stell das Radio an!«

Mein erster Gedanke war: Ein neues Erdbeben, von dem ich im fahrenden Auto nichts gespürt hatte. Im Autoradio las ein Sprecher mit getragener Stimme einen Text. Es war darin von den Verdiensten Mao Zedongs die Rede.

»Der Vorsitzende Mao ist gestorben«, sagte der Fahrer. »Mein Gott«, rief jetzt Frau Höfer, »Tag für Tag und Abend für Abend sitzt mein Mann am Ticker, um diese Nachricht nicht zu verpassen — und jetzt ist er in der Botschaft am Schwimmbekken! Schnell zur Botschaft!«

Nachdem der Sprecher seinen Text gelesen hatte — es war ein langer Nachruf — folgte die Nationalhymne, dann die Internationale.

Ich fragte Frau Höfer: »Woher wußten Sie eigentlich, daß jetzt im Rundfunk die Nachricht vom Tode Maos verlesen wird?«

Sie hatte im Vorbeifahren in einem Hof einen Mann gesehen, der die Flagge niederholte und sie auf halbmast setzte.

Die Frau eines Nachrichtenmannes!

Wir kamen an der Iranischen Botschaft vorbei und sahen einen Mann, der gerade zum Fahnenmast ging. Unsere Botschaft war noch zwei Häuser weiter. Am Schwimmbecken war munteres Treiben. Herr Höfer und seine Tochter Tina lagen in der Sonne.

Hanna Höfer rief ihrem Mann schon vom Auto aus zu: »Der Mao ist tot.« So sagte sie: *»Der* Mao«. Hans Jürgen Höfer sprang auf wie elektrisiert. »Mein Gott!« rief er.

Er rannte in eine Kabine, zog sich schnell etwas über und fuhr mit seiner Frau um die Ecke in sein Büro. Es war jetzt vier Uhr fünfzehn nachmittags, neun Uhr fünfzehn vormittags in Bonn. Ich sagte dem diensthabenden Bundesgrenzschutzmann, er solle auch unsere Flagge auf halbmast setzen.

Schon ein paar Minuten nach meiner Ankunft in der Botschaft brachte uns ein Bote der chinesischen Nachrichtenagentur den englischen Text des Nachrufs, drei maschinengeschriebene Seiten:

message to the whole party, the whole army
and the people of all nationalities throughout the country

Der Text begann: »Genosse Mao Zedong, der geachtete und geliebte große Führer unserer Partei und des Volkes aller Nationalitäten unseres Landes, der große Lehrer des internationalen Proletariats und der unterdrückten Völker, der Vorsitzende des Zentralkomitees der Kommunistischen Partei Chinas, der Vorsitzende der Militärkommission . . . verschied um null Uhr zehn am 9. September 1976 in Peking, da sich sein Leiden trotz gründlicher Behandlung und obwohl ihm seit Beginn der Krankheit sorgfältigste medizinische Betreuung zuteil geworden war, verschlimmert hatte.«

Nichts, und auch später niemals etwas über die Natur der Krankheit.

Mit meinem Vertreter Gerd Berendonck und den Mitarbeitern Geert Ahrens und Hans-Bodo Bertram aus dem politischen Referat saßen wir in dem kleinen Blauen Salon und studierten das Dokument, das Maos Verdienste beschrieb. Wir untersuchten, ob es Anzeichen für den weiteren innen- und außenpolitischen Kurs, für das Übergewicht einer Faktion, der radikalen oder gemäßigten, im Politbüro enthielt. Wir fanden keinen Satz, der Antwort auf unsere Fragen gab oder der auf eine Kursänderung schließen ließ. Das Vokabular war das der Linksradikalen; wir kannten es aus der Presse, die sie beherrschten. Ahrens fiel auf, daß nicht nur von Maos Kampf gegen rechte, sondern auch gegen linke Opportunisten die Rede war. Das war zwar neu, aber wir konnten wenig damit anfangen; denn rechts und links war manchmal fast dasselbe. Was rechts oder links war, bestimmte die Parteiführung, die die Linksabweichler in der Regel milder beurteilte, da sie im Grunde wohlmeinende, nur im Übereifer links vom Weg abgekommende, irrende Genossen waren.

Um siebzehn Uhr zwanzig rief der Ostasienreferent des Auswärtigen Amtes an, ob wir die Meldung der Deutschen

Presse-Agentur über Maos Tod bestätigen könnten. Radio Luxemburg war der erste Rundfunksender am Telefon und wollte wissen, wie wir die Nachricht von Maos Tod erfahren hatten.

Eine vorfabrizierte Würdigung Maos lag nicht in den Schubladen meiner Mitarbeiter, auch ich hatte keine. Vielleicht war das gut so. Jemand meinte, das Auswärtige Amt werde sicher wissen wollen, wer die Nachfolge Maos antreten werde.

Ich sagte: »Wir sind in China, und obwohl Konfuzius heute in Ungnade gefallen ist, wollen wir uns an seine Worte halten: ›Der Meister sprach: Yu, soll ich dich lehren, was Wissen ist? Was man weiß, als Wissen, und was man nicht weiß, als Nicht-Wissen anzusehen — das ist Wissen!‹«

Ich bat Bertram, in die Stadt zu fahren und zu beobachten, wie die Bevölkerung die Nachricht aufnahm.

Am Tag zuvor hatte ich mein Beglaubigungsschreiben überreicht, nun sollte ich über den Tod des bedeutendsten Mannes der neueren chinesischen Geschichte und die Folgen berichten, die sein Tod haben konnte. Die Aufgabe war schwer. Ich hatte zwar die Geschichte der Volksrepublik China verfolgt, und auch im Auswärtigen Amt hatte China zu meinem Arbeitsbereich gehört, aber ich hatte zu Maos Zeit nicht in China gelebt und weder ihn noch seine unmittelbare Wirkung beobachten können. Ich war nur ein China-Beobachter, wie sie einem außerhalb Chinas oft über den Weg liefen, die zwar die Namen und Fakten kannten, denen aber die Anschauung fehlte.

Das vielleicht wichtigste Ereignis meiner Amtszeit hatte sich nun gleich am ersten Tag ereignet. Ich hatte die Auffassung meiner Mitarbeiter über den Tod Maos und die Lage in China gehört, aber den Bericht wollte ich niemand anders überlassen. *Res ad triarios rediit* hieß es bei den Römern, wenn die Triarier, also die Altgedienten, die Sache selbst in die Hand nehmen mußten. Ich zog mich in mein Büro zurück.

Als ich allein war und mir die Gestalt Maos in unserer Zeit und innerhalb der chinesischen Geschichte vor Augen stellte, kam mir zu Bewußtsein, wie stark in der vorigen Nacht die Erde gebebt hatte, als wir auf der Terrasse im Mondschein standen, daß ein Gebirge versunken, eine Epoche zu Endc gegangen war und daß niemand etwas über den Kurs Chinas sagen konnte, nachdem der Große Steuermann gestorben war.

Als ich meinen Bericht geschrieben hatte, sprach ich ihn mit meinen Mitarbeitern durch. Um acht Uhr abends war der Drahtbericht beim Funker im obersten Stockwerk der Botschaft, und eine Stunde später, um vierzehn Uhr mitteleuropäischer Zeit, lag er in Bonn entschlüsselt auf dem Tisch.

In dem Bericht hieß es unter anderem: »Mao Zedong ist heute um null Uhr zehn in Peking gestorben. Er war 82 Jahre alt. Der chinesische Rundfunk sendet Trauermusik und unterbricht sie gelegentlich, um die Todesnachricht und einen Nachruf zu wiederholen.

Man wird Mao sicher zu den größten Männern der chinesischen Geschichte zählen müssen, die an bedeutenden Führerpersönlichkeiten reich ist. Kaum ein Herrscher der Vergangenheit hat China so verwandelt wie er. Seine Ziele gingen zuweilen ins Utopische, wie der ›Große Sprung vorwärts‹, der mit einer Katastrophe für die chinesische Wirtschaft endete. Die Revolution, die ›Säuberungen‹ und die Kulturrevolution forderten ungezählte Opfer . . .

Mao starb, als in der obersten Führungsschicht der Kampf um seine Gedanken und Politik bereits ausgebrochen war. An Spekulationen, wie der Kampf um seine Nachfolge ausgehen wird und welche Gruppen und Personen in den Vordergrund treten werden, wird in Zukunft kein Mangel sein. In Wirklichkeit aber läßt sich zur Zeit wenig mehr sagen, als daß es in China verschiedene starke politische Potenzen gibt, nämlich die Parteiführung, die in mindestens zwei Gruppen zerfällt, die Armee und schließlich auch die Provinzführer.

Die chinesische Führung hat auf einer Kundgebung in der vergangenen Woche, sicher in Erwartung des Todes von Mao, das Bild voller Einigkeit zu zeigen versucht. Es läßt sich nicht sagen, wie lange dieser Eindruck aufrechterhalten werden kann. Sicher wird die Gruppe, die sich ganz besonders auf Mao zu stützen pflegte, nämlich seine Frau Jiang Qing und die sogenannten Schanghaier Radikalen, von Maos Tod besonders betroffen sein . . .«

Der Mond schien klar und silbern wie am Abend zuvor am Mondfest. Das Riesenporträt Maos über der mittleren Tordurchfahrt trug schwarzen Trauerflor.

Lao Zhou hielt auf der Nordseite des Tian An Men-Platzes bei den Marmorbrücken. Sie führten über den Wallgraben, der den alten Kaiserpalast umgab; hinter den Brücken stand die hohe, purpurrote Südmauer der Verbotenen Stadt und in der Mitte, hochragend, das Haupteingangstor des Palastes mit seinen fünf tonnengewölbten Durchfahrten, durch deren mittlere und höchste früher nur der Kaiser passieren durfte: das Tor des Himmlichen Friedens — Tian An Men.

Qian Men, das Haupttor der früheren Stadtmauer, hatte man nicht abgerissen; es stand dunkel am südlichen Abschluß des Platzes. Zu den beiden majestätischen Tortürmen im Norden und Süden paßten die beiden modernen Kolossalbauten im Osten und Westen mit ihren Säulenfronten gar nicht: die Große Halle des Volkes und das Nationalmuseum. Bis zu den Monumentalporträts von Marx, Engels, Lenin und Stalin, die auf dem Platz aufgestellt waren, sah man kaum Menschen. Einige mehr schienen am Südende zu sein, in der Nähe des Gedächtnispfeilers für die Toten der Revolution.

Dort hatte die Bevölkerung Pekings am Totenfest vor fünf Monaten Kränze, Blumen und Gedichte für den Ministerpräsidenten Zhou Enlai niedergelegt, der im Januar gestorben war. Die Totenehrung wurde zu einer spontanen Demonstration gegen die Linksradikalen in der Führung. In Gedichten und Sprüchen, die an die Blumen geheftet waren, hatten die Menschen gegen den politischen Kurs der Führung und ihre Vertreter protestiert. Maos Frau Jiang Qing wurde auf chinesische Art angegriffen, indem man Lobgedichte auf Maos *erste* Frau schrieb oder Pasquille gegen andere Frauen richtete, die politisch schlecht beleumundet waren. Jeder wußte, gegen wen diese Kritik eigentlich gerichtet war. Mao selbst wurde verschont. Auch der Kaiser war früher nie angegriffen worden. Man hatte sich vielmehr an seine Berater gehalten.

Eine Woche hatten die Demonstrationen gedauert; es kamen jeden Tag mehr Menschen auf den Platz, schließlich waren es über eine Million. Es gab Schlägereien mit der Miliz, eine Polizeistation wurde zerstört, sonst kam es zu keinen größeren Gewaltakten. Als aber Miliz und Polizei eines Nachts die Kränze weggenommen hatten, wurde der Zorn der Menge, die das am nächsten Tag sah, bedrohlich. Der Platz wurde geräumt. An die hundert Demonstranten wurden festgenommen, durch eine Gasse von Milizionären hinter die Mauern der Verbotenen Stadt getrieben und dort mit Knüppeln totgeschlagen. Ein Augenzeuge hat es mir zwei Jahre später erzählt. Die Erinnerung versetzte ihn wieder in heftige Erregung. Noch immer ist über die Vorgänge dieses Tages nicht die ganze Wahrheit veröffentlicht. Wir gingen jetzt über den Platz, zwischen den Monumentalporträts der marxistischen Klassiker, der beiden bärtigen Deutschen und der beiden bärtigen Russen hindurch, zu dem Ehrenpfeiler, der den Toten der Revolution gewidmet war. Es waren nur wenige Menschen hier. Einige hundert? Einige tausend? Sie verloren sich in der Weite des Platzes und standen in dem blaßweißen Mondlicht wie Schatten.

Man konnte über Marmortreppen auf die Empore zur Basis des Ehrenpfeilers gehen. Aber unten an den Treppen hielten Soldaten Wache und sahen uns scharf und böse an. Auf der Südseite des Denkmals drängten sich ein paar Dutzend Chinesen. Es mußte etwas zu sehen sein. Wir wurden mit der Menge nach vorn geschoben. Auf der untersten Stufe der Balustrade lag nur ein kleiner Strauß roter Blumen. Es waren schlichte Gartenblumen. Die Chinesen drängten sich nahe heran, weil sie wissen wollten, ob eine Widmung oder ein Gedicht angeheftet war. Doch es lagen nur die Blumen da.

Es kamen, es gingen Leute. Wir hörten nichts als das Schlurfen der Stoffsohlen auf den Steinplatten. Niemand sprach. Sie flüsterten nicht einmal. Es war unheimlich.

Sie alle hatten mit Maos Tod rechnen müssen, aber sein Tod war tabu gewesen. Wenn man von der Zeit nach seinem Tode hatte sprechen wollen, dann hatte man »in hundert Jahren« gesagt. Schon vor zwei Jahrtausenden sprach man in China, wenn man die Zeit nach dem Tod des regierenden Kaisers meinte, von einer weit in der Zukunft liegenden Epoche, die »nach zehntausend Jahren und wenn tausend Herbste vergangen sind« kommen werde.

Die Menschen standen schweigend und beklommen nebeneinander. Wir bemerkten keine Trauer. Die Szenen der lauten, öffentlichen Klage, des Weinens und Schreiens sahen wir erst in den nächsten Tagen. Da gab man seine Trauer um den Großen Vorsitzenden kund, daß jedermann es sehen konnte. Aber hier im bleichen Mondlicht und auf dem weiten Platz war man wie allein, war man unerkannt. Wir spürten Sorge, Unsicherheit und Angst. Was barg die Zukunft an Unglück?

Wir drei, Franz, Ahrens und ich, waren die einzigen Ausländer auf dem Platz. Aus den Blicken der Chinesen merkten wir, daß wir nicht willkommen waren. Sie wollten allein sein.

Wir gingen zurück zu unserem Wagen. Er stand unter Maos Porträt am Tian An Men, dem Tor des Himmlischen Friedens.

Die Trauer

Der Großlautsprecher auf dem Nachbargrundstück weckte uns am nächsten Morgen nicht mit dem Gesang *Der Osten ist rot,* an den wir uns bereits gewöhnt hatten, sondern mit der »Botschaft an das ganze Volk«, in der Maos Verdienste gewürdigt wurden. Und dann ertönten die chinesische Nationalhymne, die Internationale und ein chinesischer Trauermarsch, alle drei in langsamstem Schritt-Zeitmaß gespielt. Der Lautsprecher war ganz aufgedreht.

Man hörte dieses Programm den ganzen Tag über und auch an den nächsten Tagen. Die ganze Stadt wurde so beschallt, und nicht nur Peking, auch alle anderen Städte, die Volkskommunen, die Fabriken, die entlegensten Siedlungen in den Bergen Yünnans und Tibets, im hohen Norden oder den Oasen der Wüsten Xinjiangs, überall wo es elektrischen Strom gab. In Peking standen Lautsprecher auch im Kaiserpalast und in den Parks. Sie erfreuten das Publikum sonst mit revolutionären Gesängen und Hymnen auf Mao, jetzt aber beschränkten sie sich auf das Trauerprogramm. Wer in Peking Ruhe suchte, mußte in den Zoo gehen. Dort hatte man die Lautsprecher wieder abgebaut, als die Zoologen feststellten, daß der Lärm die Tiere nervös machte. Bedenklich war vor allem, daß die Riesenpandas darunter zu leiden schienen.

Als Lao Liu, der die Aufsicht über die Bediensteten im Hause führte, an diesem Morgen den Tisch deckte, trug er eine schwarze Armbinde. Er war schweigsam. Auch Xiao Wang, »Klein-Wang« genannt, weil er erst zwanzig Jahre alt war und stets Streiche im Kopf hatte, trug eine schwarze Armbinde, auch Lao Huo, der Koch, und Tante Gao. Die weiblichen Bediensteten hießen früher *amah,* südchinesisch für »Tante«. Jetzt wurden sie *ayi* genannt, hochchinesisch für »Tante«. Die frühere Bezeichnung wurde als unpassend angesehen; sie klang nach alter Gesellschaft. In China also wie bei uns: von der Putzfrau zur Raumpflegerin.

Gao Ayi, Tante Gao also, kam weinend durch das Eßzimmer. Sie erzählte, beim Frühstück hätten sie zu Hause alle geweint: ihr Mann, sie und ihre drei Kinder. Sie weinte unaufhörlich über den Tod des Vorsitzenden Mao. Sie weinte beim Bettenmachen, beim Putzen des Badezimmers und beim Bügeln. Mittags waren ihre Nerven so mitgenommen, daß sie nach Hause gehen mußte. Herr Ma, unser chinesischer Telefonist und Dolmetscher, hatte stärkere Nerven. Er war der Sprecher und Älteste unserer chinesischen Botschaftsangestellten. Ich bat ihn zu mir und kondolierte ihm, auch im Namen der deutschen Mitarbeiter. Herrn Ma war keine Trauer anzumerken. Er dankte im Namen der chinesischen Angestellten und für sich selbst, und er brauche noch je drei Paßbilder von meiner Frau und mir für die Führerscheine.

Die Pekinger *Volkszeitung* brachte auf der ersten Seite nur das Bild Maos, schwarz umrahmt, ohne Text. Es war Staatstrauer bis zum 18. September angeordnet worden. Maos Leichnam sollte in der Großen Halle des Volkes aufgebahrt werden. Ich sah jeden Abend die Nachrichten im Pekinger Farbfernsehen. Die Eintönigkeit des Programms in den ersten Tagen war überhaupt nicht zu überbieten: Auf dem Bildschirm erschien ein Standfoto Maos in Schwarzweiß. Ein unsichtbarer Sprecher las den Nachruf, die »Botschaft an das ganze Volk«; seine traurige Stimme war unterlegt von der Nationalhymne, der Internationalen und dem Trauermarsch, alle in langsamstem Tempo. Nachdem der Sprecher den Text vorgelesen hatte, war Stille. Das Bild Maos blieb auf dem Fernsehschirm, und nach einer halben Stunde begann der Sprecher über der Musik seinen Text zu wiederholen. Das war alles an Nachrichten im Fernsehen.

In den folgenden Tagen wurde das Programm etwas abwechslungsreicher: Es wurden Standfotos, meistens Jugendbildnisse Maos, gezeigt. Der Sprecher nannte nur das Jahr der Aufnahme, sonst nichts. Im Laufe der Woche kamen auch einige Bilder vom Langen Marsch und aus der Zeit in Yenan dazu. Es waren alles Aufnahmen, die schon längst bekannt waren. Sie erschienen auch in den Zeitungen. Als ich sie mit Fotos aus meinen Büchern verglich, sah ich, daß manchmal Personen wegretuschiert waren, Lin Biao zum Beispiel. Filme, in denen Mao auftrat, zeigte man nicht, weil in den Filmen der früheren Zeit Personen zu sehen waren, die inzwischen Unpersonen waren. Und aus Filmen kann man Unpersonen nur schlecht herausretuschieren.

Es war in China also ähnlich wie in den übrigen kommunistischen Ländern: Die Vergangenheit war gefährlich. Alte Jahrgänge der amtlichen rumänischen Tageszeitung *Scinteia* waren in den rumänischen Bibliotheken sekretiert und waren nur gegen einen besonderen Erlaubnisschein einzusehen. Entsprechend werden die sowjetischen Zeitungen in Moskauer Bibliotheken behandelt. Auch wer aus einem chinesischen Archiv Ausgaben etwa der Pekinger *Volkszeitung* des Jahres 1965 mit Reden Lin Biaos einsehen möchte, muß das eingehend begründen. Wer vor Maos Tod in Schanghaier Zeitungsarchiven Zeitungen aus den dreißiger Jahren entliehen hatte, entdeckte oft erst zu spät, daß er sich damit sehr verdächtig gemacht hatte. Denn hatte er vielleicht diese Zeitungen gelesen, um Nachteiliges über die Vergangenheit Jiang Qings herauszufinden, die damals ein bewegtes Leben als Schauspielerin in Schanghai geführt hatte?

Der gute Kommunist, der Neue Mensch ganz besonders, soll kein politisches oder historisches Gedächtnis haben, das beweisen kann, daß heute wahr ist, was noch vor einem Jahr als unwahr galt. Es genügt, daß die Partei ein Gedächtnis hat. Sie ist ja Meisterin der Geschichte, die sie immer wieder neu schreibt. In immer neuen Versionen sagt sie, wie es eigentlich gewesen ist.

Erst nach einigen Tagen sah man auf dem Bildschirm wieder

Filmaufnahmen: lange Bildfolgen von weinenden und schluchzenden Männern und Frauen, die an der Leiche des aufgebahrten Vorsitzenden in der Großen Halle des Volkes vorübergingen. Auch Angehörige der Armee und der Miliz, die in Reih und Glied eintraten und dem Leichnam Reverenz erwiesen, überkam es, wenn sie den Toten sahen.

Eine Kindergärtnerin war auf dem Bildschirm zu sehen, die ihren Zwei- und Dreijährigen schluchzend und unter Tränen erzählte, in Peking sei der Große und Gute Vorsitzende gestorben und nie, nie, niemals werde er wieder lebendig. Da fingen auch die Kleinen auf ihren Hockern an herzzerbrechend zu schluchzen, und die Zoom-Linse holte ihre Gesichter ganz nahe heran.

Es waren makabre Bilder. Die Berichte dauerten nicht nur einige Minuten, sondern eine halbe Stunde. Wer am eindrucksvollsten weinte, kam in Großaufnahme auf den Bildschirm.

Alle Mitarbeiter, die die Trauer um Zhou Enlai miterlebt hatten, sagten, damals sei die Trauer echter, spontaner und tiefer gewesen. Zhou war den Chinesen der humane, gütige, den Menschen nähere und verläßlichere Führer gewesen; Mao war der Fordernde, den Menschen entrückte, Blitze schleudernde Veränderer, der sie nie zur Ruhe kommen ließ.

Doch der Echtheitsgrad der Trauer ließ sich nicht bestimmen wie mit Lackmuspapier. Sicherlich trauerten sehr viele um den Verlust des Mannes, der China wieder zu einem Staat, das Volk wieder zu einer Nation gemacht hatte. Die heftige, ungezügelte Totenklage, die uns so fremd und theatralisch erscheinen mochte, hat jedoch wenig mit der Tiefe der Gefühle zu tun. Sie ist in weiten Teilen des Orients üblich, sie beginnt schon auf dem Balkan; wir können sie ähnlich auch in Sizilien erleben. Der Anblick des Toten löst einen Reflex aus: Tränen, Weinen und große Weheklage. Es ist so Brauch. Schon die Kinder haben es so gesehen und gehört. Nicht gemessene, zurückhaltende Trauer ist gefragt, sondern die laute Klage. Vielleicht haben wir es hier mit einem sehr alten, durch Brauch weitergegebenen, zur Natur gewordenen Ritual zu tun, das kathartisch wirkt, das aber über die Tiefe, Nachhaltigkeit und Echtheit der Trauer gar nichts aussagt.

Unklar war uns, wie viele Menschen diese hemmungslose

Trauer spielten oder theatralisch übertrieben, um ihre politische Gesinnung zu beweisen. Ihre Zahl hatten wir wohl weit unterschätzt. Trauer durch lautes Wehklagen kundzutun, um zu beweisen, daß man den Toten auch wirklich geliebt hatte, war von der chinesischen Gesellschaft schon immer gefordert worden. Wer nicht laut klagte, trauerte auch nicht. Ein Sohn, der an der Bahre der Eltern nicht weinte und schrie, der nur ›trockene‹ Trauer zeigte, war pietätlos — der schwerste Vorwurf, den man ihm machen konnte. Später, als die Chinesen offener mit mir sprachen, erfuhr ich von ihnen, wie sie sich unter Druck gefühlt und wie sie ihre Trauerbekundungen übertrieben hatten. Sie wurden von den vorgesetzten Funktionären beobachtet, ihre Trauer wurde registriert und nach oben gemeldet. Nicht nur die Funktionäre, auch alle Kollegen sollten sehen, daß man außer sich vor Trauer über den Verlust des Vorsitzenden Mao war. Alle Chinesen trugen schwarze Armbinden, auch die Kinder. Viele hatten sich eine weiße Papierchrysantheme — Weiß war die alte Trauerfarbe — angesteckt. Auch die Autos trugen große weiße Papierchrysanthemen am Kühler. In die Schaufenster hatte man anstelle der verstaubten Waren oder Attrappen Maos Bild, mit Flor umrandet und mit Papierblumen geschmückt, gestellt.

Doch man sollte die Trauer auch nicht übertreiben. Die chinesische Führung gab bald die Devise aus, »Trauer in Kraft zu verwandeln«. Man sah daher in den Stadtteilen Pekings, die vom Erdbeben besonders betroffen waren, noch zu später Nachtstunde Männer und Frauen der Nachbarschaftsorganisationen in ungewohnter Betriebsamkeit. Sie besserten Schäden an den Mauern aus, karrten Schutt aus den Innenhöfen auf die Straße oder deckten die Dächer neu. Oft sah man lange Kolonnen von Männern, Frauen und Jugendlichen, die noch brauchbare Ziegelsteine aus dem Schutt zogen und sie von Hand zu Hand bis zum Lastwagen weitergaben. In wenigen Tagen waren alle Schutthaufen von den Straßen verschwunden.

Die Bevölkerung war ruhiger, das Leben etwas gedämpfter. Wer Sorgen hatte, verschloß sie. Auch der Nervenzustand von Gao Ayi besserte sich. Es fielen ihr beim Bügeln keine Tränen mehr auf meine Hemden. Sie bemühte sich ebenfalls, Trauer in Kraft zu verwandeln.

11. September
»Chinas Konflikt mit der Sowjetunion wird zehntausend Jahre dauern«, hatte Mao Zedong im Frühjahr zu dem britischen Außenminister Crossland gesagt.

»Auch wenn sich die wirtschaftlichen und zwischenstaatlichen Beziehungen normalisieren?« hatte der Besucher gefragt. »Dann vielleicht neuntausend Jahre«, hatte Mao geantwortet. Sir Murray MacLehose, der britische Gouverneur von Hongkong, hatte mir die Geschichte vor vierzehn Tagen erzählt, als ich ihn besuchte. Ich sagte dazu: »Wenn wir uns darüber einig sind, daß zehntausend und neuntausend Jahre soviel wie ›lange Zeit‹ bedeutet, wird Maos Voraussage eintreffen, obwohl der Planungschef des indischen Außenministeriums, den ich vor einer Woche in New Delhi aufgesucht habe, befürchtet, die Sowjets würden nach Maos Tod wieder Arm in Arm mit den Chinesen auftreten und zu einer gemeinsamen Politik zurückfinden.«

Sir Murray lachte und meinte, die Inder litten seit vielen Jahren unter dieser Zwangsvorstellung.

Nicht nur die Inder. In einem der ersten deutschen Kommentare nach Maos Tod war davon die Rede, daß nun alles offen sei: Wenn sich die Pragmatiker in der chinesischen Führung durchsetzten, würden sie den ideologischen Konflikt mit der Sowjetunion beenden und die Entente Cordiale der fünfziger Jahre wiederherstellen.

Um solchen Spekulationen entgegenzutreten, sandte ich einen langen Drahtbericht an das Auswärtige Amt, in dem ich nachwies, daß der Konflikt zwischen Moskau und Peking sich nicht aus ideologischen Differenzen, sondern aus ganz konkreten Interessengegensätzen entwickelt habe, die nicht nur weiterbestünden, sondern sich sogar verschärft hätten und weiter verschärfen könnten, wenn die Sowjetunion ihre Politik nicht von Grund auf ändere. Gerade die pragmatischen Politiker in der chinesischen Führung würden das erkennen. Maos Nachfolger hätten nur die Wahl, die bisherige Politik der totalen Konfrontation gegenüber der Sowjetunion fortzusetzen oder allenfalls die zwischenstaatlichen Beziehungen zu normalisieren. Die fundamentalen Interessengegensätze würden dadurch aber nicht beseitigt. Eine neue Entente Cordiale zwischen China und der Sowjetunion werde es auf absehbare Zeit nicht geben. Da die Ideologie in dem Konflikt nur eine sekundäre Rolle gespielt habe, sei der Ausdruck ›ideologischer Konflikt‹ falsch und irreführend.

In einem Gespräch, über das schon viel Tusche und Tinte verschrieben worden ist und auf das ich auch bei Außenminister Qiao Guanhua angespielt hatte, sagte der Jünger Zilu zu Konfuzius: »Der Fürst von Wei denkt daran, Sie mit der Regierung zu betrauen. Was sollte Ihrer Ansicht nach als erstes getan werden?«

Der Meister anwortete und sprach: »Am dringendsten ist es, erst einmal die Bezeichnungen richtigzustellen.«

»Wirklich?« antwortete Zilu, »da liegen Sie aber wohl falsch. Was wollen Sie denn mit einer solchen Richtigstellung?«

Der Meister ärgerte sich über diese Antwort und fuhr seinem Jünger über den Mund: »Sind Sie nicht vielleicht etwas unhöflich? Der gebildete Mensch überlegt und denkt erst einmal nach, bevor er von Dingen spricht, die er nicht versteht.

Wenn die Bezeichnungen nicht richtig sind, stimmen die Worte nicht mit der Wirklichkeit überein. Wenn die Worte nicht mit der Wirklichkeit übereinstimmen, bringt man die Regierungsgeschäfte nicht zustande. Wenn man die Regierungsgeschäfte nicht zustande bringt, leiden Sittlichkeit und Harmonie. Wenn Sittlichkeit und Harmonie leiden, werden die Strafen nicht richtig verhängt. Wenn die Strafen nicht richtig verhängt werden, weiß das Volk nicht, was es mit Händen und Füßen tun soll.

Darum hält der gebildete Mensch es für notwendig, daß die Bezeichnungen stimmen und daß seine Worte richtig in die Tat umgesetzt werden. Er duldet in seinen Worten keine Unordnung.«

Soweit, etwas frei übersetzt, Konfuzius in einem seiner *Gespräche.* Wer Chinas Konflikt mit der Sowjetunion lediglich als ideologischen Konflikt bezeichnet, bedient sich eines falschen Begriffs. Es gibt auch andere Beispiele.

Das Wort ›entspannen‹ bezeichnet eine Tätigkeit, ein Handeln. Der Ausdruck Entspannungspolitik traf zu, als beide Seiten, wenn auch nicht mit dem gleichen Ernst, versuchten, die Spannung des Kalten Kriegs zu vermindern. Damals hat die Politik in der Tat eine gewisse, allerdings keine tiefgreifende Entspannung bewirkt. Danach entspannte sie überhaupt nichts mehr. Sie gab nur vor, handelnd eine Lage zu entspannen. Sie handelte jedoch keineswegs, sie ließ nur gewähren und täuschte durch Gesten und gemäßigte Proteste Handlung vor.

»Der gebildete Mensch duldet in seinen Worten keine Unordnung.«

Der Kaiser und die Eitelkeit der Welt

Immer wieder wunderten wir uns über die Bäume. Sie standen nicht nur am Rande unserer Straße, sondern auch an Feldwegen, an Gräben und Kanälen. Früher gab es in der ganzen Ebene bis hin zu den Duftenden Bergen kaum einen Baum. Auf den flachen Feldern standen nur hier und da die hohen Treträder aus Bambus, in denen ein Mann lief wie ein Goldhamster in seinem Käfig und so mit seinem Tretrad einen dünnen Wasserstrahl aus einem Graben auf sein Feld pumpte. Jetzt waren die Treträder verschwunden wie bei uns die Windmühlen. In den Gräben standen Motorpumpen.

Diese Straße, die zu den Dreizehn Gräbern der Kaiser der Ming-Dynastie und zur Großen Mauer führt, und die Straße zum Sommerpalast und den Duftenden Bergen oder Westbergen — das waren die einzigen Straßen, auf denen wir eine kurze Strecke ins Land fahren durften. Was außerhalb Pekings zu sehen erlaubt war, konnten wir an einem Wochenende in aller Muße anschauen. Gerd und Lois Ruge hatten uns und unseren alten Freund Otto Humin zu einem Picknick ins Gelände eines verfallenden Kaisergrabes eingeladen.

Otto war einer meiner ältesten Freunde in China. Er wohnte jetzt zwar in Hongkong, aber er kam fast jeden Monat nach Peking.

Fengshui war die Wissenschaft von Wind und Wasser, im alten China höchst angesehen und unentbehrlich. Niemand hätte ein Haus gebaut, eine Brücke geschlagen, ohne den Geomanten, den *fengshui*-Wissenschaftler, um Rat zu fragen. Auf Wissenschaftler anderer Disziplinen, der Astrologie zum Beispiel oder der Wahrsagekunst, konnte man notfalls verzichten, nicht aber auf den Geomanten, vor allem, wenn es darum ging, eine glückbringende Grabstätte ausfindig zu machen, in der die Ahnen vor üblen Einflüssen der Geister geschützt waren. Für eine günstige *fengshui*-Lage des Grabes dankten die Toten den Nachkommen durch Segen und Glück bis in ferne Generationen. Eine ungünstige *fengshui*-Lage dagegen konnte bewirken, daß die Ahnen im Grabe nicht zur Ruhe kamen und daß die Nachkommen von Plagen und Unglück aller Art heimgesucht wurden: Armut und Krankheit etwa, und die Frauen brachten Mißgeburten oder — fast ebenso schlimm! — nur Töchter zur Welt.

Daß die Dreizehn Gräber der Ming-Kaiser eine ausgezeichnete *fengshui*-Lage hatten, mußte selbst der Laie erkennen: Die Türme mit ihren vielfachen, geschwungenen Dächern, die vor den Grabhügeln standen, lagen in weitem Abstand voneinander in einem Halbrund zweier Hügelzüge, das sich nach Süden öffnete. Natürlich nach Süden! Denn der Kaiser durfte als einziger im Lande in einem Gebäude wohnen, das nach Süden ausgerichtet war. Die Hügelzüge aber schützten die Gräber gegen die bösen Einflüsse, die in China vorzugsweise aus dem Norden kamen — schon damals also.

Der scharfe Kamm der Hügel mit seinen Zacken — man mußte nur richtig hinsehen — hatte die Form zweier schlafender Drachen. Ihre Köpfe hatten sie einander zugekehrt, so wie sie oft auf Reliefs abgebildet waren. Drachen waren in China keine Tiere, die man erschlug und in deren Blut man sich badete, sondern Bringer des Heils und Sinnbilder der kaiserlichen Majestät. Hochgeschätzt und für gewöhnliche Sterbliche unerschwinglich war eine Grabstätte, die einen Fluß zur Linken und einen Drachen zur Rechten hatte. Der Schweinsdrachen, von dem schon die Rede war und der sein Unwesen in Peking trieb, gehörte dagegen wohl zu einer ganz anderen, auch in China ziemlich seltenen Spezies.

Gerd Ruge erklärte uns, daß wir von dieser Straße unter keinen Umständen abweichen dürften. Ein Botschaftsangehöriger sei vor einigen Wochen mit seinem Sohn dort rechts zum Flußbett gegangen, um ein paar Kieselsteine zu sammeln. Er habe schrecklichen Ärger mit einem Wachposten bekommen. Gleich darauf bog Gerd Ruge links von der festgelegten Route ab, und nach etwa einem Kilometer auf einem Feldweg parkte er hinter einer Mauer und vor einem Bach. »Gewissermaßen am Rande der Legalität«, sagte einer. Otto meinte, das *fengshui* dieses Platzes hinter der Mauer sei für illegales Parken besonders günstig.

Über den Bach führte keine Brücke, doch es gab Schrittsteine. Wir zogen also Schuhe und Strümpfe aus und kamen, ohne auszurutschen, ans andere Ufer. Sehr feierlich war der Zugang zum Grab des Ming-Kaisers nicht. Da war keine Allee von Zedern oder Thuja-Bäumen. Wir gingen an Feldern vorbei und durch Obstgärten.

Links am Wege war ein Dorf. Ich wollte es gerne sehen. Ruges meinten, das gehe nicht. Wir seien sowieso *off limits.* Ich anwortete, wir könnten es aber doch einmal probieren. Der Außenminister Qiao Guanhua selbst hatte mich doch aufgefordert, in die Dörfer zu gehen, weil da der Unterschied zwischen damals und heute am besten zu erkennen sei.

»Also gut!« sagte Gerd Ruge, nicht sehr begeistert.

Die Häuser waren aus getrockneten Ziegeln und mit Lehm verputzt. Einstöckig, niedrig. Lehmhäuser sehen ungepflegt und schmutzig aus, innen jedoch können sie durchaus wohnlich sein, wie wir später oft feststellen konnten.

Heute freilich kamen wir nicht so weit. Der Weg war lehmig, jedoch glücklicherweise soweit trocken, daß man um die Pfützen herumgehen konnte. Noch bevor wir ins Dorf kamen, von einem Schritt zum anderen, waren wir in einer Wolke stechenden Gestanks. Er kam aus den offenen Koben, in denen wir Schweine sahen, meistens Säue mit ihren Würfen. Auf der Dorfstraße bellte uns ein kleiner, zerzauster Hund wild an. Frauen kamen aus den Häusern und blieben am Hofeingang stehen. Kinder hoben den Kopf über eine Mauer und starrten auf uns. Ihnen allen stand der Mund offen.

Wir begrüßten die Frauen wohlgemut: *»Ni hao? Ni haoma?«*

Sie antworteten nur gedämpft: *»Ni hao?«* und lächelten nicht. Das Dorf sah so aus wie die Dörfer vor vierzig Jahren. Nur wäre man damals gleich von einer großen Kinderschar umgeben gewesen. Wo die Dorfstraße sich zu einem kleinen

Platz weitete, stand eine Tafel mit gedruckten und geschriebenen Anschlägen. Wir strebten dorthin und wollten mit Ottos Hilfe feststellen, was es zu lesen gab.

Aber drei Männer traten aus einem Tor und winkten uns weg. Sie kamen näher und sagten, hier gehe es nicht weiter. Wir sollten umkehren.

Es war zwecklos zu insistieren. In China ist es zwecklos zu insistieren. Man muß argumentieren und immer neue Gründe vorbringen. Doch es hatte auch keinen Sinn zu argumentieren. Die Männer hatten Angst.

Wir gingen also zurück. Ich war enttäuscht, weil ich nicht wußte, was auf den Anschlägen stand. Aber Otto meinte, das wäre bestimmt nicht aufregend gewesen. Mit Sicherheit könne man sagen, daß auf einem Plakat Deng Xiaoping kritisiert werde, der heute ja an allem schuld sein müsse. Dann würden Ratschläge für das Verhalten bei Erdbeben gegeben und Mahnungen, den Kampf gegen Fliegen und anderes Ungeziefer mit größerer Anstrengung zu führen und ganz allgemein das revolutionäre Bewußtsein zu erhöhen.

Franz fragte: »Warum darf man das aber nicht lesen? Warum darf man nicht in das Dorf? Selbst in Rumänien konnten wir überall hin. Ist hier eine militärische Einrichtung in der Nähe, daß man so besorgt ist?«

»Nichts dergleichen«, sagte Otto, »vielleicht glauben die Chinesen das Gesicht zu verlieren, wenn wir Ausländer sehen, wie niedrig der Lebensstandard, wie schlecht die hygienischen Verhältnisse oder wie primitiv die Ackergeräte sind.«

»Meinen Sie, daß die Bauern so denken?« fragte Lois Ruge.

»Nicht die Bauern. Die Behörden denken so, die die Anweisung gegeben haben, uns nicht von der Landstraße abbiegen zu lassen. Hinzu kommt die allgemeine Geheimniskrämerei der Chinesen.«

»Und warum haben sie Angst«, fragte Franz.

»Ausländer bringen nur Scherereien mit den Behörden ein, Verhöre, Verdächtigungen, Verweise, Strafen«, sagte Otto.

In den Obstgärten begann die Prozessionsstraße mit den großen Marmorplatten. Der erste Grabbezirk, das Vorgelände, war ein Quadrat von vielleicht hundert Meter Seitenlänge. Die Umgebungsmauer stand nur noch zum Teil. Die Ziegelsteine ließen sich sicher beim Hausbau oder für den Bau von Schweinekoben im Dorf gut verwenden.

Drei alte Kiefern standen schräg und mit waagrechtem Geäst in den blauen Himmel. Kiefern sind für viele Chinesen die schönsten aller Bäume.

Li Liweng, der »alte Mann mit dem Bambushut«, schrieb vor dreihundert Jahren, in einem Garten von Pfirsichbäumen, Weiden und Blumen zu sitzen, in dem keine Kiefer stehe, sei als wenn man nur in einer Gesellschaft von Kindern und Frauen sitze, ohne den gestrengen, ernsten Hausherrn, an den man sich halten und zu dem man aufblicken könne.

Alte Kiefern sind in China Personen. Eine ehrwürdige Kiefer am Fuße des heiligen Berges Tai wurde vor über zweitausend Jahren vom Ersten Kaiser zum Mandarin Fünfter Klasse ernannt. Sie steht noch heute, wenn es noch dieselbe ist, und sie ist nicht der einzige Mandarin unter den Bäumen Chinas. Jeder Maler und Kunstliebhaber in China kennt die Willkommens- und die Abschiedskiefer am Jadepavillon unterhalb des Hauptgipfels der Gelben Berge. Auch wir sind später zu ihnen aufgestiegen und haben in der Hütte übernachtet, um die Kiefern und Berge im Morgenlicht und Morgennebel zu sehen: große, ehrwürdige Persönlichkeiten.

Die Kiefern hier im Vorgelände des Kaisergrabs sind auch respektabel, aber sie haben noch keinen Namen. Sie sind noch zu jung, und dennoch auf jeden Fall älter als dreihundertdreißig Jahre; denn der letzte Kaiser der Ming-Dynastie erhängte sich im Jahr 1643, als Peking von einem Heer aufständischer Bauern erobert wurde.

Das Gras stand hoch, und als wir zum Grabturm gingen, mußten wir auf die Marmortrümmer achten, um nicht darüber zu fallen. Wir gingen durch ein kleines halbzerstörtes Tor aus gelben, glasierten Ziegeln. Wir hätten ebensogut um das Tor herumgehen können, denn die Mauer, durch die das Tor früher führte, war abgetragen.

Wir waren nun in einem neuen Grabbezirk. Die Mauer im Hintergrund stand noch. Sie war hoch wie eine Stadtmauer und nicht so leicht abzubauen. In ihrer Mitte stand der Turm. In der Höhe der Mauerkrone trat er etwas zurück und ließ Raum für eine Terrasse. Auf einer schiefen, halbzerstörten

Steintreppe stiegen wir hinauf, hielten uns auf der Terrasse aber respektvoll zurück, wo die Dachziegel zu weit überhingen. Ein ganzer Haufen lag zerbrochen vor uns am Boden; sie waren wohl beim Erdbeben abgestürzt.

Ach, das Dachgebälk! Es war morsch und zerfiel. Die größten Meister ihrer Zunft hatten es vor vielleicht vierhundert oder fünfhundert Jahren ohne Nägel und Schrauben zusammengefügt, höchst kunstvoll und in seiner Konstruktion schwer zu verstehen mit den vielfachen Lagern und Balken, die die Last trugen oder weitergaben. Ein einziger Balken, wie er auf die verschiedenen Blöcke eingepaßt war! Wir sahen einige herausragen: Wunderwerke der Erfindungskraft geometrischer Formen. Sie waren morsch. Sie zerfielen.

Im Turm stand unter einem Gewölbe die Marmorstele mit dem Namen des Kaisers oder wohl eher seiner Regierungsepoche. Wir konnten die Zeichen nicht lesen. Hinter dem Turm lag der mächtige Hügel, unter dem der Kaiser in seiner Grabkammer ruhte. Wir gingen auf der Mauer rings um den Hügel, an die zehn Minuten, und dann zurück zu den Kiefern unten am Turm. Otto machte uns auf eine *Baipi Sung* aufmerksam, eine Kiefer mit silberweißer Borke und einem Stand von drei Nadeln, nicht zwei wie bei ordinären Kiefern. Die *Baipi Sung* stand halbwegs in der Mauer und wuchs fast waagrecht in den Parkbezirk vor dem Turm.

Lois Ruge hatte den Picknick-Korb auf einen Granittisch gestellt, dessen Platte gut und gerne fünf Meter lang war. Wir setzten uns auf einen Stein und klopften die hartgekochten Eier an ihm auf. Nur Otto stand verloren und unschlüssig herum.

»Was ist?«

»Ach«, sagte er, »eigentlich nichts. Aber ihr sitzt auf der Opferplatte, dem Altar für den Kaiser.«

Wir lachten, aber dann setzten wir uns doch in das braune, vertrocknete Gras und aßen da weiter. Das Bier, das uns Gerd Ruge einschenkte, war warm. Es kam aus Tsingtao. Deutsche Brauer hatten, als Tsingtao noch zum deutschen Pachtgebiet Kiautschou gehörte, dort die Kunst des Bierbrauens eingeführt.

Otto hob den Papierbecher mit dem Bier hoch, wandte sich zum Turm des Grabes und zitierte aus dem *Hamlet:*

»Imperious Caesar, dead and turned to clay,
Might stop a hole to keep the wind away —

wie geht es weiter?«

»Ich kann es nur auf deutsch:

O daß die Erde, der die Welt gebebt,
Vor Wind und Wetter eine Wand verklebt!«

Ich dankte Ruges, daß sie uns zuerst dieses verfallene Kaisergrab gezeigt hatten, nicht eins der beiden restaurierten Gräber. »Hier steht die Vergänglichkeit und Eitelkeit der Welt hinter jedem morschen Balken.«

»Und der Tod hinter jeder verfallenen Mauer«, sagte jemand.

»Unchinesisch!« wies uns Otto zurecht, der oft so dachte wie die Chinesen. *»Memento mori!* Das scheußliche Gerippe, das uns ein Bein stellt, uns dahinmäht oder vom Tanz wegzerrt — all das ist Abendland. Hier hat sich der Mensch nie so wichtig genommen. Er ist Teil der Familie, und wenn er stirbt, lebt die Familie ja weiter und er in ihr. Das ist die Hauptsache. Natürlich stirbt auch er nicht gerade gern; aber er stirbt leichter. Für viele von uns ist das wohl schwer zu verstehen, daß man für etwas anderes sterben kann: für Volk und Vaterland, für einen Glauben, eine Überzeugung. Bei uns glaubt der Mensch gerne, es gebe nichts Wichtigeres auf der Welt als ihn selbst.«

»Stirbt man hier auch heute noch so leicht?« fragte Franz.

»Ja«, sagte Otto etwas zögernd, doch dann wiederholte er bestimmt: »Ja, auch heute. Ich denke an die Tausende, die in der Kulturrevolution freiwillig in den Tod gegangen sind, weil sie die Demütigungen nicht auf sich nehmen wollten, die ihnen in den Verhören drohten. ›Der Geist läßt sich töten, aber nicht demütigen‹ ist eine alte chinesische Maxime.«

Ich sagte: »So ist es. Nicht der Tod, sondern die Vergänglichkeit ist das große Thema der Chinesen. Soll ich ein Beispiel erzählen, oder langweile ich euch?«

»Erzählen Sie ruhig!« sagte Gerd Ruge. »Ist noch ein Schinkenbrot da?«

Also erzählte ich: »Vor über zweitausend Jahren stieg der Gouverneur Yanghu auf den Berg Xian bei der Stadt, die damals Xiangyang hieß. Er hatte Freunde und Freundinnen mitgenommen. Oben, wahrscheinlich von einem Pavillon aus, sah man hinab auf die Ebene und den Han-Fluß, aß und trank gut und schrieb Gedichte. Es werden wohl die schönen, glatten und eingängigen Gedichte gewesen sein. Da überkam es auf einmal den Gouverneur Yanghu. Er stand auf, redete und sprach zu den vergnügten Gästen: ›Dieser Berg steht seit Anbeginn der Welt hier, und so wie wir haben schon viele Menschen, reich an Tugend und Weisheit, hier oben gestanden. Aber sie alle sind vergangen und vergessen. Wartet nur, bald sind wir es auch.‹ Und ihm kamen die Tränen.

Nach seinem Tod errichteten Freunde ihm auf dem Gipfel einen Stein, der Tränen wegen, die er über die Vergänglichkeit der Welt vergossen hatte.

Ich bin noch nicht fertig. Es geht noch weiter.

Etwa tausend Jahre später bestieg der Dichter Li Bai, wie die Chinesen, oder Li Tai-peh, wie wir ihn meist nennen, den Berg und schrieb ein Gedicht, in dem es heißt — ich kann es nur in Prosa wiedergeben: ›Der Berg Xian sieht herab auf den Han-Fluß. Blau ist sein Wasser, und der Strand blendet wie Schnee. Hier auf dem Gipfel steht das Denkmal der Tränen, von Wind und Wetter zerfressen, die Inschrift überdeckt von Moos.‹

Das ist meine ganze Geschichte, ohne sie wäre das Gedicht Li Bais nicht verständlich. Und warum ich sie erzähle? Weil Li Bai auf die eine Geschichte von der Nichtigkeit der Welt noch eine zweite gesetzt hat.«

»Gewissermaßen die chinesische Übersetzung von *vanitas vanitatum vanitas«,* sagte Otto.

Wir fragten uns, welcher von den Ming-Kaisern hier begraben liege. Niemand wußte es. Otto meinte, es sei sicher der Kaiser Xizong, der vorletzte Kaiser der Ming-Dynastie, gewesen. Franz fragte, warum gerade er? Aber Otto hatte das »eben so im Gefühl«. Wahrscheinlich weil der Kaiser mit einer Schönheit verheiratet war, die den Namen »Kostbare Perle« trug. »Sie war ein Findelkind, das Kaiserin wurde«, sagte Otto. »Ein Thema für einen Film. Sie war übrigens mehr als eine Perle, sie war ein Engel.«

»Also die Königin Luise von China?«

»Noch engelhafter«, sagte Otto, »ein Engel an einem korrupten, widerwärtigen Kaiserhof, der von Eunuchen beherrscht wurde. Ich stelle mir vor, daß sie dort im Grabhügel neben dem Kaiser liegt, der ein Schwächling, ein Wüstling, ein Wurm war. Der starke Mann am Hof war der Chefeunuch Wei.«

»Kann man ihn einen Mann nennen?« fragte eine der Damen.

»Eine interessante Frage; man sollte darüber nachdenken«, sagte Otto, »jedenfalls war er es, der das Reich lenkte, den Hof terrorisierte und alle Leute, die ihm unbequem waren, rücksichtslos umbringen ließ. Nur einmal trieb er es zu bunt. Er hatte doch die Stirn, im Angesicht Seiner Majestät das Pferd zu besteigen! Über diese Unverschämtheit war der Kaiser so verblüfft und verärgert, daß er befahl, das Pferd unverzüglich zu köpfen. Dem Eunuchen aber geschah natürlich nichts.«

Gerd Ruge goß uns allen noch etwas warmes Bier ein, und wir tranken auf das Andenken der Kaiserin Kostbare Perle. Wir waren jetzt überzeugt, daß sie hier begraben lag, dort hinten in dem Hügel, neben ihrem Gatten, dem Kaiser, dem Schwächling, dem Wüstling, dem Wurm.

Lois räumte auf und packte den Picknick-Korb. Wir gingen und ließen die Kaiserin und den Kaiser in der Einsamkeit hinter dem verfallenden Turm und den verfallenden Mauern zurück. Wir hatten hier keinen anderen Menschen gesehen.

Und des Nachts?

»Nachts«, sagte Otto, »regieren die Füchse in den Gräbern, und das Geheck treibt seine Tollheiten sogar in der Grabkammer und springt über die Särge. Es gibt ein altes chinesisches Gedicht darüber. Die Eitelkeit der Welt.«

An der Bahre Maos

13. September
Die Chang An-Straße, die auf den Platz des Himmlischen Friedens führt, war für den allgemeinen Verkehr gesperrt. Männer, Frauen und Jugendliche in blauer Arbeitskleidung und mit dem Armband der Miliz standen in weiten Abständen auf den weißen Strichen, die die Fahrbahn begrenzten, und deuteten ein Spalier an. Nur die Autokolonnen der Botschaften fuhren zur Großen Halle des Volkes. Der Platz des Himmlischen Frie-

dens war leer. Wir hielten am Nordeingang der Großen Halle des Volkes. Alle ausländischen Botschaftsmitglieder waren eingeladen, vom toten Vorsitzenden Mao Abschied zu nehmen.

Wir gingen die große Freitreppe hinauf. Zwischen den Halbsäulen über dem Eingang hing ein großes Porträt Maos in schwarzem Rahmen. Als wir in die Vorhalle eintraten, geleiteten uns Beamte aus der Deutschland-Abteilung des Außenministeriums zu einem Tisch, auf dem große Bogen von China-Papier ausgelegt waren. Wir schrieben uns ein. Die Beamten führten uns in die Halle, einen breiten und tiefen Saal, zu den Würdenträgern, die in einer Reihe standen: der Marschall Xü Shiyou, Mitglied des Politbüros, unter dessen Schutz Deng Xiaoping lebte; der Uighure Saifudin, zwei stellvertretende Ministerpräsidenten und ein Minister. Ich begrüßte sie mit Handschlag und kondolierte. Der Minister konnte seine Bewegung nicht unterdrücken. Er wandte sein Gesicht ab und weinte. Es war still, nur die Fernsehkameras surrten.

Wir gingen in die Tiefe des Saales. Rechts und links, auf staffeleiähnlichen Dreibeinen, standen die Kränze, darunter auch unserer mit der Schleife des Bundespräsidenten. Vor der Rückwand hing wiederum ein Porträt Maos, von schwarzem und gelbem Flor eingefaßt. Zwischen uns und dem Bild stand die Bahre. Einige Kränze waren daran gelehnt, vorn und in der Mitte der Kranz seiner Frau. Alle anderen Kränze bestanden aus weißen Chrysanthemen, Nelken, gelben Rosen oder Lilien; sie dagegen hatte einen Kranz aus Ähren und Ernteblumen niederlegen lassen. Auf der Schleife stand:

In tiefer Trauer um den verehrten großen Lehrer von seiner Schülerin und Kampfgefährtin Jiang Qing.

Nichts von Liebe, nichts von Ehe, nichts von ihrer Tochter Li Ming. Es war ein politischer Kranz. Daneben standen die Kränze von Maos Kindern; ihre Namen waren aber zum Teil von Blumen verdeckt. Ein Kranz von Maos zweiter Frau He Zizhen, die er im Jahre 1937 verstoßen hatte, um Jiang Qing zu heiraten, und die in Shanghai, als geisteskrank erklärt, unter Hausarrest leben sollte, war nicht zu sehen.

Mao ruhte auf der flachen Bahre. Von der Brust bis zu den Füßen bedeckte ihn eine rote Fahne mit dem Hammer-und-Sichel-Emblem in der Mitte. Er trug die hochgeschlossene graue

Jacke, die von allen Bildern bekannt war. Sein Gesicht war unnatürlich dunkel. Die Gesichtszüge waren gelöst, der Mund ein wenig geöffnet. Auf den letzten Bildern, die vom Mai stammten, sah er älter und hinfälliger aus als jetzt.

Wir blieben eine Minute vor dem Toten stehen und verbeugten uns vor ihm. Er hatte das Volk unter seiner Idee geeint, mit welchen Mitteln auch immer; er hatte glänzende Siege errungen und schwere Niederlagen erlitten. Er hatte große Fehler begangen und viel von dem Vertrauen, das das Volk ihm entgegengebracht hatte, wieder verspielt. Der Mensch galt ihm wenig. Von dem alten konfuzianischen, vielleicht sogar noch früheren Grundsatz, daß der Staat nur die eine Aufgabe habe, für das Wohl des Volkes zu sorgen, hatte er sich weit entfernt. Unter den chinesischen Herrschern gab es nur wenige, die so dachten wie er. Der Erste Kaiser, Qin Shihuang, vielleicht. Nicht dem Volk, sondern der Revolution und einer neuen sozialistischen Gesellschaftsordnung galten Maos Gedanken.

Er konnte ideologische Forderungen erheben, nur um die Massen in Bewegung zu setzen und sich an der Macht zu halten, selbst wenn die Springflut, wie er die von ihm eingeleitete Kulturrevolution einmal nannte, das Land verheerte. »Revolution ist keine Häkelstunde« — dieses Wort von ihm sollte die Grausamkeiten und Greuel dieser Zeit entschuldigen. Es ist kein Ausspruch von ihm bekannt, aus dem Mitleid mit dem Volk spricht, das unter seiner Politik zu leiden hatte. Wohl aber hat man zynische und rohe Bemerkungen von Mao gehört.

Er war nicht loyal. Selbst älteste Kameraden opferte er, wenn es um seine Macht ging. Behende wechselte er seine Anschauungen und Positionen, wenn er sich damit retten konnte. Er kannte alle Listen und politischen Wege und Nebenwege; aber auch er geriet manchmal in Bedrängnis. Es kam vor, daß er die Karten in seiner Hand überreizte und daß er an Macht verlor.

An den großen utopischen Plänen hing sein Herz. Er wollte der große Veränderer sein, die Mauern des alten Hauses, soweit sie noch standen, ganz einreißen. Als in der Kulturrevolution alles verwirrt und in Frage gestellt war, freute er sich, daß die chinesische Gesellschaft ein leeres, weißes Blatt war, auf das man alles neu einzeichnen konnte. Doch was? »Die neuesten und schönsten Worte kann man auf sie schreiben, die neuesten und schönsten Bilder auf sie malen«, hatte Mao gesagt. Aber was für Bilder? Was für Worte?

Er wollte eine neue Sozialstruktur entwerfen, mußte aber nach dem Scheitern des Großen Sprungs Vorwärts zugeben, daß er von Wirtschaft nichts verstand. Er liebte zu tun, was unmöglich schien. »Schon immer habe ich nach den Wolken gegriffen«, beginnt eines seiner Gedichte. Wenn seine Mitstreiter sich jedoch in theoretischen Debatten erhitzten, fand er mit gesundem Menschenverstand schnell Auswege.

Eine seiner größten Leistungen war, daß er, von dem sowjetischen Konzept, ja auch von Karl Marx abweichend und gegen den Widerstand der Komintern und seiner eigenen Parteiführung, sich in dem revolutionären Kampf nicht auf das schwache Industrieproletariat, sondern auf die Bauern stützte und sie für sich gewann.

Seine Beiträge zur Theorie des Kommunismus sind zwar folgenreich gewesen, ihr philosophischer Gehalt und ihre Beweisführung jedoch sind schwach und oft laienhaft; aber er konnte den Kern komplizierter Probleme in lapidarer Einfachheit darstellen. Seine Stärke war, die Mitstreiter und große Teile des Volkes von seinen Ideen zu überzeugen, als er vom Siege noch weit entfernt war. Er wurde die große Autorität, und nach dem Sieg der Revolution für viele ein den Menschen entrückter, fast göttlich verehrter Herrscher. Dennoch gibt es von ihm Aussprüche, Briefe und Unterhaltungen, die von Herzen kommen.

Er war ein Mann, ohne den China heute nicht wäre, was es ist. Er war groß in dem, was er geschaffen hat, groß in seinen Fehlern, groß in seinen Widersprüchen.

Wir verbeugten uns vor dem Toten und wußten, daß das Urteil über ihn stets schwanken, daß die chinesische Geschichte ihn trotzdem zu ihren größten Gestalten zählen und daß sein Bild noch lange auf dem chinesischen Volk lasten wird.

Die Verbotene Stadt

Man nannte den Kaiserpalast von alters her die Verbotene Stadt. Es ist in der Tat nicht ein einzelnes Palastgebäude, sondern inmitten der fast quadratisch angelegten Stadt Peking eine große rechteckige Stadt für sich mit großen Audienzhallen, Tempeln, Verwaltungsbauten, Kasernen, Wohnvierteln, mit großen Plätzen, die hier Höfe genannt werden, und mit Parks.

Diese Stadt in der Stadt war »verboten«. Man sieht es noch heute: Ein Wassergraben und eine mächtige, hohe Mauer mit wehrhaften Toren trennen den Palast von der Stadt Peking. Hier residierte der Sohn des Himmels, der den Auftrag hatte, Himmel und Erde in Harmonie zu erhalten, dort wohnte das gemeine Volk.

Nur wer den Kaiserpalast durch das Tor des Himmlischen Friedens, von Süden her also, betritt, dem erschließt sich der Rhythmus der Anlage und der Wohlklang aller Maße. In der Mitte, auf der Nord-Süd-Achse, folgen die Höfe und großen Audienzhallen aufeinander. Links und rechts davon, also westlich und östlich, in den kleineren Höfen, die von einstöckigen Häusern eingefaßt waren, wohnten früher die Kaiser mit ihren Gattinnen und Konkubinen verschiedenen Ranges und mit den Hofbeamten, die fast alle Eunuchen waren. Heute wohnt niemand mehr in der Verbotenen Stadt.

Ich ging durch eins der fünf tunnelartigen Gewölbe im Tor des Himmlischen Friedens in den baumbestandenen Hof mit den alten Quartieren der Wachsoldaten, trat dann durch das Tor des Korrekten Benehmens — in korrekter Haltung, versteht sich — in den nächsten Hof, wo das Wu Men stand, das gewaltige Mittagstor, wohl an die hundert Meter breit und mit hohen, tiefroten, schmucklosen Mauern. Zwei Flügel zu beiden Seiten des Torgebäudes ragten weit vor, so daß man sich, aus der Weite und Gelassenheit des Hofes kommend, plötzlich übertürmt sah von Mauern: vorn, links und rechts.

Das Wu Men lud nicht zum Durchschreiten ein. Es war drohend und abweisend. Es warnte den, der allzu lässig und selbstbewußt eintreten wollte. Hier vor dieses Tor waren früher die Unglücklichen geschleppt worden, manchmal mitten aus der Audienz heraus, die der Kaiser zum Tode verurteilt hatte, und hier zwischen den hohen Mauern wurden sie stracks hingerichtet.

In etwas gedämpfter Stimmung schritt ich durch das Torgewölbe; aber beim Ausgang auf der anderen Seite stand ich plötzlich vor einem Bild festlicher Heiterkeit. Es war einer jener großen Herbsttage, unter dem blauen Himmel leuchteten das Gelb der glasierten Ziegel auf den Dächern tiefer und der Marmor der Brücken über dem Goldwasserfluß im Hof weißer als sonst.

Auf der Nordseite des Hofes, über einer dreifachen, die Augen blendenden weißen Marmorbalustrade liegt die Halle der Höchsten Harmonie. Und auf sie folgen, wenn man die Treppen hinaufgegangen ist, die Halle der Vollständigen Harmonie und die Halle der Schützenden Harmonie. Die großen Audienzhallen erdrücken den Menschen nicht und machen ihn nicht zum Zwerg. Auf den weiten Höfen fühlt man sich nicht verloren wie auf dem Platz des Himmlischen Friedens, der früher auch menschliche Maße hatte, aber erweitert worden ist, um Platz für Paraden und Kundgebungen zu schaffen. Denn sollte er etwa kleiner sein als der Rote Platz in Moskau? Er ist jetzt viermal so groß.

Die Halle der Vollständigen Harmonie ist ein kleines Juwel. Aber auch die großen Hallen sind nicht pompös, sondern einfach. Sie will nicht imponieren, aber sie wirkt auf den Menschen. Sicherlich liegt das daran, daß die Maße und die Verhältnisse stimmen. Es wäre nicht verwunderlich, wenn man beim Nachmessen eine leichte Kurvatur der Waagerechten wie bei den griechischen Tempeln entdeckte oder errechnete, daß die leicht geschwungene Linie der Dächer, die Proportionen zwischen dem unteren und dem darüberliegenden Dach auf mathematisch einfache Formeln zu bringen sind.

Aber die Baumeister haben wohl kaum so viel gerechnet. Den Sinn für Maß und Harmonie gewinnt in China schon, wer chinesische Schriftzeichen zu schreiben lernt. Yongle, der große Kaiser am Anfang der Ming-Dynastie, der die Hauptstadt von Nanking nach Peking zurückverlegte, hat diesen Palast zu Beginn des 15. Jahrhunderts bauen lassen.

Ich sah von der Terrasse auf die Dächer, alle im leuchtenden kaiserlichen Gelb, die wie Hügel hintereinander aufsteigen und das Sonnenlicht spiegeln. Über ihnen im Norden liegt der Kohlenhügel mit seinen Pavillons und links davon die weiße Dagoba, die Flaschenpagode, die in der chinesischen Architektur merkwürdig fremd und exotisch wirkt.

Ich machte dem Wohnbezirk im Westteil einen kurzen Besuch, da Otto, mit dem ich mich auf den Terrassen verabredet hatte, noch nicht erschienen war. Die Höfe, in denen die Kaiser und Kaiserinnen wohnten, sind klein, die Häuser nur einstökkig. In den Höfen stehen ein oder zwei alte Bäume oder Bronzeplastiken von Kranichen. In einem Hof wartet das Einhorn. Die Höfe sind gepflastert, aber früher standen hier sicher viele Blumen in Töpfen, die ausgewechselt wurden, wenn sie abgeblüht waren; denn die Chinesen pflanzen Blumen nicht in Beeten an. Die Häuser und Höfe sind klein, aber nicht winzig. Man fühlt sich in ihnen nicht beengt, sondern geborgen. »Die Größe des Hauses und die der Menschen, die darin wohnen, müssen miteinander harmonieren«, hat ein chinesischer Ästhet am Ausgang der Ming-Dynastie geschrieben. In den großen Hallen, in denen die Amtspersonen repräsentieren, könnten eigentlich nur Menschen wohnen, die drei Meter groß sind, meinte er. Das Wohnzimmer der letzten Kaiserinwitwe Cixi (Tzuhsi), die über drei Jahrzehnte die Geschicke Chinas lenkte, ist kleiner als der große Salon unserer Botschaft. Aber der Raum ist überladen mit Nippsachen und Kuriositäten. Die Kaiserinwitwe hatte nicht den Sinn der Ming-Kaiser für die einfachen, großen Linien. Sie liebte, wie viele Herrscher der mandschurischen Qing-Dynastie, das Verschnörkelte, Verzierte, Verkünstelte, Bunte und Laute. Schlug auch bei ihr das Erbteil der nördlichen Barbaren durch, obwohl die mandschurischen Herrscher sich so sehr bemühten, Chinesen zu sein?

Vor ein paar Tagen hatte ich einige Fotos von Maos Haus gesehen, das nur wenige hundert Meter westlich im Zhongnanhai-Park lag. Es war ein altes Wohnhaus ganz im Stil dieser kaiserlichen Häuser. Vor dem Eingang wuchs Weißkohl in zwei großen Beeten, an der Seitenfront waren Bohnen angepflanzt. Sein Arbeitszimmer war nicht größer als das eines mittleren Konzernchefs; möbliert aber war es viel einfacher. Die Sessel hätten aus einem billigen Kaufhaus kommen können. Sie waren mit blaukariertem Stoff bezogen. Sein Morgenrock war auf den Bildern zu sehen, und zwar so, daß man auch die Flicken am Ärmel erkennen konnte. Auch seine Schuhe und die abgetretenen, geflickten Pantoffeln wurden im Bild gezeigt. Hinter dem Haus lag Maos offenes Schwimmbecken.

Als ich auf die Terrasse der großen Audienzhalle zurückkehrte, wartete Otto neben der Bronzeschildkröte. Er sagte: »Ich habe eben darüber nachgedacht, wie komisch es uns vorkäme, wenn bei uns ein zentraler Staatsbau, der Plenarsaal des Bundestags etwa oder gar der Kabinettsaal, den Namen ›Halle der Vollkommenen oder Höchsten Harmonie‹ erhalten würde. Aber hier klingt der Name nur seltsam für den, der von chinesischer Geschichte nichts weiß und der nie davon gehört hat, daß der Kaiser den Auftrag des Himmels hatte, die Harmonie zwischen Himmel und Erde zu wahren. Sie haben diese Harmonie auch in ihre Wohnhöfe übernommen, die du eben gesehen hast. Da erkennt man, wie hoch die Kaiser von ihrem Amt und wie bescheiden sie von ihrer Person gedacht haben.«

»Alle?«

»Natürlich nicht alle. Manche waren tyrannisch, launisch und überhaupt unerträglich; aber eine Eigenschaft findet man unter ihnen selten: die Neigung, sich aufzuspielen, die Vorliebe für Pompöses. Ich sehe, du willst widersprechen. Natürlich, für alle zusammenfassenden Urteile dieser Art gibt es Ausnahmen. Ich kenne selbst einige; aber mir kommt es auf die Hauptsache an. In den Höfen der Kaiser und ihren Wohnungen war es gemütlich.«

»Halt!« rief ich, »mit wachsendem Erstaunen höre ich dir zu. Ich will nicht mit kleinen Gegenbeispielen aufwarten. Nur als du von dem Grundatz der Harmonie sprachst, dachte ich an die ›harmonischen‹ gesellschaftlichen Verhältnisse in China während der Kulturrevolution. Wie viele Menschen sind da eigentlich umgebracht worden oder haben sich selbst das Leben genommen? Oder wie viele Menschen sind in der Taiping-Rebellion Mitte des vorigen Jahrhunderts umgekommen? Waren es zwanzig oder dreißig Millionen? Soll ich fortfahren?«

Otto lachte: *»Touché!* Die Harmonie war das Ziel. Gut, man hat es nie erreicht, wohl auch manchmal aus den Augen verloren. Ich gebe das zu. Aber es wurde allen Gebildeten, auch den Söhnen des Kaisers, von Jugend auf eingebleut. Sie gaben es weiter an das Volk. Oder war es im Volk seit jeher vorhanden? Wir wollen uns wieder sprechen, wenn du einmal durch eine chinesische Reislandschaft gefahren bist.«

»Für Mao war die harmonische Gesellschaft sicher nicht Ziel

seines Strebens. Er verkündete ja gerade das Gegenteil: die ständige Revolution.«

»So ist es. Er glaubte nicht an die Harmonie. Auch die Konfuzianer haben nicht geleugnet, daß es Konflikte gibt; sie forderten jedoch den Menschen auf, die Konflikte zu lösen, um der Harmonie näherzukommen und sie vielleicht sogar zu erreichen. Mao aber war so fasziniert von Hegels Denken im dialektischen Walzertakt, daß er den Konflikt als Quelle des sozialen Fortschritts ansah und meinte, jeder Konflikt, der gelöst werde, erzeuge neue Konflikte. Das lief natürlich der Tradition und der herrschenden Auffassung der letzten zweitausend Jahre entgegen.«

»Doch was du von der Gemütlichkeit am Kaiserhofe sagst! Die Wohngebäude und Höfe sind in der Tat gemütlich; aber was sich in ihnen an Intrigen, Verleumdungen, Gewalttätigkeiten, Selbstmord, Mord ereignet hat! Du kennst die Erinnerungen der Prinzessin Der Ling, der Hofdame der Kaiserinwitwe? Was war das für eine erstickende Atmosphäre am Hof, wo Launenhaftigkeit, Willkür, Rankünc und Furcht regierten. Vorgestern sagte mir Lobmann, der polnische Journalist, der über ein Jahrzehnt aus Maos China berichtet hat, die Atmosphäre am Hofe Maos sei ebenso drückend und erstickend gewesen wie einstmals hier in der Verbotenen Stadt.«

»Wenn Jiang Qing anwesend war, sicher!« sagte Otto, der sie für die Tochter des Leibhaftigen hielt. »Und wenn sie als Vorsitzendenwitwe die Macht erringen sollte, dann werden die Leute an ihrem Hofe sich Tag und Nacht zurücksehnen nach der Menschlichkeit und Gemütlichkeit am Hofe der Kaiserinwitwe, der Hexe Cixi.«

Die Trauerfeier

18. September
Wir Ausländer waren zu der Trauerkundgebung, mit der die Chinesen Abschied von Mao Zedong nehmen wollten, nicht geladen. Wir saßen daher vor dem Fernsehgerät und sahen das Programm in ausgezeichneter Farbwiedergabe.

Die Sonne schien hell über den weiten Platz des Himmlischen Friedens. Er war voller Menschen. Ihre Kleidung war blau und weiß, und über ihnen standen die roten Fahnen der Betriebsgruppen, der Nachbarschaftsorganisationen, der Armee- und Milizformationen. Von den Gebäuden rings um den Platz hingen lange rote Banner herab.

Die Menge sah nach Norden, zum Tor des Himmlischen Friedens mit seinen geschwungenen gelben Dächern. Von der Terrasse dieses Tores aus hatte Mao am 1. Oktober 1949 die Volksrepublik China verkündet. Dort hatte er die Huldigungen der Massen und der Roten Garden während der Kulturrevolution entgegengenommen, als sie in breiten Reihen unten vorbeizogen.

Wir sahen nirgends einen Katafalk mit dem aufgebahrten Sarg. Niemand wußte, was mit dem Leichnam geschehen sollte. Meine Mitarbeiter hatten das Gerücht gehört, im Politbüro sei man sich darüber nicht einig. Die einen wünschten, daß er verbrannt und daß seine Asche, wie die Zhou Enlais, verstreut werde. Die anderen wollten, daß er einbalsamiert werde wie Lenin oder Ho Chi Min. Ich zweifelte an diesen Gerüchten, aber, wie sich später herausstellte, zu Unrecht. Die Witwe Jiang Qing war für Verbrennen, Hua Guofeng wollte den Leichnam erhalten.

Es gab später noch andere, makabrere Gerüchte: Man habe Probleme mit der Leiche gehabt. Von wo sollte man in der Eile Meister der Einbalsamierungskunst hernehmen? Natürlich hätte niemand vor dem Tode des Vorsitzenden gewagt, darüber auch nur laut nachzudenken. Aus den Vereinigten Staaten vielleicht? Oder gar aus der Sowjetunion? Man sei auf Vietnam verfallen, hieß es, aber als man sich in Hanoi etwas zierte, habe man beschlossen, die Aufgabe »aus eigener Kraft« zu lösen. Dies sei, hörte man später, aber nicht zu voller Zufriedenheit gelungen.

Viele Leute in der Menge auf dem Platz hatten sich hingesetzt oder hockten. Jetzt kamen Ordner, und alle standen auf. Ein paar Minuten vor drei Uhr traten die Mitglieder des Politbüros aus der Halle, die die ganze Breite des Torturms einnahm. Sie kamen einzeln auf die Terrasse hinaus. Sie sahen ernst drein. Protokollbeamte geleiteten sie an ihre Plätze. Sie standen natürlich in einer präzise festgelegten Rangfolge. Jeder begab sich an seinen Platz, ohne auch nur ein Wort oder einen Blick mit einem anderen auszutauschen. Es gab keine Geste der Höflichkeit, der Verbundenheit oder gar der Herzlichkeit. Sie sahen einander überhaupt nicht. Jeder stand für sich allein, als sei sonst niemand auf der Terrasse. Auch Jiang Qing, die Witwe, stand allein und ganz für sich.

Die Kamera zeigte jeden, wie er an seinen Platz ging, dann erschienen die Mitglieder des Politbüros nur noch in der Totale. Allein die vier Mitglieder des Ständigen Ausschusses des Politbüros, das heißt des obersten Führungsgremiums, wurden gelegentlich hervorgehoben: Hua Guofeng, Ye Jianying, Zhang Chunqiao und der junge Wang Hungwen.

Hua Guofeng sah gelassen und völlig entspannt über die Menge. Er stand in der Mitte. Niemand hatte ihm die Führung bisher nehmen können. Neben ihm stand der junge Wang Hungwen, der Senkrechtstarter aus der Arbeiterschaft, der eine Hubschrauberkarriere gemacht hatte, wie die Chinesen es nannten. Er gehörte zur Gruppe der Radikalen, aber er sah gar nicht radikal aus, eher nervös. Ye Jianying, der alte Marschall und Heerführer, stand hochaufgerichtet und gerade da; aber man hatte gesehen, daß ihm das Gehen beschwerlich war. Zhang Chunqiao, der Schanghaier Intellektuelle, der enge Mitarbeiter Jiang Qings, blinzelte hinter seinen dicken, runden Brillengläsern. Die Sonne war ihm wohl zu grell.

Frau Jiang Qing war zwar korrekt plaziert, aber sie wurde, obwohl Maos Witwe, nicht herausgestellt. Sie hatte einen schwarzen Hosenanzug an. Auf dem Kopf trug sie die Parteimütze, schwarz, und darüber und um das Kinn hatte sie einen schwarzen Schal drapiert, der elegant über die Schulter nach hinten fiel. Etwas zu elegant nach Ansicht der werktätigen Massen — wie wir später hörten —, die den Auftritt der Witwe kritisch beobachteten. Sie aber stand unbeweglich und sah über die Menge der Sterblichen hinweg in die weite Ferne, in die Zukunft vermutlich. Aus dem Ernst ihres Gesichts konnte jedermann erkennen, daß sie bereit war, die Nachfolge ihres großen Lehrers und Mitstreiters anzutreten und die Last der Herrschaft klaglos auf sich zu nehmen. Man sah ihr nicht an, daß sie seit Jahren auf diesen Tag gewartet und geschäftig dafür gearbeitet und intrigiert hatte. Noch immer die Schauspielerin! Das war der lange Blick, den man für die Großaufnahme der letzten Szene bereithielt. Die Fernsehkamera hätte sie etwas von unten aufnehmen sollen, mit der flatternden roten Fahne und dem blauen Himmel im Hintergrund, in ihrem Blick aber den Ausdruck tragischer Größe.

Wang Hungwen, der Hubschrauberkarrierist, hatte nicht ihre Contenance. Er hatte vielmehr Lampenfieber und sah immer wieder auf seine Armbanduhr, um nur ja nicht unpünktlich anzufangen; denn er durfte die Trauerkundgebung leiten.

Punkt drei, nachdem er sich noch einmal auf der Armbanduhr vergewissert hatte, trat er ans Mikrofon und befahl, Haltung anzunehmen und drei Minuten schweigend des Toten zu gedenken. Im gleichen Augenblick nahmen alle Chinesen im ganzen Land Haltung an und gedachten schweigend des Vorsitzenden Mao: die Menschen aller Organisationen, Armee-Einheiten, Fabriken, Schulen, Bergwerke, Unternehmen, Läden, Volkskommunen, Nachbarschaftskomitees und alle Menschen, die sich im Freien bewegten, mit Ausnahme derer, die ihre Arbeit nicht unterbrechen durften — so hieß es in dem Befehl an das Volk. Nach drei Minuten intonierte die Kapelle unten am Tor die Nationalhymne. Die Führerschaft stand weiterhin in Habacht-Stellung. Frau Jiang Qing sah noch immer unbewegten Gesichts in die Zukunft.

Wang Hungwen trat wieder ans Mikrofon und sagte nur einen Satz: »Ich erteile dem Genossen Hua Guofeng das Wort.«

Hua las die Rede nüchtern ab, ohne erkennbare Anteilnahme, fast salopp, als sei es ein beliebiger Text. Ach, was hätte Jiang Qing daraus machen können!

Die Rede gab uns keinen Hinweis auf die Nachfolge; allerdings fiel uns auf, daß alle Standpunkte der Radikalen dargestellt, die der Gemäßigten aber nicht berücksichtigt waren. Sollte das darauf deuten, daß die Radikalen, obwohl sie nun ihrer stärksten Stütze beraubt waren, nicht an einen Kompromiß dachten, sondern ihre militante Politik fortsetzen wollten?

Ein gemeinsamer Leitartikel aller Zeitungen enthielt die Forderung: »Der Vorsitzende Mao hat uns beschworen: Handelt nach den festgelegten Grundsätzen!« Wir wußten von Chinesen, daß der Satz von großer Bedeutung war; aber wir konnten nicht viel damit anfangen. Gab es vielleicht ein politisches Testament Maos? Lag da der Schlüssel zur Nachfolgefrage?

Einmal sah Wang Hungwen, der die Fernsehkameras ganz vergessen hatte, dem Redner ungezwungen über die Schulter in das Manuskript, als wollte er sich überzeugen, daß Hua auch nichts ausließ. Suchte er vielleicht nach diesem Satz von den »festgelegten Grundsätzen«? Hua erwähnte ihn nicht.

Nur einmal appellierte er in seiner Rede an die Einigkeit, aber nur indem er ein vielzitiertes Wort Maos wiederholte: »Praktiziert Marxismus, aber nicht Revisionismus! Seid einig und spaltet euch nicht! Seid offen und ehrlich und konspiriert und intrigiert nicht!« Einige Wochen später erfuhren wir, daß Mao diese »Drei Worte des Tuns und des Nicht-Tuns« Anfang Mai an die Radikalen gerichtet und sie davor gewarnt hatte, »als Viererbande aufzutreten und zu handeln«. Als die Trauerrede im Politbüro vorbesprochen worden war, wollten die Radikalen diesen Passus gestrichen sehen, da die Rede ohnehin zu lang sei. Sie drangen damit aber nicht durch. Huas Rede schloß mit dieser Warnung.

Wieder trat Wang Hungwen vor und gab vor dem Mikrofon das Kommando für drei Verbeugungen vor dem Bild des Genossen Mao, das über dem Tor des Himmlischen Friedens hing. Die Menschen auf dem Platz und auf der Terrasse über dem Tor verbeugten sich dreimal, und die Kapelle spielte die Internationale im Tempo eines Trauermarsches.

Noch einmal trat Wang Hungwen vor und sagte ins Mikrofon: »Die Trauerfeier für den Genossen Mao ist beendet.«

Wie? War das alles? Wir kannten doch die Vorliebe der kommunistischen Führer für lange Reden. Wir sahen auf die Uhr. Die Feier hatte, Schweigeminuten und Hymnen eingerechnet, genau dreißig Minuten gedauert. Und schon sahen wir auf dem Bildschirm, wie in den ersten Reihen die Fahnen geschultert wurden und wie die Formationen, den Fahnen folgend, rechts und links schwenkend abmarschierten.

Man hatte sich von Mao nicht ohne Würde, aber überraschend knapp verabschiedet. War es schwierig gewesen, sich auf einen Redetext zu einigen? Möglich. Sicherlich. Fürchtete man außerdem Emotionen der Bevölkerung? Erinnerte man sich vielleicht an den Aufstand der Massen hier auf demselben

Platz vor fünf Monaten, und dachte man daran, daß dieselben Massen, die damals demonstriert hatten, heute dort unten standen und oben auf der Terrasse dieselben Politiker, die damals den Aufstand brutal unterdrückt hatten? Auch das war möglich.

Man war sichtlich bemüht, die Kundgebung so schnell wie möglich hinter sich zu bringen, und man war froh, als die Menge sich aufmachte und vom Platz abzog.

Die ängstlichen Chinesen

Das also waren die Neuen Menschen! Sie hatten Angst vor uns, Angst, uns zu berühren, Angst, mit uns zu sprechen.

Wir wollten uns in einer Apotheke eine chinesische Kräutermedizin gegen Erkältung kaufen. Von draußen sahen wir durch das Schaufenster in den Laden. Die Verkäuferinnen und Verkäufer, die den ganzen Tag kaum etwas zu tun hatten, standen in munterem Gespräch beisammen. Als wir hereinkamen, sahen sie sich erschrocken an, als seien wir *yang guizi* — »fremde Teufel«, und verschwanden eiligst im Hinterzimmer. Ein Mann mittleren Alters blieb zurück und sagte, er habe keine ausländischen Medizinen. Dies sei eine Apotheke, die nur chinesische Arzneien führe. Er hoffte, wir würden den Laden schnell wieder verlassen. Aber wir dachten gar nicht daran; ich sagte, ich wolle keine ausländische Medizin, sondern eine chinesische Kräutermedizin. Er verstand mein Chinesisch auf einmal nicht mehr. Er hoffte, wir würden endlich gehen. Aber dann sah er, daß es vielleicht doch besser war, auf unsere Wünsche einzugehen. Dann würde er uns wenigstens schnell los.

Früher? Früher wären alle Angestellten aus dem Hinterzimmer gekommen, hätten um uns gestanden, sich über unsere Aussprache amüsiert und nachher vor Lachen ausgeschüttet, und der Prinzipal hätte uns gefragt, woher wir kamen und ob die Erkältung schlimm sei.

Heute? Wenn wir auf der Straße jemand nach dem Weg fragten, kam es manchmal vor, daß uns die Gefragten mit erschrockenen Augen ansahen und schnell weitergingen. Sie wollten mit Ausländern nicht gesehen werden. Mit den Ausländern sollte nur das Notwendigste besprochen werden. Und wenn man einem Gespräch nicht aus dem Wege gehen konnte, wiederholte man den Leitartikel der *Volkszeitung*.

Auch Gespräche mit Offiziellen waren mühsam. Selbst mit Kindern. Man fragte den Schüler, was er später einmal werden wollte. Er antwortete aber nur, was man ihn gelehrt hatte, auf diese Frage zu antworten: »Ich werde das tun, was die Partei mir befiehlt.«

Sie redeten nicht mit uns, weil sie Angst hatten. Sie konnten sich leicht den Vorwurf zuziehen, »das Ausland anzubeten«, bourgeoise Neigungen zu haben oder — noch schlimmer — Agenten und Spione zu sein. Diese Vorwürfe waren schwer zu widerlegen, und es war Sache des Angeklagten, seine Unschuld zu beweisen. Herr Qi erzählte mir später einmal, er habe alle seine Schallplatten aus dem Haus geschafft und vernichtet. Er liebte Mozart.

Es war für uns schwer, etwas über die Vorgänge in China zu erfahren. Man mußte Phantasie entwickeln, um Chinesen kennenzulernen und sie zum Sprechen zu bringen. Gewiß konnte man der Propaganda viel entnehmen, wenn man die Zeitungen richtig las. Die Botschaften der Warschauer-Pakt-Staaten waren allein darauf angewiesen. Die einheimische Bevölkerung las die Zeitungen und wußte, wie der Wind wehte. Sie hatte ein Ohr für jeden neuen Ton und für jede Nuance. Auch Ausländer konnten das bis zu einem gewissen Grad lernen.

Noch wichtiger jedoch war es, den Graben, der uns von den Menschen trennte, zu überwinden. Nicht um subversive Ideen zu verbreiten oder um Staatsgeheimnisse zu erfahren, sondern um zu verstehen, was vor sich ging. Wir fanden mit der Zeit Chinesen, die uns dabei halfen und uns vieles erklärten. Aber es dauerte lange, bis sie uns vertrauten.

Die Ansichten der Experten

21. September
Unser dpa-Vertreter Hans Jürgen Höfer gab einen Abschiedsempfang für Gerd Ruge, der nach Moskau gehen wollte. Es waren viele Journalisten aus West und Ost und China-Speziali-

sten der anderen Botschaften gekommen. Sie kannten die Namen chinesischer Politiker, von denen ich noch nie gehört hatte, und zitierten Aussprüche und Artikel aus den letzten Jahren, die mir unbekannt waren. Ich sah, daß ich noch viel zu lernen und nachzuholen hatte.

Sie unterhielten sich darüber, wer nun wohl Parteivorsitzender werde, ob der Schanghaier Intellektuelle Zhang Chunqiao oder Maos Witwe oder ob Zhang Chunqiao eher das Amt des Ministerpräsidenten anstrebe. Es wurden subtile Gründe für die eine wie die andere Meinung vorgebracht. Einer meinte, die Witwe Maos wolle Partei- und Regierungschefin zugleich sein. Aber das glaubte sonst niemand. Damit würde sie wohl zu hoch greifen. Und einer erinnerte daran, daß bei dem Aufstand im April die Witwe in Gedichten unter dem Namen Isabel Peron angegriffen worden sei. Frau Peron sei Tänzerin, Maos Witwe Schauspielerin gewesen: beides sei in chinesischen Augen gleich schlimm. Andere wollten das nicht gelten lassen.

Daß Hua Guofeng nur eine Kompromißfigur sei, darüber waren sich alle einig; denn nur weil er farblos sei, habe er die Rede auf der Trauerkundgebung halten dürfen. Im Kampf um die Macht mit den alten, in den Intrigen der Parteizentrale erfahrenen, gerissenen Füchsen habe dieser Bauer aus der Provinz überhaupt keine Chance.

Einer meinte, man solle aber auch den jungen Hubschrauber Wang Hungwen nicht vergessen. Er habe sich im Politbüro mit seiner Forderung, die Kundgebung zu leiten, ja durchgesetzt. Mao habe ihn sicher nicht ohne Grund so hoch und so schnell aufsteigen lassen. Bestimmt sei er von der Intelligenz, Geradheit und allgemeinen Tüchtigkeit Wang Hungwens überzeugt gewesen.

Mein Freund Otto lachte und warf ein, seiner Erfahrung nach seien solche Eigenschaften einem Politiker in seiner Karriere nur selten förderlich. Wenn ein alter Politiker nach einem Erben Ausschau halte oder einen jungen Mann in seinem engeren Kreis aufsteigen lasse, dann müsse dieser vor allem ohne Ehrgeiz, ungefährlich, loyal und nützlich sein. Führungsqualitäten seien eher hinderlich, denn die habe man vorerst ja selber noch. »Laßt dicke Männer um mich sein!«

Aber da man hier die ganze Zeit ohne hinreichende Kenntnis von Fakten spekuliere, wolle auch er eine Ansicht beisteuern, für die er gar keine Beweise habe. Hua Guofeng möge zwar eine farblose Persönlichkeit sein, dennoch mache er den Eindruck eines *smooth operators.* Mit dieser Ansicht stehe er aber wohl ziemlich allein da. Die Experten um ihn herum bestätigten ihm das.

Als ich nachher mit Otto auf unserer Terrasse noch ein Glas Wein trank, setzten wir unsere Spekulationen fort. Ich zweifelte ein bißchen daran, daß Maos Reformen den toten Vorsitzenden lange überleben würden. Die großen sozialen Reformprogramme der chinesischen Geschichte, die des Ersten Kaisers Qin Shihuang, die Wang Mangs im ersten und die Wang Anshis im elften Jahrhundert seien bestenfalls so lange in Kraft geblieben, wie die Reformatoren gelebt hätten. Und Wang Mang habe, wie Mao, einige schon zu seinen Lebzeiten zurücknehmen müssen.

»Aber«, sagte Otto, »die Geschichte ist danach doch nicht wieder zu den früheren Zuständen zurückgekehrt. Wir wissen noch nicht, ob die Witwe Maos weiter den Kurs der permanenten Revolution steuert und noch radikalere Ideen einführt, womit sie dann mit Sicherheit scheitern wird, oder ob die Gemäßigten das Schiff in ruhigeres Fahrwasser lenken werden. Das werden wir ja bald sehen. Aber selbst wenn man zurückgeht, wo Mao sich zu weit vorgewagt hat — was er geändert hat, wird noch auf Jahrzehnte das Leben und die Politik Chinas bestimmen.«

»Wo sind eigentlich die großen Sozialreformer in der Geschichte des Abendlandes?« fragte ich, »ich sehe keine.«

Otto erinnerte an Solon, die Gracchen, an den Staufer Friedrich II.

»Allenfalls Solon«, sagte ich, »aber es war doch nur eine kleine Reform in einer Polis. Und die anderen sind erst recht nicht mit den chinesischen Reformen zu vergleichen, etwa mit den Reformen Shang Yangs im vierten und denen des Ersten Kaisers im dritten vorchristlichen Jahrhundert.

Das ganze römische Prinzipat, obwohl jahrhundertelang von Krisen geschüttelt, hat keinen einzigen sozialen oder wirtschaftlichen Reformplan hervorgebracht, der der Rede wert ist.

Erst seit dem 18. Jahrhundert, und eigentlich erst seit Karl Marx denkt man in unserer westlichen Welt darüber nach.«

»Mit unterschiedlichen Ergebnissen«, sagte Otto.

Wer wird ein böses Ende nehmen?

Eine Botschaft kann nur erfolgreich arbeiten, wenn die Mitarbeiter über das, was in der Welt, im Gastland und in der Botschaft selbst geschieht, Bescheid wissen. Ich hatte daher angeregt, daß wir in unserer täglichen Morgenbesprechung umfassender informiert wurden und unsere Erfahrungen austauschten.

Um acht Uhr morgens hörte ich die *Stimme Amerikas,* deren Asiendienst informativer war als die Nachrichten aller anderen Sender. Sie unterrichtete ausführlich über alle wichtigen Ereignisse in Ost- und Südostasien. Das ging bis zu den Taifunmeldungen. Beim Frühstück hörte ich die amerikanischen Nachrichten. Da Franz das verständliche Bedürfnis hatte, zur gleichen Zeit über unser tägliches gemeinsames Programm zu sprechen, entgingen teils meinem rechten, teils meinem linken Ohr wichtige Informationen.

Um acht Uhr dreißig begann unsere Morgenbesprechung. Wir hörten eine komplette Zusammenfassung der Nachrichten, die die *Deutsche Welle* und der chinesische Inlandsfunk anderthalb Stunden vorher gesendet hatten. Die chinesischen Nachrichten berichteten schon in Kurzform über die wichtigsten Artikel und Leitartikel der Zeitungen, die wir gewöhnlich erst mittags oder nachmittags erhielten. Unsere beiden Dolmetscher gaben dann eine Übersicht über die Artikel, Kommentare und Leserbriefe der *Volkszeitung* und der *Guangming-Zeitung* vom Tag vorher. Die englischen Meldungen der amtlichen Nachrichtenagentur *Xinhua* wurden diskutiert, kommentiert und gewertet.

Gegen neun Uhr fünfzehn waren wir über die wichtigsten Ereignisse, soweit sie von den chinesischen, amerikanischen und deutschen Medien gemeldet worden waren, unterrichtet. Wir informierten uns über das, was wir im Laufe des vergangenen Tages in Gesprächen mit Chinesen in den Ministerien, bei

Empfängen und Essen und was wir im Austausch von anderen Diplomaten erfahren hatten, soweit es nicht vertrauliche Themen waren. Die Morgenbesprechung gab uns Anregungen für Berichte, Nachforschungen, Vorschläge und Aktionen und half uns, da jeder angesprochen war und seine Ansichten sagen sollte, zu einem ziemlich einheitlichen Meinungsbild der Botschaft.

Wenn wir um halb zehn in unsere Büros zurückkehrten, fanden wir auf unseren Tischen den Informationsdienst des Bundespresseamtes, der in der Nacht über Funk eingetroffen war, und die entzifferten Fernschreiben aus Bonn.

Am 6. Oktober berichtete unsere Dolmetscherin, Frau Gareis, über einen langen programmatischen Leitartikel der *Guangming-Zeitung* von Liang Xiao, dem Pseudonym, unter dem die radikale »Kritikgruppe« der beiden Pekinger großen Universitäten schrieb. Er trug die Überschrift »Ewig nach den festgelegten Grundsätzen des Vorsitzenden Mao handeln!« und war in dem unerträglichen, verlogenen Pathos geschrieben, mit dem die Presse offenbar glaubte, »die Massen« begeistern und überzeugen zu können:

»In diesem feierlichen Augenblick, da die ganze Partei, die ganze Armee und die Volksmassen aller Nationalitäten des ganzen Landes entschlossen sind, Trauer in Kraft zu verwandeln, dem Vermächtnis des Vorsitzenden Mao zu folgen und zu schwören, die permanente Revolution unter der Diktatur des Proletariats bis zum Ende zu führen, wird der Auftrag des Vorsitzenden Mao, ›nach den festgelegten Grundsätzen zu handeln‹ studiert, und unser Kampfeswille wird dadurch stärker. Der Auftrag des Vorsitzenden Mao leuchtet klar wie Gold...«

Bald aber ging der Artikel zu dunklen Andeutungen und ominösen Warnungen gegen die Anführer der revisionistischen Linie über, die die festgelegten Richtlinien verfälschen wollten.

Wer war gemeint? Deng Xiaoping? Den hätte man bei Namen genannt. Meinte man etwa Hua Guofeng, der die angeblich festgelegten Grundsätze in seiner Rede nicht erwähnt hatte?

Der Artikel sprach davon, daß man kämpfen und das Volk über die Kapitulanten aufklären werde: »Vor einem solchen aufgeklärten Volk wird schließlich jeder revisionistische Rädelsführer, der es wagt, die festgelegten Grundsätze des Vorsitzenden Mao zu verfälschen, ein böses Ende nehmen!«

Nun, das war starker Tobak! Hier wurde einem nicht beim Namen genannten Rädelsführer der Kampf bis aufs Messer angesagt. Der Artikel gab eine Menge Rätsel auf, aber eins war gewiß: Der Kampf um die Nachfolge Maos hatte jetzt im Ernst begonnen.

In der Anti-Imperialismus-Straße

Früher hieß sie Legations Street, als ich sie im Jahr 1976 wiedersah, hieß sie Fandi Lu — Anti-Imperialismus-Straße, seit 1982 trägt sie wieder den alten Namen aus der Zeit, als hier die ersten fremdländischen Gesandten aus dem Westen, russische nämlich, wohnten. Sie heißt jetzt, wörtlich übersetzt, Gasse der Völker des Verkehrs mit dem Westen. Sie läuft parallel zu der hohen Stadtmauer durch das langgestreckte Rechteck des Gesandtschaftsviertels, und in zehn Minuten oder einer Viertelstunde kann man von einem Ende zum anderen gehen. Die Stadtmauer steht nicht mehr. Auch Hartungs Foto-Geschäft am Eingang der Straße ist verschwunden. Aber sonst ist fast alles geblieben. Es ist nur alles kleiner geworden und geschrumpft. Aber das liegt wohl am Alter der Augen: Die Perspektive hat sich mit den Jahren geändert. Man könnte glauben, in einer europäischen Kleinstadt zu sein, wo die Zeit seit fünfundsiebzig Jahren, seit 1900, dem Jahr des Boxeraufstandes, stillsteht.

Die Deutsch-Asiatische Bank an der Ecke, im reinsten wilhelminischen Stil erbaut, verfällt. Beim Erdbeben im Juli ist ein Teil des Dachturms in den Vorgarten gestürzt. Einige Fenster sind dabei zu Bruch gegangen. Wind und Regen dringen in die Zimmer ein. Auch der Turm der katholischen Kirche, ein paar Schritte weiter, hat gelitten. Das Turmkreuz hängt schief und wird wohl bald herabfallen. Man könnte es als Sinnbild für die Lage der christlichen Kirchen in China nehmen. Vor dem Portal lagern Balken. Es ist nicht zu übersehen, daß die Kirche geschlossen ist. Vielleicht dient sie als Lagerraum für den Gemüse- und Obstladen an der Straßenecke.

In den Hof der früheren Französischen Botschaft kann man nicht hineinsehen, obwohl das Tor offensteht. Die Geistermauer hindert nicht nur die Gespenster am Eintritt, sie verwehrt auch uns den Blick. Früher soll hier Prinz Sihanouk gewohnt haben.

Das Kontor der alten, früher so mächtigen britischen Ostasienfirma Jardine, Matheson ist in erbärmlichem Zustand. Die Fensterscheiben sind zerbrochen, manche mit Pappe ausgebessert. Innen stehen Bretter und Stangen im Halbdunkel.

Unsere alte Botschaft liegt daneben. Von der Straße aus ist nur die hohe Mauer zu sehen, in ihrer Mitte das alte Tor. Die beiden massiven Torflügel aus Holz sind dunkelrot lackiert und glänzen. Das geschwungene chinesische Dach darüber ist in gutem Zustand. Aber die beiden schönen chinesischen Marmorlöwen, die rechts und links vom Eingang standen, sind nicht mehr da. Vielleicht haben sie sich auf und davon gemacht, sind wieder zu ihrem angestammten Platz zurückgekehrt und bewachen wieder einen Tempel oder das Grab eines kaiserlichen Prinzen oder eines hohen Würdenträgers.

Das Tor ist nur einen Spalt weit geöffnet, aber ich kann doch sehen, daß in dem Park noch alte Bäume und die alten Häuser stehen, die allerdings auch kleiner als früher sind. Das bescheidene, einstöckige Haus gleich links vom Eingang war früher die Residenz. Es sieht gepflegt aus. Ein Wachhabender blickt mich mißtrauisch an. Ich frage, wer jetzt hier wohnt; aber er antwortet gar nicht. Er schließt das Tor. Später erfahre ich, daß hier Gäste der Partei oder des Staates untergebracht werden.

Vor vierzig Jahren war ich zum ersten Mal durch das Tor gegangen, um auszukundschaften, wo man in Peking billig oder vielleicht sogar kostenlos wohnen könne. Der chinesische Torhüter hatte auf deutsch gesagt, nachmittags arbeite doch niemand. Aber er ließ mich dann doch zu einem Herrn in dem Parkgelände gehen, der mit einem hohen mongolischen Bogen auf eine kleine Scheibe schoß. Er trug einen mongolischen Kittel, mongolische Hosen und mongolische Stiefel. Man sieht, er hielt auf Stil. Das war vielleicht ein Zug der Zeit — und kein unsympathischer. Es war der Gesandtschaftsrat Hans Bidder, ein bedeutender Kenner der chinesischen Geschichte, Kultur, Politik und Sprache. Herr Bidder war darüber hinaus ein Menschenfreund: Er vermittelte dem Studenten für mehrere Wochen kostenloses Logis im Deutschen Hospital.

Einige Jahre später, während des Krieges, nunmehr Attaché und nach Schanghai versetzt, ging ich wieder durch dieses Tor. Damals war Peking weit vom Weltgeschehen, ja selbst von den Ereignissen in China entfernt. Die Nationalregierung Tschiang Kaischeks hatte ihren Sitz in Tschungking, die von Japan abhängige Marionettenregierung in Nanking; und das Wirtschafts- und Finanzzentrum war Schanghai. In Peking war nur, was die Geschichte an Dingen und Menschen zurückgelassen hatte. Nur? Es war viel; aber es war zuwenig für die Arbeit der Botschaft. Man las den *Peking Chronicle,* ein vierseitiges Blatt in englischer Sprache, das nur die Meldungen der japanischen Nachrichtenagentur *Domei* enthielt. Man besuchte einander in den Büros, vertrieb sich die Zeit und wartete auf das Ende und wünschte doch, es werde nie kommen.

Ich wollte zum Deutschen Hospital. Ich mußte es suchen. Es war besonders winzig geworden, von einem viel größeren chinesischen Krankenhaus umbaut, und deutsche Ärzte arbeiteten hier natürlich nicht mehr. Aber die Mauer, über die man steigen mußte, wenn man abends nach zehn Uhr hinein wollte, stand noch.

Als die alliierten ausländischen Truppen im Jahr 1900 die fremdenfeindlichen chinesischen Aufrührer, die ›Boxer‹, die das Gesandschaftsviertel belagerten, vertrieben hatten, ließen sie um dieses Quartier eine Mauer ziehen und zwangen die chinesische Regierung, es als exterritoriales Gebiet anzuerkennen. Es stand seitdem unter der Verwaltung der diplomatischen Vertretungen, die Schutztruppen darin stationiert hatten: eine fremde Stadt, fremdes Hoheitsgebiet mitten in der chinesischen Hauptstadt, unmittelbar gegenüber der Mauer des Kaiserpalastes. Es war keinem Chinesen erlaubt, im Gesandtschaftsviertel zu wohnen. Heute dürfen hier keine Ausländer mehr wohnen. Die Botschaften sind in andere Stadtteile verlegt worden.

Es wäre ein leichtes, den historischen Charakter des Viertels zu bewahren; aber danach steht den Behörden nicht der Sinn. Es ist für die Chinesen ein Denkmal der Demütigungen, die das Reich der Mitte von den damals hier residierenden Vertretern der fremden Mächte erleiden mußte. Aber es ist gleichermaßen ein Denkmal der törichten Politik der Kaiserinwitwe, ihres Hofes und ihrer Berater, die vor der Welt die Augen verschlossen und die China nicht den Weg führen wollten, den Japans Kaiser Meiji im Jahre 1868 eingeschlagen hatte. Die Kaiserinwitwe und ihr Hof wollten keine Reformen. Sie hinderten China daran, den Weg zu gehen, der Japan in wenigen Jahrzehnten aus einem mittelalterlichen Feudalstaat zu einem modernen Industriestaat machte. China hat, was es damals versäumte, bis heute noch nicht nachgeholt. Bei weitem noch nicht.

Wollen die Chinesen keinen Handel treiben?

Ich machte meinen Antrittsbesuch bei dem Außenhandelsminister Li Qiang. Er war wohl Ende Sechzig und schien ein freundlicher alter Herr zu sein. Bevor er sprach, formte er die Worte mit dem Munde, und seine Kiefer mahlten dabei. Fragen beantwortete er manchmal nur halb, oder er wich charmant plaudernd plötzlich vom Thema ab. Anfangs schrieb ich das schonungsvoll seinem Alter zu, bald aber merkte ich, daß er stets einen guten Grund hatte, wenn er auswich. Man durfte ihn nicht unterschätzen.

Ich sagte, da der Presse zufolge die Ernte gut ausgefallen sei und wir vor allem Agrarerzeugnisse importierten, seien die Aussichten für Käufe in China doch wohl gut. Aber Herr Li Qiang sprach von Überschwemmungen in dieser und Trokkenheit in jener Provinz. Er sprach vom Erdbeben in Tangshan. Der Verkehr leide noch immer. Der chinesische Eigenbedarf an Öl und Kohle sei groß. Rohstoffe könne China ohnehin nicht exportieren. Er schilderte mir also wohlgelaunt, warum China nichts ausführen könne und warum es alle seine wirtschaftlichen Probleme mit eigener Kraft lösen müsse. Ein Interesse an einer Steigerung des Außenhandels war nicht zu entdecken.

Ich dachte, als ich in der Botschaft den Bericht über das Gespräch schrieb, an den Brief, den der Kaiser Qianlong (Ch'ien Lung) an König Georg III. gesandt hatte, als Lord Macartney mit seiner prächtigen Delegation und vielen Geschenken im

Jahr 1793 zu Besuch in Peking war und für eine Ausdehnung des Handels mit Großbritannien plädierte.

»Wir haben alles«, schrieb der Kaiser, »und Wir legen keinen Wert auf kuriose, sinnreich ausgeklügelte Gegenstände. Wir brauchen die Erzeugnisse Ihres Landes nicht, denn Unser Land besitzt alle Dinge im Überfluß. In unseren Grenzen fehlt es uns an nichts. Es besteht daher keine Notwendigkeit, Produkte der ausländischen Barbaren einzuführen und gegen Unsere eigenen zu tauschen. Aber da Tee, Seide und Porzellan, die Unser Reich erzeugt, für die europäischen Nationen und für Sie unentbehrlich sind, haben Wir als besonderes Zeichen Unserer Gunst erlaubt, daß sich ausländische Kaufleute in Kanton niederlassen, um den Bedarf ihres Landes zu decken und um auch Ihr Land unserer Wohltätigkeit teilhaftig werden zu lassen.«

Als ich mich Anfang 1980 von Li Qiang verabschiedete, erinnerte ich ihn an unser erstes Gespräch. Er lachte und sagte: »Ich war damals in einer schwierigen Lage. Die Viererbande und ihre Anhänger warfen mir vor, ich betreibe den Ausverkauf Chinas. Wenn ich ausländische Maschinen einführte, bekam ich zu hören, ich betete ausländische Erzeugnisse an. Man sagte, man müsse mir nun endlich das Handwerk legen. Ja, es wurde sogar erwogen, das Außenhandelsministerium ganz aufzulösen.«

Antrittsbesuch bei einem Kollegen

Wir machten jeden Tag einen Antrittsbesuch bei ein oder zwei Kollegen aus dem Diplomatischen Korps. Eines Nachmittags waren wir bei dem Botschafter der DDR und seiner Frau.

Als wir vor dem Eingang aus dem Wagen stiegen, trafen wir gleich auf zwei alte Bekannte: die beiden alten chinesischen Marmorlöwen, die einst ein Kaiserlicher Gesandter rechts und links vor der Einfahrt zur Gesandtschaft des Deutschen Reichs in der Legation Street hatte aufstellen lassen. Sie waren also keineswegs gehorsam an ihre alten und angestammten Plätze vor einem Tempel oder Fürstengrab zurückgekehrt; sie bewachten jetzt vielmehr die Botschaft des Arbeiter- und Bauernstaates. Als ich zwischen ihnen hindurchschritt, sahen sie zur

Seite und taten sehr beschäftigt: der Löwe, indem er mit einer Kugel, die Löwin, indem sie mit ihrem Jungen spielte. Sie waren verlegen. Man konnte es verstehen.

Herr und Frau Liebermann hatten beide Sinologie studiert. Sie lasen und sprachen fließend Chinesisch. Schon in den sechziger Jahren, in den schlimmsten Zeiten der Kulturrevolution, waren sie hier auf Posten gewesen, Herr Liebermann zuletzt als Geschäftsträger. Frau Liebermann arbeitete in der Botschaft mit. Sie wertete die Presse aus. Beide lasen die Zeitungen genau, und es entging ihnen wenig. Später bemerkte ich, daß sie — wie jeder, der seine Informationen vorzugsweise aus der Presse bezieht — dazu neigten, zuviel in die Artikel hineinzulesen.

Wir unterhielten uns höflich und freundlich. Ich sagte, daß wir auf unseren Posten weder die Deutschland- noch die Berlinfrage würden lösen können. Es wäre nicht sinnvoll, sie hier im Gastland künstlich hochzuspielen. Herr Liebermann schloß sich dieser Ansicht vorsichtig an. Vielleicht irre ich mich, aber manchmal schien mir, als fühlten sie sich in ihrer Haut nicht wohl und als seien sie bedrückt.

Herr Liebermann hoffte, nun, nach dem Tode Maos, werde sich viel ändern und vielleicht werde sich Peking der Sowjetunion gegenüber auch etwas freundlicher verhalten. Das würde sich dann auch auf die DDR auswirken. Ich fragte, ob er erwarte, daß es wieder zu einer Entente Cordiale zwischen China und der Sowjetunion kommen werde. Das glaubte er nicht. »Bestenfalls«, sagte er, »wird es so wie zwischen der DDR und der BRD.«

Herr Liebermann war ein Karrierediplomat ohne hohe Parteifunktion; er schien daher wenig Freiheit zu haben. Oder war er von Natur aus vorsichtig? Er hielt sich jedenfalls eng an die Weisungen und Sprachregelungen seiner Zentrale. Nach dem sowjetischen Einmarsch in Afghanistan hörte mein Vertreter Franz Keil, der Nachfolger Berendoncks, ihn sagen: »Ich weiß gar nicht, warum sich alle so aufregen: Die Afghanen gehörten doch schon zu uns.«

Die Afghanen schienen anderer Ansicht zu sein.

Auch meine und seine Ansichten lagen weit auseinander.

10. Oktober
Irgend etwas war los. Gestern, am Samstagabend, waren Ahrens und Bertram vorbeigekommen und hatten berichtet, sie hätten an einigen Mauern der Stadt meterhohe Schriftzeichen gesehen, die den Beschluß des Zentralkomitees begrüßten, Hua Guofeng zum Vorsitzenden des ZK und der Militärkommission zu ernennen: zum Nachfolger Maos also. Aus Schanghai erfuhren wir telefonisch, dort seien Wandzeitungen mit dem gleichen Inhalt zu sehen. Das Zentralkomitee pflegte nach dem Grundsatz des Konsenses zu entscheiden, jedenfalls in der Regel. Sollten alle, auch die Radikalen, für Hua gestimmt haben, der damit an der Spitze der Partei, der Streitkräfte und als Ministerpräsident auch an der Spitze der Regierung stehen und mehr Ämter haben würde als Mao?

Am Morgen kamen Ahrens und Bertram wieder: Die großen Wandzeitungen waren in der Nacht abgerissen und mit neuen überklebt worden, in denen begrüßt wurde, daß das Zentralkomitee beschlossen hatte, Maos Werke herauszugeben und eine Gedenkhalle für ihn zu errichten. Hatte das Zentralkomitee mit seinen zweihundert Mitgliedern getagt, und niemand hatte etwas davon bemerkt?

Man hörte viele Gerüchte, aber sie widersprachen sich meistens. Eins wollte wissen, Maos Witwe und die drei Schanghaier Radikalen seien ausgeschaltet worden. Was hieß »ausgeschaltet«? Hatte man sie an den Sitzungen des Politbüros oder des Zentralkomitees nicht teilnehmen lassen? Waren sie ausgeschlossen worden? Irgend etwas war los, aber wir wußten noch nicht, was.

Ein Abend wie jeder andere

10. Oktober
Es war ein Abend wie jeder andere. Nur ungemütlich kalt. Es regnete. Wir zogen uns warm an, denn das Szechuan-Restaurant war in einem alten chinesischen Haus mit vielen Höfen untergebracht, und wir zweifelten, ob da schon geheizt wurde.

David Dean, der amerikanische Geschäftsträger, hatte uns zu einem kleinen Abendessen zu Ehren von Arthur Burns eingeladen. Arthur Burns, schon über siebzig, war Vorsitzender des Federal Reserve Board und ein finanzpolitisches Schwergewicht der Vereinigten Staaten. Außer uns war der britische Geschäftsträger Nick Fenn mit seiner Frau beim Essen.

Die Küche der Provinz Szechuan (Sichnan) ist wegen ihrer scharfen Speisen bekannt. Deng Xiaoping pflegte früher oft in diesem Restaurant zu essen. Daher galt das Personal als unzuverlässig. Es wurde entlassen, neues wurde hierhin abgeordnet und der Name geändert. Es hieß jetzt Chengdu-Restaurant.

Mr. Burns war ein recht wortkarger Herr. Wir hätten bei Tisch gerne über die chinesische Innenpolitik diskutiert; aber er war ja gerade erst angekommen und schien sich ohnehin mehr für Wirtschaft und Finanzen zu interessieren. Jedenfalls wurde er lebhafter, als wir über die Sonderziehungsrechte des Weltwährungsfonds sprachen.

Nach dem Essen gingen wir in den südlichen Teil des Raumes, wo Sessel standen und Tee an kleinen Tischen serviert wurde. Mr. Burns sprach mit den Damen. David Dean, Nick Fenn und ich standen zusammen.

David Dean fragte, was wir von den neuesten Nachrichten hielten. Ich antwortete, mir scheine die Lage noch unklar: Was haben die Radikalen vor? Wie werden sie reagieren?

»Vielleicht können sie gar nicht reagieren«, warf Nick Fenn ein.

»Vielleicht«, sagten wir beiden anderen. »Das ist es eben! Es gibt so viele Gerüchte. Niemand weiß etwas Genaues.«

»Ich habe gehört«, sagte Nick Fenn, »sie seien verhaftet.«

David Dean hatte gehört, sie seien entmachtet, und ich, sie seien ausgeschaltet. Das deutete eher darauf hin, daß man sie aus dem Politbüro ausgeschlossen hatte. Nick Fenn sagte, er habe aber ganz klar verstanden, sie seien verhaftet worden.

Ich fragte, ob sie diese Nachricht schon an das State Department oder Foreign Office weitergegeben hätten.

»Nein«, sagte David Dean, »ich habe es ja heute erst erfahren, *and it is too good to be true.*«

»Nein«, sagten auch Nick Fenn und ich. Wir hatten es nicht gewagt, eine so sensationelle Nachricht ungeprüft weiterzugeben. Vielleicht waren wir alle derselben Quelle aufgesessen. Der eine sagte, seine Information komme von einer mittleren Funktionärin aus dem Erziehungswesen; der andere hatte die seine von einem niedrigen Funktionär, der gute Beziehungen zur Parteispitze hatte. Ich nannte den Status meiner Quelle. Die Namen gaben wir nicht preis. Die Nachricht kam aus drei verschiedenen Richtungen.

»It is too good to be true«, sagte David Dean wieder.

Wir fragten uns, ob man uns die Nachricht vielleicht zugespielt habe; aber dann wäre sie präziser gewesen. Auch andere Umstände sprachen dagegen.

War es vielleicht nur ein Gerücht, das sich mit Windeseile in der Stadt verbreitete, weil die Leute es glauben *wollten?* Wir konnten es nicht ausschließen.

David Dean war kurz vor dem Essen am Flugplatz gewesen und hatte die beiden Senatoren Mansfield und Glenn verabschiedet, die in Peking zu Besuch gewesen waren. Nancy Tang, die langjährige Dolmetscherin Maos, begleitete die beiden Senatoren. Als David Dean sie fragte, wo Jiang Qing wohl heute sei, hatte Nancy Tang keine Miene verändert, sondern in die Luft geguckt und gesagt: »Ich vermute, in Peking.« Sonst nichts.

Wir waren uns zwar noch nicht ganz sicher, aber sicherer als vorher. *»But it is too good to be true«*, sagte David Dean, der immer noch skeptisch war. Wir wandten uns dem arg vernachlässigten Ehrengast Arthur Burns zu.

Das Essen in chinesischen Restaurants beginnt früh, und um neun Uhr geht man nach Hause. Heute war Gerd Ruges letzter Abend in Peking. Wir hatten für zehn Uhr ihn und Lois und ein Dutzend ihrer Freunde, Journalisten und Diplomaten zu uns eingeladen.

Alle waren sich darüber einig, daß die Lage konfus sei, und alle meinten, es komme jetzt darauf an, was die Radikalen täten. Ihr Artikel in der *Guangming-Zeitung* sei die Fanfare zum Kampf gewesen. Sie ließen sich nicht so leicht in die Ecke drängen. Sie hätten eine starke Basis in Schanghai. Und durch Maos Neffen Mao Yuanxin auch in der Nachbarprovinz Pekings, in Liaoning, sagte einer.

Niemand sprach von Verhaftung, Entmachtung oder Ausschaltung. Ich fragte, ob jemand wisse, wo die Radikalen sich aufhielten. Einer der Gäste vermutete, sie seien in Schanghai, um die Basis für den Kampf vorzubereiten, und die Gemäßigten hätten die Gelegenheit benutzt, Hua in den Sattel zu heben.

Der junge Gerson, in der Britischen Botschaft für Außenpolitik zuständig, sah mich an und legte seine beiden Handgelenke gekreuzt übereinander, unauffällig.

Gerüchte und Berichte

11. Oktober

Um elf Uhr dreißig Pekinger Zeit ging mein verziffertes Fernschreiben mit dem Eilvermerk *citissime!* an das Auswärtige Amt ab. Es war vier Uhr dreißig mitteleuropäischer Zeit. Bei Dienstbeginn lag es also auf dem Tisch. Ich hatte berichtet, aus chinesischen Quellen höre man, Hua habe seine Ernennung zum Vorsitzenden des Zentralkomitees, das heißt also zum Nachfolger Maos, gegen die radikalen Politbüromitglieder durchgesetzt und Maos Witwe Jiang Qing sowie die drei Schanghaier Radikalen »ausgeschaltet«. Ich fügte hinzu, es sei noch schwer zu beurteilen, wieweit die Nachricht von dem *coup d'etat* zutreffe, denn auch die Chinesen könnten Opfer von aufgebauschten Nachrichten oder von Wunschdenken sein.

Ich schickte einen Mitarbeiter zur *Xinhua*-Nachrichtenagentur, um Fotos von Jiang Qing an der Bahre Maos und von ihrem letzten öffentlichen Auftritt am Vorabend des Nationalfeiertages, am 30. September, zu besorgen. Wenn er diese Bilder erhielt, wäre das ein Zeichen, daß an den Gerüchten nichts Wahres war.

Am frühen Nachmittag kam der Ministerpräsident von Papua-Neuguinea zu einem offiziellen Besuch auf dem Flugplatz an. Die Diplomaten waren zum Empfang eingeladen, und die meisten kamen. Nick Fenn sagte mir, er habe die Nachricht von der Verhaftung der Viererbande als Ansicht zuverlässiger Chinesen ohne jeden weiteren Kommentar an das Foreign Office gesandt. David Dean hatte sich noch nicht entschließen können, das State Department mit der Meldung von einem Putsch zu alarmieren. Er war sich noch nicht sicher genug.

Hua kam in der großen Limousine »Rote Fahne« zusammen

mit dem Vizepremierminister Li Xiannian. Beide gingen langsam im Gespräch auf und ab, bis das Flugzeug heranrollte. Hua Guofeng begrüßte den Gast aus Neuguinea als erster. Nach dem Empfang fuhr er allein in die Stadt zurück; den Gast betreute Li Xiannian. Hua war ruhig und wirkte völlig sicher. Er war, man sah es, Herr der Lage.

Als ich in die Botschaft zurückkam, berichtete mir der Mitarbeiter, den ich zur Nachrichtenagentur geschickt hatte, es seien keine Fotos von Jiang Qing zu haben. Ich rief im Auswärtigen Amt an. Mein Fernschreiben hatte man schon gelesen. Ich sagte, bei mir verstärke sich der Eindruck, daß das, was ich in meinem Fernschreiben berichtet hätte, auch wirklich zutreffe. Man schien das aber in Bonn nicht zu glauben; denn bisher hatte weder eine Nachrichtenagentur noch eine Zeitung davon berichtet, und eine solche Sensation hätten sie sich doch nicht entgehen lassen. Auch im Quai d'Orsay sei davon nichts bekannt. Man kam daher zu dem Schluß, die Ernennung Hua Guofengs sei »die Fortsetzung des Kompromisses zwischen den rivalisierenden Machtgruppen der Partei, die der Ansicht seien, ein Austrag der Differenzen sei derzeit nicht opportun«.

Es ist eine alte Erfahrung, eine alte Klage der Botschafter, daß man sich zu Hause, im Auswärtigen Amt, im Foreign Office, im Quai d'Orsay oder State Department lieber auf telepathische Eingebungen verläßt als auf die Berichte der eigenen Botschaften vom Ort des Geschehens.

Am Tag darauf war ich wieder auf dem Flugplatz, um Gerd Ruge zu verabschieden. Auch Herr Qi aus der Informationsabteilung des Außenministeriums war gekommen. Ich fragte ihn geradezu, ob die Gerüchte über die Verhaftung Jiang Qings und der Schanghaier Radikalen zuträfen. Er sagte, er habe Weisung, diese Frage weder zu bestätigen noch zu dementieren, sondern nur zu sagen: »Kein Kommentar.«

Diese Antwort war eindeutig.

Kurz vorher hatte *Reuters* als erste Nachrichtenagentur die Verhaftung der vier Radikalen als Gerücht gemeldet.

An der Mauer neben dem Eingang zur Peking Universität stand mit Ölfarbe geschrieben: »Wenn Jiang Qing nicht hingerichtet wird, sind wir nicht zufrieden.«

Wir hatten von einem ausländischen Studenten das Foto einer Wandzeitung erhalten, die in dem für Ausländer gesperrten Teil der Universität hing. Autor war die Fachschaft Physik. Sie griff Jiang Qing an. Die Vorwürfe waren eine seltsame Mischung aus vagen, unbewiesenen Anschuldigungen, aus Klatsch und Unsinn. Einige Beispiele aus dem langen Text:

»Als der Vorsitzende Mao schwer krank war, kümmerte sich Jiang Qing nicht um ihn. Sie suchte vielmehr alle möglichen Leute um sich zu scharen, zog andere auf ihre Seite, bildete mit ihnen eine Verschwörergruppe und ersann Komplotte und Anschläge. Als sich der Gesundheitszustand des Vorsitzenden Mao verschlechterte, fuhr sie, ohne darauf Rücksicht zu nehmen, zu einem Urlaub nach Datschai und lebte dort in Saus und Braus. Unentschuldbar ist, daß sie entgegen dem Einspruch der Ärzte darauf bestand, den Vorsitzenden Mao trotz seines kritischen Zustandes aufzurichten, in dem — allerdings vergeblichen — Versuch, ihn umzubringen. Wo ist denn da die proletarische Gesinnung gegenüber unserem großen Führer und Vorsitzenden Mao? Ihre Sünden verdienen zehntausend Tode. Auch wenn man sie viele tausendmal zerstückelt, kann man ihre Schuld nicht tilgen.«

Aus einer chinesischen Quelle hörten wir, Jiang Qing habe ihren Mann erpressen wollen, damit er sie zu seiner Nachfolgerin bestimme. Sie habe gedroht, andernfalls seine Frauenaffären überall bekanntzumachen. Man erzählte uns auch von einem Verhältnis, das sie mit dem amtierenden Sportminister gehabt haben soll. In den acht Modelltheaterstücken seien die Menschen geschlechtslos gewesen, sie selbst aber habe eine ganze Sammlung von Pornofilmen gehabt.

»Zum Beispiel?« fragte ich.

»Na, zum Beispiel *Vom Winde verweht.*«

In Zukunft sollten wir noch mehr solche Gerüchte hören. Sie wollten den Gegner verächtlich machen. So erzählte sich die Bevölkerung jetzt, Jiang Qing habe sich bei der Verhaftung vor Angst in die Hosen gemacht. Man ergötzte sich an diesem Bild. Schlimmer als der Tod ist in China die Lächerlichkeit.

Dieser Stil der Anschuldigungen war nicht neu. Er wurde in der Kulturrevolution gegenüber dem Feind benutzt. Man findet viele entsprechende Beispiele in der chinesischen Geschichte. Es kommt nicht so sehr darauf an, strafbare Tatbestände zu beweisen, als den Charakter des Angeklagten anzuzweifeln und sein Betragen als schamlos hinzustellen.

In einer Anklage des Kaisers Yongzheng (1723—1735) gegen seinen Bruder Yün Si heißt es: »Er ist ein Verräter, der seit jeher gegen mich konspiriert hat und seit meiner Thronbesteigung meinen Befehlen zuwiderhandelt. Er wirbt Anhänger, indem er sich scheinbar großzügig erweist, obwohl er damit nur seine Knauserei verschleiern will. Er gewinnt auf billige Weise ein Renommee auf meine Kosten; aber seine Motive sind deutlich genug zu erkennen ... Er bedient sich schmutziger Zettel gewöhnlichsten Papiers, wenn er mir Memoranden vorlegt. Als er den Pavillon neben den Opfertempeln in Ordnung bringen sollte, in denen ich während der Liturgiepausen die Gewänder wechselte, erregte der Geruch neuer Farbe eine so große Übelkeit, daß ich kaum atmen konnte, als man mich umkleidete ...«

Gedanken über das Einhorn

Unter den Dreizehn Gräbern der Ming-Kaiser ist die Grabanlage Yongles die größte. Er hatte schon zu Beginn seiner Regierungszeit (1402—1424) mit dem Bau begonnen, gleich nachdem er die dringendsten Geschäfte erledigt hatte, nämlich alle Minister, die seinem Vorgänger treu gedient hatten, samt ihren Familien umzubringen.

Sein Grabmahl war nicht verfallen. Hier waren wir nicht einsam. Vor dem Eingangstor auf dem Parkplatz standen Dutzende von Bussen. Sie hatten Besucher aus Peking und Soldaten aus den Kasernen der Umgebung hierhergefahren. An einem Kiosk mußten wir uns Eintrittskarten kaufen. Ich lud alle ein. Der Eintritt kostete je sechs Pfennig für uns vier Erwachsene und drei für Tina.

Wir gingen durch den Park zur Opferhalle. Rechts und links standen große Töpfe mit Cassia-Büschen *(Osmanthus)*, deren unscheinbare weiße Blüten stark dufteten. Es ist ein Duft, den man am ehesten noch mit dem des Jasmin vergleichen kann, nur ist er herber. Wir sind später jedes Jahr zur Blüte der Cassia hierhergefahren.

Die architektonischen Formen der Opferhalle unterschieden sich nicht von denen der großen Audienzhallen in der Verbotenen Stadt. Die Formen sind überhaupt im letzten Jahrtausend ziemlich gleich geblieben. Ein Architekt wollte nicht durch Erfindung neuer Stilelemente, neuer Säulenordnungen, imposanter Fassaden überraschen, sondern er suchte die Schönheit in den richtigen Maßen und Proportionen.

Die Decke der Opferhalle wurde von zweiunddreißig riesigen ebenmäßigen, glatten, rotlackierten Baumstämmen getragen. Es waren tropische Bäume, und der Kaiser hatte sie aus Yünnan, aus einer Entfernung von 2500 Kilometern heranschaffen lassen. Der Raum war leer. Er enthielt nichts als die Säulen. Die Halle wirkte groß und majestätisch.

Hans Jürgen Höfer hatte draußen unter den Bäumen einen Steintisch gefunden, an dem wir uns zum Picknick niederließen.

Vor vierzig Jahren hatte ich die Halle zum erstenmal gesehen. Ich hatte die Große Mauer besucht und kam von der Bahnstation Nankou her erst um die Abenddämmerung hier an. Ich stand in dem Wald der riesigen Baumpfeiler, und die Kassettendecke lag schon im Dunkel. Damals blühten hier keine Cassia-Büsche. Es gab keinen Parkplatz, und Touristen kamen nur selten her. In den Rillen zwischen den runden Dachziegeln wuchsen hohe Gräser. Es war schon dunkel, als ich nach Nankou zurückritt. Es ging über Feldwege. Erst als der Mond aufging, konnte man besser sehen.

»Prima!« sagte Tina. »Geritten!«

Ich sagte: »Es war leider gar nicht prima, denn ich ritt auf einem Esel.«

»Immerhin!« meinte Tina.

Ich mußte ihr widersprechen. »Esel gehen«, sagte ich, »wenn der Besitzer, der nebenher läuft, bald zu Hause zu sein wünscht und ihnen deshalb ständig mit einem Prügel auf das

Hinterteil schlägt, in einem ganz ekelhaften Schütteltrab. Außerdem hatte der Esel keinen Sattel, sondern nur eine dünne Wolldecke. Jedenfalls fiel es mir in den nächsten Tagen schwer, zu sitzen, und meinem Gang war jegliche Anmut abhanden gekommen.«

»Der Kaiser Yongle hieß gar nicht so«, sagte Tina, »der Fahrer Lao Zhou hat vorhin einen ganz anderen Namen genannt.«

»Vielleicht seinen posthumen Namen«, sagte ich, »aber mit den Namen der Kaiser ist es sowieso ein Kreuz. Sein eigentlicher Name war Zhudi, sein Kaisername Chengzu. Wir nennen die Kaiser aber meistens nach ihrem Regierungsprogramm, das immer sehr schön klang. Unseres Kaisers Devise war eben Yongle, und das heißt ›Ewige Zufriedenheit‹.«

»Hoffentlich waren seine Untertanen auch zufrieden«, bemerkte Hanna Höfer.

»Jedenfalls als er tot war und hier begraben wurde. Er war nämlich ein großer Herrscher, und die sind nicht immer nach jedermanns Geschmack.«

»Ein großer Eroberer also?« fragte Hanna Höfer.

»Kaum«, erwiderte ich, »er hat nur Annam erobert, Nordvietnam also.«

»Oho!«

»Zurückerobert; es war schon anderthalbtausend Jahre zuvor von den Chinesen in Besitz genommen worden, ihnen allerdings oft und immer, wenn das Reich schwach war, wieder entglitten. Der Kaiser Yongle hat aber noch viel mehr unternommen. Er war wohl der größte Kaiser der Ming-Dynastie: Er hat die Nordgrenze gegen die Mongolen gesichert, die Große Mauer und den Kaiserkanal, den Großen Kanal, wiederinstandgesetzt, die Hauptstadt von Nanking nach Peking verlegt, die Verbotene Stadt und den Himmelstempel erbaut, die Steuern gesenkt und eine Enzyklopädie des gesamten Wissens seiner Zeit schreiben lassen. Sie hatte eine Auflage von bloß drei Exemplaren, dafür aber viele Bände.«

»Wie viele?« fragte Tina.

»Über 11 000.«

»*Whow!*« sagte Tina, die auf die australische Schule ging. Warum gab es noch keine deutsche?

»Aber noch umfangreicher waren seine großen Schiffsexpeditionen, an denen bis zu 20000 Mann teilnahmen. Er schickte sechs Expeditionen aus, und die kamen bis nach Arabien und Afrika. Eine Flotte fuhr einmal von Sumatra viereinhalbtausend Seemeilen weit geradewegs über den Indischen Ozean nach Mogadischu. Das größte Schiff der Flotte war 140 Meter lang.«

»*Whow!*«

»Aber dann war China damals doch den Europäern an nautischen Kenntnissen und im Flottenbau weit überlegen. Es ist erstaunlich, daß die Chinesen machtpolitisch damit nichts anzufangen wußten«, sagte Hans Jürgen Höfer.

»Oder sie wollten damit machtpolitisch gar nichts anfangen, was ich für wahrscheinlicher halte. Nach Yongles Tod rüstete sein Nachfolger noch einmal eine Expedition aus, aber dann war endgültig Schluß. Der Widerstand des Landes, der Gelehrten zumal, war zu groß. Der Kriegsminister, ein bedeutender Konfuzianer, ließ alle Land- und Seekarten vernichten, ›um die Nachwelt nicht zu verwirren und ihre Begehrlichkeit nicht zu wecken‹.«

Die Unternehmen wurden als unchinesisch empfunden. Der Kaiser sollte sich um die Sittlichkeit, die Erziehung und das Wohl des Volkes kümmern. Was gingen ihn die Barbaren jenseits des Weltmeeres an! Mit ihnen zu verkehren, konnte man getrost den Kaufleuten überlassen, über deren unproduktive und unmoralische, aber leider unentbehrliche Rolle in der Gesellschaft sich fast alle chinesischen Gebildeten und Philosophenschulen von alters her einig waren.«

»Aber warum«, fragte Hans Jürgen Höfer, »hatte der Kaiser Yongle sich überhaupt auf diese Expeditionen eingelassen?«

»Das haben sich viele Chinesen damals sicher auch gefragt, und das fragen sich die Gelehrten noch heute. Militärische Gründe hatte er offenbar nicht. Er ließ nichts erobern, und die Flotten führten mehr Waren als Waffen mit. Manche Leute meinten, er habe Außenhandel betreiben wollen. Aber das klingt nicht ganz wahrscheinlich. Der Kaiser war kein Kaufmann. Viele Chinesen glauben noch heute, der Kaiser habe einen Prinzen gesucht, der plötzlich verschwunden war und der im Ausland eine Streitmacht aufstellen wollte, um den Thron zu gewinnen. Andere meinen — und das ist wahrscheinlicher —, er habe den strahlenden Glanz des Reichs der Mitte bis in die fernsten Ecken der Welt verbreiten wollen. Vielleicht war es auch nur Neugier.«

»Aber ein teurer Spaß!«

»Andererseits brachten die Expeditionen mancherlei zurück. Edelsteine, Löwen, Strauße, Antilopen, Affen, Papageien.«

»Na ja!«

»Und ein Einhorn!«

»Ein Einhorn?« fragte Tina. »Wie sah das aus?«

»Also das chinesische Einhorn«, erklärte ich, »hat den Körper eines Hirsches, die Hufe eines Pferdes und den Schwanz eines Ochsen. Sein Fell hat verschiedene Farben. Manchmal wird auch behauptet, es habe Schuppen. Es trägt ein einziges Horn. Es ist Menschen und Tieren wohlgesinnt und erscheint nur, wenn weise und gerechte Kaiser herrschen und wenn das Volk in Frieden und in Harmonie mit sich selbst und dem Himmel lebt. Es erscheint also den Menschen sehr selten.

Das Einhorn oder Jilin, das die Seeleute aus Somalia mitbrachten, sah zwar nicht ganz so aus, wie es in den Büchern beschrieben war; aber über einige Unterschiede, zum Beispiel, daß das Tier aus Somalia zwei Hörner, wenn auch nur kleine hatte, statt eines großen, sah man großzügig hinweg. Das Jilin, das wir wohl für eine Giraffe gehalten hätten, lebte in den kaiserlichen Gärten und war ein sichtbares Zeichen des Himmels, der damit sein Wohlgefallen am Kaiser, seiner Tugend und seinem weisen Regiment bekundete.«

»Ist es eigentlich in neuerer Zeit gesehen worden?« fragte Hanna Höfer.

»Sicher nicht«, sagte ihr Mann, »sonst hätte dpa darüber berichtet. Aber könnte es jetzt nicht erscheinen? Wo die Viererbande zerschmettert ist?«

»Ich glaube, es ist ein sehr scheues Tier«, antwortete ich, »und ich habe meine Zweifel, ob es von der Weisheit und Tugend der neuen Führung schon überzeugt ist und damit rechnet, daß sie die Harmonie im Lande herstellen kann. Vor allem aber will es sicher sein, daß in der Führung selbst Eintracht herrscht, denn sonst kann das Volk nicht in Frieden leben, und alle Hoffnungen, die jetzt zu keimen beginnen, werden wieder verdorren.«

18. Oktober
Der chinesische Vizeerziehungsminister hatte bei einem Essen für eine deutsche Hochschuldelegation so viel von der Überlegenheit des Marxismus-Leninismus in Wissenschaft und Forschung gesprochen, daß dies bei dem Zustand der chinesischen Wissenschaft absurd wirkte. Als er nun bei dem Essen, das ich für dieselbe Delegation gab, wieder im gleichen Sinne zu reden anhub, erläuterte ich in meiner Tischrede, daß unsere Wissenschaft und Forschung ihre Erfolge nur erzielt habe, weil sie frei gewesen sei.

Die Chinesen hatten der Delegation vor ihrer Abreise in Deutschland einen Besuch Schanghais versprochen. In Schanghai aber war gerade »politische Bewegung«, und die Chinesen wollten die Gruppe statt dessen nach Nanking senden. Es waren auch alle einverstanden, bis auf einen deutschen Hochschullehrer, der energisch protestierte und auf dem alten Programm bestand.

Ich nahm ihn nach Tisch beiseite und erklärte ihm, daß nach der Verhaftung der Radikalen eine gefährliche politische Situation entstanden sei; gerade in Schanghai, wo die Radikalen ihre Basis gehabt hätten, sei die Lage noch kritisch. Noch könne man nicht sagen, ob es in Schanghai nicht zu blutigen Unruhen komme. Dies seien Tage der tiefsten Zäsur in der neueren chinesischen Geschichte. Aus den Universitäten würden in diesen Wochen viele Anhänger der Radikalen entfernt, Professoren wie Studenten, und früher Verfolgte wieder eingesetzt. Die Chinesen wünschten nicht, daß Ausländer Zeuge der Auseinandersetzung würden.

Der deutsche Professor aber fand das unlogisch; auch seine Kollegen konnten ihn nicht überzeugen. Er bestand auf dem alten Programm, natürlich ohne Erfolg.

Lin Yutang schrieb einmal, eins der wichtigsten chinesischen Wörter sei *jiang li,* das heißt »Vernunft reden, recht und billig reden«. Uns im Westen genüge es meistens, wenn eine Angelegenheit logisch sei, den Chinesen keineswegs. Bei einem Streit zwischen Chinesen werde nicht gefragt, ob etwas logisch sei oder nicht; das letzte und entscheidende Argument ist immer: Also, ist das nun *jiang li* oder nicht? Die schärfste Mißbilligung sei es, von einem Menschen zu sagen *bu jiang li:* Was er redet, ist nicht vernünftig, nicht recht und billig.

Schüsse in dunkler Nacht

21. Oktober
In der Morgenbesprechung berichtete einer unserer Militärs, er habe gestern abend zwischen zwanzig Uhr und zwanzig Uhr dreißig etwa 500 bis 800 Meter südwestlich der Botschaft vereinzelte Schüsse aus Handfeuerwaffen gehört, wie auf Flüchtende. Insgesamt seien es etwa hundert Schüsse gewesen. Unsere Morgenrunde hatte trotz der exakten Angaben ernste Zweifel. Von den Zivilisten hatte niemand die Schüsse vernommen.

Der Korrespondent des *Daily Telegraph* hatte jedoch anscheinend schon vor einigen Tagen solche Schüsse gehört, aber einen anderen Schluß daraus gezogen. Er meldete die Hinrichtung von Anhängern der Viererbande. Auch die deutsche Presse griff diese Meldung auf. Wir berichteten dem Auswärtigen Amt, in Peking deute nichts auf solche Exekutionen hin.

Am Nachmittag waren überall Schüsse zu hören: Es waren Kanonenschläge, Knallfrösche und andere krachmachende Feuerwerkskörper. Abends wurde die Knallerei immer stärker. Wir hatten Gäste, die uns aufklären konnten. Es sei Freude über die Parteidirektive 16, sagen sie, die der Bevölkerung seit heute früh in den Arbeitseinheiten und in Versammlungen der Nachbarschaftsorganisationen bekanntgegeben werde. Auch morgen und übermorgen fänden solche Sitzungen statt. Dann würden alle Teilnehmer aufgefordert, spontan zum Platz des Himmlischen Friedens zu marschieren.

Die vier Parteifeinde wurden in der Direktive entlarvt. Huas Ernennung zum Vorsitzenden des Zentralkomitees und damit zum Nachfolger Maos wurde bekanntgegeben. Mao, sagte die Direktive, sei schon immer gegen *si ren bang* — »die Viererbande« — gewesen. Zum erstenmal hörte ich dieses Wort. Es soll vom Vorsitzenden Mao selbst stammen.

Unsere Gäste — Deutsche, die bei Chinesen arbeiteten —

waren in froher, fast ausgelassener Stimmung. Sie zitierten aus dem Gedächtnis, was die Parteidirektive über Maos Warnungen an die Radikalen und besonders an seine Frau berichtete. »Jetzt«, sagten sie, »kann es nur besser werden. Jetzt können wir mit unseren chinesischen Kollegen wieder offener reden. Das Leben wird freier werden. Alle im Büro hoffen das.«

Ursula Mausbach war besonders froh, weil die Direktive kein Wort der Kritik an Deng Xiaoping enthielt. Sie verehrte ihn, hatte vor einem halben Jahr ein Holzschnittporträt von ihm gemacht und es über ihrem Schreibtisch aufgehängt. Als er im April aller Ämter enthoben worden war, hatten die chinesischen Kollegen ihr geraten, das Bild abzunehmen. Sie kamen einzeln zu ihr, um sie zu überreden. Sie solle doch vernünftig sein. Den meisten konnte sie ansehen, daß sie widerstrebend eine Weisung ausführten. Sie weigerte sich. Das Bild hing auch jetzt noch.

Sie hat mir einen Druck geschenkt, und Deng Xiaoping hat mir, als ich ihm die Geschichte ein Jahr später erzählte, sein Autogramm auf das Bild gesetzt.

Ein Vermächtnis Maos?

Auf merkwürdige Weise waren wir in den Besitz eines Schriftstücks gelangt, das in Pekinger Parteikreisen zirkulieren sollte. Es war der Text eines Briefes, den Mao angeblich im Juli an Jiang Qing geschrieben hatte, eine Art Vermächtnis. Die bildhafte Ausdrucksweise, die sentenzenhafte Sprache erinnerte in der Tat an Mao. Eine Fälschung von Anhängern der Viererbande? Wir kamen zu keinem sicheren Ergebnis. Der Text lautete:

»Jiang Qing,
Das Leben des Menschen hat eine Grenze, die Revolution ist grenzenlos. Ich habe mich im Kampf der letzten zehn Jahre bemüht, den Gipfel der Revolution zu erreichen, aber ich hatte keinen Erfolg. Du kannst auf den Gipfel gelangen. Wenn Du aber scheiterst, wirst Du unermeßlich tief stürzen, Deinen Leib zerschmettern und Deine Knochen zerbrechen.

Weshalb hat die Kuomintang verloren? Weil sie sich auf das

Ausland verlassen hat. Der Vogel und der Eisbär* sind roh und brutal, aber man braucht sie nicht zu fürchten. Auch wenn man einen hohen Preis bezahlen muß — ein Rest wird erhalten bleiben.**

Vielleicht wird es im Innern Widerstand geben. Dann muß man weiter mit der Armee zusammenarbeiten. Wenn man das richtig macht, wird der Widerstand zusammenbrechen. Wenn man dabei Fehler macht, muß man wieder Partisanenkrieg führen. Wenn man am Jinggangshan nicht mehr weiterkommt, dann muß man nach Yenan marschieren.*** Die letzten zehn Jahre haben mich davon überzeugt, daß man keine Kompromisse eingehen darf.

Dir ist Unrecht geschehen. Wir trennen uns jetzt und werden in zwei Welten leben. Möge jeder von uns beiden Frieden haben. Diese wenigen Worte sollen meine letzte Botschaft an Dich sein.

Juli 1976

Mao Zedong«

Die Höhlen von Guilin

Tief in der südchinesischen Provinz Guangxi liegt die Stadt Guilin. Das Reisebüro der Stadt hatte uns als Führer und Begleiter Herrn Wu zugeteilt. Er sprach außer Chinesisch nur Spanisch, das er aber gerne sprach. Er wollte uns schon vom Flugplatz zu einer Tropfsteinhöhle fahren. Er hatte das Pro-

---

* Der amerikanische Adler und der sowjetische Bär.

** Als Nehru einmal im Gespräch mit Mao sagte, ein nuklearer Krieg werde die Menschheit vernichten, antwortete Mao nach seiner eigenen Darstellung: »Wenn es zum Schlimmsten kommen und die Hälfte der Menschheit untergehen sollte, würde noch immer die andere Hälfte am Leben bleiben, und der Imperialismus würde hinweggefegt und die Welt würde sozialistisch werden.«

*** Im Berggebiet des Jinggangshan in Mittelchina hatte Mao von 1927 an jahrelang seine militärische Basis. Als er dort von den Truppen der Kuomintang bedrängt wurde, führte er seine Anhänger in den Langen Marsch (1934/35) nach Yenan in der nordwestchinesischen Provinz Shanxi.

gramm für die nächsten beiden Tage ausgearbeitet. Wir hatten drei Tropfsteinhöhlen zu besichtigen. *Embajador, vamos!* wir dachten gar nicht daran, in die Höhlen zu gehen. »Höhlen«, sagten wir, »gibt es überall. Wir wollen die Stadt Guilin sehen und den alten Königspalast aus der Sung-Dynastie.« Herr Wu hatte von einem solchen Palast noch nie etwas gehört. Er war der unausstehlichste Stadtführer, der uns in China bisher begegnet ist.

Aber wir fanden den alten Königspalast dennoch, und jetzt erkannten wir auch, warum wir ihn nicht hatten sehen sollen. Dort war nämlich die Lehrerbildungsanstalt untergebracht, die voller »politischer Bewegung« war. Wandzeitungen und Plakate waren überall. Als ich eine fotografierte, wurde Herr Wu sehr nervös. Er suchte uns so schnell wie möglich wieder ins Hotel zu bringen oder zum Besuch einer Höhle zu überreden: Dort gab es keine Wandzeitungen, war keine politische Bewegung.

Nach dem Abendessen ging ich in den Fernsehraum des Hotels. Da saßen junge Studenten des Fremdspracheninstituts von Peking. Sie boten mir einen Stuhl an, und wir sahen die Aufnahmen von Massenveranstaltungen, in denen die Ernennung Huas zum Nachfolger Maos gefeiert wurde. Als das Programm zu Ende war, setzten sie sich um mich, und einer fragte, ob bei uns die Studenten auch in der Landwirtschaft arbeiten müßten. Ich sagte: »Nein, aber als ich jung war, habe ich im Arbeitsdienst auf dem Land gearbeitet und Gräben gegraben.« Der Freiwillige Arbeitsdienst war schon in den zwanziger Jahren als nicht-politische Organisation gegründet worden. Sie wurde nach der Machtübernahme Hitlers bald »gleichgeschaltet«.

Wie es da war, fragten sie.

»Auszuhalten. Wir durften nur studieren, wenn wir sechs Monate im Freiwilligen Arbeitsdienst gewesen waren.«

»Dazu *mußten* Sie sich *freiwillig* melden?«

»Ja.«

Sie lachten. Sie kannten das. Aber nur sechs Monate? Das fanden sie gut. Manche ihrer Kommilitonen waren sechs Jahre zur Arbeit aufs Land abkommandiert, manche sind noch immer nicht wieder zurückgekommen.

Ich sagte: »Ich war auch froh, als die sechs Monate vorbei waren; aber rückblickend erscheint es mir als gute Erinnerung.«

»Wann waren Sie im Arbeitsdienst?«

»Es ist schon lange her«, und aus pädagogischen Gründen und um meiner Antwort die richtige historische Perspektive zu geben, fügte ich hinzu: »Es war unter Hitler.«

Schweigen. Verwirrung. Menschen sind doch bekanntlich schwarz oder weiß, ganz besonders aber Politiker. Und Hitler ist der Schwärzeste, abgesehen vielleicht von Chruschtschow. Wie konnte ich eine Einrichtung in Hitlers Reich für gut halten! Sie dachten nach.

Als ich fragte, ob man hier auch ein Glas Bier haben könne, sprangen einige auf, um es zu holen. Sie waren wohl ganz froh, daß sie sich auf elegante Weise einem Gespräch entziehen konnten, das eine so bedrohliche Wendung genommen hatte.

Aber einer setzte sich näher zu mir. Ich fragte ihn, wie es denn nun in China seiner Ansicht nach weitergehen werde. Er antwortete: »Es wird besser. Es wird mehr Filme geben. Vielleicht auch Opern.«

»Wird es freier werden oder beengter?«

»Bu hao shuo«, sagte er. Das konnte heißen: »Schwer zu sagen« oder »Es ist nicht gut, darüber zu reden«.

Ich sagte: »Sie können mir vertrauen. Ich behalte Ihre Antwort ganz für mich.«

Er sagte nachdrücklich: »Es wird sehr viel freier werden. Ich glaube fest daran.«

Da kam eine Chinesin mittleren Alters herein, mit strenger Frisur und strengem Blick. Sie steuerte geradeswegs auf uns zu. Der Student neben mir sprang auf und sagte: *»Teacher, we saw the television program, and I explained it to this gentleman. He ist from West Germany.«*

Die Studenten hatten offenbar Weisung, mit *teacher* nur englisch zu sprechen.

Teacher wandte sich mir zu und ließ in einer längeren Ansprache keinen Zweifel daran, daß sie die Viererbande für pechschwarz und den Vorsitzenden Hua Guofeng für strahlendweiß halte. Sie sei, sagte sie, nur in den Semesterferien hier. Die Studenten arbeiteten in dieser Zeit hier in der Touristenstadt als Dolmetscher, und sie selbst habe aufzupassen, daß sie nicht in *trouble* gerieten. Mein junger Gesprächspartner müsse nun schleunigst ins Bett; denn morgen früh reise man zurück nach Peking.

Er hatte gleich begriffen, daß sie nur gekommen war, um ihn vor *trouble* zu bewahren. Einer der Bierholer hatte sie vielleicht von meinen subversiven Bemerkungen unterrichtet.

»*Yes, teacher*«, sagte der Junge — er war vielleicht achtzehn oder neunzehn Jahre — »*Yes. By the way, I have a question.*«

»*Yes, please?*«

»*How does one say: ›I have complete confidence in you‹ or ›I have faith in you‹?*«

»*You can say either*«, sagte *teacher*.

Ich war verblüfft von der Findigkeit des jungen Studenten, mir auf diese Weise mitzuteilen, daß er mir vertraue, und es fiel mir schwer, in Gegenwart von *teacher* ernste Miene zu wahren.

Er nickte mir zu, sagte: »*Good night and thank you, Sir*«, und ging hinaus, gefolgt von *teacher*.

Die Berge am Flusse Li

Der Reisebegleiter Wu atmete auf, als wir unseren Fuß in das Ausflugsboot setzten, wo wir weder Wandzeitungen noch politische Bewegung finden würden. Wir waren die einzigen Ausländer an Bord und fuhren jetzt Li-abwärts. Wir setzten uns an den Bug und ließen die Beine hinunterhängen, fast bis zur Wasseroberfläche.

Die Ebene, durch die der Li floß, war wie eine Tafel. Aber manchmal stieg ein Berg steil und unvermittelt aus ihr auf wie ein Bleistift, den man von unten durch ein Blatt Papier gestoßen hatte.

Es zogen Boote an uns vorbei, die Waren geladen hatten. Die Waren lagen unter gewölbten Dächern aus Rohrmatten. Immer waren Kinder an Bord, die zu uns herüberwinkten. Manchmal halfen sie dem Vater oder der Mutter, den Heckriemen hin- und herzubewegen. Kormoranfischer begegneten uns. Drei Bambusstämme zusammengelegt ergaben ein Boot. Darauf waren ein großer Korb, ein Dutzend schwarzer Kormorane und der Fischer, der mit einer langen Bambusstange stakte. Am Ufer lagen Gehöfte und kleine Gehöftgruppen. Von den Häusern führten Wege zur Bootsanlegestelle und den Steinen, auf denen die Frauen wuschen. Manchmal standen riesige, jahrhundertealte Banyanbäume über den Häusern, oder am Ufer war ein Dickicht von Bambus mit Stämmen, die zehn Meter hoch aufstiegen und deren Spitzen sich unter der Last des Laubes bogen.

Wer hier lebte, mußte sich geborgen fühlen. Hatte sich hier in den Zeiten etwas geändert? Seit wieviel Jahrhunderten lebten die Familien in diesen Häusern? Wußte man hier etwas von der Viererbande?

In der Landschaft sah man keine Strom- und keine Telefonleitungen. Auf den Deichen gingen im Gänsemarsch und mit kleinen, elastischen schnellen Schritten die Bauern und trugen an Tragstangen ihre Waren zum nächsten Dorf. Fahrräder waren selten.

Über dem Horizont konnte man im hellblauen Dunst, wenn man genau hinsah, die zarten Umrisse eines Waldes von Kegeln und Bleistiften sehen. Einige waren mit Hängematten verbunden. Das Blau der Umrisse wurde tiefer, und schließlich fuhren wir in den Wald einzelstehender Berge hinein, die steil aus dem Fluß aufstiegen. Sie waren bis obenhin mit Buschwerk bedeckt. Die senkrechten Säulen und Kalktafeln aber leuchteten immer durch. Manchmal hatte die Natur sich auch nicht vor recht gewagten Formen gescheut, phallischen nämlich oder abenteuerlich überhängenden Felsen. Auf Sandbänken und vorgelagerten kleinen Ebenen wuchs Bambus zu tiefgrünen Wänden mit duftigem, durchscheinendem Laub zusammen.

Der Fluß Li war still und ruhig. In seinem gelblichen Wasser spiegelten sich die Berge. Unsere Romantiker hätten das gerne gemalt. Der Himmel war bedeckt, aber manchmal kam die Sonne etwas durch. Der Dunst stimmte die Farben aufeinander ab. Es war eine liebliche Stimmung. Nur auf einer Strecke, als die steilen Wände und Bergtürme dicht an den Fluß heranrückten und man den Kopf ganz nach hinten legen mußte, um die Gipfel zu sehen, war es aus mit der süßen, exotischen Kantilene. Da schlug die Natur ernstere Töne mit Pauken, Baß und Posaunen an. Selbst der Fluß wurde hier unruhiger, und der Schiffer mußte oft schnell den Kurs ändern, um in der flachen Fahrrinne zu bleiben. Aber wir fühlten uns sicher, denn er schaut' nur die Felsenriffe, er schaut' nicht hinauf in die Höh. Das taten wir indessen, und wir hörten wirklich die wundersame, gewaltige Melodei. Jawohl, sie war gewaltig, und der Wechsel der Melodie war gut; denn die wundersame Schönheit wäre sonst vielleicht fade geworden.

Herr Wu trug aber auch das Seine dazu bei, daß wir vor lauter Schönheit der Landschaft nicht ins Träumen gerieten. Denn als wir nach fünf Stunden auf dem Flusse Li in der schönen Kleinstadt Yangshuo ausstiegen, ließ er uns gerade noch ein paar Schritte zu einem Aussichtspavillon gehen, dann wurden wir in eine Taxe geladen, die schon auf uns wartete, damit wir noch vor Dunkelheit und rechtzeitig zum Abendessen wieder in Guilin einträfen. *Embajador vamos!* Wir kamen aber schon am frühen Nachmittag in Guilin an, so daß Herr Wu uns den Besuch einer Höhle vorschlug, deren farbige Beleuchtung uns in Staunen versetzen würde. Wir zogen es zu seinem Kummer jedoch vor, durch die Stadt zu schlendern, obwohl uns da die politische Bewegung leicht hätte erfassen können.

Reise in ein imaginäres Dorf

»In diesem Haus hat Hung Xiuquan gewohnt und dort sein Bruder Jenkan«, sagte der Dorfvorsteher von Hwa, das zwei Autostunden von Kanton entfernt liegt.

Es war ein einstöckiges Reihenhaus an der Dorfstraße, aus grauen, luftgetrockneten Ziegeln erbaut. Über der Tür hing eine hölzerne Gedenktafel. Franz und ich gingen hinein, aber zu zweit hatten wir darin kaum Platz. Das Haus hatte nur dieses eine Zimmer, und in dem Zimmer standen ein niedriges Bett mit einer Strohmatte und ein alter, kleiner Tisch. Von der Decke hing eine elektrische Birne an einem Draht. Das Zimmer hatte kein Fenster. Tageslicht kam durch die Tür. Aber man konnte hier die Tür ja das ganze Jahr über offenstehen lassen, denn hier war es das ganze Jahr über warm: Hwa lag etwa auf dem Wendekreis des Krebses, fünfzehn Breitengrade südlich von Peking.

Der Dorfvorsteher zeigte uns ein größeres Gebäude. Das sei die Schule, in der Hung gelehrt habe, und dort seien die Fundamente seines Elternhauses. Die Kaiserliche Regierung habe alle Häuser in Hwa niederbrennen lassen und die ganze Sippe Hungs umgebracht — vierzig Personen allein in diesem Dorf.

Ich war verwirrt. Bisher hatte Hung nur in meiner Vorstellung existiert, und nach dem Bilde meiner Vorstellung hatte ich ihn geschildert. Ich war verwirrt, weil die Landschaft, in der wir waren, dem Bilde entsprach, das ich mir von ihr gemacht hatte. Etwas beklommen trat ich in das Museum ein. Ich hoffte, etwas berühren zu können, was er einmal berührt hatte, als könnte ich damit eine magische Verbindung zwischen dem erdachten Bild und der Wirklichkeit herstellen.

Das Museum konnte sich sehen lassen, und der Vorsteher des kleinen Dorfes von 300 Einwohnern wußte gut Bescheid. Er hielt uns einen langen Vortrag über die Taiping-Revolution, die 1852 von hier ausgegangen war, von Hungs Siegeszug bis Nanking, das er zur »Himmlischen Hauptstadt« machte, und von Hungs »Himmlischem Reich des Großen Friedens«. Er sprach davon, daß nur wenig gefehlt hätte, und die Dynastie wäre über dem Aufstand gestürzt. Von den vielen Millionen Toten sprach er nicht. Und er erwähnte auch nicht, daß Hung behauptet hatte, der jüngere Bruder Jesu zu sein und von seinem und Jesu gemeinsamen Vater im Himmel den Auftrag erhalten zu haben, die Dämonen im Reich der Mitte zu bekämpfen und sein Himmlisches Reich zu errichten.

Natürlich waren die Häuser, die man uns zeigte, neu, und weder Hung noch einer seiner Brüder hatten je darin gewohnt. Ebenso neu war die Schule.

Ich sagte zu dem Dorfvorsteher: »Vor hundert Jahren, als Hung Xiuquan von dem Missionar John Wainwright Rogers die Ohrfeige bekam, so daß der böse Geist in den Knaben einfuhr, sah das Dorf ganz anders aus. Es war schmutziger, die Dorfstraße war enger. Seine Eltern, Brüder und Schwestern wohnten alle zusammen in einem kleinen Haus, das sie sich selbst aus Lehm gebaut hatten. Am Ende des Dorfes stand die kleine Kapelle des Missionars. Die Berge waren übrigens damals viel näher; sie stiegen gleich hinter dem Dorf an.«

Der Dorfvorsteher war ein höflicher Mann. Er sagte: »Was

Sie sagen, höre ich heute zum ersten Mal. Sie sprachen von einem Missionar und einer kleinen Kirche in Hwa?«

Herr Qing, unser alter Begleiter aus dem Reisebüro von Kanton, den man über meine Biographie unterrichtet hatte, klärte den Gemeindevorsteher auf und teilte ihm wichtig mit, ich hätte ein Buch über Hung und die Taiping-Bewegung geschrieben.

Der Dorfvorsteher war beeindruckt. Ein Ausländer hatte ein Buch über Hung geschrieben! Ob ich Hwa auch erwähnt hätte?

»Natürlich«, sagte ich, »wie kann ich über Hung schreiben, ohne Hwa zu erwähnen!«

Er war etwas verwirrt: »Und damals gab es hier eine Kirche und einen Missionar? Aber wir wissen natürlich viele Dinge nicht, über die man im Ausland besser informiert ist.«

Ich widersprach lebhaft: »Sie sind zu höflich. Mein Buch ist ganz unwissenschaftlich. Es ist ja nur ein Roman. Und der Missionar und die Kirche sind frei erfunden.«

»Und die Berge?« fragte er, noch immer beunruhigt und mißtrauisch.

»Die Berge waren damals genausoweit von Hwa entfernt wie heute.«

Der Dorfbewohner war erleichtert.

Das Haus eines Reichen Bauern

»Dort drüben können Sie ein Haus sehen«, sagte unser Reisebegleiter aus Changsha. Dort hatte ein anderer Revolutionär gewohnt.

Es lag, von ein paar Feldern umgeben, etwas erhöht über dem Dorf. Wir kannten es natürlich. Jedermann in China kannte es. Bilder dieses Hauses konnte man im ganzen Land finden: gedruckt, gemalt, gestickt, in Teppiche geknüpft oder aus Eisen geschmiedet.

Es war kälter als in Hwa. Kein Wunder, wir waren weit nördlicher: in Shaoshan in der Provinz Hunan. Es regnete. In Regenmänteln und unter Schirmen begaben wir uns auf den Pilgerpfad, der von unserem Rasthaus zu Maos Elternhaus führte. Wir kamen am Fischteich vorbei, der, wie wir von Bildern wußten, im Sommer ganz von Lotosblättern bedeckt ist. Hier fädelten wir uns in den ununterbrochenen Pilgerzug ein, der sich auf das Haus zu bewegte. Als Ausländer ließ man uns nicht in der großen Schar frommer Besucher im Regen warten. Der Reisebegleiter sorgte schon dafür.

In der Eingangshalle, der Tür gegenüber, sollte der Ahnenaltar mit einem kleinen Schrein stehen. In einem älteren Buch hatte ich davon gelesen. Es war aber kein Ahnenaltar da, und der Führer im Hause hatte auch nie davon gehört. Ahnenverehrung war doch ein reaktionärer Brauch der alten, feudalistischen Gesellschaft!

Das Haus war geräumig, auch im Vergleich mit einem europäischen Bauernhaus. In der Waschküche stand ein großer Ofen. Der Herd in der Küche war schön gemauert. Langsam schoben wir uns in der Schar der Pilger voran: durch ein Eßzimmer, drei Schlafzimmer und ein Gästezimmer. Über einen Innenhof kamen wir zu den Ställen und Wirtschaftsräumen.

Mao hatte Edgar Snow erzählt, sein Vater habe als »Armer Bauer« begonnen, sich dann zum »Mittleren Bauern« emporgearbeitet und sei, nachdem er einen Getreidehandel angefangen hatte, zum »Reichen Bauern« geworden. Der Zuschnitt des Hauses zeigte, daß es ohne Hilfskräfte, ohne »Ausbeutung« von Landarbeitern also, nicht zu bewirtschaften war. Bei der Einstufung der Bauern im Jahre 1950 wäre Maos Vater, wenn er noch gelebt hätte, als »Reicher Bauer« sicher in große Ungelegenheiten gekommen. Es ist nicht bekannt, wie viele Grundbesitzer und Reiche Bauern in dem »Klassenkampf auf dem Dorf«, der Landreform, umgebracht worden sind; westliche Schätzungen sprechen von drei bis fünf Millionen.

In Shaoshan gibt es ein großes, modernes mehrstöckiges Mao-Museum. Es ist 1964 eingeweiht worden. Man zeigte uns aber nur vier Säle. Die anderen seien wegen Umbaus geschlossen. Diese Erklärung kannten wir schon. Als ich ein Jahr danach wiederkam, war man mit dem Umbau immer noch nicht weiter.

Die Fotos, Bücher, Zeitungsausschnitte in den Räumen, die wir zu sehen bekamen, reichten nur bis zum Jahr 1927. Offenbar bereiteten die nächsten Jahre und Räume bereits Kopfschmerzen. Von Maos Revolutionskameraden dieser Zeit waren viele in Ungnade gefallen oder zu Verrätern und Unpersonen geworden. Sollte man sie wegretuschieren? Oder würden einige von ihnen jetzt wieder rehabilitiert? Und wie sollte man mit den Bildern von Maos zweiter Frau He Zizhen verfahren, die er 1930 geheiratet und 1937 verstoßen hatte?

»Das ist Maos Bruder Cemin«, sagte die Führerin vor einem Foto, »den die Kuomintang-Agenten 1943 in Xinjiang hingerichtet haben.«

»Und der Junge neben ihm?«

»Sein Sohn«, sagte die Führerin und wollte sich dem nächsten Foto zuwenden.

»Dann ist das wohl Yuanxin«, fragte ich, »der Politkommissar der Armee in Shenyang?«

Es war der, der sich so gut mit seiner Stieftante Jiang Qing verstanden hatte und der als Parteigänger der Viererbande galt; aber das brauchte ich ihr gar nicht zu erklären. Die Führerin stockte. Sie konnte die Verantwortung für die Auskunft allein nicht tragen. Sie wandte sich hilfesuchend an den Vorsitzenden des örtlichen Revolutionskomitees, der uns ehrenhalber begleitete. Der nahm die Verantwortung tapfer auf sich.

»Ja«, sagte er, »es ist Mao Yuanxin.« Und im Weitergehen überlegte er wohl, ob an diesem Bild vielleicht eine Retusche angezeigt oder ob es noch zu früh sei, das zu entscheiden. Als ich ein Jahr später wieder in Shaoshan war, war das Foto nicht mehr zu sehen.

Die Viererbande

Kurz vor Maos Tod, so hörte Ahrens aus der Albanischen Botschaft, hatte man sich im Politbüro über die Nachfolge Maos geeinigt: Hua Guofeng sollte Vorsitzender des Zentralkomitees und damit der Partei werden, der Schanghaier Senkrechtstarter Wang Hungwen sein Vertreter. Zhang Chunqiao, ebenfalls von der Fraktion der Radikalen, sollte das Amt des Ministerpräsidenten übernehmen. Der Kompromiß hatte jedoch einen Fehler: Für Maos Witwe hatte man nichts vorgesehen. Sie und ihr Propagandamann Yao Wenyuan sollten weiterhin einfache Mitglieder des Politbüros bleiben.

Gleich nach Maos Tod zerbrach der Kompromiß, wenn er überhaupt von beiden Seiten ernst gemeint gewesen war. Die Viererbande begann sofort die Szene für die große Auseinandersetzung zu bereiten, und zwar mit einer Intrige:

Im Namen des Allgemeinen Büros des Zentralkomitees gab sie den Provinz- und Lokalbehörden Weisung, von jetzt ab in allen wichtigen Angelegenheiten bei ihr Instruktionen einzuholen. Schon drei Tage nach Maos Tod war Yao Wenyuan in den beiden großen Pekinger Universitäten und forderte die Studenten auf, Maos Witwe Treueeide zu senden und »Memoranden mit dem Appell, den Thron zu besteigen«. Es wurden Wandzeitungen, die Hua Guofeng kritisierten, auf dem Universitätsgelände angeklebt, von anderen allerdings wieder abgerissen. Auch die Witwe selbst reiste umher. Zweimal war sie in der Peking Universität, um Stimmung für sich zu machen. Man sah in Peking plötzlich wieder Rote Garden, die ihre Armbinde über dem Trauerflor trugen und revolutionär dreinblickten.

In einer Sitzung des Politbüros forderte Jiang Qing den Parteivorsitz für sich, da Hua Guofeng sich als unfähig erwiesen habe. Das Politbüro konnte sich nicht einigen. Hua schlug daher vor, man solle über die neue Lage erst einmal in kleineren Gruppen diskutieren.

Jiang Qing fälschte in einem »wichtigen Dokument«, wie es hieß, zwei Schriftzeichen und publizierte es dann als Maos Beschwörungsworte: »Handelt nach den festgelegten Grundsätzen!« Sie wollte der Bevölkerung den Eindruck vermitteln, Hua verheimliche ein politisches Testament Maos.

In Schanghai, ihrer Hochburg, ließen die Radikalen der Miliz, die den Militärbehörden nicht unterstand, Waffen ausliefern. In Peking nahmen sie Verbindung zu verschiedenen Militärs auf und suchten sie auf ihre Seite zu ziehen. Die Militärs aber informierten Hua Guofeng. Maos Neffe, Mao Yuanxin, der Armeepolitkommissar in Shenyang war und in den letzten Monaten eine zwielichtige Rolle als Verbindungsmann zwischen dem Vorsitzenden, seinem Onkel, und dem Politbüro gespielt hatte, sollte Manöver angesetzt haben mit der Absicht, sie im geeigneten Augenblick nach Peking in Marsch zu setzen. Von einer Chinesin aus Baoding, südwestlich von Peking, hörten wir zufällig, die Miliz habe dort das Armeearsenal gestürmt, und in der Stadt gehe es drunter und drüber.

Die vier Radikalen forderten im Politbüro noch einmal den Parteivorsitz für Jiang Qing. Das Politbüro lehnte die Forderung wiederum ab. Die Viererbande drohte, ihre jugendlichen Anhänger zu mobilisieren. Der scharfe Artikel, in dem revisionistischen Rädelsführern ein böses Ende angekündigt wurde, war das erste Signal. Ein noch schärferer Artikel von Yao Wenyuan sollte am 6. Oktober erscheinen. Doch er erschien nicht mehr.

Am Abend des 8. Oktober betrat ein Trupp von Angehörigen des Sicherheitsdienstes oder des Wachregiments das Haus Jiang Qings im Guan Yüan-Park in Pekings Weststadt und nahm sie gefangen. Über die Umstände der Verhaftung ist mir nichts Sicheres bekanntgeworden. Es wurde erzählt, ihre Dienstboten hätten sie bespuckt, als sie abgeführt wurde. Die anderen drei kamen, zu einer abendlichen Sitzung des Politbüros gerufen, zu verschiedenen Zeiten im Zhongnanhai-Park an, wo das Haus des Zentralkomitees liegt. Sie wurden einzeln verhaftet.

Fast zur gleichen Zeit wurden einige ihrer nächsten Mitarbeiter festgenommen, darunter auch Maos Neffe Mao Yuanxin. Die obersten Schanghaier Parteiführer wurden zu Besprechungen nach Peking beordert. Sie suchten Verbindung mit der Viererbande aufzunehmen, konnten sie aber nirgends finden. Ihre Komplizen in Schanghai warteten nervös auf einen Telefonanruf mit dem Kommando zum Losschlagen. 760 000 Gewehre, dreihundert Geschütze mit ausreichender Munition waren an die Miliz verteilt worden, die die Viererbande für zuverlässig hielt. Da kam der Telefonanruf aus Peking; aber der Verbindungsmann der Schanghaier Verschwörer in Peking gab nicht den Befehl zum Losschlagen. Er gab nur das Codewort durch: »Meine Mutter hat einen Herzinfarkt erlitten.« Dann hängte er auf.

Zu einem Aufstand in Schanghai kam es nicht mehr. Die Nachricht von einer Verhaftung der radikalen Führer sprach sich schnell herum, und die Schanghaier hatten keine Lust, ihre Haut für die radikalen Ideen zu Markte zu tragen — noch dazu für eine Sache, die von vorneherein aussichtslos war.

Die Radikalen hatten zwar zahlreiche Anhänger im Land, vor allem an den Universitäten, in der Arbeiterschaft und bei den Politkommissaren der Streitkräfte. Aber sie zu mobilisieren, zu organisieren und gezielt einzusetzen, hätte lange gedauert. Die Radikalen kontrollierten zwar die Medien, die mehr als nur meinungsbildende Organe waren: Sie waren Befehlsorgane, die den Genossen im ganzen Land die korrekte Linie der Partei vermittelten. Aber die Anhänger der Radikalen waren zumeist unerfahrene Jugendliche, Opportunisten oder Karrieristen. Sie waren nicht organisiert und auf diese Situation nicht vorbereitet. Die Viererbande hatte sich wohl die Kulturrevolution zum Vorbild genommen und wollte wiederum, wie Mao, zur Bombardierung der Hauptquartiere aufrufen. Sie wollte eine revolutionäre Situation im Land herstellen, Chaos in der Wirtschaft, in Verkehr und Verwaltung nicht nur zulassen, sondern fördern, um die Gemäßigten zu stürzen, die unter den Folgen der Kulturrevolution Maos litten und noch schwach waren. Sie hoffte, auf der Welle der Wirren dann zur Macht zu kommen, wie auch Mao in einer solchen Situation die Zügel wieder in die Hand bekommen hatte.

Der Plan war nicht ganz aussichtslos. Die Massen, noch verschreckt vom Terror der Kulturrevolution, waren leicht einzuschüchtern. Es gab vor allem unter den Jugendlichen viele, die durch die oft wechselnden Kampagnen desorientiert waren und leicht für radikale Aktionen mobilisiert werden konnten. Daß diese Strategie wiederum zahllose Menschenleben kosten würde, war für die Viererbande kein Gegenargument. Sie zitierten ständig Maos Wort, eine Revolution sei keine Häkelstunde. Als Hua Guofeng Hilfsmaßnahmen für die Stadt Tangshan anordnete, mokierte sich die Viererbande über »einige Leute, die Vorbeugemaßnahmen gegen Erdbebenschäden und Hilfsmaßnahmen zum Anlaß nehmen, die Revolution zu unterdrücken und die Kritik an Deng Xiaoping zu vernachlässigen«.

Doch bei aller Schlauheit hatte die Gruppe um Jiang Qing ihren Plan dilettantisch angepackt. Maos Kulturrevolution endete als Tragödie des Volkes; der Versuch, seine Strategie zu wiederholen, wurde zur Farce. Mao hatte Erfolg gehabt, weil er sich mit Lin Biao und der Armee verbündet hatte und weil sie auf seine Weisung neutral blieb, bis er sie selbst einsetzte, als er sie brauchte. Die Viererbande aber hatte sich weder um das Wohlwollen der Armeeführer noch um das Wohlwollen irgendeiner anderen Potenz im Lande ernsthaft bemüht; sie hatte sich nur Feinde geschaffen. Im Schutze Maos hatte Jiang Qing kleinliche Rache an persönlichen Feinden geübt und die Intellektuellen verfolgt. Die Vier hatten ihre Schläge rücksichtslos rechts und links ausgeteilt und das politische und wirtschaftliche Leben im Lande gelähmt. Jetzt konnten sie sich nicht mehr auf Mao stützen. Ihre Waffe war, wie einer der Vier ganz richtig bemerkte, allein die Feder. Sie waren entschlossen und furchtlos, bedenkenlos in der Wahl ihrer Mittel; aber sie überschätzten ihre Kraft und unterschätzten die ihrer Gegner.

Als sie verhaftet waren, nannte die Parteiführung sie »Ultra-Rechte«, später »Ultra-Linke«. Wir nannten sie »Radikale«. In Wirklichkeit ging es ihnen vielleicht gar nicht so sehr um das radikale Programm. Sie waren in erster Linie Karrieristen, eine politische Interessengemeinschaft, die nur ein Ziel hatte: an die Macht zu kommen, mit welchen Mitteln auch immer. Ihre ideologischen Thesen wechselten, die Kampagnen waren inkonsequent und dienten nur als Mittel, die Position des Gegners zu unterminieren. Eine Idee, die das Volk mitreißen konnte, vertraten sie nicht.

Jiang Qing

Sie hatte schon einen schlechten Start gehabt: Um die junge Filmschauspielerin im Jahr 1937 heiraten zu können, hatte Mao seine zweite Frau He Zizhen verstoßen. Das Politbüro in Yenan mißbilligte das und gab Mao erst nach langem Widerstand die Genehmigung, Jiang Qing zu heiraten, und auch nur unter der Bedingung, daß sie sich ganz aus der Politik heraushalte. An diese Bedingung hat sie sich bis Mitte der sechziger Jahre im allgemeinen gehalten, danach aber nicht mehr. In engem Zusammenwirken mit Mao fachte sie die Kulturrevolution an und ließ sich von ihr bis in das Politbüro tragen. Jiang Qing wurde jetzt eine Macht, mit der man rechnen mußte. Doch ihr Ehrgeiz ging weiter. Sie wollte die ganze Macht.

Wohin ihr Ehrgeiz zielte, sah man an ihren Versuchen, die von der chinesischen Geschichte vernichtend beurteilte Kaiserin Wu Zetian (690–705) zu rechtfertigen, oder an ihren Hinweisen auf die gute Regierung der Kaiserin Lü (188–180 v. Chr.). Sie wurde nicht müde, von der matriarchalischen Gesellschaft des vorgeschichtlichen Chinas zu schwärmen. Sie sagte es ganz offen: »Auch Frauen können Herrscher werden. Es wird auch in der kommunistischen Gesellschaft Kaiserinnen geben.«

Seit den ältesten Zeiten griff man in China, wenn man eine Person der Gegenwart treffen wollte, eine Gestalt aus der Geschichte oder aus einem fernen Lande an, die mit der lebenden Person irgend etwas gemeinsam hatte. Man war findig darin, solche Parallelen zu entdecken. Das Volk griff daher in Gedichten und Wandzeitungen Indira Gandhi, die Kaiserinwitwe Cixi (Tzuhsi) an, aber jeder wußte, daß Jiang Qing gemeint war.

Bei den Unruhen auf dem Tian An Men-Platz im April hatten Sprechchöre gerufen: »Wir wollen keine schmutzige Kaiserin!« Ob Jiang Qing wirklich und auch dem Namen nach Kaiserin werden wollte, wie das Volk ihr nachsagte, mag offenbleiben; auf jeden Fall aber wollte sie Parteivorsitzende und Nachfolgerin Maos werden. Mao selbst hatte sich darüber lustig gemacht.

Bevor sie ihn kennenlernte, war sie Schauspielerin in Schanghai gewesen, mit mäßigem Erfolg. Sie war verheiratet, die Ehe wurde aber geschieden. Sie verließ Schanghai und begab sich nach Yenan ins Hauptquartier Maos. War es Zufall, daß Mao bald auf sie aufmerksam wurde? Oder hatte sie dem Zufall etwas nachgeholfen?

Sobald sie in der Kulturrevolution Macht gewonnen hatte, nahm sie Rache an allen, die damals in Schanghai ihrer Filmkarriere im Weg gestanden oder ihr Talent nicht erkannt hatten. Sie entfernte sie aus ihren Ämtern, ruinierte, demütigte sie. Viele trieb sie in den Tod. Sie verfolgte alle, die über ihre Vergangenheit in Schanghai zuviel wissen konnten oder die Briefe von ihr hatten. Man kennt die Bilder von den Verfolgungen. Den Ärmsten wurden Schilder umgehängt und spitze Schandmützen aus Papier aufgesetzt.

In dem Prozeß gegen die Viererbande sind viele von denen,

die die Verfolgungen überlebten, aufgetreten und haben von der kleinlichen Rache Jiang Qings berichtet. Auch ihre alte Wirtin in Schanghai hat sie verhaften lassen, aus Angst, sie könnte irgend etwas Nachteiliges aus der alten Zeit wissen.

Mit besonderem Haß verfolgte sie Wang Guangmei, die Frau Liu Shaoqis, des Staatspräsidenten und bis zur Kulturrevolution mächtigsten Mannes nach Mao. Als Wang Guangmei, eine gutaussehende, noch ziemlich junge Frau, bei einem Staatsbesuch ihres Mannes in Indonesien ein langes chinesisches Kleid und eine Perlenkette getragen hatte, soll Jiang Qing das mißbilligt und ihr das auch vorgehalten haben. Wang Guangmei aber ignorierte den wohlmeinenden Rat, und das war ein Fehler. Jiang Qing hat ihr das nie vergessen.

Während der Kulturrevolution riefen Gefolgsleute Jiang Qings aus der Qinghua Universität eines Tages bei Wang Guangmei an, sie solle sofort in das Krankenhaus kommen, da ihre Tochter einen Unfall erlitten habe. In Wirklichkeit aber hielten die Roten Garden sie gefangen. Wang Guangmei unterrichtete sofort ihren Mann, der mit ihr zum Krankenhaus fuhr. Das Empfangskomitee der Roten Garden war höchst überrascht, daß auf ihren Schwindel hin nicht nur die Mutter ihrer Gefangenen, sondern auch das Staatsoberhaupt selbst mit seiner Leibwache erschien. Auf Fragen, wo die Tochter sei, gaben die Roten Garden so vage und verworrene Antworten, daß die Eltern des Mädchens darauf schlossen, das Ganze sei nur ein dummer Scherz gewesen. Verärgert fuhr Liu Shaoqi mit seiner Leibwache ab und ließ seine Frau zurück, um die Angelegenheit an Ort und Stelle weiter zu untersuchen.

Sobald Wang Guangmei aber allein und schutzlos war, ergriffen die Roten Garden sie und schleppten sie in die Qinghua Universität. Sie mußte sich dort ein langes chinesisches Kleid anziehen. Man hängte ihr eine Kette aus Pingpong-Bällen um, und so wurde sie vor ein Massentribunal geschleppt. Dort wurde sie beschimpft. Wang Guangmei hat sich, wie mir später eine Augenzeugin erzählte, standhaft gezeigt und den Anschuldigungen widersprochen. Aber hinter ihr standen Studenten, die ihr mit dem Knie in den Rücken traten und die beiden Arme nach hinten hielten. Unten aber feuerten einige Aktivisten die Menge von Studenten an. *»Da dao! Da dao!«* zu rufen: »Niederschlagen! Niederschlagen!« oder »Nieder mit Kuhgeistern und Schlangendämonen!«

Wang Guangmei hat die Verfolgungen überlebt, ihr Mann, gegen den Jiang Qing eine abenteuerliche Intrige gesponnen hatte, aber nicht. Jiang Qing hatte ihrer Rivalin modische Extravaganz vorgeworfen; doch sie selbst lebte keineswegs in dem Stil der werktätigen Massen. Sie hatte den Ehrgeiz, eine neue Damenmode zu kreieren. Sie ließ ein Modellkleid entwerfen, das aus einer bis zum Hals geschlossenen Bluse mit weiten Ärmeln und einem weiten Rock bestand: eine Synthese westlicher Mode mit der Mode der Tang-Dynastie vor tausend Jahren. Die Modelle wurden in den Schaufenstern ausgestellt. Man brauchte keine Textilmarken, wenn man das Kleid kaufen wollte. Man konnte es in Raten abzahlen. Wer es kaufte, bewies seine Loyalität. Aber niemand kaufte es. Sollte man etwa so unter den Arbeitskollegen herumlaufen? Die Leute sahen die Modellkleider in den Schaufenstern, dann gingen sie schnell weiter und lachten, heimlich natürlich.

Jiang Qing liebte den Luxus. Ihre amerikanische Biographin Roxane Witke beschreibt die ausgesuchten Speisen, die bei den Abendeinladungen auf den Tisch kamen. Jiang Qing pflegte bei diesen Gelegenheiten stark duftende kleine Orchideenkränze zu verschenken. Die Zeitungen, die heute an ihr kein gutes Haar lassen, behaupten, vor Einladungen habe das Personal in Kanton auch die Blätter der Büsche auf dem Zugang zum Orchideengarten abwaschen müssen. Während ihrer Anwesenheit in Kanton habe eine nahe gelegene Werft ihre Arbeit wegen des Lärms einstellen müssen, und auch der Flußverkehr sei zeitweise gestoppt worden.

Vielleicht sind diese Geschichten übertrieben, vielleicht aber auch nicht. In Peking ließ sie den Werktätigen, die ihrem Grundstück gegenüber wohnten, die Fenster mit dicken Brettern vernageln, damit sie nicht in den Park sehen konnten. Ich kam einige Monate nach der Verhaftung vorbei, aber die Bretter waren immer noch vor den Fenstern. Die Armen, die dort wohnten, hatten gar nicht gewagt zu fragen, ob sie die Bretter jetzt abnehmen durften. Sie hatten sich ganz daran gewöhnt, nur bei elektrischem Licht zu leben.

Im Jahr 1972 hatte Jiang Qing der jungen amerikanischen

Feministin und Sinologin Roxane Witke in langen Interviews ihr Leben erzählt und ihre Ansichten über Politik, Kunst und Literatur vorgetragen, offenbar in der Erwartung, das daraus entstehende Werk würde ein Gegenstück zu Edgar Snows Buch *Roter Stern über China,* das Mao Zedong Ende der dreißiger Jahre international bekanntgemacht hatte. Roxane bekam jedoch die Tonbänder der Interviews bis auf eins nicht heraus: Es hatte große Aufregung in der Parteispitze und anscheinend auch einen Familienkrach im Hause Maos gegeben.

Witke war von der Vorzugsbehandlung durch Jiang Qing tief beeindruckt. Sie war fasziniert von ihrem »königlichen Wesen« — *»a regality expressed by perfect posture, facial animation and exquisite timing.«*

Das Buch erschien in den USA, als Jiang Qing schon hinter Schloß und Riegel war. Die Heldin des Buches erzählt — und Witke gibt das getreulich wieder — die filmreife Geschichte ihrer Jugend in bitterster Armut, ihrer verheißungsvollen Filmkarriere in Schanghai, die sie jedoch entsagend aufgab, um sich ganz dem revolutionären Kampf zu weihen. Es meldeten sich aber bald Zeugen, die die Geschichte der Jugend als Märchen bezeichneten, und solche, die Jiang Qings Schanghaier Jahre in ganz anderer Erinnerung hatten. Amüsant ist das Buch wegen der Naivität, mit der die Biographin die klug berechneten Darstellungen Jiang Qings übernimmt, und besonders unterhaltend sind die Seiten, in denen die beiden Feministinnen ihre Gedanken über die Männergesellschaft austauschen.

Bei Mao war es, laut Jiang Qing, Liebe auf den ersten Blick gewesen. Von ihren Gefühlen, ihrer Liebe, ihrer Zuneigung oder wenigstens Sympathie zu Mao ist nicht die Rede. Einmal sagt sie: *»Sex is engaging in the first rounds but what sustains interest in the long run is power«* — »In den ersten Runden ist Sex ganz unterhaltend, was aber auf die Dauer interessant bleibt, ist Macht.« Die einem, wie man hinzufügen muß, auch in China nicht in den Schoß fällt. Sarkastisch bemerkt Witke daher, daß *»througout Chinese history becoming the imperial consort was the fastest feminine means for upward social mobility«* oder auf deutsch und weniger gestelzt ausgedrückt: »Die ganze chinesische Geschichte beweist, daß eine Frau sozial am schnellsten aufsteigen konnte, wenn sie Gemahlin des Kaisers wurde.«

Diese Lehre hatte Jiang Qing schon früh aus der Geschichte gezogen; dem chinesischen Volk ist aber viel dadurch erspart worden, daß Hua Guofeng und seine Verbündeten im Politbüro sie daran hinderten, die Macht im Reich auszuüben.

Anflug auf Schanghai

Anfang Dezember
Der Anflug auf Schanghai ist schön. Als wir den Jangtse bei Nanking überquerten, waren wir noch sehr hoch, und in dem Dunst war der Chanjiang, der Lange Fluß, nur ein dunkles Band auf der farblosen Erdoberfläche gewesen. Aber jetzt flogen wir schon so tief, daß wir die Dschunken und Sampans auf den Kanälen und Wassergräben erkennen konnten.

Beim Aufstieg in Peking hatten wir die Erde braun unter uns zurückgelassen. Auch die Dörfer waren lehmbraun und hatten sich kaum von den Feldern abgehoben. Auf den Kanälen war Eis, aber auch das Eis war vom ersten Staubsturm her gelbbraun. Es war Winter, und die Erde würde jetzt noch fünf Monate braun sein. Ich nahm die Zeitung und las.

Beim Anflug auf Schanghai las ich nicht mehr. Die Heimkehr und die Zweifel, ob das Wiedersehen wirklich froh sein werde, machten mich unruhig. Ich sah aus dem Fenster. Unter uns lag die weite Ebene, grün selbst im Winter. Kanäle und Gräben gliederten sie. Durchschnittlich alle 120 Meter trifft man hier auf einen Wasserlauf, in welcher Richtung man auch geht. Die Wasserläufe sind verhältnismäßig gerade, verlaufen meist parallel zueinander und schneiden sich rechtwinklig mit Quergräben. Stichgräben zweigen ebenfalls rechtwinklig ab. Nicht nur über ein paar Kilometer, sondern vielleicht über hundert Kilometer oder mehr. Das kann kein Zufall sein, sich nicht von selbst ergeben haben; sondern es zeugt von einer starken, große Räume beherrschenden Verwaltung. Es war wohl auch kaum nur Ordnungssinn oder eine Laune der Bürokratie, die die Bauern veranlaßte, die Gräben und Kanäle in festgelegten Richtungen anzulegen, sondern Gründe des Wasserzuflusses und -abflusses bei Überschwemmungen.

Ein solches Kanalnetz läßt sich nicht in kurzer Zeit ausbauen, jedenfalls nicht mit den Werkzeugen, die früher zur Verfügung standen: mit Hacken, Spaten und Weidenkörben zum Abtransport der Erde. Das Netz wirkt aus der Höhe weder verwirrend noch abweisend starr wie ein Raster, sondern so wie das Gezweig eines großen Nußbaums im Winter aussieht; gewachsen, aber nicht in einigen Jahren oder Jahrzehnten, sondern in tausend oder gar zweitausend Jahren.

An den Dschunken konnte man jetzt schon die braunen Segel erkennen. Motorboote zogen eine Kette von Sampans hinter sich her. Sie kamen und gingen in alle Richtungen. Wohin fuhren die Dschunken? Was transportierten die Sampans? Waren alle diese Bewegungen in dem Großen Plan vorgesehen, den sich die Wirtschaftsführung in Peking ausgedacht hatte?

Man hatte den Gefangenen im Lager Gulag erzählt, der Kanal, an dem sie schufteten, werde eine wichtige Verkehrsader werden. Viele Jahre später saß Solschenizyn an der Uferböschung, aber es kam kein Schiff. Erst nach langer Zeit fuhr ein Kahn vorbei. Er kam von Norden und fuhr nach Süden; er war hoch mit Baumstämmen beladen. Es war wieder lange ruhig und einsam. Aber dann kam ein anderer Lastkahn, er kam von Süden und fuhr nach Norden; auch er war hoch beladen. Mit Baumstämmen.

Und hier?

Politische Bewegung

Drei Männer stehen vor einer Zwergwandzeitung, nicht größer als eine Postkarte. Einer von den dreien hat eine kleine Taschenlampe. Er liest vor.

Die Wandzeitung hängt an einer Hauswand, genaugenommen am Seitenflügel der früheren Hongkong & Shanghai Bank, dem früheren Finanzzentrum Chinas. Aber das wissen die drei Männer sicher schon gar nicht mehr; das ist vorgeschichtliche Zeit. Das interessiert sie auch gar nicht. Sie wollen wissen, was auf der Zwergwandzeitung steht. Wenn sie sich umdrehten und ein paar Schritte gingen, wären sie am Bund, der Pracht- und Hafenfrontstraße Schanghais. Da hängt eine Riesenwandzeitung, wenn man das Plakat von fünf mal sieben

Meter so bezeichnen kann. Es ist beleuchtet und von flotten Karikaturisten gemalt: Eine große Bratpfanne steht auf offenem Feuer. Die Flammen schlagen bis zum Rand und über den Rand hinaus. In der heißen Pfanne hüpfen etwa zwei Dutzend Männer und Frauen von einem dünnen Beinchen auf das andere. Sie haben kürbisgroße Köpfe: die Viererbande, die wir erkennen, und ihre Schanghaier Anhänger in der Partei- und Stadtverwaltung, die wir nicht kennen.

Vor dem Abendessen hatten wir im obersten Stockwerk des alten und früher so vornehmen Cathay Hotels gestanden und über den Hafen geblickt. Es heißt heute Friedenshotel. Unten auf der Straße war das Plakat. Wir fragten den Protokollchef der Stadt Schanghai nach dem Namen der Menschen in der Bratpfanne. Einer, der die Arme wild in die Luft warf und den die Fußsohlen wohl ganz besonders brannten, hieß Bai.

Beiläufig fragten wir, ob der Leiter der Außenhandelsorganisation morgen, wie im Programm vorgesehen, das Abendessen geben würde. Unser Mentor konnte das nicht sagen. — Der Leiter der Handelsorganisation gab sich am nächsten Tag nicht die Ehre. Er briet in der Pfanne. Er hieß Bai.

Die drei Männer gehen von ihrer Zwergwandzeitung weg, und der Vorleser steckt die Taschenlampe ein. Sie diskutieren. Wir gehen zu der Postkartenzeitung, aber es ist zu dunkel, und wir können nichts erkennen. Als ich am nächsten Morgen wiederkomme, ist sie weg. Abgerissen.

Doch in der Hauptgeschäftsstraße, der Nanking Road, am Bund und in den anderen großen Straßen sind alle freien Flächen der Gebäude mit Wandzeitungen beklebt. Sie führen wütende, sarkastische, bittere Angriffe gegen die Viererbande, die hier in Schanghai doch zu Hause war.

Die Vier erscheinen oft in Karikaturen, viele davon sind begabt und schmissig gezeichnet. Vor allem nimmt man Jiang Qing aufs Korn. Den Gefallenen zu treten, darin ist die Masse in China immer groß gewesen. Man schildert Jiang Qings Wohlleben. Sie trägt eine Brille aus Japan, ein Zahnprothese aus Hongkong, eine Perücke aus den USA. Und fast immer setzt man ihr eine Kaiserkrone auf den Kopf. Sie und ihre drei Mitstreiter werden von Stiefeln zertreten, von Lanzen durchbohrt, auf Federhalter aufgespießt, mit Spaten erschlagen.

Am Warenhaus Nummer Eins in der Nanking Road hängen besonders eindrucksvolle Karikaturen. Ich lasse das Auto halten und will einige Aufnahmen machen. Sofort drängen sich fünfzig, hundert Leute um mich, so daß ich mich kaum bewegen kann. Sie sind nicht freundlich, aber auch nicht unfreundlich, vorerst nur neugierig. Aber wie lange?

Einzeln sind es harmlose, höfliche, hilfsbereite Menschen. In der Menge aber sind sie nicht berechenbar. Was wollen diese Ausländer in Schanghai? Warum interessieren sie sich für diese Wandzeitungen? Sind es vielleicht Spione? Meine chinesischen Begleiter von der Stadtverwaltung sind besorgt. Sie schieben mich zurück ins Auto. Dutzende von Gesichtern drücken sich an die Fensterscheiben. Ein paar Jungens schlagen, wie zum Spaß, auf das Dach und den Kotflügel. Als wir weiterfahren wollen, macht die Menge nur langsam Platz. Sie ist nicht unfreundlich, nicht freundlich, nur neugierig. In Schanghai ist noch immer politische Bewegung, wie uns die Behörden in Peking schon gesagt hatten.

Wir haben die Maschinenfabrik Nummer Eins besichtigt und treten wieder hinaus auf das Fabrikgelände. Ein paar Männer haben Leitern an das Direktionsgebäude gestellt und kleben Wandzeitungen an. Wir fragen den Direktor, gegen wen sie sich richten. Er hat sie noch nicht lesen können und sagt: »Vielleicht gegen die Viererbande, vielleicht aber auch gegen ihre Anhänger hier in der Fabrik.« Er lacht, aber es ist das chinesische Lachen plötzlicher Verlegenheit, das Ausländer leicht mißverstehen. Er begleitet uns zum Auto und sieht plötzlich ernst drein. Ich frage nicht, ob er Grund zur Sorge habe. Ich brauche nicht zu fragen. Ich sehe es.

Herrn Bais Stellvertreter gibt das Essen. Ich erzähle ihm, daß man in Hongkong behauptet, die Wandzeitungen seien gesteuert. Der Gastgeber lacht, aber es ist nicht das Lachen der Verlegenheit. »Schön wär's«, sagt er, »wenn wir hier steuern könnten. Wir beobachten natürlich die Tendenz, aber wir greifen nicht ein. Wir brauchen nicht einzugreifen. Die Menschen müssen sich jetzt erst einmal Luft machen. Es kommt dabei auch viel ans Tageslicht. Wir müssen die Anhänger der Viererbande erkennen und dann zur Rechenschaft ziehen. Das kann noch lange dauern.«

»Wie lange etwa?«

»Wir haben ja eben erst angefangen. Vielleicht noch ein Jahr.«

Es dauerte viel länger.

Puppentheater

Das Puppentheater ist voll besetzt. Es sind ebenso viele Erwachsene hier wie Kinder. Die Puppen kommen von beiden Seiten auf die Bühne. Das chinesische Volk tritt auf: die eigentlichen Chinesen, das Han-Volk also, und die nationalen Minderheiten: die Tibeter, Mongolen, Zhuang, Uighuren, Miao in ihren bunten Kostümen, außerdem Soldaten, Bauern, Arbeiter. Sie stellen sich im Halbkreis auf.

Eine Puppe ist etwa siebzig Zentimeter groß. Sie steht auf einer Stange, und zwei weitere Stangen bewegen die Arme. Die Puppenspieler operieren unterhalb der Bühne, die keinen Boden hat. Die Puppen bewegen sich sehr natürlich. Sie treten einzeln aus dem Halbkreis hervor, klagen die Viererbande an und preisen den Weisen Vorsitzenden Hua Guofeng. Die Angriffe auf die Viererbande werden vehementer und lauter.

Plötzlich kommen vier Männer von links, wirkliche Männer, keine Puppen, in den Zuschauerraum und bleiben vor der Bühne stehen. In den Händen halten sie die Puppen der vier Angeklagten. Es sind gut getroffene, karikierende Porträts. Das chinesische Puppenvolk auf der Bühne greift jeden einzelnen an. Die Männer vor der Bühne halten die vier angeklagten Puppen vor sich und drücken ihnen den Kopf auf die Brust, wie chinesische Angeklagte vor dem Richter zu stehen haben. Die Angeklagten beginnen, als die Vorwürfe von der Bühne auf sie herunterprasseln, heftig zu zittern. Bei dem Massenschrei des Puppentribunals *»Da dao! Da dao! Da dao!«* sinkt ihnen der Kopf noch tiefer. Nur Yao Wenyuan, der Schanghaier Journalist, sieht frech und unbewegt in die Menge und denkt nicht daran, seinen Kopf auf die Brust zu senken; aber auch ihm wird die Kehle zugedrückt, als das chinesische Puppen-Volk auf der Bühne ihn anschreit.

Die vier Träger nehmen die vier Puppen mit der einen Hand am Hals, mit der anderen an den Beinen und laufen schnell mit ihnen rechts hinaus, so daß es aussieht, als würden die Vier hinausgeworfen. Die Zuschauer klatschen wild.

Dann sehen wir den Löwentanz.

Unser Begleiter vom Protokoll der Stadt Schanghai ist ein stiller Mensch. Von der Viererbande spricht er nicht, als er uns in unser Hotel bringt, nur von dem Löwentanz: Man hat die Dressur eines Löwen und seiner beiden Jungen gezeigt. Die Tiere und der Dompteur waren natürlich Puppen. Ob es uns Spaß gemacht habe, fragt der Begleiter: Wie die Löwen anfangs auf den Kugeln immer ausrutschten, später aber auf ihnen stehen und rollen konnten. Wie der alte Löwe auf einmal nicht mehr mitmachen wollte. Wie der Dompteur über sie hinwegsprang und sofort wieder zurück.

»Daß so etwas heute schon wieder möglich ist! Ohne alle Politik!« sagt der Begleiter. »Ob das nun alles wiederkommt?« Er hoffe, aber er wage es nicht zu glauben. Der Löwentanz ist ein traditionelles Stück. Unser Begleiter sagt: »Für viele von den jungen Leuten im Publikum war das die erste Darstellung, die keine politische Moral hatte. Sie werden jetzt ratlos sein und sich fragen, was der Löwentanz eigentlich politisch aussagen soll.«

Der Kinderpalast

Die Kinder müssen vom Tor an der Straße bis zum Eingang des Kinderpalastes einen anderen Weg nehmen als wir. Während wir geradeswegs auf die Eingangstür zugehen dürfen, klettern sie über ein Gerüst von Stangen, kriechen durch Röhren, balancieren auf einem Schwebebalken und überwinden Gräben und andere Hindernisse. Erst am Ende dieses Langen Marsches steht ihnen der Kinderpalast, das Kinderparadies offen. Mit dem Langen Marsch beginnt jeder Tag, den sie hier zubringen dürfen.

Die Kinder sind, schätzen wir, sechs bis vierzehn Jahre alt. Nur die besten und fortschrittlichsten Kinder dürfen ein- oder zweimal in der Woche hierherkommen, in erster Linie wohl die Kinder von Funktionären. Es gibt in Schanghai zehn Kinderpaläste, in jedem Stadtbezirk einen.

Die Jüngsten haben sich ein einem Zimmer aufgestellt und klatschen, als wir hereinkommen und rufen: *»Huanying!«* — »Willkommen!« Dann tritt ein Knirps vor, hebt einen Taktstock, läßt ihn einen Augenblick in der Luft stehen und dirigiert. Die Sechs- und Siebenjährigen beginnen mit einer Hymne auf den Weisen Vorsitzenden Hua. Sie galt früher dem Vorsitzenden Mao. Man hat nur die Namen ausgewechselt. Es folgt ein Haßgesang auf die Viererbande, deren schwarzen Charakter und deren scheußliche Verbrechen die jungen Sänger streng verurteilen. Sie schließen mit den laut im Chor gesprochenen Worten: *»Da dao! Da dao! Da dao!«* — »Niederschlagen! Niederschlagen! Niederschlagen!« Dabei machen sie wütende Gesichter und strecken mit geballter Faust am ausgestreckten Arm die Viererbande zu Boden.

Auch die Kinder in den anderen Räumen begrüßen uns mit Händeklatschen, Tanz oder Musik. Sie führen ein Schattenspiel *Der Hahn und der Fuchs* auf. Die Puppen aus durchscheinender Ziegenhaut haben sie selbst gemacht. Sie basteln Flugzeuge, Schiffe oder machen einfache chemische Experimente. Eine Zeichenklasse sitzt vor der Gipsbüste eines hellenistischen Philosophen und zeichnet sie mit Bleistift in das Zeichenheft. Sogar Kalligraphie wird hier geübt.

Im letzten Raum schießen Jungen mit einer Pistole Pfeile, andere üben Zielwerfen mit Bällen. Ziele sind jeweils Pappfiguren, die bei Treffern nach hinten kippen. Es sind Jiang Qing, Zhang Chunqiao, Wang Hungwen und Yao Wenyuan: Man bekämpft also auch hier die Viererbande.

Als wir hinausgehen, ist Franz nachdenklich und besorgt. Wie wird sich das auf die Psyche der Kinder auswirken? Hier wird ihnen ja Aggression und Haß schon im zartesten Alter eingeimpft. Wenn sie größer sind, werden sie die Greuel der Kulturrevolution wiederholen. Ich bin skeptisch. Der Humbug der Psychologen verführt am ehesten dort, wo er jedermann einleuchtet; doch er ist nur unverbindliches Gerede, das sich wissenschaftlich gibt, aber in der Nachbarschaft zu Handlesekunst, Traumdeuterei, zu Wünschelrutengang und Astrologie steht. Wenn diese Kinder später einmal die Greuel der Kulturrevolution wiederholen sollten, wird das andere Gründe haben als ihren Haßgesang auf die Viererbande.

Mariechen saß auf einem Stein, einem Stein, einem Stein,
Da kam der böse Karl herein, Karl herein, Karl herein.
Er stach Mariechen durch das Herz, durch das Herz,
durch das Herz,
Er stach Mariechen durch das Herz, durch — das — Herz.

»So«, sagt Mariechen, die bisher geweint hat, »und jetzt will ich mal Karl sein, und du bist Mariechen.«

Und Karl, der eigentlich Christina heißt, muß sich auf einen Stein setzen, der eigentlich ein Kinderhocker ist, und Mariechen, die eigentlich Hans-Martin heißt, ist jetzt der böse Karl und nimmt ein Messer, das eigentlich ein bereits benutzter Zahnstocher ist, und sticht Mariechen durch das Herz, durch das Herz, durch — das — Herz.

Es ist nicht ausgeschlossen, daß Christina oder Hans-Martin einmal faul, anspruchsvoll oder unausstehlich werden; aber daß sie, nur weil sie als Vierjährige das Lied von Mariechen mit Inbrunst gespielt haben, später im Leben andere Leute umbringen werden, glaube ich nicht.

Was die Kinder hier in Schanghai gesungen hatten, war Theater, das ihnen Spaß machte, wie Christina und Hans-Martin das Lied von Mariechen auf dem Stein. Und die Pappfiguren der Viererbande waren den Schanghaier Kindern, was uns früher die Rothäute waren.

Eine junge Engländerin, unser Hausgast, war in der vorigen Woche am See des Sommerpalastes spazierengegangen, als sich ihr zwei kleine Mädchen schüchtern und verlegen kichernd näherten. Dann aber faßten sie sich ein Herz und baten in gebrochenem Englisch, unsere Freundin möge doch etwas aufschreiben, irgend etwas. Sie riß ein Blatt aus dem Notizbuch und schrieb: *I like Peking. China is a beautiful country.*

Die Mädchen dankten und waren glücklich und wollten gehen. Unsere Freundin aber bat sie, nun auch etwas Chinesisches in ihr Notizbuch zu schreiben. Die beiden Mädchen tuschelten miteinander und lachten, aber dann schrieben sie ein paar chinesische Zeichen in das Buch, sagten *»Thank you«* und rannten davon. Abends zeigte uns die englische Freundin das Buch. Die beiden kleinen Mädchen hatten geschrieben: *Marxismus-Leninismus da dao! Mao Zedong da dao!*

Die beiden Mädchen hatten noch nicht laufen können, da wurde ihnen schon das Bild des Großen Vorsitzenden gezeigt; sie hatten noch nicht sprechen können, da wurde ihnen schon von dem Großen Steuermann in Peking erzählt; und sie hatten noch nicht lesen können, da mußten sie schon das kleine rote Buch mit den »Worten des Vorsitzenden Mao« schwenken und Hymnen auf ihn singen. Noch jetzt fing jeder Tag mit einem Lied zu seinen Ehren an.

Die Eintragung der beiden kleinen Mädchen war sicher nicht repräsentativ für die Haltung des chinesischen Volkes zu Mao gewesen. Sie war gewiß eine Ausnahme. Dennoch wunderten wir uns damals sehr. Heute, Jahre nach Maos Tod, wären wir nicht mehr so erstaunt.

Auf der Suche nach dem verlorenen Schanghai

Als wir abends zum Puppentheater fuhren, sahen wir unser altes Haus, und Franz und ich riefen gleichzeitig dem Fahrer zu: »Dieses Haus! Dieses Haus!« Er fuhr langsamer.

Es war dunkel, und das Haus sah noch genauso aus wie damals vor wieviel? — vor sechsunddreißig Jahren. Sogar der hohe, aus Bambus geflochtene Zaun war noch da, und das kleine Dach über dem Eingang. Das Haus war viel zu groß für uns gewesen, aber es war nichts anderes zu haben. Es war aus roten Ziegeln gebaut, hatte zwei Stockwerke und ein Mansardengeschoß. Es lag in der Französischen Konzession in der Route Henri Rivière, Ecke Avenue Pétain. Es hätte auch in einer französischen Kleinstadt stehen können.

Wenn ich die Augen schließe, kann ich auch heute noch von einem Zimmer zum anderen gehen. Der erste Absatz der Treppe, von dem aus man in die Küche kommt, hat drei Stufen, und bis zum ersten Stock sind es dann noch zwölf. Oben, gleich rechts neben der Treppe ist das Zimmer, in dem unser erster Sohn die ersten Monate seines Lebens wohnte. Er war am Drachenbootfest geboren. Das bedeutete Glück. Der Koch, der Boy, der Kuli und die Amah feierten das Ereignis und hatten am Abend alle einen leichten Schwips. Als Franz aus dem deutschen Paulun-Krankenhaus nach Hause kam, hatten die Guten den Eingang bekränzt, und jeder wollte den kleinen Sohn hinauftragen.

Warum scheint an den Tagen, an die man zurückdenkt, immer die Sonne?

Ein sonniger Morgen, Ende September 1940. Es ist nicht mehr ganz so heiß und feucht wie bisher. Es wäre schön, wenn es jetzt kühler bliebe. Ich fahre mit dem Wagen ins Büro, durch die Avenue Joffre und dann in die Avenue Foch. Wenn ich aus der Französischen Konzession in die Internationale Niederlassung komme, heißt die Straße Avenue Edward VII.

Auf beiden Seiten der Straße stehen Platanen, dahinter zweistöckige Häuser; unten sind Läden, oben Wohnungen. Auf den Bürgersteigen, am Eingang von Quergassen, liegen jetzt am Morgen oft Matten aus Stroh, und ich weiß, was darunterliegt. Ich sehe weg, aber ich sehe doch wieder hin. Manchmal sind die Matten etwas klein, und die Beine sind nicht ganz bedeckt. Die Fußgänger steigen darüber hinweg, wenn sie rechts oder links nicht vorbeigehen können. Unter den Matten liegen Tote.

Zehntausende von Obdachlosen gibt es in Schanghai. Viele sind vom Land gekommen, andere sind hier in Not geraten und wurden aus ihrer Wohnung gewiesen. Sie haben immer in den Gassen in irgendeiner Ecke geschlafen; jetzt sind die Nächte ein wenig kühler geworden, da sterben die ganz Entkräfteten unter ihnen. Der Hausbesitzer, der einen Toten vor seiner Tür findet, schleppt ihn früh morgens sofort auf die Hauptdurchgangsstraße. Er will mit ihm nichts zu tun haben. Er will keine Scherereien, keine Protokolle. Er kennt den Toten ja nicht. Er nimmt eine alte Strohmatte und deckt ihn zu.

Um neun Uhr kommt der städtische Lastwagen, und zwei Chinesen springen überall ab, wo sie Strohmatten sehen. Sie fassen die Leiche bei den Armen und Beinen und werfen sie mit hohem Schwung auf die Ladefläche. Dann geht es weiter. Die Matten legen sie auf dem Lastwagen beiseite auf einen Stapel; man kann sie noch zu Geld machen. Die Leichen werden daneben aufgeschichtet. Der Lastwagen fährt sie an den Stadtrand auf ein Feld, das der Internationalen Niederlassung gehört. Da werden sie verbrannt.

Wie konnten wir das Elend ertragen? Nicht nur ich, wir Ausländer, die Chinesen: Wir alle, die wir in Schanghai lebten? Wenn wir an den Bettlern vorbeigingen, ohne sie zu sehen?

Halbverhungerte, Krüppel, Blinde, Frauen mit Kindern. Die Kinder waren meist ausgeliehen, ihre Wunden und Geschwüre wurden zur Schau gestellt. Wenn man aus einem Restaurant kam, hüpften manchmal ein paar Knirpse vor dem Auto auf und ab und riefen, was man ihnen beigebracht hatte: *»No Papa, no Mama, no Whisky!«* Wenn man das zum ersten Mal hörte, lachte man. Man warf ihnen ein paar Münzen zu.

Sie konnten sie nicht behalten, denn sie mußten alle Einnahmen ihrem Chef abliefern, und von denen gab es in Schanghai zwei: Dem einen gehörten die Bettler in der Internationalen Niederlassung, dem anderen die in der Französischen Konzession. Die Chefs lebten in großem Luxus; den Bettlern aber beließen sie nur so viel Geld, daß sie nicht ganz verhungerten und daß sie ihren Beruf weiter ausüben konnten. Sie verteilten die Bettler auf die geeignetsten Plätze, und sie waren es auch, die die Kinder ausliehen.

Der Boß der Bettler in der Französischen Konzession hatte ein Schaustück, das stadtbekannt war und ihm viel einbrachte: Plötzlich, wenn man aus dem Kino oder der Chinesischen Oper kam, rollte eine Tonne herbei. Es war ein Junge, dem beide Beine und ein Arm fehlten. Der Rumpf steckte in einem Faß. Mit dem Arm, der ihm noch verblieben war, drehte er sich durch die Straßen, und zwar ganz rasch. Mit ihm lief ein anderer Junge, der das Geld einsammelte. Aber die beiden durften nur in der Französischen Konzession operieren.

Wir lebten in der Welt der Reichen, auch unsere Dienerschaft: Zhang der Koch, Yüe der Boy, Schu der Kuli und die Kinderamah, die keinen Namen hatte und von sich selbst auch nur als Amah sprach. Alle zusammen verdienten sechsunddreißig Reichsmark im Monat und zum chinesischen Neujahr einen Sack Reis. Sie galten als reich, und sie fühlten sich als reich. Sie sahen keinen Bettler auf der Straße. Sie fürchteten seine Nähe wie die eines Aussätzigen. Man konnte daran kleben bleiben; man konnte das Große Elend auf sich herabziehen, dem niemand abhelfen konnte. Es war leicht, aus der Welt der Reichen in die des Elends abzugleiten; aber eher ging ein Kamel durch ein Nadelöhr, als daß ein Armer — mit ehrlichen

Mitteln, versteht sich, und mit seiner Hände Arbeit — in die Welt der Reichen aufstieg.

Wir gaben den Hilfsorganisationen, den Kirchen; doch auch sie konnten nur wenigen helfen. Die Matten über den Leichen auf dem Bürgersteig waren nur ein Zipfel des Elends. Die große Matte deckte niemand auf.

Es gab jedoch Menschen, die sich vorgenommen hatten, das Große Elend abzuschaffen, und den Großen Reichtum obendrein. Man sprach nur leise von ihnen, denn man wußte, sie waren in der Stadt. Sie waren überall. Aber die *Old China Hands,* die schon so viel in ihrem Leben in diesem Lande gesehen hatten, lachten laut über diese Pläne: Sie hatten sich in ihrem Reichtum angewöhnt, über die Chinesen und alles, was in China geschah, nur herablassend und süffisant zu sprechen und nichts ernst zu nehmen. Träumereien, sagten sie von dem Plan, das Elend abzuschaffen. Es waren die Träume Mao Zedongs und der Kommunistischen Partei.

Ich fahre auf der Avenue Edward VII. bis zum Bund und biege dann links ein. *The Bund* ist die berühmte Schauseite der Stadt, die man zuerst erblickt, wenn man mit dem Schiff ankommt. Die meisten Leute kommen mit dem Schiff an. Rechts fließt der Huangpu, gelb und träge. Es liegen immer einige Ozeandampfer auf ihm vor Anker. Links am Bund stehen die festen Burgen der Herren von Schanghai: die großen Banken Englands und Amerikas mit ihren Säulenportalen, durch die man wie in einen Tempel eintritt. Da liegen *Customs House,* das Rathaus der Internationalen Niederlassung, das vornehme Cathay Hotel, das britische Generalkonsulat und dahinter die Garden Bridge. Auf ihr steht ein japanischer Soldat Wache, und alle, die vorübergehen, müssen die Mütze oder den Hut abnehmen und ihn grüßen.

Das deutsche Generalkonsulat ist in den beiden obersten Geschossen eines Bürohauses, Peking Road 2, untergebracht. Dort ist auch die Dienststelle der Deutschen Botschaft; nur die Dienststelle, die Wirtschaft, Presse und Rundfunk bearbeitet; die Botschaft selbst ist in Peking, das noch Peiping — »Nördlicher Friede« — heißt. Da gibt es nur eine kleine Zeitung in englischer Sprache, einen chinesischen Rundfunksender, und von Wirtschaft kann dort kaum die Rede sein.

Aber Schanghai bleibt, auch im Weltkrieg und nach der Besetzung durch die Japaner, die wirtschaftlich bedeutendste Stadt Chinas. Hier erscheinen neben vielen chinesischen Zeitungen und Zeitschriften vier große Zeitungen in englischer Sprache und eine in deutscher, der *Ostasiatische Lloyd.* Es gibt sechsundzwanzig Rundfunksender, chinesische, englische, einen französischen und einen deutschen. Ich bin mit fünfundzwanzig Jahren der jüngste Angestellte der Dienststelle der Deutschen Botschaft und für Rundfunk zuständig. Ich veranlasse, daß der kleine deutsche Sender sein Programm in englischer Sprache sendet, da in Schanghai alle Ausländer, auch die Deutschen, und dazu noch viele Chinesen Englisch verstehen. Ich lasse Reuters, Associated Press und United Press abonnieren und auch ihre Meldungen in unseren Nachrichtensendungen ausstrahlen, damit die Hörer nicht einseitig unterrichtet werden, sondern sowohl unsere Ansicht wie die der Gegenseite kennenlernen. Anstelle von Richard Wagner und Marschmusik oder der »Mühle im Schwarzwald« senden wir jetzt Jazz. Man sieht: Mein Sinn für das, was politisch möglich und nicht möglich ist, ist reichlich unterentwickelt. Das kann natürlich nicht gutgehen. Bevor ich abberufen werde, gebe ich dem deutschen Sender den Namen *The Voice of Europe.* Etwas voreilig.

Doktor Huang
oder das dankbare Huhn

Wir kannten Herrn Huang schon aus der Zeit, als er noch Assistenzarzt am deutschen Paulun-Hospital in Schanghai war. Es war nicht leicht gewesen, seine Adresse zu finden. Wir hatten unseren chinesischen Reisebegleitern nicht gesagt, daß wir ausgehen wollten. Sie hätten sonst darauf bestanden, mit uns zu gehen. Das aber wäre Herrn Huang sicher nicht recht gewesen. Verkehr mit Ausländern machte verdächtig. Wir hatten deshalb auch keine Taxe genommen, sondern waren zu Fuß gekommen.

Wir fragten nach den Kindern, die nun schon längst erwachsen sein mußten. Sie waren so alt wie unsere.

»Sie sind verheiratet«, sagte Frau Huang.

»Geht es ihnen gut? Sind sie zufrieden?«

»Sie sind Arbeiter«, sagten Herr Dr. Huang und seine Frau gleichzeitig und lachten. Sie lachten nicht, weil sie es komisch fanden, sondern weil sie traurig waren, daß ihre Kinder nicht studiert hatten.

»Kinder aus Akademikerfamilien bekommen grundsätzlich keine Studiengenehmigung. Es sei denn, der Vater ist Funktionär in der Universitätsverwaltung oder einer anderen Institution. Da geht natürlich alles. Durch die Hintertür, wie wir sagen.«

Über nichts machten sich chinesische Eltern seit jeher soviel Gedanken wie über die Erziehung und Ausbildung der Kinder. Das Examen bestehen! Wenigstens das erste Provinzexamen! Dann die höheren Examen, schließlich das in der Hauptstadt! Seit zweitausend Jahren war das das Ziel: Die Examina waren die Stufen zu den hohen Ämtern, zu Erfolg, Ansehen und oft auch zu Reichtum. Auf diesen Stufen konnte man aus der Klasse der Bauern und Handwerker, ja selbst der Kaufleute in die höchste Klasse, die der Beamten-Gelehrten, aufsteigen. Nur Kindern von Soldaten war dieser Weg versperrt.

Doch es ging nicht um den sozialen Aufstieg. Über die Erziehung allein fand man den Weg zum »höheren Menschen«, von dem Konfuzius sprach, den Weg zu Bildung, korrektem Verhalten, Loyalität und Redlichkeit. Das Wissen von den Dingen, die Fachkenntnisse — das waren oft nur Ziele zweiter Ordnung.

Nichts bereitete chinesischen Eltern soviel Kummer wie ein Sohn, der nichts lernen wollte. Die chinesische Literatur ist voll von solchen Beispielen. Herrn Dr. Huangs Kinder aber wollten zu höherer Bildung gelangen. Früher hätten sie bessere Chancen als andere gehabt, weil sie aus einer Akademikerfamilie stammten. Jetzt aber hatten Kinder aus Akademikerfamilien einen »dunklen Familienhintergrund«.

Einer von den Söhnen des Ehepaars Huang arbeitete in einer Bohrmannschaft auf einem Ölfeld. Ein Sohn war Dreher in einer Maschinenfabrik in Schanghai. Die Tochter, die Medizin hatte studieren wollen, mußte fünf Jahre in einer Kommune auf dem Feld arbeiten. Jetzt war sie wenigstens wieder in Schanghai — als Verkäuferin im Warenhaus. Ein Kollege Dr.

Huangs wollte ihr eine Lehrstelle als Kinderschwester verschaffen.

»Durch die Hintertür?« fragte ich.

»Was bleibt uns denn anderes übrig?« entgegnete Frau Huang.

Ich erzählte ihnen, wie gut die Ärzte in Rumänien lebten, weil jeder Patient, bevor er sich überhaupt setzte, dem Arzt Gemüse, Zigaretten, Pflaumenschnaps, ein Huhn oder eine Gans auf den Tisch legen mußte, bevor der Arzt überhaupt danach fragte, was dem Patienten fehle. Ein Briefumschlag mit einigen Geldscheinen genügte allerdings auch.

»Das gibt es bei uns nicht«, sagte Dr. Huang.

Frau Huang lächelte. »Gestern ist uns überraschend ein Huhn über den Zaun in den Garten geflogen.«

»Hatte es einen Zettel im Schnabel, auf dem sein Name stand?« fragte ich.

»Das nicht«, antwortete Dr. Huang, »aber ich bin sicher, daß es einen langen Fußweg aus einer Volkskommune in Hungqiao bis zu uns in der Stadt hinter sich hatte. Ich könnte den Namen der Familie nennen, bei der es bis dahin als Privathuhn in Pflege war. Es kam aus reiner Dankbarkeit.«

Graf Waldersee und die Viererbande

Auf die Frage, was wir Deutschen mit der Viererbande zu tun gehabt hätten, würde ich stets arglos und mit gutem Gewissen geantwortet haben: »Nichts!« Zwar hatten die Bundestagsabgeordneten Marx und Dregger einmal mit einem Mitglied der Viererbande, nämlich mit Zhang Chunqiao, dem ›hundsköpfigen Monstrum‹, ein langes Gespräch geführt; es war aber ohne Folgen geblieben.

Da grub die Pekinger *Volkszeitung* am 19. November 1976 die dumme Geschichte vom Grafen Waldersee wieder aus, die ihm nach seiner Rückkehr aus China in die Heimat vor fünfundsiebzig Jahren so viel häuslichen Verdruß eingetragen hatte. Man hätte annehmen sollen, daß darüber inzwischen Gras gewachsen wäre, aber der Artikel der *Volkszeitung* bewies, daß dem historischen Gedächtnis der Chinesen so leicht nichts entfällt; und er bewies weiterhin, daß selbst diese entlègene Episode aus dem Leben des deutschen Generalfeldmarschalls die ganze Verlogenheit Jiang Qings entlarven konnte, freilich in etwas weitläufiger Weise. Man muß daher etwas ausholen.

Am 17. Oktober 1900 war der deutsche Generalfeldmarschall Graf Waldersee an der Spitze eines internationalen Expeditionskorps von 20000 Mann in prächtigem Triumph durch das Hata Men, das südöstliche Stadttor, in Peking eingezogen. Er kam allerdings zu spät; denn ein kleines Kontingent britischer, französischer, deutscher, amerikanischer, russischer und japanischer Truppen hatte die Stadt schon zwei Monate zuvor eingenommen und die Boxer-Rebellen umgebracht oder vertrieben. Drei Tage war Peking dann den verbündeten Truppen zur Plünderung freigegeben worden, und auch nachher fanden noch viele private Beutezüge der Offiziere und Mannschaften statt. Auch Schild und schimmernde Wehr des deutschen Heeres blieben nicht unbefleckt. Graf Waldersee deutete das in einem Telegramm an Kaiser Wilhelm II. nur an, als er Seiner Majestät berichtete, »daß die aus Plünderungen sich ergebenden Ausschreitungen in Gestalt von Vergewaltigung von Frauen, Mord und unnützer Brandlegung in nicht geringem Umfang zur Ausführung gekommen sind… Jede Nation weist einer anderen die Palme in der Kunst des Plünderns zu«.

Der Generalfeldmarschall, den respektlose deutsche Zeitungen ›Weltmarschall‹ nannten, residierte in der Verbotenen Stadt, im Westteil des Kaiserpalastes; denn der Palast war leer, da die Kaiserinwitwe, der unter ihrer Kuratel stehende Kaiser und der ganze Hofstaat geflüchtet waren.

»Zu hoher Befriedigung hat es mir gereicht«, depeschierte der Generalfeldmarschall Seiner Majestät in gräßlichem Kanzleideutsch, »nach der Inbesitznahme des Palais einen unmittelbar vor der Wohnung der Kaiserin mit beiden Seebataillonen abgehaltenen Festgottesdienst am 2. ds. Mts. stattfinden zu lassen.«

Danach aber griff er scharf durch und schuf Ordnung, daß den Chinesen Hören und Sehen verging. Im Kanonendonner und Pulverdampf hatte er Härte nicht beweisen können; er zeigte sie jetzt. Den Chinesen aber gelang es auf ihre Weise, den achtundsechzigjährigen Generalfeldmarschall milder zu stimmen. Sie führten ihm die Kurtisane Sai Jinhua zu, die mit ihrer Jugend und Schönheit, ihrer Kunst und Erfahrung machte, daß der greise Krieger in jünglingshafter Liebe zu ihr entbrannte und ganz des Befehls vergaß, den Seine Majestät dem Expeditionskorps auf den Weg gegeben hatte: »Wie vor tausend Jahren die Hunnen unter König Etzel sich einen Namen gemacht haben, der sie noch jetzt in Überlieferung und Märchen gewaltig erscheinen läßt, so möge der Name Deutscher in China durch euch in einer Weise bestätigt werden, daß niemals wieder ein Chinese es wagt, einen Deutschen auch nur scheel anzusehen.«

Um Sai Jinhuas Gunst nicht zu verlieren, habe der bisher so harte Feldmarschall nun oft Milde walten lassen, so hieß es unter den Chinesen. Und Sai Jinhua bereicherte sich nicht etwa an dem Schmuck und den wertvollen Geschenken aus dem Plünderungsgut, die der Feldmarschall ihr zukommen ließ. Sie machte, wie die Legende berichtet, alles zu Geld und gab es den Armen.

Für den greisen Marschall aber kam die Stunde, da er ins Vaterland zurückkehren mußte. Als er seinen Fuß wieder auf deutschen Boden gesetzt hatte, mußte er Fragen auf Fragen über sich ergehen lassen, nicht zuletzt von seiner Gattin, reifer, vornehmer und sehr viel älter als Sai Jinhua, die er in Peking hatte zurücklassen müssen.

Aber während ihn der Gram über so viele Fragen beugte und ihm die Freude am Leben nahm, so daß er bald ins Grab sank, begann in China die Legende Sai Jinhuas aufzublühen. Es erschienen Erzählungen, Gedichte, eine Biographie und ein Roman mit dem Titel *Die Blume auf dem Ozean des Bösen*. Das Thema, wie einer alten chinesischen Oper entnommen, war überhaupt nicht totzukriegen. Damit das Opfer Sai Jinhuas, die ihre Unschuld auf dem Altar des Vaterlandes dargebracht hatte, desto heller leuchte und dem chinesischen Publikum noch mehr zu Herzen gehe, machten die Dichter aus der Prostituierten eine junge unbescholtene Dame aus reichem, respcktablem Hause, die als Gemahlin eines chinesischen Diplomaten im Jahre 1887 nach Berlin kam und dort bei einer Promenade einem draufgängerischen jungen Offizier auffiel, der sie ansprach und sich mit ihr verabredete, anfangs im Tiergarten, später bei sich zu Hause. Das Verhältnis, man kann es erraten, blieb nicht ohne Folgen. Der junge Offizier aber war – Graf Waldersee.

Doch diese Geschichte hat einige Schönheitsfehler, unter anderem den, daß Sai Jinhua im Jahr 1887 erst dreizehn Jahre alt war.

Realisten und Kenner der chinesischen Welt zweifeln alle diese Darstellungen an und erklären, sie seien reine, wenn auch nicht gerade höchste Literatur. Sai Jinhua, so behaupten sie, sei erwiesenermaßen eine Prostituierte der gehobenen Gesellschaftskreise gewesen, eine *guanji,* das heißt eine Kurtisane der Beamten- und Gelehrtenschicht, sicherlich kultiviert und in Gesang, Tanz und literarischen Fertigkeiten ausgebildet.

Ihre Lehre habe sie auf einem der berühmten Blumenboote in Chinas Venedig, in Suzhou nämlich, durchgemacht. Es sei durchaus möglich, sagen die Realisten, daß der hochbetagte chinesische Diplomat sie als Konkubine nach Berlin mitgenommen habe. Er sei nur kurz in Berlin gewesen und bald nach seiner Rückkehr gestorben. Sai Jinhua aber habe dann ihren Beruf als Sing-Song-Girl wiederaufgenommen und sich einen bedeutenden Ruf und ein beachtliches Vermögen erworben.

Sie sei überhaupt eine kühle Rechnerin gewesen und habe als man sie dem Generalfeldmarschall zugeführt hatte, nicht nur seine reichen Geschenke angenommen, sondern für ihre Mühewaltung und Fürsprache bei dem Oberkommandierenden des Expeditionskorps von ihren Landsleuten auch hohe Honorare gefordert. Von Edelmut und Opfer auf dem Altar des Vaterlandes könne gar keine Rede sein. Das ersparte Geld habe sie gut in ihrem Blumenhof in Peking investiert, der noch jahrzehntelang florierte.

Mit einer so realistischen, ja zynischen Darstellung konnte der Dramatiker Xia Yan nichts anfangen. Er zog vielmehr literarisch erprobte Pfade vor. Was uns Judith, das sind den Chinesen die edlen Kurtisanen, die ihre vaterländische Pflicht vor das Berufsethos gestellt haben. Jedermann kennt sie aus der Oper.

Xia Yan wußte, wie das Publikum zu rühren war; und so schilderte er in einem Schauspiel den schweren Kampf, den Sai Jinhua mit sich kämpfte, bis sie dem ungstümen Drängen des

Generalfeldmarschalls nachgab und, allein um Unheil von dem Reich der Mitte und ihren Landsleuten abzuwenden, ihn erhörte. Das Schauspiel wurde im Jahr 1936 in Schanghai uraufgeführt und wurde ein Riesenerfolg. Der Ruhm des Dichters wuchs.

Da er schon früh der kommunistischen Partei beigetreten war, gehörte er auch nach Maos Sieg zur literarischen Prominenz. In der Kulturrevolution aber entlarvte ihn ein Anhänger und Mitarbeiter Jiang Qings, der Chefredakteur der *Guangming-Zeitung*, in einem überaus langen Artikel, der die Überschrift trug »Der reaktionäre Gedanke des Schauspiels Sai Jinhua — Anatomie und Analyse eines sogenannten berühmten Bühnenstücks der dreißiger Jahre«. Der Dichter Xia Yan wurde von den Massen ›bekämpft‹. Er und drei andere — ›die vier Schurken‹ — mußten schwere Brustschilder tragen, auf denen ihre Namen der Schande halber mit roter Farbe durchkreuzt waren, und so mußten sie im Arbeiterstadion von Peking vor zehntausend Angehörigen der Roten Garden auftreten, den Kopf auf die Brust gedrückt, und sich beschimpfen lassen. Man warf ihnen vor, sie folgten in der Literatur einer ›schwarzen‹ Linie. In Wirklichkeit hatten ›die vier Schurken‹ nur eins gemein: Sie alle hatten in den dreißiger Jahren Jian Qings Talent als Schauspielerin nicht erkannt.

Zu der amerikanischen Feministin Roxane Witke, die sich Maos Frau zur Biographin ausersehen hatte, sagte Jiang Qing im Jahr 1972, Sai Jinhua sei »eine hundertprozentige Verräterin des Kommunismus« gewesen. Ein seltsamer Vorwurf! Denn als Sai Jinhua den Höhepunkt ihrer Laufbahn erreichte, gab es ja noch keine kommunistische Partei in China; sie wurde erst zwanzig Jahre später gegründet.

Jiang Qing erzählte ihrer Biographin Roxane Witke, sie sei, als das Theaterstück Xia Yans uraufgeführt wurde, außer sich darüber gewesen, daß eine chinesische Schauspielerin sich dazu hergab, auf der Bühne ein Weib darzustellen, das die Sache der chinesischen Nation prostituiert habe. Wegen ihrer offenen Worte habe man sie damals umbringen wollen, behauptete sie mit einer »vor Erregung schrillen Stimme«.

Die Pekinger *Volkszeitung* vom 19. November wußte es anders. Ihr zufolge hatte im Herbst 1936 eine junge Schauspielerin, die unter dem Künstlernamen Lan Ping, das heißt ›Blauer Apfel‹, auftrat, mit allen Mitteln darum gekämpft, die Rolle Sai Jinhuas in der Uraufführung zu spielen. Sie wurde aber, weil zu untalentiert, abgelehnt. Lan Ping aber war der Künstlername Jiang Qings, die bald darauf den Staub Schanghais von den Füßen schüttelte und sich nach Yenan ins Hauptquartier Maos begab, an dessen Seite sie eine steile Kariere machte.

Aber sie, die sich im Jahre 1936 darum gerissen hatte, die Rolle Sai Jinhuas in der Uraufführung zu spielen, suchte später diese Spuren zu verwischen. Sie verfolgte den Autor des Schauspiels und alle, die damals in ihr die große Schauspielerin nicht gesehen hatten. Die Pekinger *Volkszeitung* jedoch brachte nun alles ans Licht und enthüllte die schwarze Vergangenheit der Witwe Maos.

So und auf diese etwas weitläufige Weise also trug der Generalfeldmarschall Graf Waldersee noch fünfundsiebzig Jahre nach seiner China-Expedition dazu bei, die Lüge und heuchlerische Gesinnung Jiang Qings zu entlarven.

Das Gedicht von Pappel und Weide

Anfang Dezember

Ich habe meine stolze Pappel verloren und du deine Weide.
Pappel und Weide schweben empor zum Neunten Himmel.

So beginnt ein Gedicht Mao Zedongs. Der Sinn der Verse ist nicht ohne weiteres zu entschlüsseln. Damit erfüllt das Gedicht zwar eine Grundforderung moderner Poetik; aber Mao war, wenn es ans Dichten ging, kein Revolutionär. Er dichtete vielmehr in klassischen chinesischen Formen.

Die *Volkszeitung* klärte alle, die es noch nicht wußten, auf: Mit der stolzen Pappel — chinesisch *yang* — ist nicht der Baum gemeint, sondern Maos erste Frau Yang Kaihui, die von den Gegnern erschossen worden war. Und mit der Weide — chinesisch *liu* — ist auch nicht der Baum gemeint, sondern Maos Kampfgefährte Liu Zhixun, der 1932 gefallen war. Das Gedicht war an Lius Witwe gerichtet.

Ursprünglich sollte die englische Übersetzung dieses Gedichts den Sachverhalt in einer Fußnote erklären, aber Jiang Qing hatte das nicht gewünscht. Die englischsprachigen Leser sollten nicht auf den absurden Gedanken kommen, daß Mao noch um seine erste Frau trauere. Die *Volkszeitung* tadelte den Herausgeber deshalb, aber sie verriet seinen Namen nicht.

Wir kannten ihn natürlich. Er war nicht mehr Außenminister. Die amtliche Nachrichtenagentur *Xinhua* hatte vor einigen Tagen gemeldet, Qiao Guanhua werde als Außenminister durch Huang Hua, den chinesischen Botschafter bei den Vereinten Nationen, abgelöst.

Von einem Chinesen hörten wir, Qiao Guanhua habe Ende September während der Tagung der Generalversammlung der Vereinten Nationen in einer geheimen Unterredung mit Gromyko oder einem anderen hohen sowjetischen Funktionär versucht, sich des sowjetischen Wohlwollens und sowjetischer Unterstützung zu versichern, wenn es bei der Machtübernahme durch Jiang Qing und die Radikalen zu bürgerkriegsähnlichen Auseinandersetzungen komme. Ihm sei geantwortet worden, mit brüderlicher Hilfe der Sowjets könnte er erst nach einiger Zeit rechnen. Während einer Anlaufzeit von mindestens acht Tagen müsse sich die Gruppe der Radikalen selbst behelfen.

Hatte man uns die Nachricht mit Vorbedacht zugespielt? Oder war das nur eins der zahlreichen Gerüchte, die unter den Chinesen umgingen? Hua Guofeng machte zwei Wochen später in einer Rede auf einer Landwirtschaftskonferenz kryptische Andeutungen, als er davon sprach, die Viererbande habe sich bei ihrem Putschplan »auf die Bajonette der Aggressoren verlassen, um ihren Marionettenthron zu stützen«. Danach hörte man nie wieder etwas davon. Der Vorwurf wurde fallengelassen.

Qiao Guanhua verschwand. Er trat von der Bühne ab, auf der er einige Jahre eine bedeutende Rolle gespielt hatte. Wie kam es, daß dieser hochbegabte Mann sich in das Netz der innenpolitischen Intrigen verstricken konnte?

Mitte der dreißiger Jahre war er aus Deutschland nach China zurückgekehrt. In Tschungking wurde er persönlicher Referent Zhou Enlais, der dort Verbindungsmann zur Regierung

Tschiang Kaischeks war, und heiratete dessen Dolmetscherin Gong Peng. Aber er wurde nicht in den inneren Zirkel der Revolutionäre aufgenommen. Er war nicht Soldat gewesen, er hatte nicht am Langen Marsch teilgenommen. Gewiß, man erkannte seine hohe intellektuelle Begabung an. Aber das war bei den alten Haudegen und Revolutionären auch ein Argument gegen ihn. Das machte mißtrauisch. Intellektuelle haben Skrupel, sie haben Ehrgeiz, sie glauben vieles besser beurteilen zu können als die Partei. Sie denken so schnell, sie sprechen so schnell. Man kann sie nicht immer verstehen. Sie sind unzuverlässig.

Er machte nur langsam Karriere und kam nicht aus dem zweiten Glied heraus. Man bediente sich seiner Intelligenz, wie man sich der besonderen Fähigkeiten eines Handwerkers bedient. Man ließ ihn zum Beispiel die Offenen Briefe an das sowjetische Zentralkomitee entwerfen und redigieren, die Anfang der sechziger Jahre durch ihre glänzende Argumentation beeindruckten. Aber alte Kämpfer, die ihm intellektuell nicht das Wasser reichten, überholten ihn in der Karriere und wurden ihm übergeordnet. Er litt darunter.

Gong Peng starb im Jahr 1964 im Krankenhaus. Sie hätte überleben können, aber sie wurde, wie viele andere Patienten, vernachlässigt. Es war für die Ärzte und das Pflegepersonal ja wichtiger, in Versammlungen ihr revolutionäres Bewußtsein zu erhöhen, als ihre ganze Aufmerksamkeit den Kranken zu widmen.

Qiao Guanhua heiratete wieder. Seine zweite Frau war mit Maos Nichte Wang Hairong befreundet. Sie hatten zusammen das Fremdspracheninstitut in Peking besucht. Ihr Vater war Kulturminister in der Zeit vor der Revolution gewesen. Da er aber ein renommierter Gelehrter war, hatte Mao ihn trotz seiner ›schwarzen‹ Vergangenheit Anfang der sechziger Jahre einmal zu sich eingeladen. Die Tochter durfte mitkommen. Mao fand Gefallen an ihr und begann bei ihr Englischstunden zu nehmen, an zwei Abenden in der Woche. Viele Leute in Peking aber waren und sind der Ansicht, daß es nicht bei den Englisch-Lektionen blieb. Als Qiao Guanhua sie heiratete, drang er durch sie in den inneren Kreis der Führung vor, zum Großen Vorsitzenden, aber auch in die Nähe Jiang Qings.

Die Viererbande sah darüber hinweg, daß er nicht zur alten Garde gehörte. Sie bemerkte seinen Ehrgeiz; sie suchte Karrieristen. Wer sich ihr verschrieb, konnte auf Förderung rechnen. Im Jahr 1974 wurde Qiao Guanhua Außenminister. Er hatte den Aufstieg weniger seinem alten Chef Zhou Enlai als Jiang Qing zu verdanken. Ihr und den Radikalen gehörte fortan seine Loyalitiät. Weil er sich ihnen verpflichtet fühlte, marschierte er in der Demonstration im April mit, die gegen den Aufstand auf dem Tian An Men-Platz gerichtet war. Viele nahmen ihm das übel; denn galt diese Aufstandsbewegung nicht gerade dem Andenken Zhou Enlais, dessen engster Mitarbeiter der Außenminister gewesen war? War er, der Intellektuelle, jetzt in das Lager der Radikalen übergewechselt?

Auf einer Ministerliste, die angeblich von der Viererbande entworfen war und die nach ihrer Verhaftung in Peking zirkulierte, war ihm der Posten eines stellvertretenden Ministerpräsidenten zugedacht worden. Hatte er, mit all seiner Intelligenz nicht erkannt, wie naiv und schludrig die Radikalen ihre Pläne ins Werk setzten? »Er ist eben nicht intelligent«, sagte mir einer seiner früheren Mitarbeiter, »sondern übergescheit — und zu ehrgeizig. Aber er ist kein schlechter Mensch.«

Qiao Guanhua und seine Frau lebten jetzt in ihrem Pekinger Haus in Hausarrest. Er schrieb seine Memoiren, nicht für die Öffentlichkeit natürlich, sondern für die Archive der Partei, sehr eingehend und mit der gebührenden Selbstkritik. Der Hausarrest wurde später gelockert. Er und seine Frau durften das Haus verlassen; aber sie gingen nicht aus. Sie gehen auch heute nicht aus. Der Schande wegen.

Im Jahre 1982 gab man ihm wieder einen kleinen Posten als Berater in der Organisation für Freundschaften mit dem Ausland. Er starb im September 1983 an Krebs.

Das alte und das neue Jahr

Zum Jahreswechsel habe ich dem Auswärtigen Amt rückblikkend über die Ereignisse in China seit Maos Tod und vorausblickend über den Weg berichtet, der vor den Chinesen liegt. Das Volk, schrieb ich, erwarte Lohnerhöhungen. Seit über einem Jahrzehnt seien den Arbeitern Beförderungen von einer Lohngruppe in die nächsthöhere verweigert worden. Ohne Lohnerhöhungen und Leistungsprämien werde man die Produktion nicht erhöhen können. Die Verkehrsstruktur müsse verbessert, die Landwirtschaft weiter mechanisiert werden.

Das Volk erwarte materielle Verbesserungen vielfacher Art und vor allem ein liberales Regiment. Die Intellektuellen hofften, daß man zu den Zuständen zurückkehre, wie sie Mitte der fünfziger Jahre in China herrschten.

Mir scheine es, als wolle die Regierung diesen Erwartungen entgegenkommen und an Maos relativ gemäßigte Politik aus der Mitte der fünfziger Jahre wiederanknüpfen. In dieser Ansicht bestärkte mich die Neuveröffentlichung von Maos Artikel »Über die Zehn Großen Beziehungen« aus dem Jahr 1956.

Als das Fernschreiben abgegangen war, war ich etwas unruhig. Ich fragte mich, ob ich mit meinen Voraussagen nicht zu weit gegangen, ob mich der plötzlich aufbrechende Glaube an grundlegende Verbesserungen, den wir bei den wenigen Chinesen unserer Bekanntschaft wahrgenommen hatten, nicht zu optimistisch gestimmt hatte.

Mittags waren Ted Youde und seine Frau bei uns. Er war der britische Botschafter in Peking, und — ebenso wie sein Nachfolger Pierce Cradock wußte er mehr über China als die anderen Mitglieder des Diplomatischen Korps. Er ist heute Gouverneur von Hongkong.

Er erzählte beim Mittagessen, er habe dem Foreign Office berichtet, alles deute auf eine fundamentale Kursänderung in China. Aber jetzt, wo sein Bericht abgegangen sei, werde er unruhig, und er frage sich, ob er sich nicht vielleicht zu weit vorgewagt habe.

Als wir uns verabschiedeten, waren wir uns einig: Der Kurs Chinas hatte sich grundlegend geändert.

1977

Aufbruchstimmung

7. Januar
Jiang Qing hängt neben Zhang Chunqiao an einem Baum. Beide sehen griesgrämig durch die Brillen. Ihre Beine schaukeln im Wind. Über ihnen hängen Yao und Wang. Auch sie scheinen übelgelaunt. Kein Wunder! Jeder trägt um den Hals ein Schild mit seinem Namen; aber der Name ist, wie bei Verbrechern üblich, mit zwei kräftigen roten Pinselstrichen durchkreuzt. Die Viererbande ist aus Pappmaché, und jeder der vier ist etwa einen halben Meter groß. Es macht den Kindern Spaß, am Baum zu rütteln und zu sehen, wie die Viererbande zittert.

Der Baum steht am Rande der Chang An-Straße, also der großen Ost-West-Achse Pekings, nicht weit vom Peking Hotel, und die Kinder sind hinter dem Baum auf eine Mauer geklettert. Die Mauer jedoch kann man nicht sehen, weil davor eine Mauer aus Menschen steht. Sie versuchen, einen Blick auf die Wandzeitung zu werfen. Aber in den hinteren Reihen kann niemand etwas erkennen. Vorne liest jemand mit piepsiger Stimme den Text vor; hier hinten ist nichts zu verstehen. Trotzdem bleiben alle hier. Einmal höre ich Deng Xiaopings Namen.

Am nächsten Tag: An den Laternenmasten des Tian An Men-Platzes klettern einige junge Leute hoch und hängen Blumengebinde und Blumenkörbe auf. Es sind bunte Papierblumen. Für wirkliche Blumen ist es heute zu kalt. Wir haben zehn Grad unter Null, obwohl die Sonne scheint.

Heute vor einem Jahr ist Zhou Enlai gestorben, den alle verehren. Kleine Gruppen, meistens Abordnungen von Betrieben oder Nachbarschaftskomitees, tragen Kränze auf die Tribüne und stellen sie dort auf.

Der Platz ist voller Menschen. Sie lassen sich vor einem großen Bild Zhou Enlais fotografieren, das eine Arbeitseinheit aufgestellt hat, und sie lesen die Wandzeitungen, die hier hängen oder gerade aufgehängt werden. Es sind einige hundert laufende Meter Text. Die handgeschriebenen Zeitungen kleben an Mauern, an Säulen, an Laternenmasten. Als Autoren zeichnen meist Betriebsgruppen, Nachbarschaftskomitees, Gruppen mit phantasievollen Namen, aber auch einzelne, die die Adresse ihrer Arbeitseinheit unter die Zeitung setzen. Manchmal ruft einer, der vorne steht, besonders eindrucksvolle Formulierungen nach hinten. Viele haben Bleistifte oder Kugelschreiber. Sie schreiben sich Sätze oder Gedichte ab. Zu Hause oder im Betrieb wird man sie dann vorlesen und darüber diskutieren. Gelegentlich wendet sich jemand mit kurzen Reden an das Publikum.

Es gibt viele Themen in den Wandzeitungen, aber am häufigsten fordert man die Rückberufung Deng Xiaopings in die Führung, und man greift die Leute an, die im April den Aufstand hier auf diesem Platz unterdrückt haben, allen voran den Pekinger Parteichef und Oberbürgermeister Wu De und den Kommandeur der Pekinger Militärregion Chen Xilian. Gegen die Viererbande werden Verwünschungen ausgestoßen. Die Themen, die Argumente, die Forderungen und die Angriffe auf Personen variieren.

Unsere Hongkonger Kollegen berichten dem Auswärtigen Amt, die Wandzeitungen seien nach ihrer Ansicht gesteuert. Doch dieser Irrtum ist entschuldbar; denn Hongkong ist weit weg. Eine gesteuerte Aktion sieht anders aus: Sie kann nur mit strikten Sprachregelungen operieren, da die Propagandazentrale die Verantwortung für spontane, vielleicht weit voneinander abweichende Forderungen nicht auf sich nehmen kann. Sie ist ja an Richtlinien gebunden.

Die Bevölkerung weiß, daß die Führung nicht noch einmal, wie im vergangenen April, das Volk hindern kann, dem toten Premierminister Zhou Enlai seine Reverenz zu erweisen. Viele Leute kritzeln zustimmende Sätze unter die Texte der Wandzeitungen. Die Menschen sind freudig erregt. Selbst wir Ausländer stören sie nicht. Sie sind sich ihrer Stärke bewußt. Sie fühlen sich als Herren ihres Geschicks, jedenfalls heute. In der

Gemeinsamkeit der Menge ist das Hochgefühl gewachsen, und die Furcht ist in diesen Stunden vergessen. Sie benehmen sich frei und stolz und zeigen nichts von der ängstlichen Vorsicht, mit der sie sich sonst bewegen. Vielleicht morgen wieder, aber jetzt in der Menge fühlen sie sich souverän.

Was ist das? Was ist diesen Menschen geschehen? Muß man nach Peking kommen, um auf dem Tian An Men-Platz die Souveränität des Volkes zu erleben? Ist das der Neue Mensch? Nein, sicherlich nicht. Der Neue Mensch hat ein hohes revolutionäres Bewußtsein, er sieht den Klassenkampf als das »Hauptkettenglied« an und wird im Kampf gegen Rechts- und Linksabweichler seinen Mann stehen und der Parteilinie, die er sich möglichst eindeutig wünscht, gehorsamst folgen. Er wird zu einer Massenversammlung nur gehen, wenn sie von der Partei befohlen und organisiert ist.

In den Augen der Menschen auf dem Tian An Men-Platz glüht kein revolutionäres Feuer. Diese Menschen stürmen nicht die Bastille. Aber es herrscht eine Stimmung des Aufbruchs und der Hoffnung. Ich bin überrascht, was die Chinesen sich an Freiheiten erhoffen. Welche Kraft muß in diesem Volk sein, daß es nach all den Enttäuschungen der letzten Jahrzehnte nicht resigniert, sondern von neuem hofft!

Der Platz wird nachts nicht geräumt wie im vergangenen April, und zum Zeichen, daß sie nichts Hinterhältiges im Sinne führt und nicht daran denkt, die Blumen und Kränze im Dunkeln beiseite zu schaffen wie damals, läßt die Stadtverwaltung in zuvorkommender Weise den Platz durch die hohen Kandelaber beleuchten.

Die Menschen lesen die ganze Nacht hindurch. Erst als zwischen vier und fünf Uhr der Andrang nachläßt, gelingt es unserer Dolmetscherin, Frau Gareis, längere Passagen der wichtigeren Wandzeitungen abzuschreiben. Als sie durchgefroren ist und mit dem Fahrrad nach Hause fahren will, kommen schon die ersten neuen Leser, die auf dem Weg zur Frühschicht sind.

Die Viererbande hängt mittags nicht mehr am Baum. Stattdessen hat man kleine Flaschen an die Zweige gehängt. In einigen ist rote Tinte. Ich frage die Umherstehenden, was das bedeute. Sie lachen und sagen: »Kleine Flaschen.«

Ich antworte: »Ja, das sehe ich, aber warum?«

Sie wollen sich ausschütten vor Lachen, als ich endlich begreife: »Kleine Flasche« heißt im Chinesischen *xiao ping*. Es wird zwar anders geschrieben, aber ebenso ausgesprochen wie Dengs Vorname Xiaoping. Und die rote Tinte bedeutet: Er ist ein Revolutionär, kein schwarzer Konterrevolutionär, den die Viererbande aus ihm hatte machen wollen.

Deng kann warten

24. Januar
»Ich habe vor anderthalb Jahren ein paarmal und ausführlich mit Deng Xiaoping gesprochen. Ich höre, er ist wieder im Kommen.«

»Ja«, antwortete ich, »aber nur langsam, und es wird wohl noch eine Weile dauern.«

»Warum?« fragte der Bundeskanzler Helmut Schmidt. Er nahm zuweilen eine Prise Schnupftabak und sah hinaus auf die kahlen Bäume im Park des Palais Schaumburg.

»Weil es Hua Guofengs schwierigstes Problem ist. Er hat im vorigen April den Posten des gestürzten Deng Xiaoping übernommen. Jetzt soll er ihn wieder in die Führung zurückholen. Doch er wünscht natürlich nicht, daß dadurch seine eigene Stellung geschwächt wird. Aber Deng Xiaopings Position ist heute schon sehr stark, obwohl er ohne jedes Amt ist. Das Volk weiß, daß Ministerpräsident Zhou Enlai ihn zu seinem Nachfolger ausersehen hatte. Er kann warten. Hua Guofeng aber nicht.«

»Wer zwingt ihn denn?«

»Die öffentliche Meinung.«

»Die öffentliche Meinung?« fragte der Kanzler.

Ich berichtete von der Aufbruchsstimmung auf dem Tian An Men-Platz vor einigen Wochen und zeigte dem Bundeskanzler Aufnahmen, die ich gemacht hatte. Die besten behielt der Kanzler gleich da, aber er war noch nicht überzeugt.

»Gut, die Leute können ihre Wünsche auf Plakate schreiben und an die Mauern kleben. Sie sind bewegt, und sie sind eine Macht, solange sie auf dem Platz beisammen sind. Das war im April auch so. Die Parteiführung hat sich damals aber gar nicht darum geschert, sondern den Aufstand unterdrückt und im übrigen getan, was sie, aber nicht, was die Menge wollte. Ist das nicht wieder möglich?«

»In diesem Fall nicht. Der Aufstand im April richtete sich gegen die Radikalen, die Viererbande. Hua hat sie vor einem Vierteljahr festgesetzt. Er kann jetzt nicht wieder zu ihrer Politik zurückkehren und das Gesetz aufheben, nach dem er sein Regiment vor drei Monaten angetreten hat. Nein, er wird Deng Xiaoping zurückrufen und diese Kröte schlucken müssen; er und alle anderen, die die Kritikkampagne gegen Deng Xiaoping mitgemacht haben und die heute noch im Politbüro sitzen. Es wird ein ganzes Krötendiner geben.

Deng aber kann dem gelassen zusehen. Mein sowjetischer Kollege meint, er werde sich mit einer Beraterfunktion abspeisen lassen. Das glaube ich nicht. Deng wird sicher ganz präzise Vorstellungen von seiner künftigen Politik, seiner Aufgabe und seiner Stellung in Partei und Staat haben. Er kann warten. Die öffentliche Meinung ist für ihn.

Hua Guofeng aber hat es auch noch aus einem anderen Grunde schwer. Die Wandzeitungen, die man vor vierzehn Tagen sah, mögen ein kleines Stückchen Demokratie in diesem Staat sein. Aber wie kann man auf die Dauer ein Volk von über 900 Millionen Menschen regieren, wenn man sich von dem imperativen Mandat der Menge auf dem Platz des Himmlischen Friedens unter Druck setzen läßt? Aber vielleicht läßt die Neigung der Menge, ein imperatives Mandat auszuüben, mit der Zeit auch nach. Man braucht dazu ja viel Zeit.«

»Vielleicht«, sagte der Bundeskanzler, »andererseits ist es nicht besser, wenn die Bevölkerung Pekings einmal ihre Meinung durchsetzt, als wenn ein einziger Politiker immer sagt, wie es weitergehen soll? Ich habe noch andere Fragen ...«

Beethoven kommt wieder

Mitte März
Anfang der Woche traf ich auf einem Empfang Fräulein Li. Als wir allein standen, fragte sie: »Können Sie ein Geheimnis für sich behalten?«

Ich antwortete: »Das kommt darauf an.«

»Ich will es trotzdem verraten: Beethoven kommt wieder.«

»Wirklich? Dieser Bourgeois und Fürstenknecht, der den kapitalistischen Weg ging? Haben Sie nicht gelesen, was damals die *Volkszeitung* über ihn und seine Musik geschrieben hat?«*

»Ach«, meint Fräulein Li, »das ist doch schon Jahre her! Und außerdem kann das ja nicht zutreffen, denn unser großer Lehrer Lenin hat Beethoven ja so geliebt.« Sie lächelte.

»Ist das das neue Argument?«

»Ja. Die Fünfte Symphonie wird im Fernsehen gesendet.«

»Wann?«

»Bald. Ich sage Ihnen Bescheid.«

Am Mittwoch ließ sie mir bestellen, es sei leider nicht ganz sicher, ob Beethoven wiederkomme.

Donnerstag hieß es, am Samstag abend werde die Fünfte vom Fernsehen übertragen. Aber es war nur ein Gerücht.

Am Freitag war wieder alles unsicher. Am Samtag stand in der *Volkszeitung* auf der vorletzten Seite, ganz unten, abends sende das Fernsehen ein Konzert, und zwar mit chinesischen Kompositionen, darunter einem Konzert für Flöte und Pipa. Ein chinesischer Bekannter war ganz aus dem Häuschen. Das sei ja eine Sensation; denn die Pipa, eine alte, viersaitige Laute, war als feudalistisches Musikinstrument von den Radikalen aus dem Konzertsaal verbannt worden. Aber von Beethoven stand nichts in der Zeitung.

Unsere Sprachlehrerin, Frau Xü, deren Mann Sänger ist, war ganz aufgeregt. Natürlich werde Beethoven gespielt, sagte sie, und zwar heute abend. Am Nachmittag rief ein deutscher Korrespondent an: Beethoven werde nicht gespielt, er habe es auch schon nach Deutschland gemeldet.

---

* Chao Hua in der Pekinger *Volkszeitung* vom 14. 1. 1974: »Die absolute Musik, wie sie im 18. und 19. Jahrhundert in Europa komponiert wurde, ist ein Produkt der europäischen kapitalistischen Gesellschaft, die die Interessen der Bourgeoisie stützt und dem kapitalistischen System dient. Der Inhalt, die Gedanken und Gefühle, von denen sie durchdrungen ist, haben einen unmißverständlichen bourgeoisen Klassencharakter. ›Das Kapital kommt in die Welt und von Kopf bis Fuß, aus jeder Pore tropfen Blut und Schmutz!‹ So schrieb schon Karl Marx. Und es ist dieses Blut und dieser Schmutz, den jene Musik preist.«

Um neunzehn Uhr nach den Nachrichten kündigte das Fernsehen das Programm des Konzerts an. Es waren die chinesischen Kompositionen, deren Titel wir schon aus der Zeitung kannten, und darunter stand: »Fünfte Symphonie.« Der Komponist war nicht genannt.

Es war Beethoven. Doch was gespielt wurde, erinnerte nur entfernt an die Fünfte Symphonie.

Immerhin.

Einige Monate später lernten wir Li Delun, den Dirigenten des Orchesters, kennen, der uns ein guter Freund wurde. Es war ein harter Kampf mit der Nachhut der Linksradikalen gewesen.

Sein Orchester hatte seit vielen Jahren keine europäische Musik mehr spielen dürfen. Die Musiker hatten auch zu Hause nicht gewagt, diese Musik zu üben, und vor der Aufführung war nur wenig Zeit für Proben gewesen. Aber nun war das Eis gebrochen.

Erzählungen des Kollegen Tolstikow

Mitte März

Wir gaben ein Abendessen für etwa ein Dutzend Botschafter und ihre Ehefrauen. Der sowjetische Botschafter Tolstikow war ein wohlbeleibter Mann, der Gutmütigkeit und Freundlichkeit ausstrahlte. Er liebte milde Ironie, und ihm fehlte ganz die Rücksichtslosigkeit und Aggressivität, die mir manchmal bei anderen sowjetischen Funktionären begegnet ist. Dennoch hatten die Botschafter des Warschauer Paktes vor ihm außerordentlichen Respekt. Er war keineswegs *Primus inter pares,* sondern er gab Weisungen. Als wir nach dem Essen gemütlich bei Bier und Whisky zusammensaßen, wagte keiner von ihnen zu sprechen, wenn er redete.

Tolstikow hatte eine bedeutende Stellung in der Kommunistischen Partei der Sowjetunion gehabt: Er war Erster Parteisekretär in Leningrad gewesen. Man hatte ihn nach Peking abgeschoben, in die Kälte also, auf einen Posten, auf dem er politisch wenig tun konnte. Er hatte sich in seine Lage geschickt. Was konnte er tun? Weitermachen. Ich unterhielt mich gerne mit ihm. Seine Frau war eine gebildete Leningraderin, mit der man über Tschechow und Tolstoi sprechen konnte.

Als ich ihn nach dem Attentat auf die Sowjetbotschaft im April des vergangenen Jahres fragte, erzählte er davon.

Die Sowjetbotschaft liegt in einem großen, mit einer Mauer umgebenen Gelände, das Ende des 17. Jahrhunderts gefangenen Kosaken, später der orthodoxen Kirche zugeteilt worden war. Das Botschaftsgebäude mit seiner großen Auffahrt und den Marmortreppen, mit den Repräsentationsräumen, mit einem großen Festsaal und mit einem Filmvorführraum ist nur eins von den vielen Gebäuden in dem Gelände. Es sieht aus wie ein Palast.

Die Zufahrtsstraßen sind eng. Der letzten kleinen Gasse vor der Sowjetischen Botschaft hatte man vor einigen Jahren den Namen »Gasse des Antirevisionismus« gegeben. Im Jahre 1980 wurde das wieder rückgängig gemacht.

Am Ende dieser Gasse steht das große schmiedeeiserne Tor, und vor dem Tor halten, wie vor allen Botschaftstoren, Soldaten der Volksbefreiungsarmee Tag und Nacht Wache. Auf dem Botschaftsgelände ist eine Schule, die zumeist von Angehörigen der sozialistischen Staaten besucht wird.

Um zwei Uhr nachmittags war die Schule aus. Die Kinder wollten gerade nach Hause gehen. Tolstikow selbst war, wie er erzählte, auch nicht weit vom Eingang entfernt.

Da sah er, wie zwei Chinesen durch das Tor gehen wollten. Sie wurden aber von den Wachen daran gehindert. In diesem Augenblick explodierte eine Sprengladung, die die beiden Chinesen mit sich geführt hatten. Sie waren sofort tot, aber auch die drei Soldaten am Eingang. Die Explosion war so stark, daß die Leichenteile auf dem Rasen der Botschaft verstreut lagen. Die großen Fenster des Saales im Obergeschoß waren zerbrochen, und später zeigte Tolstikow mir, wo auf der Rückwand des Saales der Putz abgefallen war.

Nur ein paar Minuten später war bereits eine neue Wache vor dem Botschaftstor aufgezogen. Tolstikow sagte, er habe sofort das Ministerium für Öffentliche Sicherheit anrufen und unterrichten lassen. Ich hätte ihn nach der Nummer fragen sollen; er kannte sie sicher noch aus der Zeit der Großen Freundschaft. Jetzt war sie geheim. Das Sicherheitsministerium ließ sich jedoch Zeit, und es vergingen zwei Stunden, bis seine Beamten erschienen.

Tolstikow erlaubte ihnen, das Botschaftsgelände zu betreten und die Leichen mitzunehmen. Sie hatten jedoch, meinte Tolstikow, nicht sorgfältig gearbeitet; jedenfalls fanden sowjetische Hausangestellte, als sie den Rasen mit einem Schlauch abspritzten, noch die Schädeldecke einer Frau und den Personalausweis eines Ingenieurs aus einer Zeche bei Baoding, etwa 150 km südwestlich von Peking.

Als ich sagte, der Anschlag habe in Wirklichkeit doch wohl kaum der Sowjetbotschaft gegolten, stimmte Tolstikow zu. Selbstverständlich sagte er, sei das ein Anschlag gegen die chinesische Regierung gewesen, die man habe in Verlegenheit bringen wollen.

Die Hintergründe seien ihm aber noch immer nicht klar. Die chinesische Presse habe geschwiegen.

Für denselben Abend sei schon seit langem ein Bankett der chinesischen Regierung in der Großen Halle des Volkes angesetzt gewesen, zu der das Diplomatische Korps eingeladen war. Natürlich sei er hingegangen.

»Wir standen«, sagte Tolstikow, »mit unseren Damen in dem großen Empfangssaal und hatten uns, wie üblich, der Anciennität nach aufgestellt. Gastgeber war Hua Guofeng, damals Stellvertretender Ministerpräsident und gleichzeitig Sicherheitsminister. Als er hereinkam, ging er sofort auf mich zu und drückte mir wohl eine Minute lang die Hand, ohne aber ein Wort zu sagen. Natürlich fragten sich alle umstehenden Botschafter, was diese Geste, die sie als Geste stummen Einverständnisses ansahen, zu bedeuten habe.« War etwa die große Freundschaft zwischen Peking und Moskau wieder ausgebrochen?

Ich weiß nicht, ob die osteuropäischen Botschafter, die in der Runde saßen, diese Geschichte früher schon einmal so ausführlich gehört hatten. Es schien nicht so.

Wir unterhielten uns über die Flucht Lin Biaos im September 1971. Lin Biao, Militärführer schon seit den zwanziger Jahren, später Verteidigungsminister, von Mao zum »engsten Waffenkameraden« und Nachfolger ernannt, war im September 1971 von einem Flugplatz in der Gegend des Seebades Beidaihe geflohen, anscheinend weil ein Komplott, das er gegen Mao geschmiedet hatte, aufgedeckt worden war.

Tolstikow sagte, Lin Biao sei mit seinem Flugzeug etwa vierhundert Kilometer weit in die Mongolische Volksrepublik eingedrungen. Die Flugabwehr habe ihn nicht entdeckt, da er sehr niedrig geflogen sei. Das Flugzeug sei gegen einen Berg geflogen und mit allen Insassen verbrannt.

Der Militärattaché der DDR hatte mir einmal etwas von einer Schießerei an Bord erzählt, aber Tolstikow hatte davon nichts gehört. Die mongolischen Behörden, sagte er, hätten von dem Absturz erst erfahren, als am nächsten Tag die Chinesische Botschaft in Ulan Bator gebeten habe, die Leichen herauszugeben. Die Mongolen jedoch wollten die Passagierliste sehen. Die Chinesen aber, so Tolstikow, weigerten sich, eine zu übergeben. Wahrscheinlich wußten sie gar nicht, wer außer Lin Biao im Flugzeug gewesen war. Die Mongolen haben dann mit Zustimmung der Chinesen die Leichen am Berghang begraben und über dem Grab ein Flugzeugteil aufgerichtet.

Während des großen Prozesses gegen die Viererbande und die Anhänger Lin Biaos im Jahr 1980 behauptete Dr. Leonid Gudoschnikow von der Sowjetischen Akademie der Wissenschaften, es sei ein Märchen, daß Lin Biao beim Absturz des Flugzeuges umgekommen sei. Er und seine engsten Komplizen seien bereits erschossen gewesen; man habe sie als Leichen in das Flugzeug gebracht. Das Flugzeug habe Kurs auf die Sowjetunion genommen, sei aber in der Mongolischen Volksrepublik abgestürzt, als Zeitbomben, die in den Rädern (!) verborgen waren, explodiert seien.

Eine noch abenteuerlichere Version präsentierte der *Polit-Thriller* »Die Verschwörung — Staatsstreich und Ermordung des Lin Biao«, der 1983 bei uns als Übersetzung aus dem Amerikanischen erschien. Der pseudonyme Verfasser gibt vor, hoher chinesischer Geheimdienst-Funktionär zu sein. Er behauptet, Lin Biao sei von Mao vor einem atomsicheren Felsenbunker in den West-Bergen Pekings in dramatischer Weise ermordet worden, nachdem Mao mit ihm noch einmal opulent zu Abend gegessen hatte!

Tolstikow schien keine dieser beiden James-Bond-Versionen zu kennen.

Anfang April
Die Ungarische Botschaft hatte die Pekinger Diplomaten zu einem Filmabend im Internationalen Klub eingeladen. Der Klub war eine chinesische Einrichtung. Es sollte ein neuer ungarischer Film gezeigt werden.

Wenige Stunden vor der Aufführung erhielten alle Botschaften in Peking eine Zirkularnote:

»EILT!

Die Botschaft der Ungarischen Volksrepublik übermittelt den diplomatischen Missionen in Peking ihre besten Empfehlungen. Sie bedauert, ihnen mitteilen zu müssen, daß die für heute im Internationalen Klub angesetzte Filmvorführung nicht stattfinden kann und bis auf weiteres verschoben werden muß. Diese unfreiwillige Verschiebung ist notwendig, weil der Internationale Klub sich mit Rücksicht auf die moralische Feinfühligkeit seiner chinesischen Angestellten weigert, den Film vorzuführen. Die Botschaft der Ungarischen Volksrepublik entschuldigt sich bei den Eingeladenen.

Die Botschaft der Ungarischen Volksrepublik benutzt diese Gelegenheit, die Diplomatischen Missionen in Peking ihrer ausgezeichneten Hochachtung zu versichern.«

Es solle sich, sagten uns die Ungarn später zur Erklärung, in dem Film ein Liebespaar geküßt haben.

Nach hundert Tagen

In den ersten hundert Tagen hat eine Regierung Schonzeit, dann aber beginnt man zu fragen. Auch in China. Die Medien haben, da sie Organe der Parteiführung sind, natürlich keine Fragen, wohl aber die Bevölkerung. Doch hundert Tage sind eine kurze Zeit; jedenfalls für die Regierenden.

Anfang Januar war in Peking Hochstimmung gewesen. Zu den Feiern von Zhou Enlais erstem Todestag hatte das Volk seine Meinung deutlich gesagt. Es nahm an, die Regierung werde auf seine Stimme hören und die Rückkehr Deng Xiaopings sei nunmehr beschlossene Sache. Es gab einige Zeichen in der Presse, denen man entnehmen konnte, daß der Ruf verstanden worden war.

Anfang März aber war noch nichts geschehen. Die hundert Tage waren jetzt um. Man hörte von Chinesen, wenn man sie einigermaßen gut kannte, schon die erste Kritik. Was tat die Regierung eigentlich? Materiell hatte sich noch nichts gebessert. In einigen Provinzen waren die Lebensmittelrationen sogar gekürzt worden, wie wir hörten. Unsere deutschen Techniker im Lande berichteten, die Arbeiter zeigten keine große Lust zu arbeiten. Sie wollten mehr Geld sehen.

Die Löhne waren seit vielen Jahren nicht angehoben worden. Die Arbeiterlöhne waren in acht Lohnkategorien gestaffelt. Alle Arbeiter waren seit Jahren in ihrer Lohnstufe geblieben. Die Kinder waren größer geworden, neue waren hinzugekommen; aber es bestand keine Aussicht aufzusteigen. Man war in seine Kategorie einbetoniert. Es gab keine Hoffnung auf eine Verbesserung des Lebens, auch wenn man fleißig arbeitete. Warum tat die Regierung nichts? Was tat sie überhaupt? Was war denn besser geworden?

Partei und Regierung hielten Konferenzen ab. Im März tagte das erweiterte Politbüro, das heißt, an der Sitzung des Politbüros mit seinen 25 Mitgliedern nahmen auch Vertreter anderer zentraler Parteistellen, des Militärs, der Provinzführungen und der Regierung teil.

Die Pekinger dachten, nun werde die Rückkehr Deng Xiaopings beschlossen. Er werde die große neue Politik einleiten. Sie deckten sich schon mit Feuerwerkskörpern ein. Sie konnten sie aber wieder weglegen. Denn in den Sondersitzungen der Arbeitseinheiten oder Nachbarschaftskomitees las man ihnen nur lange Parteidokumente vor. Ein Teilnehmer sagte, allein die Vorlesung und Erläuterung habe acht Stunden gedauert. Die Führung teilte mit, sie schätze den Genossen Deng Xiaoping ebenfalls, und sie ließ erkennen, daß sie über den Aufstand auf dem Tian An Men-Platz im vergangenen April anders dachte als die Viererbande. Aber Deng sowohl wie der Aufstand seien doch von dem Vorsitzenden Mao verurteilt worden. Man könne seine Autorität nicht untergraben und sein Diktum nicht einfach widerrufen.

Der erste Bürgermeister und Parteichef Pekings, Wu De,

hatte seinerzeit den Befehl gegeben, den Tian An Men-Platz räumen zu lassen. Die Bevölkerung machte für die Niederschlagung des Aufstands vor allem ihn verantwortlich, der immer wie der personifizierte Trübsinn durch seine dicke Brille blickte. Er hatte noch im vergangenen November als letzter, als schon niemand mehr Deng Xiaoping kritisierte, zur Kritik an ihm aufgerufen. Er war einer von den Gestrigen. Die Bevölkerung mochte ihn nicht. Sie hatte ihre Ansicht in Wandzeitungen auch ganz deutlich gemacht. Aber er blieb. Es hieß, Hua Guofeng wolle ihn halten.

Es wehte ein kälterer Wind, und die Parteiführung ließ keinen Zweifel daran, daß sie wenig Spaß verstehe. Im März hörte man das Gerücht, zweihundert Arbeiter aus der Pekinger Fernsehfabrik und der Zweiten Maschinenbaufabrik seien verhaftet worden. Sie hätten eine konterrevolutionäre Verschwörung geplant und die Feiern an Zhou Enlais Todestag ausgenutzt, um Dengs Rückkehr zu fordern. Damit hätten sie Unruhe in die Partei getragen. Die Partei habe gegen sie vorgehen müssen. Es sei die Schuld dieser Unruhestifter, wenn die Rückkehr Dengs sich weiter verzögere. Es wehte ein kalter Wind, und vor allem einige Intellektuelle, die ich traf, waren leicht erkältet. Gewiß: Beethoven war wiedergekommen. Das Suttgarter Kammerorchester unter Karl Münchinger hatte in Peking und Schanghai Mozart und Bach gespielt. Und die Pekinger *Volkszeitung* berichtete, jetzt würden auch die Werke Shakespeares, Heines und des großen deutschen Dichters, dessen Namen wir uns aus der chinesischen Umschrift nicht erklären konnten, wiederaufgelegt. Es war, wie wir der englischen Ausgabe der *Xinhua*-Nachrichtenagentur entnahmen, Georg Weerth.

»Wer ist Georg Weerth?« fragte ich unseren chinesischen Telefonisten. Er sah mich über die Brille an, ob ich vielleicht einen Scherz machen wollte.

»Kennen Sie ihn wirklich nicht? Darf er in der Bundesrepublik Deutschland nicht gedruckt werden?«

»Bei uns«, sagte ich, »darf alles veröffentlicht werden.«

Mein chinesischer Gesprächspartner war höflich und fragte nicht zweifelnd: »So?» oder »Wirklich?«, sondern erklärte, Georg Weerth sei doch der berühmte deutsche Dichter und Freund von Friedrich Engels gewesen.

»Ach so!«

Ältere Filme aus den fünfziger Jahren wurden wiederaufgeführt. Die acht Modellopern Jiang Qings dagegen waren vom Programm verschwunden. Die alte Peking-Oper aber war noch nicht wiederauferstanden. Ein ergrauter Revolutionär, den ich später wegen seiner unkonventionellen Ansichten schätzen lernte, sagte mir: »Sie wird auch nicht wiederkommen. Unser Publikum will nichts von Kaisern, Königen und solchem feudalistischen Firlefanz wissen.«

Ich fragte, ob er wirklich glaube, die Opern würden zur Restauration der Monarchie und des Feudalismus führen. Das Thema schien ihm unangenehm zu sein. Er wechselte es.

In den Zeitungen war die Rede davon, daß die Literatur der Partei und der Revolution dienen müsse. Man war noch lange nicht über den Berg. Noch waren Hundettausende von Intellektuellen in der Verbannung auf dem Land, hatten Schreibverbot, durften nicht lehren, oder sie waren als ›rechte Elemente‹ eingestuft, mußten gewöhnliche Arbeit verrichten, und ihre Kinder erhielten keine höhere Schulbildung. Wer die Kulturrevolution überstanden hatte, war vorsichtig; denn die Kollegen, die damals das große Wort geführt, die fanatisch kritisiert und verfolgt hatten, saßen ja noch am Schreibtisch nebenan. Die Parteiführung sagte, sie wünsche keine große Abrechnung mit den Verführten der Kulturrevolution. Das dämpfte die Hoffnungen der Intellektuellen.

Es ging keineswegs alles reibungslos vorwärts. Ging es denn überhaupt vorwärts? An der großen Industriekonferenz im April hatten die beiden bedeutendsten politischen Potenzen Südchinas, der Parteichef der Provinz Guangdong und der Militärbefehlshaber der Region Kanton, nicht teilgenommen, weil Deng Xiaoping noch immer nicht zurückgerufen worden war. Er war ihr Gast.

In der Industriekonferenz war man sich über die wichtigsten Fragen grundsätzlich einig. Man wollte die Industrie ankurbeln, den Außenhandel fördern und dem Volk, in Grenzen natürlich, mehr Meinungsfreiheit gewähren. Begrüßenswerte Ziele, aber von konkreten Maßnahmen war nichts zu hören. Zum Beispiel ob China Auslandskredite aufzunehmen bereit war, ob die Löhne erhöht würden. Über materielle Anreize und

Leistungsprämien für die Arbeiter, Strukturreformen in der Landwirtschaft, Schwerpunktprogramme im Verkehrswesen und der Industrie hatte man entweder nicht gesprochen oder sich nicht geeinigt.

Was war herausgekommen? Zwei lange programmatische Leitartikel in der Presse mit Forderungen nach Ordnung, Disziplin und erhöhter Produktion. Aber mit solchen Appellen erreichte man nichts mehr. Das Volk war der Appelle müde. Es hörte gar nicht mehr hin.

Alle Realisten im Lande wußten: Der einzige, der jetzt noch große Entscheidungen treffen und gegen Widerstände in der Partei durchsetzen konnte, war Deng Xiaoping. Aber Hua zögerte, ihn zurückzuberufen, weil Deng die Stellung der alten Mao-Anhänger gefährden konnte, auch die Hua Guofengs selbst. In den langen Parteidokumenten wurde die Bevölkerung daher aufgefordert, Geduld zu beweisen. Zu gegebener Zeit werde man Deng in würdiger Form Wiedergutmachung zuteil werden lassen. Weitere Forderungen, zum Beispiel am Totenfest Anfang April, seien durchaus überflüssig und unangebracht.

Man traf Chinesen, die den ausgegebenen Parolen glaubten; aber man traf auch andere, die ihre Skepsis nur mit Mühe unterdrücken konnten. Sie waren zu oft enttäuscht und getäuscht worden.

Erste Begegnung mit Hua Guofeng

Anfang April
Ministerpräsident Filbinger und seine Delegation von Beamten, Publizisten und Journalisten hatten eine Infanteriedivision in der Nähe Tientsins, hundert Kilometer von Peking entfernt, besichtigt. Als wir wieder in die Autos steigen wollten, sagte ein Herr der chinesischen Begleitung zu Filbinger, die Kolonne werde nun etwas schneller nach Peking zurückfahren, weil noch ein Gespräch mit einer hohen Persönlichkeit auf dem Programm stehe. Das sei eben telefonisch durchgegeben worden. Er tat sehr geheimnisvoll. Aber es konnte sich nur um ein Gespräch mit Hua Guofeng handeln.

Er kam uns in der kleinen Vorhalle entgegen und begrüßte uns wie alte Freunde, die er lange nicht gesehen hatte. Dann führte er uns zur obligaten Aufnahme. Die Protokollbeamten hatte alles im Kopf und geleiteten jeden mit leichter Hand zu seinem Platz.

Man konnte gar nichts falschmachen. Der Fotograf wartete, bis alle ruhig standen, dann drückte er auf den Auslöser. Er machte noch eine zweite Aufnahme. Eine konnte ja immer verunglücken. Morgen würden wir das Foto auf der vorletzten Seite der *Volkszeitung* sehen können.

So war das immer.

Hua war ganz entspannt. Seine Bewegungen waren fließend, harmonisch und doch kontrolliert — nicht auf Wirkung bedacht.

Er ist groß, so groß etwa wie Filbinger, aber etwas schwerer gebaut. Er macht keine heftigen Bewegungen, sitzt ruhig im Sessel, spricht ruhig. Er hat Zeit und offenbar auch keinen Terminkalender. Er hat Geduld. Man sollte annehmen, daß aufgeregte Menschen in seiner Gegenwart ruhiger werden.

Er stammt aus der Provinz Shanxi, ist auf dem Dorf groß geworden und hat schon als Kind auf dem Feld gearbeitet. Man muß sich sein Leben in der Jugend sehr ärmlich und einfach vorstellen. Sein Vater war kein »mittlerer« oder »reicher« Bauer wie der Vater Maos. Was er in der Schule lernen konnte, war wenig. Alle seine Kenntnisse hat er nebenbei im Laufe der Parteikarriere erworben. Er sieht nicht ehrgeizig aus. Man wird ihn für bequem und ungefährlich gehalten haben. Sein Blick ist freundlich. Man hat das Gefühl, er möchte den, mit dem er gerade spricht, zum Freunde gewinnen. Seine Hände liegen ruhig auf den Lehnen des Sessels. Das sind keine Bauernhände. Sie sind kräftig, aber schlank und wohlproportioniert. War er es, der die Viererbande hinweggefegt hat? Mit diesen Händen? Haben sie stählerne Krallen?

Zu sehen ist nichts.

Was er bisher gesagt hatte, ging nicht über das hinaus, was wir gestern von dem Vizepremier Li Xiannian erfahren hatten, der auch heute dabei war und auf Huas Seite, der Chinesenseite des Halbrunds, saß. Filbinger sprach von Sadat, den er vor kurzem gesehen hatte. Er trug den deutschen Standpunkt klug und besonnen vor. Hua Guofeng lächelte nicht mehr gewinnend. Er hörte gesammelt zu.

Kann er zuschlagen? Hat er eiserne Krallen? Oder ist er nur, wie manche meinen, von anderen vorgeschoben? Ich kann mich nicht entscheiden.

Es war bei Orschowa am Eisernen Tor in Rumänien. Ich war auf Jagd gewesen, stand an der Straße und wartete auf meinen Begleiter. Da kam ein Bärenführer des Wegs, ein Zigeuner. Ich sagte: »Ihr Bär sieht so freundlich aus.« »Wie soll er nicht freundlich aussehen, der Bär?« antwortete der Zigeuner. »Er sieht immer freundlich aus. Er legt nicht die Ohren an, wie ein Hund. Er bleckt nicht die Zähne. Er brummt auch nicht immer, wenn er böse ist. Wenn ein Mann kommt, der ist böse — der Bär weiß. Du stehst neben ihm, der Bär sieht freundlich aus; aber auf einmal schlägt er zu, und dem Mann ist das Ohr weg und ein Auge und was-willst-du.«

Kann Hua Guofeng auch so unvermutet zuschlagen? Vielleicht.

Er sagte zu Filbinger: »Wir haben die Viererbande schnell kaltgestellt. Es ging alles ohne Blutvergießen und über Erwarten gut ab. In Schanghai hatten wir mit ernsthaftem Widerstand gerechnet; aber die Bevölkerung dort brach wie ein Vulkan los und entlarvte die Anhänger der Viererbande.«

»Entlarven« war der Fachausdruck. Man hat sie aus dem Amt gejagt und angeklagt.

Er sprach von den Schäden, die das Erdbeben im Juli letzten Jahres in Tangshan angerichtet hatte. »Selbst hier«, sagte er, »hundertfünfzig Kilometer entfernt, war es so stark, daß ich eine Zeit, die mir sehr lang schien, nicht von meinem Stuhl aufstehen konnte. Ich saß an meinem Schreibtisch, aber ich fand keinen Halt für meine Füße, weil der Boden so schwankte. Als die Erdstöße aufgehört hatten, versuchte ich mit Tangshan zu telefonieren, bekam aber keine Verbindung. Aber mit Tientsin konnte ich sprechen, das näher an Tangshan liegt. Die Schäden waren dort erheblich. Wie mußte es erst in Tangshan aussehen!«

Das war das einzige Mal, daß er von sich redete und »ich« sagte. Das Erdbeben hatte sich um drei Uhr fünfundzwanzig nachts ereignet. Sein Arbeitstag scheint lang zu sein.

Herr Huang hat Ähnlichkeit mit einer Maus. Das fällt jedem auf. Man sollte ihn aber nicht darauf ansprechen. Doch es ist ohnehin schwer, ihn anzusprechen, weil er immer telefoniert. Er ist einer unserer chinesischen Dolmetscher und für alles zuständig: Flugkarten, Fahrkarten, Reisegenehmigungen, wichtige Termine, Reservierungen und dafür, Mißverständnisse auszuräumen. Deutsch spricht er nicht, aber sein Englisch ist ganz gut.

Er erinnert auch an eine Maus, wenn er auf seinem Stuhl sitzt und sich am Telefonhörer festhält. Eine ernste Maus, besorgt und mit Brille. Wenn er nicht telefoniert, sieht er freundlich aus. Man hat ihn auch schon lachen sehen, allerdings selten. Die anderen chinesischen Angestellten, selbst unser Lao Liu, gehen ihm aus dem Wege und behandeln ihn mit großem Respekt. Sehen sie in ihm vielleicht keine Maus, sondern einen Löwen? Oder hat er den Auftrag, über sie zu berichten?

Ich hatte ihn gebeten, am Tag der Arbeit, an dem auch die Chinesen nicht arbeiten, mit Franz und mir zu den »Massen« zu gehen, nämlich in den Kulturpark der Werktätigen und in den Sommerpalast vor der Stadt. Herr Huang nahm die Einladung mit gefurchter Stirn an und sah vor sich hin, als hätte ich ihm ein verknotetes Bindfadenknäuel auf den Tisch gelegt, das er nun entwirren sollte.

Aber am 1. Mai stand er pünktlich an der Tür und holte uns ab. Er zeigte uns mit einem maßvollen Ausdruck der Befriedigung drei Ehreneintrittskarten in die Parks. Wir sahen später, daß sie gar nicht notwendig waren. Aber Herr Huang meinte, Botschafter sollten Ehrenkarten haben.

Überall in den Parks war Volksfest- und Jahrmarktsstimmung. Die Eltern gingen mit ihren Kindern aus, und die Kinder waren sauber angezogen. Sie gingen an der Hand, und wenn sie einmal etwas umhertollten, dann nur mit Maßen und nur so, daß sie niemand lästig fielen. Man sah auch keine weinenden Kinder. Die Menschen waren vergnügt. Junge Leute gingen in Gruppen, Jungen und Mädchen getrennt. Sie lachten viel. Es waren dieselben Gesichter, es war dieselbe Fröhlichkeit, die ich auf Jahrmärkten bei den Chinesen vor vierzig Jahren gesehen hatte. Nirgends war ein Neuer Mensch zu sehen. Überall knallten die Knallfrösche. Da standen Buden, in denen man mit Minigeschützen auf sowjetische Panzer schießen konnte, die über eine weite Schneelandschaft zogen. Es gab Karussells, Hindernisrennbahnen, Kinderchöre, Tanzgruppen und Puppentheater. Auf den Teichen und kleinen Seen ruderte man mit Booten. An den Büschen und Bäumen hingen Blüten und Früchte, obwohl es doch noch früh im Jahr war; aber wenn man sie anfaßte, und erst dann, merkte man, daß sie aus Papier oder Plastik waren. Auf dem See lag ein riesiger Drache, er wartete. Sicher mußte er am Abend eine Vorstellung geben. Auf einer kleinen Bühne stand ein Koloratursopran und sang eine Arie auf den Weisen Vorsitzenden Hua Guofeng. Danach nahmen ein Tenor und ein Baß sich gemeinsam die Viererbande vor und schmetterten sie nieder. Auf den Wegen in den Anlagen zwischen dem Sommerpalast und dem See war die Menge so dicht, daß man kaum durchkam. Auch hier waren die Menschen fröhlich. Viele saßen am Geländer des Seeufers und aßen mit ihren Kindern Mantou, das in Dampf gebackene Brot, das etwa so schmeckt wie die Dampfnudeln der Schwaben.

Herr Huang trug die blauen Ehrenkarten stets sichtbar vor sich, als wollte er sie vorzeigen. Jedermann sollte sehen, daß er uns nicht etwa begleitete, weil er Fremdländisches und Ausländer »anbetete«, sondern weil er amtlicherseits zur Begleitung abgeordnet war.

Ich lud ihn zum Mittagessen in das Gartenrestaurant des Sommerpalastes ein und wollte bestellen. Herr Huang bat nur um eine Tasse Tee. Er habe bereits zum Frühstück so viel gegessen. Man sollte ihm später nicht vorwerfen können, er habe in der Öffentlichkeit mit Ausländern gepraßt; aber diesen Grund nannte er uns natürlich nicht.

Herr Huang hatte, wie wir von seinen Kollegen hörten, vor langer Zeit einmal buddhistische Religionswissenschaft studiert. Er selbst gab darüber nur unbestimmte Auskunft. Vielleicht hatte er es in der Kulturrevolution nicht leicht gehabt, jedenfalls wird er viel Angst ausgestanden haben. Mäuse sind keine Löwen.

Ein Mitarbeiter der Botschaft kam an unserem Tisch vorbei. Ich gab ihm meine Kamera und bat ihn, uns drei an dem Tisch zu fotografieren. Herr Huang wehrte erst bescheiden ab und wollte aufstehen, aber dann blieb er doch sitzen. Die Aufnahme wurde, wie wir später sahen, gut. Auch die blaue Ehrenkarte war gut zu erkennen: Herr Huang hielt sie wie einen Schild vor seine Brust, damit man sah, daß er dienstlich hier war.

Ich fragte ihn nach seiner englischen Lektüre. Er las *Gone with the Wind.* Er erklärte auch, warum. »Ich muß«, sagte er, »die reaktionäre Literatur kennenlernen. Wenn ich sie nicht kenne, wie soll ich sie beurteilen?«

Ich hatte im Krieg einmal das gleiche Argument benutzt. Ich verstand ihn und sagte, ich könne ihm noch mehr Literatur leihen, die ihm helfen würde, seine Kenntnis des bürgerlich-kapitalistischen Lebens zu erweitern. Er schien geneigt, das Angebot anzunehmen, war aber vorsichtig und fragte, welches Buch ich für geeignet hielte. Ich nannte *Die Farm der Tiere* von Orwell. Er fragte, ob das etwas mit Landwirtschaft zu tun habe.

»Man könnte es so sehen«, antwortete ich, »es handelt vor allem von Schweinen. Man kann viel daraus lernen.«

»Interessant«, sagte Herr Huang. »Die höchste Auflage von allen Büchern in China hat ein Buch mit dem Titel *Wie züchtet man Schweine.* Es hat jetzt eine Auflage von neun Millionen Exemplaren.« Eilig und erschrocken setzte er hinzu: »Aber von den Werken des Vorsitzenden Mao sind natürlich viel mehr Exemplare verkauft worden.«

»Kein Mensch«, sagte ich, »wird das bezweifeln.«

Orwells Buch schien sich für das Studium reaktionären, bourgeoisen Denkens vorzüglich zu eignen. Jedenfalls bat Herr Huang mich um Erlaubnis, es auch einem Freunde, den er sehr gut kenne und der absolut zuverlässig sei, zu leihen.

In den nächsten Jahren lieh ich Herrn Huang viele Bücher, die ihm einen tiefen Einblick in die kapitalistische Welt gaben. Als besonders geeignet erwiesen sich die Kriminalgeschichten Ed McBains. Er hat alle erschienenen Bände gelesen. Nach mir. Als ich Peking verließ, habe ich sie ihm geschenkt. Aber er war vorsichtig: Am Tag, an dem ich abreiste, entdeckte ich, daß er sie der Botschaftsbibliothek überlassen hatte.

Mitte Mai
Die Traktorenfabrik in Nanchang ist mit ihren 5000 Arbeitern einer der größten Betriebe in der Provinz Jiangxi. Sie hatte, als wir sie besichtigten, keinen Direktor, aber ein halbes Dutzend Vizedirektoren. Einer ging mit uns durch das Werk. Er schien für Besucher zuständig zu sein, und wir waren die ersten Ausländer, denen er den Betrieb zeigte.

Die Ausrüstung an Maschinen war auf Vorkriegsniveau. Es standen viele Arbeiter umher, die nichts taten. Schon beim Durchgehen sah man, daß die Produktivität niedrig war. Der Vizedirektor gab es zu: Am Tag wurden zehn Traktoren fertiggestellt. »Aber wir arbeiten ja auch erst wieder seit einem halben Jahr. Vorher hat die Fabrik 21 Monate lang stillgelegen.«

»Das sind ja fast zwei Jahre. Was war der Grund?«

»Linienkämpfe.«

Es wurde eine lange Geschichte. Es hatte von Anbeginn in der Kommunistischen Partei Chinas Kämpfe zwischen »zwei Linien« gegeben. Insgesamt waren es, wenn man nur die großen zählt, elf. Es waren Kämpfe um den Kurs der Partei, aber zugleich auch um die Macht in der Führung. Sie wurden in der Regel in der Parteizentrale ausgetragen. In der Kulturrevolution aber mußte das ganze Volk Stellung nehmen.

Die schlimmsten Auseinandersetzungen in der Stadt und der Provinz waren schon vorüber. Aber die Feindschaften bestanden weiter. Wie konnte man die Gewalttaten, die man von der anderen Seite erlitten hatte, vergessen! Es war Frieden befohlen worden, aber er wurde nicht gehalten.

»Die Chinesen sind doch geschickt darin, Kompromisse zu finden. War keine Einigung möglich? Gab es denn keinen Vermittler?«

»Nein, unmöglich, ausgeschlossen. Mit denen war nicht zu reden. Sie waren Werkzeuge der Viererbande; sie waren Rechtsabweichler, Konterrevolutionäre.«

Er regte sich noch immer auf, wenn er auf die andere Linie zu sprechen kam.

Die Mehrheit der Belegschaft wollte die Produktion der Traktoren erhöhen. Das war vor zwei Jahren. Aber ein Mann in der Betriebsleitung, der eine Minderheit der Arbeiter hinter sich hatte, sagte, es komme in erster Linie darauf an, die revolutionäre Linie in der Provinz durchzusetzen. Erst dann könne man an die Produktion denken. Die Minderheitsfraktion wurde von einem Teil der Parteiführung Nanchangs unterstützt. Sie warfen der Mehrheitsfraktion in der Betriebsleitung vor, sie behindere die revolutionären Massen, sei revisionistisch und produktionsbesessen. Es kam zu Schlägereien auf dem Fabrikgelände. Die Radikalen wurden verjagt, und die arbeitswillige Mehrheit besetzte den Betrieb. Sie kamen täglich in Schichten, aber sie konnten nichts produzieren, weil die Minderheitsfraktion die Stromzufuhr und die Lieferung von Ersatzteilen und Rohstoffen behinderte. Die Mehrheitsfraktion hielt dennoch die Fabrik besetzt, weil sie fürchtete, die Minderheit würde eindringen und die Maschinen zerstören.

»Aber griff die Provinzverwaltung, das Revolutionskomitee also, nicht ein?«

»Sie versuchten es; aber sie waren ja selbst zerstritten.«

»Und die Armee? Sie ist doch auch bei den Streiks in Hangzhou eingeschritten.«

»Sie hatte in unserer Provinz Jiangxi schon einmal aufs falsche Pferd gesetzt. Jetzt hielt sie sich zurück.«

»Aber wovon lebten denn die Arbeiter und ihre Familien in den 21 Monaten, in denen nicht gearbeitet wurde?«

»Die Löhne wurden natürlich weitergezahlt. Wir hatten auch in den schlimmsten Zeiten den ›Grundsatz der eisernen Reisschüssel‹ nicht aufgegeben. Die Reisschüssel auch des politischen Gegners durfte nicht zerschlagen werden. Denn wir standen ja in dem legitimen Kampf zweier Linien, der proletarisch-revolutionären Linie Maos und der bürgerlich-revisionistischen Linie Liu Shaoqis.«

»Sie und die Mehrheitsfraktion vertraten die Linie Maos?«

»Absolut! Aber die Minderheitsfraktion sagte, *sie* halte das Banner des Vorsitzenden Mao hoch und wir seien die Laufhunde des Kapitalismus und Liu Shaoqis.«

»Wenn das Revolutionskomitee der Provinz Jiangxi nicht entscheiden konnte, welche Linie die revolutionäre und richtige war, konnten Sie sich nicht nach Peking wenden, vielleicht an Zhou Enlai?«

»Ja, natürlich Zhou Enlai! Alle wandten sich an ihn; aber er war nicht allmächtig. Da gab es noch andere. Die Viererbande.«

»Und den Vorsitzenden Mao.«

Er zögerte einen Augenblick, aber dann entschloß er sich, meine Bemerkung zu überhören. Er fuhr fort: »Die Parteizentrale hatte schon einmal ein Mitglied des Politbüros in die Provinz entsandt, um in einem Streik zu schlichten, und zwar nach Hangzhou. Aber sie hatte Wang Hungwen, einen von der Viererbande geschickt, und er hat den Streik erst richtig angeheizt. Wir mußten also mit der Lage allein fertigwerden. Es gab keinen, der uns helfen konnte.«

»Und der Vorsitzende Mao selbst?«

»Der Vorsitzende Mao wünschte nicht, den konfuzianischen Weg der goldenen Mitte zu gehen. Wenn es keine Widersprüche und keinen Kampf zur Lösung der Widersprüche gäbe, würde das Leben in der Partei aufhören, und das würde bedeuten, daß wir keinen Fortschritt mehr machten.«

»Das ist schwer zu verstehen.«

»Ja«, antwortete er.

Heilige Stätten

Das Haus war neu. Wir wurden zwar nicht gebeten, die Schuhe auszuziehen, aber die Stimme unserer Führerin wurde merklich leiser und ehrfürchtiger, als wir aus dem dunklen Flur in das bescheidene, gekalkte Zimmer des Bauernhauses eintraten; denn hier war heiliger Boden.

»In diesem Feldbett«, sagte sie, »hat der Vorsitzende Mao viele Jahre geschlafen.«

»Ist das das Originalbett?« fragte ich.

»Ja, natürlich«, antwortete die Führerin, »hier hat er in den Jahren 1927 bis 1929 geschlafen. In den Jinggang-Bergen war ja sein Hauptquartier, und von hier aus hat er die erste Sowjetregierung gebildet.«

»Aber das ganze Gebiet ging doch dann verloren und wurde erst zwanzig Jahre später wieder erobert.«

»Stimmt.«

»Und da die Häuser alle zerstört waren, wurden sie wiederaufgebaut, auch dieses hier. Weil aber auch sein altes Bett nicht mehr hier war, haben Sie irgendein anderes Bett genommen und hineingestellt.«

»Nicht irgendein Bett«, antwortete die Führerin mit feinem Lächeln. »Der Vorsitzende Mao hatte auch früher nicht in irgendeinem Bett geschlafen. Man hat, als wir dieses Haus wieder einrichteten, natürlich ein gutes und solides Bett genommen.«

»Woher?«

»Das weiß ich auch nicht; vielleicht aus einem Depot der Volksbefreiungsarmee.«

»Und das ist das Bett?«

»Ja«, antwortete sie, »das ist das Bett, in dem der Vorsitzende Mao geschlafen hat.«

Wir sahen auf der Weiterreise insgesamt sieben Betten, in denen Mao geschlafen hat. In der Lehrerbildungsanstalt in Changsha sogar zwei, weil Mao sich dort zweimal aufgehalten hatte. Beide Betten waren neu. Man konnte doch nicht ein schon benutztes Bett aufstellen.

In Wuhu, einer Stadt am Jangtse, die wir später besuchten, zeigte man uns ein Gästehaus, in dem Mao einmal übernachtet hatte. Auch die Beschließerin, die ihn damals bedient hatte, wurde vorgeführt und als Zeugin dafür angerufen, daß alles noch genau so sei wie an dem Tage, als er hier war. In dem Zimmer war das Bett so gemacht, wie er es immer gewünscht hatte, nämlich mit einem breiten, freien Rand für die Bücher, die er bis spät nachts zu lesen pflegte. Die Nachttischlampe war mit einem Handtuch verhängt, so daß das Licht nur auf das Buch scheinen konnte, das Mao gerade im Bett las. Auf dem Nachttisch lagen die Zigarettenkippen, die er hinterlassen hatte. Es waren eine ganze Menge. Sie lagen unter Glas — wie Reliquien. An einem Kleiderständer hingen sein Morgenmantel und einige Zeitungen in Zeitungshaltern. Die Zeitungen waren alle von dem Tag, an dem er hier gewesen war. Einige Schriftzeichen waren allerdings geschwärzt: Es waren die Namen von Personen, die inzwischen Unpersonen geworden waren. Man zeigte uns sogar ehrfürchtig das Badezimmer und die Toilette, die er damals benutzt hatte.

Doch zurück in das Jinggang-Gebiet! Zusammen mit einigen befreundeten Botschaftern aus Peking fuhren wir auf das Hochplateau. Die Straße war neu und wand sich mäßig steigend in Serpentinen bergan. Der Fortschritt im Straßenbau wurde uns vor Augen geführt, als man uns den steilen Pfad zeigte, den der Vorsitzende Mao früher immer hinaufgestiegen war, wenn er die Posten oben inspizieren wollte.

»Mein Wille schon immer, die Wolken zu erreichen, besteige erneut ich den Jinggang-Berg«, so beginnt in der amtlichen, will sagen: autorisierten Übersetzung das Gedicht, das er schrieb, als er diese Stätte seiner frühen revolutionären Kampfzeit im Jahre 1965 wiedersah. Wir standen über den Wolken. Sie lagen weiß und dicht unter uns. Manchmal stießen die dunklen, bewaldeten Kämme von Bergen durch. Sie lagen wie Inseln in einem Meer von Watte. Die Luft war klar, und man konnte weit bis zu fernen Gipfelketten sehen.

Man zeigte uns einen Baum hinter dem Haus, das früher Befehlsstand gewesen war. Unser Führer wurde von seiner Rede selbst ergriffen: »Dieser Baum«, sagte er, »hat seine Blätter verloren, als der Vorsitzende Mao und seine Truppen sich vom Jinggang-Berg zurückziehen mußten; er verdorrte. Erst 1949, im Jahre der Befreiung, hat er wieder ausgeschlagen. Seitdem grünt er jedes Jahr, und heute — Sie sehen es selbst — steht er im schönsten Laub.«

Der Führer geleitete uns zu einem Felsstein, auf dem, das Haupt aufstützend, der Vorsitzende zu lesen oder seinen Gedanken nachzuhängen pflegte. Ehrfurcht war in seiner Stimme, als sei dies der Stein zu Bethel, den Jakob sich nachts »zu seinen Häupten« gelegt hatte, worauf er von der Leiter träumte, die mit der Spitze an den Himmel rührte.

Man zeigte uns zwei schwere Holzeimer, die der Vorsitzende Mao, mit Quellwasser gefüllt, an einer Tragstange den Berg hinaufgetragen hatte, um die Soldaten, die da dürsteten, zu erquicken. »Und«, fügte ich auf deutsch hinzu, »als er auf der Ebene angekommen war, siehe, da hatte sich das Wasser in Wein verwandelt.«

Claude Arnaud, der französische Botschafter, zeigte mit weit ausholender Geste zu den Gipfeln im Wattemeer. »Und dort drüben«, sagte er, »im Osten konnte man ihn bei Sonnenaufgang oft auf den Wolken wandeln sehen.«

Am schönsten sind Reisfelder, wenn die Pflanzen gerade in das Naßfeld gesetzt worden sind und wenn sie hellgrün leuchten. Die Größe eines Reisfeldes steht immer in rechtem Verhältnis zur Größe des Menschen. Man kann Reis nicht auf Feldern anpflanzen, die sich bis zum Horizont erstrecken, weil man auf weiten Flächen das Wasserniveau nicht gleichmäßig halten und regulieren kann.

Um jedes Feld ist ein kleiner, anderthalb Fuß hoher Damm gebaut. Er hat zwei Einkerbungen, eine für den Zufluß und auf der gegenüberliegenden Seite eine für den Abfluß des Wassers. Die Setzlinge stehen mit den Wurzeln und dem Fuß des Halms im Wasser, dessen Höhe stets gleichbleiben muß; denn weder darf der Boden austrocknen, noch dürfen die Setzlinge ertrinken.

Die Dämme überziehen die Landschaft mit einem Netz von Linien. Landschaften mit Reisfeldern sind etwas für den Graphiker und Zeichner, der den Raum und die Perspektive mit dem Stift oder der Feder erfassen und darstellen will. Die Dämme legen Höhenlinien über die Landschaft, wenn sie hügelig ist, aber nicht so exakt und kalt wie Landkarten.

In Terrassen steigen die Felder hügelan. Von Terrasse zu Terrasse fließt das Wasser hinab. Die Waagerechte dominiert in der Landschaft. Aber in jedem Feld stehen senkrecht die dünnen, leuchtend grünen jungen Reispflanzen. Alle Felder, die ganze Landschaft leuchten hellgrün, und das Grün spiegelt sich in dem lebendigen Wasser.

Wir sind Hunderte von Kilometern auf Landstraßen durch eine einzige Reislandschaft gefahren, über weite Ebenen und über hügeliges Gelände. In schmalen Tälern wuchs Reis nur in der Talsohle, darüber standen Bambusdickichte. Wir fuhren von der Provinz Jiangxi in die Provinz Hunan. Beide zusammen sind rund anderthalbmal so groß wie die Bundesrepublik Deutschland, und sie haben etwa 70 Millionen Einwohner. Es sind zwei mittelgroße Provinzen in der Mitte Chinas, im Jangtse-Becken, in der Reisschale des Landes.

Colere, dachte ich — das Land bebauen. *Colo, colui, cultus:* verehren, anbeten, heilighalten, Kultus. Es heißt auch: schmükken, putzen. Es war eine Kulturlandschaft; aber die Kultur hatte die Landschaft nicht zerstört, sondern zugänglich gemacht und erschlossen. Das Wasser wurde nicht durch hohe Staudämme gebändigt, sondern ein Netz kleiner, anderthalb Fuß hoher Dämme beherrschte und bezähmte das Wasser.

Ariston men hydor — der großartige Eingang zu Pindars erster Olympischer Ode. Dabei entstanden die großen Wasserbaukulturen gar nicht in Europa, sondern am Indus, am Nil, am Euphrat und Tigris, am Hoang Ho und Jangtse.

Daß die asiatischen Gesellschaftsformen mit der Wasserbau-Wirtschaft zusammenhängen, hatten schon Adam Smith und John Stuart Mill erkannt, auch Karl Marx hat diese Beziehungen in seinen späteren Jahren untersucht, aber — wie der Marxist Karl Wittfogel meint — je länger er darüber nachdachte, desto größere Konfusion angerichtet.

Wittfogels Buch über den »Orientalischen Despotismus«, in dem er ein Bild »hydraulischer Gesellschaften« zu zeichnen versucht, ist eins jener großen, anregenden Werke wie die Spenglers oder Toynbees. Solche weiten Raum und lange Zeiten umfassenden Werke, die unter einer Idee stehen, bieten uns zwar verführerische Ausblicke dar; die Geschichte der Völker wird dabei aber um der Schlüsselidee wegen zurechtgebogen und über einen Leisten geschlagen, und was nicht ins Bild paßt, wird mit einem Rauchschleier verhüllt.

Karl Wittfogel war in China; aber ist er auch durch Reislandschaften gefahren? Hat er sie frei von seinen vorgefaßten Theorien auf sich wirken lassen? Hat er überhaupt Augen und Sinn für das, was zu sehen ist? Oder hat er wie Karl Marx seine Kenntnisse von der Arbeitswelt nur aus Büchern bezogen?

Ich möchte es annehmen. Denn wer durch diese Reisfelder fährt, erkennt, daß hier nicht Despotismus und starke Zentralgewalt das entscheidende Prinzip waren, das die Gesellschaft und Wirtschaft funktionieren ließ. Despotismus in vielfach abgewandelter Form gab es auch in nicht-hydraulischen Kulturen. Gewiß war die starke Zentralgewalt notwendig, um die Flüsse einzudämmen und große Kanäle zu ziehen; eindrucksvoll beim Anblick der Reisfelder ist jedoch etwas ganz anderes: ein geordnetes, nicht von oben erzwungenes, sondern aus der Gesellschaft selbst erwachsendes Zusammenwirken.

Es mußten Millionen von Reisfeldern gewesen sein, an denen wir vorbeigefahren sind, und sie hörten noch immer nicht auf. Jedes Feld erhielt sein Wasser von dem höheren und gab es an das niedere weiter. Es war ein ständiges Empfangen, Nutzen und Weitergeben. Die Landschaft war ein Kosmos, geordnet, geschmückt und harmonisch. Sie war kultiviert.

Mußte sie, von den Menschen geschaffen, nicht auch auf die Menschen zurückwirken? Wer Wasser nahm, mußte Wasser abgeben. Wer Rücksicht forderte, mußte auch Rücksicht üben. Wer anderen Wasser abgrub, störte nicht nur seinen Nachbarn, sondern den Kosmos der Felder.

In dieser Landschaft konnte der Gedanke der sozialen Harmonie gedeihen, der gesitteten, geordneten Gesellschaft, in der jeder seinen Beruf und seinen Ort hatte, wo der Mensch heimisch war, wo die fünf Grundbeziehungen festgelegt waren zwischen Regierenden und Regierten, zwischen Eltern und Kindern, Mann und Frau, älteren und jüngeren Geschwistern und zwischen Freunden.

Im alten Island lagen die Höfe viele Meilen voneinander entfernt; sie waren durch Buchten, Berge und unwegsame Lavafelder getrennt. Sie lagen so weit auseinander, daß man den Nachbarn nicht sehen konnte. Aber die Männer ließen sich durch die Entfernungen nicht abhalten. Sie scheuten keine Mühen, auch nicht Ritte bei Nacht und bei Mondschein, um dem Nachbarn das Dach über dem Kopf anzuzünden, ihm das Vieh zu stehlen oder ihn totzuschlagen und sich für eine längst vergangene Tat zu rächen. Und wenn man selbst dabei umkam, so lebte man ja in den Sagas weiter. Der Toten Tatenruhm!

Und über die Bußgelder wurde auf dem Thing mit großer Lust an ausgeklügelten Rechtssätzen, unübertreffbarem Formalismus und kasuistischer Haarspalterei verhandelt. Wieviel Anlaß zu Prozessen hätten die Isländer gehabt, wenn man sie durch einen Zauber hierher in die Provinzen Jiangxi oder Hunan hätte versetzen können! Auch unsere deutschen Bauern würden, wenn sie mit diesen Bodenverhältnissen leben müßten, eine Menge Rechtsanwälte ernähren.

Die Chinesen haben auch Streit untereinander, und nicht zu knapp, aber sie sind keine Prozeßhanseln. Jahrtausendelang haben sie keine Rechtsanwälte gehabt. Die wenigen, die es bei

Maos Machtübernahme gab, erhielten bald Berufsverbot. Erst vor kurzer Zeit wurde der Berufsstand wieder zugelassen. Heute gibt es einen Rechtsanwalt auf 250 000 Einwohner.

Der Kosmos der Reislandschaft muß ohne Gerichte auskommen. Es gibt kein Gericht, vor dem man einen Menschen verklagen könnte, der einem anderen das Wasser abgegraben hat. Früher entschieden darüber die Familien oder das Dorf, heute entscheiden die Massen, in der Praxis also die Kommunen oder, wenn es ein ernster Fall ist, die Kreisverwaltung.

In weniger schweren Fällen setzt man sich zusammen, man bemüht einen Mittelsmann und spricht sich aus. Man sucht einen Kompromiß. *Jiangli:* vernünftig reden, gesunden Menschenverstand beweisen, sich menschlich zeigen, Reibungen vermeiden — darauf kommt es an; nicht darauf, unbedingt Recht zu erhalten. Wichtiger ist, daß keine der beiden Parteien Gesicht verliert, keine in die Ecke gedrängt, zur Unterwerfung gezwungen wird.

Michael Kohlhaas wäre in China nicht möglich gewesen. Man hätte ihn gar nicht verstanden. Man kann Habsucht, Grausamkeit, Machthunger, Unsittlichkeit verstehen, aber eine solche Rechthaberei kann man nur als Abfall vom Menschsein, als Monstrosität ansehen.

Man hat in China lange und heftig darüber diskutiert, ob Gesetze vonnöten seien oder nicht. Die *fajia,* die sogenannten »Legalisten«, waren dafür. Doch Konfuzius setzte sich mit dem Gedanken durch, daß Gesetze zwar das äußere Verhalten des Menschen, nicht aber sein Wesen bestimmen. Gesetze können seinen Willen nicht zum Guten lenken. Die Gesellschaft solle daher nicht durch Gesetze geordnet werden, sondern sich durch sittliche Verantwortung des Einzelnen gegenüber den anderen selbst ordnen.

Der Edeldenkende, der »höhere Mensch« des Konfuzius ging deshalb in Privatangelegenheiten nicht vor Gericht. Selbst Kriminalfälle wurden, wenn die Familien sich untereinander verständigten, oft nicht verfolgt. Auch der weniger edel Denkende war gut beraten, wenn er sich vom Gericht fernhielt, da Zivilprozesse nichts als Ungelegenheiten bereiteten und oft beide Parteien Gefahr liefen, Prügel zu erhalten, weil sie den Streit nicht unter sich im Geiste der Harmonie beigelegt hatten.

Außerdem war der Ausgang ungewiß, da es gar kein Bürgerliches Gesetzbuch gab und der Richter gemäß der Sitte, nach gesundem Menschenverstand oder entsprechend den Bestechungssummen urteilte. »Ich wünsche, daß alle, die sich (in Zivilklagen) an die Gerichte wenden, mitleidlos und in einer Weise behandelt werden, daß die Gesetze sie anwidern, und daß sie zittern, wenn sie wieder vor einem Richter erscheinen sollen.« So hieß es in einem Reskript des Kaisers Kangxi (1661—1722).

Nicht nur hier in der Reislandschaft, auch in den Städten legte und legt man Streitigkeiten durch einen Mittelsmann bei. Wenn das nicht zum Erfolg führt, wird das Nachbarschaftskomitee bemüht, oder die Arbeitseinheit übernimmt die Aufgabe. Selbst Scheidungsgesuche werden erst dem Nachbarschaftskomitee vorgelegt und müssen dort begründet werden. Gewöhnlich erhalten die Paare den Rat, es noch einmal miteinander zu versuchen.

Die Chinesen stehen nicht so wie wir einer fernen Obrigkeit gegenüber, die uns nur in präzise beschriebenen Fällen zur Rechenschaft zieht, sonst aber in Ruhe läßt; sondern sie leben in einer Gemeinschaft, die von sich aus den privaten Raum des einzelnen beschränkt. Das war schon immer so. Früher waren es manchmal Weiler oder Einheiten von zehn Familien, die gemeinsam für alles verantwortlich waren, was in ihnen geschah, und gemeinsam hafteten. Aber auch zu Zeiten, in denen dieses Gesetz nicht galt, haftete die Gesamtfamilie für alle Vergehen eines einzelnen. Wenn ein hoher Würdenträger in Ungnade fiel und zum Tode verurteilt wurde, traf oft die ganze Sippe bis zu Kindern und Enkeln dasselbe Urteil.

Der Druck der engen Gemeinschaft, in der man lebt und arbeitet, die Nachbarn, das Nachbarschaftskomitee, die Arbeitseinheit mit ihrem Sicherheitsreferat lasten auch heute schwerer auf dem einzelnen als ferne Gerichte und Behörden.

Es begann zu dämmern, aber wir fuhren noch immer durch die Reisfelder. Die Straßen in der Provinz Hunan, in die wir jetzt kamen, waren besser als in Jiangxi. So etwa sahen unsere Bundesstraßen vor dreißig Jahren aus.

In den Häusern am Rand der Straße oder in den Feldern ging das Licht an. Manchmal konnte man in die Stube sehen. Menschen saßen beim Essen. Eine elektrische Birne hing von der Decke über den Tisch. Das Licht spiegelte sich im flachen Wasser der Felder.

In dieser Landschaft, aus dieser Gesellschaft wuchs *li.* Man hat das Wort oft mit »Riten« oder »Ritual« übersetzt; das trifft zwar auch zu, aber *li* ist mehr. Es ist nicht nur etwas Äußerliches. Es bedeutet gesittetes, sozialbewußtes, verantwortliches menschliches Handeln. Es ist Rücksichtnahme auf den anderen, Humanität. Es bedeutet, Wasser empfangen und es, wenn man es genutzt hat, weitergeben.

Für Xunzi, einen der großen Denker des dritten vorchristlichen Jahrhunderts, war *li* nicht nur ein soziales, sondern ein universales Prinzip: »Durch *li* vereinen sich Himmel und Erde in Harmonie, scheinen Sonne und Mond, kommen und gehen die vier Jahreszeiten in ihrer Folge, ziehen Planeten und Sternbilder über den Himmel, fließen Flüsse, gedeihen alle Dinge, werden Wünsche und Abneigungen der Menschen gelenkt und ihre Freude und ihr Haß in Maßen gehalten.«

Der Himmel hatte dem Kaiser den Auftrag gegeben, durch sittliches Verhalten die Harmonie zwischen Himmel und Erde zu wahren; denn nicht Freiheit, Demokratie oder das größtmögliche Glück der größtmöglichen Zahl waren in China Ziele politischen Denkens und Handelns, sondern eine Gesellschaft, die in Eintracht miteinander lebt. Nicht die Ansprüche des einzelnen zählen, sondern nur die der Gesellschaft. Der einzelne ist nicht so wichtig und soll sich nicht so wichtig nehmen.

Die Chinesen kümmerten sich weder um die Erlösung von dem Übel noch um die Sünde, noch strebten sie das Himmelreich an. Ihr Traum war das goldene Zeitalter des *da tung,* der »Großen Gleichheit und Harmonie«. Es war der Anfang und Ursprung, es sollte auch das Ende und Ziel der chinesischen Gesellschaftsordnung sein. Im *Liji,* dem »Buch der Sitte«, wird es an einer berühmten Stelle beschrieben. Sun Yatsen hat die Worte einer der beiden Nationalhymnen seiner Republik zugrunde gelegt:

»Wenn Tao, der Große Weg, waltet, ist das Reich allen gemeinsam. Man erwählt die Tugendsamsten, man betraut die Fähigsten, man spricht die Wahrheit, und man pflegt die Harmonie. Deswegen lieben die Menschen nicht nur ihre eigenen

Eltern und sorgen nicht nur für ihre eigenen Kinder. Sie sorgen vielmehr dafür, daß die Alten in Ruhe ihrem Tod entgegensehen, die Erwachsenen in Ruhe arbeiten und die Jungen in Ruhe groß werden können. Die Witwer und Witwen, die Waisen, Kinderlosen und Kranken werden von der Gesellschaft ernährt. Die Männer haben ihren Beruf und die Frauen ihr Heim. Brauchbare Dinge wirft man nicht weg, hortet sie aber auch nicht für sich allein. Die Menschen wünschen ihre Kräfte zu entfalten, aber sie arbeiten nicht nur um des eigenen Vorteils willen. List und Ränke gedeihen nicht mehr, und es gibt weder Diebe noch Räuber, noch Umstürzler, so daß man das Außentor nicht mehr abzuschließen braucht. Das ist *da tung,* der Zustand der Großen Gleichheit und Harmonie.«

So lebten die Chinesen? So leben sie heute? So harmonisch verkehren sie miteinander? Keineswegs! Was wir hören, ist eine Forderung, die sie an sich gestellt haben. Eine hohe Forderung. Sie zu erfüllen, geht über menschliche Kraft. Aber die Höhe einer Kultur entspricht immer den Forderungen, die die Menschen an sich stellen. Daß die Menschen sie nicht erfüllen können, ist nicht das Entscheidende, sondern daß sie danach streben. Es ist nicht verwunderlich, daß die Chinesen von ihnen oft abgefallen sind. Ebensooft wie die Christen von den Forderungen Jesu.

Die Revolution ist keine Häkelstunde

Der kleine Mr. Wang führte mich durch Ichun, eine mittlere Provinzstadt in Jiangxi. Ausländer kamen selten hierher. Der kleine Mr. Wang sprach englisch. Er stammte aus Hongkong, und er beglückwünschte sich immer wieder, daß er mich führen durfte. Wir waren kaum aus dem Hotel heraus und ein paar hundert Meter gegangen, da erfuhr ich auch, warum er sich glücklich schätzte. Er wollte ein Visum, um zu seinem Bruder zu ziehen, der ein China-Restaurant in Hamburg hatte. Er hoffte, ich würde ihm dazu verhelfen.

Seine Eltern hatten ihn auf das Studienkolleg für Überseechinesen in Peking geschickt. Von dort kam er dann auf die Peking Universität.

»Da wurden wir zu Beginn der Kulturrevolution ganz schön bekämpft. Mir hat man das Haar und die Hosenbeine abgeschnitten.«

»Warum das?« fragte ich.

»Das Haar, weil es für chinesische Verhältnisse zu lang war, und die Hosen, weil es Röhrenhosen waren. *The building across the street was our famous concentration camp.«*

Er zeigte auf das Gebäude auf der gegenüberliegenden Straßenseite. Ich verbesserte ihn, weil er mich gebeten hatte, sein Englisch zu korrigieren: *»I suppose, ›infamous‹ would be more appropriate than ›famous‹.«*

»Yes, of course. Thank you. Would ›notorious‹ be all right, too?«

»Yes, sure.«

»It was very notorious.«

Ich sagte: »Einen Augenblick mal! Machen wir hier nur Konversation? Sprachstunde? Oder wollen wir uns die Stadt ansehen? Das dort drüben ist doch ein Kino, aber kein Konzentrationslager.«

»Es ist ein Theater«, korrigierte mich Mr. Wang, »aber bei Beginn der Kulturrevolution war es ein Konzentrationslager. Eigentlich war auch das Theater nicht groß genug. Die Leute hatten kaum Platz, sich hinzusetzen. Und liegen konnten nur einige, die schwer verletzt waren. Da war einer, dem man die Beine gebrochen hatte. Sie waren so dick angeschwollen, daß man ihm nicht mehr die Hose ausziehen konnte. Es stank entsetzlich, weil keine Toilette da war.«

»Dann waren Sie also auch hier eingesperrt, Mr. Wang?«

»No, I just inspected it.«

»Sie inspizierten es?«

»Ja, ich habe es besucht. Zuerst hat man uns ja in Peking bekämpft; aber dann haben wir mitgemacht. Auf einem Tisch in der Mitte der Bühne stand ein Maxim-Maschinengewehr, und dahinter saß ein Junge von vielleicht sechzehn Jahren. Er hatte den Lauf des Gewehrs auf den Zuschauerraum gerichtet. Und rechts und links von ihm an kleineren Tischen saßen Jungens mit Maschinenpistolen über den Knien. Die Leute im Zuschauerraum durften nicht sprechen. Und wenn der Junge mit dem Maschinengewehr jemand den Mund aufmachen sah, schrie er gleich: ›Ruhe — oder willst du eine Kugel im Kopf haben?‹ Ich fragte, was die Leute im Zuschauerraum verbrochen hätten. Der Junge wußte es nicht, aber er sagte: ›Es sind alles schlechte Leute. Um die ist es nicht schade.‹ Ein Mann im Zuschauerraum erzählte mir, er sei nachts um zwei Uhr aus dem Bett geholt worden. Er wußte immer noch nicht, warum. Er bat mich, seiner Familie wenigstens zu sagen, daß er hier in dem Theater sei.«

»Haben Sie es getan?«

»Nein. Ich konnte mich da nicht einmischen. Das war eine Sache der Leute in Ichun. Meine Einheit der Roten Garden hatte mich ja hierhergeschickt zum *gen huo* — um ein Feuer anzuzünden — oder um *da chuan lian* — um Erfahrungen auszutauschen. Das war damals sehr beliebt. Man konnte auf diese Weise das ganze Land kennenlernen. Ich bin nie in meinem Leben soviel gereist wie damals. Nicht hier, aber ein paar Straßen weiter . . . Ich weiß nicht, ob ich es erzählen soll.«

Natürlich würde er erzählen. Er konnte ja überhaupt nicht aufhören. Man merkte, daß er nicht in der Volksrepublik China aufgewachsen war. Da war man vorsichtiger. Ich sagte: »Sprechen Sie langsam und deutlich. Ich werde Sie verbessern, wenn Sie Fehler machen.«

»It was a few roads to the south . . .«, begann er.

»Better say: A few blocks south of here.«

»Thank you! A few blocks south of here. Also, ich war mit drei Kameraden aus Peking zusammen. Auf einmal stank es ganz widerlich. Wir sahen Leute, die um einen Lastwagen standen. Wir gingen hin. Ein Mann auf dem Wagen hob eine Plane hoch, und da sahen wir zwei Leichen. Es waren die ersten Toten, die ich zu sehen bekam. Die Köpfe waren . . . also es war ekelhaft. Die feindliche Partei hatte die beiden nachts aus den Betten geholt und auf ein Feld verschleppt. Sie sollten gestehen, daß sie ein Munitionslager der feindlichen Linie ausspioniert hatten, und sie sollten sagen, wer außer ihnen noch daran beteiligt war. Aber die beiden behaupteten, sie hätten mit der ganzen Sache nichts zu tun. Darauf hat man sie geschlagen und gedroht, wenn sie weiter leugneten, werde man sie lebendig begraben. Da sie immer noch nichts gestehen wollten, mußten sie eine Grube ausheben und sich hineinstellen. Man hat sie erst bis zur Brust, dann bis zum Hals mit Erde

zugeschüttet, und als sie immer noch leugneten, hat man die Grube ganz zugeschaufelt.

Die Familien der beiden Männer kamen zum Lastwagen und heulten. Es waren alte Leute und Kinder. Sie sagten, ein gewisser Liu aus der Nachbarschaft habe die beiden denunziert. Es liefen gleich einige weg, um ihn zu holen. Er hatte sich versteckt, doch sie fanden ihn und schleppten ihn her. Er leugnete natürlich. Aber die Leute pufften ihn. Dann trieben sie ihn an die Wand. Ein paar Männer nahmen ihre Gürtel ab, und damit schlugen sie ihn. Dann banden sie ihn an einen Telefonmast in der Straße und schlugen weiter. Der Mann schrie, er habe mit der ganzen Angelegenheit nichts zu tun. Das war den Leuten jedoch ganz gleichgültig. Er konnte schreien, was er wollte.

Da brachte ein kleiner Junge eine Tragstange aus dickem Bambus, wie man sie zum Wassereimer-Tragen benutzt. Die Männer schlugen damit auf den Mann ein, bis er die Besinnung verlor und am Pfahl zu Boden sank. Ein Mann band ihn los. Die Leute wollten ihn liegen lassen; aber ein junger Bursche mit der Armbinde der Rotgardisten rief: ›Der Vorsitzende Mao hat gesagt, Revolution ist keine Häkelstunde.‹ *Is embroidery lesson correct?*«

»*Yes.*«

»Er nahm den Tragstangenknüppel und schlug auf den Bewußtlosen ein, bis er tot war.«

»Haben Sie nicht versucht, den Mann daran zu hindern?«

»Nein.«

»Hätten Sie es nicht versuchen können?«

»Es war zu gefährlich.«

»Aber Sie waren doch vier.«

»Die anderen waren hundert, zweihundert. Sie hätten uns vielleicht nicht totgeschlagen, aber auf jeden Fall verprügelt. Und ich weiß auch nicht, ob meine Kameraden mitgemacht hätten. Sie wissen ja, wir Chinesen mischen uns da nicht gerne ein. Außerdem hätte das bei unserer Einheit in Peking bekannt werden können. Der Vorsitzende Mao hat ja auch wirklich gesagt: ›Die Revolution ist keine Häkelstunde.‹ Schon 1927. In seinem Aufsatz über die Bauernbewegung in Hunan.«

Ich schwieg. Warum erzählte Mr. Wang mir das alles? Damit ich ihm zu einem Visum verhalf?

Die ein- oder zweistöckigen Holzhäuser waren zur Straße hin offen. Die Fensterläden waren zur Seite geschoben, und man konnte hineinsehen. Da war eine Nähstube, in der man Nähmaschinen stundenweise mieten konnte, dann kam eine kleine Werkstatt, wo drei Männer damit beschäftigt waren, Hacken und Spaten an Holzstielen zu befestigen. In einer anderen reparierte man Fahrräder. In einem Eingangsraum lagen Säcke voll Kunstdünger unordentlich übereinander. Es wurde viel geschwatzt, aber wenig gearbeitet; nur in der Nähstube wurde nicht gesprochen, denn da hatte man ja für die Zeit Geld bezahlt.

Ich sagte zu Mr. Wang, es sei jetzt wohl Zeit, zum Hotel zurückzugehen.

Mr. Wang sagte: »Man versteht überhaupt nichts von dem, was heute vorgeht, wenn man nicht verstanden hat, was damals in der Kulturrevolution los war.«

»Kann man es als Ausländer verstehen?«

»Vielleicht. Aber es ist schwer.«

Ich dachte: Er erzählt das alles, weil er es loswerden will. Er kann es nur einem Ausländer erzählen.

Vielleicht kann man es nicht verstehen, wenn man nicht dabei war. Ich konnte dem Mann doch nicht helfen.

»Als wir mit dem Zug hier in Ichun angekommen waren, hatte gerade die große Schießerei begonnen, auch mit Artillerie. Wir blieben deshalb auf dem Bahnhof im Büro der Roten Garden.

Da wurde eine Frau hereingebracht, die auch denunziert haben sollte. Die Roten Garden von Ichun waren wütend auf sie und schlugen ihr ins Gesicht. Als sie aus dem Mund blutete, haben sie ihr eine rote Fahne um den Kopf gebunden und dann weitergeschlagen. Vielleicht eine halbe Stunde lang. Die Frau hat immer geschrien, sie sei unschuldig. Ich habe den Roten Garden im Büro gesagt, das sei jetzt genug, sie sollten sie laufen lassen. Da haben sie mich angebrüllt, ich sei aus Peking und hätte keine Ahnung, was hier in Ichun vorgehe. Ich solle ruhig sein und mich nicht einmischen. Da war ich ruhig.

Auch die Frau war bald ruhig. Als sie nicht mehr schrie und sich auch nicht mehr bewegte, hat man sie an den Beinen gepackt und rausgezogen.«

Ich sah in die Läden der Straße, aber ich weiß heute nicht mehr, was ich gesehen habe.

»Da läßt sich überhaupt nichts machen«, sagte Mr. Wang. »Ich bin einmal von Peking nach Nanking mit dem Zug gefahren. Er war voll von Rotgardisten. Wir waren alle unterwegs zum Erfahrungsaustausch.

Im Abteil saß eine alte Frau, die nach Jiangsu abgeschoben werden sollte. Ihr Name und ihre Verbrechen standen auf dem Pappschild, das man ihr um den Hals gebunden hatte. Sie durfte es nicht abnehmen. Ihr Mann war vor der Befreiung Großgrundbesitzer gewesen, und gleich als die Säuberungen und die Landreform begannen, hatten sich beide aus dem Staub gemacht und waren nach Peking gezogen. Da hatte ihr Mann einen kleinen Laden aufgemacht. Ihr wurden also gleich zwei Verbrechen vorgeworfen: Ihr Mann war erst Großgrundbesitzer und dann Kapitalist gewesen.

Sie sollte abgeschoben werden, weil sie früher die Bauern ausgebeutet und unterdrückt hatte. Jetzt sollte sie selbst auf dem Land schwer arbeiten und büßen. Denn ›Stadtleben ist süß‹. Und Peking sollte verbrecherfrei werden.

Wenn Rotgardisten am Abteil vorbeikamen, beschimpften sie die Frau. Dann machten auch die anderen im Abteil mit. Am giftigsten war ein Mädchen von vielleicht sechzehn Jahren, noch kleiner als ich. Die alte Frau hatte ihr Haar in einem *what-do-you-call-it?*«

»*Bun?* Knoten?«

»*Yes, thank you.* Einmal packte das Mädchen die Frau beim Knoten und schlug ihren Kopf gegen die Wand des Abteils, aber kräftig, daß es krachte. Dann taten ein paar Jungs und ein anderes Mädchen das gleiche, und man fing an, die Frau zu knuffen und zu puffen. Das Mädchen nahm den Korb, den die alte Frau bei sich hatte, leerte ihn aus, stülpte ihn ihr über den Kopf und schlug kräftig drauf. Man wollte das Gesicht der Frau nicht sehen. Das Mädchen lud alle, die an unserem Abteil vorbeikamen, ein, auf den Korb zu schlagen. Sie lachte. Sie fand das komisch. Ich ging in den nächsten Wagen und blieb dort im Gang im Gedränge stehen. Als wir in Nanking angekommen waren, sah ich die alte Frau nicht mehr. Man hatte sie, als sie tot war, aus dem Fenster geworfen.«

»Schrecklich! Warum haben sie das getan?«

»Weil sie doch schon tot war«, sagte Mr. Wang. Er fühlte, daß mich diese Antwort nicht zufriedenstellte. Er erläuterte: »Vielleicht wollten sie auch nicht, daß ihnen in Nanking Fragen gestellt werden. Doch darüber hätten sie sich eigentlich keine Sorgen zu machen brauchen. Den Rotgardisten stellte keiner Fragen. Vielleicht haben sie die Frau auch nur hinausgeworfen, weil sie gerade so *in high spirits* waren.«

»*In high spirits?* In übermütiger Stimmung?«

»Ich weiß nicht, ob Sie es verstehen können.«

»Doch, ich kann es verstehen. Das haben schon die Griechen gewußt: Nichts ist schrecklicher als der Mensch!«

»Aber das Mädchen! Sie war kaum sechzehn Jahre alt, so wie wir zählen. Bei Ihnen erst fünfzehn.«

»Sie ist auch ein Mensch. Aber was hatte sie eigentlich gegen die Frau? Was hatte man gegen den Mann in Ichun, den man am Lastwagen zu Tode geschlagen hat?«

»Ja, die alte Frau war doch eine Verbrecherin. Das war doch bekannt; und der Mann in Ichun hatte denunziert.«

»Das waren aber doch nur Behauptungen; und außerdem war es kein Grund, die Beschuldigten totzuschlagen.«

»Sicher. Aber man hat sie gehaßt.«

»Woher kam der Haß?«

Ich gebe Mr. Wangs Antwort jetzt so wieder, wie ich sie mir damals zusammengefaßt aufgeschrieben habe:

»Es begann für uns eigentlich erst am 25. Mai 1966, als Nie Yuanzi* in der Peking Universität ihre Wandzeitung angeschlagen hatte. Sie griff darin den Parteichef und Rektor der Universität und seine Mitarbeiter an, weil sie die neue Kritik-Kampagne zu akademisch und ohne richtigen Schwung führten. Sie forderte die Mobilisierung der Massen. Sie hatte ihre Weisung von Kang Sheng, der einer der schlimmsten in der Parteiführung war.

Als der Vorsitzende Mao den Text von Nie Yuanzis Wandzeitung im ganzen Land verbreiten ließ, da wußten wir, daß das

* Sie war Parteisekretärin der Philosophischen Fakultät und für die politische Führung, ideologische Schulung, Beachtung der politischen Richtlinien verantwortlich. Sie hatte weder eine wissenschaftliche Aufgabe noch eine wissenschaftliche Ausbildung. Sie war ausschließlich Parteifunktionärin.

die neue Linie war und daß wir die revisionistischen Elemente und die Konterrevolutionäre angreifen sollten. Anfangs war uns nicht ganz klar, wer das konkret war; aber dann nahmen wir die Professoren aufs Korn, die wir ohnehin nicht leiden konnten.«

»Damals machten Sie schon mit?«

»Ja, natürlich. Und dann kamen allmählich fast alle Professoren unter Beschuß. Sie wurden als Angeklagte vor Massenveranstaltungen geschleppt und mußten sich da verantworten. Sie mußten mit gesenktem Kopf dastehen, das Kinn auf die Brust gedrückt, und manchmal setzten wir ihnen auch eine Papiermütze auf und hängten ihnen ein Schild um.

Einige Professoren leisteten Widerstand; die hatten es dann nicht leicht und erhielten Sonderbehandlung. Andere schlugen sich auf unsere Seite und denunzierten ihre Kollegen. Es gab auch eine konservative Partei, die uns als Radikalisten angriff. Es ging alles drunter und drüber. Aber jeder wurde gezwungen, Stellung zu nehmen.

In der Provinzhauptstadt Nanchang fing es auch auf der Universität an; der Streit ging auch hier nicht von den Studenten aus, sondern, wie bei uns in Peking, von der Partei, die die Studenten mobilisieren wollte. Von den Universitäten griff die Bewegung dann auf die Arbeiterschaft über. Hier in Ichun griffen kleinere Versammlungen die Parteiführung der Stadt als revisionistisch an. Die hiesige Parteiführung leistete Widerstand und verurteilte die rebellierenden Gruppen. Jetzt mußte sich jeder entscheiden. Als Revolutionär bewies man sich dadurch, daß man an dem Kampf der beiden Linien teilnahm. Das war der Prüfstein für die revolutionäre Gesinnung. Der Linienkampf verschärfte sich, als jede Gruppe zu Massenveranstaltungen aufrief. Zuerst störte man sich da durch Zwischenrufe. Später gingen geschlossene Gruppen in die Veranstaltung der Gegenseite. Als die Massenkundgebungen der beiden Fraktionen auf ein und denselben Tag angesetzt wurden, kam es zu wüsten Straßenschlachten. Viele hatten sich aus dem dicken Bambus, der hier wächst, etwa einen Meter lange Knüppel gemacht, und damit schlugen sie dann aufeinander ein. Es gab viele Verletzte.

Es war jetzt so, daß jede der beiden Parteien sich als revolutionär und die Gegenpartei als revisionistisch bezeichnete. Das war hier ebenso wie in Peking und überall im Lande. Wir nannten das ›mit der vorgeblich roten Fahne gegen die rote Fahne kämpfen‹. Außerdem gab es natürlich auch viele Wandzeitungen; in ihnen wurden alle Leute auf allen führenden Posten angegriffen, sei es von dieser, sei es von jener Seite. Eine Zeitlang bekämpfte man sich darüber hinaus auch mit Großlautsprechern, die ihre Parolen über die ganze Stadt schrien, nicht nur tagsüber, sondern auch nachts.

Eine neue Phase begann, als die Armee sich auf die Seite der Provinzführung schlug und ihr Waffen und Munition aus den Depots zur Verfügung stellte. Darauf kam es zu Schießereien, Verschleppungen und Morden, die man Exekutionen nannte.

Die rebellierende Faktion, die ohne Waffen natürlich unterlegen war, schickte Abgesandte nach Peking, die dort mit ihren Beschwerden Erfolg hatten. Die ›Gruppe zur Leitung der Kulturrevolution‹, die in der Praxis das Politbüro ersetzte, entschied, die Armee habe in Ichun die falsche Seite unterstützt. Das habe sie in Zukunft zu unterlassen. Der Befehl kam von Jiang Qing und Kang Sheng. Aber die konservative Faktion wollte die Waffen nicht aufgeben. Sie besetzte das Munitionsdepot der Armee.

Darauf umzingelte die rebellierende Faktion der Partei mit 40 000 Mann das Depot und stellte den Besetzern ein Ultimatum. Das war gerade an dem Abend abgelaufen, als mein Zug auf dem Bahnhof in Ichun einlief. Die Rebellen setzten Granatwerfer aus Armeebeständen ein, zu denen sie ja jetzt Zugang hatten, und eroberten schließlich das Depot. Es gab dabei viele Tote.«

Vier Wochen später besuchte mich Herr Wang in Peking, als er seinen Visumsantrag mit allen möglichen Bescheinigungen und Erklärungen in der Botschaft abgegeben hatte. Wir tranken Tee.

»Sie sind in einer unglücklichen Zeit nach China gekommen«, sagte ich.

»Aber es gab auch Zeiten, an die ich gerne zurückdenke.«

»Zum Beispiel?«

Er antwortete, ohne zu zögern: »Das erste Jahr der Kulturrevolution.«

»Als man Ihnen das Haar und die Röhrenhosen abgeschnitten hat?«

»Nein, danach.«

»Als Sie Verbindungsmann der Roten Garden Ihres Instituts oder der Universität waren und nach Jiangxi reisten.«

»Ja, aber nicht nur dahin. Ich habe damals neunzehn Provinzen Chinas kennengelernt. Sie können sich kaum vorstellen, in welcher Stimmung wir waren. Wir konnten plötzlich etwas bewegen. Wir hatten uns von dem Zwang der Universitätsordnung befreit. Die bürokratischen Schulleiter und Rektoren zitterten vor uns.

Wir saßen jeden Abend in der Kantine oder in den Klassenzimmern. Wir suchten uns unsere Angriffsziele aus und berieten über den Text von Wandzeitungen, zum Beispiel, ob Professor Hongs Vergehen nur als ›Widersprüche innerhalb des Volkes‹ zu bezeichnen seien, ob er nur Royalist, Opportunist oder Reaktionär war, oder ob es schlimmer aussah, ob man von ›Widerspruch zwischen uns und den Feinden‹ reden mußte. Ob man Frau Professor Qiang zu den Kuhgeistern und Schlangendämonen rechnen oder ob man Milde walten lassen und sie nur angreifen sollte, weil sie die ›Vier Alten‹* noch nicht abgelegt hatte. Unsere Texte waren oft witzig, manchmal natürlich auch ziemlich unverschämt. Dann gab es Tage, wo wir die Anklagen gegen unsere Professoren für die Massenversammlungen vorbereiteten. Oder wir zeichneten Karikaturen, die wir in der Universität an die Mauern klebten. Kennen Sie Wang Hairong?«

»Die Vizeaußenministerin und Nichte Maos? Ja, aber ich habe sie schon seit einiger Zeit nicht mehr gesehen.«

»Sie wird sicher bald verschwinden, denn sie hat ohnehin eine Blitzkarriere gemacht. Als die Kulturrevolution anfing, war sie noch in einem Sonderlehrgang am Fremdspracheninstitut. Ein Gespräch, das sie mit ihrem Onkel, dem Vorsitzenden Mao, geführt hatte, wurde damals Pflichtlektüre im ganzen Land. Kennen Sie es? Ich werde Ihnen den Text dann schik-

---

* Die »Vier Alten« (Dinge) waren: alte Ideen, alte Kultur, alte Sitten und alte Gewohnheiten.

ken.* Darin forderte der Vorsitzende seine Nichte und uns alle auf, gegen die Universität und das Lehrsystem zu rebellieren. Das war für uns wie eine Befreiung. Vieles, was der Vorsitzende Mao über die Erziehung gesagt hatte, war richtiger als das, was wir jeden Tag auf der Universität sahen und erlebten.

Sie können sich unsere Stimmung vielleicht nicht ganz vorstellen. Aber Sie hätten einmal im Februar 1967 auf den Tian An Men-Platz kommen sollen! Überall, auch an den Häuserwänden in den kleineren Straßen, hingen Plakate, Karikaturen, Gedichte oder Aufrufe. Zum Beispiel gegen Liu Shaoqi oder seine Frau Wang Guangmei oder gegen Deng Xiaoping.

Die Studenten und Arbeiter zogen in Kolonnen durch die Straßen. Sie trugen Plakate, auf denen stand, daß sie ihre Direktoren abgesetzt und durch Revolutionskomitees ersetzt hatten. Und für die Jugendlichen, die aus den Provinzen kamen, gab es ein Treffpunktbüro auf dem Platz des Himmlischen Friedens.

---

* Auszug aus dem Gespräch: *Wang Hairong:* »Wir haben da den Sohn eines Funktionärs, der sich nicht gut benimmt. Wenn der Lehrer spricht, paßt er nicht auf. Er macht keine Hausaufgaben. Er liest Romane. Manchmal bleibt er im Schlafsaal liegen und schläft weiter. Und manchmal, wenn unsere Klasse oder Gruppe Schulungsstunde angesetzt hat, erscheint er überhaupt nicht. Wir haben alle einen schlechten Eindruck von ihm.«

Vorsitzender Mao: »Erlauben denn eure Lehrer den Studenten nicht, in der Stunde zu schlafen oder Romane zu lesen? Wir sollten es ihnen erlauben. Die Professoren sollten weniger dozieren, dafür aber die Studenten anhalten, mehr zu lesen. Ich glaube, der Student, von dem du sprachst, wird sich eines Tages sehr fähig erweisen, weil er den Mut gehabt hat, euren Kurs zu schwänzen ...
Wenn du zur Universität zurückkehrst, solltest du die erste sein, die rebelliert. Geh am Sonntag nicht zum Institut zurück und nimm an keiner Versammlung teil!«

Wang Hairong: »Aber ich traue mich nicht. Das ist doch gegen unsere Hochschulordnung.«

Vorsitzender Mao: »Kümmere dich doch nicht um diese Ordnung! Geh einfach nicht in das Institut zurück! Sage einfach, du wolltest gegen die Hochschulordnung verstoßen!«

Wang Hairong: »Das kann ich aber doch nicht tun! Denn dann werde ich doch kritisiert!«

Vorsitzender Mao: »Ich glaube, du wirst es niemals zu etwas bringen. Du hast Angst vor dem Vorwurf, daß du gegen die Hochschulordnung verstößt, vor Kritik, vor schlechten Noten. Du fürchtest, daß man dich von der Hochschule relegiert und daß man dich nicht in die Partei aufnimmt. Warum hast du vor so vielen Dingen Angst? Das Schlimmste, was dir passieren kann, ist, daß man dich aus dem Institut rauswirft. Na und?«

Überhaupt die Reisen! Ich sprach schon einmal davon. Wir fuhren natürlich alle ohne Fahrkarten. Und Reisegenehmigungen brauchte man damals auch nicht. Die Züge waren so voll, daß manche auf den Trittbrettern mitfuhren. Es kam allerdings auch vor, daß einige einschliefen und herunterfielen. Die Züge waren so voll, daß ich einmal einen ganzen Tag lang nur auf einem Bein im Gang stehen konnte. Und einmal war ich einen ganzen Tag mit drei Kameraden in der Toilette eines Eisenbahnwagens. Und dann war auch das Verhältnis zwischen uns und den Mädchen damals ganz anders. Ich will das nicht alles erzählen. Aber das war auch wie eine Befreiung. Das werden wir alle nicht vergessen. Das war ein großes Abenteuer. Es gab immer etwas Neues, und wir waren immer in Hochstimmung.«

Er sagte: *in high spirits.*

»Sie haben diesen Ausdruck auch benutzt, als Sie mir damals in Ichun von der alten Frau im Eisenbahnabteil erzählten, die eine Verbrecherin war, weil ihr Mann als Großgrundbesitzer die Bauern ausgebeutet hatte.«

»Ja«, sagte Mr. Wang, »ich erinnere mich. Das gab es auch. Ich denke immer noch an das kleine Mädchen, das die Frau an den Haaren packte. Schrecklich. Aber habe ich Ihnen das schon gesagt? Wer nicht weiß, was damals los war, versteht auch nicht, was heute vorgeht.«

»Meinen Sie, daß sich etwas Ähnliches wiederholen kann?«

Mr. Wang dachte nach. Er sagte: »Ich glaube es nicht, aber es ist nicht ganz ausgeschlossen. Manche fürchten es. Und Sie?«

Ich antwortete: »Ich sehe nirgends ein Anzeichen für eine solche Entwicklung, und ich glaube, die Furcht vor einer Wiederholung schützt auch vor einer Wiederholung. Im übrigen wiederholen sich solche Ereignisse in der Geschichte selten. Die Menschen sehen immer gebannt in die Ecke, aus der einmal etwas Furchtbares auf sie zukam. Seit Jahrzehnten suchen ausländische Journalisten in Deutschland Anzeichen dafür, daß der Nationalsozialismus noch nicht tot ist. Natürlich werden sie hier und da fündig. Aber wenn unser Staat in Gefahr geraten sollte, dann nicht von dieser Seite. Das neue Furchtbare kommt aus einer ganz anderen Richtung, auf die sie nicht achtgegeben haben. Ich glaube, wenn Deng Xiaoping jetzt in die Führung zurückkehrt und wenn die Führung einig und flexibel bleibt wie bisher, ist eine Wiederholung nicht zu befürchten.«

»Vielleicht haben Sie recht«, sagte Mr. Wang, »aber Sie knüpfen Ihre Voraussage auch an eine ganze Menge von Bedingungen.«

Jiang Qings Kuß

Eine junge Chinesin erzählte mir etwa ein Jahr nach meinem Gespräch mit Mr. Wang, was sie damals an der Peking Universität erlebt hatte:

»Ende Mai 1966, als Nie Yuanzi ihre Wandzeitung in der Peking Universität angeschlagen hatte, begannen die Unruhen bei uns; Liu Shaoqi schickte sogenannte Arbeitsgruppen in die Universität, die die Ruhe wiederherstellen sollten. Trotzdem kam es am 18. Juni zu Ausschreitungen, als die Studenten sich die Professoren griffen, sie vor den Massen prügelten, verhöhnten oder mit Tinte übergossen. Die Arbeitsgruppe setzte eine Massenversammlung an, auf der sie die Studenten tadelte. Ein solches Verhalten sei der Studenten nicht würdig. Das sei nicht der Sinn der Revolution.

Aber ein paar Tage später kam Jiang Qing zur Universität. Mit ihr kam Chen Boda, der einmal Privatsekretär Maos gewesen war und der die ideologischen Erklärungen für den Verlauf der Kulturrevolution gab. In einer Massenversammlung wurden den hohen Besuchern Fragen gestellt, die natürlich vorher abgesprochen worden waren. Die Studenten, die die Fragen stellten, wollten vor allem wissen, ob die Ausschreitungen gegen die Professoren vom 18. Juni ein revolutionärer Akt, ein konterrevolutionärer Akt oder einfach ein politisch neutraler barbarischer Vorgang gewesen seien. Die Funktionäre sollten dem Vorgang einen Namen geben.

Jiang Qing schwieg, aber Chen Boda, der lange und vorsichtig um die Sache herumgeredet hatte, erklärte schließlich, ein konterrevolutionärer Akt sei das Verprügeln der Professoren nicht gewesen. Da wußten alle, daß Mao und ein Teil der Parteiführung diese Ausschreitungen billigten und wünschten.

Einige Wochen danach, Ende Juli, war wieder eine große

Massenversammlung bei uns in der Universität. Auch Jiang Qing war da und saß auf der Tribüne. Es redeten viele Studenten. Sie griffen den Leiter der Arbeitsgruppe an, die Liu Shaoqi zur Universität gesandt hatte. Besonders tat sich ein siebzehnjähriges Mädchen hervor, das noch auf das Gymnasium der Peking Universität ging. Sie hieß Peng Xiaoming und konnte erstaunlich gut frei reden. Sie sagte, die Arbeitsgruppe sei als Feuerwehr gekommen, die das Feuer der Revolution habe löschen wollen. Der Leiter der Arbeitsgruppe mußte die ganze Zeit neben der Tribüne stehen und sich die Anklagen anhören. Als Peng Xiaoming mit ihrer Rede fertig war, ging sie zu dem Leiter der Arbeitsgruppe, löste den Gürtel von ihrer Hose und schlug ihm damit ins Gesicht und verprügelte ihn. Er wagte nicht, sich zu wehren.

Als sie endlich von ihm abließ, ließ Jiang Qing sie zu sich auf die Tribüne kommen, umarmte und küßte sie. Das war das Zeichen, daß wir mit allen Gegnern des radikalen Kurses so umgehen sollten wie Peng Xiaoming.«

Ich sagte: »Jemand öffentlich umarmen und küssen — das ist doch aber nicht üblich.«

»Nein«, sagte meine chinesische Bekannte, »aber Jiang Qing benahm sich oft so exaltiert. Sie war eben doch nur eine Schauspielerin. Und daß der Vorsitzende ebenso dachte wie sie, merkten wir ein paar Wochen später. Am 18. August sprach Lin Biao von der Tian An Men-Terrasse herab. Dem Vorsitzenden Mao wurde bei dieser Gelegenheit eine Schülerin vorgestellt. Er fragte sie, wie sie heiße. Sie sagte Song Binbin. Das war ein schöner Name, denn Binbin heißt ›gebildet, kultiviert, höflich‹. Aber Mao sagte, sie sollte sich lieber Yao Wu nennen. Das kann man vielleicht mit den Worten ›Will Kampf‹ übersetzen. Diese Antwort Maos stand am nächsten Tag in allen Zeitungen, und das zeigte uns wiederum, was man von uns verlangte.«

»Und hat sich das Mädchen fortan Song Yao Wu genannt?«

»Ja. Aber das ist ihr zu Kopf gestiegen. Sie wurde ganz wild und verprügelte Leute, die sich ohnehin nicht wehrten. Sie soll auch im Gefängnis gewesen sein. Jedenfalls ist sie an dieser Taufe zugrunde gegangen.«

»Es ist nämlich mit Worten nicht zu beschreiben, wie sinnreich bei den Chinesen — über die Gesetze anderer Völker hinaus — alles auf den öffentlichen Frieden hin und auf die Ordnung des menschlichen Zusammenlebens angelegt ist, damit sie sich selbst so wenig Unannehmlichkeiten wie möglich machen.« So schrieb Leibniz im Jahr 1699. Er stützte sich auf die Berichte jesuitischer Missionare aus Peking. Haben die Jesuiten gelogen, als sie vor dreihundert Jahren behaupteten, das chinesische Volk lebe in einer Art prästabilierter Harmonie? Haben uns die großen Sinologen, zum Beispiel der Deutsche Richard Wilhelm oder der Engländer Arthur Waley, oder Lin Yutang, der große Idealisierer und Popularisierer chinesischer Wesensart, Märchen erzählt, wenn sie schilderten, wie die chinesischen Vorstellungen von Harmonie auch im täglichen Leben der chinesischen Gesellschaft fortwirkten?

Jeder gebildete Chinese der letzten zweitausend Jahre lernte schon in der Schule die *Lehre vom Mittleren Weg*, eine konfuzianische Schrift, auswendig, und kannte die Worte: »Laßt den Zustand innerer Ausgeglichenheit und Harmonie der Gefühle in Vollkommenheit währen, dann wird eine glückliche Ordnung im Himmel und auf der Erde herrschen.«

Haben die Chinesen sich vielleicht selbst betrogen?

Doch ich hatte diese Ordnung in den Reislandschaften ja selbst gesehen, nicht als prästabilierte Harmonie allerdings, sondern als Ordnung, die sich immer wieder herstellt, indem sie Ungleichgewichte ausgleicht; nicht durch Verordnungen und Gesetze, sondern durch Rücksichtnahme, Abreden und Kompromisse: Wasser nehmen, Wasser nutzen und Wasser weitergeben.

In der Sprache der Kybernetiker würde man von diesem Kosmos sagen: Es ist ein Regelkreis, der sich laufend durch eine negative Rückkopplung stabilisiert und sich in Kreisprozessen selbst steuert. Störende Elemente, die die Symbiose in dem eng vernetzten System stören, werden durch die Regler schnell weggesteuert und auf ein unschädliches Maß reduziert. Das Verfahren entspricht ganz dem, das die Natur selbst anwendet, und vielleicht wirkte aus diesem Grund die Landschaft der Reisfelder wie ein Kosmos. Die Freiheit des einzelnen gibt es in diesem Regelsystem allerdings nur, soweit sie das System nicht stört.

Wir vermuten in jedem Menschen ein Stück aufbegehrender, prometheischer Natur. Wir vermerken markant die Grenzen der Freiheit und sehen die Freiheiten, die dem einzelnen fehlen. Warum sind die Menschen in den Volkskommunen dennoch fröhlicher und ausgeglichener als die Menschen in der großen Freiheit unserer Städte? Vielleicht weil sie weniger auf die Freiheit blicken, die ihnen fehlt, als auf die Freiheit, die sie besitzen, und den Raum, in dem sie sich einrichten können. Prometheische Naturen haben in diesem System wenig Chancen; sie werden schnell reduziert oder weggesteuert. Die Chinesen haben in ihrer Philosophie nie die Freiheit diskutiert. Erst jetzt — nach einigen früheren Anläufen — wird die Freiheit, zumal die politische, ein brennendes Thema, vorläufig freilich nur an den Hochschulen und unter der Intelligenz. Das Thema könnte, wenn es auf das Land übergreift, brisant wirken und das Regelsystem, von dem die Rede war, zerstören.

Es ist nämlich ohnehin anfällig und keineswegs so effektiv, wie es scheint: Es kann nicht alles regeln. Der chinesische Mensch paßt sich zwar leichter der Gesellschaft ein, aber auch er sucht Wege, das System zu überlisten. Er ist nicht frei von Selbstsucht, Leidenschaften, Habgier und Neid.

Das System neigt dazu, äußere Harmonie herzustellen, schmerzhafte Eingriffe und Entscheidungen zu vermeiden, Probleme zu verschleiern oder unter den Teppich zu kehren, wenn nur der Anschein der Übereinstimmung, wenn nur das Gesicht aller Parteien gewahrt bleibt. Dadurch gerät Sand ins Getriebe, und das System läuft sich heiß. Oder es wird durch plumpe Eingriffe der Behörden, durch den Großen Plan etwa, außer Kraft gesetzt und bricht zusammen. Es ist oft genug zusammengebrochen. Es gibt viel mehr Aufstände in der chinesischen Geschichte als in der des Abendlandes; und in allen Zeiten gab es Gruppen, die sich aus dem System entfernten und in Banden lebten wie die Räuber vom Liangshan Moor.

Sinologen der französischen Schule haben von diesen Gedanken über die Harmonie nicht viel gehalten, dagegen haben sie Gesetze und Herrschaftsinstrumente der chinesischen Bürokratie zusammengetragen und das Bild einer Gesellschaft gezeichnet, die unter dieser Last erstickte. Auch Wittfogel verfährt so in seinem Buch über die *Orientalische Despotie.*

Sie haben das Los des chinesischen Volkes unter dem »hierarchischen, autoritären, paternalistischen und tyrannischen Staat, einem polypenhaften Wohlfahrtsstaat, einem totalitären Moloch von Staat« beklagt, der »vollständige Kontrolle über alle Aktivitäten des gesellschaftlichen Lebens, absolute Herrschaft auf allen Ebenen« ausgeübt habe (Balacz). Das ist eine maßlose Übertreibung. Haben diese großen Wissenschaftler eigentlich in China nur in den Bibliotheken gesessen und studiert? Haben sie nie gesehen, wie das Volk lebt und sich zu arrangieren versteht? Können sie sagen, wie man ein so großes Land anders als durch eine zentrale bürokratische Verwaltung regieren kann? Wenn Wissenschaftler in späteren Jahrhunderten unser Leben nur anhand von Gesetzen, Rechtsverordnungen und den Klagen über die leider unvermeidlichen Übergriffe der Behörden beurteilen würden, müßten sie ein jammervolles Bild von unserer Existenz erhalten und sich fragen, wie unsereins überhaupt in diesem erstickenden Dickicht hatte atmen können.

Gewiß war die chinesische Bürokratie seit der Han-Dynastie, also seit über 2000 Jahren, oft mächtig. Das Volk aber hat gewöhnlich mehr gelitten, wenn die Verwaltung zusammengebrochen war und wenn Anarchie, Aufruhr und das Gesetz des Stärkeren herrschten. Die Bürokratie, selbst wenn sie korrupt und bedrückend war, gab noch ein Minimum an Sicherheit. Wir hören davon in der realistischen Erzählenden Literatur der Chinesen.

Die Herrschaft des Staates im China von heute erstreckt sich in der Tat auf alle Gebiete des gesellschaftlichen Lebens, und nie war in der chinesischen Geschichte die Bürokratie so mächtig und hypertroph entwickelt wie heute. In früheren Zeiten war dagegen die Zahl der Beamten erstaunlich gering. In der Mitte des vorigen Jahrhunderts gab es in ganz China nicht mehr als 30000 Beamte, das heißt einen Beamten auf etwa 15000 Einwohner. In der Bundesrepublik Deutschland kommt heute ein Beamter auf 27 Bürger. Die Verwaltung in der Stadt und im Landkreis und die vielen Aufgaben, die bei uns der

Staat oft unnötigerweise usurpiert und als seine Kompetenz betrachtet, wurden in China früher von Gilden, Vereinen, lokalen Körperschaften oder Familienverbänden wahrgenommen. Groß war immer die Kunst der Chinesen, sich Freiheitsräume zu suchen und sich darin einzurichten, in den Städten zumal, und in Standesorganisationen, Bruderschaften und in der Familie Schutz zu finden. Zeugnis von dem bunten Leben und Treiben in den Städten geben uns sowohl die Reisebeschreibungen Marco Polos und Ibn Battutas als auch die Städtemonographien und liebenswürdigen Genrebilder städtischen Lebens aus der Sung-Dynastie.

Die Jesuiten berichteten von einem Staat, der im 17. und 18. Jahrhundert besser verwaltet war als Europa. Man wirft ihnen heute vor, daß die Kaiser, die sie so hoch lobten, doch auch ihre problematischen Züge gehabt hätten. Mag sein, aber vielleicht hatten die Jesuiten in ihren Darstellungen gewisse europäische Monarchen ihrer Zeit als Maßstab genommen, möglicherweise auch einige ihrer Kirchenoberen, neben denen sich die chinesischen Kaiser dann in der Tat als große Herrschergestalten ausnahmen.

Die Jesuiten haben die Wahrheit berichtet, als sie die geltende Wertordnung, die staatlichen und lokalen Einrichtungen und die Regierungsgrundsätze in China schilderten. Sie sagten die Wahrheit, so wie Perikles in seiner Gefallenengedenkrede des Jahres 430 die Wahrheit über Athen, wie Polybios die Wahrheit über Rom gesagt hatte. Das Auge sah im 17. und 18. Jahrhundert die Welt noch anders. Es sah noch die großen Entwürfe. Es bestand nicht nur die Hoffnung auf eine gerechte Weltordnung, sondern man war gewiß, daß dieses Ziel mit dem Fortschritt der Menschen erreicht werde. Unser Auge sieht vor allem das Scheitern der Entwürfe, ihr Scheitern an der Unzulänglichkeit des Menschen.

Die Jesuiten, das ist wahr, schilderten nicht, wie der Mensch in China von den Geboten seines Landes abfiel. Der Schwachheit des Menschen, auch des chinesischen, werden sie sich wohl bewußt gewesen sein, sahen aber keine Veranlassung, diese Selbstverständlichkeit hervorzuheben und mit Beispielen zu belegen, was nur ihre Position im »Ritenstreit« mit ihren Gegnern in Rom geschwächt hätte.

Das Bild der großen Harmonie der chinesischen Gesellschaft, das sie dem Westen vermittelten, war unvollständig, weil es nicht zeigte, wie die auf Harmonie angelegte Ordnung oft zusammengebrochen war und mit ihrem Einsturz Millionen unter sich begraben hatte. Bemerkenswert ist dennoch, wie das chinesische Volk nach großen Aufständen und dem Sturz von Dynastien jeweils nach kurzer Zeit wieder ein neues, dem alten oft sehr verwandtes System mit neuen Kontrollen und Gleichgewichtsregeln bilden konnte.

Bis Mao kam. Er suchte nicht Stabilität, sondern er wollte, prometheisch ausgreifend, den Fortschritt. Er wollte nicht Harmonie, sondern fortdauernde Revolution. Er forderte den Menschen auf, sich für die proletarisch-revolutionäre Linie zu entscheiden und die bürgerlich-revisionistische zu bekämpfen. Es gab nur diese beiden Linien, und in dem Kampf zwischen ihnen gab es keine Neutralen und keine Zuschauer. Die Lauen wurden ausgespieen. Wer sich auf die *Lehre vom Mittleren Weg* berief, der stellte sich dem Fortschritt entgegen, der nur aus dem revolutionären Kampf erwuchs: Der Kampf beider Linien war der Vater aller Dinge. Welche Linie aber die revolutionäre war und welche die falsche, das mußte jeder selbst entscheiden. Das war der Prüfstein des revolutionären Bewußtseins. Sicher war nur, daß die richtige Linie nicht diejenige war, die ein Leben harmonischer Übereinstimmung anstrebte, in dem es zuging »wie in einer Häkel- oder Handarbeitsstunde«. Richtig war die Linie, die die radikalsten Veränderungen der Gesellschaft auf die radikalste Weise durchzusetzen bereit war. Revolutionär war, wer haßte.

Seit dem Fehlschlag des Großen Sprungs Vorwärts war Mao die Macht immer mehr entglitten. Liu Shaoqi und Deng Xiaoping bestimmten seit dem Beginn der sechziger Jahre immer mehr die Politik. Das Politbüro folgte ihm nicht mehr. Es gab Artikel in der Presse, die sich über ihn mokierten.

Da gab er das Signal zur Kulturrevolution. Am 26. Juli 1966 durchschwamm er den Jangtse und zeigte, daß er noch stark genug für den Kampf war. Er mobilisierte die Jugend gegen die Pekinger Hauptquartiere, die das Volk zu ruhiger und stetiger Arbeit anhalten und ihn, den unbequemen Utopisten, beiseite schieben wollten. Später rühmte er sich, ihm sei etwas eingefallen, was nicht im Lehrbuch der Revolution stehe. »Bombardiert die Hauptquartiere!« lautete die Losung der Wandzeitung, die er veröffentlichte. Er zwang das Volk in den Zwiespalt, und die Springflut, die er erzeugte, trug ihn wieder zur Macht. War das — der Wunsch, die Macht wiederzugewinnen — vielleicht das eigentliche, das wahre Motiv, das ihn bewog, die Flutwelle zu erzeugen, in der dann Hunderttausende, vielleicht Millionen umkamen?

»Die Große Kulturrevolution hat Verheerungen mit sich gebracht«, sagte er am 25. Oktober 1966 in einer internen Sitzung der Parteizentrale. »Es ist kein Wunder, daß viele Genossen ihre Bedeutung noch nicht erkannt haben. Sie dauert noch nicht lange an, aber sie hat schon gewaltige Bewegung verursacht. Kaum war die Wandzeitung der Peking Universität verbreitet, da stand die ganze Nation auf. Die Roten Garden im ganzen Land setzten sich in Bewegung, noch bevor der Brief an sie veröffentlicht war. Die Springflut trifft auch auf euch mit voller Wucht. Da ich für diese Verheerungen verantwortlich bin, kann ich euch kaum übelnehmen, wenn ihr darüber murrt. Ich habe die Kulturrevolution der letzten fünf Monate angezündet . . . Ihr habt euch früher mit Industrie, Landwirtschaft und Verkehrswesen beschäftigt, aber nicht mit der Großen Kulturrevolution. Ähnlich war es im Außenministerium und in der Militärkommission. Was ihr nie erwartet habt, ist jetzt eingetreten. Ich glaube, diese Springflut ist eine gute Sache. Gehirne, die viele Jahre nicht nachgedacht haben, werden unter dem Anprall dieser Flutwelle wieder zu denken anfangen. Schlimmstenfalls war es nur ein Fehler . . .«

Humor und Höflichkeit

Ein deutscher Abgeordneter! Sie sind nicht alle so. Aber dieser war so.

Ich hatte ihn und seine Begleiter in die Residenz der Botschaft eingeladen und gab ihnen auf ihren Wunsch einen Überblick über die politische und wirtschaftliche Lage Chinas. Als ich einen historischen Vergleich zog, sagte der Abgeordnete: »Danke, die chinesische Geschichte ist mir bekannt.«

Ich beglückwünschte ihn dazu; denn es gebe nur wenige Menschen, die das von sich sagen könnten.

Der Abgeordnete wünschte irgendeine Provinzstadt, die nicht mehr im Einzugsgebiet Pekings, sondern etwa tausend Kilometer entfernt liegt, zu besuchen und dort mittelgroße Betriebe zu besichtigen. Denn an ihnen könne man am ehesten erkennen, warum das sozialistische System nicht funktioniere und nicht funktionieren könne. Er habe den Chinesen seinen Wunsch schon gestern gleich nach der Ankunft vorgetragen; aber sie hätten ihm noch immer keine verbindliche Zusage gegeben. Er werde aber insistieren.

Ich sagte, meiner Erfahrung nach komme man in China selten weiter, wenn man lediglich insistiere. Ob er nicht einmal versuchen wolle, den Chinesen für seinen Wunsch einen anderen Grund zu nennen?

Der Vizepräsident einer großen chinesischen Handelsorganisation hatte den Abgeordneten, seine Begleiter und uns zum Abendessen eingeladen. Den Platz der Hausfrau nahm eine Abteilungsleiterin des Außenhandelsministeriums ein. Auf der reichhaltigen Hors-d'oeuvre-Platte lagen verschiedene Arten chinesischer Pilze. Der deutsche Ehrengast fragte die chinesische Gastgeberin, wieviel Champignons im vergangenen Jahr nach Deutschland exportiert worden seien. Die Abteilungsleiterin im Außenhandelsministerium hatte die Zahl aber nicht im Kopf. Da wunderte sich unser Abgeordneter sehr und sagte, dann sei es ja auch erklärlich, wenn es den Chinesen nicht gelinge, die Handelsbilanz auszugleichen. Er lachte laut, denn das war ja nur ein Scherz. Die Chinesen lachten nicht.

Um sie etwas aufzulockern und sie in heitere Laune zu versetzen, erzählte er einen Witz: »Antwort von Radio Eriwan auf Anfragen über das kapitalistische und sozialistische System.« Da die Gastgeber auch darüber nicht lachten, erklärte er die Pointe, hatte aber damit ebenfalls keinen Erfolg. Da gab er seine Bemühungen, die Chinesen durch Scherze zu erheitern, auf, da sie offenbar doch keinen Sinn für Humor hatten. Dann insistierte er wegen seiner Reise in die Provinzstadt, tausend Kilometer von Peking entfernt. Das war der Inhalt seiner Tischrede.

Die chinesischen Gastgeber zeigten sich keineswegs verstimmt. Sie waren von jetzt an nur sehr höflich. Mein Blick kreuzte sich mit dem von Franz. Wir wußten: Nun läuft für unseren Landsmann nichts mehr. Man wird ihn aber mit ausgesuchter Höflichkeit behandeln, bis er das Land verläßt.

»Buddha«, schrieb Han Yü, einer der großen Schriftsteller der Tang-Dynastie, der zur Zeit Karls des Großen lebte, in einem Memorandum an den Kaiser — »Buddha war ein Barbar. Weder sprach er eine Sprache, in der er sich mit dem chinesischen Volk hätte verständigen können, noch kleidete er sich wie unsereins. Er sprach auch weder wie unsere Könige des Altertums, noch trug er Gewänder wie sie. Er wußte weder, was sich in den Beziehungen zwischen Fürst und Minister noch was sich in den Beziehungen zwischen Vater und Sohn schickt. Wenn er heute noch lebte und als Abgesandter seines Landes in unsere Hauptstadt gekommen wäre, hätten Eure Majestät ihm allenfalls eine Audienz gewährt, ein Abendessen gegeben, einen Ballen Seide als Geschenk überreichen lassen, aber dann darauf gesehen, daß er unter strenger Bewachung zur Grenze und außer Landes gebracht worden wäre.«

Auf den Ballen Seide mußte unser Abgeordneter allerdings verzichten und auch auf den Besuch der Provinzstadt.

Schanghais Seele

Vor ein paar Tagen war ich wieder in Schanghai.

Die Schale, das Gehäuse der Stadt sind geblieben, wie sie vor vierzig Jahren waren, als ich zum ersten Mal hier ankam; aber die Seele — oder was immer Schanghai anstatt einer Seele gehabt haben mag — ist ausgefahren. Man nimmt an, das sei geschehen, als die Kommunisten im Jahr 1949 die Stadt einnahmen. Vielleicht aber auch schon kurz zuvor, als nämlich die Nationalregierung Tschiang Kaischeks eines Nachts den Bund von besonders zuverlässigen Truppen absperren und das Gold aus den Banken im Scheinwerferlicht auf die Dampfer tragen ließ, die auf der gegenüberliegenden Seite des Bund festgemacht hatten und Ladung für Taiwan aufnahmen.

Ob die Seele Schanghais gen Himmel aufgefahren ist, muß man wohl bezweifeln. Eher ist zu vermuten, daß sie die entgegengesetzte Richtung eingeschlagen hat. Denn dort ist, wenn man auf solche Gerüchte überhaupt etwas geben will, wenigstens etwas los. Und das wäre für die Seele Schanghais entscheidend gewesen, das heißt, wenn man ihr überhaupt die Wahl gelassen hat. Diese Seele war nicht eigentlich von Grund auf böse und verrucht, wie wildsentimentale Seemannslieder und Schlager der zwanziger und dreißiger Jahre schwärmerisch sangen. Sie sah nur zu sehr aufs Geld. Wer reich war, konnte bei ihr alles erreichen, und wenn er etwas angestellt hatte, drückte sie ein Auge zu, besonders wenn es etwas eingebracht hatte.

Ja, manches war schlimm. Es war davon schon die Rede. Aber wie es in jungen Jahren ist: Mit einundzwanzig sieht man nicht immer gleich nach der Moral. Da geben oft andere Gesichtspunkte den Ausschlag. Ehe man sich versieht, ist man gefangen und nimmt die Person in Kauf, wie sie ist, und findet alles an ihr schön. Auch die Blumen des Bösen, die sie trägt. Sie duften sogar am berauschendsten.

Sie ist nun dahingegangen. Wir haben schon vermutet, wohin. Ist es dennoch erlaubt, von einer vergangenen, wenn auch nicht makellosen Schönheit zu berichten, die heute kaum noch jemand kennt?

Da ist die Nanking Road vor 40 Jahren. Sie ist die Hauptgeschäftsstraße, geht am Cathay Hotel rechtwinklig vom Bund ab und wird später zur Bubbling Well Road. Sie ist nicht sehr breit, und nur wenige Häuser sind höher als sechs, sieben Stockwerke. Hunderte von Rikschas suchen in dem dichten Menschengewimmel voranzukommen. Die Rikschakulis haben an ihrer Deichsel eine Ballonhupe und hupen unentwegt. Da aber niemand auf Hupen hört, schreien die Kulis, um sich den Weg freizumachen. Sikhs in weißen Uniformen, mit gepflegtem schwarzem Bart in einer Bartbinde und mit weißem Turban auf dem Kopf, sind Verkehrspolizisten und tun ihr Bestes. Aber wer kümmert sich darum! Der Bäckerjunge gewiß nicht. Er fährt — wie schafft er das eigentlich? — mit dem Fahrrad durch das Gewimmel, ein Blech mit frischen chinesischen Kuchen in der einen Hand hoch über dem Kopf haltend, die andere Hand am Lenkrad und an der Klingel. Er singt eine Oper und, wie wir schon wissen, muß man bei den hohen Tönen im Diskant die Augen schließen. Vor dem Juweliergeschäft steht ein Gurkha als Wächter. Sein wilder Bart soll ebenso fürchten machen wie das Gurkha-Messer am Gürtel und die Maschinenpistole. Eine elegante chinesische Dame, diskret von einem Leibwächter gefolgt, kommt aus dem Geschäft. Sie trägt ein grünes Kleid, und der Rockschlitz beginnt weit über dem Knie. Sie steigt in ihren Wagen, und man sieht gerne zu. Der Leibwächter schlägt die Tür zu und setzt sich neben den Chauffeur.

In der Nanking Road kann man alles kaufen, auch ohne Geld. Ein westlicher Ausländer hat Kredit. Nur im Wing On Kaufhaus mit seinen zwanzig Stockwerken wird man gebeten, mit einem Scheck zu bezahlen. Überall sonst gibt man seine Adresse oder seine Firma an und unterschreibt die Rechnung, den *chit.* Am Zahltag, den die Geschäftsleute kennen, oder am Monatsende kommt dann der *shroff* des Geschäfts ins Haus, präsentiert den *chit* und kassiert. Man tut gut daran zu bezahlen, sonst macht der *shroff* die Zahlungsunfähigkeit im Klub bei den Landsleuten oder beim Chef der Firma bekannt. Dem Zahlungsunfähigen aber gewährt Schanghai keine Gunst mehr. Er sollte sich Geld borgen oder abreisen.

In Schanghai hat allein der Taipan etwas zu sagen. Zu ihm sieht man auf, nicht zu einem Politiker, einem General, einem Professor, einem Künstler oder einer Filmschauspielerin. Vom Taipan dagegen spricht man mit Ehrfurcht, von der Firma, die ihm gehört oder die er leitet, seinem großen Haus, seiner Dienstbotenschar, seiner teuren Frau, ihrem Schmuck, von seiner weißrussischen oder seiner eurasiatischen Freundin, von seinen Geschäften und Verbindungen. Nicht von seinen Sammlungen. Was sollte er in China sammeln! Etwa chinesische Kunst? Na, dann schon lieber Briefmarken.

Die Gesellschaft der Ausländer ist oberflächlich und sie hat, wenn es nicht ums Geld geht, nur eins im Sinn: das Vergnügen, dem sie unablässig und hartnäckig nachgeht. Es ist erstaunlich, wie lange sie es dabei aushalten kann, ohne daß es sie ankotzt.

Abends geht man in die Bars, die Klubs oder die Kinos, die die letzten Filme aus Hollywood spielen. Oder man geht zu Parties. Die Damen sprechen von den Kleidern, den kuriosen Chinesen, den Dienstboten und vom Küstenklatsch, das heißt den letzten Nachrichten aus der Gesellschaft von Dairen bis Hongkong, und sie sprechen über das Geld. Vom Geld sprechen auch die Herren.

Am Wochenende trifft man sich in den Country Clubs oder auf der Rennbahn. Die Windhundrennen gelten nicht als fein, aber einmal kann man schon hingehen. Besucher aus der Heimat werden gern in die Spielhöllen geführt, wo meistens Chinesen an den Tischen sitzen und ihr Geld verlieren, oder in Opium-Etablissements, wo man auch an Opiumpfeifen ziehen kann: Den meisten wird schon nach den ersten Zügen übel. Für die Junggesellen gibt es ein weites Spektrum von Vergnügungen, von den verhältnismäßig biederen Tanzhallen, wo die weißrussischen oder chinesischen Damen oder die Eurasierinnen — mit einem chinesischen und einem weißen Elternteil — davon träumen, einen ihrer Kunden für immer oder jedenfalls für längere Zeit an sich zu fesseln, bis zu den rauhen und deftigen Vergnügungen im Hafenviertel.

Die Seele Schanghais ist weit und großzügig. Gegen Spielbanken hat es allerdings zuviel Protest gegeben; sie sind daher jetzt in Hungjao, jenseits der Grenzen des *International Settlements.* Aber wo und wie man sich sonst vergnügt, danach fragt niemand, wenn nur der Ruf der Firma nicht geschädigt wird. Auf den nämlich achtet Schanghai. Die Waren, in denen gehandelt wird, mögen anrüchig sein, das Geld mag aus fragwürdigen Quellen fließen, Kontrakte aber werden eingehalten, auch wenn sie nur mündlich abgeschlossen waren. Der Ruf der Firma und das Gütezeichen der Ware sind das *chop.* Wer auf sein *chop* einen Flecken kommen läßt, macht keine Geschäfte mehr mit chinesischen Kaufleuten. Da hört der Spaß auf. Das *chop* ist heilig.

Sonst ist man tolerant, selbst gegenüber dem Verbrechen. Früher bekämpften sich die beiden Banden der »Roten« und der »Grünen«. Die »Grünen« haben gesiegt. Das Verbrechen in Schanghai ist organisiert. Wer sich schützen will, zahlt den »Grünen« eine Schutzgebühr. Die Banken haben kleine Wachkompanien. Und wenn die Schanghaier Polizei streikt, werden die Banken über Nacht zu Festungen. Gegen sie müßte man schon Artillerie einsetzen. Aber die »Grünen« denken natürlich nicht daran; denn ihre beiden Chefs, Mr. Du und Mr.

Huang, sind in den Aufsichtsräten dreier Großbanken. Einer von ihnen war lange Chef der Kriminalpolizei in der Französischen Konzession. Eine Straße ist sogar nach ihm benannt. Die Taipans lachen darüber. Nun ist ja alles in Ordnung.

Schanghai ist exterritoriales Gebiet, den Chinesen nach dem Opiumkrieg abgezwungen. Die Briten und Amerikaner vor allem bestimmen in der Internationalen Niederlassung, der französische Generalkonsul in der Französischen Konzession. Die Engländer, Franzosen, Amerikaner, Deutschen, Russen sind nur eine kleine Minderheit, einige zehntausend gegenüber vier Millionen Chinesen, die in Schanghai wohnen.

Die weiße Minderheit hat, wie schon gesagt, keine kulturellen Bedürfnisse. Die Filme aus Hollywood genügen ihr durchaus. Für die Chinesen aber ist Schanghai intellektueller und kultureller Mittelpunkt. Hier blühen Literatur, chinesisches Theater, Oper, Film. In Schanghai ist Freiheit. Auch für die Kommunisten, die in der Französischen Konzession im Jahre 1921 ihre Partei gründeten.

Was unter den Chinesen vorgeht, kümmert die weiße Minderheit nicht. Man macht mit den Chinesen zwar gute Geschäfte, aber man braucht nicht einmal unmittelbar mit ihnen zu verhandeln; das überläßt man den *compradors.* Die Millionen Chinesen in Schanghai können denken, sagen, schreiben und tun, was sie wollen. Man hält es für unwichtig. Und als man beginnt, sich damit zu beschäftigen, ist es längst zu spät.

Die Seele Schanghais ist nun dahin, das farbige Leben jener Zeit nur eine Erinnerung. Die Seele war gutmütig, sie sah nur ein bißchen zu sehr aufs Geld und hatte nichts im Kopf als Vergnügungen. Sie hat alles genossen, und sie wird, auch da, wo sie sich jetzt aufhält, nichts bereuen. In das Gehäuse ist eine andere Seele eingezogen.

»Wenn es einem gelingt, durch Maßnahmen der Verwaltung die Armen reich und die Reichen arm zu machen, dann wird das Land stark sein«, heißt es in dem Buch Shang Yang aus dem vierten vorchristlichen Jahrhundert. Zuerst wurde in dem neuen Schanghai des Jahres 1949 der Reichtum ausgetrieben, soweit er sich nicht rechtzeitig aus dem Staube gemacht hatte. Damit hatte man keine Schwierigkeiten, mit dem Großen Elend desto mehr. Da es sich nicht vertreiben ließ, verteilte man es ziemlich gleichmäßig auf alle. Das Gewimmel auf der Nanking Road ist heute so dicht, wenn auch nicht so bunt wie früher, aber immer noch bunter als in Peking. Die Leute sind lauter und lachen schneller als ihre Landsleute im Norden. Juwelierläden und Pelzgeschäfte findet man zwar nicht mehr; aber die Warenhäuser sind voller als in anderen kommunistischen Ländern, die Waren meist besser, allerdings auch teuer. Doch man kann leben, zwar nicht großartig, aber doch erträglich.

Über die Wahrheit

Im Juni
Beim Abendessen saß rechts von mir der neue Vizepräsident der *Academia Sinica,* links ein bekannter deutscher Naturwissenschaftler. Mein deutscher Nachbar sagte, er habe es sich zum Grundsatz gemacht, alles, was er denke, auch aufrichtig zu sagen und heikle Themen oder unangenehme Tatsachen nicht zu umgehen. Damit sei er immer am weitesten gekommen.

Da er gerade Japan besucht hatte, fragte ich ihn, wie er dort mit seinem Grundsatz zurechtgekommen sei.

»Es ist schwierig«, sagte er. »Die Japaner sind unaufrichtig. Man weiß nie, wann sie die Wahrheit sagen und wann sie einen anlügen. Sie haben doch lange dort gelebt. Sie können es sicher bestätigen.«

Ich sagte: »Natürlich kommt es vor, daß Japaner lügen.«

»Sehen Sie!«

»Aber es ist nicht die Regel. Sie sind höflich und wollen nicht verletzen. Wenn sie eine Ausrede gebrauchen, setzen sie oft voraus, daß man das erkennt und ihnen als Höflichkeit anrechnet.«

»Ich nenne das Lüge«, sagte mein deutscher Tischnachbar. »Die Chinesen sind ganz anders. Ich habe das gleich gemerkt.«

Er wandte sich an den Vizepräsidenten und erzählte auch ihm, daß man am weitesten komme, wenn man immer die Wahrheit sage, auch wo sie als unangenehm empfunden werde.

Mein chinesischer Tischnachbar antwortete: »Sie haben völlig recht. Manchmal kann das in der Tat von Nutzen sein.« Er fügte hinzu: »Wenn man verletzen will.«

Professor Zhang Yushu war jung, aber schon Leiter der Germanistischen Abteilung der Peking Universität. Er sprach fließend Deutsch, obwohl er noch nie in Deutschland war. Er war ein bedeutender Kenner Heinrich Heines. Wir hatten die Pekinger Germanisten zu einer Dichterlesung in die Residenz eingeladen. Es war das erste Mal, daß eine solche Veranstaltung stattfand, und wir wußten bis wenige Stunden vor Beginn nicht, ob die Germanisten die Erlaubnis erhalten würden, zu uns zu kommen. Doch sie durften kommen, und sie hielten das natürlich für ein erfreuliches Zeichen des neuen, freieren Geistes.

Horst Krüger las Beschreibungen deutscher Städte in Ost und West. Auch Berlin ließ er nicht aus. Die chinesischen Gäste unterhielten sich darüber. Manches war ungewohnt.

Professor Zhang war, als die Gäste sich verabschiedet hatten, noch im Gespräch mit Horst Krüger. Dann kam er zu mir und sagte, er habe in einem Reclam-Heft mein Hörspiel *Der Klassenaufsatz* gelesen. Ob er es übersetzen dürfe? Er wolle es mit seinen Studenten lesen. Ich gab ihm die Erlaubnis.

In dem Hörspiel hatte die Oberprima eines Gymnasiums Ende der zwanziger Jahre einen Aufsatz über das Thema »Wie ich mir mein Leben vorstelle« geschrieben. Sie bekamen ihn zurück und lasen Teile daraus vor. In Überblendung wurde dann gezeigt, wie ihr Leben wirklich verlief.

Müller-Detmold, einer der Schüler, witzig, ein bißchen frech und vorlaut, hatte sich forsch aus der Affäre gezogen, indem er einen Fünfzig-Jahres-Plan in Stichworten vorlegte: Ostern Abitur, fünf Jahre Jurastudium, Regierungsrat, Heirat, Oberregierungsrat, zwei Kinder, Ministerialrat, Ruhestand.

Sein Leben verlief in der Tat so, wie er es in seinem Aufsatz vorweggenommen hatte. Aber dann gab er seinen famosen Fünfzig-Jahres-Plan, dessen Soll er bis dahin pünktlich erfüllt hatte, ganz unvermittelt und ohne jede entschuldigende Erklärung auf. Als seine Frau eines Tages nach Hause kam, fand sie ihn im Flur. Er hatte sich erhängt. Und niemand erfuhr warum.

»Warum?« fragte Professor Zhang.

Ich sagte: »Ich weiß es auch nicht.«

»Haben Sie den Grund vielleicht irgendwo im Hörspiel versteckt angedeutet?«

»Nein.«

»Aber Sie müssen ihn doch kennen.«

»Nein.«

»Aber dann wissen die Hörer auch ohne Andeutung, warum er sich erhängt hat?«

»Dann wissen sie mehr als ich.«

»Aber ohne Grund hängt sich doch niemand auf. Da steckt doch sicher etwas dahinter.«

»Natürlich steckt etwas dahinter«, sagte ich.

»Aha!« Professor Zhang beugte sich vor und fragte, nicht ganz so laut: »Etwas Politisches?«

Tolstikow und die Terroristen

Im Oktober

Der Botschafter Somalias in Peking gab an seinem Nationalfeiertag einen Empfang. Es kamen viele Botschafter auf mich zu und gratulierten zur Befreiung der entführten Lufthansa-Maschine in Mogadischu. Sie lobten den Mut der Sondereinsatzgruppe des Bundesgrenzschutzes und die Präzision, mit der sie die Geiseln befreit hatten. Alle Staaten der Welt, sagten sie, sollten sich verpflichten, Geiselnehmer sofort umzubringen, wenn sie mit einem entführten Flugzeug irgendwo landeten. Die Botschafter waren darin alle sehr entschieden und hart. Sie waren enttäuscht, als ich ihnen sagte, wir würden da aber nicht mitmachen; denn bei uns gebe es keine Todesstrafe.

Auch der sowjetische Kollege Tolstikow war darüber verwundert. Ich sagte, wenn es zutreffe, daß seine Regierung in Aden interveniert habe, so daß das entführte Flugzeug dort nicht hatte landen können, dann zeuge das von schöner Solidarität gegenüber dem Terrorismus. Der sei noch keineswegs aus der Welt geschaffen, auch wenn die drei Terroristen Ensslin, Baader und Raspe im Gefängnis von Stammheim Selbstmord verübt hatten.

Tolstikow verstand die Welt nicht. Er schüttelte den Kopf und sagte vorwurfsvoll: »Wieso denn nur drei! Warum nicht gleich alle?« Er meinte, wir hätten nicht so zartfühlend zu sein brauchen. Da darf man keine halbe Sache machen, da muß man ganz durchgreifen!

Karl Marx in Wuhan

Im November

Es war vor ein paar Jahren. Beim Jagdessen in dem Zelt saß ich zur Linken Ceausescus, des Präsidenten, Parteiführers und Inhabers aller anderen hohen Ämter Rumäniens, soweit sie nicht von seiner Familie eingenommen werden. Nachdem er mir gesagt hatte, was er von den Nachrichten des Senders *Radio Freies Europa* halte, und ich geantwortet hatte, was ich über die Meinungs- und Informationsfreiheit dachte, erzählte er, er subventioniere die Wirtschaft in Maramuresch und anderen Bezirken an der rumänisch-sowjetischen Grenze, sonst würden die so ungünstig gelegenen Gebiete ganz verarmen. »So machen wir das im Sozialismus«, sagte er. »In Ihrem System gäbe es das nicht; denn das Kapital geht ja nur nach dem Profit.«

Ich klärte ihn darüber auf, wie bei uns die Zonenrandgebiete subventioniert werden, und sagte, er begehe einen großen Fehler, wenn er glaube, unsere Soziale Marktwirtschaft sei dasselbe wie der Kapitalismus, den Karl Marx im Sinne gehabt habe.

»Einverstanden!« sagte Ceausescu und rief über den Tisch: »Genosse sowjetischer Botschafter, Genosse chinesischer Botschafter, mal herhören! Ich sage Ihnen, wenn Karl Marx heute auferstünde, würde er *Das Kapital* völlig umschreiben.«

Der Sowjetbotschafter Drosdjenko machte ein Gesicht, als wollte er sagen, in diesem Staat könne ihn nichts mehr wundern, hob das Glas mit Tsuika, dem scharfen Pflaumenschnaps, rief — uns zuprostend — *»No rok!«* und vermied damit eine Stellungnahme zu der These Ceausescus. Der chinesische Botschafter Lin ließ sie sich zweimal übersetzen, sagte aber nichts, sondern nippte nur vorsichtig an seinem Glas Mineralwasser.

Karl Marx ist bekanntlich nie in einer Fabrik gewesen — von einer Kurzbesichtigung während einer Badereise abgesehen —, und auf nähere Bekanntschaft mit Arbeitern, den »Knoten«, legte er keinen Wert. Dennoch hätte ich gewünscht, er wäre mit mir nach Wuhan gereist, um die große Stranggußanlage und das Kaltwalzwerk zu sehen, das ein deutsches Konsortium errichtete, und sich mit den Arbeitern zu unterhalten.

Wuhan liegt am Jangtse, rund 600 Kilometer landeinwärts und trotzdem noch für Hochseeschiffe kleinerer Tonnage erreichbar. Es ist ein bedeutender Ort in der Geschichte der chinesischen Arbeiterbewegung. Die Unruhen in Wuhan hatten im Jahre 1911 zum Sturz der letzten Kaiserdynastie geführt. In den zwanziger Jahren war Wuhan Sitz der revolutionären Regierung. In der Kulturrevolution und bis in die letzte Zeit war Wuhan unruhig und »in politischer Bewegung«, so daß mich das Außenministerium zweimal, als ich dorthin reisen wollte, wissen ließ, der Besuch sei *not convenient* – unbequem. Den chinesischen Behörden unbequem, versteht sich.

Die sechzig deutschen Techniker und Monteure wohnten außerhalb des Stadtgebiets im Hotel Nummer IV. Die Hotels I bis III habe ich nicht gesehen, das Hotel Nummer IV aber war ein modernes Hochhaus mit einer weiten Eingangshalle, großen, hellen Eßsälen, mit Einzelzimmern und einigen kleinen Apartments. Einige Stockwerke waren für die deutschen Arbeiter reserviert und einige für japanische, die ein Warmwalzwerk bauten. Die deutschen Techniker blieben ein halbes Jahr, ein ganzes Jahr, und manche noch länger hier. Sie verdienten gut, konnten nicht viel ausgeben und legten jeden Monat einen oder zwei Tausendmarkscheine auf die hohe Kante. Viele Arbeiter hatten ihre Frauen mitgebracht, manche auch ihre Kinder. Sie wohnten hier auf dem flachen Land, weitab von der Stadt. In die kam man nur mit einem Bus; und man fuhr nur selten hin, denn da war ja nichts los. Es war alles chinesisch.

Gemach! Deutsche Firmen wissen, was sie ihren Mitarbeitern schuldig sind. Herr Kunde und seine Frau waren allein zur Betreuung der deutschen Arbeiter da und taten ihr möglichstes. Sie selbst hatten dreieinhalb Zimmer – klein, aber wohnlich eingerichtet. Ein Zimmer war das Büro. Frau Kunde kochte selbst; denn sie wollten nicht im Speisesaal essen. Sie wollten es gemütlich haben. Lebensmittel gab es gleich nebenan in dem »Freundschaftsladen«, der nur für die Hotelgäste da war. Er war gut bestückt.

Vor kurzem hatten die Deutschen sich beklagt, daß sie nur

Schweinefleisch kaufen konnten. Die Chinesen versprachen Herrn Kunde, für Abwechslung zu sorgen. Sie hielten zwar Wort, aber wieder mäkelten die Deutschen. Das Fleisch schmeckte nicht. Die Chinesen konnten das gar nicht verstehen: »Hundefleisch ist doch so gut im Winter«, sagten sie. »Es wärmt. Es war gar nicht leicht zu bekommen. Es ist zu dieser Jahreszeit immer knapp.« Es gab also wieder Schweinefleisch.

Wir aßen im Speisesaal ausgezeichnet chinesisch, hatten vorher aber die Speisekarte genau studiert, um sicher zu sein, daß wir Schweinefleisch bekamen. Herr Kunde zeigte uns die moderne, saubere Großküche und die Bar, in der man auch tanzen konnte. Auf dem Hof war eine riesige aufgeblasene Zelthalle mit einem Tennisplatz und einem kleinen Fußballfeld zum Üben. Das große Schwimmbecken daneben war jetzt trokken, aber die Kegelbahn darunter mit der modernsten elektronischen Kegel-Aufstell-Automatik wurde jeden Nachmittag benutzt. Man durfte nur in Pantoffeln eintreten, damit das Parkett nicht verkratzt wurde. Wir waren zwar in Wuhan, Mittelchina, aber es war wie zu Hause.

Im Hof, zwischen dem Sportzelt und dem Hotelhochhaus, standen zwei Korbballtore. Klein und bescheiden. »Die sind für die japanischen Arbeiter«, sagte Herr Kunde, »die hat das japanische Konsortium für seine Leute errichten lassen. Schließlich wollen sie auch etwas Freizeitbeschäftigung haben.«

»Ist das alles?« fragte ich. »Ja«, antwortete Herr Kunde, »doch die Japaner sind zufrieden.«

Das deutsche Konsortium aber hatte für mehr gesorgt, auch für eine Schule mit einem Lehrer und einer Lehrerin. Eine Klasse hatte sieben, die andere sechs Schüler und Schülerinnen. Man konnte alles lernen, was der Lehrer und die Lehrerin wußten, auch Latein, Französisch und Schach. Ich sah es mit etwas Neid und hoffte, wir würden es auch schaffen, eine Schule an der Botschaft in Peking zu gründen. Wir arbeiteten schon ein Jahr daran. Die Leiterin des Schulreferats in Bonn war hilfsbereit, und ich war optimistisch. Wir haben es — ich greife voraus — dann auch geschafft. Zu einer aufblasbaren Halle mit Tennisplatz und Fußballfeld oder einer elektronisch gesteuerten Kegelbahn haben wir es allerdings nicht gebracht. So hoch haben wir auch nicht gegriffen.

Ich würde das Hotel Nummer IV gerne einmal Karl Marx zeigen und mich mit ihm über die Ausbeutung im Kapitalismus und über seine Verelendungstheorie und die Zustände in England zu seiner Zeit unterhalten.

Wir fuhren im Bus zur Baustelle der Stahlwerke. Man sah sie schon von weitem. Alles hatte großen Zuschnitt. Die Hallen waren etwa einen halben Kilometer lang, vielleicht noch länger, und mehrere hundert Meter breit. Das Stahlkombinat wurde von einem Revolutionskomitee geleitet; der Vorsitzende erschien persönlich, um uns zu führen. Er versuchte zu erklären, warum der Bau fast ein Jahr im Rückstand war. Die Viererbande war schuld. Das sagten auch Herr Birkelbach und Herr Leifeld von der Firma Schloemann-Siemag, die für den Bau verantwortlich waren. Doch die Viererbande sei nun schon über ein Jahr hinter Gittern; die Arbeitsproduktivität sei zwar etwas gestiegen, aber sie sei noch immer sehr ungleichmäßig.

Ich fragte: »Am 1. Oktober sollten doch im ganzen Land die Löhne erhöht werden. Es sollten Prämien für höhere Leistungen gezahlt werden. Man wollte, wo es zweckmäßig war, zu Akkord- und Stücklohn übergehen. Sind hier die Löhne schon erhöht worden?«

»Nein«, antwortete der Leiter des Revolutionskomitees, »aber das wird geschehen. Rückwirkend zum 1. Oktober. Außerdem kommt es nicht so sehr auf materielle Anreize an als vielmehr auf das politische Bewußtsein. Erst wenn das stimmt, wird sich die Produktion erhöhen.«

Das waren Argumente aus uralter Zeit, aus der Zeit der Viererbande. Man hörte sie in Peking schon lange nicht mehr. Wir waren hier in der Provinz.

Ein Techniker von Brown, Boveri und Cie., der eine moderne elektronische Steuerungsanlage installierte, war mit seinen chinesischen Mitarbeitern zufrieden. Er stellte sie mir alle persönlich vor. Es waren drei unscheinbare Arbeiter in blauen Overalls. »Sie verstehen alles«, sagte der Techniker von BBC. »So etwas von Intelligenz und Arbeitsfreude ist mir noch nicht begegnet.«

»Und diese komplizierten Verkabelungen?«

»Sind für sie kein Problem. Sie halten die Rohre absolut

staubrein. Ich möchte sie am liebsten mit nach Mannheim nehmen.«

In der nächsten Halle saßen etwa zwei Dutzend Leute auf Kisten und unterhielten sich.

»Die erhöhen ihr politisches Bewußtsein«, sagte Herr Birkelbach, »die haben *kaihui,* politische Instruktionsstunde.«

»Manchmal spielen sie auch Karten«, sagte ein deutscher Techniker, der mit uns ging. »Gewöhnlich haben sie dreimal in der Woche *kaihui.«*

Unser Mann vom Revolutionskomitee, den wir danach fragten, war ein bißchen verlegen. Er sagte, diese Instruktionsstunden würden in Zukunft weniger.

»Zur Zeit der Viererbande«, erklärte uns Herr Leifeld, »hat manchmal die Hälfte der Belegschaft, manchmal noch mehr, herumgesessen, wenn sie überhaupt kamen. Das allein ist der Grund für unseren Rückstand im Bau des Werkes. Die Chinesen wissen es auch. Früher wurde den Arbeitern in den *kaihuis* ja auch gesagt, sie sollten nicht so viel arbeiten. Ob man viel Erfolg hat, wenn man ihnen jetzt das Gegenteil erklärt? Sie bekommen ja ihren Lohn, ob sie etwas tun oder nicht. Das ist die »eiserne Reisschüssel«, die man nicht zerbrechen darf. Dabei *können* sie arbeiten. Sie haben die Fundamente des Werkes solide und in viel kürzerer Zeit gelegt, als das bei uns üblich ist.«

Ich sagte: »Auch die Bauern in den Kommunen arbeiten in der Regel fleißig. Sie arbeiten von der Morgendämmerung bis zum Abend, besonders natürlich auf ihren Privatparzellen.«

Der Arbeiter Zhang saß auf einem Betonrohr und aß aus einem Napf Reis und Gemüse. Ich setzte mich zu ihm, während der Vorsitzende des Revolutionskomitees und Herr Birkelbach über ein organisatorisches Problem sprachen.

Herr Zhang steht morgens um halb fünf auf. Seine Frau macht Frühstück und kocht Reis und Gemüse, das er in seinem Henkelmann mit zur Fabrik nimmt. Er arbeitet hier am Bau des Kaltwalzwerks, seine Frau in einer Strumpffabrik. Um halb sechs geht er zum Bus, der bis zum Tor des Baugeländes fährt. Seine Frau besorgt inzwischen das Haus, dann weckt sie die beiden Kinder und bringt sie, bevor sie mit dem Bus zur Arbeit fährt, in die Schule und den Kindergarten. Der Arbeiter Zhang hat heute wieder Pech. Der erste Bus ist besetzt und fährt vorbei. In den zweiten kommt er nicht hinein, weil zu viele Leute vor ihm in der Schlange stehen. Im dritten bekommt er einen Stehplatz. Um sieben Uhr ist Zhang am Werk. Es hat geregnet, und da die chinesische Bauleitung entgegen dem Rat der deutschen Techniker nicht mit dem Bau von Straßen im Werksgelände angefangen hat, braucht er zwanzig Minuten, ehe er sich durch den Schlamm bis zu seiner Halle durchgearbeitet hat. Die Arbeit hätte um sieben Uhr beginnen sollen; aber es sind erst die Hälfte der Arbeiter da. Die deutschen Techniker sind pünktlich gewesen. Sie sind um 6 Uhr 55 im Sonderbus an der Werkshalle vorgefahren.

Zhang hat eine Mittagspause von einer Stunde, in der er seinen Reis und das Gemüse ißt. Nachher will er sich auf eine Kiste legen und etwas schlafen. Um 16 Uhr ist Feierabend. Er muß wieder durch den Schlamm zur Bushaltestelle. Es sind viele Busse da, aber die Schlange der wartenden Arbeiter ist ein paar hundert Meter lang. Ordner passen auf, daß sich keiner vordrängt. Es gibt Streit. Um 17 Uhr 30 bekommt er in einem Bus wieder einen Stehplatz. Aber die Leute stehen so dicht gedrängt, daß er kaum Atem bekommt. Auf der großen Jangtse-Brücke und auf der Brücke über den Han-Fluß bleibt der Bus, wie gewöhnlich, im Verkehr stecken. Ein paar Leute steigen aus, aber einen Sitzplatz bekommt er auf der ganzen Fahrt nicht.

Ich machte Herrn Li Fuxian einen Antrittsbesuch. Er war stellvertretender Vorsitzender des Revolutionskomitees der Provinz Hubei, die etwa 45 Millionen Einwohner hat. Er war also etwa Landesminister. Auch er meinte, man müsse das politische Bewußtsein der Arbeiter erhöhen, um den Rückstand beim Bau des Stahlwerkes aufzuholen. Auch er meinte, die Viererbande habe hier viel Unheil angerichtet. Die Busse in Wuhan zum Beispiel hätten lange Zeit keine Scheiben gehabt.

»Wie das?« fragte ich.

»Manche Leute meinen, es seien junge Hooligans gewesen«, sagte er und benutzte das in allen kommunistischen Ländern gebräuchliche englisch-irische Wort für Krawallmacher, »aber ganz so ist es nicht. Es waren leider undisziplinierte Werktätige, die von Anhängern der Viererbande aufgehetzt waren. Als sie nach Feierabend keinen Platz in den Bussen bekamen, haben sie einfach die Fenster eingeschlagen und sind dort eingestiegen statt durch die Tür. Monatelang gab es in Wuhan keinen Bus, dessen Fensterscheiben ganz waren.

Jetzt sind die Arbeiter wieder etwas ruhiger. Wir haben neue Scheiben eingesetzt und auch fünfzig neue Busse bekommen; aber sie reichen noch immer nicht. Wir warten auf eine weitere Lieferung. Bis dahin werden die Ordner hoffentlich dafür sorgen, daß es nicht wieder zu Unruhen kommt.«

»Einige haben Schlagstöcke.«

»Das halte ich nicht für richtig«, sagte Herr Li Fuxian, »denn wir wollen die Arbeiter mit Argumenten überzeugen. Es wird leider lange dauern; denn das Gift sitzt tief in ihren Gedanken.«

In der Tat! Vor dem Stahlwerk, nicht weit von der Bushaltestelle entfernt, steht eine große Mao-Statue, weiß angestrichen, wie aus Gips. Eines Morgens, als sie zur Arbeit fuhren, sahen unsere deutschen Techniker und natürlich auch die chinesischen Arbeiter, daß man dem Vorsitzenden einen Eimer mit roter Farbe ins Gesicht geworfen hatte.

Der Arbeiter Zhang ist um halb sechs vom Werk abgefahren, aber erst zwischen halb acht und acht Uhr abends zu Hause. Im Bus hat er die ganze Zeit stehen müssen. Er ist müde.

Er ist morgens müde, und er ist auch bei der Arbeit müde. Er arbeitet sechs Tage in der Woche. Montag ist sein freier Tag; seine Frau hat ihren freien Tag am Mittwoch. Wer immer seinen freien Tag hat, bringt die Wohnung in Ordnung, sorgt für die Kinder, wäscht und kauft ein. Urlaub gibt es nicht. Er hat aber außer dem Montag jeder Woche noch sieben weitere Tage im Jahr frei: Einen Tag zu Neujahr und einen Tag am 1. Mai, drei Tage am Frühlingsfest im Februar und zwei Tage zum Nationalfeiertag Anfang Oktober. So wird es weitergehen. Jahraus, jahrein.

Der Arbeiter Zhang verdient 55 Yüan, seine Frau 35 Yüan im Monat, das sind nach unserem Geld zusammen 110 Deutsche Mark. Sie sparen für ein Fahrrad, damit seine Frau mit dem Rad in die Fabrik fahren kann und nicht auf den Bus angewiesen ist. Es kostet 160 Yüan, rund 190 Mark.

Abends gegen halb zehn gehen Zhang und seine Frau zu Bett. Sie sind beide müde. Wenn ich ein sozialistisches Märchen erzählte, würde ich hinzufügen: Sie sind zwar müde, aber sie sind glücklich und stolz, weil sie nicht von kapitalistischen

Unternehmern ausgebeutet werden wie die deutschen Techniker. Aber was ich von dem Arbeiter Zhang erzählt habe, ist kein Märchen. Ich glaube, wenn Karl Marx einmal abends bei ihm hereinschaute, würde Zhang ihm gerne einige Fragen über das Elend der Proletarier in den kapitalistischen und das Glück der Werktätigen in den sozialistischen Ländern stellen. Aber er würde sich wohl nicht trauen, offen mit ihm zu sprechen.

1978

Die Mädchen an der Quelle

Wir sind die Nacht über im Schlafwagen gefahren. Im Morgengrauen hält der Zug an einem Bahnsteig. Der Bahnsteig liegt in einer weiten Ebene. Sie ist flach und öde, so weit man sehen kann. Wir sind im Shengli-Ölfeld in der Provinz Schantung, nicht weit von Tsingtao. Angeblich wohnen hier im Ölfeld 200 000 Menschen. Wo denn? Wir sehen in der Ferne nur ein Verwaltungsgebäude.

Hier wächst nichts. Das Land ist versteppt, und überall sieht man weiße Flecken: Pottasche, Salz. Hier und da etwas Dünengras.

Durch die Steppe führen asphaltierte Straßen, manchmal stehen am Rande Hallen oder Reihen von einstöckigen Häusern. Dann kommt wieder kilometerlang nichts. Überall sieht man Ölpumpen im Gelände, die nicken, als ob sie einem fortwährend zustimmten. Es gibt nichts, vor dem man auch nur einen Augenblick stehenbleiben möchte. Es gibt nichts Schönes. Nicht einmal etwas Häßliches. Hier und da im Gelände ist ein Erdhaufen, manchmal pyramidenförmig, manchmal aber auch schon zusammengefallen. Obenauf liegt ein Stein: ein Grab. Warum hier? Warum nicht hundert Meter weiter? Wer liegt hier? Wer war der Mensch? Hundert Meter hinter einem Lagerhaus ist noch ein Grab, und dann etwas weiter wieder eins. Oder draußen, weit von der Straße, mitten in der Ebene. Man ist irgendwohin gegangen; einer hat gesagt: »Hier!« Dann hat man den Toten eingegraben.

Hier gibt es keine gewachsenen Dörfer. Hier ist nicht Heimat. Hier gibt es nur irgendwo einige hintereinanderstehende Häuserzeilen. Aber es wird viel Öl gefördert. Man zeigt uns alles. Auch die Mädchenbrigade. Heute sind alle solche Einheiten aufgelöst. Aber damals, vor zwei Jahren, gab es sie noch. Aus ihnen sollten die Neuen Menschen kommen, die ohne Bedürfnisse sind und nur ein Ziel haben, der Partei zu dienen.

Achtzig Mädchen wohnen zusammen in Baracken, die um einen Hof voll Sand gebaut sind. Man sagt, die Mädchen seien im Durchschnitt zwanzig Jahre alt. Sie folgen Maos Aufruf an die Frauen, »die eine Hälfte des Himmels zu tragen«. Zwei Mädchen kommen über den Hof. Sie halten sich bei der Hand. Alle haben Unisex-Kleidung an: Hose, Jacke, Schirmmütze. Zuerst zeigen sie uns einen Raum, wo in Gestellen die achtzig Gewehre für die achtzig Mädchen der Frauenbrigade stehen.

Ich frage, gegen wen sie sich hier zu verteidigen haben. Sie lachen gar nicht. Sie sagen ernst, das sei ihre Milizausrüstung. Sie dient also wohl dem Kampf gegen den Klassenfeind.

Wir gehen in die Zimmer. In jedem stehen acht Betten. Die Mädchen, die gerade frei haben, sitzen auf den Betten. Sie häkeln oder stricken. Neben jedem Bett liegt ein Strohkoffer. Darin ist alles, was sie haben. Es gibt keine Schränke. Unter den Betten stehen die Waschschüsseln. Von der Decke hängen elektrische Birnen. Es gibt keine Bilder, außer dem einen Bild des Vorsitzenden Mao. An der Wand steht ein Tisch, auf dem sechs rot eingebundene Bücher liegen. Ich sehe nicht rein. Es werden Bücher Maos sein. Es ist keine Blume im Zimmer. Nichts, vor dem man stehenbleiben möchte. Nichts Schönes, nichts Häßliches. Die Mädchen sind ernst und sehen alle gleich aus.

Im Schulungsraum stehen Bänke. Hier wird auch gegessen. Die Küche ist leer. In einem Ofen wird Mantou, das Brot, gedämpft. Ein Mädchen steht an einem Tisch und schneidet Rettiche klein. Das wird das ganze Essen sein.

Die Mädchen sind nicht gewöhnliche Arbeiterinnen. Sie werden vielmehr nur dann eingesetzt, heißt es, wenn Not am Mann ist. Wenn zum Beispiel ein Ventil oder ein Rohr kaputt ist.

Wir fahren zu einer Arbeitsstelle, einem Bohrturm. Ein Rohr hat sich verbogen, und drei Mädchen sind dabei, ein neues einzusetzen. Sie bewegen sich eleganter als Männer, und mit ihren Overalls und blaugrauen Arbeitshelmen, die ihnen etwas zu groß sind, wirken sie ganz attraktiv. Als sie das Rohr aufstellen und geraderichten, sehen sie aus wie die amerikanischen Soldaten, die auf dem Berg der Insel Iwojima die Fahnenstange mit dem flatternden Sternenbanner aufrichten. Alle Welt kennt das Foto. Als das Rohr senkrecht steht, lassen die Mädchen es sanft und behutsam in das Bohrloch gleiten.

Nachher werden sie wieder in ihr Quartier gefahren. Sie werden Mantou mit Rettich essen. Und dann? Was tun sie in ihrer Freizeit? Sie könnten den Karabiner liebevoll putzen und ölen und wieder wegstellen. Und dann? Spazierengehen? Auf der Asphaltstraße durch die öde Ebene? Von einem Leitungsmast zum andern? Oder querfeldein über die Salzflecken, den Sand und durch Stranddisteln bis zum nächsten Grab? Was aber sonst? Sie werden stricken. Sie werden häkeln. Man wird Mao vorlesen, und in der Schulungsstunde werden sie die Fragen mit den vorgestanzten, auswendig gelernten Sätzen beantworten. Wer hereinkommt, wird glauben, eine verschworene Gemeinschaft von Amazonen zu sehen.

Ich bin sicher: Nichts stimmt an diesem Bild. Es ist genauso gestellt wie das der amerikanischen Helden von Iwojima auf dem Foto, das alle Welt kennt. Gewiß, die Mädchen können stolz sein. Sie tragen hier in der Einöde eine Hälfte des Himmels, wie der Vorsitzende Mao es befahl. Sie haben es den Männern gezeigt. Aber wie lange hält Stolz aufrecht? Wie lange kann man von ihm leben? Zum Beispiel an dem schlimmen freien Tag, den sie einmal in der Woche haben, wenn die anderen Genossinnen die Hälfte des Himmels tragen? Wie oft ist Streit? Wie stark ist der Druck der Gemeinschaft auf die einzelne Genossin, sich zusammenzunehmen und Heldin zu sein?

Gewiß, die Chinesen sind unter solchem Druck geboren. Sie sind aus härterem Holz geschnitzt als wir und halten mehr aus; aber auch nicht alles und nicht für immer. Wie hoch ist der Wechsel in dieser Frauenbrigade? Wie oft zerbricht eine Heldin unter dem Druck? Sind sie die Neuen Menschen?

Ich glaube nicht daran. Helden sind selten. Von einigen der berühmtesten und am meisten gefeierten Helden der Arbeit hat sich ja auch herausgestellt, daß sie ihre Produktionsstatistik beträchtlich nach oben aufgerundet hatten. Dessen möchte ich diese Amazonen hier nicht verdächtigen. Trotzdem, sie machen uns etwas vor und sich selbst auch. Sie spielen Heldenrollen. Eine Zeitlang kann das erhebend sein. Aber immer? Bis zum Ende? Vielleicht dauert es immer eine Zeit, bis sie beginnen, unter dem schönen Betrug zu leiden, ohne zu ahnen, warum.

Wie lange dauert es, bis ihnen das Arbeitsheldentum hier in der Öde ohne Männer, Kinder, Eltern und Heimat zum Halse heraushängt? Oder bleiben sie etwa immer hier? Bis zum Grab, irgendwann, irgendwo im Gelände? Ist das hier ihre neue Heimat? Woran denken sie, bevor sie einschlafen? Wovon träumen sie des Nachts? Von der Revolution? Oder etwa von Bohrtürmen? Oder von Rohren, die sich aufrichten und die sie sanft in die Erde gleiten lassen?

Verrät China die Revolution?

Mitte August
Ich war aus dem Urlaub zurückgekommen. Peter Christian Hauswedell, der chinesische Innenpolitik bearbeitete, machte mich auf einen Artikel aufmerksam, der während meines Urlaubs in den wichtigsten Zeitungen erschienen war. Er sei zwar lang, aber ich müsse ihn lesen.

Die ausländischen Experten, die den Chinesen in ihrer Fremdsprachenpropaganda helfen, seien zutiefst verwirrt. Im Freundschaftshotel am Stadtrand von Peking, wo sie wohnten, hätten erregte Sitzungen stattgefunden. Einige hätten sich anfangs geweigert, an der Übersetzung des Artikels mitzuarbeiten, weil er zutiefst revisionistisch sei.

Der Artikel war schon am 24. Juni erschienen, und zwar mit der wenig Kurzweil verheißenden Überschrift: »Ein Grundprinzip des Marxismus — Die radikale Verkehrung der Beziehungen zwischen Theorie und Praxis durch Lin Biao und die Viererbande.« Als Verfasser zeichnete »Ein Sonderkommentator«. Der Artikel kam also von der Parteiführung, dem Politbüro.

Es war in der Tat ein wichtiger Artikel. Er zeigte eine Wende der chinesischen Politik in ihren Zielen und ihren Methoden an. Deng Xiaoping, dessen Handschrift darin erkennbar war, hatte damit sein Programm im Politbüro durchgesetzt. Ich berichtete ausführlich darüber an das Auswärtige Amt unter der Überschrift: »Verrät China die Revolution?«

Die Kernsätze des Artikels klangen für unsere Ohren keineswegs sensationell. Sie liefen auf die Feststellung hinaus, daß eine politische Theorie oder eine politische Linie nur dann korrekt sei, wenn sie sich in der Praxis bewähre:

»Die Ergebnisse der Praxis werden zeigen, ob die Linie die Entwicklung der gesellschaftlichen Produktivkräfte fördert und dem Sozialismus sowie den Interessen der Massen dienlich ist. Dies ist der einzige Gradmesser für die Richtigkeit oder Unrichtigkeit dieser Linie.«

An erster Stelle also stehen die gesellschaftlichen Produktivkräfte, erst danach wird der Sozialismus genannt. Die marxistische Theorie, heißt es weiter in dem Artikel, sei »eine Wissenschaft, aber kein Fetisch«:

»Theorien sind keine unveränderlichen, ewigen Wahrheiten. Sie werden vielmehr durch die Praxis ergänzt, revidiert, angereichert und entwickelt.« Es gebe aber nun einige Genossen, die fragten: »Wenn wir die Praxis über alles stellen und als einziges Kriterium betrachten, wo bleiben dann die Ideen Mao Zedongs und seine Worte?« Darauf antwortet der Artikel, Mao selbst habe ja gesagt, die Praxis sei der einzige Maßstab. Im übrigen dürfe man aus den Ideen Mao Zedongs nicht eine Art Religion machen und den Marxismus-Leninismus wie ein religiöses Dogma anbeten. Veraltete Prinzipien im Licht der aktuellen Lage zu revidieren sei notwendig, normal und unvermeidlich. Das treffe besonders auf Wendepunkte der Geschichte zu.

Der Artikel leugnet, daß eine Abkehr vom Marxismus-Leninismus und den »Maozedongideen«* beabsichtigt sei. Aber natürlich müßten alle diese Gedanken und Theorien in der Praxis geprüft werden: Sie haben also ihre Bewährungsprobe keineswegs ein für allemal bestanden.

Die im Artikel immer wiederkehrende Behauptung, selbst-

---

* Irgend jemand hat den Chinesen eingeredet, wenn sie in fremdsprachlichen Texten diesen Ausdruck in einem Wort schrieben, werde daraus ein System, ein Begriff wie Marxismus. Maozedongideen sind übrigens nicht nur die Gedanken Maos, sondern »die Kristallisation der kollektiven Weisheit der chinesischen Kommunistischen Partei«.

verständlich werde China beim Sozialismus bleiben, ist sicher aufrichtig gemeint. Es fragt sich nur, was Sozialismus, Kommunismus, Marxismus-Leninismus und Maozedongideen sind. Nach diesem Artikel gibt es keinen festen Punkt in dem ideologischen System mehr, von dem aus diese Fragen eindeutig zu beantworten sind. Denn weder Marx noch Lenin, noch Mao entscheiden, was gut und kommunistisch ist, sondern allein die Praxis, deren Hauptkriterium die Erhöhung der Produktion ist.

Der Artikel erwähnt, daß es eine Opposition gegen den Grundsatz von der Bewährung in der Praxis gibt. Gründe seien Denkfaulheit und persönliche Interessen einiger Leute. Aber so einfach ist es wohl doch nicht.

Wir hörten uns um und erfuhren, daß der Artikel im ganzen Lande diskutiert wurde, sowohl in Versammlungen wie in privatem Kreis. Die einen sahen in ihm den Wegweiser zu einer modernen Gesellschaft, die anderen fürchteten, China werde nun einen revisionistischen Kurs einschlagen und die Revolution verraten. Vor allem die alten Funktionäre waren besorgt und fürchteten das Neue und ganz Andere. Denn Marxismus-Leninismus und die Worte Maos waren für sie immer ein Fels gewesen, auf den sie bauen konnten; die Worte konnte man zitieren, nur bei der Interpretation mußte man Umsicht walten lassen. Die Intellektuellen hingegen atmeten auf. Sie profitierten ohnehin schon von dem neuen Kurs. Sie empfanden den Artikel als eine Charta der Befreiung. Ähnlich befreiend wird die Aufklärung im 18. Jahrhundert auf viele Intellektuelle gewirkt haben, und ähnlich verwirrend auf die Gläubigen. Gestern war man noch in der Gnade der Partei gewesen, wenn man nur das kleine rote Buch mit den Worten des Vorsitzenden schwenkte; heute wurden die, die »aus den Maozedongideen eine Art Religion« machten, professionelle Konterrevolutionäre genannt. Nicht nur die Denkfaulen würden nun Schwierigkeiten haben, schnell umzudenken.

Freunde und gute Bekannte in führenden Positionen schilderten uns offen, wo sie Schwierigkeiten sahen: Die Bauern und Arbeiter, die gewohnt seien, sich an der Praxis zu orientieren, sagten sie, könne man noch am leichtesten überzeugen. Anders sei es mit den Funktionären im Lande, die ihre Karriere mit den alten Schlagworten gemacht hätten und meinten, dieser Glaube an die Losungen genüge. Besonders schwer aber habe man es mit der Verlorenen Generation, die in der Kulturrevolution aufgewachsen sei und nichts gelernt habe als politische Losungen und utopische Ideen.

Die mittleren Funktionäre in den Provinzen lägen wie ein Felsblock auf dem Weg in eine neue Zeit. Sie bildeten oft eng miteinander verfilzte örtliche Interessengruppen, die fürchten müßten, ein frischer Wind könne nicht nur diese Verfilzung, sondern auch noch viel schlimmere Dinge aus der Vergangenheit aufdecken.

Hauswedell meinte, der Parteivorsitzende Hua Guofeng billige den Artikel wohl kaum. Aber ich teilte seine Ansicht nicht und sagte, der Artikel hätte nicht erscheinen können, wenn er nicht vom Politbüro gebilligt worden wäre. Hua selbst sei ja auch mit der Forderung angetreten, China zu modernisieren. Er habe die Akademie für Sozialwissenschaften neu gegründet, die voller moderner Ideen sei. Fraglich sei vielleicht, ob ihm die Thesen in ihrer Schärfe und Pointiertheit recht seien; denn er suche nicht Kontroversen, sondern Übereinstimmung. Jahre später hörte ich, daß Hauswedell recht gehabt hatte und daß Hua Guofeng Widerstand gegen den Artikel geleistet hatte.

Eindeutig aber war, daß Deng Xiaoping die Entwicklung antrieb. Er war der Motor. Hua strebte im Grunde das gleiche Ziel an, nämlich eine Modernisierung Chinas. Er wollte nur nicht die Änderungen in der wirtschaftlichen und gesellschaftlichen Struktur in Kauf nehmen, ohne die man aber China nicht modernisieren kann. Ihm schwebte vermutlich ein hochindustrialisiertes China vor, aber in einer Gesellschaftsordnung, wie sie China etwa Mitte der fünfziger Jahre gehabt hatte, als Mao noch »gut« gewesen war. Er war in den Anschauungen Maos aufgewachsen. Er konnte sich nicht denken, daß es andere Wege gab, als die von Mao aufgezeigten: »sein Wort sie sollen lassen stahn«. Was der Große Vorsitzende gedacht, gesagt und getan hatte, war richtig und sollte richtig bleiben. Das waren die Grenzen Hua Guofengs.

Sind denn überhaupt verbindliche Aussagen über China möglich? Ist es nicht ein großes Mysterium? Sind nicht alle Behauptungen über dieses Land ungesichert? Sind nicht die Vorgänge in China für uns unerkennbar? Und wenn erkennbar, unerklärlich?

Verbindliche Urteile über China sind in der Tat schwer zu treffen. Das gilt aber für alle Länder vergleichbarer Größe, zum Beispiel die Vereinigten Staaten von Amerika oder die Sowjetunion. China ist so groß wie Europa, und die einzelnen Regionen unterscheiden sich sehr voneinander. Früher waren wir auf eine mikroskopische Analyse der Presse angewiesen. Heute haben wir darüber hinaus viele andere authentische Quellen. Um uns Ausländer liegt nicht mehr der Graben des Schweigens, von dem zu Anfang die Rede war. In kurzer Zeit hat sich alles geändert. Nicht nur die Beamten sind offener geworden, auch die Chinesen auf der Straße haben keine Furcht mehr vor uns. Wenn wir in die Apotheke gehen und chinesische Kräutermedizin gegen Erkältung kaufen wollen, verschwinden die Verkäuferinnen keineswegs mehr im Hinterzimmer. Im Gegenteil, sie geben uns Ratschläge und wollen sich vor Lachen ausschütten, wenn wir ein Wort falsch aussprechen.

Angehörige unserer Botschaft haben fast alle Provinzen des Landes bereist. Wir haben auf den Reisen Fabriken aller Art, Bergwerke, Kommunen, Ölfelder, Kanalbauten, Kraftwerke, Universitäten, Schulen, Bauernhochschulen, Kindergärten, Krankenhäuser und Operationen mit und ohne Akupunktur-Anästhesie, Laboratorien, auch solche der Atomforschung, Zeitungsredaktionen, Museen, Theater, Kaufhäuser, Lehrerhochschulen, Tempel, Klöster, Kirchen, Provinz- und Stadtverwaltungen, Betriebs- und Straßenkomitees besucht und mit Menschen aus den verschiedensten Berufen gesprochen. Ich habe in China Volkskommunen vom hohen Norden der Provinz Heilongjiang bis zu den subtropischen Kommunen in Guangdong oder auf dem Hochland Tibets, von den Oasen Turfan und Jiuquan in der Wüste Gobi bis Zentralchina und Schanghai gesehen.

Wir sprachen mit den Chinesen ausführlich über ihre Sorgen, ihre Familien, ihre Arbeit. Wir waren oft in ihren Häusern, kamen auch unangemeldet oder unmittelbar vom Weg zu ihnen. In den Volkskommunen und Betrieben erhielten wir über Rückschläge, Fehlplanungen und kritische Entwicklungen fast immer klare Auskunft.

Die Informationen, die wir auf unseren Reisen erhielten, ergänzten, was wir in Peking von den Behörden gehört hatten. Unterhaltungen mit Wissenschaftlern, Künstlern, Studenten, Zeitungsleuten vertieften unsere Kenntnisse. Natürlich zeigte man meistens nur das Gute und Erfolgreiche vor; das ist überall in der Welt so; aber nur selten wurden »Türken gebaut«. Selten, aber es kam gelegentlich vor.

Ein Land von der Größe Chinas, das zudem verkehrsmäßig ungleich erschlossen ist, ganz kennenzulernen, ist nicht möglich, vor allem, wenn man seinen Sitz in der Hauptstadt hat. Wer kann sagen, er kenne Europa? Dennoch gaben uns die Gespräche in Peking und die Anschauung auf den Reisen ein Bild von den Verhältnissen im Lande und seinen wichtigsten Problemen. Natürlich wird jedes Bild des Landes schon in der Auswahl und Aufnahme der einzelnen Bildelemente, dann aber auch in der Darstellung subjektiv sein. Beschreiben, wie etwas eigentlich ist oder gewesen ist, ist ein Ziel, dem man sich nur nähern, das man aber nie erreichen kann.

Früher war Hongkong der wichtigste Beobachtungsposten, von dem aus die sogenannten *China Watchers* die Volksrepublik China nicht aus dem Auge ließen. Hongkong war besonders für die Staaten wichtig, die keine diplomatischen Beziehungen zu China unterhielten und keine Vertreter in Peking hatten.

In Hongkong konnte man über China viel von den Flüchtlingen und Überseechinesen erfahren, die von Verwandtenbesuchen aus der Volksrepublik China zurückkamen. Die meisten kamen aus Südchina. Viele konnten zwar über die allgemeinen Lebensumstände anschaulich berichten; die Zahl derer, die auch einen politischen Überblick hatten, war dagegen gering. Immerhin erhielt man ein ziemlich zutreffendes Bild der allgemeinen Lebensumstände in Südchina.

Die Auswertung dieser Interviews war mühsam und nur Institutionen mit vielen sprachkundigen Mitarbeitern möglich, die eng mit den Behörden der Kronkolonie zusammenarbeiten mußten. Sie setzten viel Geld und viele Menschen ein, um aus einer großen Menge von Mosaiksteinen ein Bild von China zu erhalten. Sie behielten ihr Wissen jedoch gerne für sich, und sie überschätzten es. Denn das Mosaikbild war merkwürdig statisch und starr. Es zeigte zwar politische Tendenzen an, aber es blieb unklar, welche Kräfte dahinterstanden und wie stark sie waren. Die scheinbare Exaktheit von Daten, die bei näherem Zusehen keineswegs immer gesichert waren, verführte zu der Annahme, daß die politische Führung Chinas dieselben Daten hatte und aus ihnen dieselben Schlüsse zog wie die untersuchende Institution, also sagen wir, ein Nachrichtendienst. Das aber war selten der Fall, weil die westlichen Experten ganz anders dachten als die chinesischen Politiker. Sie waren vielleicht gut im Zusammensetzen von Fakten, hatten aber selten genug Phantasie, um sich die Entscheidungen chinesischer Politiker in ihren Situationen und aus ihrem Denken heraus vorzustellen. Die Experten hatten keine eigenen politischen Erfahrungen. Sie waren sinologisch ausgebildete Politologen, aber keine chinesischen Politiker, deren Entscheidungskriterien ihnen fremd blieben.

Wenn ich Ergebnisse solcher Institutionen las, fiel mir immer die alte Regel ein, Expertenmeinungen soll der Praktiker nicht als Bibelwort und Offenbarung gelten lassen, sondern wie Lexikonwissen verwenden.

Die Presse Hongkongs war mit Vorsicht zu benutzen, da auf dem Hongkonger Nachrichtenmarkt viele fragwürdige Dienste und Existenzen ihre Informationen und Desinformationen verbreiteten. Von Interesse und wertvoll dagegen waren Zeitungen und Zeitschriften, die besondere Beziehungen zu Peking hatten. Damit ist nicht so sehr die *Ta Kung Pao,* die autorisierte kommunistische Zeitung Hongkongs, gemeint, als vielmehr einige kleinere Zeitschriften, die von Peking gelegentlich aufschlußreiche Informationen über Tendenzen und Überlegungen der Parteiführung oder einer Faktion erhielten. Die chinesische Parteispitze oder bestimmte, schwer zu identifizierende, wohl auch wechselnde Personen oder Gruppen in ihr, lancierten auf diese Weise Nachrichten oder Gedanken, die sie in chinesischen Organen noch nicht veröffentlichen wollten oder konnten. Diese Artikel waren auch für uns in Peking interessant.

Weniger ergiebig waren dagegen manchmal Unterhaltungen mit Hongkonger *China Watchers,* die zwar die chinesischen Nachrichten sorgfältig gelesen hatten und über einen lückenlos geführten Zettelkasten verfügten, die aber die falschen Fragen stellten, Antworten auf Fragen suchten, die für die chinesische Führung längst erledigt waren, oder die Fragen übersahen, auf die Peking dringend eine Antwort suchte.

Ein Land läßt sich nur von innen her erkennen, von innen her verstehen. Man muß in ihm leben und mit den Menschen des Landes sprechen, um darüber berichten zu können.

Die Öffnung des Landes

Mitte August
»Wir können uns nur auf eins verlassen, nämlich darauf, daß unsere Gelehrten dem Volk die konfuzianischen Grundsätze erklären. Wenn diese brillanten und begabten Gelehrten, die von der Nation erzogen worden sind, ihren bisher üblichen Lehrplan aufgeben, um dem der Barbaren zu folgen, dann werden sich keine korrekten Gesinnungen entwickeln, sondern üble Anschauungen werden sich ausbreiten . . . Die Wissenschaftler, die in den gewohnten Fächern arbeiteten, erhalten jetzt Weisung, unter Ausländern zu studieren. Ihr Sklave fürchtet, daß sie das, was sie dort lernen sollen, nicht richtig lernen und daß sie dadurch verwirrt werden, was ganz im Sinne der Pläne läge, die die Ausländer schmieden.«

Wenn man in dem Memorandum, das der Großsekretär Wo Ren im Jahr 1867 an den Kaiser richtete, Konfuzius durch Karl Marx ersetzte, dann hätte der Text auch veröffentlicht werden können, als die Linksradikalen der Viererbande das große Wort führten.

In den ersten Augusttagen des Jahres 1978 aber hörte ich im Erziehungsministerium ganz andere Worte. Vizeerziehungsminister Li Chi hatte mich zu sich gebeten. Er teilte mit, die chinesische Führung, das Politbüro also, habe sich entschlossen, die besten Studenten ins Ausland zu schicken, damit sie dort an den Universitäten studierten, mit den ausländischen Studenten zusammenlebten und ihre Examina machten wie jeder andere Student. Die chinesische Regierung werde die Kosten tragen.

Er fragte mich, ob wir zunächst fünfhundert Studenten aufnehmen könnten. Ich antwortete, unsere Universitäten stünden grundsätzlich auch Ausländern offen, wenn sie wissenschaftlich und sprachlich qualifiziert seien. Ich würde meiner Regierung berichten. Auf meine Frage, wie viele Studenten insgesamt im Ausland studieren sollten und wohin sie entsandt würden, sagte er, über die Zahl sei noch nicht entschieden; aber es würden sicherlich einige tausend, vielleicht sogar schließlich an die zehntausend werden. Sie sollten vorzugsweise im westlichen Ausland studieren, nur einige in Jugoslawien und Rumänien.

Ich berichtete dem Auswärtigen Amt und befürwortete den chinesischen Wunsch sehr, der eine grundsätzliche, folgenreiche Wende der chinesischen Politik bedeute. Die Kulturabteilung des Auswärtigen Amts erkannte die Bedeutung des chinesischen Angebotes; auch die Länder, die kulturellen Mittlerorganisationen und die Rektorenkonferenz reagierten positiv, so daß wir den Chinesen vor allen anderen mitteilen konnten, wir würden die fünfhundert Studenten aufnehmen.

Damals wurden die chinesischen Pläne von vielen Fachleuten im Ausland skeptisch beurteilt. Auch der Deutsche Akademische Austauschdienst rechnete nicht damit, daß die Chinesen mehr als vielleicht hundert Studenten vorschlagen könnten. Amerikanische Experten, von Sinologen beraten, zweifelten überhaupt daran, daß die Reformatoren in der chinesischen Führung dieses Programm innenpolitisch durchsetzen konnten. Auch eine meiner Mitarbeiterinnen, die überrascht und wohl auch etwas skeptisch war, fragte die Chinesen besorgt, ob sie sich diesen Schritt wirklich gut überlegt hätten; denn mit den Studenten würden ja auch viele westliche Ideen nach China zurückkommen. »Aber das ist doch gut!« sagte der chinesische Beamte im Erziehungsministerium zu ihr. »Wir können unseren Studenten ja nichts Besseres wünschen. Deshalb schicken wir sie ja zu Ihnen.«

Der Vizeerziehungsminister sagte, man habe Deng Xiaoping natürlich auch darauf aufmerksam gemacht, daß sich vielleicht einige Studenten absetzen und im Westen bleiben würden; aber Deng habe mit seinem Farbstift an den Rand geschrieben, das müsse man eben einkalkulieren und damit müsse man sich abfinden.

Auf einem Empfang sprach ich mit einigen hohen Beamten der Sowjetischen Botschaft in Peking über die chinesischen Pläne. Sie hätten schon davon gehört, sagten sie mürrisch, und sie konnten ihre Nervosität nicht verbergen. Sie wußten, daß ihre Regierung sich ein solches Projekt nie würde leisten können, allein wegen der hohen Zahl von Studenten, die in der Freiheit bleiben würden. Die sowjetischen Diplomaten sagten, erstens sei noch gar nicht ausgemacht, daß Deng Xiaoping diese Pläne wirklich durchsetzen könne, von den praktischen Schwierigkeiten und den bürokratischen Hemmnissen ganz zu schweigen. Zweitens würden die chinesischen Politiker sich schön wundern, mit welchen Ideen die Studenten zurückkämen. Und drittens werde der Westen doch wohl nicht so töricht sein, Tausende maoistischer Agenten auf seine Studenten loszulassen.

Später stellte sich heraus, daß in den Vereinigten Staaten von Amerika eine ganze Anzahl chinesischer Studenten blieben, besonders wenn ihr Studium von Verwandten in den USA finanziert oder mitfinanziert wurde. Die chinesischen Studenten aber, die in der Bundesrepublik Deutschland studierten, kehrten meist wieder nach China zurück. Politisch hielten sie sich zurück, und wenn sie sich überhaupt zur Politik äußerten, standen sie oft rechts von der Jungen Union. Den linken Radikalismus hatten sie zu Hause am eigenen Leibe verspürt. Davon hatten sie genug.

In der Vorbereitung und der Auswahl hatte das chinesische Erziehungsministerium anfangs tatsächlich einige Schwierigkeiten. Inzwischen aber studieren 1500 Chinesen in den USA, 200 bis 300 in Großbritannien, etwa 500 in Frankreich, 600 in Japan und an die 1000 in der Bundesrepublik Deutschland.

Vizepremier Fang Yi, enger Mitarbeiter Deng Xiaopings und für Wissenschaft und Erziehung zuständig, erwähnte einmal in einem Gespräch lobend die Tongji-Universität in Schanghai, die 1907 von dem Deutschen Paulun gegründet worden war und einen hervorragenden Ruf in China besessen hatte. Unterrichtssprache war damals Deutsch gewesen. Die Bemerkung Fang Yis konnte bedeuten, daß er es für gut hielt, die Tongji-Universität in ihrer alten Form wiederzubeleben. Ich berichtete darüber nach Bonn und bat, den Gedanken aufzunehmen und unsere Mitarbeit anzubieten. Heute lehren zwei Dutzend deutsche Lektoren und Professoren an der Tongji-Universität. Es war jedesmal, wenn ich in Schanghai war, eine Freude, sie zu besuchen, am Unterricht teilzunehmen und mit den lebhaft mitarbeitenden Studenten zu sprechen.

Die Intellektuellen, nicht nur in Peking und Schanghai, die jetzt wieder Verbindung mit ausländischen Kollegen aufnehmen, die ausländische Bücher und Zeitschriften lesen und die oft auch ins Ausland reisen konnten, sahen optimistisch in die Zukunft und sprachen begeistert von der Wende; aber wenn man sich länger und in kleinem Kreise mit ihnen unterhielt, spürte man, daß sie unsicher waren. Wie viele ausländische Kenner Chinas stellten auch sie sich die Frage, ob sich der neue Kurs auf die Dauer halten werde, ob die Linksradikalen nicht eines Tages zurückkehren und den Grundsatz »Alles aus eigener Kraft« wiederbeleben würden. Diese reaktionären Kräfte waren ja nicht ausgeschaltet, sie saßen noch in den Büros und in den Parteistellen. Sie warteten nur darauf, daß das neue große Experiment Deng Xiaopings in Schwierigkeiten geraten würde.

Es gibt zur Zeit keine Anzeichen dafür, daß diese Opposition wieder an die Macht kommt und den Kurs zurückwenden könnte, aber sie ist vorhanden und hat Rückhalt vor allem in mittleren Funktionärskreisen in der Provinz und auch in der Armee. Die Auseinandersetzung mit den Gedanken, die der Gelehrte und Großsekretär Wo Ren im Jahre 1867 dem Kaiser Tongji in seinem Memorandum vorgelegt hat, ist noch nicht beendet.

Der rumänische Ministerpräsident Maurer hatte uns Bekassen vorgesetzt. Wir waren unser acht in dem kleinen Speisezimmer seiner Villa in den Bergen bei Sinaia. Er hatte die Bekassen selbst geschossen und erklärte den Unterschied zwischen ihnen und Bekassinen und Schnepfen. Man konnte ihm aufs Wort glauben, denn er war ein großer Jäger.

Ich weiß nicht mehr, in welchem Zusammenhang im Verlauf des Essens jemand von Ideologie sprach.

»Ideologie!« sagte Maurer, »das ist auch so eine deutsche Erfindung. Sie erklärt überhaupt nichts. Hat unser Verhältnis zur Sowjetunion etwas mit Karl Marx zu tun?« Er wandte sich zu mir: »Glauben Sie mir: Von den kommunistischen Führern haben höchstens fünf Prozent Karl Marx gelesen.« Er sah, daß ich ihm nicht glaubte. »Sie zweifeln daran?«

»Ja. Ich kann es mir nicht vorstellen.«

»Vielleicht haben Sie recht«, sagte er. »Vielleicht habe ich übertrieben, und es sind nur drei oder vier Prozent. Ich kenne sie doch alle. Ich muß es wissen. Ich bin einer der wenigen, die Karl Marx gelesen haben; ich habe darüber Vorlesungen gehalten. Die anderen kennen ihn höchstens aus dem *Kurzen Lehrgang* oder haben vielleicht einmal in die *Grundlagen des Marxismus-Leninismus* hineingesehen. Gut, also Mao wird das eine oder andere von Karl Marx gelesen haben. Wer noch? Na, vielleicht die Experten im Sekretariat des ZK.«

Fünf Jahre später. Der Bundestagsabgeordnete Professor Horst Ehmke und ich waren in der Großen Halle des Volkes in einem Gespräch mit Li Xiannian, dem Vizepremierminister und damals nächst Hua Guofeng und Deng Xiaoping wichtigsten Mann in der chinesischen Führung.

»Unsere Beziehungen zur Sowjetunion«, sagte Li Xiannian, »haben sich nicht deshalb verschlechtert, weil wir verschiedener Ansicht über den Marxismus-Leninismus waren, sondern weil die Sowjets uns ihre Politik aufzwingen wollten.«

Dem Sozialdemokraten und Professor Horst Ehmke wäre wenigstens ein mildes Bekenntnis zur Ideologie und ihrer Bedeutung für die Praxis willkommen gewesen. Aber die Praktiker in den kommunistischen Führungen spielen die Bedeutung der Ideologie gerne herunter. Wie schon Napoleon: *Tous ces idéologues* ... Erst einmal kommt es darauf an, das politisch oder wirtschaftlich Notwendige zu tun, die Experten im ZK-Sekretariat sollen dann sehen, wie sie es den Genossen ideologisch erklären können. Westliche Experten, die die Entwicklung in den kommunistischen Ländern in erster Linie aus der Presse kennen, neigen dazu, den Einfluß der Ideologie auf die konkreten politischen Entscheidungen zu überschätzen.

Die Ideologie war oft der Motor der kommunistischen Bewegung, solange sie noch in Bewegung war. Freilich auch da nicht immer. Wo aber kommunistische Parteien regieren, hinkt die Ideologie stets hinter den Tatsachen her. Sie erzwingt nie aus ihrer Logik heraus neue Entscheidungen, schafft keine neuen Tatsachen und leitet keinen neuen Kurs ein. Dafür ist die Parteiführung zuständig. Der normativen Kraft des Faktischen, die sich aus den Entscheidungen des Politbüros oder seiner führenden Kräfte ergibt, setzt die Ideologie keinen ernsthaften Widerstand entgegen, vorausgesetzt, daß die Führung einen einheitlichen Willen hat und nicht in sich zerfallen ist. Wenn die Ideologie aber Weisung von der Zentrale erhält, in dieser oder jener Frage eine neue Position zu beziehen, dann läßt sie sich drehen wie eine Wetterfahne, die allerdings manchmal etwas eingerostet ist und von der Zentrale erst geölt werden muß. Wenn Wandlungen in der Ideologie sichtbar werden, kann man sicher sein, daß das Politbüro einen neuen Kurs eingeschlagen hat, den es nun ideologisch erklären und rechtfertigen muß, um innerparteilichen Kritikern keine Gelegenheit zu Intrigen und zur Aufsässigkeit zu geben und um die Funktionäre auf die neue eherne Wahrheit umzupolen.

Dennoch hat die Ideologie in den kommunistisch regierten Staaten auch wichtige, politisch konkrete Funktionen: Mit ihrer Hilfe hält die Führung die Basis in Zucht und Disziplin. Die Führer können die Ideologie formen wie Knetgummi und dann als ewige Wahrheit hinstellen; die Massen haben dieser Linie zu folgen. Für die Funktionärsbürokratie aber ist sie ein Gedankengerüst, an dem man sich festklammern, Sicherheit und Halt finden kann; daß sie auch verkrustet und die Entwicklung hemmt, ist nicht ihre Sorge, sondern darum soll sich die Parteiführung kümmern.

In dem alten chinesischen Schelmenroman *Die Reise nach Westen* hat der Affenkönig Sun Wukung eine Keule, die er so klein machen kann, daß sie hinter seinem Ohr Platz findet, die er sich aber auch so groß wünschen kann wie einen Turm. Solch ein Instrument ist die Ideologie in den Händen der Parteiführung. Mit ihrer Hilfe hält die Führung die Massen und die Funktionäre in Gehorsam. Sie kann die Ideologie klein machen, daß sie kaum zu entdecken ist, oder als Prügel benutzen oder schließlich als gewaltige, todbringende Keule im Kampf mit innerparteilichen Gegnern schwingen.

Als solche Keule diente sie Mao, Jiang Qing und ihrer Seilschaft in der Parteiführung. Wer meint, die Kulturrevolution sei eine Folge ideologischer Differenzen, die sich in der Partei entwickelt hatten, unterliegt einem großen Irrtum. Die Ideologie war, und das läßt sich nachweisen, nicht der Ursprung der Kulturrevolution, sondern das Instrument, dessen sich Mao bediente, um seine Widersacher niederzuschlagen.

Im Kampf mit den Bruderparteien und dem Klassenfeind im Ausland ist die Ideologie heute nur noch ein Lärminstrument, das lästig werden kann, aber niemand mehr umbringt. Oder man benutzt sie wie die »Drei-Welten-Theorie«*, um eine bereits eingeleitete Außenpolitik zu erklären und zu rechtfertigen, die es einem sozialistischen Land erlaubt, gute und freundschaftliche Beziehungen auch zu Regierungen sehr unterschiedlicher Couleur zu unterhalten, zu konservativen wie sozialistischen Regierungen, ja auch zu dem Militärregime in Chile — wenn sie sich nur in die antisowjetische Einheitsfront einordnen lassen. Daß eine solche gekünstelte Konstruktion nicht mehr exportfähig ist und die unterdrückten Völker der Welt nicht mehr zu revolutionären Befreiungskämpfen begeistern kann, liegt auf der Hand. Sie ist nur für den eigenen Ge-

* Diese Theorie teilt die Völker in drei Welten ein: Zur Ersten gehörten ursprünglich die beiden Supermächte, seit 1978 gehören die Vereinigten Staaten von Amerika nur noch bedingt dazu. Aufgabe der Zweiten Welt, die aus den Industrienationen besteht, ist es, im Verein mit der Dritten Welt und den USA die Sowjetunion zu isolieren und ihrem Hegemoniestreben entgegenzutreten. Zur Dritten Welt gehören die Entwicklungsländer, darunter auch sozialistische Länder wie China, einige Länder des Warschauer Paktes (Bulgarien, Rumänien) und die Mongolische Volksrepublik.

brauch bestimmt und nur für eine bestimmte Zeit und weltpolitische Situation gültig.

Was aber, wenn nicht ideologische Meinungsverschiedenheiten, war der wirkliche Grund für die Entfremdung und schließlich den Bruch zwischen Peking und Moskau?

Es war die seit Mitte der fünfziger Jahre in Peking wachsende Erkenntnis, daß die Sowjetunion China nicht als gleichberechtigten Partner ansah, daß in Moskaus Politik die nationalen Interessen Vorrang hatten, daß China ebenso wie die osteuropäischen Staaten für die sowjetischen Ziele eingespannt werden sollte und daß es Gefahr lief, seine Souveränität, die es gerade erst von den Westmächten zurückgewonnen hatte, wiederum zu verlieren, jetzt an die sowjetische Brudermacht.

Chruschtschow hatte mit dem Bundeskanzler Adenauer schon im Herbst 1955 von seinen Sorgen über das wachsende Potential Chinas gesprochen und unverhüllt ein Zusammengehen angesichts der »Gelben Gefahr« vorgeschlagen. Haben die Chinesen das erst aus Adenauers Memoiren erfahren, oder hat Chruschtschow im gleichen Sinn auch mit anderen, weniger diskreten Politikern, vielleicht sogar aus dem eigenen Lager, gesprochen? Er pflegte ja gerne und viel zu reden.

Gekränkt waren die Chinesen, als Chruschtschow in seiner berühmten Geheimrede vor dem XX. Parteitag der KPdSU Stalins Bild demolierte, ohne vorher die Chinesen oder irgendeinen anderen Verbündeten zu konsultieren oder auch nur zu unterrichten. Der Angriff gegen den Personenkult Stalins traf mittelbar auch Mao. Bedeutete Chruschtschows Abkehr von Stalins Kurs auch eine Abkehr von den Grundlagen seiner Außenpolitik? Auch Stalin hatte den Chinesen oft Grund zur Klage gegeben, aber sie vertrauten ihm jedenfalls darin, daß er sein außenpolitisches, gegen die Vereinigten Staaten gerichtetes Konzept beibehalten und zum Schutz der Ostflanke, als Bundesgenossen und Erfüllungsgehilfen — wie im Koreakrieg — China an seiner Seite behalten wollte.

Die sowjetische Regierung hatte den Chinesen in einem Abkommen zugesichert, sie mit dem Verfahren zur Herstellung der Atombombe bekanntzumachen. Plötzlich weigerten sich die Sowjets, diese Zusage einzuhalten. Um sich damit in Washington eine gute Note einzuhandeln?

Chinas Entscheidung, sich von der Sowjetunion zu lösen und einen selbständigen Kurs zu verfolgen, fiel während des Besuches, den Chruschtschow nach seinem Treffen mit Eisenhower in Camp David, Anfang Oktober 1959, dem Vorsitzenden Mao abstattete. Die Chinesen fürchteten, der ohne Konsultation Pekings von Chruschtschow und Eisenhower heraufbeschworene »Geist von Camp David« könnte zu einem sowjetisch-amerikanischen Einverständnis führen. Zeugte dafür nicht schon Chruschtschows Rat, China solle die Bombardierung der beiden vor dem Festland gelegenen, aber von Taiwan besetzten Inseln Quemoy und Matsu einstellen?

»Wir haben die Sowjetunion früher unseren ›älteren Bruder‹ genannt«, sagte Hua Guofeng einmal im Gespräch, »aber nachdem sie ihre revisionistische Politik eingeschlagen hatte, wollten die Sowjets uns unter ihre Kontrolle bringen.«

In allen Fragen, die ihre Souveränität in Frage stellten, waren die Chinesen besonders empfindlich. Mao hatte schon im Jahr 1936 zu Edgar Snow gesagt, er kämpfe ganz gewiß nicht für ein selbständiges China, um das Land dann Moskau zu überantworten. Als Chruschtschow riet, die Bombardierung der Inseln einzustellen, als die Sowjets den Vorschlag machten, eine gemeinsame Pazifikflotte aufzubauen — natürlich unter sowjetischem Kommando —, der natürlich die chinesischen Häfen offenstehen sollten, und als sie sowjetische Rundfunksender auf chinesischem Gebiet errichten wollten, war die chinesische Führung davon überzeugt, daß Chruschtschow China in das sowjetische Machtimperium einbeziehen wollte.

Der jüngere Bruder schuldet dem älteren Bruder Gehorsam, aber China emanzipierte sich nun von der sozialistischen Familie. Die Entscheidung war, wie gesagt, Anfang Oktober 1959 gefallen; Mitte 1960 zogen die Sowjets alle ihre Experten und Techniker mitsamt den Bauplänen für die großen Industriewerke aus China zurück. Etwa zur gleichen Zeit, im Juni 1960, eröffnete Chruschtschow auf der Bukarester Parteienkonferenz die Angriffe auf China und versuchte auf dem Forum der Bruderparteien seine Politik China gegenüber zu rechtfertigen und nachträglich zu begründen, gleichzeitig aber auch, die ideologische Haltung der chinesischen Politik in Zweifel zu ziehen. Die späteren stilistisch gefeilten Offenen Briefe der

Chinesischen Kommunistischen Partei an ihre Bruderpartei in Moskau sollten dann die chinesischen Entscheidungen rechtfertigen.

Dieser Schlagabtausch dauerte nicht lange. Heute werden die schweren Keulen von früher nur noch an Feiertagen hervorgeholt. Ja, in der internen Diskussion in China darüber, wie der sozialistische Status der Sowjetunion zu bestimmen sei, gibt man sich jetzt ganz leger und läßt sogar Vorwürfe wie den des Revisionismus fallen. Man ersetzt diese Bezeichnungen allerdings durch ebenso schlimme, indem man vom sowjetischen Hegemonismus und Sozialimperialismus spricht.

»Wie lange«, fragte Klaus Mehnert, »wird Ihrer Ansicht nach dieses Zerwürfnis dauern?«

Er war als Mitglied einer Delegation gekommen, und jetzt fuhren wir beide in meinem Wagen in der langen Kolonne von Staatskarossen zur Großen Mauer. Er gehörte zu unseren ältesten Freunden noch aus der Schanghaier Zeit vor vierzig Jahren.

»Zehntausend Jahre — hat Mao gesagt.«

Aber die Antwort war Klaus Mehnert nicht präzise genug. Er liebt die Präzision.

Er fragte: »Werden die neuen Führer Chinas in ihrem pragmatischeren Sinn nicht einsehen, daß sie mehr mit der Sowjetunion verbindet als mit der westlichen Welt? Daß sie viel Energie im Streit mit der Sowjetunion verschwenden und daß dabei doch nichts herauskommt? Ist ein entspannteres Verhältnis zwischen den beiden feindlichen Brüdern nicht vorstellbar? Und später auch, vielleicht vorsichtig beginnend, gemeinsames Handeln in der Weltpolitik?«

»Entsprechende sorgenvolle Betrachtungen stellen die Chinesen an«, sagte ich, »wenn sie von der Entspannungspolitik oder amerikanischen Versuchen hören, sich mit der Sowjetunion über eine Rüstungsbegrenzung zu einigen. Wird eine solche Politik, so fragen sich die Chinesen, nicht vielleicht auch eines Tages, vielleicht vorsichtig beginnend, zu einem gemeinsamen Handeln Moskaus und Washingtons führen? Und zwar gegen wen? Wer wird von der Gemeinsamkeit ausgeschlossen? Wir sind unruhig bei dem Gedanken, Peking und Moskau könnten vielleicht eines Tages wieder zu gemeinsamem Handeln zurückfinden; für Peking aber ist es ein Alptraum, daß die beiden Supermächte sich darauf einigen könnten, fortan die Welt gemeinsam zu regieren.«

»Das wäre es für mich auch«, sagte Klaus Mehnert, »aber das sehe ich noch nicht. Es dürfte lange dauern, bis das eintritt.«

»Zehntausend Jahre vielleicht?«

»So präzise möchte ich mich heute noch nicht festlegen«, sagte Klaus Mehnert.

China und die Sowjetunion, die beiden früher so eng verbündeten Staaten, sind immer weiter auseinandergedriftet. Zu fast allen Fragen der Weltpolitik haben sie entgegengesetzte, auf jeden Fall aber unterschiedliche Positionen bezogen. Der dreißigjährige Freundschafts- und Bündnisvertrag vom Jahr 1950 ist gekündigt worden und abgelaufen. In der Nuklearrüstung haben die Chinesen aus eigener Kraft sehr bald erreicht, was die Sowjets ihnen verweigert hatten. Chinas Beziehungen zum Westen sind heute besser und problemfreier als die der Sowjetunion. Die Feindschaft zwischen Moskau und Peking dagegen hat sich in den letzten beiden Jahrzehnten immer mehr verhärtet. Die sowjetische Unterstützung der vietnamesischen Hegemoniepolitik in Indochina und die Invasion Afghanistans haben diesen Prozeß gefördert.

Obwohl in Peking eine pragmatische Politik gemacht wird, sind die Aussichten, daß sich Moskau und Peking wieder zusammenfinden, nicht gewachsen; im Gegenteil, gerade eine pragmatische, nüchterne und nichtideologische Betrachtungsweise muß den Chinesen zeigen, daß die Gräben zwischen den beiden benachbarten großen Reichen in absehbarer Zeit nicht zu überbrücken sind. Die Grenzen sind nicht, wie man manchmal liest, der eigentliche Streitpunkt zwischen China und der Sowjetunion. In den »Ungleichen Verträgen« des 19. Jahrhunderts hatte das chinesische Kaiserreich rund anderthalb Millionen Quadratkilometer seines Territoriums an das Zarenreich abgetreten. Deng Xiaoping sagte einmal in einem Gespräch, an dem ich teilnahm, es gehe ja gar nicht um diese anderthalb Millionen Quadratkilometer. China sei bereit, gewisse historische Entscheidungen anzuerkennen. Bei den Gebieten, die wirklich strittig seien, handele es sich nur um einige zehntausend Quadratkilometer. Mit einigem guten Willen müsse es doch möglich sein, darüber zu einer Einigung zu kommen.

Das ist indessen nicht geschehen. In Frage stehen, wie wir auch von der Sowjetischen Botschaft in Peking hörten, rund 30000 Quadratkilometer, davon der größte Teil im unwirtlichen, kaum besiedelten Pamir-Berggebiet, der Rest in der Ili-Region und an der Grenze zur Mandschurei. Eine Übereinkunft über ein Gebiet dieser Größenordnung in den Weiten des Grenzlandes sollte in der Tat kein unüberwindliches Problem sein. Ob es allerdings nur die Sowjets sind, die eine Einigung verhindern, läßt sich schwer sagen. Es könnte sein, daß auch die Chinesen es zur Zeit vorziehen, diese Frage noch in der Schwebe zu lassen.

Während zu Chruschtschows Zeit in Sibirien, entlang der chinesischen Grenze, zehn Divisionen stationiert waren, sind es nach Deng Xiaopings Angaben heute 54 Divisionen mit insgesamt einer Million Soldaten. Die westlichen Schätzungen liegen etwas niedriger. Die Chinesen sind der Ansicht, daß die Sowjets ihre Truppen in Sibirien nicht aus defensiven Gründen verstärkt haben. Sie fordern eine Verminderung der Truppen auf die Zahl, mit der Chruschtschow ausgekommen war. Wenn man jedoch bedenkt, daß die Sowjets in den Wiener MBFR-Verhandlungen bereits viel bescheidenere Truppenreduktionsvorschläge des Westens abgelehnt haben, und wenn man an die Unbeweglichkeit und Starrheit der sowjetischen Rüstungsplanung und Politik denkt, wird man den chinesischen Forderungen keine großen Chancen geben.

Im übrigen wissen die sowjetischen Militärs sehr wohl, daß selbst eine sowjetische Streitmacht von einer Million Mann einen Krieg gegen China nicht gewinnen kann, weil die chinesischen Truppen sich gemäß ihrer Strategie des »Volkskrieges« weit zurückziehen würden, bis zum Gelben Fluß oder noch weiter, so daß die sowjetischen Soldaten in dreihundert Millionen oder noch mehr Chinesen untergehen würden. Begrenzte Operationen gegen China wären jedoch möglich. Diese Tatsache bindet beträchtliche chinesische Truppenmengen an der Nord- und Nordwestgrenze und an der Grenze zur Mongolischen Volksrepublik. Ganz besonders aber ist China durch sowjetische Angriffe aus der Luft und von See her verwundbar.

Der Breschnew-Doktrin zufolge sind die sozialistischen Länder nicht souverän wie andere Staaten. Ihre Souveränität ist vielmehr eingeschränkt, und die sozialistischen Bruderstaaten, allen voran die Sowjetunion, nehmen sich das Recht, in jeden anderen einzumarschieren, wo sie den Sozialismus gefährdet glauben. Die sowjetische Invasion Afghanistans hat gezeigt, daß die Doktrin sich nicht, wie angenommen wurde, nur auf die Länder des Warschauer Pakts erstreckt, sondern daß sich die Sowjetunion brüderliche Hilfe auch in anderen Teilen der Welt vorbehält.

China billigt die Breschnew-Doktrin nicht, da sie Aggression und Einmischung in die inneren Angelegenheiten souveräner Staaten rechtfertigen soll. Ein Verhältnis zwischen China und der Sowjetunion, das auch nur von fern an das der fünfziger Jahre erinnert, ist ausgeschlossen, solange die Breschnew-Doktrin nicht ausdrücklich zurückgenommen ist.

Der Kampf gegen den sowjetischen Anspruch, Hegemon des sozialistischen Heerbanns zu sein und auch die politische Generallinie für die sozialistischen Staaten festzulegen, ist das Kernstück der chinesischen Politik gegenüber Moskau. Die Pekinger Führung fürchtet aufgrund ihrer früheren Erfahrung, die Sowjetunion würde diesen Anspruch auch auf China ausdehnen, wenn Moskaus Macht es erlaubte. Wie aber kann die sowjetische Führung heute die Breschnew-Doktrin widerrufen, ohne ihr Bündnissystem aufzugeben! Selbst eine geographische Beschränkung der Doktrin ist nach der Invasion Afghanistans nicht mehr möglich, wenn sie überhaupt je möglich gewesen wäre.

Die Furcht, der wachsende Druck der chinesischen Bevölkerung werde China eines Tages zur Expansion über die sowjetische Grenze zwingen, ist in der Sowjetunion seit langem weit verbreitet. Die nüchternen Planer der sowjetischen Strategie und Politik werden indessen wissen, daß China zu einer solchen Expansion, selbst wenn es sie wollte, überhaupt nicht imstande ist, da sie militärisch gestützt werden muß. Und militärisch ist China noch auf lange Zeit der Sowjetunion weit unterlegen.

China andererseits fühlt sich durch die Expansionspolitik der Sowjetunion bedroht. Es kann darauf hinweisen, daß die Sowjetunion ihre Einflußsphäre in den letzten Jahrzehnten und Jahren konsequent ausgedehnt hat, auch in unmittelbarer

Nachbarschaft Chinas. Die Chinesen sehen eine Bedrohung darin, daß die Sowjets in Chinas Nachbarland Afghanistan einmarschiert sind und daß sie den »kleinen Hegemonismus« des Nachbarn Vietnam unterstützen. Die bedeutende Verstärkung der sowjetischen Pazifikflotte, die Einrichtung sowjetischer Flotten- und Luftstützpunkte in Vietnam, Laos und Kambodscha betrachten sie als Gefährdung ihrer Küste.

Man hatte sich in der Welt an den Konflikt zwischen Moskau und Peking gewöhnt und ihn als Konstante der Weltpolitik angesehen. Die Sowjetunion hatte zwar seit 1971 mehrere Annäherungsversuche unternommen; die Chinesen aber hatten alle Avancen zurückgewiesen.

Seit 1982 ist das anders. Seitdem verkünden beide Regierungen, daß sie ihre Beziehungen »normalisieren« wollen. Auch die Chinesen also sagen es, aber sie stellen Bedingungen, die Sowjets nicht. Peking entläßt Moskau nicht aus der Rolle des *demandeur,* und Moskau akzeptiert das. Das ist bemerkenswert, denn in der Regel gehen die Sowjets nur in Verhandlungen, wenn ihre Ausgangsposition günstig ist und die Verhandlungspartner etwas von ihnen wollen. Es scheint den Sowjets also dringend zu sein, mit den Chinesen wieder zu normalen Beziehungen zu kommen. Allerdings wünschen die Chinesen, daß die Sowjets zuvor drei Forderungen erfüllen.

Die Sowjetunion soll ihre Truppen aus Afghanistan zurückziehen und dem Land seine Unabhängigkeit zurückgeben. Sie soll den »kleinen Hegemonismus« Vietnams nicht mehr unterstützen, sondern Hanoi veranlassen, seine Truppen aus Kambodscha zurückzuziehen, und drittens:

Sie soll ihr militärisches Potential in Sibirien und der Mongolischen Volksrepublik wesentlich verringern.

Bemerkenswert ist, daß in den ersten Phasen der Verhandlungen die Chinesen vom sowjetischen Hegemonismus in anderen Teilen der Welt, zum Beispiel in Afrika, nicht mehr redeten und daß sie auch die chinesisch-sowjetischen Grenzfragen, über die sie doch seit Jahrzehnten erfolglos mit der Sowjetunion verhandelten, ebensowenig erwähnten wie die sowjetischen Stützpunkte in Südostasien. »Wir müssen eben Schritt für Schritt vorgehen«, war von chinesischer Seite dazu zu hören.

Es ist ganz unwahrscheinlich, daß die Sowjetunion ihre

weltweiten Interessen und ihre Politik der globalen Verantwortung aufgibt oder daß sie den Fernen Osten stillschweigend davon ausnimmt und die Verantwortung dafür mit den Chinesen teilt. Bestehen aber Aussichten für einen Kompromiß?

Sowjetische und osteuropäische Diplomaten in Peking glauben, die alte Freundschaftspolitik der Stalin-Zeit habe noch viele Anhänger unter den Chinesen; und einige Optimisten unter ihnen meinen, diese Kräfte ließen sich wieder aktivieren und es könnte ohne wesentliche sowjetische Zugeständnisse der alte Zustand der Großen Freundschaft wiederhergestellt werden.

Es gibt in der Tat Chinesen, die Deng Xiaopings Öffnung dem Westen gegenüber und die unverändert harte antisowjetische Politik Pekings gegenüber Moskau nicht billigen. Auch in der Armee gibt es Kräfte, die darauf hinweisen, daß die chinesischen Streitkräfte zu schwach seien und vor allem in ihrer Ausrüstung den Sowjets so weit unterlegen seien, daß eine Konfrontationspolitik mit ihren Risiken der Armee eine zu schwere Aufgabe stelle.

Der ehemalige japanische Premierminister Suzuki erzählte Anfang der achtziger Jahre einem westlichen Kollegen, Deng Xiaoping habe ihm von etwa zehn Millionen Chinesen berichtet, die seinen Kurs gegenüber der Sowjetunion nicht billigten. Der westliche Staatsmann zog seine Stirn in sorgenvolle Falten, als er von so viel Gegnern der Außenpolitik Dengs hörte; aber Suzuki beruhigte ihn sofort. »Deng Xiaoping«, so erklärte Suzuki, »hätte damit doch nur sagen wollen, die Opposition gegen seine Moskau-Politik sei zahlenmäßig ganz unbeträchtlich — höchstens ein Prozent der chinesischen Bevölkerung.«

Man trifft, vor allem unter den Funktionären Pekings, nicht selten solche, die gerne an ihre Zeit in der Sowjetunion zurückdenken und die den Umgang und die Freundschaften mit den Menschen dort in guter Erinnerung haben. Sie erzählen auch ganz offen davon. Es sind durchweg ältere Leute; sie sprechen von den Erlebnissen ihrer Jugend, vor Beginn der Eiszeit. Unter den älteren Funktionären wird es sicher auch einige geben, die die Öffnung Chinas zum Westen für gefährlich halten und die Vereisung im Verhältnis zur Sowjetunion insgeheim bedauern. Da aber der überwiegende Teil der öffentlichen Meinung anderer Ansicht ist, werden sie davon nicht laut sprechen. Im übrigen hat das Verhalten vieler sowjetischer Experten in China, ihre öffentlich zur Schau getragene Überlegenheit, die Herablassung und Rücksichtslosigkeit, mit der sie oft die Chinesen behandelten, Ressentiments geweckt, die heute noch spürbar sind.

Ein Mitglied des Politbüros sagte mir einmal: »Sie glaubten, nur sie selbst seien intelligent, wir Chinesen aber seien ›dumme Schweine‹. Sie waren hier als Berater, aber sie wollten regieren. Ich hatte zwei Berater, die sich in alle Dinge einmischten und darauf bestanden, daß wir ihre Befehle ausführten, so daß ich sie schließlich fragte, ob sie hier Minister seien oder ich; sie sollten nur etwas sagen, wenn ich sie um Rat fragte, sonst aber den Mund halten. Darauf waren sie sehr verstimmt.

Die militärischen Berater bestanden darauf, nur die militärischen Erfahrungen der Sowjets zu berücksichtigen, nicht aber die chinesischen; denn sie hätten doch den Zweiten Weltkrieg gewonnen, sagten sie. Sie waren verärgert, als wir trotzdem unsere militärischen Erfahrungen heranzogen, denn schließlich hatten wir, wie wir ihnen erwiderten, immerhin die Japaner und Tschiang Kaischek besiegt.«

Die Sowjetunion ist in China heute nicht populär und hat wenig getan, um populär zu werden. Gewiß, solche Stimmungen können schwanken oder sogar plötzlich umschlagen. Eine Zuwendung zur Sowjetunion ist in China jedoch nicht anzunehmen, da die Chinesen mehr von den Möglichkeiten fasziniert sind, die sich aus der Zusammenarbeit mit dem Westen ergeben, wogegen das, was die Sowjetunion zu bieten hat, abfällt. Nur die Zusammenarbeit mit dem Westen führt aus der Isolation in die Welt. Und die Intellektuellen und Jugendlichen finden den Westen noch aus einem anderen Grunde attraktiv: Nicht in der Sowjetunion, sondern im Westen ist die Freiheit.

Weshalb sollte die chinesische Führung in einer Zeit innenpolitischer und wirtschaftlicher Kontroversen eine neue Kontroverse in einer Frage eröffnen, über die im Volk weite Übereinstimmung herrscht! Es sind also gerade die konkreten Gründe, die eine pragmatische chinesische Politik daran hindern, eine Entente mit der Sowjetunion zu suchen.

Was könnte China außerdem auch von der Sowjetunion erwarten? Manchmal wird von dem Handel als Anreiz gesprochen. Aber die Ersatzteile für die noch fliegenden alten Iljuschin- und Antonow-Flugzeuge erhält China ohnehin. Ersatzteile für die veralteten Industrieanlagen, die die Sowjets vor über zwanzig Jahren in China gebaut hatten, können die Chinesen längst selbst herstellen. Interessiert ist China dagegen an moderner Technologie, vor allem Elektronik. Doch gerade darin ist die Sowjetunion hinter die USA, Japan, ja selbst hinter Westeuropa zurückgefallen.

Im übrigen haben sich die Sowjets seit jeher in der Preisgabe neuer Techniken sehr zurückhaltend gezeigt. In dieser Hinsicht sind die westlichen Industrieländer, trotz der Beschränkungen durch die Cocom-Liste, noch immer die interessanteren Partner. Auch als Absatzmärkte; denn der sowjetische Markt ist für die Waren, die China liefern kann, begrenzt — ganz abgesehen davon, daß er keine harten Devisen bringt.

Nicht einmal politischen Gewinn würden die Chinesen durch eine Entente cordiale mit der Sowjetunion erzielen. Sicher, sie könnten auf Unterstützung in der Taiwan-Frage rechnen — in Worten; der Anschluß Taiwans würde dadurch aber keineswegs erleichtert, eher erschwert.

Aber, wird man vielleicht einwerfen, verbindet Moskau und Peking nicht die gemeinsame Ideologie? Nein, die Ideologie war in den zwanziger und dreißiger Jahren in der Tat ein Band, das die Marxisten aller Länder vereinigte; aber die Sowjetunion und nach ihr die anderen sozialistischen Länder haben die Ideologie prostituiert und schamlos für ihre eigenen nationalen Ziele mißbraucht, so daß sie ihre bindende Kraft längst verloren hat.

Wenn es jedoch nicht zu einer Aktionsgemeinschaft kommt wie in den fünfziger Jahren, wie weit kann die Annäherung gehen? Es könnte zu Truppenreduktionen beiderseits der sowjetisch-chinesischen Grenze kommen. Der Handel könnte sich in begrenztem Maße erhöhen. Wissenschaftler in nichtsensiblen Disziplinen, Sportler und Künstler könnten ausgetauscht werden. Vielleicht würde man die Diskussion über Grenzfragen wiederaufnehmen. Im zwischenstaatlichen Verhältnis würde man die Formen korrekt wahren, und vielleicht würde es im Laufe der Zeit auch einmal zu begrenzten politischen

Konsultationen kommen, wobei die Chinesen sehr darauf achten würden, daß sie als Gleichberechtigte behandelt werden.

Über einige dieser Themen konnten Abkommen abgeschlossen werden, doch es gibt sicherlich auch Bereiche, in denen die Chinesen sich nicht festlegen lassen werden: So dürften sie kaum bereit sein, Zusicherungen über Wohlverhalten in ihrer Propaganda oder über ihre Politik gegenüber anderen kommunistischen Parteien zu geben. Eine Allianz aber, die auch nur von ferne an den Freundschafts- und Bündnisvertrag vom Jahre 1950 erinnert, würden die Chinesen mit Sicherheit nicht abschließen.

Bisher haben die Chinesen nur von staatlichen Beziehungen gesprochen. Glückwünsche oder Beileidsbezeigungen galten jeweils nur der sowjetischen Regierung oder den Völkern der Sowjetunion. Die Kommunistische Partei der Sowjetunion wurde nie angesprochen, so, als ob es sie überhaupt nicht gäbe. Dennoch wäre es, wenn sich die staatlichen Beziehungen normalisierten, kein großer Schritt mehr bis zur Aufnahme auch von Parteibeziehungen, deren Bedeutung Peking in letzter Zeit immer mehr heruntergestuft hat.

Die staatlichen Beziehungen zwischen Peking und Moskau werden sich, wie auch die Chinesen vermuten, nicht plötzlich, sondern Schritt für Schritt im Verhältnis zu den von Moskau eingeräumten Konzessionen normalisieren. Das wird sicherlich ein langer Prozeß sein, der sich viele Jahre hinziehen wird und in dessen Verlauf die chinesische Führung wohl noch weitere Forderungen erheben wird, zum Beispiel hinsichtlich der sowjetischen militärischen Stützpunkte in Vietnam, Laos und Kambodscha.

Es ist nicht auszuschließen, daß die Verhandlungen scheitern, wenn nämlich die sowjetischen Konzessionen die Chinesen nicht befriedigen. Das wäre jedoch für die chinesische Führung kein Grund zur Verzweiflung. Denn auch in diesem Fall würde ihr schon allein das Kopfnicken auf die Moskauer Offerte einige beachtliche Vorteile eingebracht haben: Sie hätte den innenpolitischen Skeptikern und Gegnern ihren guten Willen zu einer Wiederannäherung an Moskau demonstriert und könnte nun beweisen, daß ernsthafte Verhandlungen mit den Sowjets zu nichts führen.

Sie hätte außerdem vielen Politikern in der westlichen Welt einen kleinen Schrecken eingejagt und gezeigt, daß China keineswegs an eine Politik der Konfrontation mit der Sowjetunion gebunden und daher auf westliche Rückendeckung angewiesen sei, sondern daß der Westen Anstrengungen machen müsse, um China vor Versuchungen aus Moskau zu bewahren.

Eine Normalisierung der sowjetisch-chinesischen Beziehungen bedeutet nicht gleichzeitig eine Abkehr Chinas von den westlichen Industrienationen, insbesondere den USA. Ganz im Gegenteil, die ständige Möglichkeit, sich an die USA anzulehnen und in der westlichen Welt Unterstützung zu finden, ist eine Voraussetzung für Pekings Normalisierung der Beziehungen zu Moskau. Um seine Unabhängigkeit zu bewahren, braucht China, weil es so viel schwächer ist als Moskau, die enge Verbindung zum Westen, um nicht in das sowjetische Schwerefeld gezogen zu werden. Eine weitere, wenngleich recht abstrakte Bemerkung sollte der Vollständigkeit halber hinzugefügt werden: Diese Politik Chinas ist nur möglich, wenn die Sowjetunion und die USA sich in ihrer Politik konfrontierend gegenüberstehen.

Allerdings wird die chinesische Außenpolitik in Zukunft nicht mehr immer so einfach zu berechnen sein wie in den letzten Jahrzehnten, als man den Pekinger Standpunkt mit Sicherheit exakt auf der Gegenposition zum Moskauer finden konnte. Die Formel zur Berechnung der chinesischen Politik ist jetzt etwas komplizierter geworden, und gewiß wird diese Politik manchmal den Eindruck erwecken oder auch erwecken wollen, wenn sie eine Forderung bei der einen Seite durchzusetzen Schwierigkeiten hat, als gäbe es noch eine Alternative. Doch dadurch sollte man sich nicht ins Bockshorn jagen lassen: China wird sich nicht von dem Gravitationsfeld der Sowjetunion einfangen lassen und als weiterer Satellit um Moskau kreisen.

Wir können vielmehr eine Normalisierung der Beziehungen zwischen Moskau und Peking mit Gelassenheit betrachten. Der mächtige sowjetische Nachbar wird, auch wenn die Beziehungen normalisiert sind, eine ständige potentielle Bedrohung Chinas bleiben, und die Führung in Peking hat gezeigt, daß sie diese Gefahr sieht. Enttäuscht werden höchstens diejenigen sein, die insgeheim dem Gedanken nachhingen, die »chinesische« Karte sei ein As, das der Westen bei Gelegenheit als Trumpf gegenüber der Sowjetunion ins Spiel bringen könnte.

»Was ist denn Ihrer Ansicht nach die Triebfeder der Sowjets?«, fragte Herr Ehmke. »Ist es vielleicht Angst?«

Herr Li Xiannian lachte. »Angst? Nein, ihre Triebfeder ist der Wunsch, China zu kontrollieren. Sie wünschen, daß unser Parteivorsitzender jedes Jahr nach Moskau reist, sich Rat und Weisungen holt, Tribut abliefert und sich für Gunst und Wohlwollen der sowjetischen Führung bedankt und überall verkündet, daß die Sowjets die größten Marxisten und die besten Freunde der Dritten Welt sind. Aber das kann man mit uns nicht machen!«

Was einer Politik des großen Einverständnisses zwischen Peking und Moskau entgegensteht, ist, daß die Chinesen in ihrer Ehe mit der Sowjetunion das Vertrauen auf das Wort und die Vertragstreue der Sowjets verloren haben. Und das ist wohl das letzte und höchste Hindernis. Die sowjetische Politik von heute, und so, wie sie auf lange Sicht angelegt ist, aber ist kaum geeignet, das Vertrauen der Chinesen wiederzugewinnen.

Der Erste Kaiser und der Große Vorsitzende

Er war der Größte. Er hat es gewußt und auch gesagt. Er war größer als alle die anderen großen Herrscher der Vergangenheit, und er wurde nicht müde, das zu erklären und in Stein einmeißeln zu lassen. Er hat das Reich geeint, alles vereinheitlicht, die herrschende Klasse entmachtet und die Gesellschaft Chinas von Grund auf geändert. Für seine Pläne mußten Millionen sterben. Aber die Menschen waren ihm gleichgültig. Es zählte nur einer in China: Er.

Es ist nicht vom Großen Vorsitzenden Mao die Rede, sondern vom König Zheng, der im Jahre 246 v. Chr. mit dreizehn Jahren auf den Thron des Staates Qin kam und bis zum Jahre 210 v. Chr. lebte. Als er starb, war er 49 Jahre alt.

Der Staat Qin lag an der Westgrenze Chinas; jenseits der Grenze begannen die Wüsten. In der Bevölkerung des Landes gab es schon eine beträchtliche Anzahl Tataren, wie sie nebenan, in den Wüsten außerhalb der zivilisierten Welt, der chinesischen Welt, lebten. Es war die Zeit der Streitenden Reiche, in der fast drei Jahrhunderte lang die zehn bis zwölf chinesischen Fürstenstaaten im Kampf miteinander lagen. Der Staat Qin lag weit außen und abseits. »Die Leute von Qin haben die gleichen Sitten wie die Barbarenstämme Rong und Di«, sagte man im Zentrum der zivilisierten chinesischen Welt. »Sie haben das Herz eines Tigers und eines Wolfes. Sie haben keine Ahnung vom Guten Ton, von den verwandtschaftlichen Beziehungen und von anständigem Benehmen. Auf irdene Töpfe hauen, auf Becher schlagen, die Pipa zupfen, an Hüftknochen hämmern und ›Wuuu-Wuuu‹ schreien und damit Auge und Ohr ergötzen — das ist die ›Musik des Staates Qin!«

Aber eine solche Musik verdarb das Volk auch nicht, wie der Philosoph Xunzi lobend vermerkte. Sie verführte das Volk nicht mit süßen und dekadenten Melodien und Rhythmen. Das Volk war und blieb einfach und stand in Ehrfurcht vor seinen Beamten. Die Beamten waren streng, aber gerecht und hatten nichts im Sinn als das Wohl des Staates und das Wohlergehen des Volkes. Kurzum, es war dort alles so, wie der Philosoph es sich nur wünschen konnte. Lediglich einen bedauerlichen Mangel mußte er feststellen, und der war entscheidend: Man hielt in Qin nichts von Konfuzius und den Konfuzianern. Sie waren dort nicht gelitten. Das mußte über kurz oder lang zu einer Katastrophe führen. Der Philosoph Xunzi war dessen sicher. Doch bis zur Katastrophe verging noch viel Zeit.

Qin war unter den Fürstenstaaten des alten China, was Sparta für Griechenland oder Preußen für Deutschland war. Man rümpfte die Nase über diesen unkultivierten Staat, in dem das einfache Leben zur Tugend erhoben wurde, aber man respektierte und fürchtete ihn.

Die Herren von Qin kümmerte dieses Urteil der Umwelt nicht. Von den Konfuzianern und dem Humanismus des Konfuzius wollte man in der Tat nichts wissen. Man hielt seine Lehre für eine weltfremde Ideologie. Der Staat Qin stützte sich auf die moralfreie Macht- und Staatsphilosophie Shang Yangs, der einmal Kanzler gewesen war und dessen Lehre und Politik Qin stark gemacht hatten.

Als der König Zheng im Jahr 221 v. Chr. die anderen chinesischen Fürstentümer und somit *tian xia,* »Alles, was unter dem Himmel ist«, die zivilisierte Welt, also, erobert und unter seiner Herrschaft geeint hatte, begann eine neue Epoche. Um das aller Welt sinnfällig zu machen, geruhte er, statt des alten Titels »König« einen neuen zu prägen und anzunehmen. Er nannte sich nun Shi Huangdi — Erster Erhabener Kaiser. Von jetzt an sollten die Kaiser numeriert werden: eine endlose Reihe, denn die Qin-Dynastie sollte zehntausend Jahre regieren. Indessen, vier Jahre nach dem Tode des Ersten Erhabenen Kaisers nahm der Zweite Erhabene Kaiser Gift, und damit erlosch die Qin-Dynastie. Sie war fünfzehn Jahre an der Macht gewesen. Man sieht, zehntausendjährige Reiche dauern auch nicht viel länger als tausendjährige.

Das eben erst geeinte chinesische Reich brach zusammen, aber die alte Zeit kam nicht wieder. Der Name Qin Shihuang — Erster Kaiser der Qin-Dynastie — aber wurde ein Schreckenswort. Der bedeutende deutsche Sinologe Richard Wilhelm rechnete ihn unter die »großen Bösewichter und Sündenböcke der chinesischen Historie« und polemisierte mit Maximilian Harden, der lange Artikel in seiner Zeitschrift *Zukunft* über diesen Kaiser geschrieben hatte. Nichts sei bezeichnender, schrieb Richard Wilhelm, als die Sympathie, mit der die Europäer ihn vor den vermeintlichen Vorurteilen der chinesischen Historiker retten und ihm nachträglich einen Ruhm verschaffen wollten, der dem Kaiser in China dauernd versagt geblieben sei.

Dauernd? Hier irrt Wilhelm. Erst in neuerer Zeit hatte Qin Shihuang einen gewichtigen Fürsprecher unter den Chinesen, der ihn endlich rehabilitieren wollte, nachdem das konfuzianische China den Kaiser zweitausend Jahre lang verdammt und als Inbegriff alles Bösen hingestellt hatte. Einen gewichtigeren Fürsprecher hätte der Kaiser gar nicht finden können. Wir kommen darauf noch zurück.

Das hier also ist der Berg Li. Tief im Innern liegt der Erste Kaiser. Der Hügel ist nicht sehr eindrucksvoll. Die Pyramiden sind gewaltiger. Der Berg Li ist nur ein riesiger Maulwurfshügel, ein aufgeschütteter Kegel von vielleicht fünfzig Metern Höhe, aber mit einer weiten Basis. Sein Profil ist ganz glatt, ebenmäßig und langweilig. Doch der Berg birgt Verborgenes. Nur wenig davon ist bisher ans Licht gekommen. Nur wenig? Nun, wie man es nimmt: Es ist immerhin eine Legion von Statuen. Es werden insgesamt an die siebentausend lebensgroße Standbilder sein.

Schon als er den Thron bestieg, mit dreizehn Jahren also, gab er den Auftrag, mit den Ausschachtungsarbeiten für das Grab zu beginnen. Das wollte er nicht seinem Nachfolger überlassen. Das Grab sollte an Größe und Pracht alles übertreffen, was bisher dagewesen war. Er wußte schon früh, wer er war und wie die Nachwelt ihn sehen sollte. Als er mit neunundvierzig Jahren starb, war das Grabmal noch immer nicht vollendet, obwohl damals siebenhunderttausend Mann daran arbeiteten.

Wir sind von Xian (Hsian), der Hauptstadt der Provinz Shaanxi, etwa eine Stunde über Land gefahren, bis wir den Berg Li zu Gesicht bekamen. Wir sind an Feldern vorbei und durch Dörfer gefahren. Hier ist uralter Kulturboden; aber die Dörfer, die Felder, die Straßen unterscheiden sich in nichts von den Dörfern, Feldern und Straßen, wie wir sie aus anderen Provinzen kennen.

China hat keine Pyramiden, keine Burgen und Paläste wie Mykene, Tiryns oder Persepolis, keinen hohen Marmortempel wie den Parthenon. Man baute in China seit jeher in Holz und mit luftgetrockneten Ziegeln.

Am Rande der asphaltierten Straße stehen Bäume. Damals, vor zweitausendzweihundert Jahren, hatten hier rechts und links von der Straße sicher meilenweit die Buden oder Zelte der siebenhunderttausend Strafgefangenen gestanden, die am Berg Li arbeiteten. Oder mußten sie sich Gruben graben, um gegen Wind und Wetter geschützt zu sein? Viel Umstände hatte man sich mit ihnen sicherlich nicht gemacht. Man hatte sie als Strafgefangene kenntlich gemacht, im Gesicht tätowiert. Sie mußten rote Kleidung tragen, und die meisten hatte man kastriert. Man verhängte diese Strafe gerne: Sie schmerzte, demütigte, zeichnete für immer und verminderte doch nicht die Arbeitskraft. Die Hunderttausende, die hier für den Ersten Erhabenen Herrscher fronten, haben keine Spur hinterlassen.

Auf beiden Seiten der Allee liegen Maisfelder. Der Berg Li allein ist sichtbares Zeugnis, daß hier Menschen gearbeitet haben. Einige der Arbeiter aber wird man eines Tages finden, wenn man daran geht, ans Licht zu bringen, was der Berg birgt. Alle Handwerker und Architekten, die den Plan der Grabanlage kannten, hat man zwischen dem mittleren und äußeren Tor eingemauert, damit sie das Geheimnis nicht verraten. Man wird sie finden; aber sie müssen noch etwas warten.

Doch für die Soldaten des Kaisers ist der Tag der Auferstehung schon gekommen. Eine Legion von ihnen, siebentausend Mann, meist Infanteristen, aber auch Spezialeinheiten von Bogenschützen und waffenlosen Kriegern in Haltungen, wie wir sie von Karatesportlern kennen, Streitwagenlenker mit Streitwagen und Rössern, bewachen seit dem Jahr 210 v. Chr., seit der Zeit Hannibals also, den östlichen Zugang zum Berg Li.

Viele von ihnen sind allerdings nicht mehr so ganz einsatzfähig, denn sie sind aus gebranntem Ton, und jetzt sind sie kaputt, in Scherben. »All the king's horses and all the king's men«, heißt es in *Alice im Wunderland, »couldn't put Humpty-Dumpty together again.«* Aber jetzt ist nicht Humpty-Dumpty kaputt, sondern *all the king's horses and all the king's men,* und Hunderte von Archäologen müssen sehen, wie sie sie wieder zusammensetzen können.

Sie arbeiten unter dem Glasdach eines Gebäudes; es sieht aus wie eine riesige Bahnhofshalle und überdeckt das Ausgrabungsfeld Nr. 1, das größer als ein Fußballplatz ist. Unter ihm steht die Hauptstreitmacht mit etwa sechstausend Kriegern, angetreten in neun Reihen zu vier Mann und zwei Reihen zu zwei Mann. Man hat hier und da Gruben oder Korridore gegraben, etwa fünf Meter tief. Einige der Gruben sind voller Scherben, aber da seit zweitausendzweihundert Jahren niemand dort unten war, sind noch alle Scherben vorhanden, und man braucht sie nur zusammenzuklauben und zusammenzusetzen. Man braucht nur Geduld.

Wir steigen in eine der Gruben, wo eine zusammengefallene Holzdecke der alten Zeit nicht soviel Schaden angerichtet hat. Da wachsen uns die Soldaten aus der Erde entgegen. Sie sind bis zur Brust, bis zu den Hüften, bis zu den Knien ausgegraben, unbeschädigt die meisten. Manche stehen etwas schräg. Einem fehlt der Kopf. Er wird sich noch finden. Sie stehen geduldig in Reihen und warten, daß man sie erlöst. Man denkt an

Auferstehungsbilder des Barock. Doch hier stehen uns die Toten leibhaftig gegenüber. Wir können ihnen ins Auge sehen. Wir dürfen sie sogar anfassen. Sie lassen es sich gefallen. Sie hatten es sich sogar gefallen lassen müssen, als ein paar Jahre nach dem Tode des Ersten Kaisers von Qin ein Aufrührergeneral ihnen all die scharfen Waffen abnahm, mit denen sie hier Wache hielten. Die Waffen konnte man auf Erden besser gebrauchen.

An ihren Rüstungen fehlt weder ein Knopf noch eine Niete. Soweit ging der Realismus nun doch nicht, daß man etwa einen Mann mit abgerissenen Knöpfen oder schiefsitzendem Panzer dargestellt hätte. Vielleicht hatten die Feldwebel Befehl, die Statuen vor der Abnahme zu inspizieren und die Knöpfe zu zählen. Ich kam bei einem wohlgerüsteten Gemeinen auf zweihundert. Die Gürtel, die Halstücher, die Schlaufen sind alle ordentlich; die Stirnbänder sind straff gezogen. Das Auge des inspizierenden Spießes muß das mit Wohlgefallen gesehen haben. Dennoch sind die Statuen nicht langweilig. Natürlich, archaische griechische Kouroi sind es nicht. Das hier war ja auch ein Großauftrag. Es sollte hier auch nicht etwa ein Festzug wie der der Panathenäen in all seiner Schönheit *en relief* gezeigt werden, sondern eine wohldisziplinierte Legion sollte Aufstellung nehmen und die Ruhe des Ersten Erhabenen Kaisers für alle Ewigkeit bewachen.

Als der Gardepräfekt, der mit seinem Stab ein paar hundert Meter weiter gefunden wurde, von seinem lackierten Streitwagen gestiegen war, hatte ein Offizier »Achung!« und »Stann!« gebrüllt, was soviel bedeuten sollte wie »Achtung!« und »Stillgestanden!« und hatte gemeldet: »Ganze Legion angetreten!« Und so stehen sie noch heute da, erstarrt, schweigend, manche höchstens etwas schief, und dem einen fehlt vielleicht ein Kopf oder ein Arm. Aber kein Knopf.

Man hat erst an die sechshundert Statuen ausgegraben, doch da alle genau ausgerichtet sind und da es undenkbar ist, daß irgendwo eine Lücke bestehen, eine Statue nicht angetreten sein sollte, kann man in Gedanken die Reihen unter der Erde entlanggehen und Parade abnehmen. Die Haltung der Soldaten ist uniform. Natürlich. Aber Abweichungen sind zugelassen, soweit sie sich mit dem Reglement vereinen lassen.

Nur die Gesichter wiederholen sich nicht. Da lagen wohl auch strenge kaiserliche Befehle vor. Vielleicht sind es die Porträts der kaiserlichen Garde, bei den Offizieren möchte man es auf jeden Fall annehmen. Es sind erstaunliche Bildnisse darunter, aber die Gesichter sind unbewegt, ohne Regung. Wie befohlen.

Man hatte zwar schon früher aus einigen Quellen etwas von großen Rundplastiken im Staate Qin gelesen, aber niemand hatte das so ganz ernstgenommen. Noch vor einem Jahrzehnt hatten die Fachleute behauptet, die chinesische Großplastik habe erst mit dem Buddhismus, also fast ein halbes Jahrtausend später begonnen.

Da gruben im Jahre 1972 Bauern einer Volkskommune in der Nähe des Berges Li, zwölfhundert Meter östlich von ihm, einen Brunnen und begegneten dort unten einem der wachehaltenden Soldaten des Ersten Erhabenen Kaisers von Qin. Man möchte sich fragen, wer wohl erschrockener war, die Bauern oder der Soldat. So begann die größte archäologische Sensation Chinas.

Wir stehen in der Grube neben den Auferstehenden und sehen ihnen ins Auge. Wenn sie uns auf der Straße oder im Traum einmal begegnen sollten, würden wir sie wiedererkennen. Es sind nicht die harten, schwierigen, nüchtern-skeptischen Gesichter, die wir aus der Römischen Republik kennen. Es sind eben die Gesichter von Soldaten, die nicht denken, zweifeln und befehlen sollen, sondern die gehorchen müssen. Es sind junge Gesichter, vom Leben noch nicht gezeichnet. Manche sind geglättet und retuschiert. Sie sollen keine Bewegung zeigen.

Es sind keine Freiwilligen. Es ist kein wilder Haufen, der sich um den Kaiser schart. Es sind keine begeisterten Vaterlandsverteidiger. Sie sind nicht hier, um für die Freiheit zu kämpfen, sondern um sie zu unterdrücken. Die Kriege des Kaisers sind nicht ihre Kriege.

Das Haus Qin war groß geworden durch Yang aus der Familie Gung-sun, besser bekannt als Shang Yang oder der Edle Herr von Shang. Er lebte zur Zeit Philipps II., Alexanders des Großen Vater. Die Konfuzianer, die Intellektuellen überhaupt, nannte er Läuse oder Schädlinge; man kann auch übersetzen:

Ratten und Ungeziefer. Sie hatten im Staate Qin nichts zu suchen und nichts zu sagen. Shang Yang war ein Mann der *Realpolitik.* Über die Menschen dachte er sehr skeptisch. In dem ihm zugeschriebenen Buch heißt es: »Wie man erkennt, ob die Leute nützlich sind? Wenn sie den Krieg in der Luft spüren und sich daraufhin benehmen wie hungrige Wölfe, die Fleisch sehen, dann sind sie nützlich. Im allgemeinen haßt das Volk den Krieg. Wer aber bewirken kann, daß das Volk am Krieg Freude hat, der wird die Herrschaft erlangen.«

Aber Freude am Krieg ist in den Mienen der Soldaten nicht zu lesen. Die Gedanken sind wegretuschiert worden. Die Menschen in China sollten nicht denken. Konfuzius hatte die gefährliche Idee gehabt, die Menschen zu erziehen. Shang Yang wünschte ungebildete Untertanen. Wie der große Philosoph Lao-tse. Das Denken war Sache der Regierung, die Menschen hatten zu gehorchen.

Wo der Kaiser so viele Porträts hatte anfertigen lassen, wird er sicher auch ein Bildnis von sich selbst in Auftrag gegeben haben. Vielleicht wird man es im Innern des Berges finden, und vielleicht nicht nur eins. Wir wollen hoffen. Er wird sicher den größten Künstler der Zeit geholt haben. Aber ob der gewagt hat, den Kaiser so darzustellen, wie er war und wie ihn einmal einer seiner Ratgeber geschildert hat?

»Er hat eine Hakennase. Seine Augen sind wie Schlitze. Er hat eine Hühnerbrust und die Stimme eines Schakals. Er ist ohne jede Barmherzigkeit, und in seiner Brust schlägt das Herz eines Tigers oder eines Wolfes. In der Not erniedrigt er sich; wenn er aber im Erfolg steht, verschlingt er die Menschen ohne Bedenken.

Ich bin ein einfacher Untertan in hausgewebtem Rock, aber er behandelt mich, als sei ich sein Herr. Wenn es ihm gelingt, das Reich zu erobern, werden wir alle seine Gefangenen sein. Bei einem solchen Mann kann man nicht lange bleiben.«

Er blieb natürlich. Er wurde Oberbefehlshaber der Streitkräfte. Außerdem wußte man ja auch aus Shang Yangs Buch, daß man an den Herrscher nicht übertrieben hohe moralische Anforderungen stellen sollte: »Ein Herrscher, der im Ruf steht, tugendhaft zu sein, hat keine treu ergebenen Minister; ein milder Vater hat keine gehorsamen Söhne.«

Aber auch von Ministern, die Boy-Scout-Idealen folgten und nur das Gute wollten, hielt Shang Yang nichts: »Eine Regierung von *do-gooders* führt zur Gesetzlosigkeit und zum Zerfall des Staates; eine Regierung von bösen Gesellen bewirkt dagegen Ordnung und Stärke.« Hitler hätte an diesem Philosophen seine Freude gehabt.

Shang Yangs politische Lehre wurde Staatsdoktrin von Qin und führte den Staat zur Macht über die anderen Streitenden Reiche. Die überlieferten Tugenden hielt der Philosoph und Staatsmann nicht nur für entbehrlich, sondern sogar für schädlich. Er zählt sie verschiedentlich auf: »Wenn es im Land folgende zehn Übel gibt: Etikette, Musik, Lieder, Geschichte, Tugendstreben, Morallehre, kindlichen Gehorsam, Bruderliebe, Rechtschaffenheit, Philosophie — dann kann der Herrscher nicht durchsetzen, daß das Volk kämpft, und Zerfall ist unvermeidbar.«

Von diesen zehn Übeln war der Erste Erhabene Kaiser von Qin frei. Er liegt dort drüben im Berg Li in einer Grabkammer, die noch verschlossen ist. Aber der »Großhistoriker und Großastrologe« Sima Qian, der hundert Jahre später lebte, hat sie nach Urkunden beschrieben. Sie war ein Abbild des Kosmos; man darf sie sich deshalb nicht zu klein vorstellen. An der Dekke war der Nachthimmel mit den Gestirnen abgebildet, und der Fußboden war die Erde mit dem Jangtse, dem Hoang Ho und den anderen Flüssen Chinas. Sie führten kein Wasser, sondern Quecksilber, und eine sinnreiche Einrichtung machte, daß sie in einen Miniaturozean zu fließen schienen. In der Kammer waren Modelle von Palästen, Pavillons und Regierungsgebäuden aufgestellt. Wertvolle Gefäße — man denkt an Bronzegefäße — und Edelsteine durften natürlich nicht fehlen. Und damit nicht Finsternis herrsche, waren Lampen angezündet, deren Behälter voll von Waltran waren und die ewig leuchten sollten. Armbruste standen an strategischen Punkten. Sie waren gespannt und waren so eingerichtet, daß sie jeden Grabesräuber, der in die Kammer eindringen wollte, automatisch erschossen. Dennoch ist nicht sicher, ob der Rebellengeneral, der den wachhabenden Soldaten die scharfen Waffen geraubt hat, nicht auch hier eingedrungen ist und sich in der Schatzkammer bedient hat.

Inmitten der Kammer lag der Kaiser in einem Sarg aus Bronze. Er war nicht ganz allein. Sein Sohn, der Zweite Erhabene Herrscher von Qin hatte befunden, »es sei nicht recht, die Damen seines Vaters, die keine Söhne geboren hatten, zu ihren Familien nach Hause zurückzuschicken«, wie es eigentlich üblich war. Die Damen wurden statt dessen eingeladen, dem Kaiser in sein Grab zu folgen, das heißt, sie wurden mit ihm begraben. Auch ihre Zahl darf man sich nicht zu klein vorstellen.

Qin Shihuang hatte mit seiner Politik, von deren Grundsätzen wir schon einen Geschmack bekommen haben, »die Einheit der Welt hergestellt«. Die zivilisierte Welt, umgeben von Barbarenstämmen, aber war für die Chinesen das Gebiet der Streitenden Reiche, ebenso wie für den Bürger des antiken Roms, Athens oder Alexandrias die Anrainerstaaten des Mittelmeers zu jener Zeit die zivilisierte Welt darstellten.

Der Erste Kaiser zwang die Fürsten und 120 000 Adelsfamilien, nach Xianyang, in die Hauptstadt Qins und des Reiches zu ziehen. Er ließ ihnen Paläste bauen, die denen ihrer alten Residenzen entsprachen. Aber der Adel war jetzt fern von dem Boden, auf dem seine Macht beruht hatte.

Der Kaiser teilte das Land in 36 Kommandanturen ein und ließ sie von je einem militärischen und zivilen Gouverneur verwalten, die sich gegenseitig kontrollierten. Sie wurden von ihm eingesetzt. Damit ersetzte er die Feudalherrschaft durch eine Beamtenherrschaft. Diese Regierungsstruktur erhielt sich über zweitausend Jahre, auch die Teilung der Macht in den Provinzen zwischen einem militärischen und zivilen Statthalter.

Als ihm einer seiner Ratgeber riet, den Söhnen Provinzen zu Lehen zu geben, ließ er den Vorschlag diskutieren; aber die anderen Ratgeber müssen erkannt haben, daß der Kaiser sich mit den Prinzen keine Probleme schaffen wollte; sie rieten ihm daher ab, und er geruhte, diesen Rat anzunehmen.

Er war der große Einiger. Das Einen, nicht das Trennen macht seit jeher in China die Größe aus. Pluralismus ist ja fast schon Zerfall, er führt zur Anarchie. Wir haben bereits gesehen, daß Shang Yang das Wort Zerfall als Schreckenswort benutzte.

Mao Zedong hat im Jahre 1949 die Nation geeinigt. Das war etwas Großes. Damals war er noch »gut«. In der Kulturrevolution aber, die 1966 begann, hat er sie entzweit. Das war »schlecht«, und das war ein Fehler. Das wurde inzwischen ja auch parteiamtlich festgestellt.

Qin Shihuang dagegen hat alles vereinheitlicht, was er vereinheitlichen konnte: die Schrift, die Gewichte, die Längen- und Hohlmaße, die Radspur der Wagen, das Münzwesen. Er hat sogar versucht, die Gedanken zu vereinheitlichen.

Er hat die Große Mauer gebaut und dazu auch schon bestehende Mauern benutzt, die die Teilstaaten früher gegen die Nomaden im Norden errichtet hatten. Er hat Kanäle ausheben und Chausseen anlegen lassen. Sie waren fünfzig Meter breit und von Bäumen gesäumt. Um Biegungen zu vermeiden, wurden Berge abgetragen und Täler aufgefüllt, schreibt Sima Qian. Die Volksrepublik China wäre heute froh über ein Netz solcher Straßen. Der Kaiser hat die Hunnen in die Ordos-Wüste zurückgetrieben und das Land südlich des Jangtse bis ins heutige Vietnam hin erobert. Bei Hanoi wurde eine Garnison errichtet.

Selbst die kosmologische Magie mußte davon Notiz nehmen, daß ein neues Zeitalter angebrochen war. Während früher Feuer das regierende Element gewesen war, bestimmte der Kaiser nun das Wasser zu dem Element, das die Dynastie fördern und schützen sollte, und damit war nicht mehr Rot, sondern Schwarz die regierende Farbe, und von jetzt ab regierte die Zahl Sechs das Leben. Sogar die Beamtenhüte mußten sich danach richten: Sie durften nur sechs Zoll lang und breit sein. Das Urkundenformat wurde genormt: Sechs Zoll mußten die Bambusstreifen lang sein, auf die man damals schrieb. Der Kaiser verließ sein Büro nicht, bis er sein Tagespensum an Akten aufgearbeitet hatte. Es waren zwei mal sechzig Pfund.

Der Kaiser ließ in Felsen und Monumente die Worte meißeln: »Er regelte alle Dinge, er prüfte alle Taten. Er gab allen Dingen ihren Namen.« Nach der taoistischen Lehre »kommen die Dinge auf den Kaiser zu, und er gibt ihnen die Namen«.

Heute ist das die Aufgabe des Zentralkomitees der Kommunistischen Partei oder seines Politbüros. Sie entscheiden, ob ein Mann schwarz oder weiß, ob und bis wann Mao »gut« und von wann ab er »nicht mehr so gut« gewesen ist. Das Volk soll wissen, was es zu glauben oder jedenfalls wie es sich zu verhalten hat, wenn es nirgends anecken will.

Wer die Dinge benennen kann, ist Herrscher über die Dinge. Der Großhistoriker erzählt eine Geschichte vom Zweiten Erhabenen Kaiser, dem Sohn des Ersten: Der Kanzler Chao Gao, der den Thron usurpieren wollte, machte eine Kraftprobe. Er ließ dem Kaiser einen Hirsch vorführen und sagte, er schenke ihm dieses Pferd.

Der Kaiser lachte: »Da haben Sie sich wohl versprochen, Herr Kanzler? Das ist doch kein Pferd, sondern ein Hirsch!«

Aber als er sich zu den Beamten und Höflingen ringsum wandte, damit sie ihn bestätigten, verging ihm das Lachen. Sie machten ernste Gesichter und dachten angestrengt nach. Einige meinten, das Tier sehe in der Tat in gewisser Hinsicht und je nach dem Standpunkt, von dem aus man es betrachte, einem Pferd nicht ganz unähnlich. Einige konnten sich nicht entscheiden. Doch es gab auch einige, die keine politische Phantasie besaßen, die in dem Hirsch nichts anderes als einen Hirsch sahen und das geradeheraus sagten. Die ließ der Kanzler nachher bestrafen.

Das war das Ende des Zweiten Kaisers. Er konnte die Dinge nicht mehr benennen. Er besaß keine Macht mehr über sie. Die Macht war auf den Kanzler übergegangen, der den Kaiser zwang, Gift zu nehmen, und damit erlosch die Dynastie.

Der Erste Erhabene Kaiser hätte sich keinen Hirsch für ein Pferd machen lassen. Auf einem Berg ließ er ein Denkmal für sich errichten und auf einer Tafel seine Taten rühmen:

Er erließ Gesetze, ließ nichts im Zweifel;
Er gab kund, was verboten ist.
Die örtlichen Beamten haben ihre Pflichten.
Alles wird korrekt ausgeführt, alles nach Plan...
Es gibt keine Räuber.
Die Menschen freuen sich seiner Herrschaft.

Doch die letzte Behauptung war wohl etwas übertrieben. Es kann keine große Lust gewesen sein, in seinem Reiche zu leben. Siebenhunderttausend Mann waren zur Zwangsarbeit an seinem Grabmal verurteilt. Über eine Million Mann arbeiteten am Bau der Großen Mauer. Nur drei von zehn kamen wieder zurück. Unzählige wurden ausgehoben, um in der Armee zu dienen oder um Straßen, Kanäle und Riesenpaläste zu bauen. Die Männer fehlten auf den Feldern. Das Volk hungerte. Selbst in der Hauptstadt wurde die Lebensmittelversorgung prekär.

Schlimm erging es auch den Intellektuellen. Sie haßten den Kaiser, und er haßte sie, weil sie immer die Vergangenheit im Munde führten und damit die glorreiche Gegenwart anschwärzten und das Volk »konfus machten«. Auch Mao hatte dieses Problem mit den Intellektuellen. Die Beschäftigung mit der Geschichte wurde ihnen nur erlaubt, wenn sich ergab, daß die Vergangenheit auch der Gegenwart diente und nützte.

Der Erste Kaiser ließ alle Geschichtsbücher und Annalen verbrennen. Sie waren unnütz. Die Annalen des Staates Qin ausgenommen, die erhalten geblieben sind. Auch die Werke der großen Philosophen und die Liedersammlungen wurden verbrannt. Bloß Sachbücher, die lebensnotwendige Anweisungen enthielten, blieben verschont: Orakelbücher sowie Werke über Medizin und Landwirtschaft. Von allen Büchern wurde zwar ein Exemplar in der kaiserlichen Bibliothek aufbewahrt und sekretiert. Die aber brannte ab.

Die Konfuzianer und das ganze chinesische Volk haben dem Ersten Kaiser diese Bücherverbrennung nie verziehen. Was gedruckt und geschrieben ist, genießt in China seit jeher Ehrfurcht. Damit geht man sorgsam und ehrerbietig um. Allerdings meint man heute, die Konfuzianer hätten, wenn sie von der Bücherverbrennung sprachen, auch ein wenig übertrieben. Es sei kaum möglich gewesen, in der kurzen Zeit zwischen dem Befehl und dem Ende des Kaisers alle Bücher zu erfassen und zu vernichten.

Den Zorn des Ersten Kaisers auf die Intellektuellen aber haben sie sicher nicht übertrieben dargestellt. Der Herrscher ließ die konfuzianischen Gelehrten, die immer von der guten alten Zeit unter den mythischen Herrschern redeten und das Volk damit verwirrten, vor Gericht stellen, wo sie sich erst einmal gegenseitig die Schuld zuschoben und einander denunzierten. Vierhundertundsechzig, die für schuldig befunden wurden, ließ er vor der Hauptstadt lebendig begraben. Man müßte die Stelle bei klarem Himmel hier vom Berge Li aus sehen können. Noch mehr Gelehrte wurden zur Zwangsarbeit an die Große Mauer geschickt.

Wenn der Kaiser in Zorn geriet, war er schrecklich. Als er einmal den Jangtse hinabfuhr, erhob sich am Berg Xiang ein großer Wind, so daß er nicht mehr vorankam. Darauf ließ der Kaiser alle Bäume des Berges fällen. Und um den Berg, der mit seinem Wind die Weiterfahrt verweigert hatte, noch strenger zu bestrafen, ihm »Gesicht« zu nehmen und ihn vor aller Welt lächerlich zu machen, ließ er ihn mit roter Farbe, wie sie die Verbrecher tragen mußten, bestreichen. Für den Berg muß das schrecklich gewesen sein. Einmal sah er von einem Hügel im Palastbezirk mit Unwillen, wie groß das Gefolge des Kanzlers war. Einer der Palasteunuchen berichtete das dem Kanzler, der seine Begleitung schleunigst verringerte. »Irgend jemand hat hier geplaudert«, rief der Kaiser zu seinen Leuten. Man kann sich vorstellen, wie er die Eunuchen und Palastbeamten durch seine engen Augenschlitze ansah und verhörte. Da aber niemand zugeben wollte, den Kanzler gewarnt zu haben, ließ er die Leute seiner Umgebung allesamt umbringen. Der Richtige wird also sicher darunter gewesen sein.

»Im sechsunddreißigsten Jahr seiner Regierung näherte sich Mars dem Herz des Skorpions«, schreibt der Großhistoriker. Ein Meteor, der in Dongzhun herabgefallen war, verwandelte sich in einen Stein, und jemand schrieb darauf: »Der Kaiser wird sterben, und das Reich wird sich spalten.« Als der Kaiser davon hörte, sandte er seinen ersten Minister dorthin, um die Angelegenheit aufzuklären. Da aber niemand zugeben wollte, die Worte auf den Stein geschrieben zu haben, ließ der Kaiser nach seiner bewährten Übung alle Leute der Gegend umbringen. Auch der Meteor kam nicht ungestraft davon: Der Kaiser ließ ihn schmelzen.

Doch all das war natürlich umsonst. Der Kaiser starb, wie zu erwarten war, im Jahr darauf, und das Reich spaltete sich wieder.

Er war der Größte, und alle Welt bestätigte es ihm, und auch er selbst ließ es überall in Stein eimmeißeln. Aber glücklich war er mitnichten. Er hatte Angst. Er war zutiefst abergläubisch. Drei Attentaten war er entgangen, aber seitdem fand er keine Ruhe mehr. Er fürchtete den Tod. Er schickte Männer aus, die das Lebenselixier und magische, das Leben verlängernde Pilze suchen sollten. Aber die meisten Männer kamen nicht wieder zurück. Sie nutzten die Gelegenheit.

An seinem Hof waren dreihundert Astrologen, die dem Kaiser nur sagten, was er hören wollte. Noch schlimmer aber waren wohl die Taoisten, in deren Bann er fiel. Sie lehrten, wer der Welt entsage, der könne die alles umfassende Einheit, die *Unio Mystica,* erleben und ein Wahrer Mensch werden. Ein Wahrer Mensch wird im Wasser nicht naß, und im Feuer verbrennt er nicht; er reitet auf den Wolken und fährt dahin in der Luft. Er lebt, solange Himmel und Erde bestehen. Darauf beschloß der Kaiser, auch ein Wahrer Mensch zu werden. Er sagte, wenn er von sich sprach, nicht mehr »Wir«, sondern »Der Wahre Mensch«.

Einer der taoistischen Magier riet ihm, sich im Palast zu verbergen, um den bösen Geistern keine Gelegenheit zu geben, ihm zu schaden. Er solle niemand wissen lassen, wo er im Palast des Nachts weile. Darauf befahl der Kaiser, die zweihundertundsiebzig Paläste und Pavillons im Umkreis von hundert Kilometern um die Hauptstadt durch Wege zu verbinden, die durch Erhebungen, Mauern oder Vorhänge verdeckt waren, und jeden Palast oder Pavillon mit Glocken, Pauken und schönen Frauen reichlich auszustatten. Stets sollte alles für ihn bereit sein, und niemand durfte bei Todesstrafe verraten, wo der Kaiser sich des Nachts aufhielt.

Er konnte keine Ruhe und kein Glück finden, schreibt Sima Qian. Und deshalb befahl der Kaiser seinen Hofdichtern, Gedichte und Lieder über die Unsterblichen und die Wahren Menschen zu schreiben, die überall gesungen werden mußten. Doch auch das half praktisch gar nichts.

Seine Angst nahm in seinem letzten Lebensjahr zu. Man kann ihn sich vorstellen, wie er, der Mann mit der Hakennase, der Hühnerbrust und den Schlitzaugen, Abend für Abend von einem Palast zum anderen, von einem Pavillon zum anderen eilte und sich aus Furcht vor Geistern und Attentätern in einen noch entlegeneren flüchtete und wie er am Morgen, wenn die Angst verflogen war, mutig in den Regierungspalast schritt und rechts und links Befehle und Todesurteile bellte.

Eines Tages kamen Magier, die er ausgesandt hatte, zurück und sagten, das Kraut des ewigen Lebens könne man mit Sicherheit in den seligen Gefilden von Penglai bekommen, aber riesige Wale hätten ihnen den Weg dorthin verlegt.

Darauf stach der Kaiser höchstselbst in See, postierte sich mit seiner Armbrust auf dem Bug des Schiffes, erlegte einen großen Fisch und bestrafte ihn damit stellvertretend für die Wale, die den Verkehr zu den Gefilden der Seligen behindert hatten.

Wieder an Land, wurde er krank. Er starb auf der Rückreise, noch weit von der Hauptstadt entfernt. Die engste Umgebung, darunter auch sein jüngster Sohn, hielt den Tod geheim. Jeden Tag wurde der kaiserlichen Sänfte Essen gebracht und politischer Vortrag gehalten. Die Sänfte erließ Edikte, die ordnungsgemäß mit dem kaiserlichen Siegel gesiegelt waren, darunter auch eins an den Kronprinzen, der an die Grenze verbannt worden war, weil er Widerworte gegeben hatte. Es befahl ihm, sich unverzüglich umzubringen, was er als gehorsamer Sohn auch tat, allerdings erst nach einigem Zögern.

Es war heißer Sommer. Die Rückreise dauerte Wochen. Da der Verwesungsgeruch aus der Sänfte bald verräterisch wurde, ließ der Kanzler ihr einen Wagen mit Pökelfisch folgen, der infernalisch stank. So kam der Erste Erhabene Kaiser von Qin in seinem Palast an, nicht mehr sehr majestätisch und hoheitsvoll anzusehen. Aber das zählte jetzt auch nicht mehr.

Was von jetzt an und in der Geschichte zählte, war, daß er, der Ängstliche, der Unglückliche mit der Hühnerbrust und der schrecklichen Stimme, die Streitenden Reiche erobert und die zivilisierte Welt in einem Staat vereint hatte. Er hatte das Volk in unerhörter Weise unterdrückt, es an die Kandare genommen und zu einem Großen Sprung Vorwärts gezwungen, der ihm — im Unterschied zu seinem späten Nachfolger — auch gelang. Das Volk ging dabei allerdings fast zugrunde. Es hat jedoch die Einigung nie mehr vergessen. Es wurde durch ihn zu einer Nation.

Aber auch die Millionen zählten, die dabei umgekommen sind, die Gelehrten, die er lebendig hatte begraben, die Bücher, die er hatte verbrennen lassen. Doch es zählte auch, daß er in elf Kaiserjahren die Fundamente für das Reich der Mitte gelegt hatte, die Jahrtausende halten sollten.

Er war groß und furchtbar, und sein Name wurde in der chinesischen Geschichte ein Schreckenswort. Die Konfuzianer sorgten dafür.

Der jüngste Sohn, der die Sänfte begleitet hatte und das Edikt der Sänfte an seinen älteren Bruder sehr gut kannte, übernahm das Reich. Er konnte den Vater noch im Berg Li begraben, das Grabmal schließen, den Berg mit Büschen und Bäumen bepflanzen, dann stand das Volk, das die Last kaiserlicher Größe nicht mehr ertragen konnte, gegen ihn auf. Und als es soweit mit ihm gekommen war, daß er nicht einmal mehr ein Pferd von einem Hirsch unterscheiden konnte, mußte er auf Befehl seines Kanzlers Gift trinken. Die Qin-Dynastie war erloschen. Rebellen eroberten die Hauptstadt. Die Paläste und die Bibliothek gingen in Flammen auf und brannten viele Tage lang, und den tönernen Wachsoldaten vor dem Grabe des Ersten Kaisers wurden die Waffen entwendet.

Aber die alten Zeiten kamen nicht zurück. Die neue Han-Dynastie einte das Volk wieder. Sie beließ es bei der zentralen Verwaltung des Reiches durch Beamte. Über hundert Jahre lang stritten sich die Gelehrten und Regierenden darum, woran es lag, daß das Reich der Qin-Dynastie so schnell zusammengebrochen war. Die Regierenden meinten, das sei gekommen, weil der Kaiser die Lehre Shang Yangs nicht konsequent genug angewandt habe. Die Konfuzianer aber behaupteten, es habe an dem teuflischen System selbst gelegen.

Die Konfuzianer setzten sich allmählich durch. Das Andenken Shang Yangs, dessen Lehre Qin zur Macht im Reiche geführt hatte, wurde verdammt. Aber was auch immer die tugendhaften Konfuzianer predigten, sie konnten nicht verhindern, daß die Namen Shang Yangs und des Ersten Kaisers sündhaft im Dunkel der Geschichte leuchteten und immer wieder die Menschen faszinierten.

Der Vorsitzende Mao Zedong zum Beispiel erkor ihn sich schon in der Schule zu seinem Helden. Er fühlte sich wohl schon früh dem großen Veränderer und Umwerter aller Werte verwandt. Daß der Kaiser die Bücher verbrannt hatte, war — wie die Parteiliteratur später lehrte — eine »progressive Maßnahme«. Der Kaiser legte eben mehr Wert auf die Gegenwart als auf die Vergangenheit. Die Konfuzianer aber, die damals das Lob der guten alten Zeit sangen, waren Reaktionäre. Sie wollten die neue Ordnung nicht anerkennen, sondern die alte wiederhergestellt sehen.

»Zweck der Bücherverbrennung war, das Denken zu vereinheitlichen«, schrieb die Parteizeitschrift für Ideologie, *Hongqi*, das heißt »Rote Fahne«, im Jahre 1974. Und das Denken zu vereinheitlichen, war ja eine gute Sache. Nichts anderes war die Aufgabe der »Roten Fahne«.

Als der Vorsitzende Mao in der zweiten Sitzung des VIII. Parteitages am 8. Mai 1958 den Kaiser Qin Shihuang lobte, warf der Marschall Lin Biao ein, der Kaiser aber habe doch die Bücher verbrannt und die Gelehrten lebendig begraben. Da lachte Mao.

»Was zählt das denn!« rief er laut Protokoll. »Er hat 460, wir haben 46 000 Gelehrte begraben. Haben wir nicht während der ›Unterdrückung der Reaktion‹ einige konterrevolutionäre Intellektuelle einen Kopf kürzer gemacht? Ich habe darüber mit demokratischen Persönlichkeiten gesprochen und ihnen gesagt: Wenn ihr uns beschimpft und behauptet, wir seien wie Qin Shihuang, so ist das nicht richtig. Wir haben den Ersten Erhabenen Kaiser von Qin hundertfach übertroffen. Wenn ihr uns Qin Shihuangs und Diktatoren nennt, so akzeptieren wir das durchaus. Ihr habt das leider nur immer noch nicht genügend herausgestellt. Wir müssen das noch wesentlich mehr betonen. (Großes Gelächter)«

Was sind die Chinesen eigentlich für Menschen?

Otto war wieder einmal aus Hongkong gekommen. Er rief vom Peking Hotel aus an und sagte, es sei mir doch sicher recht, wenn er Hildegard zum Abendessen mitbringe.

»Natürlich«, sagte ich, »aber wer ist Hildegard?«

»Meine neue Mitarbeiterin in Hongkong. Sie ist zum ersten Mal in China. Sie sieht gut aus. Eine Wohltat für die Augen.«

»Ich hoffe sehr, daß du sie mitbringst.«

»Sie hat aber falsche Ansichten über die Chinesen.«

»Das macht nichts; wir werden sie ihr gemeinsam austreiben und sie mit vereinten Kräften belehren.«

Nach dem Abendessen saßen wir auf der Terrasse. Wir hatten Räucherstäbchen angezündet und auf den Boden gestellt, um die Mücken zu vertreiben. Es war schon dunkel, aber noch sehr warm.

»Hildegard behauptete heute, die Chinesen erinnerten sie an blaue Ameisen.«

»Du hast sie, wie ich dich kenne, natürlich zurechtgewiesen.«

»So ist es«, sagte Otto. »Ich habe sie gebeten, doch einmal den Kellner zu beobachten. Er stand seit fünf Minuten an der Tür des Speiselokals und sah ins Leere. Wir wollten zahlen, und an drei anderen Tischen saßen auch Leute, die immer wieder schüchtern die Hand hoben, weil sie zahlen oder bestellen wollten. Aber er bemerkte überhaupt nichts. Auf ihn traf nicht einmal zu, was Mark Twain von den Ameisen sagt.«

Hildegard wollte wissen, was Mark Twain von den Ameisen sagt.

»Daß sie bei den Menschen als fleißige Tiere gelten, die nie müßig gehen, sondern stets emsig hin und her laufen, um Nahrung herbeizuschaffen oder Baumaterial herbeizuschleppen. Aber sie haben dem Menschen Sand in die Augen gestreut und tragen ihren Ruf zu Unrecht. Denn in Wirklichkeit sind die Ameisen nicht fleißig, sondern ganz faul. Sie arbeiten, behauptet Mark Twain, nur, wenn die Menschen sie beobachten.

Aber nicht einmal, wenn wir ihn beobachteten und ihm Signale gaben, rührte sich der Kellner im Peking Hotel; und wenn er sich traumverloren am Kopf kratzte, dann tat er das im Zeitlupentempo. Wenn er so arbeiten müßte, wie etwa ein italienischer Kellner arbeitet, würde er nach kurzer Zeit vor lauter Streß zusammenbrechen. So ist das hier überall: in den Hotels, den Fabriken, in Restaurants; und von den Geschäften oder Behörden brauchen wir gar nicht erst zu reden.«

»Aber ich habe doch die chinesischen Massen beim Bau eines Staudamms gesehen«, sagte Hildegard, »wie sie Erde schaufelten oder in Körben wegtrugen. Sie hatten Tragstangen über der Schulter und liefen immer im Trab.«

»Das war, solange du sie beobachtet hast«, entgegnete Otto. »Als du weggingst, haben sie die Körbe gleich wieder hingestellt. Nun, vielleicht nicht alle.«

Er übertrieb gerne ein bißchen.

Ich sagte: »Es gibt aber auch Hotels, wo die Kellner aufmerksamer sind.«

»Natürlich«, gab Otto zu, »und es soll auch Behörden geben, bei denen hart gearbeitet wird.«

Ich erzählte, was Günter Diehl, unser Botschafter in Tokio, berichtet hatte. Er war von Peking mit der Bahn nach Ulan Bator, der Hauptstadt der Mongolischen Volksrepublik, gefahren. »Der Zug kam um Mitternacht an der Grenze an. Er hatte zwei Stunden Aufenthalt, weil die Wagen dort für die sowjetische Spurweite der Gleise umgerüstet wurden. Es war die kälteste Zeit, an die dreißig Grad unter Null. Im Wartesaal sprach ihn eine jüngere Chinesin auf englisch an und erkundigte sich eingehend nach der Welt, nach Europa und Deutschland. Als er sich seinerseits erkundigte, ob sie hier bei der Bahn oder beim Zoll arbeite, sagte sie, nein, sie sei verheiratet in der Stadt und arbeite dort in einem Büro. Früher habe sie in Peking im Fremdspracheninstitut Englisch gelernt, aber die Radikalen hätten sie an die Grenze, buchstäblich in die Wüste geschickt. Sie wolle Dolmetscherin in Peking werden. Sie wisse natürlich, wie schwierig es sei, eine Zuzugsgenehmigung für Peking zu bekommen, aber versuchen wolle sie es wenigstens; und um ihr Englisch zu verbessern, komme sie zu jedem Sibirienexpress, der einmal oder zweimal die Woche hier um Mitternacht zwei Stunden Aufenthalt hat, und unterhalte sich mit ausländischen Reisenden in englischer Sprache.«

»Ich freue mich«, sagte Hildegard, »daß Otto nicht recht behält und daß nicht alle Chinesen so faul sind, wie er es schilderte.«

Otto meinte, die junge Dolmetscherin an der Grenze sei zwar sehr fleißig, aber eine blaue Ameise könne man sie doch wohl nicht nennen.

Hildegard antwortete: »Der Kellner und diese Frau sind doch sicher Extreme. Ist es nicht verständlich, wenn wir nach unserer ersten Reise durch China unsere Eindrücke zusammenfassen und verallgemeinern wollen? Daß wir da manchmal zu falschen Schlüssen kommen, läßt sich nicht vermeiden. Ihr habt den Vorteil, daß ihr im Laufe der Jahre mehr Chinesen getroffen habt und die Möglichkeiten des chinesischen Menschen kennt. Sind die Chinesen nicht grausam? Otto hat mir einige Geschichten aus der Kulturrevolution erzählt.«

»Bei weitem nicht alles«, sagte er.

»Wie kann man sich solche Grausamkeiten erklären?«

»Kann man Auschwitz erklären?«

»Ich kann es nicht«, sagte Hildegard.

»Wir auch nicht«, antworteten Otto und ich, und ich fuhr fort: »Ebensowenig können sich die Chinesen, mit denen ich darüber gesprochen habe, die Grausamkeiten der Kulturrevolution erklären. Solche Grausamkeiten wurden und werden von der Gesellschaft nicht gutgeheißen, weder bei uns noch bei den Chinesen. Sie waren auch in China nur möglich, weil die Führung die Exzesse, die hier freilich anderer Art waren, nicht verfolgte, sondern sie guthieß, ja, sie sogar ermutigte, zum Beispiel, wenn Jiang Qing das Mädchen Peng Xiaoming küßte, weil es den politischen wehrlosen Gegner vor dem Massentribunal mit dem Gürtel ins Gesicht geschlagen hatte. Mao und die Radikalen hatten die Normen der Sittlichkeit, *li,* außer Kraft gesetzt. Auf das revolutionäre Bewußtsein kam es ihnen an.«

»Aber man kann es nicht nur auf Mao und die Radikalen schieben«, entgegnete Otto. »Wir kennen ähnliche Beispiele in großer Zahl aus der Geschichte. Du selbst hast sie aus der Taiping-Revolution beschrieben. Doch noch in unserem Jahrhundert, im Boxeraufstand, in den Bürgerkriegswirren der zwanziger und dreißiger Jahre wurden Menschen in so grausamer Weise gefoltert und umgebracht. Mir sind chinesische Massen nie geheuer. Warum? Vielleicht weil der chinesische Mensch seine Individualität schneller in der Masse aufgibt als der individualistisch erzogene Europäer. Und die Masse hat keine sittlichen Normen. Sie wird von Emotionen getrieben und weiß nicht, was sie tut; der einzelne ist nicht mehr er selbst, er ist nur ein Glied, ein Arm, eine Hand, ein Fuß der Masse. So verhält sich, vom Wahn getrieben, die rasende Masse der Bakchen in der Tragödie des Euripides, in der Agave ihren Sohn Pentheus in grausamster Weise tötet.«

»Ich will diese Greuel nicht leugnen«, sagte ich, »aber es dauerte in China nur immer kurze Zeit, bis die ungeschriebenen Gesetze der Gesellschaft wieder wirkten und die Grausamkeit hemmten.«

»Und dann?« fragte Hildegard. »War sie dann aus den Seelen ausgefahren?«

»Nein, natürlich nicht; aber sie wurde wieder unterdrückt. Wir haben doch auch von männlichen und weiblichen Sadisten in deutschen Konzentrationslagern gehört, die nach dem Krieg in unserer Gesellschaft untertauchten und ein unauffälliges, achtbares Leben führten. Schlief die Grausamkeit?«

»Vielleicht«, sagte Otto, »findet die Grausamkeit, die in ihnen, vielleicht in jedem Menschen, angelegt ist, dann andere Auswege. Nichts zum Beispiel ist mir mehr zuwider als die heuchlerische Selbstzufriedenheit der Menschen, die mit der moralischen Meßlatte umherlaufen, aber gar nicht wissen, welche Untiefen ihre eigene Seele verbirgt. Ich kenne einen Rundfunkberichterstatter, der in seinen moralischen Forderungen unerbittlich ist, der den Politikern nichts durchgehen läßt und sich über jedes unkorrekte Verhalten entrüstet. Er ist der geborene Großinquisitor.

Aber er selbst? Ich war einmal Zeuge, wie er seine Freundin in grausamer Weise erniedrigte. Nur mit einer Bemerkung. Eine Freundin, mit der er seine Frau betrog. Sein Kind war über ein Jahr in einem Krankenhaus. Er hat es in dieser Zeit nicht ein einziges Mal besucht. Wenn man ihm Brutalität vorwerfen würde, dann würde er uns nur verständnislos anblicken. In seinen Kommentaren ist er weiterhin der strenge Moralist, der die Mächtigen entlarvt und für das Gute kämpft. Alle Welt hält ihn für einen aufrechten, rechtschaffenen und guten Menschen.«

Hildegard meinte, das wäre ein Thema für Shaw oder Ibsen gewesen. Sie fragte sich, warum die Schriftsteller von heute solche Themen nicht aufgreifen.

Otto sah mich an, als erwarte er von mir eine Antwort.

»Ich weiß es nicht«, sagte ich. »Vielleicht weil sie selbst so große Moralisten sind und ihre Kritik mit Vorliebe an Pappfiguren von Politikern, Beamten, Unternehmern oder Generälen üben, ihre eigene Fragwürdigkeit, die literarisch darzustellen viel ergiebiger sein könnte, aber gar nicht sehen. Thomas Mann war, soweit ich das hier von China aus sehe, der letzte bedeutende deutsche Schriftsteller, der seine Fragwürdigkeit sah und darstellte.«

»Wir sprachen von der Grausamkeit der Chinesen«, sagte Otto, der nicht von Thomas Mann reden wollte. »Ich denke mir das folgendermaßen: Sie leben in der strengen Zwangsjacke der fünf menschlichen Grundbeziehungen zwischen Herrscher und Untertan, Vater und Sohn, Mann und Frau, älterem und jüngerem Bruder und zwischen Freunden. In allen Beziehungen, außer der letzten, ist immer ein Teil dem anderen untergeordnet. Die Chinesen lebten stets unter dem strengen Code von Pflichten, der die Willkür der Übergeordneten begünstigte, die Untergeordneten aber drückte und knebelte und der zu vielen Konflikten führte. Man versteht von daher die vielen Aufstände in der chinesischen Geschichte, in denen der Mensch aus seinen gesellschaftlichen Pflichten und Normen, aus sich selbst heraustrat. Die Griechen sprachen von *ék-stasis;* in diesen Zeiten der Ekstasen, des Außer-sich-Seins ereigneten sich dann die Grausamkeiten, die die Chinesen heute nicht mehr verstehen, weil sie wieder in ihre gesellschaftlichen Pflichten und Normen eingetreten sind, sozusagen im Zustand der *én-stasis* sind.

Ich glaube, in der chinesischen Geschichte sind solche ekstatischen Zustände häufiger, vielleicht weil ihr Denken und Trachten nicht so auf die Einzelpersönlichkeit gerichtet war und ist wie bei uns und weil sie leichter in einer Masse aufgehen. Aber ich sehe, du brennst darauf, mir Gegenbeispiele vorzuhalten.«

»In der Tat«, sagte ich. »Von den Grausamkeiten, die Euripides in den *Bakchen* schildert, hast du selbst gesprochen. Heinrich Heine hat einmal die Mobszenen während der Cholera-Epidemie in Paris beschrieben: Wie man zwei harmlose Menschen, die ein weißes Pulver bei sich hatten, verdächtigte, sie wollten die Menschen vergiften; wie man sie halbtot schlug, wie die alten Weiber die Holzschuhe von den Füßen zogen und die noch Röchelnden ganz totschlugen, und wie schrecklich man sie verstümmelte. Es war fast noch gräßlicher als das, was mir der kleine Mr. Wang berichtet hat. Aber wir haben doch auch von Pogromen in Rußland, von Lynchings in den Vereinigten Staaten gehört. Grausamkeit ist überall. Bei uns hat sie wohl am meisten gewütet, aber nicht in Mobszenen, sondern als sie in der Maske der Herrenrassen-Ideologie auftrat. So getarnt, konnte sie kalt und systematisch Millionen umbringen.

Deshalb meine ich, deine Erklärung ist nur eine Hypothese, die man vielleicht zur Deutung der Mobszenen in China heranziehen kann, die die gleichen Phänomene in anderen Ländern aber nicht erklärt. Doch wenn du meinst, Grausamkeit sei keine typisch chinesische Eigenschaft, sondern in allen Menschen angelegt, und man könne nur fragen, wo sie mehr und wo sie weniger verdeckt sei und was sie im Zaum halte — wenn du das meinst, stimme ich dir zu.

Deine Mitarbeiterin hat vorhin gesagt, weil wir länger hier seien, müßten wir die Chinesen besser kennen.«

Otto sagte: »Ich weiß doch nicht einmal über mich selbst Bescheid, wie kann ich da die Chinesen erklären! Auf jeden Fall sind sie nicht, wie Hildegard meinte, blaue Ameisen, eine Menge einfarbiger, gesichtsloser Menschen. In Wirklichkeit sind die Eigenschaften bei ihnen so unverwechselbar und so ausgeprägt wie bei uns.«

Ich sagte: »So ist es, und wir können die Chinesen nicht über einen Leisten schlagen. Wenn Leibniz zum Beispiel aufgrund seiner jesuitischen Berichte schreibt, die chinesischen Bauern und Bediensteten verhielten sich im Verkehr miteinander so respektvoll wie bei uns der Hochadel, und die Chinesen zeigten im Gespräch nie Zorn, Haß oder Erregung, sondern sie hielten stets höfliche Distanz — so stimmt das in gewisser Weise, aber bei näherem Hinsehen stimmt es wiederum nicht.«

Otto rief: »Doch, es stimmt! Ich hörte heute gerade von einem unserer Kaufleute, er habe bei Verhandlungen mit seinen chinesischen Geschäftspartnern, als er über ihre Hartnäckigkeit erbost war, mit der Faust auf den Tisch geschlagen, daß die Teetassen hochsprangen.«

»Damit waren die Verhandlungen dann wohl zu Ende?« fragte Hildegard.

»Keineswegs«, antwortete Otto, »die Chinesen verhandelten ruhig weiter. Unser Landsmann hat ihnen nur bestätigt, daß die Ausländer unhöfliche Barbaren sind. Sie behandelten ihn infolgedessen ebenso unhöflich, was er aber nicht bemerkte, weil ihre Unverschämtheiten viel zu fein gesponnen waren. Aber er hat sicher zu ungünstigeren Bedingungen abschließen müssen.

Als abends der Geschäftsabschluß gefeiert wurde, erschienen die maßgeblichen chinesischen Partner nicht, was unser Kaufmann auch ganz in Ordnung fand, weil sie sich höflich entschuldigen ließen. Bei Tisch wurde viel Maotai getrunken, und er erzählte zweideutige Witze. Die Chinesen, so berichtete er mir heute, hätten sehr gelacht, und er habe das Gefühl, ihnen nun auch menschlich nähergekommen zu sein.«

»Ist er ihnen damit nähergekommen?« wollte Hildegard wissen.

»Natürlich nicht«, sagte Otto, »aber ich wagte nicht, ihn aufzuklären. Man kommt ihnen nicht näher, wenn man sich ihnen als frère et cochon anzubiedern versucht. Wenn sie gelacht haben, dann wohl über sein unmögliches Benehmen oder aus Verlegenheit. Sie haben ihn verachtet.«

»Wenn es sich um Männer handelt, die sich zu den Gebildeten rechnen«, ergänzte ich. »Es gibt auch andere, und es gibt auch unter den chinesischen Gebildeten unhöfliche Flegel; aber ich habe noch nie erlebt, daß einem im Gespräch ›der Kragen platzte‹, daß einer mit der Faust auf den Tisch schlug oder die Stimme erhob. Damit hätte er sich eine Blöße gegeben; er hätte gezeigt, daß er schwache Nerven hat.

Aber auf der Straße, auf dem Markt, im Hafen, überhaupt und vorzugsweise in der Masse der Ungebildeten, die die feine Lebensart nicht gelernt haben, da können sie miteinander ganz schön grob, ruppig und laut werden und aus einem Vorrat von Flüchen und Schimpfwörtern schöpfen, um den wir sie nur beneiden können. Selbst Handgreiflichkeiten sind da nicht selten, und das gilt auch für den Verkehr in den Familien.«

Otto lachte: »Wir verwirren Hildegard. Vielleicht kann man von den Chinesen nur sagen, was sie nicht sind.«

»Zum Beispiel?« fragte Hildegard.

»Also«, hub Otto an, »um nur von den Chinesen in China zu reden, die sich in vieler Hinsicht von den Auslandschinesen unterscheiden, die oft laut, rücksichtslos, grob und anspruchsvoll auftreten. Den Chinesen im eigentlichen China hat die Gesellschaft härter erzogen und ihm die Eigenschaften, die den Verkehr mit dem Nächsten erschweren, ausgetrieben oder doch jedenfalls sehr beschnitten.«

»Aber was«, fragte Hildegard, »unterscheidet ihn von den Menschen in anderen Ländern?«

»Viel«, antwortete Otto. »Du findest in China zum Beispiel keine religiösen Fanatiker wie in den arabischen Ländern. In Fragen der Religion waren die Chinesen immer tolerant. Es gab bei ihnen keine Orthodoxie und deshalb auch keine Ketzer und keine Ketzerverfolgungen. Orthodoxie gibt es erst seit Mao. Sie ist den Chinesen fremd und dem chinesischen Wesen nur aufgepfropft.«

»Ein anderes Beispiel: Ich habe bei den Chinesen nie ein Zeichen für den Männlichkeitswahn gefunden wie in lateinischen Ländern, für das Balzen, den Don Juanismus, den *machismo.*

Und noch etwas: Sie nehmen sich nicht so wichtig. Es gibt unter ihnen zwar auch eingebildete, anspruchsvolle, auf ihr Prestige bedachte Leute, aber trotzdem nimmt der einzelne sich in China in der Regel nicht so wichtig. Er hängt nicht an seinem Leben. Wenn er Demütigungen nicht entgehen kann, gibt er sein Leben mit überraschender Leichtigkeit auf. Und da er sich nicht so wichtig nimmt, ist er auch nicht wehleidig. Sich selbst zu bemitleiden, gilt als unwürdig. Bei uns scheint mir das nicht der Fall zu sein.«

»Die Chinesen sind nicht rechthaberisch«, fuhr Otto fort, »sondern sie suchen den Kompromiß. Andererseits können sie auch nachtragend, gehässig, geschwätzig, neugierig, verschlagen sein. Der Neid unter Kollegen kann manchmal ganz absurde Formen annehmen. Sie sind oft unerbittliche Sittenrichter. Sie neigen zum Denunziantentum, was wohl noch ein Erbe aus den Epochen der Geschichte ist, in denen Denunziationen Pflicht des Staatsbürgers waren. Petzen in der Schule ist gang und gäbe.

Sie sind fleißig, aber nur, wenn sich der Fleiß lohnt. Nur um der Arbeit willen zu arbeiten und in der Arbeit einen Wert an sich zu sehen, auf den Gedanken sind die Chinesen bisher nicht gekommen. Für die Familie, für ein gutes Essen, Umgang mit Freunden und etwas Müßiggang — dafür lohnt schon eher einige Anstrengung. Sie streben nach Eigentum wie jeder Mensch, und heute mehr als in den mageren Jahren davor. Aber sie können auch leichter verzichten und sich mit materiellem Verlust abfinden. Im Grunde sind sie genügsam und mit wenigem zufrieden.«

Ich sagte: »Als ich vor vierzig Jahren hier über Land reiste und die Bauern in ihrer Not und Armut sah, war ich überrascht, wie fröhlich sie waren. Ich habe sie auf den Feldern singen hören; ich kam aus den Vereinigten Staaten, da hatte niemand gesungen. Ich war dort als *Hobo* auf den Güterwagen mit verarmten Farmern und Arbeitslosen gefahren; da war nur Bitterkeit. Hier aber waren die Leute in aller Not fröhlich.«

»Sie sind von Natur aus fröhlich«, sagte Otto. »Wir haben es heute nachmittag beim Spaziergang im Sommerpalast gesehen. Sie haben Freude an Späßen und lachen gern. Sie können sich über Kleinigkeiten freuen wie Kinder. Daß es auch sauertöpfische Leute unter ihnen gibt, versteht sich von selbst.«

»Aber kinderlieb«, sagte ich, »sind sie alle. Und wie rührend ist die Fürsorge der Kinder für die Eltern und Großeltern. Bei uns würdest du es nie sehen, daß ein Sohn — vielleicht weil er kein Fahrrad besitzt — seinen alten Vater, seine Mutter oder seine Großmutter auf dem Rücken bis zum Bahnhof trägt und im Abteil absetzt.«

»So ist es«, sagte Otto. »Die Eltern, überhaupt ältere Leute mit Achtung zu behandeln, ist ein Zeichen von Bildung und Gesittung. Ich habe in der alten Zeit in Schanghai an einem Laden ein Schild gesehen, auf dem stand: ›Alte Leute und Kinder werden in diesem Laden nicht betrogen.‹

Und zum selben Thema: Vor ein paar Tagen erlebte ich in der Familie eines Landsmanns, wie der Sohn bei Tisch einen Witz machte, der auf Kosten seines Vaters ging. Die Chinesen am Tisch lachten zwar, aber sie waren in Wirklichkeit schokkiert. Man macht keine Scherze über die Eltern, noch viel weniger macht man ihnen Vorwürfe. Wenn immer die Chinesen früher Barbaren charakterisieren wollten, sagten sie: ›Sie behandeln die Eltern respektlos. Sie kennen die menschlichen Grundbeziehungen nicht.‹ Kinderliebe und Elternliebe gehören eben zusammen.«

»Und in der Kulturrevolution?« fragte Hildegard, »wurden da die Eltern auch so achtungsvoll behandelt?«

»Nein«, antwortete Otto, »denn die Kulturrevolution war ja auch ein Rückfall in die Barbarei.«

Ich sagte: »Leibniz hatte von der Höflichkeit auch der ganz einfachen Menschen gesprochen. Sie ist in der Tat auffallend, auch heute noch. Ich war oft erstaunt über den Takt und die

Würde selbst alter Revolutionäre, die keine andere Erziehung genossen haben als die Armee. Aber es trifft auch heute noch zu, was Leibniz vor dreihundert Jahren schrieb, daß nämlich die Chinesen im Gespräch Distanz halten und im allgemeinen ein feineres Gespür für die Gefühle des anderen haben als wir. Sie pflegen Freundschaften, sie sind treue, uneigennützige Freunde, aber sie halten nichts von schnell beschlossener, bloßer Kameraderie.«

»Das kommt von ihrem Stolz. Ich glaube, wir aus dem Westen haben in Politik und Handel ihren Stolz oft übersehen. Dabei würden die Chinesen selbst das vorteilhafteste politische oder geschäftliche Angebot ausschlagen, wenn es von einem Menschen kommt, den sie nicht mögen und dem sie nicht vertrauen, oder wenn es ihren Stolz verletzt.«

»Das sehe ich in der Politik immerzu«, sagte ich. »Denn die Politik ist für die Chinesen keine abstrakte Aufgabe, die rechnerisch gelöst werden kann. Politik und Ethik waren in ihrem Denken und Tun immer eng verbunden. Politik ist ihnen eine Sache, die Menschen mit Menschen betreiben. Und mit manchen Menchen können sie eben nicht reden. Sie mögen sie nicht. Sie vertrauen ihnen nicht.«

»So ist es auch im Geschäftlichen«, fuhr Otto fort, bemüht, seine Mitarbeiterin Hildegard zu belehren. »Geschäfte kann man mit ihnen nur machen, wenn man ihr Vertrauen hat. Im Mittelpunkt steht immer der Mensch. Chinesische Unternehmer in Hongkong und Übersee haben große und mächtige Firmen errichtet; aber es sind stets Familienunternehmungen geblieben. Die verschiedenen Zweige werden, wenn die Firma zu groß wird, von Söhnen, Brüdern, Schwiegersöhnen und Enkeln geleitet. Große anonyme Wirtschaftsimperien dagegen sind nicht ihr Fall. Sie wollen mit Menschen umgehen.«

Ich fragte Hildegard, ob ihr aus unserem Wechselgesang nun klar geworden sei, wie die Chinesen eigentlich sind.

Sie lachte. »Manches klang zwar ein bißchen fremd; aber wenn ich alles zusammennehme, was ich eben gehört habe, so haben die Chinesen gute und schlechte Eigenschaften, sind keine blauen Ameisen, sondern völlig verschieden voneinander, so daß man kaum etwas über sie aussagen kann, was auf alle zutrifft, und sie sind voller Widersprüche — wie wir auch.«

Ende November
Bei dem Bankett, das die chinesische Regierung vorgestern abend für den vietnamesischen Parteichef Le Duan gab, sagte der sowjetische Botschafter Tolstikow, er möchte mich gerne einmal sehen. Da er es etwas dringend machte, lud ich ihn ein, heute vormittag zu mir zu kommen.

Wir sprachen kurz über Le Duan, der in seiner Tischrede auf ein früheres Wort von Deng Xiaoping angespielt und China davor gewarnt hatte, »seine Farbe zu ändern«. Wenn man sich den ganzen Passus aus Dengs Rede von damals ins Gedächtnis rief, erkannte man den Ernst der Anspielung. Auch Tolstikow war der Ansicht, daß das Verhältnis zwischen Vietnam und China immer gespannter werde. Er führte das auf Grenzprovokationen zurück, die Pekings Freund Pol Pot ständig an der kambodschanisch-vietnamesischen Grenze unternehme, vielleicht sogar von Peking dazu ermuntert. Ich erwiderte, mir schienen die Chinesen in diesem Gebiet Ruhe zu wünschen; ob er nicht auch von vietnamesischen Übergriffen an der Grenze zu China gehört habe. Das hatte er nicht.

Er kam jetzt mit seinem eigentlichen Anliegen heraus: Unsere persönlichen Beziehungen seien doch gut. Ob wir uns nicht regelmäßig alle vierzehn Tage treffen könnten, um unsere Ansichten über die Lage in China auszutauschen.

Dieser ungewöhnliche Vorschlag schien mir ein Zeichen dafür zu sein, daß es der Sowjetischen Botschaft an zuverlässigen Nachrichten über China mangelte und daß sie vielleicht auch in der Interpretation unsicher war. Oder steckte mehr dahinter? Tolstikow drängte und suchte mir seine Anregung mit vielen Argumenten schmackhaft zu machen. Ich könnte noch zwei oder drei Mitarbeiter mitbringen, und er würde dasselbe tun.

Ich war ziemlich sicher, daß dieser Vorschlag nicht von ihm selbst kam, sondern daß eine bekannte, aber nicht gerade wohlbeleumdete sowjetische Dienststelle dahinter zu vermuten war. Meine Mitarbeiter sahen ein Kompliment darin, daß er gerade zu uns kam, um sich Informationen zu verschaffen. Wir hatten aber nicht die Absicht, was wir von der Lage in China dachten oder was uns die Chinesen im Vertrauen auf unsere

Diskretion hatten wissen lassen, nun den Sowjets weiterzugeben.

Ich antwortete daher dem sowjetischen Kollegen, er sehe ja aus den Nachrichten, daß unser Handel mit China, die wissenschaftlichen und kulturellen Beziehungen ständig zunähmen; auch unsere politischen Gespräche mit den Chinesen seien nicht nur zahlreicher, sondern auch eingehender und interessanter geworden. Die Arbeitsbelastung eines Botschafters, der diese Beziehungen noch vertiefen wolle, sei so groß, daß ich seinen Vorschlag, für den ich ihm danke, nicht annehmen könne.

Der Kollege Tolstikow verstand mich sehr gut. Unser Verhältnis blieb freundlich und ungetrübt bis zu seiner Abberufung.

Die chinesische Karte

Chinas Partei- und Regierungschef Hua Guofeng ist von seiner Staatsvisite in Rumänien und Jugoslawien zurückgekommen. Es war seine erste Auslandsreise. Daß er den Erzrevisionisten Tito besuchte, zeigt, welche Wandlung in China vorgeht. Inzwischen studiert die Kommunistische Partei Chinas das jugoslawische Selbstverwaltungsmodell, das planwirtschaftliche und marktwirtschaftliche Elemente vereinigt. Die Modernisierung, die Öffnung zum Ausland hin beschäftigen alle Gemüter.

Während die westliche Presse staunend, oft auch skeptisch darüber berichtet, ist die sowjetische Presse beunruhigt. Sie hat erkannt, daß China auf den Westen faszinierend wirken kann und hat daher eine Kampagne eingeleitet, in der dem Westen ein dämonisiertes Bild Chinas präsentiert wird. China, heißt es, wolle einen Dritten Weltkrieg, es treibe eine provokatorische Politik, der chinesische Bevölkerungsdruck werde China zur Expansion verleiten. Der Westen, vor allem aber die Bundesrepublik Deutschland, wird dringend davor gewarnt, »die chinesische Karte zu spielen«.

Der Gedanke, wir könnten in einem Konflikt mit der Sowjetunion die chinesische Karte ins Spiel bringen, ist zwar ein Dauerbrenner bei Stammtischgesprächen, aber kein realistisch denkender Politiker wird diesen Gedanken ernstnehmen. Zhou Enlai hatte den Rumänen schon im Jahr 1971 das danach oft zitierte chinesische Sprichwort gesagt: »Fernes Wasser kann ein brennendes Haus nicht löschen.« Deng Xiaoping hatte amerikanischen Kongreßmitgliedern Anfang des Jahres, als sie ihn nach dem chinesischen Rüstungspotential fragten, gesagt, er könne ihnen nicht viel mehr bieten als *empty talk*, leere Worte.

Im Oktober 1978 fragten deutsche Journalisten Deng Xiaoping, wie China seinen Freunden beistehen werde, wenn ihre Sicherheit bedroht sei. Deng antwortete: »Mit unserem Mund.«

Die sowjetische Presse behauptet, wir stünden vor der Alternative Peking oder Moskau, und wir sollten uns nun entscheiden. Schon eine intensive Mitwirkung an Chinas Wirtschafts- und Modernisierungsplänen wird als halbe Option für China gewertet, die unser Verhältnis zu Moskau belasten und die Entspannung erschweren könne.

Der Westen hat jedoch ein legitimes Interesse daran, seine Verbindungen mit China in einer Zeit zu entwickeln, in der es sich uns gegenüber öffnet und wirtschaftlich und politisch attraktiv wird. Wir haben keine politischen Differenzen mit China. Es will seine Revolution nicht exportieren. Die chinesische Führung spricht von *einer* deutschen Nation und befürwortet die Wiedervereinigung; sie hat nie gesagt, daß sie nur unter sozialistischem Vorzeichen gestattet sei.

Es wäre nicht in unserem Interesse, wenn an der Ostflanke der Sowjetunion ein politisches Vakuum läge, ein schwacher Staat, den die Sowjetunion ignorieren kann, wenn sie über ihre Westpolitik nachdenkt. Für uns wäre vielmehr ein wirtschaftlich und politisch starkes China ein Gewinn; denn es würde ein Faktor der Stabilität in Asien sein, während ein schwaches China, wie wir in der ersten Hälfte unseres Jahrhunderts gesehen haben, weithin destabilisierend wirkt.

Dies einzusehen und dementsprechend unsere Beziehungen zu China zu entwickeln, ist jedoch etwas anderes als das Ausspielen der chinesischen Karte, ganz abgesehen davon, daß wir die Karte gar nicht in der Hand haben und daß es nur einen gibt, der sie ausspielen kann, nämlich China selbst.

Sie wollten nicht mit der Sprache raus.

Ich hatte den Bürgermeister von Schanghai gebeten, den zehn deutschen Herausgebern, Chefredakteuren und Journalisten einige Intellektuelle vorzustellen, die von ihren Erlebnissen in der Kulturrevolution erzählen konnten. Da saßen wir nun in einem Salon des Jinjiang Hotels den sieben Schanghaier Intellektuellen gegenüber, aber sie wollten nicht mit der Sprache raus.

Sie erzählten, was wir schon wußten; sie sprachen von den allgemeinen Verhältnissen. Der Professor Ji Jin von der Tongji-Universität berichtete von ihrer Gründung durch den Deutschen Paulun, von der Mitarbeit der Deutschen und daß sie jetzt, wieder auf die deutsche Sprache ausgerichtet, neu erstehen sollte. Der Schriftsteller Wang Shiyen erzählte von den Angriffen der Viererbande gegen die Schriftsteller, Dramaturgen und bildenden Künstler in Schanghai. Sie sprachen immer von anderen. Die Schauspielerin und Sängerin Xü Yülan sagte, ihr Kollege Su Qingtu habe elf Monate im Gefängnis gesessen, weil er acht Briefe an das Zentralkomitee in Peking geschickt hatte, in denen er sich über die Kulturpolitik beschwert und die Namen von Jiang Qing und Zhang Chunqiao erwähnt hatte. Man habe ihn gefesselt abgeführt.

»Nun erzählen Sie doch von sich selbst!«

Die Schauspielerin war die erste, die den Mut dazu fand. Sie sprach schön, und auch die deutschen Gäste, die nicht Chinesisch verstanden, hörten mit Wohlgefallen ihrer klangvollen Rede zu. Sie hatte zehn Jahre in einer Kommune arbeiten müssen, auf dem Feld, im Stall: eben Landarbeit. Aber sie durfte nicht singen. Und der Jammer, daß ihre Operntruppe auseinandergerissen wurde! Der gesamte Fundus sei an andere Einheiten verteilt worden. Und die schrecklichen acht Musterstücke der Viererbande!

Jin Jingchang, der Architekt und Städteplaner, der zehn Jahre in Darmstadt studiert hatte, war über ein Jahrzehnt nicht in seinem Fach tätig gewesen.

»Was haben Sie denn gemacht?«

»Ich habe an einem technischen Wörterbuch gearbeitet.«

»Hat man Sie auch persönlich belästigt?«

»Ja«, sagt schließlich einer, »wir wurden alle bekämpft.«

Was bedeutet das?

Ich erklärte: Verhöre, Anklage vor Massenversammlungen, Hausdurchsuchungen. Man wurde mit Schandschild und Schandmütze durch die Stadt geführt.

Einer von unseren Journalisten fragte: »Wurden Sie auch physisch angegriffen? Geschlagen?«

Nach einer Pause sagte einer der Professoren, nicht sehr laut: »Ja. Aber die Zeit der Viererbande liegt hinter uns. Sie ist für uns abgeschlossen.«

Sie wollen nicht gerne davon sprechen, am wenigsten von dem, was sie selbst erlebt haben. Vielleicht, wenn sie einmal allein mit einem reden und wenn es sich gerade so ergibt. Sie sprechen nicht gerne von sich selbst.

Aber Theo Sommer ließ nicht locker. Er war als Journalist hier. Deng Xiaoping hatte den deutschen Journalisten erst vor einigen Tagen gesagt, grundsätzlich sei eine Kulturrevolution auch in Zukunft möglich; sie würde dann freilich anders verlaufen. Mit der vergangenen habe man gute und schlechte Erfahrungen gemacht.

Er habe, sagte Theo Sommer, auf der ganzen Reise durch China aber nur von den schlechten Seiten der Kulturrevolution gehört. Was waren denn eigentlich die guten Seiten? Und welchen Einfluß hatte Mao auf die Kulturrevolution gehabt? Hatte er sie nicht eigentlich in Gang gesetzt?

Sie wollten ausweichen, aber der Schriftsteller Wang Shiyen, ein älterer Herr mit eindrucksvollem Gesicht, nahm das Wort: »Wir verstehen die Fragen«, sagte er, »aber wir können sie heute nicht beantworten. Wir möchten das Urteil der Geschichte überlassen.«

Das war deutlich. Aber Theo Sommer genügte das noch nicht, er fragte höflich weiter: Er höre immer von den Untaten der Viererbande. Gut, er habe gelernt, daß hier *pars pro toto* stehe und daß es nicht nur vier Menschen gewesen seien, sondern auch ihre ultralinken Anhänger. Aber er habe doch Bilder und Filme gesehen, in denen Hunderttausende Mao Zedong, Lin Biao und der Viererbande zugejubelt hatten. Wo alle verzückt das kleine Rote Buch geschwenkt hatten. Es hätten doch alle mitgemacht. Wenn das Volk sich geweigert hätte, dann wäre das Unglück der Kulturrevolution doch nicht eingetreten. Trügen daher nicht alle eine Mitschuld an dem Geschehen?

Die Chinesen verstanden nicht, was Theo Sommer meinte. »Was hätten wir tun können?«

Am Abend, auf den Betten des Jinjiang Hotels sitzend und mitgebrachten Whisky oder Bier trinkend, diskutierte ich mit Theo Sommer, dem Mitherausgeber der *Zeit*, dem Deutschen, dem Liberalen, dem Protestanten, ihn »um ein Bild Chinas von innen« bittend. Ich zeigte mit einem unsichtbaren Zeigestock auf eine unsichtbare Große Mauer, die China und das christliche Abendland trennt, eine Mauer von vielen. Das böse Herz des Menschen? Das konnte, wie schon Xunzi lehrte, durch Erziehung gebessert werden. Das Böse in der Welt? Die Schuld des Menschen schon von Adam und Eva her, die Erbsünde? Die Chinesen sehen uns fragend an und verstehen uns nicht. Sie denken ja gar nicht daran, die Schuld anderer auf sich zu nehmen.

Das Lamm Gottes, das die Schuld der Welt trägt? – Welche Schuld? fragen die Chinesen.

Die Missionare, die im vorigen Jahrhundert nach China kamen, um vierhundert Millionen Seelen zu retten, konnten viel von der Verstocktheit dieser Heiden erzählen, die die Schuld und die Sünde einfach leugneten, obwohl die sittliche Verderbtheit in diesem Lande doch mit Händen zu greifen war.

Sogar die Gebildeten machten es sich einfach: Wer etwas verbrochen hatte, der wurde bestraft. Er hatte seinen Lohn. Wer etwas verbrochen hatte, aber durch das Netz der Justiz geschlüpft war, durch Bestechung oder Ausreden oder falsches Zeugnis, der hatte eben Glück gehabt. Das ungebildete Volk meinte zwar, er laufe Gefahr, später einmal vom Höllenrichter Yan Wang zur Rechenschaft gezogen zu werden. Aber derlei Voraussagen waren doch nicht zu beweisen und wohl nichts anderes als leeres Gerede. Außerdem war bis dahin noch viel Zeit. Laßt uns die genießen! In Sack und Asche gehen, Buße tun, auf den Knien liegen oder sich kasteien – das half gar nichts. Davon hielten die Konfuzianer nichts. Höchstens daß das abergläubische Volk einmal, etwa um aus Seenot gerettet zu werden, seiner Missetaten gedachte. Eine Kollektivschuld aber gab es nicht.

Auch nicht in Japan. Die große Anthropologin Ruth Benedict hat das schon kurz nach dem Krieg in ihrem Buch *The Chrysanthemum and the Sword* beschrieben. Die Seele des Generals Tojo, den die Amerikaner als Kriegsverbrecher hingerichtet haben, weilt heute im Yasukuni-Schrein in Tokio bei den Seelen der Helden der Nation, und das Kabinett geht dorthin und verneigt sich vor ihnen, auch vor der Seele des Generals Tojo, der für den Überfall auf Pearl Harbor, den Krieg und die Niederlage Japans verantwortlich war. Was er getan hatte, war grundfalsch. Nun, er hat seinen Lohn dahin. Das japanische Volk hat damit nichts zu tun.

Und wenn, wie die neuere sinologische Forschung festgestellt hat, in China nicht nur im niederen Volk, sondern am Ende der Ming-Dynastie für einige Zeit auch bei den Anhängern einer bestimmten Philosophenschule ein Sündenbewußtsein existierte, so blieb das doch nur auf einen kleinen Kreis beschränkt.

Dem Konfuzianismus, der herrschenden Lehre, blieben solche Gedanken fremd. Er forderte seit jeher Selbstprüfung und Selbstkritik, aber nicht Reue und Buße. Die Partei fordert heute in bestimmten Situationen Selbstkritik, aber der Genosse gesteht nur seine Fehler und Irrtümer ein; es ist der Partei nicht gelungen, ein Sündenbewußtsein bei den Genossen zu wekken. Allenfalls Angst. Die Intellektuellen, mit denen wir heute geredet hatten, waren in der Kulturrevolution erniedrigt worden. Sie haben sich nicht umgebracht, wie Tausende ihrer Standesgenossen. Sie leiden unter den Demütigungen, die sie erdulden mußten. Sie leiden unter der Scham. Das ist der Grund für ihr Schweigen. Deshalb wollten sie nicht mit der Sprache heraus. Sie leiden unter der Schande.

Also sprach ich zu Theo Sommer, etwas belehrend und viel zu lange; aber er hörte geduldig zu.

Einige Monate später, am 6. Februar 1979, stellten einige junge Chinesinnen in der Zeitschrift *Chinas Jugend,* der parteiamtlichen Jugendzeitschrift, dieselbe Frage, die Theo Sommer an die Schanghaier Intellektuellen gerichtet hatte. Sie fragten: »Wie war es eigentlich möglich, daß die Viererbande in den letzten Jahren derart Amok laufen konnte? Warum hat das chinesische Volk sie gewähren lassen? Sie waren doch offensichtlich die übelsten Verbrecher in der chinesischen Geschichte ... Aber obwohl die Viererbande und ihre Anhänger sich erstaunlich viel Macht verschaffen konnten, waren sie doch nur eine Handvoll. Warum konnten Hunderte von Millionen Chinesen sie nicht entlarven und rechtzeitig stürzen, um diese Katastrophe zu vereiteln?

... Karl Marx sagte, als er von dem konterrevolutionären Staatsstreich Louis Bonapartes sprach: ›Wenn die Franzosen behaupten, ihre Nation sei einem hinterlistigen Angriff erlegen, so überzeugt das nicht. Wie war es möglich, daß drei vornehme Schwindler eine Nation von 36 Millionen Menschen überraschen und ohne Gegenwehr zu Gefangenen machen konnten?‹«

Nun kam die chinesische Schlußfolgerung: Von einer Schuld der Franzosen, der Menschen, konnte gar nicht die Rede sein. Das meinte sogar Karl Marx. »Mit anderen Worten«, fährt die Jugendzeitschrift fort, »der Standpunkt, daß Individuen für Fortschritte und Rückschläge der Geschichte verantwortlich gemacht werden können, ist nicht aufrechtzuerhalten ... Das Erscheinen der Viererbande in China hat tiefe soziale und politische Wurzeln und war ein Resultat der Geschichte. Die Viererbande nutzte es aus, daß unsere Gesetze unzureichend waren und daß wir kein Rechtssystem und keine Institutionen hatten, auf die wir uns verlassen konnten.«

Schuld also waren nicht die Menschen, war auch nicht die Nation, sondern schuld waren die ökonomischen, sozialen und politischen Verhältnisse. Die Geschichte selbst hatte die Viererbande gezeugt, vielleicht gar Hegels Weltgeist. Was konnte das Volk, was konnte der einzelne dagegen tun!

Frau Yü und das Glück

Frau Yü entschuldigte sich, daß in ihrem Hause alles so viel kleiner sei als in der Residenz der Botschaft; aber wir beruhigten sie und erzählten, daß wir in Deutschland auch nicht so großartig wie in der Residenz, sondern viel bescheidener wohnten.

Frau Yü war achtundfünfzig Jahre alt. Sie war Bibliothekarin.

Ihren Mädchennamen hatte sie, wie heute üblich, beibehalten. Ihr Mann, Professor Sung, arbeitete an einem physikalischen Institut. Die Familie wohnte in einem »Vier-Ecken-Hof« in einer der kleinen chinesischen Gassen. Das einstöckige Haus war um einen quadratischen Hof gebaut. Alle Fenster und Türen der vier Flügel öffneten sich auf den Hof, und nur für den Eingang von der Straße war ein kleiner Durchlaß. Auf dem Hof war gerade Platz für einen Nußbaum, und in einer Ecke wuchsen ein paar Küchenkräuter und Blumen. Das Haus sei zwar romantisch, aber unbequem, sagte Frau Yü. Es hatte nur Kohleöfen, und im Winter heizte man bloß zwei Zimmer. Wenn man zur Küche oder Toilette gehen wollte, mußte man über den Hof. Frau Yü hatte weder Eisschrank noch Staubsauger, Tiefkühltruhe oder Waschmaschine. Das Wasser zum Waschen mußte Frau Yü auf dem Herd warm machen; und die Chinesen, die sich an Körper und Kleidung reinlich halten, brauchen viel Wasser.

Sie lebten zu sieben in dem Haus: die Eltern, drei Söhne, eine Tochter und eine Schwiegertochter. Alle sieben arbeiteten, und darum hatte man auch keine Geldsorgen.

Wir baten Frau Yü, uns doch einmal ihren Tageslauf zu erzählen.

Frau Yü steht um fünf Uhr auf, wäscht sich, putzt die Zähne, zieht sich an und macht das Frühstück. Man ißt morgens eine Art Reissuppe, etwas Gemüse und Mantou. Tochter und Schwiegertochter, die inzwischen auch schon aufgestanden sind, helfen. Dann wird das Gemüse für das Mittagessen gewaschen und bereitgestellt. Fleisch gibt es nicht jeden Tag.

Frau Yü fährt mit dem Fahrrad 15 Minuten bis zur Bibliothek. Sie arbeitet vormittags von acht bis zwölf Uhr. Zum Mittagessen kommt sie nach Hause, fast gleichzeitig mit ihrer Tochter, die in einem Krankenhaus arbeitet und aus der Kantine Mantou oder gekochten Reis mitbringt. Ihr Mann kommt auch nach Hause und ißt mit ihnen. Zwei Söhne essen aus ihrem Henkelmann im Betrieb, der dritte im Fahrerhaus seines Lastwagens.

Von zwei bis sechs Uhr nachmittags arbeitet Frau Yü wieder in der Bibliothek. Auf dem Rückweg kauft sie ein. Das ist heute kein so großes Problem mehr, weil es selten Schlangen vor den Läden oder auf dem Markt gibt. Herr Sung, der nachmittags zu Hause arbeitet, hat die Kochtöpfe schon auf den Gasherd gesetzt, wenn seine Frau zu Hause ankommt. Die Kinder, auch die Söhne, helfen, das Abendessen zuzubereiten. Nach dem Essen wird abgewaschen, gewaschen und die sonstige Hausarbeit gemacht. Die drei Söhne sitzen jeden Abend zwei Stunden am Fernsehgerät, weil sie an einem Fortbildungskurs teilnehmen: Da ihr Vater während der Kulturrevolution politische Schwierigkeiten hatte, hatten sie ihre Ausbildung unterbrechen müssen. Sie versuchen das nachzuholen. Sie werden es kaum schaffen, meint Frau Yü. Sie macht um halb zehn oder zehn Uhr das Licht aus. So ist das an sechs Tagen der Woche. Sonntag ist der einzige freie Tag.

Frau Yü hat im Jahr zehn Tage Urlaub, die sie aber nicht hintereinander nehmen kann, sondern nur jeweils einen Tag, etwa wenn Freunde kommen oder wenn sie etwas Besonderes einkaufen will.

Ob das Leben der Frauen heute besser ist als früher?

Ja und nein. Früher, als sie noch nicht verheiratet war, hat sie nur im Haus gearbeitet. Sie hat gelebt »wie der Frosch im Brunnen«. Sie hat von der Stadt, vom Leben nichts gesehen. Auch die Bauersfrauen haben früher im Haus gearbeitet, und auf dem Feld waren sie nur selten. Heute sind die Frauen gleichberechtigt. Sie dürfen auch in der Fabrik oder auf dem Feld arbeiten wie die Männer, und sie dürfen auch schwere Arbeiten übernehmen. Dafür bekommen sie aber nicht immer genausoviel Lohn wie die Männer. So weit ist man in der Gleichberechtigung noch nicht gekommen, jedenfalls nicht überall; aber man macht Fortschritte. Die Gleichberechtigung bedeutet für die Frau, daß sie neben ihrem Beruf einen großen Teil der Hausarbeit zusätzlich machen muß.

Ob die chinesischen Frauen heute glücklicher sind als früher, wenn man Glück überhaupt messen kann?

»Ja und nein«, sagt Frau Yü. »Die Frauen in China haben heute mehr Rechte, aber das bedeutet noch nicht Glück. In den alten Zeiten konnte eine Frau, die einen leidlich verträglichen Mann, ein leidliches Auskommen und eine Schar wohlgeratener Kinder, genauer gesagt: Söhne besaß, vollauf glücklich sein, auch ohne Rechte. Ihr standen aber viele Frauen gegenüber, die weder Rechte hatten noch glücklich in ihrer Ehe waren, wo sie behandelt wurden wie Sklaven und ganz von den Launen der Schwiegermutter abhängig waren, vor allem, wenn sie keinen Sohn geboren hatten, so daß ihnen oft nur Selbstmord als Ausweg blieb. Sehr viele Frauen sind diesen Weg gegangen.«

»Heute können sie sich scheiden lassen.«

»Ja, das können sie«, sagte Frau Yü, »aber machen Sie das mal! Bei Ihnen geht man zum Gericht oder vielleicht zu einem Rechtsanwalt, bei uns zuerst zum Nachbarschaftskomitee.

Die Gesellschaft bei uns Chinesen ist seit alters her gegen Scheidungen. Immerhin: Die Scheidung ist möglich.«

»Dann ist die Frau also heute doch glücklicher?«

»Ja und nein.« Frau Yü schwankt wieder. Früher war es das Glück der Frau, möglichst viele Söhne zu haben, denn man lebte ja nicht für sich, sondern für die Familie, und die Söhne waren es, die die Familie fortsetzten und dafür sorgten, daß die Ahnenopfer auch pünktlich und ehrerbietig gebracht wurden, während die Töchter aus der Familie ausschieden und in die des Mannes übergingen. Dieses Glück der kinderreichen Familie gibt es heute nicht mehr. Heute soll die Frau mit einem, höchstens mit zwei Kindern glücklich sein. Aber wenn nun beide Kinder Töchter sind, die später in eine andere Familie einheiraten? Wie kann die eigene Familie dann weiterleben? Kommt es auf sie gar nicht an? Ja, worauf kommt es denn überhaupt an? Wofür lebt man? Doch nicht etwa für die Revolution!

Frau Yü wußte nicht, was die Leere ausfüllen konnte, wenn die Familie doch mit dem eigenen Leben endete. Das Neue ist zu schnell gekommen. Die neue Anschauung von der Familie mit einem Kind wird auch das Verhältnis zum Kind, zum anderen, zur Gesellschaft ändern. Die Vorstellung vom Glück wird sich wandeln.

Für Frau Yü selbst bleibt es noch beim alten. Es sind sieben Menschen in der Familie. Sie verdienen alle und zahlen das Gehalt in die Familienkasse ein, die Herr Sung, in Wirklichkeit aber Frau Yü, verwaltet. Sie gibt Herrn Sung monatlich ein Taschengeld von 15 Yüan. Man spart für die Hochzeit des zweiten Sohnes, der verlobt ist; aber seine Verlobte erhält die Heiratserlaubnis erst, wenn sie ihre Ausbildung als Krankenschwester abgeschlossen hat. Sie werden dann beide achtundzwanzig Jahre alt sein. Sie kennen sich schon seit zwei Jahren, und manchmal kommt die Braut auch zu Besuch.

Frau Yü spricht freundlich von ihr. Die Braut wird, ich brauche nicht zu fragen, als Jungfrau in die Ehe gehen. Voreheliche Beziehungen sind in den Kreisen der Gebildeten sehr selten. Die 8000 Studenten und Studentinnen der Peking Universität leben auf dem Hochschulgelände in getrennten Wohnheimen, die wie Kasernen aussehen. Natürlich kommt es vor, daß sich Studenten und Studentinnen verlieben, aber sie tragen die Liebe nicht zur Schau. Sie »gehen zusammen«, aber nicht einmal Hand in Hand, wenn andere es sehen können. Und sie gehen nicht miteinander ins Bett. Wenn es Ausnahmen geben sollte, sind sie auf jeden Fall sehr selten. Vielleicht möchte mancher diese Behauptungen beweifeln. Zu Unrecht. Es ist so. Noch. Vielleicht nicht mehr lange.

Frau Yü und auch die anderen Mitglieder der Familie sind alle mit der Braut zufrieden. Sie wird sich gut einordnen. »Sie ist bescheiden«, sagte Frau Yü, »das kann man heute nicht von allen jungen Mädchen sagen. Sie sehen oft sehr auf das Geld, das die Bewerber verdienen, und nehmen nur das höchste Angebot an. Und sie sehen darauf, ob der künftige Partner auch eine gute Ausbildung und Berufschancen hat oder ob er etwa aus einer politisch belasteten Familie kommt.«

»Sie suchen sich den Ehepartner also nach den gleichen Grundsätzen aus, die früher die Eltern bei der Auswahl des Gatten für das Kind leiteten.«

»Oft«, sagte Frau Yü, »aber nicht immer.«

Enkel? — Die Schwiegertochter, die Frau des ältesten Sohnes, des Lastwagenfahrers, hofft, im nächsten Jahr von ihrer Arbeitseinheit die Erlaubnis für ihr erstes Kind zu bekommen. Ob sie später noch ein zweites haben darf, ist zweifelhaft. Auf jeden Fall will sich Frau Yü in zwei Jahren pensionieren lassen. Dann kann sie sich etwas um den Enkel kümmern. Sie hofft, es wird ein Sohn.

Mitte Dezember
Die Vorzimmerdamen einiger westlicher Botschafter haben einen Zirkel, zu dem sie nicht jede Vorzimmerdame jedes westlichen Botschafters zulassen. Sie laden sich reihum einmal im Monat zum Abendessen ein, und die Gastgeberin muß selbst kochen. Palu ist Seniorin des Zirkels, weil sie schon sechs Jahre in Peking ist. Jetzt ist sie versetzt worden.

Ich hatte die Damen dieses elitären Zirkels gestern abend zum Abschiedsessen für Palu eingeladen. Sie hatten alle zugesagt, aber Lois, die Vorzimmerdame des amerikanischen Botschafters Leonard Woodcock, fehlte.

»Sie kommt immer zu spät", sagte eine Kollegin.

»Es soll Botschafter geben, die mit der Arbeit nie rechtzeitig Schluß machen können«, sagte Palu und sah dabei auf den Kronleuchter, als sei das auf keinen der Anwesenden gemünzt. Wir warteten eine halbe Stunde, aber schließlich setzten wir uns zu Tisch, um den Koch nicht nervös zu machen. Als wir beim Fisch waren, kam Lois. Sie entschuldigte sich, sie sei aufgehalten worden. Es wurden viele Reden gehalten. Palu wurde von allen geehrt und war in ihrer Dankesrede wohl selbst ein bißchen gerührt. Trotzdem waren wir fröhlich, und daß ich als einziges männliches Wesen am Tisch saß, wurde, wie ich mir einbilde, von niemand als besonders störend empfunden.

Heute morgen um halb neun klingelte das Telefon: Lois bedankte sich für gestern abend und bat noch einmal um Entschuldigung, daß sie zu spät gekommen sei. Ich antwortete, das sei doch nicht der Rede wert, dachte jedoch bei mir: Lois ist ja außerordentlich aufmerksam und höflich, daß sie sich gleich bedankt, aber ist der Anruf nicht etwas früh für einen Samstagmorgen? Lois fuhr fort: »Der Botschafter möchte Sie gerne sprechen. Ich verbinde.«

Leonard Woodcock war kein Karrierediplomat, aber er hatte sich in kurzer Zeit in Peking eine bedeutende Stellung erworben. Er war lange Vorsitzender der Auto Workers' Union gewesen, wohl der bedeutendsten amerikanischen Gewerkschaft. Ein erfahrener, gestandener Mann, hatte er jetzt die schwere Aufgabe, in Peking eine nicht ganz eindeutige amerikanische Chinapolitik zu vertreten, die auf die Interessen und Empfindlichkeiten sowohl Pekings wie Taiwans Rücksicht nehmen mußte. Er setzte sich dafür ein, daß eindeutige Verhältnisse geschaffen werden.

Als ich ihm vor einigen Wochen erzählte, Deng Yiaoping hoffe, die Beziehungen zwischen Washington und Peking würden noch in diesem Jahr normalisiert werden, lachte Leonard Woodcock. »Wenn wir Glück haben«, sagte er, »im nächsten Jahr. Aber wir arbeiten jetzt mit Vorrang an dieser Aufgabe.«

»Ich verbinde«, sagte Lois.

»This is Leonard Woodcock speaking. How are you this morning?«

Ich antwortete: »Ausgezeichnet. Die Sonne scheint. Man könnte einen Ausflug zum Alten Sommerpalast machen. Kommen Sie mit? Sharon auch? Mein Schreibtisch ist leer.«

»Nicht mehr lange«, sagte Leonard Woodcock, »die Chinesen und wir haben beschlossen, diplomatische Beziehungen aufzunehmen.«

»Ich gratuliere! Das ist ein großer Erfolg für sie. Ist es noch vertraulich?«

»Nein«, sagte er, »wir werden es um zehn Uhr bekanntgeben.«

»Wann?« fragte ich erstaunt.

»In anderthalb Stunden.«

»Ist Bonn schon unterrichtet?«

»Ja, ich glaube, der Präsident hat vor ein paar Stunden mit dem Bundeskanzler telefoniert.«

»Und haben Sie eine eindeutige Formulierung für die Taiwan-Frage gefunden?«

»Einen Kompromiß, aber ich glaube, wir können damit arbeiten. Ich hätte Sie vorher benachrichtigt, aber es ging plötzlich alles ganz schnell. Wir haben in den letzten Tagen kaum Zeit gehabt zu schlafen. Gestern abend um acht waren wir erst fertig. Es tut mir leid, daß Lois deshalb nicht rechtzeitig zum Dinner kommen konnte. Sie ist ja sonst immer so pünktlich.«

»Ja«, sagte ich, »und diskret.«

Geert Ahrends hatte vor ein paar Tagen seinen amerikanischen Kollegen gefragt, ob Präsident Carter dem Kongreß erst einen Erfolg in der Nahost-Politik vorweisen müsse, bevor er sich um eine Normalisierung des Verhältnisses zu Peking bemühen könne. Der amerikanische Diplomat sagte dazu nur: *not necessarily* – nicht unbedingt. Er wechselte das Thema und sprach von der Nahost-Politik.

Mir schienen in unserem Auswärtigen Dienst die Ansichten über Diskretion und Loyalität, zwei eng beieinander liegende Begriffe, nicht so streng zu sein. Daher hatte ich dem Leiter der Personalabteilung des Auswärtigen Amtes vor einiger Zeit geschrieben:

»Ich habe den Eindruck, daß das Auswärtige Amt in der Erziehung seiner Beamten zu wenig Wert auf die Loyalität legt und daß dieser Charakterzug bei manchen Mitarbeitern eher gestärkt als geschwächt werden sollte. Wer seinen Vorgesetzten gegenüber nicht loyal ist und wer nicht zur Loyalität angehalten wird, von dem kann man auch keine Loyalität unserem Staat gegenüber erwarten.

Die Treue galt früher als einer der höchsten sittlichen Werte. Wo, wenn nicht im Elternhaus, hören unsere jungen Beamten noch davon? In der Schule? In der Universität? Im Ausbildungslehrgang des Auswärtigen Amts? Wohl kaum. Und im Wortschatz der ÖTV ist diese Vokabel wohl auch nicht zu finden.

In der zweiten Strophe eines heute weithin unbekannten Liedes ist von deutscher Treue die Rede. Deutsche Treue? Bei dem Verfall dieses Begriffs wird man sie in Zukunft nur noch beim deutschen Schäferhund antreffen.«

Nun, das war vielleicht ein bißchen zu schroff und überspitzt; ich hatte jedoch öfter die Erfahrung gemacht, daß amerikanische Diplomaten, die sich frei und offen über ihr Land und seine Mißstände aussprachen, von eindrucksvoller Disziplin und Diskretion in allen dienstlichen Angelegenheiten waren. Ebenso diszipliniert und diskret waren die Beamten des Foreign Office und des Quia d'Orsay. Sie hielten es nicht für eine Beschneidung ihrer Freiheit und Persönlichkeitsrechte, wenn sie angehalten wurden, über dienstliche Angelegenheiten Diskretion zu wahren. Sie machten sich auch nicht wichtig, indem sie vertrauliche Informationen preisgaben. Vielleicht hatte man schon bei ihrer Auswahl besonders auf Charakter, Interesse am Beruf und auf Intelligenz gesehen und darauf vertraut, daß sie

Lücken in ihren Fachkenntnissen schnell schließen würden. Man hatte sie in ihrer Ausbildung wohl auch gelehrt, hinter ihrer Aufgabe zurückzutreten, sie nicht als einen beliebigen Job zu betrachten, sondern als ein verantwortungsvolles Amt, in dem sie der Allgemeinheit, der Nation dienten.

Eine solche elitäre Haltung, die Opfer als selbstverständlich in Kauf nahm, habe ich auch bei vielen deutschen Mitarbeitern und Kollegen angetroffen, nicht nur in Peking, sondern auch auf früheren Posten. Ihnen verdankt es unser Auswärtiger Dienst, daß er heute zu den besten der Welt zählt.

Seit einigen Jahren aber konnte man bemerken, daß manche Mitarbeiter aus der Heimat eine andere Wertskala mitbrachten. Sie wollten gar nicht zu einer Elite gehören. Das Wort hatte, obwohl die meisten bedeutenden Dinge in der Welt von Eliten oder Menschen, die elitär dachten, geschaffen waren, für sie einen unguten Klang. Sie wollten gar keine bedeutenden Dinge schaffen. Sie wollten ihr Leben leben, denn sie hatten ja nur eins. Die Bereitschaft der Ehefrauen, ihrem Mann von einem Auslandsposten zum anderen zu folgen, oft mit kleinen oder mit schulpflichtigen Kindern, und im ausländischen Dienstort ohne Bezahlung ein gastfreies Haus zu führen, nahm ab, zumal die Frauen in der Heimat oft einen eigenen Beruf hatten, den sie aufgeben sollten. Der Diplomat lernt in seinem Beruf die politisch und geistig führenden Menschen der Welt kennen: eine Möglichkeit, die ihm kein anderer Beruf bieten kann. Diese Möglichkeit an der Seite des Ehemanns und gemeinsam mit ihm zu nutzen, wog für viele junge Frauen die Opfer nicht auf, die mit dem Nomadenleben des Auslandsbeamten verbunden sind. Sie blieben lieber zu Hause.

Früher war die Persönlichkeit mancher Beamter durch verbissenes Karrierestreben verformt worden; bei den Beamten, von denen hier die Rede ist, war davon nichts zu spüren. Sie konnten sich ja auf die Regelbeförderung verlassen, und sie wurden erst rabiat, wenn sie sich übergangen fühlten. Es gab junge Leute, die sich schon Gedanken darüber machten, wo sie ihren Ruhestand verbringen wollten. Sie rissen sich nicht um Verantwortung, die nur mehr Arbeit, aber keine greifbaren Vorteile bringen würde. Sie waren nicht bereit, *pour le roi de Prusse* zu arbeiten, das heißt um nichts als die Ehre.

Nun, der deutsche Auslandsbeamte arbeitete schon seit langem nicht mehr *pour le roi de Prusse.* Sein Gehalt war höher als das der meisten anderen Diplomaten; die soziale Betreuung, Arbeitsbedingungen und Urlaubsregelung waren viel besser. Aber die Ansprüche waren oft schneller gestiegen als Gehalt und soziale Fürsorge.

Die Lebensbedingungen in Peking waren nicht einfach; aber wer sich für das Land und seine Kultur interessierte, hatte von dem Aufenthalt in China großen Gewinn. Einer, der in seinem Urlaub Reisen in die entlegensten Taoistenklöster machte, ein Experte für altes chinesisches Porzellan, Päonien, für den Taoismus und viele andere chinesische Dinge, war zum Beispiel Herr Schamberger — der Amtsbote, der die Akten austrug.

Andere dagegen, die das Land gleichgültig ließ, beklagten ihr Los, das sie in eine Stadt mit so geringem Freizeitwert verschlagen hatte. Um die Härte des Lebens in Peking darzustellen, klagte der Personalrat der Botschaft zum Beispiel einmal in einem Bericht darüber, daß der chinesische Straßenverkehr dazu zwinge, immer defensiv zu fahren, was die deutschen, nach Peking versetzten Auslandsbeamten psychologisch außerordentlich belaste. Die Verwendung so kriegerischer Ausdrücke wie Defensive und Offensive deutete darauf hin, daß der Verfasser des Berichts die Straße für ein Schlachtfeld hielt, auf dem man den Verkehrsgegner durch offensive Fahrweise in die Flucht schlagen mußte. Man kann nur hoffen, daß der Zwang, den Chinesen auch einmal die Vorfahrt zu lassen, bei ihm keinen bleibenden psychischen Schaden hinterlassen hat, aus dem er später den Anspruch auf höheres Ruhegehalt herleiten kann.

Er sah aus wie ein Kardinal

Mitte Dezember
Nach dem Abendessen tranken wir noch einen Mokka. Wir waren vier und saßen in Sesseln um einen kleinen Tisch im Salon. Am nächsten Tag wollte ich nach Deutschland fliegen.

Kissinger schreibt in seinen Memoiren, Zhang Wenjin sehe aus wie ein spanischer Kardinal auf einem Bild von El Greco.

Der Vizeaußenminister Zhang Wenjin wußte nicht, welches Bild Kissinger meinte. »Außerdem«, sagte er, »bin ich kein frommer Mensch.«

»Kardinal«, sagte ich, »wird man auch nicht, weil man fromm ist; außerdem erinnern Sie mich weniger an einen spanischen Kardinal als an unseren deutschen Kardinal Höffner. Wenn er sich auch eine solche Jacke im Sun Yatsen-Look anziehen würde, könnte man Sie für Brüder halten.«

Zhang Wenjin hatte Anfang der dreißiger Jahre an der Berliner Universität noch Oncken und Sombart gehört. »Allerdings war ich in ihren Vorlesungen nicht so oft wie in der Marxistischen Abendschule in Berlin-Weißensee«, sagt er.

Er kam, wie es schien, aus einem wohlhabenden Hause. Er ging Ende der zwanziger Jahre auf das Dorotheen-Gymnasium in Berlin und fand damals schon zur kommunistischen Jugendbewegung. Er kennt noch ihre Lieder. Als er nach China zurückgekehrt war, wurde er Sekretär und enger Mitarbeiter Zhou Enlais, der ihm auch den Auftrag gab, im Jahre 1971 Kissinger in Islamabad zu dem Geheimtreffen in Peking abzuholen. Jetzt war Zhang Wenjin als Vizeaußenminister für Westeuropa und die USA zuständig.

»Was werden Sie zu Hause berichten?« fragte er.

Ich sagte: »Ich werde natürlich von der Aufbruchstimmung bei Ihnen berichten und davon, daß sich Ihr Volk von doktrinären Fesseln befreien will.«

»Auch, daß es marktwirtschaftliche Elemente übernehmen will?«

»Natürlich, obwohl ich mir noch nicht ganz klar bin, wie weit China darin gehen wird und gehen kann. Und ob das Land nicht schon in einer Phase haltmacht, wo die marktwirtschaftlichen Gesetze noch nicht wirksam werden können. Das wäre nämlich fatal.«

»Was sollte uns veranlassen, plötzlich auf unserem Wege haltzumachen?«

»Der Egalitarismus. Ich bin überrascht darüber, wie stark er in der chinesischen Gesellschaft ist. Das habe ich im alten China nie erlebt. Aber in einer deutschen Monographie über den Neid habe ich gelesen, daß der Neid zwar nicht die einzige, aber doch eine starke Triebfeder des Sozialismus ist, wobei der

Neidische nicht verlangt, ebensoviel zu besitzen wie der Reichere. Er wünscht nur, daß der Reiche auch nicht mehr, ja möglichst weniger besitze als er selbst.

Der Egalitarismus in China könnte die wirtschaftliche Dynamik hemmen. Manchmal habe ich den Eindruck, die chinesische Führung fürchte, daß ein Mensch in der Volksrepublik China als Folge seines Fleißes und seiner Tüchtigkeit reich werden könnte.

Zhang Wenjin lachte: »Nein, wir haben in Wirklichkeit gar nichts gegen Reichtum. Aber auch mir kam es schon oft merkwürdig vor: Wer immer in der Welt vom Kommunismus spricht, denkt an Armut; und wer vom Kapitalismus redet, denkt an Reichtum und an Millionäre. Auch wir wollen unser Volk wohlhabender machen, und zwar den einzelnen entsprechend seiner Leistung. Aber das geht nicht alles auf einen Schlag. Das dauert seine Zeit.«

»Gewiß«, sagte ich, »das dauert seine Zeit; aber gelegentlich hat man den Eindruck, die chinesische Wirtschaft will mit einem einzigen Ruck in das Zeitalter der Modernisierung gelangen. Ist das nicht bedenklich?«

»Was macht Ihnen besonders Sorge?« fragte Zhang Wenjin.

»Wir wollen gerne mehr Handel mit China treiben. Wir verkaufen Ihnen auch gerne ganze Industrie-Anlagen. Für Ihren Kohlebergbau sind Lieferungen im Gesamtwert von acht Milliarden Mark im Gespräch. Mit Japanern und Engländern wird über andere Kohlefelder verhandelt. Die Anlagen für die Gewinnung von Nicht-Eisen-Metallen werden vermutlich noch mehr kosten. Die Zahl der Stahlwerke, die gebraucht werden, schwankt, und ich habe schon den Überblick darüber verloren, wie viele Projekte diskutiert werden. Wenn man nun noch hinzuzählt, was China bei den Japanern an Elektronik, bei den Engländern an Flugzeugen, bei den Amerikanern an Ölförderungsanlagen und bei den Franzosen an Atomreaktoren kaufen will, kann einem schwindlig werden.«

»Hu Benyao«, sagte Zhang Wenjin zu seinem Mitarbeiter, »schreiben Sie das bitte mit!«

Ich fuhr fort: »Aber man denkt nicht daran, die noch ungenutzten, schon vorhandenen Kapazitäten auszubauen und zu ergänzen oder die Produktivität der Arbeiter zu erhöhen. Da steht in einer Provinz, nicht weit von hier, ein bedeutendes, wenn vielleicht auch schon etwas altes Stahlwerk, das man aber für zwei Milliarden Mark so modernisieren könnte, daß die Produktion erheblich steigt. Aber nein, die Provinz möchte gerne ein neues, modernes Stahlwerk nebenan auf der grünen Wiese errichten, das fünfmal soviel kostet, wenn nicht noch mehr. Hat man in Peking noch den Überblick? Gibt es einen Gesamtplan? Werden die Projekte aufeinander abgestimmt? Wer berücksichtigt die Verkehrsbedingungen, die Energiekapazitäten und den Energiebedarf, die Ausbildung der Arbeiter und des Managements? Man will viele Projekte anfangen, und es kann zu einem schnellen Anstieg der Bautätigkeit kommen. Aber dann kann Ihrer Industrie plötzlich der Atem ausgehen, es kann zu Finanzierungsschwierigkeiten und einer großen Krise kommen, und die großen Anlagen werden Ruinen bleiben. Der Kredit, den China jetzt noch im Ausland hat, wäre verspielt. Algerien ist das letzte warnende Beispiel.«

»Was würde Ihre Regierung in einem solchen Fall tun?« fragte Zhang Wenjin.

»Ich weiß nicht, ob bei uns eine solche Lage entstehen kann. Unsere Marktwirtschaft hat ein eingebautes Reglersystem, und einiges würde sich daher von selbst regeln, aber natürlich längst nicht alles. Das haben wir inzwischen gelernt. Auch wir haben Wachstumsschwierigkeiten gehabt, wir haben Sorgen wegen unserer Arbeitslosen, der Energiekosten, der Verschuldung, und auch bei uns gab und gibt es Fehlplanungen. Aber ein Mittel der Korrektur könnte für Sie interessant sein: Unabhängige Sachverständige veröffentlichen bei uns einmal im Jahr ein Wirtschaftsgutachten, nach dem die Regierung sich richten kann, aber nicht zu richten braucht. Sie erhält einen Rat von außenstehenden, unabhängigen Experten, und das ist immer gut.«

»Sie fliegen nun schon morgen nach Deutschland«, sagte Zhang Wenjin, »und ich kann nicht mehr rückfragen und Ihnen das auch nicht offiziell mit auf den Weg geben; aber als Freund möchte ich Ihnen sagen: Das Urteil eines solchen Sachverständigen über unsere Wirtschaftsentwicklung wäre für uns interessant.«

Erst einige Wochen später wurde mir klar, warum er seinen

Mitarbeiter Hu Benyao gebeten hatte, meine kritischen Bemerkungen mitzuschreiben: Es tagte das 3. Plenum des Zentralkomitees, wo Deng Xiaoping und seine Anhänger in ähnlicher Weise gegen die unüberlegte und unkoordinierte Planung argumentierten, an der sie freilich nicht ganz unschuldig waren.

Zhang Wenjins Ansichten lagen natürlich stets auf der außenpolitischen Linie seiner Regierung, die er selbst mitbestimmte; aber er bewegte sich selbständig. In allen politischen Fragen war er wohlinformiert. Über Ereignisse in anderen Ländern urteilte er ausgewogen, nüchtern und frei von ideologischen Voreingenommenheiten. Er war kultiviert und vielseitig interessiert. Als wir einmal von Karl Marx' Ansichten über die Praxis sprachen, lieh er sich von mir das Buch des Jesuiten Gustav Wetter über die *Sowjetideologie* aus, da er meinte, Wetters Gedanken könnten auch in der chinesischen Diskussion dieses Themas von Wert sein.

Er sprach fließend Englisch, aber als er das erste Mal zu uns in die Botschaft kam, sagte er: »Wir können auch deutsch miteinander reden«, was wir dann auch taten.

Der Sinn für das Feierliche ist bei ihm nicht sehr entwickelt. Bei großen Staatsaktionen hält er sich im Hintergrund, aber zu allen wichtigen Fragen wird er gehört. Er liebt das Gespräch, die Diskussion. Im persönlichen Verkehr ist er leise, bescheiden und höflich, aber er hat Sinn für Humor und Ironie und lacht gerne. Er war von 1982 bis zu seiner Pensionierung im Jahr 1985 Botschafter in Washington

Als ich in Bonn war, sprach ich mit Bundesaußenminister Genscher und schlug vor, den Chinesen einen Gutachter zu empfehlen. Herr Genscher, der meine Vorschläge, die Verbindungen und die Zusammenarbeit mit den Chinesen zu intensivieren, stets unterstützte und mir überhaupt meine Arbeit in Peking immer erleichterte, stimmte mir zu. Auch Bundeskanzler Helmut Schmidt, den ich anschließend sprach, hielt den Gedanken für gut. Er nannte auch einige Namen. Professor Armin Gutowski, der Präsident des Hamburger Instituts für Wirtschaftsforschung, schien der geeignetste zu sein.

1979

Die Strafaktion

18. Februar
Die Chinesen nannten ihren Einmarsch in Vietnam, der eben gemeldet wurde, eine Strafaktion. Mir erschien er eher als ein Abenteuer. Noch im November hatte mir ein hoher Beamter des chinesischen Außenministeriums gesagt, auch wenn die Vietnamesen ihre Provokationen an der chinesischen Grenze fortsetzten, werde China sich militärisch zurückhalten, es sei denn, die Vietnamesen drängen tief auf chinesisches Gebiet vor.

Das entsprach ganz der bisherigen Politik Pekings, die das Bild eines neuen, friedlichen, nur auf seinen wirtschaftlichen Aufbau konzentrierten Chinas zu geben versuchte.

Dieses Bild war nun zerstört. Die Furcht der Länder Ostasiens und Südostasiens vor dem chinesischen Riesen mußte nun wieder aufleben. Ich schloß eine ernste sowjetische Gegenmaßnahme nicht aus, da Hanoi erst vor kurzem einen Freundschafts- und Bündnisvertrag mit Moskau abgeschlossen hatte.

Gestern, am Sonnabend nachmittag, war unser chinesisches Personal zu einer politischen Sitzung gerufen worden. Zeitungsartikel schilderten die Lage an der chinesisch-vietnamesischen Grenze als ernst. Die chinesische Presse berichtete gestern, die Grenzbevölkerung habe um militärischen Schutz gegen die ständigen vietnamesischen Übergriffe gebeten. Das klang ominös. Ich hatte es noch aus den dreißiger Jahren im Ohr: Solche Hilferufe wurden meist unmittelbar vor einem Einmarsch publiziert.

Gestern nacht hatte mich ein Mitarbeiter angerufen: Es träfen immer mehr Nachrichten ein, daß China in Vietnam einmarschiere. Heute früh meldete die Nachrichtenagentur *Xinhua,* chinesische Truppen hätten die Grenze überschritten, und zwar als Antwort auf ständige vietnamesische Grenzverletzungen. Gleichzeitig schlug die Regierung in Peking Verhandlungen mit Hanoi vor, um die Streitigkeiten zwischen beiden Ländern beizulegen.

Der eigentliche Grund für die chinesische »Strafaktion« war, daß Vietnam Laos und jetzt auch Kambodscha erobert und sein Machtgebiet damit auf ganz Indochina ausgedehnt hatte. Man fürchtete in Peking, daß Vietnam seine Position in den eroberten Ländern festigen und dann noch weiter ausgreifen könne. Und daß Vietnam den Sowjets erlauben würde, die Luftstützpunkte im Lande und den Flottenstützpunkt Camh Ran auszubauen.

Das State Department und auch einige zuständige Beamte in Bonn fürchten, Vietnam werde immer mehr in die Arme der Sowjets getrieben, wenn man der vietnamesischen Politik fest und bestimmt entgegentrete. Man sollte statt dessen versuchen, Vietnam durch wirtschaftliche Zusammenarbeit und Hilfe an den Westen zu binden.

Die Vertreter dieser Ansicht im State Department waren, wie man ihren Begründungen entnehmen konnte, von einem starken Schuldgefühl getrieben; sie wollten Versöhnung, sie wollten wiedergutmachen. Sie schlossen die Augen davor, daß sie mit ihrer Politik die Aggressions- und Expansionspolitik Vietnams unterstützen würden. Und sie gaben sich einer Illusion hin, wenn sie glaubten, sie könnten der vietnamesischen Führung durch großzügige materielle Hilfe ihre Option für die Sowjetunion abkaufen.

Die Chinesen waren weniger naiv. Sie sagten, sie sähen in einer zunehmenden Abhängigkeit Vietnams von der Sowjetunion keine Gefahr. Dadurch würden die Vietnamesen vielmehr eine heilsame Lektion über den Umgang der Sowjets mit Abhängigen erhalten.

»Vietnam mag ein Kuba Asiens werden«, sagte mir ein hoher Funktionär des chinesischen Außenministeriums, »aber nur bis zu einem gewissen Grade; denn die Vietnamesen sind keine Kubaner. Sie haben nicht für die Unabhängigkeit von den USA gekämpft, um sich nun in die Abhängigkeit von der Sowjetunion zu begeben. Sie werden selbst sehen, daß eine Abhängigkeit von Moskau auf die Dauer unerträglich ist.«

Am 22. Februar empfing ich den neuen sowjetischen Botschafter Schtscherbakow, Nachfolger Tolstikows, der schon seit vielen Monaten hier war, aber bisher keine Eile gezeigt hatte, bei seinen Kollegen die üblichen Antrittsbesuche zu machen. Einige vermuteten, er glaube, als Botschafter einer Supermacht sei er dazu auch nicht verpflichtet. Vor einiger Zeit hatte er sich nun doch entschlossen, Kontakte zu seinen Kollegen aufzunehmen.

Er hatte als Lehrer angefangen, sich in der Partei hochgearbeitet, war im Sekretariat des Zentralkomitees in Moskau für die Beziehungen zu den regierenden kommunistischen Parteien zuständig gewesen, war vor vielen Jahren Gesandter in Peking und dann zehn Jahre Botschafter in Hanoi gewesen.

Schtscherbakow sah nicht aus wie ein Parteifunktionär, sonder wie ein Mann, der geradewegs aus einem Stück von Tschechow kommt. Er hatte ein durchblutetes, rosiges Gesicht, einen kleinen Schnurrbart. Seine Bewegungen waren gemessen, präzise. Man konnte sich vorstellen, wie er sich an seinen Schreibtisch setzte, die Bleistifte, das Lineal, den Federhalter, die Streusandbüchse an ihren richtigen Platz schob, den Kneifer aus seiner Westentasche holte, ihn putzte, aufsetzte und dann dem Amtsdiener klingelte.

Wir saßen in der Bibliothek. Er nahm die Teetasse mit weißen, wohlmanikürten Händen. Sein Blick war nüchtern, nicht unfreundlich. Aber ich konnte mir die Augen auch ganz hart vorstellen. Wir sprachen natürlich über Vietnam. Er war erstaunlich offen.

Ich sagte: »Ihre Regierung hat vor kurzem einen Freundschafts- und Bündnisvertrag mit Vietnam abgeschlossen.«

»So ist es, und wir werden alle darin getroffenen Abmachungen einhalten.«

»Was sieht der Vertrag nach dem chinesischen Einmarsch vor?«

»Konsultationen«, sagte Schtscherbakow. Er sah mich prüfend an, ob ich ihn verstanden habe.

»Aha«, sagte ich, »Konsultationen«.

»Ja, und sie finden in diesen Tagen in Moskau statt.«

»Meinen Sie, daß die Vietnamesen mit der Lage allein fertig werden können?«

Schtscherbakow war davon überzeugt. Er wiederholte das im Laufe des Gesprächs. Die Sowjetunion, sagte er, würde Verhandlungen der beiden Konfliktparteien begrüßen. Aber bevor man sich an den Verhandlungstisch setze, müßten die Chinesen ihre Truppen wieder aus Vietnam zurückgezogen haben.

»Wir wollen«, sagte er, »nicht in diesen Konflikt hineingezogen werden. Der Einsatz der sowjetischen Streitkräfte wäre ein überaus schwerer Schritt, der den Charakter des Konflikts von Grund auf ändern würde. Über die Folgen eines solchen Schritts ist man sich in Moskau durchaus im klaren.«

»Ich entnehme Ihren Worten«, sagte ich, »daß die Sowjetunion den Konflikt nicht ausweiten, sondern daß sie sich verantwortungsvoll verhalten will.«

Er klopfte mit der flachen Hand bekräftigend auf die Tischkante und wiederholte: *»Da! Da!* Verantwortungsvoll!«

Gegen die Chinesen fiel kein böses Wort. Nur einmal und ohne besondere Betonung sprach er von der chinesischen Aggression. Ich hatte eher den Eindruck, daß er den Vietnamesen gegenüber reserviert war. Dem japanischen Botschafter Sato, bei dem er gestern auch zum Antrittsbesuch war, hat er gesagt, die Vietnamesen seien enttäuscht, weil die *Tass*-Erklärung zur chinesischen Invasion so schwach ausgefallen sei.

Seine Ausführungen über die militärische Lage waren nüchtern, wie man es von einem Tschechowschen Beamten erwarten würde. Die Chinesen, sagte Schtscherbakow, seien an einigen Stellen bis zu 15 Kilometer auf vietnamesisches Gebiet vorgedrungen. In anderen Gebieten befänden sich die chinesischen Truppen noch an der Grenze. Das Gelände sei für den Angreifer ungünstig. Er kenne es gut. Die Offensive könne man nur entlang den Verkehrslinien vortragen; rechts und links seien Dschungel und Berge, und größere Verbände könnten sich da nicht entfalten. Die Bewaffnung der Chinesen sei gut. Sie hätten ja sowjetische oder nach sowjetischen Lizenzen hergestellte Waffen; die Vietnamesen auch, aber die seien zwanzig Jahre moderner, und außerdem verfügten die Vietnamesen über modernste amerikanische Beutewaffen. Mit allem, was er hierzu sagte, belegte er seine Ansicht, daß die Vietnamesen auf sowjetische Unterstützung nicht angewiesen seien und eigentlich imstande sein sollten, mit diesem Konflikt allein fertig zu werden. So wie er in seiner Rede nie ein böses Wort für die Chinesen hatte, so hatte er kein gutes für die Vietnamesen.

Mein Mitarbeiter Hauswedell hatte erfahren, daß zwar der Aufmarsch der Chinesen – wie auch uns bekannt war – schon vor Wochen begonnen hatte, daß aber die Entscheidung zum Angriff offenbar erst vor einigen Tagen gefallen war. Selbst sehr hohe Funktionäre wurden erst zwei Tage vor Beginn der Kampfhandlungen durch das Parteidokument Nr. 11 unterrichtet, die anderen Funktionäre am Sonnabend früh, als die ersten Truppen die Grenze schon überschritten hatten, und die übrige Bevölkerung am Sonnabend mittag und nachmittag.

Ein Vizeaußenminister bestätigte mir das. Die endgültige Entscheidung sei in der Tat sehr spät gefallen, nämlich am 14. Februar, drei Tage vor dem Beginn des Einmarschs.

Die Pekinger schienen sich aber für die »Strafaktion« nicht sehr zu interessieren. Zwar meinten alle, die Vietnamesen verdienten einen Dämpfer, aber den würden sie ja nun wohl kriegen. Im übrigen war Vietnam von Peking zweitausend Kilometer weit entfernt. Wir hatten bisher niemand getroffen, der Sorge vor einem Eingreifen der Sowjets hatte. Die chinesischen Beamten, die Journalisten und natürlich auch die Militärs gaben sich optimistisch und waren es offenbar auch.

Unser Hauspersonal hatte andere Dinge im Kopf: Es hatte geschneit. Alt-Liu und Klein-Wang hatten vor der Küche einen großen Panda-Bären aus Schnee gebaut, der einen Blumenstrauß in der Hand hatte. War es nur Zufall, daß er in die Telefonzentrale blickte, wo Fräulein Wen saß?

Am 28. Februar waren der Vizeaußenminister Zhang Wenjin und der Assistierende Außenminister Song Zhiguang bei mir zum Abendessen. Wir sprachen vor allem über Südostasien, und die beiden Gäste schilderten die politische und militärische Situation sehr offen. Sie erkundigten sich nach der Meinung der deutschen Presse. Ich gab darüber Auskunft. Sie antworteten, sie hätten mit einer negativen Reaktion gerechnet. Es sei aber nur eine Frage der Zeit, bis man auch im Westen einsehe, daß es dem Frieden und der Stabilität diene, wenn China der vietnamesischen Hegemonialpolitik entgegentrete. Die Reaktion der ASEAN-Länder sei verständnisvoll. Vietnam müsse die Lektion lernen, daß man nicht ungestraft gegen den internationalen Verhaltenscode verstoßen könne. »Vietnam muß lernen, sich zu benehmen«, fügte Zhang Wenjin auf deutsch hinzu.

Als wir über Kambodscha sprachen und ich sagte, das Land wäre in viel besserer Position, wenn Pol Pot sich durch sein barbarisches Regiment nicht die Sympathie der Weltöffentlichkeit verscherzt hätte, stimmte Zhang Wenjin zu.

Ich fragte, warum China nicht remonstriert habe.

»Unsere Meinung war Pol Pot bekannt; aber es stimmt, daß wir uns in unserer Kritik zurückgehalten haben. Wir glaubten, unsere eigene jüngste Vergangenheit gebe uns nicht das Recht, als Lehrmeister anderer aufzutreten.« Eine ehrenhafte Antwort, die man gelten lassen muß. Der Vorsitzende Mao hatte sich allerdings nicht so vornehm zurückgehalten, als er Pol Pot im Juni 1975 zu seinem »gewaltigen Sieg« und der »Beseitigung aller Klassen mit einem Schlag« beglückwünscht hatte.

Am 5. März empfing Zhang Wenjin die Botschafter Westeuropas und der amerikanischen Staaten. Er teilte uns mit, die chinesischen Truppen hätten ihre Ziele erreicht und heute den Befehl erhalten, sich aus Vietnam zurückzuziehen. Die Strafaktion gegen Vietnam sei etwas kürzer gewesen als die gegen Indien im Jahr 1962.

In der europäischen Geschichte wurden Feldzüge selten unternommen, nur um einem anderen eine Lektion zu erteilen; ihr Ziel war vielmehr in der Regel, den Gegner niederzuzwingen, ihn botmäßig zu machen oder sein Territorium ganz oder zum Teil zu gewinnen. In China dagegen waren »Strafaktionen« seit frühester Zeit bekannt. Sie richteten sich vor allem gegen die Nomadenstämme des Nordens und Westens, die immer wieder in das wohlhabendere Reich der Mitte einfielen. Diese militärischen Expeditionen Chinas hatten selten Landgewinn zum Ziel: Man wollte vielmehr dem Gegner Schaden zufügen und ihn damit zwingen, von weiteren Belästigungen abzusehen und »sich zu benehmen«, wie Zhang Wenjin es ausdrückte.

Die »Strafaktion« gegen Vietnam war nun beendet. Die Chinesen hatten wohl mit einem schnelleren militärischen Erfolg gerechnet. Der vietnamesische Widerstand war jedoch stärker gewesen, als sie ursprünglich angenommen hatten. Außerdem waren Schwächen in der chinesischen Führung zutage getreten: Die hohen Offiziere waren alt und unbeweglich; sie führten die Truppen wie vor dreißig Jahren; der Nachschub traf nicht immer rechtzeitig ein, und man hatte die Schwierigkeiten des Geländes unterschätzt.

Erst als die Chinesen ihre Truppen umgruppiert hatten, war es ihnen gelungen, die Stadt Lang-son und die Höhen zu nehmen, die die Stadt beherrschten. Die Stadt war, wie man uns sagte, der Schlüssel für den Weg nach Hanoi, der nun offen war. Heute, am 5. März nachmittags, hatten die Chinesen gegen harten Widerstand die letzten Höhen erobert. Als sie in ihrer Hand waren, erhielten sie den Rückzugsbefehl. Es war den Chinesen aber nicht gelungen, größere vietnamesische Truppeneinheiten, zum Beispiel die nördlich von Hanoi liegenden Elite-Divisionen, in Kämpfe zu verwickeln und zu besiegen. Daß sie mit ihrer Strafaktion die Besetzung Kambodschas nicht rückgängig machen und daß sie einen Rückzug der vietnamesischen Truppen aus Kambodscha zwar fordern, aber nicht erzwingen konnten, war ihnen wohl schon von Anfang an klar gewesen.

Sie werden jedoch ihre Drohung mit einer neuen Strafaktion aufrechterhalten. Diese Drohung ist glaubhaft. Damit binden sie starke vietnamesische Verbände an der chinesisch-vietnamesischen Grenze. Im chinesischen Außenministerium meinte man, die Besetzung von Laos und Kambodscha, die ständige Bereitschaft von etwa 600000 Mann vietnamesischer Truppen an der Nord-Grenze, die Versorgung der Truppen über so weite Entfernungen werde die vietnamesische Wirtschaft auf die Dauer stark belasten. Interne Probleme, zum Beispiel die Spannung zwischen Nord- und Südvietnam, würden sich verschärfen, so daß Hanoi schließlich gezwungen werde, die Expansionspolitik aufzugeben. Ob die Berechnung aufgehen wird, muß man abwarten.

Bislang hatte die Regierung Hua Guofengs den Eindruck erweckt, sie setze alle ihre Kräfte für die Modernisierung des Landes ein, außenpolitisch aber werde sich China abstinent verhalten und keine Ansprüche als Ordnungsmacht der Region erheben. Die Invasion vietnamesischen Territoriums zeigte, daß diese Ansicht nicht zutraf. Die Wirkung der »Strafaktion« war daher zwiespältig.

Einesteils gab sie den Chinesen in den Augen vieler Asiaten »Gesicht«. Vietnam hat keine Freunde in der Region, und viele freuten sich, daß China den Vietnamesen einen Dämpfer aufgesetzt hatte, die sich in ihrem Übermut rühmten, die stärkste Armee nächst der sowjetischen zu besitzen, da sie ja sogar die amerikanische besiegt habe. Man war überrascht, daß die Chinesen die sowjetische Reaktion richtig vorausberechnet hatten und daß jede Hilfe der Sowjetunion ausblieb, obwohl die Tinte unter dem sowjetisch-vietnamesischen Freundschaftsvertrag kaum trocken war. Die Grenzen der sowjetischen Möglichkeiten waren deutlich geworden.

Andererseits erwachte oder verstärkte sich in einer Reihe von ASEAN-Staaten die Furcht, China betrachte Süd- und Südostasien als sein Vorfeld, und es werde dort politisch, militärisch oder subversiv Einfluß ausüben. Unterstützten die Chinesen nicht noch immer gewisse kommunistische Untergrundbewegungen in Birma und Malaysia?

Und hatten sie nicht Pol Pot in den Sattel verholfen? Nicht die Viererbande, sondern Zhou Enlai war es gewesen. Prinz Sihanouk klagte mir einmal, daß sowohl die chinesische wie die nordkoreanische Führung, als er noch freundschaftliche Beziehungen zu ihnen unterhalten hatte, hinter seinem Rücken Pol Pot empfangen und ihn finanziell und militärisch in großzügiger Weise unterstützt hätten.

Würde sich dergleichen wiederholen?

Die Sowjets haben wieder bewiesen, daß sie in einer kritischen Situation nicht kopflos und irrational reagieren, was manche unserer Politiker zu Unrecht befürchten, wenn sie warnen, den Sowjets nicht zu fest entgegenzutreten, um sie nicht zu unbesonnenen Handlungen zu reizen. Allerdings gefallen die Sowjets sich gelegentlich darin, den Eindruck hervorzurufen, daß sie sehr empfindlich seien, daß ihre Geduld nun zu Ende sei und daß man sich auf das Schlimmste gefaßt machen müsse, wenn man ihnen noch mehr zumute.

Sie hatten bei kühler Kalkulation wohl erkannt, daß ihre militärischen Möglichkeiten begrenzt waren. Die distanzierte Behandlung ihres Verbündeten Vietnam zeigte, daß sie Hanoi nicht freie Hand geben wollten. Sie waren vielleicht gar nicht so unglücklich darüber, daß Hanoi nun noch mehr von ihnen abhängig werden würde.

Der Bundeskanzler Helmut Schmidt hat die sowjetische Reaktion auf die chinesische Invasion »weise« genannt. Wenn er damit gemeint hat, die Sowjets hätten ihre Interessen und Möglichkeiten mit kühlem Kopf abgewogen, so trifft dieser Ausdruck zu. Wenn er aber ausdrücken wollte, sie hätten aus Interesse am Weltfrieden weise gehandelt, so wird das schwer zu beweisen sein. Ein Dreivierteljahr später fielen sie in Afghanistan ein, nicht um den Weltfrieden zu wahren, sondern um ihre Interessen wahrzunehmen — so, wie sie sie verstanden.

Die unvermeidlichen Kommentare Herbert Wehners

Die amtliche ungarische Nachrichtenagentur MTI berichtet am 5. März 1979 aus Budapest, Herbert Wehner, Fraktionschef der SPD, habe dem Budapester Fernsehen in einem Interview erklärt:

»Diejenigen Kräfte, die immer wieder, leider immer eindringlicher, über die Unvermeidbarkeit und sogar Notwendigkeit eines dritten Weltkrieges sprechen, bieten keine Garantie, daß das, was gegenwärtig in Südostasien passiert, in Wirklichkeit nur als eine begrenzte Aktion angesehen werden kann. Es ist eine Provokation!... Solange jedoch denjenigen, die erklären, daß der dritte Weltkrieg unvermeidbar oder sogar notwendig ist, keine Abfuhr erteilt wird, bleibt das Leben gefährlich.«

Wehner hält es also, ebenso wie die sowjetische Propaganda, nicht für erwähnenswert, daß Vietnam Kambodscha erobert hat und besetzt hält. Das ist für ihn weder Aggression noch Provokation. Es steht offenbar in keinem Zusammenhang mit der chinesischen »Strafaktion«. Er erwähnt auch nicht, daß die sowjetische Propaganda die Besetzung Kambodschas durch Vietnam unterstützt und durchaus für Rechtens hält.

Daß die chinesische »Strafaktion« gegen Vietnam eine begrenzte Aktion ist, stellt er noch an dem Tag, an dem die Chinesen ihren Rückzug aus Vietnam befehlen, als fraglich hin, da die Chinesen »immer wieder, leider immer eindringlicher über die Unvermeidbarkeit und sogar Notwendigkeit eines dritten Weltkriegs sprechen«. Die Chinesen haben jedoch keineswegs immer eindringlicher davon gesprochen, sondern nur die Sowjets in ihrer antichinesischen Propaganda und vielleicht auch in gewissen Briefen an westliche Regierungschefs. Bemerkenswert ist, daß Herbert Wehner die sowjetische Behauptung übernimmt, die Chinesen erklärten einen dritten Weltkrieg für notwendig. Das aber ist schlechthin falsch.

Die sowjetische Propaganda will mit ihrer Darstellung suggerieren, daß China einen dritten Weltkrieg für wünschenswert hält oder seinen Ausbruch herbeizuführen sucht. Das Gegenteil ist der Fall. Nach der chinesischen These ist ein dritter Weltkrieg zwischen den Vereinigten Staaten und der Sowjetunion unvermeidlich, und zwar wegen der sowjetischen Hegemoniepolitik. Wenn man ihr entschlossen entgegentrete, könne man den Krieg auf lange Sicht hinausschieben, meinen die Chinesen. Zu diesem Zweck sollten alle Länder der Dritten Welt und die Industrieländer eine Einheitsfront bilden und den sowjetischen Expansionismus aufhalten. Deng Xiaoping sagte einmal, China habe auch die Amerikaner darauf aufmerksam gemacht, daß dies möglich sei, wenn man eine illusionslose Politik betreibe und Vorkehrungen gegen einen sowjetischen Angriff treffe, wenn man die sowjetische Stützpunktstrategie vereitle und wenn man keine Beschwichtigungspolitik betreibe.

Die Diskussion über die Unvermeidbarkeit eines dritten Weltkriegs entspann sich auf der »Konferenz der 81 Parteien« im Herbst 1960 in Moskau. Damals vertraten die Chinesen die Ansicht, der dritte Weltkrieg werde wegen der wachsenden Widersprüche zwischen der kapitalistischen und sozialistischen Welt unvermeidbar sein. Damit wollten sie dem »Geist von Camp David« und einem sowjetisch-amerikanischen Zusammenspiel entgegenwirken, durch das China isoliert worden wäre.

Die These, wie sie sie in Moskau vertreten hatten, ist heute für die Chinesen erledigt, da sie selbst ihr Verhältnis zu den

Vereinigten Staaten normalisiert haben. Heute dient sie ihnen nur noch als Schreckbild, mit dem sie die Welt gegen die Sowjetunion zu einigen hoffen. Sie lassen das Bild aber seit einiger Zeit in der Requisitenkammer, nicht weil sie es für gänzlich falsch halten, sondern weil die Chinesen mit ihren ständigen Warnungen vor dem nahe bevorstehenden dritten Weltkrieg in eine ähnliche Lage geraten waren wie seinerzeit die Urchristen, die über Jesu Endzeiterwartung hinwegkommen und deshalb den Termin für das Jüngste Gericht ständig weiter hinausschieben mußten.

Die Chinesen und die Scham

Herr M. klagte bitter über die nun wirklich bizarre Schamhaftigkeit der Chinesinnen. Diese Prüderie gehe ja weit über alles hinaus, was er je in sozialistischen Ländern erlebt habe. Zum Beispiel! Er habe zum Beispiel in der Stadt Kaifeng Aufnahmen für einen Fernsehfilm über die Frau in China gemacht und dort mit einer reizenden, munteren Lokomotivführerin die Fragen vorbesprochen, die er ihr später vor der Kamera stellen wollte. Sie war bereit, alle zu beantworten, nur nicht die, ob sie schon einmal in ihrem Leben verliebt gewesen sei. Die Frage, sagte sie, würde sie verlegen machen; sie würde bestimmt erröten. Und das könnte dann ja jedermann sehen, da der Film in Farbe aufgenommen werde. Und als sie das sagte, sei sie tatsächlich über und über rot geworden.

»Welch ein Jammer, daß die Kamera noch nicht lief! Was wäre das für eine Aufnahme gewesen! Bei uns zu Hause können Sie ganz andere Sachen fragen. Da können Sie fragen, was Sie wollen, da wird doch keiner mehr rot! Erröten kommt bei uns nur noch in alten Romanen vor. Oder bei Goethe.«

Ja, welch ein Jammer!

Manche nennen *Jinpingmei* oder *Kin Ping Meh* (gekürzt und übersetzt von Franz Kuhn) einen erotischen Roman. Auch Lin Yutang ordnet ihn in diese Kategorie ein, wie alle Chinesen. Dabei ist es einer der größten Romane, nicht nur der chinesischen Literatur, und er entzieht sich solcher einschränkenden Klassifizierung.

Er wurde vor vierhundert Jahren geschrieben und spiegelt die ganze bunte, fromme und korrupte, reiche und arme, sittliche, verbrecherische und laszive Welt einer chinesischen Provinzstadt jener Zeit wider, wobei die erotischen Großtaten des Helden Ximen Qing ein wichtiges, aber bei weitem nicht das einzige Thema sind. Die erotischen Szenen werden mit Gusto und Liebe zum Detail beschrieben, so daß es dem englischen Übersetzer der vierbändigen, ungekürzten Ausgabe (*The Golden Lotus,* London 1959) manchmal offenbar ebenso ergangen ist wie der munteren Lokführerin in Kaifeng, das heißt, er ist rot geworden und hat die gewagteren Stellen nicht in Englisch, sondern in Latein wiedergegeben, aber leider in einem trockenen, pedantischen Latein.

Der Roman wurde in China viel gelesen. Der Kaiser Kangxi ließ das Buch im 17. Jahrhundert als Pornografie verbieten, obwohl sein Bruder es in die mandschurische Sprache übersetzt hatte. Das Verbot scheint wenig bewirkt zu haben, denn aus demselben Jahrhundert sind allein vierzehn verschiedene Ausgaben bekannt; es waren mit Sicherheit noch mehr. Der Kaiser Qianlong im 18. Jahrhundert verbot den Roman wiederum. Mit dem gleichen Erfolg.

Wir saßen mit sechs bekannten chinesischen Schriftstellern und Schriftstellerinnen in der Bibliothek, und Günter Grass fragte sie, ob sie den Roman kannten. Alle hatten ihn gelesen, und sie erröteten keineswegs, als sie das zugaben. Xie Bingxin lachte sogar. Sie war damals achtzig. Ob man ihn denn in jeder Buchhandlung kaufen könne, wollte Günter Grass wissen. Da lachten alle. Natürlich nicht! Selbst wenn man ihn in einer Auflage von einer halben Million Exemplare auflegte, wäre er sofort vergriffen. Man weiß doch, wie neue Bücher in wenigen Stunden ausverkauft sind. Und nun noch dieser Roman! Nein, die meisten hatten das Buch aus Bibliotheken entliehen.

Die jedermann offenstanden?

O nein! sagten sie, nur Mitgliedern des Schriftstellerverbandes.

Ob man den Roman, fragte Günter Grass, vielleicht wieder auflegen werde, da doch nun die Viererbande nicht mehr am Ruder sei und alles, wie man höre, viel freier werden solle.

Da wurde das Gelände schwieriger, und man zögerte mit

den Antworten. Auf die Frage, ob es nun wirklich freier werde oder nicht, ging man nicht ein. Bai Hua, der junge Offizier und Schriftsteller, hatte gerade vor ein paar Tagen eine mutige Rede auf dem Schriftstellerkongreß gehalten. Aber zu diesem Thema schwieg er heute.

Man diskutierte nun, ob eine Neuauflage des Romans möglich sei, war aber geteilter Meinung. Vielleicht könnte man an eine gereinigte Fassung denken, sagte jemand; ich glaube, es war die Lyrikerin Ke Yan. Einig war man sich darin, daß der Roman nur Erwachsenen in die Hand gegeben werden sollte. Gibt es bei Ihnen nicht auch solche Beschränkungen?

Ich sagte, ja, »jugendgefährdendes Schrifttum« dürfe auch bei uns nicht an Jugendliche verkauft werden.

Ein anderer meinte, der Roman könne vielleicht in China *neibu* erscheinen, das heißt »nur zum internen Gebrauch«, würde also nicht jedermann zugänglich sein.

Außerdem, sagten sie, sei der Roman ja auch im kaiserlichen China gewissermaßen *neibu* vertrieben worden, nämlich unter dem Ladentisch. Er sei anonym erschienen, und selbst heute wisse man immer noch nicht, wer der Verfasser sei. Unter gebildeten Menschen habe man früher, wenn man ernstgenommen werden wollte, besser so getan, als habe man dieses Machwerk pornografischer Trivialliteratur nicht gelesen. Man schämte sich damals.

So? sagte ich. Man schämte sich damals? Die Vorurteile dieser Zeit seien aber wohl auch heute noch nicht ganz überwunden; denn immer, wenn ich zum Lobe des Romans *Kin Ping Meh* etwas sagte, holten meine chinesischen Freunde erst einmal tief Luft und lenkten dann gleich auf die ungleich subtilere Darstellung im Roman *Der Traum der roten Kammer* hin. Gewiß sei der Roman *Kin Ping Meh* deftiger, sagte ich. Mir fehle keineswegs das Verständnis für die subtile Psychologisierung im *Traum der roten Kammer,* einen Roman, den ich liebe; aber die schrecklich weibische Art seiner Hauptperson Bao Yü, die Elfenbeinturm-Poesie in den Poeterei-Klubs, dic Probleme Bao Yüs mit den Dienerinnen und ihre zarten Empfindungen, die Beerdigung von Blütenblättern im Garten, die Angewohnheit, bei jedem Anlaß in Tränen auszubrechen oder in Krankheit und wochenlange Melancholie zu verfallen, kurzum, das Getue und die künstlichen Probleme in der vom Leben abgeschlossenen Welt eines feudalen Großhaushalts langweilten mich doch oft. Mir sei es immer noch ein Rätsel, wie selbst die Literaturkritik in einem kommunistischen Land das Drohnendasein dieses ganzen Clans der Chia mit nur mildem Widerspruch hinnehme.

Die chinesische Prüderie, damals wie heute, scheine mir bisher eine zureichende Würdigung des gesellschaftskritischen, angriffigen, auch humorvollen und die ganze Gesellschaft umfassenden Romans *Kin Ping Meh* verhindert zu haben.

Ob sie es heute oder demnächst wagen würden, realistisch zu schildern, was zwei Menschen im Bett miteinander trieben, wollte Günter Grass wissen.

»Die Frage, ob ich es wagen würde oder nicht, stellt sich mir überhaupt nicht«, sagte Wang Meng, »denn ich habe gar nicht das Bedürfnis, das zu beschreiben. Mir brennen ganz andere Themen auf den Nägeln.«

Wang Meng und alle anderen Schriftsteller, die herumsaßen, waren viele Jahre verfolgt, die meisten aufs Land verbannt worden, wo sie in Volkskommunen arbeiten mußten. Wang Meng hatte siebzehn Jahre an der chinesischen Westgrenze zur Sowjetunion bei den Uighuren gelebt.

Als Wang Meng mich vor einiger Zeit in Deutschland besuchte, sagte er: »Ich verstehe vieles im Westen nicht. Die Literatur, der Film, die bildende Kunst, das Leben überhaupt erscheinen mir übersexualisiert. Langweilig. Ich bin enttäuscht, nicht weil ich prüde bin, sondern weil ich mich frage: Sind das eure Sorgen in einer Welt, die auf allen Seiten vor dem Abgrund steht?«

Trotzdem wird Wang Meng wissen, daß es in China, vor allem an den Universitäten, neben der politischen auch eine ganz unpolitische, rein pornographische Untergrundliteratur gibt. Sie wird durch Abschriften verbreitet. Doch da bereitet sich jetzt ein Wandel vor: Das umständliche Vervielfältigungsverfahren wird bald überflüssig sein; denn mit Chinas Öffnung zum Westen und dem wachsenden Auslandstourismus nimmt der Schmuggel von pornographischen Druckwerken in Wort und Bild schnell zu. Westliche Magazine vom Playboy-Typ bringen auf dem Schwarzmarkt hohe Preise. In Schanghai blüht schon wieder der Handel mit *dirty pictures*, die einem verstohlen auf der Nanking Road angeboten werden — wie in alten Zeiten. Es soll auch schon solche Erzeugnisse aus einheimischer Produktion geben, doch die aus Hongkong, Japan, Amerika und Deutschland sind gefragter. Sie bieten mehr.

Doch wie dem auch sei, man hört zuweilen, die Prüderie oder überhaupt die sexuelle Scham, die der Psychologie ein so dankbares Feld für alle ihre vielen einander ausschließenden Theorien eröffnet, sei lediglich eine Folge der christlichen Moralbegriffe. Es wird wohl zutreffen, daß verklemmte christliche Moral hier viel Unheil angerichtet hat; aber das ganz unchristliche China ist viel prüder, die sexuelle Scham dort auch heute noch viel wirksamer als in der westlichen, der christlichen Welt. Einer der frühen englischen Sinologen des vorigen Jahrhunderts, Thomas Meadows, erhob zwar gewichtige Einwände gegen die klassischen Philosophen Chinas, weil sie das Licht des Evangeliums noch nicht geschaut hätten, aber er lobte es und rechnete es ihnen hoch an, daß weder in ihren Werken noch den Kommentaren auch nur ein einziger Satz zu finden sei, »den man nicht in jedem Familienzirkel in England laut vorlesen könne«. Mit der Heiligen Schrift hatte er in dieser Hinsicht anscheinend einige Probleme.

Keine Diktatur verträgt sich mit Permissivität, auch nicht die des Proletariats, weshalb denn auch die Epoche der »freien Liebe« in der Sowjetunion nur kurz gewesen ist. Dennoch ist es nicht allein auf den Sozialismus zurückzuführen und sicher auch nicht allein aus der chinesischen Tradition zu erklären, daß die Liebe in China so tabuisiert ist.

Die veröffentlichte Meinung im Westen redet dem Publikum oft ein, von den Tabus müsse man sich befreien, weil sie die Freiheit einschränkten. Es gilt daher als heldenhaft, Tabus zu zerstören und heiße Eisen anzufassen. Beide Tätigkeiten sind eigentlich nicht sehr sinnvoll, und von Heldentum kann meistens keine Rede sein, denn bei genauer Untersuchung stellt man schnell fest, daß die Tabus längst umgestoßen und die Eisen so heiß gar nicht mehr sind.

Es trifft jedoch zu, daß das Tabu der Scham die Freiheit einschränkt. Aber ist eine schamlose Gesellschaft ein lohnendes Ziel? Bringt sie Gewinn oder Verlust?

»Und sie waren beide nackt, der Mensch und sein Weib, und sie schämten sich nicht.« So war es, dem einzigen Bericht zufolge, den wir darüber besitzen, im Anfang. Im Paradies. Als sie aber den Apfel gegessen hatten und ihnen die Augen aufgetan waren, änderte sich das. »Sie wurden gewahr, daß sie nackt waren, und flochten Feigenblätter zusammen und machten sich Schurze.«

Seither ist die Scham eine Grundeigenschaft des Menschen, eine Macht überall und in allen Gesellschaften, in denen Sitte, Sittlichkeit, Verantwortung und Ordnung hohe Werte sind. Die Scham setzt Grenzen, in denen das öffentliche gesellschaftliche Leben erlaubt ist. Sie bewirkt Spannung und ist eine Kraft, die den Menschen auch vernichten kann. Als Beispiel überliefert die Geschichte die Namen derer, die sich aus Scham den Tod gegeben haben. In der abendländischen Geschichte sind es einige, in der chinesischen unzählige.

Es ist sicher richtig, daß in einer schamlosen Gesellschaft Freiheit herrscht; aber davongemacht hat sich die Leidenschaft, und statt dessen sind eingezogen Langeweile, Schalheit, Orientierungslosigkeit, Vereinzelung, Leere und Verzweiflung. Sehen wir das nicht alle Tage?

Aus dem Beginn der chinesischen Dichtung kennen wir leidenschaftliche Lieder junger Mädchen an ihren Geliebten, in denen sie kaum verhüllt von den Freuden der Liebe sprechen und freimütige Angebote machen, nicht schamlos, aber ohne Scheu.

Spätere konfuzianische Kommentatoren gerieten dadurch in arge Verlegenheit. Sie zogen sich, wie die Ausleger des *Hohen Liedes* schließlich darauf zurück, die Verse als Allegorien zu deuten. Ihre Interpretationen waren aber oft so gekünstelt und an den Haaren herbeigezogen, daß sie kaum noch verständlich waren.

Diese konfuzianischen Interpreten sind heute zwar verschwunden; trotzdem würde auch die gegenwärtige kommunistisch-puritanische Gesellschaft Chinas mit einigen dieser Lieder Schwierigkeiten haben, und man kann sich nur schwer vorstellen, daß — sagen wir — ein Chor weiblicher Armeeangehöriger sie auf der Bühne oder im Fernsehen singt. Zum Beispiel dieses alte Lied, das lange vor Konfuzius entstanden ist und in seiner Anthologie alter Volksweisen, dem *Shijing*, enthalten ist:

O bitte, junger Zhung,
Spring nicht auf unseren Hof,
Brich nicht durch unser Sandelholz!
Nicht, daß es mir darum leid wäre,
Aber ich fürchte das Gerede der Leute,
Wie ich dich liebe, junger Zhung!
Aber ich fürchte so,
Was die Leute reden.

Das Mädchen, das mit ihrem Lied den Liebhaber Zhung zu sich einlud, schämte sich wegen dieses Angebotes nicht vor sich selbst; denn was sie tat, war keine Sünde vor dem Himmel. Liebe und Erotik wurden nicht negiert. Sie wurden nur verborgen. Sie öffentlich zu zeigen, verstieß gegen die Sitte. Liebe war auch schon in ältester Zeit *neibu*.

Das Mädchen fürchtete nur das Gerede der Leute. Es schämte sich vor den Menschen, die den jungen Zhung zu ihr durch das Sandelholz gehen sahen. Es fürchtete die Schande.

Scham und Schande haben dieselbe Wurzel. Im Englischen hat *shame* noch heute beide Bedeutungen. Auch im Chinesischen bezeichnet *chi* Scham und Schande.

Chi ist ein wichtiger Begriff der konfuzianischen Ethik:

»Der Meister sprach: ›Wenn man das Volk durch Gesetze leiten und durch Strafen in Ordnung halten will, dann wird das Volk versuchen, den Strafen auszuweichen, ohne sich deshalb zu schämen. Wenn man es aber durch Tugend leitet und durch die Gebote der Sittlichkeit in Ordnung hält, wird es Scham besitzen‹.«

Gesetze können nur das äußere Verhalten des Menschen bestimmen. Die Gründe für sein Verhalten aber liegen in seinem Innern. Der vornehme, gebildete Mensch, der »Höhere Mensch«, der Edle, meidet Verbrechen, nicht aus Furcht vor Strafe, sondern weil ihn die Scham, die Furcht vor Schande davon abhalten.

Richard Wilhelm, der Missionar, übersetzt *chi* mit »Gewissen«; aber es hatte bei den Chinesen nichts mit der Verantwortung gegenüber den göttlichen Geboten zu tun; es war auch etwas anderes als das *daimonion* des Sokrates, das sich warnend meldete, wenn er im Begriff stand, gegen das im Denken erkennbare Gute zu verstoßen.

Chi, die Scham, spürte man, wenn man *li* verletzt hatte, den Anstand, die Sitte, den guten Ton und darüber hinaus viel mehr, nämlich gesittetes und verantwortungsvolles Handeln. Aber wer gegen *li* verstieß, beging keine Sünde; er übertrat kein göttliches Gebot. Zwar hatte er sich auch gegen die kosmische Ordnung vergangen; aber sie und die irdische Gesellschaftsordnung waren ja kongruent.

Es ist merkwürdig, daß die Chinesen sich mit dem Begriff der Scham wenig beschäftigt haben, als sei ihnen die Scham eine so selbstverständliche Ordnungsmacht, daß man darüber kein Wort zu verlieren braucht.

Die Erziehung, so lehrt Konfuzius, setzt den Menschen instand, die Normen sittlichen Verhaltens zu erkennen und sie zu übernehmen. Die Grundlage sittlichen Verhaltens ist der kategorische Imperativ in der auch bei uns volkstümlicheren negativen Fassung: »Was du nicht willst, das man dir tu, das füg auch keinem andern zu!« Die Scham wird den Menschen davon abhalten, diese Normen zu verletzen.

Die Gerichte der alten Zeit bestraften daher nicht eigentlich ein Verbrechen, das tatbestandsmäßig zu definieren war, sondern die Gesinnung, aus der heraus es begangen war. Noch heute wirkt sich diese Anschauung auf Urteile aus. In dem Kriminalcode der Qing-Dynastie, bis zum Anfang dieses Jahrhunderts gültig, war für »schamloses Verhalten« an sich eine Strafe festgesetzt, und zwar vierzig Hiebe. Was schamloses Verhalten war, wurde nicht definiert, denn das wußte man.

Wo ein Verstoß gegen die gesellschaftlichen Regeln als Schande offenbar wurde, folgte die Strafe der Gesellschaft unmittelbar und hart. Der Schamlose verlor Gesicht, er verlor seinen guten Ruf — aber erst wenn die Schande bekannt wurde, wenn die ganze Geschichte herauskam, wenn die Leute darüber redeten. So war es jedenfalls beim gemeinen Volk, den Alten Hundert Familien. Vielleicht ist dies einer der Gründe für die übertriebene Geheimnistuerei, die uns bei den Chinesen auffällt: die Furcht, daß Dinge aus der Familie, aus dem

Dorf, aus der Regierung an den Tag kommen könnten, die Außenstehende als Schande ansehen, die Anlaß zu Gerede, vielleicht sogar zu Gelächter geben.

Schwerwiegende Verstöße, grobe Schamlosigkeit sozusagen, wurden natürlich vor Gericht gebracht, wobei die Strafen für die *xiao ren,* die Kleinen Leute, in der Regel strenger waren als für die Gebildeten, die ja sehr viel empfindlicher gegen Strafen waren (oder sein sollten) und die Scham sogar dann fühlten, wenn sie noch nicht offenkundig war. Sie litten nicht nur unter dem Gerede der Leute, sondern in ihrem Bewußtsein, weil sie sich gegen den Code vergangen hatten, in dem sie erzogen worden waren. Sie verinnerlichten die Scham, und sie konnte in gewissen Fällen bei ihnen ähnlich wirken wie das Schuld- und Sündenbewußtsein, von dem es jedoch sehr verschieden war. Die Scham konnte man nicht durch Buße mildern. Es gab keine Instanz im Himmel oder auf Erden, die sie in der Beichte oder unmittelbar durch göttliche Gnade von der Scham lossprechen konnte. Allenfalls konnte man durch künftiges Wohlverhalten und tätige Reue die Schande mit der Zeit vergessen machen.

Da Scham und Schande so schwer verletzen können, sorgt der Gebildete dafür, daß er dem Nächsten nicht das Gesicht nimmt, ihm keinen Grund gibt, sich zu schämen. Er verdächtigt einen anderen nicht, er macht ihm nicht Vorwürfe vor Dritten. Schon die geringste Geste, der leiseste Vorwurf kann tief verwunden.

Der chinesische Erziehungsminister Jiang Nanxiang war Gast im Presseclub in Bonn. An den Wänden hingen witzige Karikaturen deutscher Politiker, die als Tiere, vom Eichhörnchen bis zum Stier und zum Fuchs dargestellt waren. Der chinesische Gast sagte nichts, aber man sah: Er war schockiert und ratlos. Wie kann man einen Menschen, noch dazu einen amtierenden Politiker, so beschämen, daß man ihn als Tier abbildet! Ja, wenn es ein Mensch gewesen wäre, den man aus der Gesellschaft der Anständigen ausgestoßen hatte, einen mit schwarzer Vergangenheit, eine Unperson, ein Mitglied der Viererbande zum Beispiel — dann wäre alles erlaubt. Dann brauchte man mit Verdächtigungen und Verleumdungen nicht zimperlich zu sein.

Die Sanktionen, die die Gesellschaft gegen diejenigen anwendet, die den Code verletzt haben, sind hart und grausam. Schon dem Kind in frühester Jugend wird das bewußt gemacht. Es wird nicht durch Furcht vor Schuld und Sünde, sondern durch Furcht vor Schande erzogen.

Die gesetzlichen Strafen gegen einen Gebildeten mögen früher milder gewesen sein als Strafen, die gegen Leute aus dem Volke verhängt wurden; die moralische Verurteilung durch seine Standesgenossen traf ihn oft härter. Der Verweis, *it is not done,* war in der Tat eine Strafe. Es war ein Tadel, der zur Folge haben konnte, daß man sich von dem, der den Ehrenkodex der Gebildeten verletzt hatte, distanzierte: eine schwere Strafe in einer Gesellschaft, in der er nirgendwo Zuflucht oder Anonymität finden konnte.

Den Tadel als strenge Strafe kennen wir nicht nur aus der chinesischen Welt. In der alten römischen Aristokratie genügte die *nota censoria,* die der Zensor gegen einen Mann aussprach, um ihm *infamia* einzubringen und den Ruf zu nehmen. Dieser Verweis wurde nicht nur bei Verstößen gegen das Gesetz ausgesprochen, sondern auch bei Handlungen, die zwar rechtlich nicht geahndet werden konnten, aber als ungerecht empfunden wurden.

Die Scham ist strenger als das Gesetz. In einer der ältesten chinesischen Novellen, der Geschichte des Prinzen Tan von Yan, singt ein Ritter an der Tafel des Kronprinzen ein Spottlied über einen neuen Gast, der, wie er meint, über Gebühr bevorzugt wird. Dieser Gast aber erklärt sich bereit, sein Leben aufs Spiel zu setzen, um eine alte Beleidigung des Kronprinzen zu rächen und den Beleidiger, den ersten Kaiser von China, Qin Shihuang, zu töten. Der spöttische Ritter ist vor Scham tief betroffen. Als der Gast auf der Ausfahrt zu dem Attentat an ihm vorüberkommt, »schneidet der Ritter sich vor dessen Wagen die Kehle durch, zum Abschied für den Gast«.

Wir kennen ähnliche Geschichten aus der japanischen Literatur und aus der japanischen Geschichte. Die Ehre des Samurai war strenger als die Gesetze für die Menge. Sie zwang ihn, wenn er beschämt worden war, zum *seppuku**, zur Selbstentleibung. Ebenso mußte bei uns der Offizier, wenn er die Offiziersehre verletzt hatte, den Abschied nehmen oder sich im extremen Fall wegen ehrenrührigen Verhaltens, das keineswegs immer einen Strafbestand darzustellen brauchte, zum Beispiel wegen hoher Wettschulden, erschießen.

Von der herrschenden Schicht wurde in China ein höheres Verantwortungsbewußtsein gefordert, umgekehrt leiteten sie aus ihrem höheren sittlichen Bewußtsein und dem strengeren Code, dem sie folgten, einen Herrschaftsanspruch ab.

Den gesetzlichen Strafen, meinte Konfuzius, wird sich der Mensch durch Tricks, Lügen und spitzfindige Wortverdreherei vor Gericht zu entziehen suchen, ohne sich im mindesten zu genieren. Ein Mann aber, der sich vor einem Ehrencode zu verantworten hat, richtet mit spitzfindiger Wortklauberei nichts aus.

Der Konfuzianismus wollte den strengen Code der gebildeten Elite durch Erziehung dem ganzen Volk vermitteln, soweit das möglich war. Er wollte das sittliche Bewußtsein heben, damit Gesetze überflüssig wurden. Der Konfuzianismus wollte aus den Kleinen Menschen durch Erziehung und Bildung Höhere Menschen machen, die der Gesetze nicht bedürfen, da die Scham sie davon abhalten würde, Ungehöriges zu tun.

Auch die Viererbande und ihre Anhänger waren der Ansicht, daß ein solcher im Bewußtsein der Menschen lebendiger Code wirksamer sei als Gesetze und Verordnungen und daß man den Menschen durch Erziehung umformen und aus ihm ein anderes, überlegenes Wesen machen könne, den Neuen Menschen nämlich. Allerdings wollte man in den täglichen politischen Schulungsstunden nicht das sittliche Bewußtsein der Genossen heben, sondern ihr revolutionäres Bewußtsein. Die Ultralinken meinten, wenn das ganze Volk von diesem hohen revolutionären Bewußtsein durchdrungen sei, würden sich die Widersprüche im Volk von selbst lösen, die Produktion werde in dem für die Lebensführung ausreichenden Maße steigen und die Gerechtigkeit werde überall obsiegen.

Doch es ist ihnen nicht gelungen, den Neuen Menschen zu schaffen. Die Anforderungen, die an das revolutionäre Be-

---

* Das Wort *Harakiri* (»Bauchaufschlitzen«) ist, weil zu derb, im Japanischen ungebräuchlich. *Seppuku,* die chinesische Aussprache derselben Schriftzeichen, wird als weniger drastisch empfunden.

wußtsein gestellt wurden, wechselten zu häufig, und übrig blieb schließlich als einzige Konstante der absolute Gehorsam.

Die Kommunistische Partei Chinas von heute pflegt das revolutionäre Bewußtsein der Genossen nicht mehr so sehr, sie greift vielmehr auf die altbewährten, auch im konfuzianischen Sittenkodex enthaltenen Forderungen zurück, wenn sie zum Beispiel die Bevölkerung auffordert, die »fünf Tugenden« (Anstand, Höflichkeit, Hygiene, Disziplin und hohe Moral) und die »vier Anständigkeiten« (Anständigkeit in der geistigen Haltung, der Sprache, im Benehmen und im Umgang überhaupt) zu lernen und zu beherzigen. Die Filme fragen: Was ist wahre Liebe? Was ist edle Geisteshaltung? Was bedeutet ein Opfer? Was ist wahres Glück? Und wie die Konfuzianer ihre Musterbeispiele in den Anthologien erbaulicher Geschichten von gehorsamen Söhnen, tugendhaften Töchtern und gerechten Beamten und Richtern hatten, so wird heute das Volk, die Jugend insbesondere, wieder aufgefordert, dem Beispiel des Arbeitshelden und Soldaten Lei Feng (1939—1962) eines Mustermenschen, der unaufhörlich gute Taten vollbracht hatte, zu folgen.

Aber wie es den Konfuzianern nicht gelungen ist, so wird es auch der Kommunistischen Partei nicht gelingen, das ganze Volk zu solchen Mustermenschen zu erziehen. Die Langeweile in einer solchen Gesellschaft moraltriefender höherer Wesen würde unerträglich sein, zumal die Chinesen sich gerne die Zeit damit vertreiben, das sittliche Verhalten der Nachbarn genau zu beobachten und zu kommentieren. Das Gerede der Leute, vor dem sich das junge Mädchen in dem dreitausend Jahre alten Lied an den jungen Zhung fürchtete, ist auch heute noch eine ständige Drohung, die über jedermann schwebt.

Von einer chinesischen Bekannten, die in der Kulturrevolution zur Arbeit in die Fabrik geschickt worden war, hörte ich die Geschichte einer jungen Arbeiterin, die ein Verhältnis mit einem verheirateten Arbeiter hatte; seine Familie lebte weit entfernt auf dem Lande, und er sah seine Frau höchstens einmal im Jahr für ein paar Tage. Die Betriebsangehörigen hatten den Verdacht, daß die Arbeiterin und er miteinander schliefen. Doch das Mädchen und der Mann leugneten. Man glaubte ihnen nicht. Unter den Arbeitskollegen und vor allem den Kolleginnen baute sich eine hysterische Stimmung auf. Man lauerte den beiden auf, spürte ihnen nach, und die Volksmiliz beobachtete sie unauffällig. Schließlich gelang es ihr, die beiden eines Nachts zusammen im Bett zu überraschen. Sie wurden festgenommen und in die Fabrik abgeführt. Das Sicherheitsbüro des Betriebes verhörte sie tagelang mit Genuß und ließ sich alle Einzelheiten erzählen, die dann unter der Belegschaft weiterverbreitet wurden. Die beiden durften nicht nach Hause gehen, wurden in der Fabrik isoliert untergebracht und mußten dort übernachten, bis die Vernehmungen beendet waren. Beide erhielten Verwarnungen.

Damit war aber die Angelegenheit für die beiden nicht ausgestanden. Der junge Mann hatte Gesicht verloren. Man lachte über ihn. Nichts ist verletzender, als Zielscheibe des Spottes, Gegenstand des Gelächters zu sein, dem man nicht entfliehen kann. Wir wissen aus isländischen Sagas, daß Spottgedichte einen Mann so treffen konnten, daß er außer Landes gehen mußte. Der Arbeiter in China hatte diesen Ausweg nicht.

Noch schlimmer dran war das Mädchen. Als sie nach Hause kam, wurde sie von ihrem Vater verprügelt. Sie war Mitte Zwanzig. Dann wurde sie aus dem Haus gewiesen. Die Familie wollte mit ihr nichts mehr zu tun haben. Sie war mit einem Makel behaftet, den sie nie wieder würde tilgen können. Sie mußte mit der Schande in der Gesellschaft leben. Sie war einer Arbeitseinheit zugeteilt. Die Einheit ließ es nicht zu, daß sie sich entfernte, um Arbeit in einem anderen Teil des großen Landes aufzunehmen, wo niemand sie kannte. Wo sollte sie Anschluß, wo sollte sie Zuflucht suchen, nachdem die Familie sie verstoßen hatte?

Wie die Geschichte ausgegangen ist, weiß ich nicht. In der Regel enden sie mit Selbstmord. Wo Scham lebendig ist, sind die Sanktionen der Gesellschaft gegen den, der Schandhaftes begangen hat, härter als die Strafen in Gesellschaften, wo allein die Gesetze herrschen.

Manche Kaiser gingen mit ihren Ministern und Hofbeamten nicht sehr zart um, sie ließen sie, wie wir schon gehört haben, kastrieren, zweiteilen, vierteilen oder einfach köpfen. Zarter besaitete Kaiser wandten solche kruden Mittel nicht an. Allenfalls sandte der Sohn des Himmels dem mißliebigen Beamten den *bailing,* den weißen Seidenstreifen, die Seidene Schnur, deren der Beamte sich dann selbst bediente, im Einklang mit Sitte und Anstand.

Der General Nian Gengyao hatte sich um das Reich sehr verdient gemacht, war dem Kaiser treu ergeben, konnte aber Verleumdungen nicht entgehen. Der Kaiser Yongzheng (1723–1735) wollte sich seiner entledigen. Er sandte ihm einen langen, literarisch gefeilten Abschiedsbrief mit dem Seidenen Streifen als Anklage. Am Schluß des Briefes schrieb der Sohn des Himmels: »Als ich dieses Staatsdokument, meinen Brief, noch einmal überlas, habe ich bitterlich geweint. Indessen als Herrscher über alles, was unter dem Himmel ist, muß ich Belohnungen und Strafen gerecht austeilen. Ich erlasse Ihnen aber die Strafe der Enthauptung und gewähre Ihnen die Gunst, freiwillig in den Tod zu gehen. In meiner verschwenderischen Großmut und gnädigen Nachsicht habe ich das Leben aller Ihrer Familienangehörigen verschont, mit einer einzigen Ausnahme.

Sie müßten Stock und Stein sein, wenn Sie, selbst im Angesicht des Todes, es unterließen, Tränen der Freude und der Dankbarkeit über diese Wohltaten zu vergießen, mit denen ich, Ihr Kaiserlicher Herr, Sie noch bis zuletzt überschütte.«

In der Kulturrevolution wurde physische Gewalt zwar oft gegen Funktionäre angewandt; aber mit Vorliebe suchten die Roten Garden und die Leute mit hohem revolutionären Bewußtsein, die Gegner zu demütigen, sie lächerlich zu machen. Die Witwe des Marschalls He Lung, den die Viererbande entführen und ermorden ließ, schreibt, der Gefängniswärter habe ihrem Mann den Reis nicht in einer Schüssel gegeben, sondern ihn auf den Boden der Zelle geschüttet, damit der Marschall vom Boden fressen sollte wie ein Hund.

Der Gebildete, der Beamte, der Würdenträger wurde früher in der Regel weder gefesselt noch gefoltert; sie wurden aber, wenn sie etwas Schlimmes verbrochen hatten, verurteilt, einen weißen Hut zu tragen. Damit wurde ihr Verbrechen aller Welt kundgetan und jedermann immer wieder ins Gedächtnis gerufen. Der gleiche Schimpf wurde vielen hohen und niedrigen Politikern, Beamten und Gelehrten während der Kulturrevolution angetan. In Strafanstalten müssen noch heute renitente Gefangene die »Mütze eines schlechten Elements« tragen. So wird ihnen selbst in der Gesellschaft von Gefängnisinsassen noch Schande bereitet.

Während der Kulturrevolution sind Tausende, nur um den Demütigungen zu entgehen, aus hochgelegenen Fenstern gesprungen. Oder die Roten Garden stießen die Verfolgten in ein Zimmer, dessen Fenster sie zuvorkommenderweise schon geöffnet hatten. Die Verfolgten, zumeist Intellektuelle, taten, was Etikette und Erziehung ihnen vorschrieb. »Man kann den Geist töten, aber nicht demütigen.« Sie wählten den Tod aus Scham vor der Schande.

Einige Tage vor unserer Abreise besuchte uns Frau Yü. Sie hatte uns als Abschiedsgeschenk ein prächtiges altes Hofgewand mitgebracht, das von oben bis unten bestickt war. Wir waren im Zweifel, ob wir es annehmen durften.

Es habe, erzählte Frau Yü, dem Großvater ihres Mannes gehört, der es als hoher Mandarin zu feierlichen Anlässen bei Hofe getragen habe. Während der Kulturrevolution seien Rote Garden in ihr Haus eingedrungen, um ihren Mann zu »bekämpfen«. Sie hätten alles durchsucht und einige wertvolle Dinge, zum Beispiel eine Kamera und eine Uhr, einfach eingesteckt. Als sie das Audienzgewand gefunden hatten, sei ihr Mann gezwungen worden, es anzuziehen. Auf den Rücken hätten sie ihm Packpapier geklebt und die Schriftzeichen »Royalist« draufgepinselt. Sie hätten ihm einen spitzen Papierhut aufgesetzt und ihn in diesem Aufzug durch die Straßen geführt. Sie bat uns, das Gewand als Geschenk anzunehmen. Sie und ihr Mann wollten es nicht mehr im Haus haben; aber wir würden uns vielleicht an der schönen Stickerei erfreuen.

Die Roten Garden hatten Herrn Sung in so lächerlichem Aufputz grölend und zum Gelächter der Kameraden durch die Straßen geführt.

Sie haben ihn gedemütigt, nicht uns; dennoch können auch wir uns in Herrn Sung hineinversetzen und die Wucht verspüren, mit der die Scham ihn erniedrigt hat. In China aber, wo Scham und *li* mehr gelten als bei uns, muß diese Behandlung kaum zu ertragen gewesen sein. Eine Verhaftung, eine Gefängnisstrafe, eine Verbannung aufs Land könnte Herr Sung eher vergessen; diese Demütigung aber niemals.

Wir lehnten das Geschenk nicht mehr ab. Als Frau Yü gegangen war, sahen wir es uns an. Auf dem Rücken klebte noch immer etwas braunes Packpapier. Wir haben es nicht abgenommen. Es ist heute noch da.

Der Prinz

Wenn er erregt ist, kreischt der Prinz, und seine Stimme erhebt sich in den Diskant. Kristallgläser können davon zerspringen. »Pol Pot«, rief er, »ist der Feind Nummer 1 des kambodschanischen Volkes. Er hat Millionen meiner Landsleute umgebracht. Und die noch übriggeblieben sind, werden jetzt verhungern, wenn die Welt ihnen nicht hilft. Und ich bin in Peking und kann nichts tun.

Ich bin 1976 als Staatsoberhaupt von Kambodscha zurückgetreten, nicht weil Pol Pot die Verfassung geändert und die Monarchie abgeschafft hat, sondern weil er das Volk abzuschlachten begann. Schon nach der Eroberung Phnom Penhs im Jahre 1975 sind Hunderttausende umgekommen, als er die Leute aus den Städten auf das Land trieb.«

Er schwieg plötzlich. Er lachte plötzlich. Er bot mir Nüsse an. Wir tranken chinesischen Tee.

Ich hatte im vergangenen Jahr dem kambodschanischen Botschafter in Peking zweimal Briefe Klaus Mehnerts an Prinz Sihanouk gegeben. Wir wußten nicht, ob er gefangen sei, ja es war sogar unsicher, ob er überhaupt noch lebte.

Der Botschafter, mit dem ich bei den Abendeinladungen der chinesischen Regierung in der Großen Halle des Volkes immer am selben Tisch saß, versicherte mir, der Prinz habe die Briefe erhalten. Ich fragte den Prinzen jetzt danach.

»Nichts!« rief er, »nichts habe ich erhalten. Man hat uns im Palast eingesperrt, und die Türen waren mit Eisenstangen verrammelt, damit niemand herein- oder herauskommen konnte. Als Ceausescu und als Zhou Enlais Witwe, Frau Deng Yingchao, zu Staatsbesuchen in Phnom Penh waren und mich sehen wollten, sagte Pol Pot ihnen, ich wollte sie nicht empfangen! *Imaginez-vous!*

Nur einmal alle Vierteljahre holte mich einer seiner nächsten Mitarbeiter in einem großen Mercedes ab, und ich mußte mit ihm über Land fahren, damit die Leute glauben sollten, ich unterstütze diese Verbrecher. Mein Volk ist ein heiteres Volk. Es ist immer fröhlich. Aber als die Leute mich sahen, haben sie geweint.«

Er sprach in hoher Stimmlage und begann zu kichern. Er wollte mit Lachen darüber hinwegkommen.

»Stellen Sie sich vor: Sie haben geweint, als sie mich sahen!« Er kicherte noch mehr.

»Zehn Menschen aus meiner Familie sind verschwunden — Töchter, Schwiegersöhne, Enkel. Bitte nehmen Sie von dem Gebäck! Es ist nur das, was wir hier im Freundschaftsladen bekommen konnten. Die Chinesen haben sich nach ihnen erkundigt; aber sie haben noch immer keine Antwort bekommen. Sie werden auch nie eine Antwort erhalten. Und nun, Sie sehen selbst: Wir drei sind übriggeblieben. Wir drei und die Tante.«

Der kleine, weiße Spitz bettelte bei Prinzessin Monique. Sie nahm ihn vom Boden auf und gab ihn ihrem Sohn, dem Kleinen Prinzen, der ihn hinausbrachte.

»*Et voilà, le chien!* Auch er ist gerettet; aber das Volk haben wir im Stich gelassen.«

»Es ging alles so schnell«, sagte Prinzessin Monique, »aber wir konnten den Hund doch nicht dalassen!«

»Die vietnamesischen Truppen unter General Giap standen schon in den Vororten«, fuhr der Prinz fort, »da kamen plötzlich die Chinesen zu uns und luden uns nach Peking ein. Wenn wir das letzte Flugzeug von Phnom Penh nach Peking noch erreichen wollten, müßten wir sofort in die Autos einsteigen. Das haben wir getan. Wir haben nicht einmal Mäntel mitgenommen. Bei uns war es ja immer warm, und wir hatten nicht daran gedacht, daß es im Januar in Peking so kalt ist.«

Prinz Sihanouk war nun schon zehn Wochen hier, aber er hatte sich weder sehen noch sprechen lassen. Die Chinesen hatten uns gesagt, er habe buddhistische Exerzitien begonnen und wolle nicht gestört sein. Vielleicht hatten sie ihm auch nahegelegt, sich zurückzuhalten. Sie wußten, wie er über Pol Pot dachte; und sie wußten, daß Diskretion nicht seine Stärke war.

Aber Ende März empfing er eine Handvoll westlicher Journalisten, und unter ihnen war Peter Scholl-Latour. Er wolle sie nur zu einem »Hintergrund-Gespräch« sehen. Er wolle kein Interview geben; er wolle auch nicht, daß Aufnahmen gemacht würden. Natürlich ließ er doch Aufnahmen machen.

Peter Scholl-Latour hatte ihm gesagt, daß ich ihn gerne besuchen und mit ihm über Kambodscha sprechen wollte. Am nächsten Tag erhielt ich eine Einladung. »Telegramm« stand obenauf, aber es war nicht durch die Post gegangen. Der Bote war sparsam und vernünftig. Er war Chinese. Warum sollte er es zur Post bringen, die es noch einmal abschreiben und mir dann zustellen mußte? Er brachte das Telegrammformular gleich selbst mit dem Fahrrad zur Deutschen Botschaft. Es war auch nicht viel weiter.

Der Prinz wohnte in der früheren Residenz der französischen Botschafter im alten Gesandtschaftsviertel. Als Prinz Sihanouk sich vor der Machtübernahme Pol Pots in Peking aufhielt, hatte Zhou Enlai sie ihm zur Verfügung gestellt und ihm ein Filmtheater sowie ein geschlossenes Schwimmbad mit einem vierzig Meter langen Becken bauen lassen.

Die neue, nach dem Erdbeben gebaute Residenz war ein Kasten, der im Inneren in viele überaus große, hohe und ungemütliche Salons aufgeteilt war. In einem davon saßen wir jetzt, und zwar so, wie es in China üblich ist: in Sesseln, die in einem Halbkreis aufgestellt waren. Der Prinz hatte es uns überlassen, ob wir noch einen oder zwei Mitarbeiter mitbringen wollten, und wir hatten unseren Wirtschaftsreferenten Thomas Fischer-Dieskau und seine Frau Ingeborg dazu gebeten, denn mit ihnen konnte man sich sehen lassen. *Un dîner en toute intimité* hieß es in dem Einladungstelegramm.

An der Auffahrt hatte uns der Sohn begrüßt, der vielleicht siebzehn Jahre alt sein mochte, aber noch vor ihm die chinesischen Protokoll- und Sicherheitsbeamten. Man war auf die Sicherheit des Prinzen offenbar sehr bedacht. Als er einige Wochen später zu uns zu einem Abendessen kam, standen auf der ganzen, etwa sieben Kilometer langen Strecke von seiner Residenz bis zu uns Polizisten, und die Botschaft war während des Essens von der Außenwelt vollkommen abgeschnitten.

Der Prinz und seine Frau, Prinzessin Monique, standen in der Mitte des großen Salons, kamen uns entgegen und begrüßten uns. Der Prinz fuhr sich mit der Hand über seinen kahlgeschorenen Schädel: Er sei in seinen Exerzitien, die aber bald beendet seien. Sein Kopf war nun fast würfelförmig. Seine Augen bewegten sich stets, sie sahen alles. Sie konnten stechend blicken, und sie waren feucht, wenn er von seinem Volk sprach. Er sprach fast immer lebhaft: schrill, aufgeregt, manchmal in einem greinenden Ton. Oder er kicherte und lachte das asiatische Lachen der Verlegenheit. Wenn er von Dingen sprach, die ihm ans Herz gingen: vom Verlust seiner Töchter, dem Leiden des kambodschanischen Volkes, der Grausamkeit Pol Pots, überzog er die Darstellung oft, damit sie komisch wirken sollte: Er wollte seine Gefühle nicht zeigen.

Prinzessin Monique ist groß und schlank. Er ist 58 Jahre alt, sie ist ohne Alter, vielleicht in den Vierzigern. Sie ist Halb-Italienerin. Sie war immer ruhig, ihre Bewegungen waren elegant, ihre Rede sanft und freundlich. Man konnte an Raffael, man konnte an Engel denken und fragte sich: Können solche Wesen in unserer Welt leben? Als wir nach dem Essen einen Film sahen, in dem viele ihrer alten Freundinnen erschienen, die jetzt tot oder verschwunden sind, wischte sie heimlich die Tränen ab, die sie weinte.

»Als wir gefangen waren«, sagte Prinz Sihanouk, »hat die Prinzessin alle Arbeiten im Haushalt selbst gemacht. Sie hat geschrubbt, Staub gewischt, gewaschen, gebügelt.«

»Und gekocht?«

»Gekocht!« rief der Prinz im Falsett, »gekocht habe natürlich ich! Auf zwei Dinge verstehe ich mich: auf Kochen und auf Regieren. Aber die Tage waren lang, und ich konnte ja nicht nur kochen. Ich habe deshalb Sprachen gelernt. In der Palast-Bibliothek waren Assimil-Sprachkurs-Platten. Montags lernte ich Englisch, dienstags Italienisch, mittwochs Russisch und donnerstags Deutsch«, und er fuhr in Deutsch fort: »Guten Tag! Wie geht es Ihnen? Wie teuer ist das? Können Sie mir den Weg sagen? Haben Sie schon gegessen?«

»Nein«, antwortete ich, »wir haben noch nicht gegessen.«

Seine Königliche Hoheit hatte selbst gekocht und die Menükarten mit eigener Hand geschrieben. Sic trugen das kambodschanische Königswappen in Gold geprägt. Bevor man am 6. Januar zu den wartenden Autos eilte, hatte man also noch schnell einen Satz Menükarten zusammengerafft und in die Taschen gesteckt?

Das Diner begann mit einer klaren Consommé, in der ein paar Erbsen schwammen. Die Speisekarte verzeichnete *Consommé Royal Printemps,* und die folgenden großen Krabben, die an unserer Tafel nur schlicht *da xia* — große Krabben — hießen, waren hier *Coquilles de fruits de mer Nantua.* Der Speisesaal war weit und hoch und ungemütlich, die Tafel stand klein und verloren in der Mitte des Raums. Am Essen nahm auch der Kleine Prinz teil, der aber nichts sagte. Tante, so wurden wir unterrichtet, beaufsichtigte draußen die Küche. Franz fragte den Kleinen Prinzen, ob er auch einmal in Frankreich studieren werde wie sein Vater. Darauf antworteten alle drei Königlichen Hoheiten mit Schweigen, und ein Engel ging langsam durch den weiten Speisesaal. Er nahm sich viel Zeit.

Dann eröffnete uns der Prinz Norodom Sihanouk, daß die Eltern den sicher verständlichen Wunsch hätten, ihren Sohn auch in Zukunft bei sich zu behalten, da die Töchter vermißt und wohl umgekommen seien; ihren anderen Sohn, den Bruder des Kleinen Prinzen, hätten sie der Residenz verweisen müssen, weil er Sympathien für das Regime Pol Pots gezeigt habe. Er wohne jetzt irgendwo in Peking. Wo, das sei der Familie nicht bekannt und im übrigen auch völlig egal.

Er sprach in hoher Tonlage, und Prinzessin Monique sah hinab auf den Teller, engelgleich. Wir drückten in angemessener Form Verständnis und zugleich Bedauern aus. Doch der Vater war gerade gut im Zuge.

Leider, sagte er, gebe auch der Kleine Prinz Anlaß zur Sorge. Ich versuchte, dem Gespräch eine Wendung ins Allgemeine zu geben, indem ich seufzend auf die vielfältigen Sorgen hinwies, die *hélas!* die Eltern heutzutage mit ihren Kindern haben. Doch Seine Königliche Hoheit blieb bei dem konkreten, hier vor unseren Augen befindlichen Fall: Der Kleine Prinz habe durchaus Freude am Umgang mit jungen Mädchen. Er respektiere sie wie Schwestern, aber dabei belasse er es. *Er entscheide sich nicht!*

Die letzten Worte mit hoher Stimme gesprochen.

Hörte ich recht, vielleicht aus der Richtung von Ingeborg Fischer-Dieskau, mehr gehaucht, als geflüstert, die Worte: *»Honi soit qui mal y pense!«*?

Ich setzte an, das Gespräch ins Literarische zu erheben und erinnerte an Bao Yü, die Hauptfigur des Romans *Der Traum der roten Kammer.* Der junge Bao Yü hatte seinem Vater just die gleichen Sorgen bereitet. Doch meine Worte gingen unter. Dieses Verhalten des Kleinen Prinzen, hörten wir, stehe ganz im Gegensatz zu dem, das Seine Königliche Hoheit, Prinz Norodom Sihanouk de Cambodge, in seiner Jugend gezeigt habe, was ja hinlänglich bekannt und seinerzeit viel kommentiert worden sei.

Natürlich, sagten wir, wer wisse das nicht! Aber vielleicht ändere der Kleine Prinz seine Einstellung. Er sei ja noch jung, und wenn ihn einmal die große Leidenschaft ergreife ...

Er sehe jung aus, widersprach der Vater, aber er sei nun schon sechsundzwanzig, und jetzt müsse er bald eine Entscheidung treffen. »*Comprenez mon émotion!*«

Wir verstanden seine Bewegung. Vielleicht hatte der Kleine Prinz jemand anders im Auge als die Eltern. Aber es ging nicht um seine persönlichen Präferenzen, es ging um die Dynastie, die seit »etwa zweitausend Jahren« herrsche, wie der Prinz vorhin beiläufig, wenn auch etwas vage, erklärt hatte. Es ging um Kambodscha.

Der Kleine Prinz war sichtlich froh, und auch Prinzessin Monique sah mit engelhaftem Auge dankbar zu mir herüber, als ich in diesem Augenblick zu meiner lauten Verwunderung und Überraschung auf der Menükarte, in der säuberlichen Schrift Seiner Königlichen Hoheit geschrieben, den nächsten Gang entdeckte: *Kalbsleberwurst au Porto, Pommes de terre frites.*

Nun war es an mir, Verständnis für meine Bewegung zu erbitten, und Monseigneur, sichtlich erfreut, daß seine Bemühungen gewürdigt wurden, erklärte, dies sei eine neue, von ihm selbst für diese Gelegenheit erdichtete *création.* Die Dose Kalbsleberwurst habe sich mit dieser deutschen Aufschrift unter seinen Vorräten befunden. Er habe sie nun mit gewissen Kräutern angemacht und verfeinert, mit hachierten Zwiebeln, diese vorher gedünstet, zubereitet und dann überbacken. Die Komposition der Portweinsauce verdanke er einem Rezept, das ihm ein Koch in einem kleinen Ort der Provence mitgeteilt habe.

Wir stießen an mit einem trockenen, steinigen, schönen *Bernkasteler Doctor.* Ich war gerührt. Der Prinz hatte sich von dem Kamerateam Peter Scholl-Latours mit dieser, seiner letzten Flasche deutschen Weins fotografieren lassen. Nun hatte er sie uns vorgesetzt.

Am liebsten, sagte Prinz Sihanouk, würde er sich in seine kleine Villa an der Côte d'Azur zurückziehen, da er nicht sehe, wie er eine politische Rolle spielen könne, solange Pol Pot in Kambodscha etwas zu sagen habe. Nur weil Deng Xiaoping ihn darum gebeten habe, bleibe er noch eine Weile in Peking; aber er habe Deng Xiaoping auch deutlich gemacht, daß Kambodscha, wenn er die Führung wieder übernehme, ein neutrales Land sein werde, das zu China wie zur Sowjetunion gleich freundschaftliche Beziehungen unterhalten werde.

»Auch zu den Nachbarstaaten?« fragte ich.

»Natürlich!« rief der Prinz. Bei seinen guten Beziehungen zu den führenden Politikern Vietnams sehe er darin kein Problem. Dazu sagte ich nichts. Seine Begründung war zu schwach. Es schien, als wolle er seine Neutralitätspolitik wiederbeleben, mit der er schon einmal gescheitert war.

»Kambodscha«, fuhr er fort, und seine Stimme wurde schriller, »Kambodscha wird die Schweiz, wird das Österreich Asiens sein. Das Problem ist Pol Pot. Die Chinesen drängen mich, mit ihm zusammenzuarbeiten. Aber ich verfolge keine chinesische, ich verfolge eine kambodschanische Politik. Pol Pot ist einfach geistesgestört. Ist einer, der das Geld als Zahlungsmittel abschafft, noch bei Troste? Ist einer, der alle Krankenhäuser zerstören, die Ärzte und die Intellektuellen umbringen läßt, nicht verrückt? Ist einer, der Lust am Morden hat, nicht wahnsinnig? Als er an die Macht kam, gab es sieben Millionen Kambodschaner, heute nur noch vier. Wenn er so weitermacht, leben im nächsten Jahr nur noch zwei. Die Chinesen wollen Kambodscha befreien. Wenn es da aber keine Menschen mehr gibt, wen wollen sie dann befreien?«

»Wie erklären Sie sich, daß ihm noch Leute folgen?«

»Nun«, antwortete er und sah mich mit prüfenden, gar nicht freundlichen Augen an, »das gibt es doch, nicht wahr? Entsinnen Sie sich nicht? Sie müßten sich doch noch an so etwas erinnern können! Es gibt fanatisierte Menschen, und es gibt den Terror. Pol Pot verläßt sich jetzt auf Bergstämme, Dschungeljäger. Das Schrecklichste aber sind die Kinder. Viele sind nicht älter als zwölf Jahre. Er gibt ihnen Maschinenpistolen in die

Hand, und den Kindern macht es Spaß, auf alles zu schießen, was sich bewegt. Auch auf Menschen. Die Chinesen sagen mir jetzt, Pol Pot habe sich geändert. Sie sollten es eigentlich besser wissen. Sie haben ja oft genug versucht, ihn zu einer menschlicheren Politik zu bewegen. Es hat überhaupt nichts genützt.

Es wird einen langen Kampf zwischen Pol Pot und der vietnamesischen *Wehrmacht* geben« — er benutzte das deutsche Wort — »und mein Volk wird darin aufgerieben. Oder es verhungert.«

Er sprach kritisch über die chinesische Vietnam-Politik: »Ich habe Deng Xiaoping gesagt, daß er den Vietnamesen eine Lektion nur erteilen kann, wenn er das ganze Land bis zur südlichsten Spitze unterwirft. Sonst lernen sie nichts.«

Bitter beklagte er sich über die Sowjetunion: sie sei ungeschickt, opportunistisch, benutze andere für ihre eigenen Zwecke, und wenn es darauf ankomme, sei sie feige. »Das kann sie sich höchsten einmal leisten!« rief er.

Von der DDR sprach er mit Verachtung. Er habe ihr zur Anerkennung in Phnom Penh verholfen und deshalb mit uns Ärger bekommen. Die DDR habe sich lange bei Pol Pot um die Erlaubnis zur Errichtung einer Botschaft bemüht, weil sie im sowjetischen Auftrag dem chinesischen Einfluß entgegenwirken wollte. Erst nachdem sie mit ihrem Plan gescheitert war, habe sie entdeckt, daß Pol Pot Verbrechen gegen die Menschlichkeit begehe.

Als wir in der Eingangshalle standen, um zu seinem Filmtheater auf der anderen Hofseite zu gehen, wurde ihm unser Gastgeschenk präsentiert, das die Sicherheitsbeamten als ungefährlich befunden hatten und das nun auf dem Tisch stand: eine Kiste *Ockfener Bockstein,* dem *Bernkasteler Doctor* nicht ganz unähnlich.

Der Farbfilm zeigte Kambodscha vor etwa zwölf Jahren. Es war ein frohes, fröhliches und heiteres Bild vom Land und vom Volk. Man sah nur Schönes, und Probleme exisitierten offensichtlich nicht; denn das Land wurde ja von einem wohlwollenden Vater, dem Prinzen, regiert, der sogar die Musik zu dem Film selbst geschrieben hatte. Das erste Lied hieß *Monique,* und als das Licht anging und wir aufstanden, sang er uns die Melodie noch einmal vor. Prinzessin Monique hatte ihre Tränen längst getrocknet. Sie lächelte und sah wieder aus wie von Raffael gemalt.

Wir sahen sie beide noch oft, und wir sahen sie gerne. Er hatte kein Land, er regierte kein Volk, er hatte keine Macht. Er hatte nicht einmal Geld. Aber er war nicht abgeschoben und in die Ecke gestellt. Er residierte in einem prächtigen Haus mit einer großen Schwimmhalle und einem Filmtheater, wo er seine sechzehn Filme vorführen konnte. Er empfing Gäste, er kochte selbst und schrieb auch die Menükarten mit eigener Hand.

Er war eine politische Potenz, obwohl er keinen Boden unter den Füßen hatte. Er wurde magisch im politischen Raum gehalten. Es war ein Wunder, und man fragte sich, wie er das fertigbrachte. Denn er war und blieb unabhängig, wenn auch seine politischen Ansichten ständig wechselten, selbst im Verlaufe eines Abends.

Die Chinesen waren ihm gegenüber wegen seiner sprunghaften, impulsiven, widerspruchsvollen politischen Stellungnahmen skeptisch, die er in Interviews oder einfach, indem er *Agence France Presse* anrief, verbreitete. Sie hielten ihn manchmal für nicht ganz seriös, aber sie pflegten ihn, weil sie wohl gehört hatten, daß in Kambodscha andere Maßstäbe gelten, und weil dieser Mann der tausend Listen vielleicht doch noch einmal wieder in Phnom Penh herrschen konnte.

Seine Pläne waren manchmal auf recht windige Prämissen aufgebaut, aber sie sollten ihn ja auch nur bis zum nächsten Plan tragen und dann wieder zum nächsten, bis er wieder Haupt seines Volkes war. Er verstand es, allen den Eindruck zu vermitteln, daß diese Zeit kommen werde.

Er war ein großer Komödiant und Zauberkünstler, der stets eine Überraschung in seinem Zylinder hatte. Dennoch vergab er sich nichts. Er hatte sich stets in Kontrolle. Sein Scharfblick für politische Gelegenheiten und für Fehler seiner Gegner verließ ihn nie. Er übte seine heftige, oft ungerechte Kritik an Freund und Feind, und er konnte in ausgesuchter Höflichkeit ganz unverschämte Spitzen verstecken. Es bereitete ihm Vergnügen, Großmächten gegenüber seine Unabhängigkeit zu beweisen, indem er ihnen seine abweichenden Auffassungen mitteilte. Er meditierte in den buddhistischen Exerzitien, und er war ein Bonvivant. Er spielte Saxophon, und er »komponierte«, das heißt: er lieferte die Melodien; für die Orchestrierung und das Arrangement hatte er seine Leute. Er schrieb Film-Skripte. Wir sahen später noch andere seiner sechzehn Filme. Sie spielen alle in Kambodscha. Sie verherrlichen das Land.

Wenn man sagte, er sei Patriot, so ist das zu wenig: Er lebt aus seinem Volk und für sein Volk. Er ist Vater des Volkes, wie seine Vorfahren Vater des Volkes zu ihrer Zeit waren. Vielleicht war das die magische Kraft, die ihn als politische Potenz ohne reale Machtbasis schwebend und gegenwärtig hielt. Er litt wie sein Volk, und unter komödiantenhaften Gesten suchte er seine Verzweiflung zu verbergen.

Engels und die Marktwirtschaft

Mitte März
Es war im letzten September von Fang Yis Deutschlandbesuch, auf dem ich ihn begleitete. Fang Yi ist Vizeministerpräsident, Mitglied des Politbüros und enger Mitarbeiter Deng Xiaopings. Ein fähiger Organisator, ein mutiger und zugleich bescheidener, vornehmer Mensch.

Er und seine Mitarbeiter waren bei uns zum Abendessen, und ich hatte anschließend zwei Filme gezeigt: einen Dokumentarfilm über die Zerstörungen in Deutschland bei Kriegsende und einen anderen über den Wiederaufbau. Es waren alte Filme.

Zhang Wenjin, der Vizeaußenminister, saß auf dem Sofa und sagte: »Jetzt haben wir gesehen, was in Deutschland alles zerstört war und was wiederaufgebaut worden ist. Aber Sie haben uns nicht gezeigt, wie Sie das gemacht haben.«

Ich sagte: »Wir haben eben ein leistungsfähiges Wirtschaftssystem.«

»Ich weiß«, sagte Zhang Wenjin, »aber darüber möchte man eigentlich mehr wissen.«

Ende Februar war ich bei ihm im Außenministerium und sagte: »Ich habe einen Professor eingeladen, der Ihnen alles erklären kann. Er wird bei uns in der Botschaft einen Vortrag halten. Sie und alle interessierten Wirtschaftswissenschaftler sind eingeladen. Es ist ein junger deutscher Professor der Wirtschaftswissenschaften aus Frankfurt. Er kommt aus einer Familie, die seit Anfang des vorigen Jahrhunderts in der Textilindustrie tätig ist. Er hat selbst auch in einer Textilfabrik gearbeitet. Er heißt Engels.«

»Engels«, sagte Zhang Wenjin.

»Ja«, sagte ich, »Wolfram Engels.«

»Und seine Familie ist in der Textilindustrie tätig?«

»Ja«, antwortete ich, »und er ist auch weitläufig mit Friedrich Engels verwandt. Ich glaube, seine Urgroßeltern waren Brüder oder Vettern.«

»Und vertritt er die Lehren seines Urgroßonkels?«

»Er hat sie weiterentwickelt, natürlich.«

»Natürlich«, sagte Zhang Wenjin, »wir leben ja auch nicht mehr im 19. Jahrhundert.«

»Wolfram Engels hat bei einer der letzten Bundestagswahlen für die CDU kandidiert.«

»Interessant«, sagte Zhang. »Ich möchte ihn sehen.«

Er konnte aber nicht zu dem Vortrag kommen, doch es waren über vierzig Wirtschaftswissenschaftler der Akademie für Sozialwissenschaften erschienen, die fleißig mitschrieben. Engels sprach einfach und klar. Er hatte ein gutes Gefühl dafür, wo den Zuhörern von ihrer Theorie her das Verständnis seiner Ausführungen schwer wurde, und dann erklärte er alles noch einmal.

Der Erfolg war so groß, daß ihn der Vizepräsident der Akademie für Sozialwissenschaften einlud, noch zwei Vorträge, diesmal vor zweihundert Wirtschaftswissenschaftlern, und zwei Seminare über das Währungssystem und das Bankwesen in Westeuropa zu halten. Noch am letzten Nachmittag vor der Abreise mußte er über das jugoslawische, ungarische und das von Ota Sik entwickelte Wirtschaftsmodell sprechen. Die Diskussionen, sagte Engels, fanden auf hohem Niveau statt, und die chinesischen Zuhörer wünschten alle seine Einwände gegen Wirtschaften mit zentraler Verwaltung kennenzulernen.

Gu Ming, der junge Vizepräsident der Planungskommission, hatte uns zu einer Peking-Ente eingeladen. Aber als wir eintraten, sahen wir, daß der Vizepremier Gu Mu der eigentliche Gastgeber war. Auch Zhang Wenjin war da.

Gu Mu dankte mir, daß ich vor meiner Deutschlandreise im

Gespräch mit Zhang Wenjin meine Bedenken gegen das zu schnelle Industrialisierungstempo in China ausgesprochen habe. Er freue sich, daß Professor Gutowski kommen wolle.

Dann wandte er sich an Wolfram Engels. Er sagte, er habe die Nachschriften aller seiner Vorträge und Seminare und werde sie lesen. »Sie wissen, daß wir in unser Wirtschaftssystem marktwirtschaftliche Elemente einbauen wollen. Die Frage ist nur, wie? An einem Grundsatz werden wir auf jeden Fall festhalten: Die Produktionsmittel bleiben vergesellschaftet. Können unter dieser Voraussetzung die marktwirtschaftlichen Gesetze und Kräfte den Wettbewerb stimulieren und als Regulativ wirksam werden? Was meinen Sie dazu?«

Engels sagte, das sei durchaus möglich. Und damit begann eine zweistündige lebhafte Diskussion, die sich bald in akademische Höhen erhob, denen zu folgen nicht immer leicht war.

Der Brautkauf

Der Brautkauf ist verboten. Das Ehegesetz war eins der ersten Gesetze der kommunistischen Regierung. Es verbot die Verlobungsgeschenke an den Brautvater, weil sie aus der Verlobung in Wirklichkeit einen Brautkauf machten. Außerdem sollte die Heirat nicht mehr von einer dritten Partei, den Eltern nämlich, arrangiert werden. Allein entscheidend sollte der Wunsch der beiden Brautleute sein.

Auf dem Land aber ist es so geblieben wie seit Jahrtausenden. Die Heirat ist weiterhin ein Geschäft zwischen zwei Familien. Es kommt in der Regel durch einen Mittelsmann oder eine Mittelsfrau zustande, die dafür ein hübsches Honorar beziehen. Mit der Heirat zieht die Braut in das Haus des Mannes, der gewöhnlich noch bei seinen Eltern wohnt. Damit verliert die Familie der Braut eine Arbeitskraft und die des Mannes gewinnt eine dazu. Die Familie der Braut muß dafür entschädigt werden, und das kann teuer sein.

Ich saß in einer festlich aufgeräumten Bauernstube in einem Dorf nicht weit vom See Taihu, in der Gegend von Suzhou. Die Kommunenleitung hatte den Besuch vermittelt. Vater, Mutter und der vierundzwanzigjährige Sohn saßen mit mir am Tisch.

Wir tranken Tee, weil ich zu Besuch da war. Gewöhnlich vermeiden sie solche Unkosten. Gewöhnlich trinken sie heißes Wasser. Es ist angeblich auch gut gegen Erkältungen. Alles, was man in China ißt oder trinkt, ist für irgendein Organ oder gegen eine Krankheit gut. Tee ist natürlich auch gut gegen viele Leiden; aber es kommt auf die Sorte und die Herkunft an. Ich lobte den Tee, aber die Bauern sagten, es sei leider nur ganz gewöhnlicher Tee. Der Sohn aber fand ihn nicht schlecht.

Der Sohn durfte jetzt heiraten. Das war für sie das wichtigste Ereignis auf lange Zeit. Sie erzählten von den umständlichen Verhandlungen mit dem Vater der Braut, auf den sie anscheinend nicht allzugut zu sprechen waren. Zuerst einmal hatte er in den Verhandlungen folgende Rechnung aufgemacht: »Ich habe«, so hatte er argumentiert, »meine Tochter dreiundzwanzig Jahre großgezogen, ernährt, gekleidet. Wenn ich meine Auslagen für sie ganz niedrig, nämlich auf ein Mao (zwölf Pfennig) pro Tag ansetze, macht das in dreiundzwanzig Jahren 839 Yüan (rund eintausend Mark).«

»Da haben wir natürlich noch eine Menge heruntergehandelt«, sagte der Vater des Bräutigams, »denn der Brautvater war früher Mittlerer Bauer, und wir haben gesagt, er solle froh sein, daß seine Tochter in die Familie der Niedrigen Mittleren Bauern einheiraten und damit ihren politischen Status aufbessern könnte. Der Brautvater meinte, sein Sohn diene in der Armee, und die habe an seinem politischen Status anscheinend nichts auszusetzen; aber das war ein schwaches Argument. Dann«, fuhr der Bräutigamsvater fort, »haben wir über die Aussteuer gesprochen. Der Brautvater wollte die drei sich drehenden Dinge für sich und die sechsunddreißig Beine für die Braut haben. Und damit waren wir einverstanden.«

»Was für Dinge?« fragte ich.

Es stellte sich heraus, daß die drei sich drehenden Dinge Fahrrad, Nähmaschine und Uhr waren, und die sechsunddreißig Beine waren die Füße von zwei Betten, einem Schrank, zwei Tischen und vier Stühlen. »Dazu wollte der Brautvater noch drei volle Kleiderausstattungen für seine Tochter. Auch damit waren wir einverstanden. Es braucht ja nicht immer die erste Qualität zu sein.«

Die Frau des Bauern sagte: »Immerhin! Wir mußten sie dreimal von Kopf bis Fuß, von der Mütze bis zu den Schuhen, neu einkleiden. Mit Unterwäsche!«

Ich fragte den Sohn, ob er seine Braut schon lange kenne.

»Nein«, antwortete der Vater, »sie ist ja aus der Nachbarkommune; aber der Mittelsmann hat uns natürlich die Geburtsdaten gebracht, und einer, der sich darauf versteht, hat die Geburtszeichen verglichen und gefunden, daß sie zusammenpaßten. Gesehen hat mein Sohn sie in der letzten Woche.«

»Gefällt sie Ihnen?« fragte ich den Sohn. Er wurde rot und sagte nichts. Sie wird ihm schon gefallen haben.

»Ja«, sagte der Vater, »das ist die neue Zeit. Früher fragten wir zuerst, ob sie arbeiten kann, ob sie Nähen gelernt hat, ob sie gehorsam ist oder ob sie ein böses Mundwerk hat. Das war früher besser. Für den Bräutigam und seine Familie. Heute wollen die Jungens nur wissen, wie sie aussieht.«

»Wieso war das früher besser?« fragte der Sohn, der Widerspenstige, und mischte sich ungefragt in das Gespräch der Älteren ein. »Früher hättet ihr von ihr nur gewußt, was der Mittelsmann über sie erzählt, und die lügen doch das Blaue vom Himmel runter.«

Aber noch war der Vater mit seiner Erzählung und den Ausgaben nicht am Ende. Die Hochzeit war auszurichten, und daran sparen, hieße am falschen Ende sparen. Da würde man Gesicht verlieren. Es war das größte Ereignis im Leben des Sohnes. Davon wurde eine Generation lang erzählt.

Das Festmahl würde hier im Hof stattfinden oder bei Regen im Versammlungssaal der Arbeitsbrigade. Wenn nur die Verwandten, die Arbeitskollegen und ein paar Vertreter von der Brigadeleitung eingeladen wurden, würde man schnell auf hundert Gäste kommen.

Fleisch gab es im Dorf nur an hohen Festtagen und bei Hochzeiten. »Die beiden Schweine«, sagte der Brautvater, »haben wir schon gemästet. Hühner und Enten haben wir auch. Manche Sachen müssen wir natürlich in der Stadt besorgen. man soll ja heute nicht mehr so viel für die Hochzeit ausgeben, aber an die hundertfünfzig Yüan wird das Festmahl schon kosten.«

Das waren hundertachtzig Mark. Ich erzählte, daß bei uns eine Aussteuer und Mitgift Sache der Brauteltern waren und manchmal auch heute noch sind. Ich mußte das wiederholen, weil sie glaubten, sie hätten mich mißverstanden. Sie verstanden mich immer noch nicht. Wieso? Die *Frau* mußte die Möbel kaufen? Und wohl auch den Mann von Kopf bis Fuß einkleiden? Ja, das sollte man mal in China einführen!

»Vielleicht muß die Braut das nur, wenn sie ein *mao bing* hat«, warf der Sohn hilfreich ein. *Mao bing* heißt »kleiner Fehler, kleines Gebrechen«: wenn sie schielt, zum Beispiel. In diesem Fall aber konnte es auch heißen: einen schlechten Charakter oder einen politisch ungünstigen »Familienhintergrund«.

Ich antwortete: »Nein, auch wenn sie kein *mao bing* hat.«

Ja, also dann konnten sie das nicht verstehen. Die Leute im Westen sind eben anders und haben andere Sitten.

»Wie teuer wird denn nun alles zusammen?« fragte ich.

Sie zierten sich etwas, denn man sollte ja nicht so viel ausgeben. Die Partei, die Zeitungen, die Leitung der Kommune verkündeten es ja in einem fort. Und das Verlobungsgeschenk, das heißt die Abfindungssumme für den Brautvater, war überhaupt ungesetzlich und sollte geheim bleiben. Aber ich bin sicher, daß man die Summe der Abfindung im Dorf genau kannte und schon lange ausgiebig diskutierte.

Sie rechneten zu dreien und kamen auf etwa 1900 Yüan, also rund 2300 Mark. Das war im Grunde nicht einmal teuer. Für die Hochzeit hatte die ganze Familie vier bis fünf Jahre gespart; denn es gab ja nur eine Familienkasse, in die jeder seinen Lohn einzahlte und die der Vater — in der Wirklichkeit aber die Mutter verwaltete.

So würde das auch nach der Hochzeit bleiben. Aber die Familie hatte ja nun eine neue Arbeitskraft, die würde mit den zusätzlichen Arbeitspunkten die Auslagen mit der Zeit schon wieder reinbringen.

Große Pläne

Herr Dreyer vom *New York Journal of Commerce* hatte sich schon mit einigen anderen Botschaftern der EG-Staaten über die wirtschaftlichen Pläne der Chinesen unterhalten und erkundigte sich nun nach meiner Ansicht.

Ich sagte, das Modernisierungsprogramm, das die chinesische Führung vor einem Jahr aufgestellt habe, habe sich zu hohe Ziele gesteckt. Sie seien daher reduziert worden, und jetzt werde eine längere wirtschaftliche Konsolidierungsphase vorgeschaltet. Der Grund liege nicht nur darin, daß die Finanzdecke zu knapp sei und daß die Chinesen sich nicht durch einen zu hohen Auslandsschuldendienst fesseln wollten, sondern in der Erkenntnis, daß sie ihr Wirtschaftssystem neu strukturieren müßten, wenn sie Erfolge haben wollten. Sie müßten dezentralisieren und der privaten Initative und dem privaten Gewinn mehr Raum lassen. In der Staatlichen Planungskommission gebe es führende Funktionäre, die auf diesem Weg sehr weit gehen wollten, während andere zögerten, weil sie Verwirrung und Unsicherheit über die Grundsätze der Wirtschaftspolitik vermeiden wollten.

»Glauben Sie, daß die Chinesen die reduzierten Ziele erreichen können?« fragte Mr. Dreyer.

»Ja«, antwortete ich, »wenn die politische Führung einig bleibt und das Vertrauen des Volkes gewinnt. Die Modernisierung wird allerdings länger dauern, als sie annehmen. Die Chinesen selbst sprechen von einem neuen Langen Marsch. Mit Recht, denn es wird regionale, wirtschaftliche, soziale und politische Spannungen geben. Energie ist knapp, obwohl die vorhandenen Reserven an Primärenergie, besonders an Kohle und Wasserkraft, groß sind. Das Verkehrsnetz ist unzureichend und erschwert eine neue Wirtschaftspolitik, die mehr Spezialisierung in der Produktion fordert, und die ist nur möglich, wenn die Güter schneller transportiert werden. Darüber hinaus gibt es noch viele andere Probleme. Wenn Sie jedoch eine langfristige Prognose wollen, würde ich trotzdem sagen, die Aussichten sind gut:

Chinas Bevölkerung ist intelligent und arbeitet fleißig, wenn es sich zu arbeiten lohnt.

Es kommt jetzt auf den politischen Willen zur Modernisierung und auf die Organisationsfähigkeit der Chinesen an. Der politische Wille ist bei der Führung da; sie muß nur die Funktionäre im Lande dazu bringen, selbst zu entscheiden und Verantwortung zu übernehmen. Das wird schwer sein und lange dauern. Die zentralen Verwaltungseinrichtungen der Chinesen sind unmodern und unzulänglich. Die Planungsbürokratie wird nicht leicht zu überwinden sein, aber es ist möglich, wenn die Führung sich nicht veralteten marxistisch-leninistischen Lehrmeinungen unterwirft, sondern wenn sie weiterhin nach den besten, am Erfolg meßbaren Lösungen sucht. Das Entscheidende ist, daß die Führung einig bleibt und das Ziel nicht auf halbem Wege aufgibt. Unter diesen Voraussetzungen kann das Experiment gelingen.«

Mr. Dreyer sagte, er habe schon mit einigen Botschaftern der EG gesprochen: »Sie alle sind viel pessimistischer, und einige halten die Modernisierungspläne der Chinesen überhaupt für eine Utopie.«

Ich antwortete: »Ich glaube, diese Ansicht trifft nicht zu. Die chinesischen Ziele sind nicht so utopisch wie die der Europäischen Gemeinschaft.«

Das Grab des Konfuzius — ein Wiedersehen

Im großen Kloster am Fuße des Taishan, des heiligen Berges in der ostchinesischen Provinz Shandong, steht eine Steinsäule aus dem 5. Jahrhundert. Darauf ist in vier wuchtigen, fast einen halben Meter hohen Schriftzeichen, von denen man sich auch eine Steinabreibung machen lassen kann, geschrieben: *Die Werke der Klassiker — groß aufrechtstehend.*

Stehen sie heute in China noch groß und aufrecht da? Eine Zeitlang hatten die Klassiker sich in volle Deckung begeben müssen; aber jetzt stehen sie wieder, wenn auch noch etwas abseits und nur im Halbdunkel.

Und wenn Konfuzius, den die Chinesen Kung Fudse, das heißt »Meister Kung«, nennen, ans Licht tritt, dann hat er sich manchmal einen dichten Vollbart umgehängt und eine löwenmähnige Perücke aufgesetzt, und er spricht einen Jargon, daß man ihn beinahe für einen Deutschen halten könnte, sagen wir einmal: für Karl Marx.

Ob im Dunkel oder nicht, er wirkt weiter. Er ist den Chinesen in den letzten beiden Jahrtausenden so in Fleisch und Blut übergegangen, daß sie überrascht sind und heute sogar Freude zeigen, wenn man sagt, daß sie ja eben einen Gedanken des

Meisters Kung wiederholt hätten. Die mittlere und jüngere Generation kennt ihn nämlich nicht. In der Schule werden die Klassiker nicht mehr gelesen. Wie bei uns.

Aber die Alten, die im Politbüro sitzen, kennen ihn noch. Fang Yi erzählte mir einmal, er habe, als er zur Schule kam, zuallererst die Werke der Klassiker auswendig lernen müssen, ohne zunächst ein Wort oder einen Satz davon zu verstehen; erst später wurden ihm die Texte, die er schon auswendig konnte, erklärt. Ich fragte ihn, ob diese Lernmethode gut sei. Sie sei sehr gut, antwortete er.

Eine Angestellte des Schanghaier Reisebüros sah meinen Passierschein mit der Reiseroute und sagte: »Sie besuchen auch die seltsamsten Orte! Was wollen Sie denn in Qüfu?«

Ich antwortete, das sei doch die Heimat eines der größten Chinesen. Ich sagte nicht *des* größten Chinesen, denn das hätte sie verwirrt, weil der bekanntlich aus Shaoshan in der Provinz Hunan stammte.

Sie war verlegen und erkundigte sich bei einer Kollegin, wen ich wohl meinen könnte. Sie erfuhr es und lachte etwas beschämt. Ich fragte, ob sie schon etwas von ihm gelesen habe. Sie sagte, nein, aber sie wisse über ihn aus der Anti-Konfuzius-Kampagne Bescheid, die die Viererbande vor ein paar Jahren gegen den Ministerpräsidenten Zhou Enlai inszeniert hatte.

Aber jetzt begann man wieder, ihn zu lesen, und seine Werke waren einige Tage lang sogar in den Buchhandlungen zu kaufen, allerdings schnell vergriffen. Der fünfzigjährige Philosoph Li Zehou schrieb in einem Artikel über »Die Neubewertung des Konfuzius« schlicht: »Ob Sie es wollen oder nicht — Konfuzius ist wieder da, und er wird bleiben!«

Das Dunkel, in dem die Klassiker bislang standen, lichtet sich also; daß das Publikum allerdings lebhaft nach ihnen Ausschau hält oder gar Lebenshilfe von ihnen erwartet, kann man nicht sagen: Auch das ist wie bei uns. Der Versuch der chinesischen Kulturrevolution, die Werke der Klassiker in den Abgrund der Vergessenheit zu stürzen, ist jedoch in lächerlicher Weise gescheitert.

In Qüfu allerdings haben die Roten Garden der Kulturrevolution ganze Arbeit geleistet. Sie haben die Grabstele des Konfuzius umgerissen. Und die revolutionären Haufen haben die

Trümmer dann noch einmal wütend mit Vorschlaghämmern in Stücke geschlagen. Jetzt liegen sie wild umhergestreut am Boden unter den uralten Zedern. Nur der Sockel mit der Basisplatte steht noch. Man hat sie vielleicht nicht kaputtgekriegt. Dahinter liegt ein kahler, einige Meter hoher, lehmiger und anscheinend erst kürzlich aufgeschütteter Erdhügel. Auch er ist ein Relikt der Kulturrevolution:

Die Roten Garden hatten nach den Gebeinen des Konfuzius gegraben, der hier vor fast zweieinhalbtausend Jahren bestattet worden war. Sie wollten sie wohl in alle Winde zerstreuen, oder vielleicht wollten sie mit dem Schädel Fußball spielen, wie sie es auf dem Heldenfriedhof Babaoshan bei Peking mit den Schädeln alter Parteigrößen getan hatten. Sie haben in Qüfu sechs Meter tief gegraben, aber sie haben weder Gebeine noch Spuren eines Sarges gefunden. Sie verbreiteten dann, Kung sei hier gar nicht beigesetzt worden; auch das sei eine der vielen Lügen der Konfuzianer gewesen.

»Wie steht es denn damit?« fragte ich unseren Führer. Er war Leiter des Denkmalamts in Qüfu und hieß Kung, wie die Hälfte aller Einwohner der Stadt. Er gehörte also zur Familie des Konfuzius.

Er antwortete lächelnd: »Die Roten Garden waren eben Amateurarchäologen. Zum Glück! Wo sie gegraben haben, *konnten* sie gar nichts finden.«

»Aber woher weiß man, daß er hier liegen muß? Die Grabstele, deren Trümmer hier umherliegen, war doch verhältnismäßig neu.«

»Ja, sie stammt aus der Ming-Dynastie und ist etwa fünfhundert Jahre alt. Aber wir haben an der gleichen Stelle auch eine ältere Stele aus der Han-Dynastie, also etwa zweitausend Jahre alt, gefunden. Nun könnten Sie einwenden, daß auch sie erst ein halbes Jahrtausend nach Konfuzius' Tod aufgestellt worden sei. Gewiß, das Entscheidende aber ist, daß das hier das Grabgelände seiner Familie ist. Dort drüben ist das Grab seines Sohnes, dort seines Enkels, dort seines Schülers Zigong, und in dem ganzen Wald liegen Tausende seiner Nachkommen. Bis in die 76. Generation.«

»Und wo ist der unmittelbare Nachkomme in der 77. Generation?«

»Er lebt in Taiwan«, sagte Herr Kung. Er sagte das ohne Bewegung.

»Und wo ist das Grab der Frau des Konfuzius?«

Herr Kung sagte: »Hier werden nur Männer beigesetzt.«

Als junger Student, im Oktober 1936, war ich zum ersten Mal hier gewesen. Ich war mit der Bahn auf dem Wege von Peking nach Nanking. Vierter Klasse.

Auf halbem Wege, in der kleinen Kreisstadt Yanzhou, stieg ich aus. Bei den Patres der Steyler Mission fand ich Herberge, denn ein Hotel gab es in Yanzhou nicht.

Qüfu und das Grab des Konfuzius waren über zwanzig Kilometer entfernt. Ein Bus fuhr nicht, und ein Mietauto wäre viel zu teuer gewesen, wenn es überhaupt eins gab. Da mir die Patres auch in Qüfu kein Hotel nennen konnten, mußte ich an einem Tag zu Fuß hin- und zurückgehen. Der Prokurator der Missionsstation gab mir einen Rikscha-Kuli mit, der mich führen sollte. Der Kuli hieß Han. Er war nicht viel älter als ich. Er hatte ein Pferdegesicht und konnte auch laufen wie ein Pferd. Die vierzig Kilometer waren für ihn nicht mehr als ein kleiner Spaziergang.

Wir brachen im ersten Licht der Morgendämmerung auf. Zwei zierliche, mehrstöckige Ehrentore standen in einer schmalen Gasse gegen den heller werdenden Himmel. Kinder fachten in kleinen Herden, die sie vor die Haustür gestellt hatten, mit merkwürdigen Zwei-Kammer-Blasebälgen, die einen ganz gleichmäßigen Zug gaben, das Feuer an. Der Rauch stieg geradewegs in den Himmel. Frauen saßen auf der Schwelle und mahlten zwischen zwei waagerechten Handmühlsteinen Korn für einen Frühstücksbrei. Man war im Mittelalter.

Auch als wir aufs Land kamen. Die Bauern arbeiteten schon auf den Feldern. Der Mann, weit vornüber ins Geschirr gebeugt, zog den Pflug durch die trockene, harte Lehmerde. Die Frau führte den Pflug. Auf den festgestampften Dreschplätzen vor den Dörfern zogen Männer eine schwere Walze — einen dicken Baumstamm — über Kaoliang-Stroh. Die Frauen warfen mit Holzschaufeln den Drusch empor, und der Wind wehte die Spreu davon.

Wir begegneten keinem Gefährt außer einigen Handkarren, die Segel gesetzt hatten und seltsam, wie Boote, über die Ebene zu kreuzen schienen. Die Bauern gingen zu Fuß, und wenn sie etwas zu tragen hatten, dann hing die Last an den beiden Enden der Tragstange, die sie auf die Schulter gelegt hatten.

Der Himmel war hoch und blau, und in der klaren Herbstluft glaubte man, bis zum Horizont sehen zu können. Hier herrschten vor zweieinhalb Jahrtausenden die Fürsten von Lu über ihr kleines Reich. Auf diesen Wegen wird auch Konfuzius mit seinen Jüngern gegangen oder in grob gezimmerten Wagen gefahren sein. Die Ebene war weit, ohne jegliche Erhöhung, lehmig-gelb und trocken. Die kleinen Häuer in den Dörfern waren aus luftgetrockneten Lehmziegeln gebaut, auch sie gelb und staubig. Sie hatten Strohdächer. Es gab nirgends einen Baum. Die Bauern pflügten, eggten, droschen, trugen Lasten. Sie lebten ein karges Leben auf kargem Land. Wann hatte sich hier etwas geändert? Je länger man ging, desto stärker wurde das Gefühl, hier sei die Zeit stehengeblieben.

Am Abend, auf dem Rückweg verstärkte es sich. In der Dämmerung, als man kaum noch etwas sehen konnte, nahmen die Bauern auf dem Felde ihre Sachen und gingen nach Hause. Sie waren müde. Sie sangen nicht mehr wie am Tage, sie redeten nicht.

Plötzlich im Gehen hatte ich das Gefühl, nicht mehr in unserer Zeit zu sein, aber auch nicht im alten China — das hätte man vielleicht noch verstehen können —, sondern es war mir seltsamerweise, als ginge ich in biblischer Zeit durch biblisches Land. Im Dunkeln auf Feldwegen gehen, und Menschen kommen entgegen — woher kam das Bild? Das Erlebnis währte nicht lange, vielleicht eine Minute, vielleicht zwei; dann verblaßte das Gefühl. Aber es war mir nicht ganz geheuer, als ob ich heimlich Grenzen berührt hätte, als sei ich wirklich für einige Augenblicke nicht mehr in der Zeit gewesen. Man sieht, wie stark es noch heute in der Erinnerung nachlebt.

Doch in unserer Schilderung sind wir noch auf dem Hinweg nach Qüfu. Han, der die Rikscha zog, und ich waren für die Bauern etwas Neues. Ich war eine Sensation. Ein Mensch mit gelben Haaren! Wenn wir vorübergingen, hörten sie auf zu arbeiten, erkundigten sich, wer und woher ich sei und wohin ich wolle. Sie riefen dem Kuli Scherzworte zu, weil er eine *da bizi*, eine Langnase, zu Fuß nach Qüfu führte. Aber er gab schlagfertige Antworten, sicher auf meine Kosten; jedenfalls lachten die Leute.

Als wir zum Stadttor von Qüfu kamen, bestand Han darauf, daß ich mich in die Rikscha setzte; denn er war Rikscha-Kuli und nicht Fremdenführer. Er nahm die Deichseln unter die Achseln und begann zu traben. Durch mein Gewicht wurden die Deichseln emporgedrückt, und Han wurde dadurch hochgehoben, er schwebte fast und machte federnde Siebenmeilenschritte.

Er fuhr mich zuerst zum großen Konfuzius-Tempel. In die Säulen der breiten Tempelfront waren Drachen und anderes Ungetüm eingehauen. Ich rümpfte die Nase, da ich aus Griechenland und Rom ja wußte, wie Säulen auszusehen hatten.

Han fuhr mich zum Kung Lin, dem Konfuzius-Wald, weit außerhalb der Stadt. Die Kaiser hatten den Nachkommen des Konfuzius das Gelände, doppelt so groß wie die Stadt Qüfu, geschenkt, damit alle Nachfahren des Meisters in der Nähe des Ahnherren beigesetzt werden konnten. Nur die Männer, wie gesagt.

Es war ein lichter Wald mit hohen Laubbäumen und vielen alten, oft jahrhundertealten Zedern. Unter den Bäumen wächst Gras, und in den Lichtungen gibt es sogar Blumen: einzigartig in Ostchina, denn nirgends in den Parks der Städte sieht man Gras, und in der Ebene wird jeder Quadratmeter mit Getreide oder Gemüse bebaut. Auf dem Lande findet man keine Wiesen. Die Wege im Konfuzius-Wald machen Biegungen, teilen sich, treffen sich wieder. Sie sind gewachsen, nicht geplant. Überall unter den Bäumen, nicht dicht zuhauf, sondern vereinzelt und ohne erkennbare Ordnung stehen Grabstelen aus zwei Jahrtausenden, Grabwächter, Löwen, Pferde und Fabeltiere aus Stein. Ein Pavillon, ein kleiner Tempel stehen am Weg.

Unvermittelt blieb Han stehen, legte die Deichsel der Rikscha zu Boden, so daß ich aussteigen mußte, wenn ich nicht vornüberfallen wollte. Er deutete auf eine mittelgroße Grabstele und sagte, hier liege Meister Kung.

Ich hatte starke Zweifel. Ist das alles? dachte ich. Manche Grabmäler, an denen wir vorbeigekommen waren, hatten prächtiger ausgesehen. Aber hier: kein Grabwächter, keine Farben, kein Prunk, kein Schmuck. Aber es *war* sein Grab. Die

Stele, eine massive graue Steinplatte, war etwa drei Meter hoch. Sie stand auf einem Sockel und einer Grundplatte. Die Inschrift in alten Zeichen der Siegelschrift enthielt das Zeichen Kung nicht, nur seinen postumen Ehrentitel: »König der Literatur«.

Er hat die alte Volkspoesie, er hat die Musik geliebt. Die Musik muß eine starke Macht über ihn gehabt haben. Als er sich mit der Zhou-Musik beschäftigte, »vergaß er drei Monate den Geschmack des Fleisches«. In der Philosophie hat er sich um alle die Fragen, die etwa zur gleichen Zeit die Vorsokratiker beschäftigten, nicht gekümmert. Konfuzius hatte, wie die ganze chinesische Philosophie nach ihm, nur ein Thema: das Leben des Menschen in der Gesellschaft.

»Der Schüler: Darf ich wagen, nach dem Wesen des Todes zu fragen? Der Meister antwortete: Wenn man noch nicht das Leben kennt, wie sollte man dann vom Tod etwas wissen!«

Konfuzius starb im Jahre 479 v. Chr. mit 72 Jahren. Zehn Jahre vor der Geburt des Sokrates. Seine Schüler trugen ihn hier zu Grabe und trauerten in der Nähe des Grabes drei Jahre lang. Zigong, aber, der Schüler, den der Meister am liebsten um sich hatte, baute sich hier eine Hütte und trauerte noch drei weitere Jahre. Sie trauerten um einen großen Lehrer und einen großen Menschen, der im Leben gescheitert war und sein Ziel nicht erreicht hatte. Die Welt hatte ihn nicht erkannt und nicht anerkannt, nur sie, die Jünger, wußten, wer er gewesen war.

»Der Meister sagte: In der Frühe hören, daß die Welt in Ordnung ist, und dann des Abends sterben — das ist nicht schlimm.«

Aber als er starb, war sie keineswegs in Ordnung. Verzweifelt hatte er sich in Qüfu um ein Amt am Hofe des Fürsten von Lu bemüht, um seine politischen Gedanken zu verwirklichen und sie in der Praxis zu prüfen. Schließlich übertrug man ihm eins, aber er gab es nach drei Monaten auf, als er sah, daß es bedeutungslos war; und er begab sich, obwohl schon hoch in den Fünfzigern, auf die Wanderschaft und bot Nachbarfürsten seine Dienste an. Aber auch sie bedurften eines Mannes nicht, der behauptete, eine Mission zu haben und der neue, gefährliche Ideen verbreitete: eine verzweifelte Suche und Wanderschaft, nicht ohne komische Züge und völlig ergebnislos.

»Kung«? fragte der Grenzwächter. »Ist das nicht der Mann, der weiß, daß es nicht geht, und der trotzdem weitermacht?«

Nach mehr als zehn Jahren, nahe Siebzig, kehrte er mit leeren Händen nach Qüfu zurück, studierte und lehrte. Er lebte von dem Schulgeld, aber er wies auch die nicht zurück, die kein Schulgeld zahlen konnten. Die Chinesen haben das Beispiel stets vor Augen gehabt, wenn sie einem begabten, aber armen Jungen die Möglichkeit gaben, sich zu bilden.

Ein großer Redner scheint er nicht gewesen zu sein. Er sprach langsam, und er hatte eine Abneigung gegen Leute, die geistreich formulierten und Meister im Wortedrechseln waren.

»Lernen und das Wissen zu gegebener Zeit anwenden, ist das nicht das Glück?«

So beginnt das Buch der *Gespräche*. Er starb, ohne sein Wissen angewandt zu haben; sicherlich starb er im Bewußtsein, gescheitert zu sein. Und doch gibt es keinen Menschen, der die Kultur, das Leben, die Sittlichkeit eines Volkes so tief und auf Jahrtausende geprägt hat wie gerade er.

Herr Yang Bo war einer der stellvertretenden Provinzchefs von Shandong. Man könnte sagen, er war Landesminister, sollte aber wohl hinzufügen, daß seine Provinz siebzig Millionen Einwohner hat. Ich kannte ihn von einer Reise in Deutschland her. Als ich ihm in Peking bei einem Essen beiläufig sagte, es sei schade, daß man Qüfu nicht besuchen dürfe, wo ich 43 Jahre zuvor einmal gewesen war, lud er uns ein, die Stadt, sobald dort die gröbsten Schäden der Kulturrevolution beseitigt seien, als erste ausländische Gäste zu besuchen.

Wir kamen früh in der Morgendämmerung in Yanzhou an. Nicht mehr Vierter Klasse, sondern im Schlafwagen. Herr Yang Bo hatte ein Auto zur Bahn gesandt. Wir brauchten also nicht an einem Tag nach Qüfu und zurück zu laufen. Über eine respektable Ausfallstraße fuhren wir aus der Stadt. Ich wollte noch etwas von der alten Stadt sehen; aber erst auf der Rückfahrt zeigte man uns ein paar alte, schmale Gassen und wunderte sich, daß ich sie schöner fand als die neuen Reihenhäuser. Die beiden zierlichen Ehrenbögen waren verschwunden. Nirgends mehr mahlten Frauen Korn mit Mühlsteinen. Nirgends fachten Kinder auf der Gasse die Kochöfen an. Die Autostraße nach Qüfu unterschied sich in nichts von einer europäischen Provinzstraße, und nirgends fand ich eine Erinnerung an den Rikscha-Kuli Han. Ob er die Zeiten überstanden hat?

Die Ebene war nicht mehr so weit, der Himmel nicht mehr so hoch wie damals. Überall an den Wegen und Feldrainen standen Bäume, junge Bäume, die ältesten vielleicht so alt wie die Volksrepublik China. Strom- und Telefonleitungen führten über das Land. Wir begegneten Lastwagen, die große Töpfe transportierten, Pferdefuhrwerken, Radfahrern und Leuten, die auf Schubkarren Schweine in die nächste Volkskommune zum Schlachten oder zum Verkauf brachten. Die Bewässerungsgräben hatten alle elektrische Pumpen, auf den Feldern fuhren gelegentlich kleine Traktoren. Der Weizen stand gut. Man würde hier im Herbst keine Bauern mehr sehen, die sich selbst vor den Pflug spannen.

Wir sollten, so sagte uns unser Begleiter auf der Fahrt, im Gästetrakt des Palastes der Familie Kung untergebracht werden. Als wir in den Innenhof einfuhren, begrüßten uns Herr Yang Bo und seine Frau. Sie waren am Tag vorher von der Provinzhauptstadt Jinan hierhergereist und freuten sich, daß die Überraschung gelungen war. Sie wollten uns selbst führen.

Als wir am Grabe des Konfuzius vor den Trümmern standen, fragte ich Herrn Yang Bo, warum die Provinzregierung von Shandong den Vandalismus nicht habe verhindern können.

Er antwortete: »Sie war selbst gespalten. Wer einen Einsatz gegen die Terrorbande befohlen hätte, wäre vielleicht selbst verfolgt worden. Wir wußten ja nicht, wer die Studenten und Junglehrer aus Peking, die die Stadt hier terrorisierten, in der Zentrale deckte und wer dahinter stand. Das heißt«, fügte er nach einer kleinen Pause hinzu, »man wußte es wohl.«

Er schwieg, dann schilderte er die Ereignisse in Qüfu. Eine kleine Aktionsgruppe Roter Garden, die sich aus Studenten der Beida — der Peking Universität — und der Qinhua Universität in Peking, der Pädagogischen Hochschule und einer Fachhochschule gebildet hatte, sei im September 1966 nach Qüfu gekommen, um das Andenken Konfuzius' für alle Zeiten zu vernichten. Drei Monate hätten sie die Stadt terrorisiert und unersetzliche Werke des Altertums vernichtet.

Und die Bevölkerung?

»Sie hatte Angst. Niemand wußte mehr, wo die Macht lag.«

Wir fuhren zur Stadt zurück. Der Tempel- und Palastbezirk ist zwanzig Hektar groß; es ist die größte Anlage in China. Nur die Verbotene Stadt in Peking ist größer. Im Tempelbezirk stehen die Halle der Andenken des Weißen, der Glockenturm, der Paukenturm, Triumphtore, an die tausend steinerne Gedenksäulen, Zedern, die zweitausend Jahre alt sein sollen, und der *Große Pavillon des Sternbilds der Literatur,* wie das Gebäude in dichterischer Sprache heißt, prosaisch: die Bibliothek. Unter den Tempeln ist der Konfuzius-Tempel der größte und prächtigste.

Ja, es waren noch die alten Säulen, natürlich, um die sich die Drachen winden, ungriechisch zwar, aber ich dachte jetzt läßlicher darüber; schön fand ich sie allerdings noch immer nicht. Es ist natürlich längst nicht mehr der alte kleine Tempel, der bald nach dem Tode des Weisen errichtet wurde, auch nicht der der Tang-Dynastie aus dem 8. oder der Ming-Dynastie im 15. Jahrhundert, sondern der Tempel der mandschurischen Qing-Dynastie aus dem 18. Jahrhundert, die das Überladene liebte.

Wenn man durch die Mitteltür der breiten Frontseite die Halle betritt, sieht man an der Rückwand ein großes Bild des Konfuzius. Es ist neu. Es hängt hier anstelle der alten Statue, die allen Konfuzius-Statuen im Lande zum Muster gedient hat. Sie und die Statuen seiner großen Nachfolger und seiner Jünger sind von den Roten Garden zerstört, die Trümmer verschleppt und bis heute noch nicht gefunden worden. Größter Schatz des Tempels waren unersetzliche alte Musikinstrumente. Sie sind vernichtet. An einem Gestell hängen lediglich alte, gewinkelte Klangsteine in einer Reihe. Ein Mädchen schlägt sie an. Sie haben einen klaren, reinen und nur kurz nachhallenden Ton. Sie sind zweitausend Jahre alt oder älter.

In den *Gesprächen* heißt es: »Der Meister spielte im Staat Wei (während seiner langen Wanderschaft) auf den Klangsteinen. Da ging ein Eremit vorbei und sagte: ›Dem, der da drin auf den Musiksteinen spielt, geht wahrlich das Elend dieser Welt zu Herzen.‹«

Die wichtigsten Hallen waren bereits wiederhergestellt, an vielen Gebäuden aber standen noch die Gerüste. Man beeilte sich, denn in diesem Jahr, am 23. August, wurde wieder der

Geburtstag des Weisen gefeiert. Unser Führer aus der Familie Kung fügte hinzu: »Und zwar nach dem alten Ritual und mit den alten Liedern und Tänzen.«

Das war eine kaum glaubliche Nachricht! Vier Jahre nach der Anti-Konfuzius-Kampagne wurden die alten Zeremonien wiederbelebt, die nach dem Sturz der Qing-Dynastie im Jahre 1911 eingeschlafen waren. Alte Augenzeugen hatten sie als ungewöhnlich eindrucksvoll geschildert. Nachts wurden die Großpauken auf den Paukentürmen geschlagen, und im Schein von Fackeln traten die Offizianten des Tempels in Brokatgewändern hervor und vollzogen die altüberkommenen Musik- und Tanzzeremonien, abwechselnd beim Klang der Gongs, der Musiksteine oder der alten Streich-, Blas- und Schlaginstrumente.

Man zeigte uns den Tempel für den Vater und die Mutter des Konfuzius. Auch seine Frau hat einen erhalten, allerdings erst vor einigen Jahrhunderten. Die Gemahlin eines Kaisers, vielleicht eine Feministin, hat sich ihres Andenkens erbarmt. Die Frau des Weisen wird an seiner Seite kein leichtes Leben gehabt haben. Sie hatte die Jünger, von denen einige übrigens schon reife und gesetzte Herren waren, zu beherbergen und zu verköstigen.

Und zehn Jahre war der Meister außer Landes, auf Wanderschaft; da mußte sie eben sehen, wie sie auskam. Sie hat einen Tempel verdient.

Der Meister erwähnt sie allerdings nie; sie war ja auch nur eine Frau. Aber seinen Sohn erwähnt er, der leider nicht lernen wollte. Er hat daher auch keinen Tempel bekommen.

Konfuzius verkündet uns seine Weisheit nicht vom hohen Piedestal, sondern er tritt uns als Mensch entgegen, der einfach und eindeutig sprach. Er lehrte Fürsorge, Wohltun, Nächstenliebe als Grundsatz jeglichen politischen Handelns. Er lebte diese Lehre in seinem kleinen Kreis.

»Der Schüler Fanqi fragte den Meister: ›Was heißt eigentlich Fürsorge, Wohltun und Nächstenliebe?‹ Der Meister antwortete: ›Alle Menschen lieben.‹«

Er war bescheiden.

»Einfache Speise zur Nahrung, Wasser zum Trinken und den gebogenen Arm als Kopfkissen — was braucht man mehr, um fröhlich zu sein. Aber ungerechtfertigter Reichtum und Ehren sind für mich nur flüchtige Wolken.«

Er war menschlich.

»Einst brannte sein Stall ab. Der Meister kam vom Hofe zurück. Er fragte: ›Hoffentlich ist kein Mensch verletzt?‹ Nach seinen Pferden fragte er gar nicht.«

Ein kleiner Pavillon steht im Tempelbezirk an der Stelle, wo früher der Pfirsichbaum wuchs, unter dem der Meister sich mit seinen Schülern zu unterhalten pflegte. Vielleicht war es hier, wo er sie fragte, was sie tun würden, wenn ein Fürst sie mit der Regierung beauftragte.

Der erste meinte, er könne in drei Jahren erreichen, daß das Volk wieder Mut bekomme und seine Pflichten erkenne. Der Meister war skeptisch. Der zweite wollte die wirtschaftliche Lage in drei Jahren so verbessern, daß das Volk genug zu leben habe. Der dritte wollte vor dem Meister mit Bescheidenheit glänzen und wünschte nur, Gehilfe im kaiserlichen Ahnentempel zu werden.

»Diän, was sagst du?« Der vierte spielte langsamer auf der Laute, ließ die Töne verklingen und legte das Instrument beiseite. »Ach, meine Wünsche sind ganz anders als die der drei Freunde.« Der Meister sagte: »Das macht nichts! Jeder soll seinen Herzenswunsch aussprechen.« Da sagte er: »Ich möchte am liebsten im späten Frühling, wenn man schon die leichten Kleider trägt, mit einigen erwachsenen Freunden und Knaben im Fluß baden oder im kühlen Wald ausruhen, dabei Lieder singen und dann abends nach Hause gehen.« Der Meister seufzte und sagte: »Ich halte es mit diesem hier.«

Er war also durchaus nicht der Tugendbold, zu dem ihn die Konfuzianer später gemacht haben.

Neben dem Tempelbezirk steht das weitläufige Palastgebäude, rechts und links einer dreihundert Meter langen Längsachse. Irgendwo in diesem Komplex waren auch wir untergebracht: in einem Atriumhaus, in dessen Hof wir allein waren, mit einem Baum und mit Sträuchern und Blumen, und vor unserem Hof und hinter ihm waren weitere Gast-Höfe. In einem wohnte Yang Bo mit seiner Frau. In einem anderen war der Speisesaal, wo unser Gastgeber uns abends ein Essen gab.

Der Palastbezirk ist fast so groß wie der des Tempels. Wir

besichtigten das Akademiegebäude, die Examenshalle, das Büro für Siegel und Dekrete, ein umfangreiches Archiv, das zwar nur neunhundert Jahre zurückreicht, aber über diese ganze Zeit lückenlos berichtet. Wir sahen das Büro für Riten, die Gerichtshalle, das Büro für Musik und für Zeremonien. Ein Botenbüro diente allein zur Besorgung der Korrespondenz mit dem Kaiserhof.

Die Privatgemächer des 77. Nachkommen des Meisters waren enttäuschend. Er ging mit der Zeit, hatte einen Teil der alten chinesischen Möbel hinausgeworfen und sich neue gekauft: Kaufhausmöbel aus den zwanziger Jahren. Die Furniere lösten sich schon. In einer Zimmerecke sahen wir eine Standuhr. Sie wird auch aus den zwanziger Jahren sein. Wohl aus einem Warenhaus in Schanghai.

Man zeigte uns das Schlafzimmer: Das Bett liegt tief und dunkel hinter Schnitzwerk. Hier zu schlafen ist schon halber Tod. Neben dem Schlafzimmer sind die Zimmer seiner Hauptfrau und seiner Nebenfrau. Das seiner zweiten Nebenfrau ist kleiner und liegt an der Ecke. Sie durfte nicht am Familientisch mitessen, sie war zu gering.

Die Nachkommen des Konfuzius sind schon vor Jahrtausenden in den Prinzenstand erhoben worden. Einmal oder zweimal gab es Streit wegen der Erbfolge, und der Kaiser mußte entscheiden. Vielleicht hatte sich der Sohn einer geringen Nebenfrau unerhörte Rechte angemaßt.

Dem Hause Kung gehörte nicht nur der Konfuzius-Wald, sondern fast die ganze Stadt und ein großer Teil der Umgebung. Sie erhielten außerdem noch Geld aus der kaiserlichen Schatulle. Die Kaiser wußten schon, warum.

Der Palast in Qüfu war lange Jahrhunderte die Zentrale, in der aus dem Menschen Konfuzius der Gründer einer Lehre und schließlich ein Heiliger gemacht wurde. Hier wurde die Lehre verwaltet und auf die Bedürfnisse der Konfuzianer und der kaiserlichen Politik zugeschnitten. Was Konfuzius versagt geblieben war, das fiel den Konfuzianern zu: Macht und entscheidender Einfluß auf das politische, sittliche und kulturelle Leben Chinas. Sie hielten sich zwei Jahrtausende.

In diesen zwei Jahrtausenden, in denen konfuzianische Beamte das Land verwalteten, haben Dynastien gewechselt, Revolutionen und Bürgerkriege haben das Land verwüstet, aber die Gesellschaftsform und die Gesinnung, die diese Gelehrten vertraten, haben sich bis zum Anfang unseres Jahrhunderts erhalten.

Die Gelehrten haben die Lehre ihres Meisters zwar dogmatisiert und vereinfacht, aber sie haben nicht selten ihr Leben dafür hingegeben. In allen Zeiten gab es unter ihnen beispielhafte, sittlich hochstehende Persönlichkeiten; oft jedoch haben die Konfuzianer auch mit ihrer moralischen Prinzipienreiterei, mit ihrem humorlosen, starren Dogmatismus eine freie Entwicklung behindert. Groß und gut war immer, was der Meister, was das Altertum lehrten. Stets war ein Zitat aus den Klassikern bei der Hand, und immer berief man sich auf ihre Worte, so wie man sich heute auf Mao und die Klassiker des Marxismus beruft. Ein gutes Zitat ersetzte ein logisches Argument.

Die ständige Berufung auf das Alte, auf den Meister, auf die Klassiker war einer der Hauptgründe für die Stabilität der Gesellschaftsstruktur. Die Heiligung des Alten und die Verehrung der Eltern ließ einen Generationskonflikt in China nicht zu, und wo er doch einmal auftrat, entwickelte er sich nicht zu der Schärfe wie in unserer Zeit, wo er einer der Hauptgründe für die Instabilität und den schnellen Wechsel von Moden, Anschauungen und politischen Haltungen ist, besonders dann, wenn der Jugend und dem Neuen von vornherein der Bonus der Wahrheit zugestanden wird. In China hatte das Alte diesen Bonus. Wer etwas Neues vorbrachte, hatte es im alten China schwer. Stabilität wurde durch diese Haltung zwar gefördert, aber auch Sterilität, Borniertheit und Verfestigung von Mißständen. Dies ist sicher einer der Gründe für die vielen Aufstände in der chinesischen Geschichte, aber nach den Aufständen richtete die Gesellschaft sich bald wieder in der gewohnten, am Altertum und den Klassikern orientierten Weise ein.

Maos Losung »Das Alte zerstören — das Neue aufbauen!« hat zum ersten Mal seit über 2000 Jahren den Grundsatz angegriffen, daß das Heil bei den Alten liege. Die Jugend von heute hat diese Losung nicht vergessen. Die Partei aber strebt wieder nach Stabilität und übertrifft an Enge und Strenge die Konfuzianer, wenn sie den Denkern, Dichtern und bildenden Künstlern Fesseln anlegt und sie auf die kanonisierten Kunstrichtungen und Anschauungen festzulegen sucht — auf die von der Partei kanonisierten, versteht sich.

Mit dem Menschen Konfuzius konnten die Konfuzianer nur wenig anfangen, so wenig wie Paulus mit dem Menschen Jesus. Oft setzte Meister Kung seine späteren Anhänger in Verlegenheit. Sie haben viele unbequeme Stellen hinweginterpretiert oder schlicht für unecht erklärt. Im übrigen aber nahmen sie alle seine Worte bierernst, selbst da, wo er sagte, er scherze ja nur. Er war anders, als sie waren oder sein wollten. Konfuzius war ein Mensch in seinem Widerspruch. So tritt er uns in den *Gesprächen* entgegen. Er stellte hohe Ansprüche an die Menschen und an sich selbst, aber er übertrieb auch nicht, er dachte chinesisch. Er dachte vernünftig, *jiangli.* Er bot einem Usurpator seine Dienste an, er hatte eine politische Unterredung mit einer äußerst übel beleumdeten Herzogin. Selbst sein Jünger Zilu war darüber beunruhigt, und spätere Konfuzianer wollten diese Stelle als üble Nachrede überhaupt streichen. Sie urteilten von einer hohen moralischen Warte aus, so wie manche unserer jugendlichen Moralisten heute über die Generation ihrer Väter. Konfuzius sagte — und seine Worte lassen an Max Webers Ausführungen in dem Aufsatz »Politik als Beruf« und die berühmte Unterscheidung zwischen Gesinnungs- und Verantwortungsethik denken: »Ein Amt ablehnen, heißt seine Pflicht vergessen. Wer nur seine persönliche Reinheit und Unschuld bewahren will, der läßt Unordnung in den gesellschaftlichen Beziehungen zu. Der gebildete, hochstehende Mensch übernimmt öffentliche Ämter und verwaltet sie pflichtgemäß. Daß die Gebote der Sittlichkeit sich nicht durchsetzen werden, dessen ist er sich bewußt.«

Der letzte Satz: Eine erstaunliche Erkenntnis, ein bewegender Gedanke des Mannes, der die Menschen ständig auffordert, sittliche Vollkommenheit zu erringen.

Er konnte ungeduldig und bitter sein. Einen Jünger, über dessen Betragen er sich geärgert hatte, schlug er einmal mit dem Stock vors Schienbein. Aber er konnte von seinen Schülern auch Widerspruch ertragen und sich von ihnen überzeugen lassen, sie jedoch auch bissig und sarkastisch anfahren. Er war Meister darin, verborgene Motive zu erkennen und Menschen mit einem Satz zu demaskieren. Auf die Frage, ob einer seiner Schüler Fortschritte mache, sagte er:

»Ich sehe nur, daß er stets auf den Plätzen der Erwachsenen sitzt und Älteren nicht den Vortritt läßt. Er will nicht Fortschritte machen, er will es nur schnell zu etwas bringen.«

Er war nicht selbstgerecht, sondern erkannte und bekannte seine eigenen Fehler und Schwächen. Er war demütig und bescheiden und unterschätzte sicher seine Bedeutung. Er wußte, als er starb, nicht, daß er sein Ziel ereicht hatte. Er wollte den Menschen in einer Zeit, die aus den Fugen war, helfen, feste Standpunkte zu gewinnen und wahre Werte zu erkennen, Talmi-Werte aber zu ignorieren. Das ist ihm gelungen.

Durch die Lehren der Konfuzianer in späteren Jahrhunderten aber wurde er der salbungsvolle Verkünder banaler Weisheiten, der Pflichttreue, der Korrektheit (»Wenn die Matte nicht gerade lag, setzte er sich nicht.«), des Gehorsams und der absoluten Unterordnung in Familie und Staat.

Wie die christliche Kirche Jesus, wie der Marxismus Karl Marx, so hat der Konfuzianismus den Menschen Konfuzius verdeckt und seine Lehre vereinfacht, auf gängige Formeln und ein Dogma gebracht und gründlich verfälscht.

Ist das vielleicht notwendig? Müssen die großen Lehrer oder Anreger das eben in Kauf nehmen, wenn sie über ihre Zeit hinaus wirken wollen?

Deng Xiaoping

Er ist klein, vielleicht der Kleinste der großen Staatsmänner; aber nicht der Geringste. Wenn man sie alle antreten lassen könnte — ihrer Bedeutung nach, versteht sich — würde er sicher nicht am Ende stehen, sondern weit vorne.

Er spricht nie von sich selbst. Er ist darin wie die anderen chinesischen Führer. Dabei hätte gerade er viel zu erzählen. Er spricht nicht von dem, was er und seine Familie erlitten haben, als er verfemt war und gedemütigt wurde. Die Angriffe auf ihn waren so wild, daß man um sein Leben fürchtete. Einer seiner Vertrauten, Mitglied des Politbüros, sagte mir einmal, er sei fest entschlossen gewesen, mit dem Revolver, den er stets bei sich trug, die Viererbande zu erschießen, wenn Deng Xiaoping etwas passiert wäre. Ich bin sicher, er hätte es getan.

Dreimal wurde Deng Xiaoping in seiner Laufbahn gestürzt. Das erste Mal im Jahre 1933, als er — 29 Jahre alt — Maos Politik gegen die seines Widersachers Wang Ming vertreten hatte. Das zweite Mal, und das war ernster, während der Kulturrevolution im Jahre 1966.

Erst sieben Jahre später, 1973, trat er wieder auf. In Maos Todesjahr, im April 1976, wurde er zum dritten Male aller seiner Ämter enthoben, im August des folgenden Jahres wieder in sie eingesetzt.

Er spricht nie von diesen Zeiten und auch nicht von seiner dreimaligen Wiederkehr. Journalisten haben ihn oft danach gefragt.

Das wäre eine Story! *The Greatest Comeback since Lazarus.* Aber er schweigt.

Er spricht gerne von seinem Alter und seinem Leben in der Zeit, die vor ihm liegt. Auf einer Südostasienreise im Jahre 1978 wurde er gefragt, ob China im Jahre 2000 noch kommunistisch sein werde. Seine Antwort, nach Zeitungsberichten: »Das weiß ich nicht. Ich jedenfalls werde bis zum Ende meines Lebens Marxist-Leninist bleiben.«

Einen Monat nach seiner Rückkehr in die Partei- und Regierungsämter im September 1977 war ich mit dem Bundestagsabgeordneten Wörner bei ihm. Wörner fragte, ob irgendwann in der Zukunft wieder mit einer Annäherung Chinas an die Sowjetunion zu rechnen sei. In Dengs Antwort findet sich wieder der Bezug auf seine Lebenszeit. Er sagte:

»Ich bin jetzt 73 Jahre alt, und ich werde eine solche Annäherung nicht erleben. Der Genosse Hua Guofeng ist 56 Jahre alt; er wird noch das Ende des Jahrhunderts sehen, aber keine Annäherung an die Sowjetunion. Auch für die folgende Generation ist das nicht zu erwarten. Was aber danach kommt, das weiß ich nicht. So weit kann niemand sehen.«

Ich bin ihm oft begegnet, meistens wenn Besucher aus Deutschland kamen. Er versank fast in seinem Sessel. Er hörte aufmerksam zu, war ständig präsent und begann nicht selten mit einer Bemerkung über sein hohes Alter. Es werde ihm bald alles etwas zuviel. »Wie alt sind Sie eigentlich?«, fragte er mich. Ich sagte es ihm. Er rief entsetzt: »Da bin ich ja elf Jahre älter als Sie!«

»In Ihrem Alter«, sagte ich, »ist Adenauer Bundeskanzler geworden, und das ist er dann fünfzehn Jahre geblieben.«

So lange, meinte Deng, werde er es nicht machen. Er rauchte eine Zigarette nach der anderen, und ich kämpfte — erfolgreich — dagegen an, ihm zu sagen, wenn er weiter so viel rauche, könne er leicht recht behalten.

Dann sprach er mit Hochachtung von Adenauer und zitierte ausführlich aus seinen Erinnerungen: Wie Chruschtschow den Bundeskanzler hatte bewegen wollen, zusammen mit der Sowjetunion der chinesischen Gefahr zu begegnen. »Das war im Jahr 1955«, sagte Deng Xiaoping, »und damals hielten wir die Sowjets noch für unsere besten Freunde.«

Deng war schlagfertig, witzig, ironisch, aber nie quirlig oder geschwätzig. Ich habe ihn nie unbesonnen oder unbeherrscht erlebt. Er konnte lange ernst zuhören und dann abgewogen in eleganter Gedankenführung und in bildhafter, prägnanter Formulierung antworten, wobei er stets, auch dort, wo er anderer Meinung war, verbindlich blieb. Ich habe es allerdings auch einmal erlebt, daß er sich lachend bremste, als er drauf und dran war, über ein Land des Nahen Ostens etwas Drastisches zu sagen.

Er konnte ungeduldig sein, wenn der Gesprächspartner ihn langweilte und ihm nichts zu sagen hatte. Bei einem Gespräch mit dem CSU-Abgeordneten Zimmermann sah er oft ostentativ auf seine Armbanduhr, und als das nichts half, spuckte er zweimal geräuschvoll in den großen Spucknapf, der zwischen ihm und dem Gast stand, der sich dadurch jedoch nicht abhalten ließ, seine Gedanken fortzuspinnen. Schließlich klopfte Deng mit dem Zeigefinger auf das Glas seiner Armbanduhr. Ich empfand das jedoch nicht als unhöflich; man konnte ihn ja so gut verstehen.

Einer deutschen Journalistengruppe, die im Jahr 1978 China besuchte, hatte ich erzählt, die Amerikaner hofften, im Laufe des nächsten Jahres ihre Beziehungen zu Peking zu normalisieren. Die Journalisten fragten Deng, ob er das für möglich halte. Er lachte und antwortete, er hoffe, das werde noch in diesem

Jahr möglich. Alle lachten, denn es war schon Mitte Oktober. Aber zwei Monate später, im Dezember 1978, hatten sich Peking und Washington in der Tat darauf geeinigt, diplomatische Beziehungen aufzunehmen.

Deng liebt es, unbequeme Wahrheiten zu sagen: Im Jahr 1978 wurden in China einige neue japanische Filme gezeigt, die ersten neuen Filme des Auslands seit der Kulturrevolution. Einer der Filme — er hieß *Heimat* — erzählte die Geschichte eines japanischen Mädchens vom Lande, das vor dem Ersten Weltkrieg einem Mädchenhändler verkauft wurde, der es an ein Bordell in Borneo weitervermittelte. Die Szenen in dem Bordell, die Darstellung der Gewalttätigkeiten waren realistisch. Das Pekinger Publikum war schockiert. Es gab viele empörte Leserbriefe. Schließlich ließen die Behörden den Film absetzen. Als Deng Xiaoping, von einer Südostasienreise zurückgekehrt, davon hörte, ordnete er an, den Film wieder zu spielen und ihn auch im Fernsehen zu zeigen. »Denn«, so soll er gesagt haben, »unser Volk muß sehen, wie es Frauen in der kapitalistischen Gesellschaft gehen kann, und außerdem soll es auch nicht die Augen vor der Wahrheit im eigenen Lande verschließen, wo man sogar heute noch heimliche Prostitution findet.«

Doch man soll Deng Xiaoping auch nicht für einen Liberalen nehmen. Er hat die Wandzeitungen an der sogenannten Mauer der Demokratie anfangs ermutigt, aber als die Kritik ihre Wirkung getan hatte und sie sich auch gegen die Herrschaft der Partei zu wenden begann, sorgte er dafür, daß die Wandzeitungen unterdrückt wurden.

»Die Gazetten sollen nicht genieret werden!« verfügte Friedrich der Große, und als er bei einem Ritt durch Berlin oder Potsdam eine Art Wandzeitung mit einem Spottbild von sich selbst sah, hat er bekanntlich gesagt, man solle es niedriger hängen. Aber manchmal hörte auch bei ihm der Spaß auf, und wann der aufhörte, das bestimmte er selbst. Vieles in Dengs Wesen erinnert an Friedrich den Großen: Er ist mutig, scharfzüngig, witzig, schlagfertig, skeptisch, selbstherrlich und manchmal wohl auch ungerecht.

Als er im Jahr 1961 verschiedene Fragen, die den Aufbau der Volkskommunen betrafen, ohne Absprache mit Mao entschieden hatte, rief der Große Steuermann wütend: »Welcher Kaiser hat denn das dekretiert!«

In seiner großen Selbstkritik, auf die wir noch zurückkommen, sagte Deng: »Spät im Jahr 1964 kritisierte der Vorsitzende Mao mich, weil ich ›ein Königreich für mich selbst‹ sei. Ich war anfangs über diesen Vorwurf ziemlich erschüttert, aber ich tröstete mich bei dem Gedanken, daß ich weder nach Reichtum noch nach Macht gierig war.«

Er ist in der Tat weder geld- noch machtgierig. Man hat ihn nie beschuldigt, mit anderen zu konspirieren, um Macht zu gewinnen. Er ist kein Mann der kleinen, schlauen Intrige. Einer seiner Mitarbeiter sagte mir einmal, alle Spekulationen, daß Deng das Amt des Ministerpräsidenten für sich beanspruche oder nach Maos Tod beansprucht habe, seien falsch. Er sei immer der Ansicht gewesen, dieses Amt müsse ein Jüngerer verwalten.

Er ist ein Realist. Auf eine Frage nach Chinas revolutionären Zielen in Südostasien sagte er: »Wir denken nicht daran, unsere Revolution zu exportieren. Wir wollen doch unsere Armut nicht ausführen.«

Er kennt die Rückständigkeit seines Landes. In einem Gespräch sagte er einmal: »Ausländische Freunde haben uns gesagt, China sei zwanzig Jahre hinter der Entwicklung der Welt zurück. Dieses Urteil war sehr höflich; denn in Wirklichkeit beträgt der Abstand in manchen Bereichen dreißig, in anderen sogar fünfzig Jahre.

Es wird sehr schwierig sein, bis zum Ende dieses Jahrhunderts das Weltniveau auch nur annähernd oder wenigstens auf einigen Gebieten zu erreichen oder gar zu überholen... Wir sind so rückständig, weil wir uns so lange von der Welt isoliert hatten. Wir fühlten uns wie das winzige Fürstentum Yeh Lang in unserer Überlieferung, das sich für den Mittelpunkt der Welt hielt und glaubte, die umliegenden Königreiche ignorieren zu können, bis es diesen zu bunt wurde und sie Yeh Lang verschluckten. Deshalb wünschen wir heute, daß möglichst viele Chinesen ins Ausland reisen und daß viele Ausländer zu uns kommen.

Ich weiß nicht, aber vielleicht gibt es bei Ihnen in Deutschland einige Leute, die fürchten, wir wollten sie in dieser oder jener Richtung politisch beeinflussen. Sie brauchen keine Angst zu haben: Wir werden das nicht tun.«

Er kann beißend scharf sein. Er hat keine Geduld, vor allem nicht mit der Dummheit und mit verschwommenen Utopien. Leute, die nichts leisten oder nichts mehr leisten können, sollen nicht an ihrem Posten kleben. Die sollen weg. Er sagte das sehr drastisch: »Wer ewig auf dem Balken sitzt und drückt, und es kommt nichts, der soll gehen und dem nächsten Platz machen.«

Ich habe ihn nie von ideologischen Zielen reden hören, von der Veränderung der Gesellschaft, dem Gegensatz von Stadt und Land, der permanenten Revolution, dem notwendigen Kampf zweier Linien. Ich glaube, er nimmt, wie Napoleon, nicht so ganz ernst, was *tous ces idéologues* verkünden. Er ist kein Mann der Utopien. An den Tatsachen soll man sich orientieren. Marxismus, Marxismus-Leninismus und Maozedongideen sind wertvoll, aber nur, wenn sie sich in der Praxis bewähren. Heute läßt man den Nachsatz oft weg. Doch das steht auf einem anderen Blatt.

Am meisten wurde ihm in der Kulturrevolution seine Behauptung angekreidet, der private, individuelle Ackerbau bringe bessere Ergebnisse als die Volkskommunen, und daraus müsse man auch die Folgerungen ziehen, denn, und hier benutzte er ein Wort des Volksmunds: »Schwarze Katze, weiße Katze — wenn sie Ratten fängt, ist sie eine gute Katze.«

In einer Massenveranstaltung vor Pekinger Studenten warf Jiang Qing ihm einmal vor, er habe den Ausdruck »kommunistischer Geist« mißbilligt. Der Ausdruck war ihm wohl zu schwammig und zu leicht zu manipulieren. »Gleichgültig, wer eine Sache eingeleitet hat«, sagte er einmal und meinte damit Mao, der die Volkskommunen übereilt eingeführt hatte, »wenn die Sache unpraktisch ist und nicht funktioniert, muß man sie ändern. Die Sorge, daß wir dadurch an Gesicht verlieren, können wir uns nicht leisten.«

Man sieht, er ist nicht zartfühlend, und sein Vorrat an Ehrfurcht vor den Großen seiner Zeit, auch vor den Stiftern des Marxismus, ist begrenzt. Man hat es ihm in der Kulturrevolution heimgezahlt. Aber selbst da, wo er verneint, benimmt er sich ihnen gegenüber in seinen öffentlichen Äußerungen mit

Würde und Anstand, auch Mao gegenüber, unter dem er viel gelitten hat. Er geht mit ihm nicht so um wie Chruschtschow mit Stalin.

Seit Mao im Jahr 1958 das Amt des Staatspräsidenten seinem alten Mitstreiter Liu Shaoqi abgetreten hatte, weil er sich nunmehr den grundsätzlichen theoretischen Fragen und den großen Führungsaufgaben widmen wollte, wie er sagte, verlor er immer mehr an Macht, während Liu Shaoqi die Politik Chinas bestimmte. Lius engster Mitarbeiter war Deng Xiaoping. Das Volk wußte, daß Deng realistisch, energisch und mutig war; aber er stand noch im Schatten der anderen großen Führer und Heerführer aus der Revolutionszeit.

Die Kulturrevolution, mit der Mao seine Rückkehr an die Macht betrieb, richtete sich in erster Linie gegen Liu Shaoqi. Seit 46 Jahren, seit dem Jahr 1920, war er an Maos Seite marschiert. Jetzt sollte er isoliert und vernichtet werden. Deng Xiaoping aber erhielt noch eine Chance. Man gab ihm zu verstehen, daß er vielleicht noch einmal gnädig davonkomme, wenn er öffentlich Selbstkritik übe.

Deng tat das am 23. Oktober 1966 in einer Arbeitssitzung des Zentralkomitees. Unter anderem sagte er: »Die Wandzeitung, die der Vorsitzende Mao zum II. Plenum veröffentlicht hat, bombardierte die Hauptquartiere des Genossen Liu und mein eigenes. In seiner Wandzeitung hat der Vorsitzende Mao die Natur unserer Fehler präzise beschrieben. Er erklärte: ›Sie haben einen reaktionären, bourgeoisen Standpunkt eingenommen, haben eine bourgeoise Diktatur ausgeübt; sie, das heißt Liu und Deng, haben die anschwellende Flut der Kulturrevolution unterdrückt. Sie haben Fakten manipuliert, Richtiges und Falsches vermischt, Revolutionäre eingekreist und unterdrückt, durch weißen Terror Meinungen, die von ihren eigenen abwichen, erstickt; sie haben in Macht geschwelgt. Sie haben die Arroganz der Bourgeoisie gestärkt und die Moral des Proletariats geschwächt. Ist das nicht in der Tat niederträchtig?‹ Diese Kritik des Vorsitzenden ist absolut korrekt und trifft genau den Kern der Sache.

... Nachdem der Vorsitzende Mao und das Zentralkomitee jetzt diese Fehler berichtigt haben, entfaltet sich eine weite Massenbewegung... Gewaltige Ergebnisse sind erzielt worden, und unsere jungen Leute haben die seltene Gelegenheit erhalten, in diesem Kampf zu lernen und sich selbst zu prüfen und zu bewähren. Das chinesische Volk ist revolutioniert, und die sozialistische Zukunft des Landes ist gesichert. Damit zeichnet sich nicht nur ein neues Zeitalter für China ab, sondern auch ein neues Zeitalter für die Welt.

... Meine letzten Fehler sind keineswegs zufällig oder ohne Zusammenhang: Sie haben ihre Wurzel in einer gewissen Denkweise und einem gewissen Arbeitsstil, der sich seit beträchtlicher Zeit entwickelt hat... Wenn ich zurückblicke, sind meine letzten Jahre durch ständigen Rückschritt charakterisiert, und wegen meiner Nachlässigkeit im Studium und der Anwendung der Maozedongideen habe ich eine Anzahl Fehler gemacht... Daß ich mich von den Massen entfernt habe, hängt damit zusammen, daß ich dem Vorsitzenden Mao nicht gefolgt bin und das Studium versäumt habe. Aus diesem Grunde habe ich es mir angewöhnt, über andere Leute den Herrn zu spielen... Bis vor kurzem war ich mir meiner Haltung gar nicht bewußt, war immer noch überheblich und hielt mich für unfehlbar...

... Die Ereignisse der letzten Zeit haben mich als einen ungebesserten, kleinbürgerlichen Intellektuellen gezeigt, der die Prüfungen, vor die der Sozialismus stellt, nicht bestanden hat.

Ich muß nun über meine früheren Taten nachdenken, die Werke des Vorsitzenden Mao ernsthaft studieren, mich ändern und meine Fehler korrigieren. Auf diese Weise hoffe ich, der Partei und dem Volk gegenüber in meinen späteren Jahren wiedergutzumachen, was ich verbrochen habe, und ihnen nützlich zu sein.

Das ist nur eine vorläufige Selbstkritik. Ich hoffe, alle anwesenden Genossen werden Kritik und Anregungen äußern. Lang lebe die Große Proletarische Kulturrevolution!

Lang leben die unbesiegbaren Maozedongideen!

Lang lebe der Große Lehrer, der Große Steuermann, der Große Führer, der Vorsitzende Mao!«

Das Dokument ist schwer zu verstehen und schwer zu werten. War das, was er hier reumütig bekannte, sein Ernst? Kaum, höchstens einige selbstkritische Bemerkungen zu seinem Arbeitsstil. Über Maos Persönlichkeitskult hatte er sich früher anders geäußert, und als er nach Maos Tod wieder in seine Ämter eingesetzt wurde, hat er den Abbau des Mao-Kults betrieben, womit er gleichzeitig erreichte, daß Hua Guofengs Bilder verschwanden. In der Kulturrevolution sieht er heute eine Katastrophe. Er hat das sicher auch damals schon so gesehen. Wie konnte ein Mensch mit diesem Selbstbewußtsein sich so tief demütigen? Aus Furcht um sein Leben? Ob er manchmal Furcht hat? Man kann es nicht wissen, aber er sieht nicht so aus. Jedenfalls wird Furcht ihn nicht zu einer Demutshandlung veranlassen. Im Gegenteil, es sieht eher so aus, als ob er, wie manche Leute kleiner Statur, in bedrohlichen Situationen noch angriffiger würde.

Ich glaube, seine Selbstkritik war ein wohlüberlegter politischer Akt; denn nur sie gab ihm die Möglichkeit, politisch zu überleben. Er wird sich in den Tagen, als er vor der Aufgabe stand, dieses Schuldbekenntnis zu schreiben, klargemacht haben, daß er sonst auf jeden Fall politisch untergehen, vielleicht auch physisch vernichtet würde.

Das Volk hat ihm diese Selbstkritik nicht als Abfall oder Verrat an seinen Grundsätzen ausgelegt, sondern als ein Leid, das er wie viele andere auf sich nehmen mußte. Aber wie hart es ihn angekommen sein muß, dieses Schuldbekenntnis abzulegen, ist nur schwer zu ermessen.

Sima Qian, der Großhistoriker und Großastrologe am Kaiserhof, hatte sich vor dem Kaiser und im Angesicht der Notabeln des Reiches für einen Feldherrn eingesetzt, der eine Niederlage erlitten hatte. Der Kaiser nahm diese Fürsprache übel auf, ließ Sima Qian ins Gefängnis werfen und kastrieren. Später wurde er wieder in sein Amt eingesetzt und konnte sein großes Geschichtswerk, das uns heute unersetzlich ist, vollenden. Er schrieb in dieser zweiten Amtszeit einen Brief an einen Freund, der eingekerkert war und mit seinem Todesurteil rechnen mußte. Darin schilderte er, warum er alle Demütigungen auf sich genommen hatte.

»Wir alle lieben das Leben und fürchten den Tod ... Vielleicht war ich feige und hatte den Wunsch, am Leben zu bleiben, auch wenn ich die Ehre verlor. Aber ich weiß dennoch, was sich gehört. Selbst eine niedrige Sklavin bringt es fertig, sich das Leben zu nehmen ... Nein, es war nicht Feigheit.

Wenn ich meine Gefühle unterdrückte, mich ans Leben klammerte, mich ohne Widerspruch mit Unrat bedecken ließ, so tat ich das nur, weil ich nicht wollte, daß meine innersten Gedanken unausgesprochen blieben, und weil ich es nicht über mich brachte, die Welt zu verlassen, ohne mein großes Werk abgeschlossen zu haben ... Hätte ich mich für den Tod entschieden, es hätte nicht mehr Wirkung gehabt als der Verlust eines einzigen Haares von neun Ochsen. Niemand hätte mir zugute gehalten, daß ich mein Leben für einen Grundsatz hingegeben habe. Sie hätten vielmehr alle geglaubt, ich sei aus dem Leben geschieden, weil ich mir keinen Rat mehr wußte und weil für mein Verbrechen kein anderer Ausweg möglich war ... Nur aus Sorge um mein unvollendetes Werk nahm ich die schlimmste aller Strafen auf mich, ohne die rasende Wut zu zeigen, die ich fühlte. Wenn ich mein Buch endlich beendet habe, werde ich es den Archiven übergeben, wo es warten wird, bis einer kommt, der es versteht. Wenn es dann in der Welt bekannt wird, werde ich den Makel meiner Schande abgewaschen haben. Zehntausend Demütigungen, wie ich sie erleiden mußte, wären nicht zuviel, um das zu erreichen.

Doch das alles kann ich nur einem gebildeten Menschen anvertrauen. Es wäre sinnlos, darüber zu der Menge zu sprechen. Wer in einer so fragwürdigen Lage ist wie ich, hat es nicht leicht, sich zu rechtfertigen. Die Welt liebt es, stets die Motive zu verdächtigen.«

Wie Sima Qian, so nahm auch Deng Xiaoping die Demütigungen auf sich, um sein Werk zu Ende zu führen. Der Auszug aus dem Brief genügt, um das zu illustrieren. Dennoch will ich noch aus dem Schluß des bewegenden Briefes zitieren. Soviel sich Sima Qian auch mit Gründen rechtfertigte, seine Verzweiflung konnte er doch nicht überwinden:

»Ich sitze hier wie betäubt und verloren. Wenn ich draußen bin, weiß ich nicht, wohin ich gehe. Wenn immer ich an meine Schande denke, macht der Schweiß im Rücken mein Gewand naß ... Ich bin nur noch gut genug, wie ein Sklave die Frauengemächer zu bewachen. Am liebsten würde ich mich in den tiefsten Bergwäldern verstecken. Statt dessen mache ich hier weiter, so gut ich kann, dulde die Behandlung, die man mir zuteil werden läßt, und vollende damit meine Erniedrigung.«

Obwohl man Deng Xiaoping in anderer Weise demütigte, wird auch er vor der Frage gestanden haben, ob der Tod nicht vorzuziehen sei. Viele andere haben den Tod vorgezogen, Deng nicht. Die chinesische Nation schuldet ihm Dank für diese Entscheidung. Sein Tod »hätte nicht mehr Wirkung gehabt als der Verlust eines einzigen Haares von neun Ochsen«. Niemand hätte ihm zugute gehalten, daß er sein Leben für einen Grundsatz hingegeben habe. Sie hätten vielmehr gedacht, er sei einfach aus dem Leben geschieden, weil er sich keinen Rat mehr wußte und weil für sein Verbrechen kein anderer Ausweg möglich war . . .

Das Schuldbekenntnis hat Deng Xiaoping nicht vor weiteren Angriffen, Verfolgungen und Demütigungen bewahrt. Er wurde einer Massenversammlung mit Papiermütze und Schandschild vor der Brust vorgeführt. Sein Sohn Deng Pufang wurde verhaftet. Er wurde verhört und sollte seinen Vater denunzieren. Er hat sich standhaft verhalten und wurde mißhandelt. Heute ist er ein Krüppel.

Deng selbst mußte in eine Kaderschule, um sich umerziehen zu lassen. Dort mußte er seine Mitschüler und Leidensgenossen als Kellner bedienen. Er arbeitete anschließend jahrelang als Fabrikarbeiter. Nach Lin Biaos Flucht und Verdammung bot er seine Dienste wieder an. Er wollte Politik machen. Zwei Jahre danach, 1973, wurde er zurückgeholt. Er wurde stellvertretender Premierminister und engster Mitarbeiter Zhou Enlais, der ihn zu seinem Nachfolger ausersah. Doch bald geriet er wieder in Schwierigkeiten.

Er hatte auf der Landwirtschaftskonferenz in Dazhai im Jahre 1975 eine offene Kontroverse mit Jiang Qing. Als er ein dunkles Bild von der chinesischen Wirtschaftslage zeichnete und Beispiele aus der Provinz Sichuan brachte, unterbrach ihn Jiang Qing mit der Behauptung, den Leuten gehe es heute doch viel besser als früher. Deng widersprach ihr scharf.

Er ließ sich durch die Angriffe, die gegen ihn, gegen seine Anhänger und seine Politik geführt wurden, nicht einschüchtern. Er widersprach den Radikalen. Manche Chinesen meinen, daß er nie populärer war als zu jener Zeit, da er die Geschäfte für den schon schwerkranken Ministerpräsidenten Zhou Enlai führte.

Das Volk liebte und verehrte Zhou: Er war gut, menschlich, redlich, vornehm, hilfreich. Doch er führte nur Maos Politik aus, zwar Unrecht mildernd, wo er nur konnte, aber er widersprach nicht ernstlich, er ließ den Vorsitzenden gewähren. In konfuzianischer Tradition erzogen, blieb er ihm unerschütterlich treu, und dies nicht nur in der späten Zeit seiner Krankheit, sondern auch vorher. Sein Bild wird heute, vielleicht um Mao dagegen abzusetzen, idealisiert. Man vermeidet kritische Fragen. Zum Beispiel: Hat Zhou Enlai, dessen politischen Scharfblick jeder seiner ausländischen Besucher bewunderte, ganz besonders Kissinger, hat Zhou nicht das Unheil voraussehen können, das Maos Rückkehr zur Macht in der Kulturrevolution bedeutete? Warum hat er sich nicht auf die Seite Peng Dehuais gestellt, der als erster offen aussprach, daß der Kaiser keine Kleider anhatte, das heißt, daß Mao für die große Katastrophe des Großen Sprungs Vorwärts verantwortlich war, und der von einem Tag zum anderen vom rangältesten Marschall und Verteidigungsminister zum Parteifeind wurde? Warum nicht auf die Seite Liu Shaoqis, als Mao die Kulturrevolution inszenierte?

Nach Zhou Enlais Tod Anfang 1976 war Deng die Hoffnung des Volkes. Es war das Volk, das seine Rückkehr in die Führung forderte, als die Linksradikalen verhaftet waren. Hua Guofeng zögerte, vielleicht weil er fühlte, daß er Deng an Erfahrung und Intellekt nicht gewachsen war. Doch als er ihn in die Führung zurückgeholt hatte, gewann auch Hua Guofeng ständig Respekt, weil man in ihm einen Mann sah, der mäßigend auf die zu schnell vorwärtsdrängenden Reformer einwirkte. Seine Art empfanden viele Chinesen als besonnener; denn nichts fürchteten sie mehr, als daß das Boot durch einen zu plötzlichen Kurswechsel umschlagen könnte.

Es gab Zeiten, in denen Deng und seine Anhänger kürzer treten mußten. Im Sommer 1979 zum Beispiel wurden seine Aktien so niedrig gehandelt, daß viele, auch unsere Kollegen in Hongkong, meinten, er sei nun endgültig ins Abseits geraten. Doch davon konnte keine Rede sein. Deng und seine Anhänger bauten ihre Positionen systematisch aus. Die Vertreter des alten Stils, der »Zwei-was-auch-immer-Politik«, das heißt diejenigen, die stets für gut befanden, was auch immer Mao gesagt und getan hatte, wurden allmählich aus dem Politbüro entfernt.

Die Kommunistische Partei Chinas hatte, und das unterscheidet sie von anderen regierenden kommunistischen Parteien, einmal das Vertrauen des Volkes in großem Maße besessen, nämlich bei der Gründung der Volksrepublik China. Dieses Vertrauen hat sie verloren. Deng Xiaoping gab es zu und sah, daß es erstes Ziel sein müsse, das Vertrauen wiederzugewinnen. Es ist ihm bisher nicht gelungen.

Manche seiner politischen und wirtschaftspolitischen Züge waren kühn und gingen bis an die Grenze dessen, was er gegen den Widerstand der »Zwei-was-auch-immer«-Faktion durchsetzen konnte. Aber auch er führte die Auseinandersetzung mit dieser Faktion in dem alten Stil des Zwei-Linien-Kampfes, in dem die Entscheidungen von einigen wenigen getroffen werden.

In Betrieben wählt die Belegschaft heute den Betriebsführer; in den Kreisen wählt die Bevölkerung heute die Kreistagsabgeordneten; aber die politischen Posten in der Führung der Zentrale wie der Provinzen werden ebenso besetzt wie früher. Das Volk wird überhaupt nicht gefragt, nicht einmal die Partei, höchstens einige führende Genossen im Politbüro und Zentralkomitee. Man redet von einer Diktatur des Proletariats; aber wo und wann wird »das Proletariat« gefragt? Was ist überhaupt das Proletariat in China? Ist es identisch mit der Partei? Zu sagen hat es jedenfalls nichts.

Die Form, in der Führungspositionen neu besetzt werden, ist nach wie vor ungeregelt. Die Folge ist eine strukturelle Labilität der Führung. Deng Xiaoping ist sich dieses Problems bewußt. Er hat es noch nicht lösen können, ebenso wie er eine Altersbegrenzung und ein Pensionsalter bisher nicht hat durchsetzen können. Ist der Widerstand in der Parteiführung und unter den Funktionären im Lande zu groß?

Deng hat es bisher nicht gewagt, sich über die Partei hinweg unmittelbar an das Volk zu wenden, obwohl seine Chancen, wenn er es täte, sicher nicht schlecht wären. Nur einer hätte an Dengs Stelle einen solchen Schritt nicht gescheut, sondern darin dialektischen Fortschritt gesehen; aber der ist nun tot.

Anfang April
Das Fremdspracheninstitut in Peking gibt eine Zeitschrift *Wir lernen Deutsch* heraus. Sie ist nur für chinesische Studenten bestimmt, aber von irgendwoher bekomme ich die erste Nummer. Die Texte sind in einfachem Deutsch; die Ausdrücke sind auf chinesisch erklärt, wenn sie nicht im Wörterbuch stehen, zum Beispiel »Spaghettifresser« oder »Ithaker«. Diese Wörter sind aus der kleinen Geschichte von Antonella.

Antonella ist ein italienisches Schulmädchen; sie ist mit ihren Eltern nach Deutschland gekommen. Ihr Vater ist Gastarbeiter. Sie kommt in der Schule nicht mit, da sie kein Deutsch versteht.

»Auf dem Schulhof, in der Pause, haben die anderen Kinder nicht mit Antonelle spielen wollen.

Ein Mädchen hat zu ihr gesagt: ›Ihr Italiener habt Flöhe.‹ Andere Kinder haben gerufen: ›Spaghettifresser! Ithaker!‹ Antonella hat begriffen, daß dies Schimpfnamen sind . . . Einmal hat die Lehrerin am Morgen gefragt: ›Wer hat seine Hausaufgaben heute nicht gemacht? Er soll sich gleich melden.‹ Antonella hat nicht sofort verstanden, was die Lehrerin meinte. Da hat schon eins der deutschen Mädchen den Finger ausgestreckt und gesagt:

›Die Spaghettifresserin hat ihre Schulaufgaben nicht.‹ Alle haben lachen müssen. Auch die Lehrerin ein bißchen, nur Antonella nicht.«

Es wird immer schlimmer. Antonella wird nicht versetzt. In der neuen Klasse will niemand neben ihr sitzen. Man quält sie, zieht sie an den Haaren.

»Heute morgen hat Dora ihren Füllfederhalter nicht finden können. Sie hat zu ihren Freundinnen gesagt:

›Den bin ich los für immer . . . den hat die Spaghettifresserin geklaut.‹

Antonella hat nein, nein geschrien, aber die anderen Mädchen haben Dora zugestimmt und gerufen: ›Die hat ihn. Klarer Fall.‹«

Antonella wird nun geschlagen, an den Haaren gerissen. Sie rennt weg, ohne nach rechts oder links zu sehen, durch den

Gang, über den Schulhof, auf die Straße. Sie hat das Auto nicht kommen sehen. Sie wird angefahren.

»Der Fahrer ist herausgesprungen und hat geschimpft: ›Du blödes Gör! Kannst du nicht besser aufpassen!‹

Leute sind stehengeblieben und haben zu dem Autofahrer gesagt, er sei nicht schuld.

›Ist doch klar‹, hat ein Mann gemeint, ›wo die her sind, da gibt's noch keine Autos. Nur Esel und Maultiere.‹«

Das ist die Geschichte von Antonella.

Ein deutscher Bekannter hat an einer Deutschstunde in Peking teilgenommen. Lektüre war folgende Geschichte aus der Bundesrepublik Deutschland:

Die Hand eines Arbeiters in der Fabrik gerät in eine Maschine. Der Arzt kommt und sagt, die Maschine müsse sofort aufgeschweißt werden. Aber der kapitalistische Unternehmer weigert sich. Er wird doch die schöne Maschine nicht zerstören. Er befiehlt, die Hand zu amputieren.

Bei einer Buchausstellung habe ich den Herausgeber der Zeitschrift *Wir lernen Deutsch* gesprochen und ihm gesagt, es treffe leider zu, daß es in Deutschland wie auch in anderen Ländern und Gesellschaften Leute gibt, die Fremde nicht mögen und sie schlecht behandeln. Wenn man jedoch ein ausgewogenes Bild von den Verhältnissen bei uns haben wolle, müsse man auch sehen, daß der Staat, die Schulen, die Presse, die Kirche und andere Einrichtungen sich darum bemühen, solche Antipathien abzubauen, die ausländischen Arbeiter zu integrieren und für die Erziehung ihrer Kinder zu sorgen.

Die Geschichte von der Amputation der Arbeiterhand, die freilich nicht in seiner Zeitschrift nachgedruckt worden ist, sei ganz verlogen und böswillig. Ich erzählte ihm von dem Arbeitsschutz bei uns. Vielleicht hat er Vergleiche zu dem Arbeitsschutz in China, der mangelhaft ist, gezogen.

Der Herausgeber sagte, es habe ihm ferngelegen, ein negatives Bild von der Bundesrepublik Deutschland zu zeichnen. Er habe die Geschichte von Antonella nur ausgewählt, weil sie einige neue Ausdrücke der Umgangssprache enthalte. Er habe gar keine Bedenken gehabt, den Text in sein Heft aufzunehmen, da sie aus der Sprachlehre eines Bremer Kollektivprojekts stamme.

Als der Herausgeber mich im Dezember um ein Grußwort für seinen zweiten Jahrgang bat, habe ich gerne eins für die sprachlich und jetzt auch inhaltlich gut redigierte Zeitschrift geschrieben.

Tibetflug

Zweimal hatte der russische Forschungsreisende Prschewalskij vor hundert Jahren versucht, von Rußland kommend, nach Lhasa vorzudringen; vergeblich, er blieb lange davor in Eis und Schnee stecken und mußte, von Tibetern verfolgt und beschossen, zweimal wieder umkehren. Die beiden französischen Missionare Huc und Gabet mußten in der Mitte des vorigen Jahrhunderts um den Blauen See, Koko Nor, wandern, bevor sie die Richtung nach Lhasa einschlagen konnten. Mühsam und auf weiten Umwegen hatten Heinrich Harrer und sein Freund Aufschnaiter im Jahre 1943 von Indien aus Lhasa schließlich erreicht.

Wir dagegen steigen in Lanzhou, der Hauptstadt der Provinz Gansu, in die alte viermotorige Turboprob-Maschine sowjetischer Bauart und werden in ein paar Stunden geradeswegs und auf der Vogelfluglinie bequem nach Lhasa gelangen. Aber nichts da! Auch Vögel, wenn sie nach Lhasa fliegen wollen, müssen Umwege machen, und alte Turboprops desgleichen.

Tibet ist auch heute noch schwer zugänglich. Wir fliegen daher erst einmal 800 Kilometer nach Westen statt nach Süden, um die 6000 Meter hohen Gebirgsketten zu umgehen, deren Namen ich nicht einmal kenne. Auf unserer Route steigen die Berge höchstens bis zu 4000 Metern an. Sie sind zerklüftet, aber man sieht, daß auf den Hochflächen noch Felder bebaut werden, bis dicht an die Schneegrenze. Von wem? Wer lebt hier? Wovon lebt man hier?

Die Rauchfahnen der hohen Schornsteine sieht man schon von weitem. Dann wird es Xining sein. Dort soll es eine Lastwagenfabrik geben. Warum man sie hier in der Wüste gebaut hat? Ich habe immer geglaubt, Xining sei eine kleine, möglicherweise noch mauerumgebene Wüstenstadt geblieben. Von wegen! Es ist eine Industriestadt von beträchtlicher Ausdehnung und achtunggebietender Luftverschmutzung. Sie verschwindet mit den Fabriken bald hinter uns in ihrem Dunst, und statt dessen leuchtet der Koko Nor, der Blaue See, aus der gelben Wüste zu uns herauf. Er ist in der Tat tiefblau. Weit im Norden stehen die weißen Riesen des Xilian-Gebirges, das die westlichen Atlanten früher einmal Richthofen-Gebirge nach dem großen deutschen Geographen nannten.

Das Tsaidam(Qaidam)-Becken ist wüst und leer. Sand ist auf allen Seiten, nur hin und wieder blenden uns Salzseen, die wie stumpfe, weiße Spiegel auf dem Sand liegen. Einmal nur sehen wir einen Karawanenweg. Er kommt aus einer Gebirgskette und läuft schnurgerade durch ein weites Sandbecken von — wieviel? — nun, vielleicht von fünfzig Kilometern bis zu einem Paß im nächsten Gebirgszug und dann wieder weiter durch ein neues Becken. Mitten in einem dieser Sandbecken, das von Horizont zu Horizont reicht, liegt an dem Karawanenweg ein Gehöft mit drei schmalen Feldern; alles zusammen so groß wie eine Briefmarke. Gibt es da denn Wasser? Sicher. Aber wer wohnt hier? Wer lebt hier sein Leben lang allein in der Wüste, eine Woche Wegs vom nächsten Menschen entfernt? Wer erträgt diese Einsamkeit sein Leben lang?

Golmud heißt auf chinesisch Go-erh-mu. Es war früher nichts als ein Name, eine Wegmarke. Es gab hier nicht einmal eine Hütte. Vielleicht einen Brunnen. Wir sehen Golmud, als das Flugzeug sich schräg in eine Linkskurve legt und nun durch die Gebirgspforte nach Süden abbiegt. Heute endet hier die Eisenbahn, die von Lanzhou kommt und in den nächsten Monaten eingeweiht werden soll. Wir sehen eine mittlere Industriestadt, deren Schornsteine aber nicht sehr eindrucksvoll qualmen. Mit der Industrie wird es also wohl auch nicht so weit her sein. Wir sind eben von Xining verwöhnt.

Golmud liegt am Rande der Sandwüste, am Fuß eines kahlen Bergzuges. Eine lange Wasserleitung, die wohl Schmelzwasser herleitet, verliert sich in den Bergen. Hier beginnen die Ölrohrleitung und die Straße nach Lhasa, der unser Flugzeug lange folgt, so daß wir die Lastwagen auf der Straße zählen können. Sie brauchen bis Lhasa von hier aus fünf bis acht Tage.

Wenn wir uns von der Straße entfernen, fliegen wir über Einöde und über Berge, auf denen kein Schnee liegt, aber in ihren Schluchten ruhen gewaltige Gletscher. Die Wüste ist weit, und die Berge sind kahl, dennoch leuchten in den Gebirgssätteln Seen leuchtendgrün auf, und türkisblau in der Hochebene. Alle zehn Minuten, das heißt, alle hundert Kilometer, überfliegen wir weite kiesgefüllte Flußläufe mit einer ziemlich schmalen, wasserführenden Flußrinne. Nachdem wir dreimal geglaubt haben, den Oberlauf des Gelben Flusses zu überqueren, geben wir die Versuche auf, die Gewässer zu identifizieren und belehren uns, daß ja alle großen Flüsse Ost- und Südostasiens in Tibet entsprangen: der Hoangho oder Gelbe Fluß, der Jangtse, Mekong, Salween, Brahmaputra, Ganges und Indus. Einige von ihnen haben wir sicher überflogen.

Das Flugzeug landet glatt auf dem Flugplatz, der 4000 Meter hoch liegt, und wir steigen vom Flugzeug aus gleich in den kleinen Bus, der neben der Treppe steht.

Lhasa und sein Licht

Nach zwei Stunden Fahrt über eine passable Schotterstraße zeigt der chinesische Begleiter auf zwei kleine ferne Hügel in einem weitausladenden Tal. Der eine davon, sagt er, sei der Potala. Er sieht mich erwartungsvoll an. Ich heuchele Erstaunen und lebhaftes Interesse; aber ich bin enttäuscht, denn die Hügel liegen verschwindend klein zwischen den Bergen zu beiden Seiten des Tals. Ich habe mir den Potala gewaltiger vorgestellt.

Aber als wir in Lhasa ankommen und an seinem Fuß stehen, nehme ich alles zurück: Es ist eine gewaltige Architektur, die man mit einem einzigen Blick gar nicht erfassen kann. Sie nimmt den Berg als Basis für die hohen und breiten Mauern des Klosters und Tempels, wandelt den Berg dann um in Architektur, setzt ihn in reiner Architektur aufwärtsführend fort und krönt ihn in der Höhe mit vergoldeten Dächern.

Als wir in den Hof des kleinen Gästehauses eingefahren sind — es gibt noch kein Hotel — und aus dem Bus steigen, dürfen wir keinen Koffer, nicht einmal die Handtasche tragen, weil wir an die Höhe von 3700 Metern noch nicht gewöhnt sind; und als wir die Treppe zu unserem Zimmer hinaufgehen wollen, rufen uns die Chinesen zu: *»Manmande! Manmande!«* — »Langsam! Langsam!«

Wir gewöhen uns in ein, zwei Tagen an die Höhe, aber wir gewöhnen uns nicht an das Licht. Es ist das Erstaunlichste in Tibet, und man stumpft gegen den Eindruck dieses Lichts, das alle Dinge so neu vor unser Auge stellt, nicht ab. Alles sieht in dem weißen Licht in staubfreier Luft anders aus, frischer; nicht nur der nahe Potala, der die Chinesenstadt beherrscht, auch die fernen Berge sind zum Greifen nahe. Ihre Linien und Zerklüftungen sind sauber und präzise gezeichnet, als sähe man sie plötzlich durch eine ganz neue, schärfere Brille. Aber das ist nicht alles: Auch das Grün der Weideflächen an den Bergen, das hellere Grau der Felsbrocken, das kräftige Rot von Gesteinsschichten in einer Felswand — alle diese Farben leuchten. Sie werden nicht vom Dunst verschluckt. Es gibt keine blaue Ferne, wie sie unsere alten Meister auf ihren Bildern darstellten. Auch die Ferne hat ihre Farben.

Der Himmel ist tiefblau, die Wolken sind ganz weiß, und die Welt sieht aus wie frisch gewaschen. Alle Welt, das heißt mit Ausnahme der Tibeter, die sich nie waschen. Auch das kann man in dem Licht von Lhasa gut sehen. Das Licht ist weiß, aber nicht gleißend und kalt; es ist nur rein und klar. Die roten Frequenzen sind wohl in seinem Spektrum schwächer. Es ist silbern, fast weiß, schon früh beim Sonnenaufgang, wenn es auf die grauen Bergwände hinter dem Potala fällt.

Ein Sonnenuntergang war dramatisch wie auf Altdorfers Alexanderschlacht, und ein anderer ließ hinter den vergoldeten Dächern des Da Zhao-Tempels, des Haupttempels in der Altstadt, eine milde, silberne Aura aufleuchten, während darüber der Himmel schon dunkelte. In der Nacht ist der Himmel schwarz, und die Sterne flimmern kaum; sie sind selbst dicht neben dem Mond deutlich und wie gestochen zu sehen.

Lhasa, die alte und die neue Stadt

Es gibt die neue Stadt, in der die Chinesen wohnen, und es gibt die alte Stadt, in der die Tibeter wohnen. Man sieht wenig Chinesen in der Altstadt und wenig Tibeter in der Neustadt. Selbst die Scharen von Kindern, die in der Altstadt um uns herumschwärmen, bleiben eins nach dem anderen zurück, wenn wir die Straße mit den neuen Häusern betreten.

Die Neustadt, von den Chinesen nach der Besetzung im Jahr 1951 angelegt, ist langweilig: ein einstöckiges Warenhaus, in dem vor allem Chinesen und nur wenige Tibeter sind, Schulen, Verwaltungsgebäude, das Haus der Volkszeitung von Lhasa, unser kleines Gästehaus und Kasernen und Amtsgebäude hinter langen und hohen Mauern, über die man nicht sehen kann.

Über der Küche unseres Gästehauses sehen wir etwas Merkwürdiges: An der Wand wird eine Solarzellenbatterie installiert; denn Holz, sagt man uns, muß mit Lastwagen aus Linsse, aus einer Entfernung von 400 Kilometern geholt werden. Die Tibeter heizen mit getrockneten Kuhmist-Fladen, die in Dörfern überall in der Sonne liegen; aber in Lhasa ist auch Kuhmist knapp. Auf den Gedanken, mit dem Rohöl zu heizen, das man für den 800 Kilometer langen Holztransport braucht, ist man anscheinend noch nicht gekommen.

Zentrum der Altstadt ist der Da Zhao Si, der Haupttempel, und um ihn führt die Acht-Ecken-Straße, die der Pilger nur im Uhrzeigersinn umschreiten darf, wenn ihm der Gang in der Ewigkeit überhaupt etwas nützen soll. Um nicht immer von einem Schwarm von Leuten begleitet zu sein, gehen wir im entgegengesetzen Sinn, verzichten damit aber — recht leichtsinnig — auf Vorzugsbehandlung im Jenseits. Die Häuser sind zweistöckig, massiv aus Felsmauerwerk und in den Lücken mit kleineren Natursteinen ausgefüllt. Aus ganz massivem Mauerwerk ist das Gefängnis. Es ist eins der schönsten alten Gebäude an der Acht-Ecken-Straße. In den kleinen Läden kann man Kurzwaren, Schürzen, Küchengeräte, Töpfe und Gewürze kaufen. Wo die Straße sich weitet, aber auch von Flachdächern aus, lassen die Kinder Drachen steigen, die erstaunlich hoch fliegen, wir schätzen 150 bis 200 Meter.

Die Acht-Ecken-Straße wird aufgerissen: Weil das Trinkwasser nicht einwandfrei ist, soll eine Wasserleitung gelegt werden. Es arbeiten sowohl Frauen wie Männer, aber an jedem Spaten arbeiten zwei: Einer sticht ihn ein, der andere zieht ihn an einem Strick hoch, und beide zusammen wenden ihn um, daß die Erde herabfällt.

Vor dem Tempeltor aus Schmiedeeisen halten sich Pilger auf, die zerlumpt und verschmutzt sind und sich vor dem Gittertor wieder und wieder längelang in den Staub werfen und beten. Andere bewegen sich auf dieselbe Weise auf der Acht-Ecken-Straße voran, im Uhrzeigersinn natürlich, denn sonst hätte es ja keinen Zweck.

Der Tempel ist nur an drei Tagen in der Woche geöffnet — wie die Mao-Gedenkhalle in Peking. Die Besucherzahl in Lhasa ist auf fünfzehnhundert am Tag begrenzt, aber man zählt nicht so genau. Wir dürfen auch außer der Reihe in den Tempel, was wir für unser Tagesgeld von 600 Deutschen Mark pro Person auch wohl erwarten dürfen.

Der Abt sagt, man müsse die Besucherzahl beschränken, weil die wenigen Mönche mit den Besuchern sonst nicht fertig würden.

Warum gibt es denn so wenig Mönche?

Viele seien abgewandert, sagt er, nach Indien zum Beispiel; andere seien in den Laienstand zurückgetreten. Und der Nachwuchs? Die Jungen, sagt er, zögen andere Berufe vor. Sie wollten zum Beispiel in der tibetischen Armee dienen.

Er hat ein gutes, charaktervolles Gesicht. Man möchte wissen, was er sich bei solchen verlogenen Antworten denkt. Es ist ihm nichts anzusehen. Aber natürlich, sagt er, könne jeder Mönch werden. Ich frage, wie alt der Jüngste sei. Er deutet auf einen Mönch, der gerade den Hof fegt. Er ist einundfünfzig Jahre alt. Das Gesicht des Abtes ist unbewegt.

Er läßt die Kapellen, deren Türen mit schweren Ketten verschlossen sind, öffnen. In ihnen thronen Buddhas, pferde- oder rindsköpfige Götter, meist von Gottheiten niedrigerer Ränge umgeben, die nicht selten gräßlichen Beschäftigungen nachgehen, und dies offenbar mit großer Lust: Sie zerkleinern Menschen mit den verschiedensten Werkzeugen und auf die mannigfaltigste Art. Es ist nicht alles genau zu erkennen, was man nicht bedauert. Die Dochte, die in den großen, mit ranziger Butter gefüllten Becken schwimmen, geben kaum Licht; sie verbreiten nur den ranzigen Geruch, den man in Tibet nie aus der Nase verliert, ob man in Tempeln oder Häusern ist. Eine elektrische Birne, die an zwei Drähten herabhängt, gibt zwar Licht, das aber mehr blendet als erhellt.

Das größte Heiligtum im Tempel und ganz Tibet ist die Statue des Buddha Shakyamuni, die eine chinesische Prinzessin der Tang-Zeit vor tausend Jahren als Mitgift aus der chinesischen Hauptstadt Chang-an mitgebracht hat. Shakyamuni sitzt in einer kleinen Seitenkapelle, vielleicht drei mal vier Meter groß. Er ist im Laufe der Jahrhunderte so oft und so dick restauriert und übermalt worden, daß Stilelemente der Tang-Kunst an ihm nicht mehr zu entdecken sind. Er ist mit Ketten aus Türkisen und Korallen behängt und überreichlich mit Silber und ungeschliffenen Edelsteinen geschmückt. Aber das Silber glänzt nicht, die Juwelen leuchten und strahlen nicht. Über allem liegt eine dicke, fettige Staubschicht, und Wände und Decke sind ganz schwarz von den blakenden Butterfettlampen. Hier möchte man eine schwäbische Hausfrau einen Tag mit einem Staubsauger und einem Eimer Silberputzlösung allein lassen, oder besser zwei bis drei Tage. Und dann vielleicht ein paar Scheinwerfer und Punktstrahler von Cartier ausleihen.

Der Potala

Zu Füßen des Potala ist das sogenannte Revolutionsmuseum. Von der Revolution des tibetischen Volkes zeigt es nichts. Davon kann ja auch wohl nicht die Rede sein, höchstens von der Besetzung durch die Chinesen oder dem Aufstand des Jahres 1959 gegen die Chinesen. Das Museum soll den Schrecken der lamaistischen Herrschaft zeigen. Und in dieser Hinsicht kann es mit eindrucksvollen Exponaten aufwarten. Zum Beispiel mit einer Sammlung mumifizierter abgehackter Menschenhände. Eine ist auf einen schönen Griff von Ebenholz montiert und konnte als Rückenkratzer benutzt werden. Man sieht Eisen, sehr spitz und sicher auch handlich und brauchbar für ihren Zweck, dem Ausstechen der Augen nämlich. Daumenschrauben und alle möglichen Folterinstrumente. Ein rechter Lama brachte keine Ameise, geschweige denn einen Menschen um; aber die Haut konnte er dem Menschen abziehen. Es sind Häute von Erwachsenen und Kindern aufgespannt. Was die Kinder allerdings verbrochen haben könnten, kann man sich nicht denken. Vielleicht waren sie Kinder von Verbrechern. Oder es waren Zwillinge. Die wurden nämlich umgebracht, die Mutter gewöhnlich auch. Man kann Fotos von Tibetern sehen, denen zur Regierungszeit des letzten Dalai Lama — er wird damals ein Kind gewesen sein — die Nasen abgeschnitten und die Augen ausgestochen worden sind, oder von Leuten, deren Hinterkopf man in eine Wand einzementiert hat. Wir können uns weitere Beispiele ersparen. Selbst wenn man berücksichtigt, daß dies ein Museum der Propaganda des Anti-Lamaismus ist und daß solche Grausamkeiten vielleicht nicht die Regel gewesen sind — die Hand der Lamas lag doch sehr schwer und hart auf dem Volk. Wir wissen es ja auch aus älteren, nicht-chinesischen Beschreibungen. Aber davon ist in der Propaganda, die die Exil-Lamas jetzt von Indien aus geschickt verbreiten, natürlich nicht die Rede. Andererseits sehen wir in dem Revolutionsmuseum kein Foto von den Ruinen der vielen tibetischen Klöster und Tempel, die die Chinesen zerstört haben, vor allem während der Kulturrevolution. Wenn wir unsere chinesischen Begleiter danach fragen, schweigen sie und hoffen, daß wir nicht auf einer Antwort bestehen. Aber sie wissen, daß die Leiden des tibetischen Volkes, die Verfolgungen, die Zerstörung der meisten alten Tempel und Heiligtümer nicht immer verborgen bleiben können und daß diese Ereignisse ein dunkles Kapitel der chinesischen Minderheitenpolitik sind und bleiben werden. Der Potala steht groß und beherrschend über diesem Propagandamuseum an seinem Fuße. Er steht da — halb Gralsburg, halb Vatikan, ohne einen Papst freilich. Wir gehen durch ein Labyrinth von Sälen und Andachtsräumen. Manche Treppen sind steil wie Leitern. Die Grabstatuen der früheren Dalai Lamas reichen über mehrere Stockwerke. Ihre gekreuzten Füße, auf denen sie sitzen, und die Hände in ihrem Schoß werden notdürftig von ein oder zwei elektrischen Birnen erhellt. Die Schultern und Köpfe verlieren sich oben im Dunkeln, aber sie sind vorhanden. Man kann es ahnen, wenn der Führer mit der Taschenlampe hinaufleuchtet. Die Dalai Lamas sind allerdings nicht, wie man uns erzählt, in den Statuen thronend beigesetzt worden. Man hat ihre Leichname vielmehr in Säure aufgelöst, dieselbe dann, vielfach verdünnt, als Wunderwasser verkauft und mit dem Rest die Masse aus Lehm angerührt, aus der diese Grabstatuen gebildet wurden. Das jedenfalls behauptet ein Chinese, der hier seit Jahrzehnten lebt.

In den Galerien und in einigen Sälen sind weite Wandflächen von Malereien in Miniaturmanier bedeckt, deren ikonographische Deutung die buddhologischen Seminare der Welt gut und gerne einige Jahrzehnte beschäftigen dürfte, wenn diese Bilder einmal publiziert werden. Noch sind sie streng geheim, und stets ist ein Wächter neben uns, der aufpaßt, daß wir nicht doch heimlich eine Aufnahme machen. Die stereotype Wiederholung der Gestalten, wenn ganze Heere von Göttern, Engeln, Heiligen und Menschen dargestellt werden, ermüdet, und man möchte sich schnell fertigen Urteils abwenden. Doch dann sieht man, noch einmal und widerwillig das Vorurteil beseite schiebend, genau hin und findet plötzlich von Meisterhand gemalte lebendige Szenen mit erstaunlichen, psychologisch eindringlichen Porträts — nicht größer als ein Daumennagel. Man bewundert und kann sich von diesem kleinen Fleck, so groß wie eine Postkarte, auf der die Reise eines Dalai Lamas nach China dargestellt ist, nicht losreißen. Und ich hasse plötzlich den Wächter, der neben mir steht und mich beobachtet und mich hindert, ein kleines Bild, eine winzige Erinnerung nach Hause zu nehmen.

Aber dann müssen wir weiter. Wir kommen vorbei an einer Menge Boddhisattwas, mit verstaubten Edelsteinen und Türkisketten geschmückt, und an Dutzenden von wutverzerrten, zähnefletschenden Gesichtern der Wesen aus dem lamaistischen Himmel, die den Gläubigen in Angst und Schrecken halten sollten. Nicht das *tremendum,* in dem Gott uns begegnet und anrührt, sollten die Bilder vermitteln, sondern die Angst vor den Strafen im Jenseits und die Furcht vor der Macht der Priesterschaft. Das Merkwürdige ist, daß es anscheinend auch in dieser Kirche eine sublime Theologie gegeben hat, von der man noch wenig weiß. Man spürt zwar etwas von dem Ernst, der Eindringlichkeit und der Macht jener Religion; aber in den dunklen Gängen und den Labyrinthen beengt sie die Brust und bedrückt, und man ist froh, wenn man auf dem Altan des Dalai Lama wieder ans Licht kommt, an das silberne Licht Tibets, und wenn man über die Stadt auf die zum Greifen nahen Berge der anderen Talseite blicken kann.

»Die Tibeter«, sagte der nepalesische Konsul in Lhasa, »waren seit Kublai Khan, also sagen wir, seit 700 Jahren, nie ganz unabhängig von China, außer wenn die Kaiser in Peking andere Sorgen hatten und sich um Tibet nicht kümmerten. Dann unterdrückten wir Nepalesen sie oder die Khoschoten aus Urumtschi oder die Dsungaren. Aber all das hat die beiden eingeborenen Zwingherren, den tibetischen Adel und die Lamas, nicht darin gehindert, ihrerseits das Volk zu erpressen und auszusaugen. Das wurde auch nicht anders, als der chinesische Kaiser Qianlong vor rund 250 Jahren in Lhasa eine Garnison mit 3000 Soldaten einrichtete.

Die knapp vierzig Jahre tibetischer Unabhängigkeit vom Sturz der Mandschu-Dynastie im Jahre 1911 bis zum Jahre 1950 war nur eine Zeit des Übergangs, in der China zu schwach und Großbritannien in Indien nicht mehr stark genug war, Tibet zu beherrschen.«

»Jedenfalls aber war es keine Befreiung, wie es der Sprachgebrauch in Tibet heute will.«

»Nein«, sagte der Nepalese, aber dann verbesserte er sich. »In gewissem Sinn war es auch eine Befreiung, nämlich für die Leibeigenen, und das waren achtzig Prozent oder mehr der Bevölkerung.«

»Und für die anderen?«

»Für die Zehntausende von Lamas und für die Adelsfamilien sicher nicht. Soweit sie nicht 1959 mit dem Dalai Lama geflohen sind, müssen sie heute in den Kommunen arbeiten. Und viele werden wohl noch immer eingesperrt sein. Aber daß ein Mönch damals in einem Kloster frei und im Besitz der menschlichen Grundrechte gewesen ist, möchte ich auch bezweifeln. Wer war damals in Tibet überhaupt frei? Die verschiedenen politischen Gruppen des Adels und des Lamaismus beschnitten sich gegenseitig die Freiheit. Meinen Sie, der Dalai Lama konnte, wenn er die Lust verspürte, vom Potala in seinen Sommerpalast hier neben unserem Konsulat gehen oder gar eine Reise durchs Land unternehmen? Er war trotz aller Verehrung praktisch ein Gefangener auf dem Potala.«

»Und Sie meinen wirklich, die Tibeter fühlen sich in China

wohl? Ist es ihr Traum, in einem ›Autonomen Gebiet‹ zu leben wie jetzt, das von Peking abhängig ist und regiert wird wie eine Provinz?«

Der Nepalese lachte: »Natürlich nicht. Sie wollen alle ihren alten Dalai Lama wieder haben und eine unabhängige und freie Nation sein. Das ist der Traum der Tibeter.«

»Aber wenn er sie wieder in die Knechtschaft führen sollte, in der sie in all den vergangenen Jahrhunderten gelebt haben?«

»Das macht nichts. Er ist doch die Inkarnation eines Boddhisattwa, das heißt, praktisch ist er ein Buddha.«

»Natürlich, daran hatte ich nicht gedacht. Geht es ihnen denn materiell besser?«

»Ja, aber der Lebensstandard steigt nur langsam.«

Wir sind mit unserem Toyota-Kleinbus über Land gefahren, bis auf 5000 Meter Höhe. Wir hatten schon eine Kommune gesehen, die auf unseren Besuch vorbereitet war. Jetzt sehen wir ein Dorf etwas abseits vom Wege und sagen, das wollten wir uns gerne ansehen. Unsere chinesischen Begleiter lassen halten. Ein Junge, der am Straßenrand steht, erstarrt, als er uns aussteigen sieht. Er rennt eilends voraus. Wir folgen ihm auf schmalen Feldwegen, und über einen Bach kommen wir nur, indem wir über die Schrittsteine springen.

Wir sind, scheint es, allein im Dorf. Rechts und links der Dorfstraße sind Lehmmauern, etwa zwei Meter hoch. Man kann nicht in die Höfe hineinsehen. Die Tore sind mit schweren Eisenschlössern seltsamer Bauart verschlossen. Man traut hier einander wohl nicht. Da kommt der Junge. Er hat zwei alte Männer im Schlepptau.

Unser tibetischer Dolmetscher ist inzwischen auch langsam nachgekommen. Wir erfahren, daß der Junge neun Jahre zur Schule gegangen und deshalb jetzt der Rechenmeister des Dorfes ist. Er führt die Bücher der Kommune. Es gibt 50 Kinder im Dorf, davon gehen 37 zur Schule, sagt der Junge.

An einem Tor hängt ein rotes Schild mit den chinesischen Schriftzeichen ›Haus einer ruhmreichen Familie‹. Die tibetischen Zeichen darunter bedeuten wohl dasselbe. Ein Sohn ist also Soldat. Wir fragen, ob wir einmal in die Häuser gehen können. Ja, aber die Tore sind doch alle verschlossen. Die Leute arbeiten auf den Feldern. »Sie können höchstens unsere

Häuser sehen«, sagen die beiden Alten, »oder das Haus von dem Jungen. Die Häuser sind ja alle ziemlich ähnlich.«

»Und das Haus, wo die kleinen Kinder sind«, wirft der Junge ein.

Wir wollen ja auch nicht alle Häuser des Dorfes sehen. Aber die vier uns genannten sehen wir uns alle an. Jedesmal muß das Tor mit einem Riesenschlüssel aus Eisen aufgeschlossen werden. Alle Häuser stehen in einem kleinen Hof, in dem ein oder zwei Bäume, ein paar Sträucher und einige Gewürzpflanzen wachsen. Auch einige Sonnenblumen.

Das Haus, das wir jetzt besichtigen, steht auf einer Grundmauer von dicken Feldsteinen; darüber sind die Wände aus Lehm. Über der Haustür ist ein kleines, vorspringendes Blechdach improvisiert angebracht. Andere Häuser haben statt dessen eine Markise aus Zeltleinwand. Unser Sohn Ulrich filmt, was ihm vor Augen kommt, für einen Fernsehfilm.

Auf dem Hof steht über ein paar Feldsteinen ein großer Wasserkessel. Zwei dicke Knäuel dunkelbrauner Yakwolle liegen umher. Gelbe Plastikschnüre sind quer über den Hof gespannt. Für die Wäsche, meint Ulrich. Sein Bruder Wolfram und ich lachen nur. »Waschen? Nimm doch nur einen Augenblick die Kamera aus dem Gesicht und sieh dir die beiden Männer an! Ihre Kleider sind noch nie gewaschen worden. Sie sind ja steif vor Dreck. Und sie selbst haben sicher auch noch nie Wasser im Gesicht gehabt.«

»Na, und wozu sind die Leinen sonst da?« will Ulrich wissen.

Wir fragen. Um Pflanzen oder Früchte zu trocknen, hören wir.

Der Hof ist etwas unordentlich, aber es herrscht kein Chaos. Kurz, es ist gemütlich. Die Hühner und die Katzen im Hof, man sieht es, meinen das auch.

Die Häuser haben ein oder zwei Zimmer. Die Küche ist gleichzeitig Vorratsraum und hat kein Fenster. Das Licht kommt nur durch die Tür, und innen ist es fast dunkel. Wie man da nur kochen kann! Der Rauch zieht durch ein Loch im Dach ab.

Die Fenster des Wohnraums sind alle aus Glas. In der Mitte der Stube steht ein Holzpfeiler, und an ihm ist ein großer Porzellanisolator, wie an einem Leitungsmast im Freien. Tatsächlich, der Draht führt zu einer elektrischen Birne oben an der Decke. An der Wand stehen niedrige Betten, ein kleiner bemalter Tisch davor und darauf Berge von Wolldecken. Eine Bank an der Wand ist mit alten, zerschlissenen Teppichen bedeckt.

Die Lehmwände sind nicht verputzt, und die Decken und Balken sind glänzend schwarz vom Rauch. Auf einen Balken ist mit Kalk ein Mäandermuster gemalt. Es soll Glück bringen und wird zu Neujahr jeweils nachgezogen. An der Wand hängen überall Bilder Maos, und an einer auch das Bild Hua Guofengs. Aber wir sehen keine Devotionalien, keine Gebetsmühle, keine, auch nicht die kleinste, Buddhastatue oder ein Tantra, nichts. Obwohl wir doch ganz unangemeldet gekommen sind. Wir fragen nicht danach, aber später erfahren wir: All das ist verboten, und hier richtet man sich danach. Oben, in dem Grasland, wo man in Zelten wohnt, wo man nicht so organisiert ist, wo man allein ist, da mag das anders sein.

In der Küche eines Hauses, in der offenen Tür, steht eine junge Frau und röstet Erbsen in einer riesigen Pfanne, während in dem kleinen Hofgarten etwa ein Dutzend Kinder spielen, deren Eltern auf dem Feld arbeiten. Vielmehr, sie haben gespielt. Jetzt stehen sie um uns herum und starren uns an. Die junge Frau paßt auf sie auf. Sie ist also neben der Arbeit Kindergärtnerin.

Wir fragen den alten Bauern, ob es ihm heute besser oder schlechter geht als früher.

Er sagt: »Wir haben jetzt mehr zu essen.«

Wir wollen aber mehr wissen. Wir fragen nach den Einzelheiten, und er gibt, ohne zu zögern, Auskunft.

Früher war er selbständig, aber er mußte von seiner Gerstenernte 50 bis 60 Sack dem Feudalherrn geben, dem das Dorf gehörte. Er selbst durfte 9 bis 10 Sack behalten. Das war zuwenig für die Familie und die nächste Aussaat.

Und wie ist das heute?

Heute arbeiten alle in der Kommune, die die Ernte in der Stadt verkauft. Den Erlös reinvestiert oder verteilt sie. Er bekommt mehr Nahrungsmittel als früher. Was? Gerste natürlich, aber auch Erbsen und Rüben. Butter. Milch.

Er scheint zufrieden zu sein. Aber wir sind hier nur etwa

hundert Kilometer von Lhasa, der Hauptstadt, entfernt. Wir hören, auch von unseren chinesischen Begleitern, daß die Zustände in anderen Teilen Tibets schlechter sind, daß dort auch noch Hunger herrscht.

Ich frage, ob der alte Bauer auch Fleisch zu sehen bekommt.

Ja, aber nur selten. Am meisten jetzt, in der Erntezeit. Was für Fleisch? Yak, Hammel, Rind.

Ulrich hat das Gesicht des Bauern während des ganzen Gesprächs gefilmt. Die Haut des Gesichts ist aus Leder. Die Falten liegen tief, und wenn er spricht, verschieben sie sich kaum. Die Augen sehen uns durch schmale Schlitze an, ohne Lider. Er hat keine Brauen. Der Mann ist aus den Steinen gewachsen. Man wird ihn nicht wegschieben können. Zerstören vielleicht, aber nicht gegen seinen Willen bewegen.

Auch Ulrich spürt es. Er nimmt die Kamera von den Augen, was er bei günstigen Lichtverhältnissen nur tut, wenn er etwas Wichtiges zu sagen hat.

»Ich möchte wetten«, sagt er, »der Mann hat nie unter Depressionen, Frustrationen, Streß oder einer *midlife crisis* gelitten.«

Ah Wang oder
Die Schulen in Tibet und anderswo

»Als ich vor zwanzig Jahren nach Tibet kam, habe ich geholfen, Schulen zu gründen. Darin sahen wir unsere erste Aufgabe. Ein Dorf ließ uns wissen, daß es eine Volksschule haben wollte. Seine 500 Einwohner waren bis zur Flucht des Dalai Lamas sowie der Adligen Leibeigene gewesen. Nur drei von ihnen konnten lesen und schreiben: die Verwalter des Feudalherrn.

Ich fuhr in das Dorf. Die Familien schickten mir sechzig Kinder. Alle waren schön angezogen. Sie brachten mir Bier und weiße Schals, wie wir sie immer verschenken.

Es war die erste Grundschule in der ganzen Gegend. Aber wie sollte ich anfangen? Ich stand in einem leeren Raum mit sechzig Schülern. Wir hatten weder Bänke noch Papier, noch Bleistifte, weder eine Wandtafel noch Schiefertafeln. Als erstes haben wir dann mit Hilfe der Eltern eine Wandtafel gezimmert.

Die Schulen«, sagt Ah Wang, »sind das Wichtigste. Sie werden Tibet verändern.«

Ah Wang ist Tibeter, aber er stammt aus der tibetischen Minderheit der Nachbarprovinz Sichuan und ist dort auf eine chinesische Schule gegangen. Er ist also zweisprachig und kann zwischen den Han, den eigentlichen Chinesen, und den Tibetern vermitteln. Jetzt ist er stellvertretender Leiter der Nachrichtenagentur *Xinhua* in Lhasa.

Aber er spricht immer noch von den Schulen. Er sagt, die Eltern wollten ihre Kinder zur Schule schicken, damit sie Intellektuelle werden. »Ein Intellektueller ist ja beinahe so etwas wie ein Lama. Ganz früher, bevor die Chinesen das Land besetzten, also vor 1950, gab es in Tibet nur eine Schule für Lamas, eine für Beamtensöhne und eine für die Söhne von Adligen«, sagte Ah Wang. »Einige junge Adlige wurden später nach Indien oder England zur weiteren Ausbildung geschickt. Das Volk wurde nicht erzogen. Nur im Kloster konnte man etwas lernen; aber das galt keineswegs für alle Mönche. Die meisten blieben ungebildete Arbeitskräfte und Klostersklaven, und wenn ihnen etwas beigebracht wurde, dann höchstens ein paar Gebete und geistliche Lieder.«

»Und wie ist es heute?«

»Es gibt über 6000 Grundschulen mit 230000 Schülern, mehr als 50 Oberschulen mit 20000 Schülern, 22 mittlere technische Schulen und vier höhere Lehranstalten.«

Die kommunistische Führung will dem Lamanismus also durch Erziehung und Bildung entgegenwirken und Zweifel an der Religion wecken; sie sollte sich aber nicht zuviel davon versprechen. Der Lamanismus ist stark, und die von Han-Chinesen vermittelte Erziehung und Bildung gilt als verdächtig.

Ich kann nicht nachprüfen, ob Ah Wangs Behauptung zutrifft, daß es vor dem Einmarsch der Chinesen in ganz Tibet nur drei Schulen gegeben habe; aber stimmen wird sicher, daß die Lamas von einer Erziehung des Volkes nicht viel gehalten haben.

So ganz fremd ist diese Haltung auch chinesischem Denken nicht. »In der alten Zeit haben die, die den Weg kannten, nicht das Volk aufgeklärt, sondern versucht, es unwissend zu halten. Je mehr Wissen das Volk hat, desto schwerer ist es zu regieren.« Das hatte Lao-tse bereits verkündet, und das war auch die Ansicht Shang Yangs, eines Han-Chinesen also, den wir schon beim Besuch am Grab des Ersten Kaisers kennengelernt haben. Er schreibt:

»Wenn es Mode wird zu studieren und zu lernen, werden die Leute den Acker liegen lassen und sich damit beschäftigen, zu debattieren, hochtönende Phrasen zu dreschen und aufgrund falscher Voraussetzungen zu diskutieren. Sie werden auf Kosten anderer müßiggehen und einander mit Worten zu übertrumpfen suchen. Auf diese Weise wird das Volk dem Herrscher entfremdet, und die Zahl unzuverlässiger Untertanen wird hoch sein...

Wenn das Volk einfältig ist, wird es selten zu Verrat kommen; aber sie werden unbrauchbar sein, wenn sie sehen, daß es glattzüngigen umherreisenden Sophisten gelingt, im Dienste des Fürsten zu Ehren zu kommen.«

Von wem kennt man solche Gedanken? Von Hitler natürlich. Er sagt in seinen Tischgesprächen, es »dürfe der nichtdeutschen Bevölkerung (in Osteuropa) keinesfalls eine höhere Bildung zugestanden werden. Würde man in diesen Fehler verfallen, so würden wir einen kommenden Widerstand gegen unsere Herrschaft selbst züchten. Man müsse ihnen zwar Schulen geben, für die sie bezahlen müßten, wenn sie hineingingen. Man dürfe sie in ihnen aber nicht mehr lernen lassen, als höchstens die Bedeutung der Verkehrszeichen. Inhalt des Geographieunterrichts dürfe im großen und ganzen nur sein, daß die Hauptstadt des Reiches Berlin heiße und jeder in seinem Leben einmal in Berlin gewesen sein müsse. Darüber hinaus genüge es vollkommen, wenn die nichtdeutsche Bevölkerung etwas Deutsch lesen und schreiben lerne. Unterricht im Rechnen und dergleichen sei überflüssig.«

Die Völker Osteuropas sollten also Sklaven sein oder, wie die Chinesen in ihrer frühen Feudalzeit sagten, »sprechende Tiere«. Konfuzius dagegen hatte der Regierung zwei Ziele gesetzt: das Volk wohlhabend zu machen und es zu erziehen. Die Ansicht des Konfuzius hat sich durchgesetzt. Das hat zwar Kaiser und Große Vorsitzende nicht gehindert, gelegentlich Völkerschaften oder Klassen, die sie für schwer erziehbar hielten, umzubringen oder zu dezimieren; dennoch haben auch die chinesischen Kommunisten wie selbstverständlich die Verpflichtung übernommen, das Volk zu bilden. Sie haben schon Ende der zwanziger, Anfang der dreißiger Jahre, als sie in der Provinz Jiangxi ums Überleben kämpften, Hunderte von Schulen eingerichtet und die Zahl der Analphabeten, wie sie behaupteten, von neunzig Prozent auf zwanzig Prozent gesenkt. Natürlich lernten die Schüler — es waren nicht nur Kinder, sondern in der Mehrzahl Erwachsene — aus den Texten, die sie lesen und schreiben mußten, auch den Haß gegen die Großgrundbesitzer und die Kuomintang und die Liebe zur Roten Armee, so wie man in den Missionsschulen die Schrift lernte, um das Evangelium lesen zu können.

Eine politisch ausgerichtete, mit Propaganda geschickt vermischte Erziehung, die mit sittlichen Forderungen an den Menschen herantrat, hat in Maos China erstaunliche, ja nicht ganz geheuer erscheinende Ergebnisse erzielt. Fast alle Deutschen, die in den fünfziger Jahren aus kommunistischer Haft in das freie Hongkong kamen, erklärten, sie seien zu Recht gefangengehalten worden. Westliche Beobachter konnten das nicht verstehen. Sie sprachen von Gehirnwäsche und dämonisierten die chinesische Einflußnahme.

Es war aber nichts Dämonisches im Spiel: Die Autobiographie des letzten chinesischen Kaisers, Pu Yi, zeigt eindrucksvoll, wie der ständige sanfte Appell an das soziale Gewissen, an das Gute im Menschen, wie Geduld und eine Mischung von Großmut, Gerechtigkeit und Strenge, offene oder verschleierte Drohungen und fortwährende Propaganda aus dem Kaiser schließlich einen überzeugten Anhänger des neuen Regimes machten, dessen negative Erscheinungen er nicht mehr sah oder, von der propagandistischen Erziehung überredet, als zufällig und vorübergehend betrachtete.

Um Mißverständnisse auszuschließen: Nicht alle wurden so zuvorkommend und psychologisch einfühlsam behandelt. Wir kennen auch viele Geschichten von Gefangenen, in denen von brutalen Methoden und von unmenschlicher Grausamkeit die Rede ist, nicht jedoch von Erziehung.

Dennoch bewirkte die kommunistische Bewegung während des Krieges in ihrem Machtgebiet und nach ihrem Siege im ganzen Land eine moralische Erhebung und sittliche Erneuerung des Volkes. Dazu trugen der damals noch strenge Lebensstil der kommunistischen Führer, die Disziplin der Armee und die nichtkorrumpierte Verwaltung bei, aber auch die Tatsache, daß es überhaupt wieder sittliche Normen gab, an die Herrschende und Beherrschte sich gleichermaßen hielten.

Aber die Millionen, die »nach der Befreiung« umgebracht wurden? Die Großgrundbesitzer, die Pachteintreiber, die Kaufleute, die Kuomintang-Anhänger, die Kapitalisten?

Die chinesische Gesellschaft hat sich merkwürdig schnell damit abgefunden. Sie waren das Opfer der Revolution; diese Klasse hatte keinen Platz in der neuen Gesellschaft mit den neuen, den anderen sittlichen Normen. Selbst von Chinesen, die sich entschieden gegen die Grausamkeiten der Kulturrevolution aussprechen, hörte man seltsam milde und verständnisvolle Worte über die »Säuberungen« der ersten Jahre, als seien diese Opfer eben der Preis für den Aufbau eines neuen Chinas gewesen. Daß unter den Umgekommenen auch viele waren, die für Befreiung des Landes von den japanischen Besetzern gekämpft hatten, nahm man in Kauf. Bedauerlich, aber was wollen Sie, es war Revolution! Sie verstanden nicht, daß ich darüber nicht so leicht hinwegkommen konnte.

Die Menschenopfer haben die Hoffnungen der Chinesen, besonders der jungen, in den ersten Jahren nach der Revolution nicht gedämpft. Man brach auf, um einen neuen, großen Staat zu bauen; es war Aufbruchstimmung. Jacob Burckhardt hatte wohl Ähnliches im Sinn, als er in den *Weltgeschichtlichen Betrachtungen* sagte, die wirkliche Leidenschaft, die etwas Neues und nicht nur den Umsturz des Alten wolle, erwecke während der großen Krisen ungeahnte Kräfte in den einzelnen und den Massen: »und auch der Himmel hat einen anderen Ton.«

Die Kommunistische Partei unter Mao hat diese Leidenschaft nicht lange zum Aufbau eines Neuen benutzt, obwohl das Volk dazu bereit war. Die Parteiführung sah bald, daß die Erzogenen und Gebildeten kritischer dachten, auch über die Partei und ihre Führer. Das war nicht im Sinne Maos, und vor allem nicht im Sinne der Viererbande. Schulen und Universitäten stellten bald nach Beginn der Kulturrevolution ihre Lehre ein. Eine ganze Generation fiel zurück in Halbbildung und Unwissenheit. Sie wird sich niemals mehr davon erholen können.

Aber Mao und die Radikalen forderten auch nicht Bildung und Wissen, sondern revolutionäres Bewußtsein. Sie standen den Anschauungen Shang Yangs näher als denen des Konfuzius. »Wenn die Leute einfältig sind«, hatte Shang Yang gesagt, »kann man sie mit Belohnungen und Strafen lenken.«

Doch in dieser Einfalt lebt das chinesische Volk heute nicht mehr. Es lernt wieder. Die Funktionäre werden einsehen müssen, daß sie die Einwände der Erzogenen und Gebildeten ernst nehmen müssen; sonst könnte es sich eines Tages ergeben, daß nicht die Führung das Volk lenkt, sondern daß das Volk beschließt, die Führung auf den rechten Weg zu bringen.

Man spürt, daß die Partei dem mit allen Mitteln vorbauen will.

Eine vergilbte Fotografie

In der Post war ein Brief mit einem langen Artikel über einen meiner Vorgänger. Der Artikel stand in der Illustrierten *Die Woche* vom 17. April 1905, und der Vorgänger war der Freiherr Mumm von Schwarzenstein. Das Papier der alten Illustrierten war schon vergilbt, und die Menschen, die dort mit allen Orden und Ehrenzeichen abgebildet waren, leben schon längst nicht mehr. Selbst die damals Jüngsten müssen inzwischen Hundertjährige sein, zum Beispiel Alexander Bahr, der »seines nie versagenden Humors wegen eine der beliebtesten Erscheinungen unter den Junggesellen Pekings und stimmberechtigtes Mitglied der Vereinigung *Villa Zigarrenkiste* war«. Er führte trotz seiner jungen Jahre einen respekteinflößenden Titel: Er war nämlich Geheimer Expedierender Sekretär. Das heißt wohl, er mußte die Briefe zukleben und zur Post bringen. Und einmal alle vierzehn Tage hatte er Hochbetrieb, wenn er nämlich die vier oder fünf Berichte in die Kurierdepesche zu legen und diese zu versiegeln hatte.

Ein Foto zeigte einen großen Steinlöwen auf dem Transport durch den Gesandtschaftsgarten. Er sitzt recht bequem auf einem kräftigen Holzschlitten und läßt sich von vier Pferden und zwanzig Mann des Kaiserlichen Marine-Detachements schleppen.

Es war also der Gesandte Mumm von Schwarzenstein, der die wachehaltenden Löwen im Jahr 1905 vor dem Tor der Gesandtschaft in der Legation Street hatte aufstellen lassen, die jetzt etwas unglücklich vor der Botschaft der DDR in Peking stehen?

Auf einem Bild sah man, wie der Gesandte sich zum Außenministerium begab. Er fuhr weder mit einem Auto noch einer Kutsche, weder ritt er, noch ging er zu Fuß. Seine Exzellenz saß vielmehr in einer Sänfte, getragen von acht chinesischen Kulis in dunklen, wahrscheinlich preußisch-blauen Gewändern mit hellen Säumen.

Ein ganzseitiges Foto hielt den gesamten Stab der Gesandtschaft im Bilde fest. Die Mitarbeiter hatten sich auf den Stufen zum Eingang der alten Residenz aufgestellt. Der Gesandte steht da auf der ersten Stufe in goldbesticktem Diplomatenrock, bedeckt mit Orden rechts und links auf der Brust, mit Großkreuzen und Sternen: Er trägt der Halsorden gleich zwei, ferner eine Ordensschnalle für die minderen Auszeichnungen und über allem ein breites Ordensband. Auf dem Kopf aber einen Zweispitz. Der Mund verbirgt sich hinter einem Schnauzbart.

Sie tragen fast alle Uniform. Der Militärattaché hat sogar die Pickelhaube auf dem Kopf; sein Gehilfe trägt die schmucke Uniform eines Husaren, und der Federbusch weht im Wind. Der Berginspektor Cremer hat die Ausgehuniform des Knappschaftsvereins angelegt. Auch die beiden Chefdolmetscher Krebs und Dr. von Borch dürfen Uniformen tragen, freilich keine so prächtigen. Herrn Krebs paßt seine Jacke mit ihren Goldknöpfen gar nicht. Er wird sie sicher nach der Aufnahme gleich ausgezogen und in Hemdsärmeln weitergearbeitet haben. Er war ein Phänomen, weil er sechzehn Sprachen beherrschte, und der große Hirnforscher Oscar Vogt, der das Gehirn Lenins sezieren durfte, hat auch das Gehirn von Krebs seziert; er wollte das Geheimnis der Sprachbegabung erforschen. Er hat aber nichts Bemerkenswertes gefunden. Das Phänomenale hatte sich bereits verflüchtigt.

Der Amtsdiener, der Hilfsschreiber und die sechs Dolmetscher-Aspiranten durften keine Uniform tragen. Sie sind im Gehrock erschienen und haben einen Zylinder auf dem Kopf.

Der Hilfsschreiber Pifrément nicht einmal einen solchen, sondern nur eine Melone, und Amtsdiener Hummelke, noch geringer, trägt einen schlichten schwarzen Hut.

In der Gesandtschaft taten also zwei Chefdolmetscher und sechs Dolmetscher-Aspiranten Dienst. Acht Dolmetscher also! Daneben wird die Gesandtschaft auch chinesische Dolmetscher gehabt haben. In unserer Botschaft in Peking arbeiten heute dreimal soviel deutsche Beamte und Angestellte wie in der Gesandtschaft von damals; aber wir verfügen nur über zwei Dolmetscher. Da sie wie jeder andere Angehörige der Botschaft im Jahr zehn Wochen Heimaturlaub haben, müssen wir fünf Monate des Jahres mit einem einzigen Dolmetscher auskommen. Um Chinesisch zu sprechen, lesen und schreiben zu können, daß man auf einen Dolmetscher verzichten kann, braucht man ein Studium von mindestens zwei Jahren. Nur zwei Beamte an unserer Botschaft sind so ausgebildet. Drei andere haben die Sprache so weit gelernt, daß sie leichtere Unterhaltungen führen können.

Die höheren Beamten der Britischen Botschaft dagegen sprechen mit einer Ausnahme alle fließend Chinesisch. Sie sprechen es zudem besser als unsere beiden Mitarbeiter, da sie länger und gründlicher ausgebildet worden sind und zudem jünger waren, als sie Chinesisch lernten, nämlich Anfang Zwanzig. Bei uns muß man ja erst ein Hochschulstudium absolviert haben, bis man sich zur allgemeinen Ausbildung des Auswärtigen Amtes melden kann; erst danach kommt die Sprachausbildung.

Auch in der Amerikanischen, Französischen und Japanischen Botschaft sprechen mehr Beamte Chinesisch als bei uns. Die Britische Botschaft kommt überhaupt ohne Dolmetscher aus. Im amerikanischen Auswärtigen Dienst sind mehr als hundert Beamte des Chinesischen mächtig.

Die Sprache zu beherrschen, ist natürlich wichtig, wenn man ein Land und ein Volk kennenlernen will. Darüber hinaus aber sollten die Beamten an einer Botschaft auch etwas über die Geschichte Chinas, vor allem aber über die politische und wirtschaftliche Entwicklung der Volksrepublik China und die Geschichte der Kommunistischen Partei wissen, sowie die Namen der führenden und ehemals führenden Personen kennen.

Ich habe die Personalabteilung des Auswärtigen Amtes oft gebeten, die Ausbildung der jüngeren Beamten in gründlichen, mindestens zwei Jahre dauernden Chinesisch-Kursen, wie sie bei uns in den fünfziger und sechziger Jahren üblich waren und in anderen Auswärtigen Diensten die Regel sind, wiederaufzunehmen. Ich habe darauf nicht einmal eine Antwort erhalten.

Der zuständige Dirigent der Personalabteilung, der einmal in Tokio auf Posten gewesen war und wissen mußte, wie schwierig die japanische und chinesische Sprache und Schrift sind, kam statt dessen zu dem Schluß, man könne Chinesisch auch in einem Intensivkurs von sechs Wochen lernen. Die Einwände aller Leute, die etwas davon verstanden, blieben unberücksichtigt, auch die des Sprachendienstes des Auswärtigen Amtes.

Im Jahre 1972 haben wir diplomatische Beziehungen zu Peking aufgenommen. Unser Verkehr mit China nahm ständig und nach Maos Tod besonders stark zu. Wir stiegen zum zweitwichtigsten Handelspartner Chinas auf. Heute sind wir nach Japan und den USA auf dem dritten Platz. Im Wissenschaftsaustausch mit China stehen wir den USA nicht viel nach. Im Deutschlandreferat des chinesischen Außenministeriums arbeiten zwölf Referenten, die alle Deutsch lesen, schreiben und sprechen, einige vorzüglich. In unserem Auswärtigen Amt dagegen beschäftigt sich ein einziger Beamter mit China, soweit er nicht als Vertreter des Referatsleiters die Beziehungen zur ganzen Region von Japan bis Australien und den Fidji-Inseln zu bearbeiten hat.

Seit wir im Jahr 1972 Beziehungen zu China aufgenommen haben, ist bis heute kein einziger Beamter unseres Auswärtigen Dienstes in dem chinesischen Zweijahres-Sprachkurs ausgebildet worden.

Ja und? Chinesisch lernen? Womöglich gar in der Dienstzeit? Der Amtsschimmel schüttelt sein Haupt über soviel Unverstand. Er kommt ja auch ohne Chinesisch aus.

Nach dem heißen, feuchten Juli und August war jeder neue Tag wie ein Geschenk. Wenn man morgens die Fenster weit aufmachte, atmete man frische Luft ein, und man überlegte, ob man statt des Tropenanzuges schon einen leichten Wollanzug tragen sollte; aber man unterließ es dann doch und tat recht daran; denn die Sonne schien, und tagsüber wurde es bald warm. Der Himmel war sanftblau, und die Bäume hatten noch ihre Blätter. Wenn man auf dem Hügel im Norden des Kaiserpalastes stand, der seit alters her *Mei Shan,* Kohlenhügel, heißt, sah man über eine grüne Stadt, weil in den Häusern der »Vier-Ecken-Höfe« immer ein Baum stand, dessen Krone meist über die Dächer hinausragte. Man konnte vom obersten Pavillon des Kohlenhügels bis zum Himmelstempel im Süden sehen; denn die Luft war sauber, weil in Peking noch nicht geheizt wurde, und es war auch noch nicht trocken und staubig wie in den Wintermonaten.

Am 1. Oktober vor dreißig Jahren hatte Mao Zedong auf dem Altan über dem Tor des Himmlischen Friedens gestanden und die Volksrepublik China verkündet. Der Tag ist seitdem Nationalfeiertag. Im vorigen Jahr gab es hier ein großes Feuerwerk. In diesem Jahr nicht. In vielen Schaufenstern standen die Bilder der Vorsitzenden Mao und Hua, oft mit Girlanden geschmückt. Manchmal wurde aber schon auf Maos Foto verzichtet. Auf den öffentlichen Gebäuden wehten die Fahnen; abends waren sie zwei Stunden lang illuminiert. Punkt zehn Uhr aber wurde das Licht abgeschaltet. Die Partei- und Staatsführung gab ein Bankett in der Großen Halle des Volkes für 3500 Personen. Das Wort Bankett konnte einen falschen Eindruck erwecken: Es war kein Festgelage, an dem geschlemmt und fröhlich pokuliert wurde. Man saß vielmehr eng gedrängt an runden Tischen, auf denen einige kalte chinesische Gerichte standen. Es fanden keine Aufmärsche und Paraden statt. Man sagte uns zur Erläuterung: Große Feste kosteten Geld, und China müsse sparen.

Das war sicherlich nicht der eigentliche oder der einzige Grund. Ich glaube, man feierte bescheiden, weil die Führung sich ihres Weges nicht sicher war und weil in den vergangenen dreißig Jahren sich auch viele Dinge ereignet hatten, auf die man nicht so stolz war. Noch immer lastete das Bild Maos auf allen, und wenn die Partei jetzt die Befreiung der Gedanken forderte, dann meinten viele in Wirklichkeit Abkehr von dem Weg, den der Große Vorsitzende die Partei geführt hatte. Man war mit Mao noch nicht fertiggeworden.

Der achtzigjährige Ye Jianying, alter Marschall, verdienter Feldherr im Revolutionskampf, nach Hua Guofeng der ranghöchste Parteifunktionär, der sich zum Tagesgeschehen selten vernehmen ließ, dagegen gelegentlich Gedichte aus gemäßigt revolutionärem Geist veröffentlichte, hatte im Kongreßsaal der Großen Halle des Volkes vor zehntausend Funktionären eine Rede gehalten. Wir waren auch geladen. Der alte Ye Jianying las nur den ersten und letzten Absatz der Rede vor, den Hauptteil trug ein Sprecher vor. Sie war ohnehin nicht aus seiner Feder, sondern ein Kollektivwerk des Politbüros.

Er verurteilte die Kulturrevolution. Nun brauchte meine Sprachlehrerin, Frau Xü, nicht mehr zu behaupten, sie sei zu siebzig Prozent gut und zu dreißig Prozent schlecht gewesen. Sie war, wie wir jetzt lernten, zu hundert Prozent schlecht. Wieweit Mao an ihr und an der Katastrophe des Großen Sprungs Vorwärts mitschuldig war, ließ Ye im unklaren. Dagegen machte er den von allen politisch denkenden Chinesen als unglaubwürdig empfundenen Versuch, Mao als Gegner der Viererbande hinzustellen. Aber es muß dem Politbüro bei dieser Beurteilung nicht wohl gewesen sein. Offenbar waren sich die führenden Leute nicht einig, wie weit sie in der Abkehr von Mao gehen konnten. Daher sagte Ye, »zu geeigneter Zeit« solle eine nur zu diesem Zweck einberufene Konferenz die Geschichte der letzten dreißig Jahre bewerten.

Als Yes Worte vorgelesen wurden, im Kampf gegen die Viererbande hätten die Genossen Deng Xiaoping, Hua Guofeng und einige andere alte Kameraden eine bedeutende Rolle gespielt, erhob sich brausender Beifall. Hua Guofeng wurde damit Deng Xiaoping gleichgestellt, der nun wirklich ein Opfer der Viererbande war. Hua wurde ein Widerstandskämpfer ehrenhalber, wobei er sich darauf berufen konnte, daß die Radikalen ihn in der Tat schon vor Maos Tod unter Feuer genommen und — wenn auch verhüllt — angegriffen hatten und daß er auf jeden Fall in der letzten Phase des Kampfes gegen die Radikalen, durch ihre Verhaftung nämlich, seinen Widerstandsgeist gezeigt hatte. Wenn er sie nicht festgesetzt hätte, wer sonst hätte es tun können?

Aber Hua unterbrach den Sprecher, der auf diese Unterbrechung gefaßt zu sein und auf sie zu warten schien. Bescheiden sagte Hua, dann müsse er bei dieser Gelegenheit aber auch auf die großen Verdienste Ye Jianyings bei der Zerschlagung der Viererbande hinweisen. Wiederum brausender Beifall.

»Führer sind nicht Götter«, hieß es in der Rede, »sie sind nicht unfehlbar . . . Wir dürfen nicht einem einzigen erlauben, uns zu sagen, was richtig ist und was getan werden muß.« Wiederum brausender Beifall; aber noch größer war die Zustimmung, als Ye sagte, wenn Funktionäre sich als Diener des Volkes nicht bewährten, dann habe das Volk das Recht, ihnen die Macht wieder zu entziehen, die es ihnen gegeben habe. »Die Funktionäre, vor allem aber die führenden Genossen, dürfen ihre Stellungen und Macht nicht benutzen, um persönliche Vorteile und Privilegien materieller oder politischer Art zu gewinnen.« Der Beifall wollte nicht enden.

Es war eine abgewogene, kritische Rede. Im Rückblick auf die Vergangenheit tat Ye zwar einige Schritte auf die Wahrheit zu, aber dann blieb er stehen. Offenbar hatte man sich im Politbüro über Maos Leistungen und Fehler nicht einigen können. Dabei war diese Frage nicht nur für Historiker wichtig. Alle Schichten des Volkes und jeder, der eine etwas herausragende Stellung einnahm, war in irgendeiner Weise in die Irrungen und Wirrungen der letzten Jahrzehnte verstrickt, und ganz besonders traf das auf die Führung zu.

Als nach der Niederlage des Deutschen Reichs im besetzten Deutschland wieder eine eigene Verwaltung, politische Parteien, Regierungen entstanden, waren die führenden Männer und Frauen des nationalsozialistischen Reichs davon ausgeschlossen. Der chinesischen Führung gehörten aber immer noch viele Leute an, die schon in den umstrittenen Zeiten wichtige, oft entscheidende Positionen innegehabt hatten. Sie konnten nicht die Vergangenheit verdammen, wenn sie sich nicht selbst verurteilen und schuldig sprechen wollten. Es war ihnen nur recht, wenn soviel wie möglich in der Schwebe blieb.

Die Uighuren sind die besseren Tänzer. Die Tänze der Han-Chinesen, der eigentlichen Chinesen also, können zwar schön und elegant sein, aber es sind Bühnentänze. Den Uighuren, einem Turkvolk, dagegen liegt der Tanz im Blut, und ihre Tänze haben Leidenschaft und Schwung. Gestern hatten wir in der Oase Turfan einen Uighuren gesehen, der hinter einer großen Sanddüne hervorkam und eine Art Laute bei sich trug. Er erzählte unserem chinesischen Dolmetscher, er habe auf dem Feld gearbeitet und während der Mittagspause gespielt; da habe man auch etwas getanzt.

Die Abendveranstaltung im Festspielhaus von Urumtschi begann mit einer Hymne auf den Vorsitzenden Mao, gesungen von einem gemischten Chor. In Peking hatten wir dergleichen schon lange nicht mehr gehört. Aber Urumtschi, die Hauptstadt Xinjiangs, liegt eben auch über drei Flugstunden von Peking entfernt, halbwegs zwischen dem Gelben Meer und Europa.

Dann folgte ein Ballett. An der Rückwand der Szene hing das Bild des Vorsitzenden Mao, umrahmt von einem Trauerflor. Das Ballettensemble, das chinesische Volk darstellend, drückte vor dem Bilde Trauer und Verehrung aus. Doch dann kam ein Tänzer aus der Kulisse, der seinen Sprüngen und seiner Miene nach zu urteilen, eine frohe Botschaft zu vermelden hatte. Denn im Nu wurde das eben noch trauernde Ensemble von unbändiger Fröhlichkeit ergriffen. Man sprang hierhin und dorthin, und einige nahmen eiligst das Bild des Vorsitzenden Mao ab, nicht ohne ihm dabei gebührende Ehrfurcht zu erweisen. Einer der fröhlichsten und behendesten Tänzer sprang auf die Schulter eines anderen, um einen Nagel etwas weiter links einzuschlagen. Natürlich tat er nur so, denn da war längst ein Nagel. An diesen nun wurde Maos Bild gehängt, so daß es nicht mehr in der Mitte der Wand hing.

Da aber nichts das chinesische Auge so schmerzt wie Asymmetrie, war leicht vorauszusehen, daß das Gleichmaß unverzüglich und in wohltuender Weise wiederhergestellt würde. In dem kleinen Orchester vor der Bühne setzte plötzlich großes Getöse ein: Flöten und Erhus schrillten in den höchsten Tönen,

Trompeten schmetterten, und Trommeln und Zimbeln wurden geschlagen. Da traten von links beschwingten Schrittes an die zehn junge Genossen und Genossinnen auf, die über ihren Köpfen ein großes Bild trugen, das sie erst, als sie in der Mitte der Bühne waren, dem Publikum zuwandten. Es war das Porträt des Weisen Vorsitzenden Hua Guofeng.

Das Volk auf der Bühne hatte dem Bild ehrfürchtig Platz gemacht. Die Kinder mit den Halstüchern der Jungen Pioniere vollführten Freudensprünge und schlugen Rad. Die reifere Jugend und das Volk der Erwachsenen aber begrüßten, tief sich neigend und den Kopf fast zum Kotau auf den Boden senkend, das Bild. Man streckte dem Weisen Vorsitzenden flehend die Hände zu und ließ sein Bild vorüberziehen. Anmutig sprang wiederum ein Tänzer auf die Schultern eines anderen, tat so, als schlage er nun einen neuen Nagel rechts neben dem Porträt des Altvorsitzenden Mao ein und half, das Bild des Nachfolgers daran aufzuhängen. Die Symmetrie war wiederhergestellt. Tänzer und Tänzerinnen umkränzten Huas Bild mit bunten Papierblumen.

Man mußte schon genau hinsehen, wenn man den alten von dem neuen Vorsitzenden unterscheiden wollte. Die Bilder sahen sich sehr ähnlich. Hua Guofeng hatte jetzt sogar den gleichen Haarschnitt wie sein Vorgänger. Aber er hatte keine Warze am Kinn wie Mao. Man konnte sie also noch unterscheiden.

Fast bis zum Boden verneigte sich das chinesische Volk vor den beiden Porträts. Als ob es Segen von ihnen erflehen wollte, erhob es die Arme zu ihnen und trat dann, gesenkten Kopfes und rückwärts tanzend, links ab, während die Bilder der beiden Vorsitzenden, des alten und des neuen, in rosa Scheinwerferlicht aufleuchteten und während das Orchester die Apotheose mit dem größten Getöse, das die Instrumente hervorbringen konnten, begleitete.

»Ein Herr Küng wollte Sie besuchen«, sagte die neue Vorzimmerdame.

»Oder vielleicht Kung?« fragte ich, weil es den Namen Küng im Chinesischen nicht gibt.

»Ich hatte Küng verstanden. Ich habe ihm gesagt, daß Sie bis Donnerstag ausgebucht sind.«

»So ist es«, sagte ich, »es ist schrecklich. Woher kam er denn?«

»Aus Tübingen. Er sprach fließend Deutsch.«

»Was!« rief ich, »Hans Küng aus Tübingen? Der Professor? Der solchen Kummer mit dem Papst gehabt hat? Dem die Lehrerlaubnis entzogen worden ist?«

Es war in der Tat Hans Küng. Er kam, und wir saßen in der Bibliothek zusammen.

»Hat Ihnen die Peking Universität einen Lehrstuhl angeboten?«

Er lachte. Soweit war es freilich nicht. Er lehrte ja auch weiter in Tübingen; aber die Akademie für Sozialwissenschaften in Peking hatte ihn eingeladen, vor ihren Mitgliedern über das Thema »Wissenschaft und Religion« zu sprechen.

Er hatte seinen Vortrag schon gehalten und darin auch von dem pseudoreligiösen Glauben im Kommunismus und vom Personenkult gesprochen. Er war überrascht, daß er nicht Widerspruch, sondern Zustimmung erfahren hatte.

Ich berichtete, daß ich kürzlich auf der chinesischen Historiker-Konferenz in Nanking ein Referat über die Religion und Pseudoreligion der Taiping-Revolutionäre im vorigen Jahrhundert gehalten und den chinesischen Historikern empfohlen hatte, diesen Aspekt der Taiping-Bewegung gründlicher zu erforschen. Die Konferenz, die Pekinger *Volkszeitung* und die Fachpresse griffen diese Anregung auf, als hätten sie nur darauf gewartet.

Nicht lange nach Hans Küngs Besuch waren zwei chinesische Journalisten bei uns zum Abendessen. In dem Büro des einen hatte ich eine Landschaft des Malers Huang Yungyü gesehen, die mir gefallen hatte, weil sie nicht in dem trockenen, akademischen Stil gemalt war, den man meistens zu sehen bekam, sondern mit unkonventioneller Dramatik und einer neuen Palette von Farben. Ich hatte einmal gehört, der Maler habe in der Kulturrevolution Schwierigkeiten bekommen, weil er eine Eule gemalt habe, die ein Auge geöffnet, das andere aber zugekniffen hatte.

Einer der Gäste sagte, das sei eine bekannte Geschichte. Die Radikalen hätten das Bild damals als Provokation angesehen. Sie hätten den Maler gefragt, was er denn mit dem Bild habe ausdrücken wollen. Es gebe in der ganzen chinesischen Malerei kein einziges Bild, das eine Eule mit einem geschlossenen und einem geöffneten Auge darstelle. Wer so etwas Außergewöhnliches malte, müsse damit auch etwas gemeint haben. Huang Yungyüs Behauptung, das habe überhaupt nichts zu bedeuten, sei eine Frechheit. Die Verhörer seien überzeugt gewesen, daß dies »schwarze Malerei« war, denn »ein Auge zudrücken« heißt im Chinesischen, man solle eine Sache nicht zu ernst nehmen, sie werde schon vorübergehen. Etwa den Kommunismus nicht ernst nehmen? Die Kulturrevolution werde schon vorübergehen?

Der andere Gast sagte, Huang Yungyü habe es schwer gehabt. Man habe ihn »bekämpft« und in die Wälder der Mandschurei verbannt.

Wir sprachen über die Eule im Volksglauben und stellten verwundert fest, daß auch die Chinesen den Ruf des Käuzchens oder der Eule fürchteten, weil er den Tod eines Menschen ankündige.

Was Hans Küng anging, so meinten die beiden Gäste, er habe völlig recht, wenn er auch von politischem Aberglauben in China spreche. Die Hymne *Der Osten ist rot,* in der Mao mit einem Stern verglichen werde, sei ein Beispiel dafür.

»Früher, während der Kulturrevolution«, sagten sie, »war das noch viel schlimmer als heute. Bevor die Bauern die Hakken aufnahmen, um das Unkraut auf dem Feld zu jäten, mußten sie sich nach Osten wenden und den Vorsitzenden Mao grüßen.

Die Arbeiter mußten vor seinem Bild neben der Drehbank salutieren, ja selbst in Flugzeugen, die zehntausend Meter hoch flogen, und in den Schulen, Behörden, an den Krankenbetten in den Hospitälern konnte man die Leute sehen, wie sie das Bild morgens um Weisung baten und ihm abends Bericht erstatteten und Selbstkritik übten.

Und was Sie in Urumtschi gesehen haben, das waren Szenen, wie man sie aus Tempeln oder Kirchen kennt. Aber die Bilderverehrung werden wir abschaffen.«

»Nicht nur die Verehrung des Bildes von Mao, sondern auch die des Bildes vom Vorsitzenden Hua Guofeng?«

Sie antworteten nicht direkt: »Der Tanz um das Bild des Vorsitzenden Hua Guofeng, den sie in Urumtschi gesehen haben, war nicht typisch. Die Uhren der Provinz Xinjiang gehen vielleicht etwas nach und zeigen noch die Stunden des Personenkults an.«

»Das kann schon sein«, antwortete ich, »aber ich habe auch in Schanghai etwas Ähnliches erlebt, und zwar im Dezember 1976. Da war ein Lastwagen zu sehen, auf dessen Ladefläche Menschen standen, die Pauken und Zimbeln schlugen, was das Zeug hielt. Sie feierten, daß einen Monat zuvor das offizielle Porträt des Vorsitzenden Hua Guofeng veröffentlicht worden war. Ich fragte mich damals, ob das nun eine jeden Monat wiederkehrende Zeremonie werden sollte.«

»Sie haben gesehen, daß das nicht der Fall ist. Der Personenkult ist in der Tat pseudoreligiös und etwas Ähnliches wie Ihr Heiligenkult; aber der Sinn unserer Losungen ›Das Denken befreien!‹ und ›Aus den Tatsachen lernen!‹ ist ja gerade die Befreiung vom Aberglauben an den Ruf des Käuzchens oder an das Heil des Vorsitzenden des Zentralkomitees. Wir rufen die Leute auf, wissenschaftlich zu denken und nicht an ein Dogma zu glauben.«

»Das höre ich häufig«, sagte ich, »aber selbst die befreitesten und undogmatischsten Artikel Ihrer Presse beginnen oft mit einer pseudoreligiösen Beschwörungsformel.«

»So?« sagten die Gäste, »mit welcher denn?«

»Kürzlich behauptete ein Artikel, was Wissensdrang und Respekt vor dem Wissen betreffe, sei der Sozialismus allen anderen Epochen und Gesellschaftsformen überlegen, und im Sozialismus hätten die Intellektuellen die größte Chance, ihre Fähigkeiten voll zu entwickeln. Es würde uns dreien sicher nicht schwerfallen, aus der Hand ein Dutzend Fälle oder mehr anzuführen, die das Gegenteil beweisen.«

»So fangen die Artikel vielleicht an«, sagten die Gäste, »doch dann kommt gleich das Aber und der Hinweis auf Fehlentwicklungen, Unzulänglichkeiten oder ernsthafte Mängel. Was nach dem Aber kommt, ist bei uns immer am wichtigsten. Wir schreiben unsere Artikel nur wegen der Gedanken, die hinter dem Aber ausgeführt werden.«

»Gewiß«, sagte ich, »das Prinzip gilt für die Presse aller sozialistischen Staaten, mit Ausnahme derer, in denen jedes Aber verboten ist. Bei uns kommt das Entscheidende an den Anfang. Aber selbst wenn man sich dessen bewußt ist, überzeugen die Einleitungssätze vieler Artikel Ihrer Presse, wonach der Sozialismus in jeder Hinsicht unübertrefflich ist, den Nicht-Sozialisten kaum. Er meint vielleicht eher das Klappern einer Gebetsmühle oder *whistling in the dark* zu hören, das heißt das Pfeifen auf dem Weg durch den dunklen Wald, um sich Mut zu machen. Konkret gesprochen: Einzelne Fehlentwicklungen und Mängel werden kritisiert und oft auch ganz objektiv dargestellt, das System selbst aber wird nicht in Frage gestellt.«

»Sie verlangen auch zuviel von uns.«

»Ich? Nein, ich erwähne das nur, weil ich glaube, Ihre Leser verlangen das. Es hat doch Wandzeitungen gegeben, in denen gefragt wurde, warum Taiwan sich schneller entwickelt hat als die Volksrepublik China. Ihr Vorsitzender Hua Guofeng und andere chinesische Politiker wollten die Gründe für das ›Wirtschaftswunder‹ der Bundesrepublik Deutschland und Japans nach dem Kriege wissen. Ich glaube, wenn Sie in Ihrer Presse einmal ganz nüchtern und objektiv die Wirtschaftsentwicklung in Taiwan und der Volksrepublik China, in Nord- und Südkorea, in der DDR und der Bundesrepublik Deutschland verglichen, würden Sie eine Menge Leserbriefe mit Fragen nach den Gründen für diese unterschiedliche Entwicklung erhalten.«

Sie lachten: »Die kriegen wir heute schon. Aber wir wissen ja, daß unser System in vieler Hinsicht mangelhaft ist, und wir suchen einen neuen Weg. Wir sind noch nicht so weit, daß wir endgültige Antworten geben können. Deshalb wollen wir auch keine große öffentliche Diskussion über die Frage, ob Ihr oder unser System das bessere ist. Wahrscheinlich wäre die Fragestellung auch zu pauschal und unpräzise. Wir müßten also erst die Fragen richtig stellen. Wenn unsere Gesellschaft die Folgen der Kulturrevolution und der Herrschaft der Viererbande überwunden hat und wieder gefestigt ist, werden wir diese Fragen auch öffentlich diskutieren können. Aber die Stabilität hat Vorrang.«

Ihr seid mir schöne Revolutionäre, dachte ich und sagte: »Darum werden Sie sich vorläufig darauf beschränken, den Lesern zu sagen, sie sollten nichts Schlechtes über das Käuzchen reden, das doch ein so nützlicher Vogel sei.«

»So ist es«, antworteten sie lachend, »so fangen wir an; aber mit der Zeit werden wir die Leser auch über andere Formen des Aberglaubens aufklären, zum Beispiel die Verehrung von Bildern. Alles zu seiner Zeit.«

»Denn die Stabilität hat Vorrang?«

»So ist es!« sagten sie.

Zwei Tage später erschien in der Tageszeitung *Guangming* ein Leserbrief. »Genosse Redakteur!« begann er. »Die Eule ist ein nützlicher Vogel!« Sie fange, hieß es, bis zu sechshundert Feldmäuse im Jahr, und trotzdem hielten die Menschen auf dem Lande sie für einen Unglücksvogel, der den Tod von Menschen ankündige. Die Zeitung sollte das Volk dazu erziehen, die Eulen zu schützen und es über den Aberglauben aufklären.

Unterschrieben hatten den Brief »Zwei Kämpfer der Volksbefreiungsarmee«.

Die Mauer der Demokratie

»Was soll ich tun?« stand in großen Schriftzeichen auf der Wandzeitung. Das war im November 1978 gewesen. Im vorigen Jahr. Sie klebte an einer Mauer in der Wangfujing, der Hauptgeschäftsstraße Pekings, worunter man sich aber nichts vorstellen darf, was auch nur entfernt an Fifth Avenue, Ginza oder eine der eleganten Einkaufsstraßen europäischer Hauptstädte erinnert. Nur an der Zahl der Menschen, die hier durchgingen, konnte sich die Wangfujing mit ihnen messen. Deshalb hing die Zeitung wohl auch hier. Sie klebte an der Mauer eines Hauses, nicht weit von der Redaktion der *Volkszeitung* entfernt, fünf Minuten zu Fuß bis zum Platz des Himmlischen Friedens. Sie war mit dem Pinsel auf gelbes Papier geschrieben worden und hatte das Format etwa eines mittelgroßen Plakats.

»Was soll ich tun?« — das war keine rhetorische Frage. Die Verfasserin der Wandzeitung wollte eine Antwort, einen Rat. Es standen viele Leute davor. Sie lasen schweigend. Ich gebe den Text aus dem Gedächtnis wieder:

»Was soll ich tun?

Am 5. April vor zwei Jahren ist mein Mann in der Frühe zum Platz des Himmlischen Friedens gegangen, um zu sehen, ob die Polizei es wirklich gewagt hatte, die Kränze wegzuschaffen, die wir dort am Qing Ming-Fest zum Andenken des Ministerpräsidenten Zhou Enlai hingelegt hatten. Am Abend kam mein Mann nicht nach Hause. Ich erkundigte mich am nächsten Tag bei seinen Freunden und fragte auch in seiner Arbeitseinheit nach; aber keiner hatte ihn gesehen. Dann ging ich zur Polizeistation, wo man mich sehr unfreundlich behandelte und keine Auskunft gab. Ich nahm an, sie hätten ihn verhaftet. Ich ging dann jeden Tag wieder zur Polizei; man wollte mir jedoch nichts sagen. Man wollte mich los sein. Aber man kann doch nicht einfach verschwinden!

Einen Monat später wurde ich zur Sicherheitspolizei bestellt. Es kam jemand und sagte mir, mein Mann sei bei der ›konterrevolutionären Demonstration‹ auf dem Platz des Himmlischen Friedens in einer Schlägerei umgekommen. Ich glaubte kein Wort.

Mein Mann war kein Schläger. Er ging jedem Streit aus dem Wege. Aber da kam ein anderer und gab mir eine Urne mit seiner Asche. Ich mußte quittieren; dann schickte man mich nach Hause.

Wir waren glücklich gewesen. Das Leben ohne ihn hätte ich jetzt kaum ertragen können, wenn ich nicht die beiden Kinder gehabt hätte. Aber es war schwer, für sie zu sorgen, weil wir keine Verwandten in der Stadt hatten, die auf sie aufpassen konnten, während ich arbeitete. Doch ein Kollege aus der Arbeitseinheit meines Mannes half mir und nahm mir die Kinder manchmal ab. Vor einem Jahr heirateten wir. Er zog in meine Wohnung. Jetzt erwarte ich von ihm ein Kind.

Vor ein paar Tagen, als ich abends gerade die Kinder wusch und ins Bett bringen wollte und als mein Mann Gemüse für das Abendessen kleinhackte, klopfte es. Ich machte die Tür auf, und draußen stand — mein Mann. Mein *erster* Mann, dessen Asche in der Urne war. Ich dachte, da steht ein Geist. Sie hatten ihn damals beim Aufstand auf dem Platz des Himmlischen Friedens verhaftet und in ein Gefängnis außerhalb Pekings gebracht. Er durfte nicht schreiben. Nur ein Geständnis sollte er schreiben; aber er hatte ja nichts verbrochen. Jetzt ist er begnadigt worden.

Wir sind beide zur Sicherheitspolizei gegangen und haben

seine Asche wieder zurückgegeben. Jetzt bin ich mit zwei Männern verheiratet.

Was soll ich tun?«

Die letzte Zeile hatte sie wieder in großen Schriftzeichen geschrieben. Die Leute lasen die Wandzeitung schweigend, dann gingen sie nachdenklich oder verstört weiter. Was sollten sie antworten?

Die Pekinger lassen sich nicht so leicht aus der Ruhe bringen, sie sind etwas phlegmatisch; aber sie haben ein langes Gedächtnis.

Was Anfang April 1976 auf dem Tian An Men-Platz in Peking geschehen ist, vergessen sie nicht. Sie kommen immer wieder darauf zurück.

Wochenlang hatte in einer Nebenstraße der Weststadt eine Wandzeitung gehangen, die Wu De, den Oberbürgermeister und Parteichef Pekings, scharf angriff. Er war es gewesen, der damals am 6. April 1976 die Demonstranten aufgefordert hatte, den Tian An Men-Platz zu räumen. Im November 1978 war seine Stellung so schwach geworden, daß er es nicht mehr wagte, die Wandzeitung abreißen zu lassen. Er wurde als Partei- und Verwaltungschef Pekings abgesetzt. Aber das genügte den Einwohnern noch nicht; denn er hat seine Stellung im Politbüro behalten. Sie fühlten sich stark.

Fast von einem Tag zum andern war die Stimmung in Peking politisch brisant geworden. So etwas ereignete sich nicht von ungefähr. Seit dem 10. November 1978 fand eine Zentrale Arbeitskonferenz statt, an der die politischen Führer des Landes teilnahmen. Sie bereiteten eine Plenarsitzung des Zentralkomitees vor. Natürlich war die Konferenz geheim. Es wurde nichts darüber veröffentlicht.

Aber die Stadt hatte erfahren, daß wichtige Entscheidungen anstanden. Es wehte ein neuer Wind. Die Bevölkerung konnte das der Presse entnehmen, die schon seit einigen Wochen für die Verfolgten des Tian An Men-Aufstands eintrat. Sie erfuhr auf den »kleinen Kanälen«, daß in der Zentralen Arbeitskonferenz der ehemalige Oberbürgermeister Wu De und der Militärkommandant der Hauptstadt, Chen Xilian, Selbstkritik geübt hatten. Sie wußte, daß über einen neuen Kurs diskutiert und daß eine Kernfrage die Beurteilung des Tian An Men-Aufstands war. Noch vor einem Jahr hatte Hua Guofeng vor einer Arbeitskonferenz gesagt, die Demonstration sei ein konterrevolutionärer Akt gewesen, und aus diesem Grunde habe man damals gegen sie vorgehen müssen.

Das war nicht die Meinung der Pekinger. Sie schwiegen nicht. Sie hatten nichts vergessen. Vom 17. November an, etwa acht Tage nach Beginn der Konferenz, nahm die Zahl der Wandzeitungen plötzlich zu. Sie forderten die Wahrheit über die Vorgänge während des Tian An Men-Aufstands. Das war nicht manipuliert; aber die Leute wußten, daß auch in der Führung die Meinungen über diese Frage geteilt waren. Sie spürten Freiraum, und den nutzten sie. Sie unterstützten Deng Xiaoping und seine Anhänger in der Konferenz, die eine Aufklärung der Umstände jener Tage forderten.

Was hätte die Bevölkerung getan, wenn die Arbeitskonferenz, in der die gesamte Führung vertreten war, sich einhellig gegen eine Aufklärung gewandt hätte? Sie hätte sicher geschwiegen, jedenfalls vorläufig. Aber sie hätte die Vergewaltigung des Volkes in jenen Apriltagen des Jahres 1976 nicht vergessen.

Am 9. November hatte unsere Dolmetscherin, Frau Gareis, an dem Haus neben der *Volkszeitung*-Redaktion eine Wandzeitung gelesen, deren Verfasser sich beklagte, er gelte wegen seiner Beteiligung am April-Aufstand noch immer als politisch belastet. Die Zeitungen schrieben zwar viel von Rehabilitation und Wiedergutmachung. Er habe aber davon noch nichts gemerkt. Man dürfe kein Wort von dem glauben, was in den Zeitungen stehe. Alle Leute in der Redaktion der *Volkszeitung* im Hause nebenan seien Lügner.

Die Redaktion der *Volkszeitung* ließ die Vorwürfe nicht auf sich sitzen. Sie seien ungerecht und auf jeden Fall zu scharf. Aber im Grunde gab sie dem Mann doch recht und wollte sich für ihn bei den Behörden einsetzen.

Die Wandzeitungen in der Wangfujing-Straße beschrieben vornehmlich private Schicksale, klagten über unrechtmäßige Verhaftungen, politische Verfolgung, aber auch über mangelhafte Zahnbehandlung, unfreundliche Bedienung in bestimmten Läden oder Schikanen der Beamten. Mitte November aber entdeckten die Verfasser von Wandzeitungen eine lange Ziegelmauer in der Nähe des Telegrafenamtes, die sich gut zum Ankleben von Wandzeitungen eignete. Sie war vom Stadtzentrum zwar einige Kilometer entfernt, aber an ihr war Platz auch für lange Artikel. Und die Beschwerden der Bevölkerung waren nicht kurz, besonders wenn sie an den Tian An Men-Aufstand dachte. Die Wandzeitungen, die hier an der Mauer in der Nähe des Telegrafenamtes erschienen, forderten die Wahrheit über die Ereignisse jener Tage. Sie verlangten, daß alle bestraft würden, die befohlen hatten, den Aufstand niederzuschlagen. Sie griffen gelegentlich sogar Mao an. Aber der Aufstand am Tian An Men-Platz war vorläufig noch das Hauptthema. Vorläufig.

Einige wörtliche Auszüge:

»Das Volk ist entrüstet, es ist angewidert von den Versuchen, zu vertuschen, wer im Vordergrund oder Hintergrund an der großen Tragödie des 5. April 1976 mitgewirkt hat und mitschuldig ist. Diese Leute sollten der ganzen Nation über ihre Morde und Verhaftungen und die Unterdrückung der revolutionären Volksbewegung offen und wahrheitsgemäß Rechenschaft ablegen . . . Wir fordern einen Untersuchungsausschuß, der der Nation die Wahrheit über die Tragödie verkündet, und zwar:

— Wer waren die Rädelsführer? Wer hat den Aufstand als Verbrechen bezeichnet?
— Wer hatte die oberste Befehlsgewalt bei der Niederschlagung des Aufstands?
— Wer hat befohlen, Tausende von Angehörigen der Miliz und der Sicherheitsorgane zu mobilisieren, um das Volk am Tian An Men zu unterdrücken?
— Wer hat diesen faschistischen Horden befohlen, die revolutionären Massen des werktätigen Volkes im Sun Yatsen-Park, im Kaiserpalast und im Kulturpalast zusammenzuschlagen?
— Wie viele Menschen sind insgesamt umgekommen, nicht nur in Peking, sondern im ganzen Land?«

»Wenn der Vorsitzende Mao nicht genickt hätte, würde man dann den Tian An Men-Zwischenfall als ›konterrevolutionären

Akt‹ bezeichnet haben? Wir sind der Ansicht, daß die Zeit gekommen ist, den Vorsitzenden Mao neu zu bewerten ... Wir sind im Begriff, in eine neue historische Epoche einzutreten. China steht an einem Kreuzweg seiner Geschichte. Welche Richtung wird es einschlagen?«

*

»Eine kleine Gruppe von Autokraten sitzt noch immer in hohen Stellungen. Nach der Zerschlagung der Viererbande haben diese Leute die Demokratie weiterhin unterdrückt, genauso wie die Viererbande. Wir wollen dieser kleinen Gruppe in vollem Ernst mitteilen, daß das Volk klar sieht und sie niederwerfen wird. Eure Tage sind gezählt, wenn ihr dem Volk nicht offen eure Verbrechen bekennt und das Urteil des Volkes annehmt...«

*

»China ist das Zentrum der Weltrevolution, und dennoch ist es merkwürdig, daß es in China so schwerfällt, Fehler aufzudekken. Die Völker des Westens haben das besser gemacht, als sie die Guillaume-Affäre, die Lockheed-Affäre und die Watergate-Affäre und ihre Hintergründe enthüllten.«

In diesen Tagen erschien eine Sammlung der Gedichte, die im April 1976 zum Gedenken Zhou Enlais auf dem Tian An Men-Platz niedergelegt oder dort vorgelesen worden waren. Es waren bewegende Gedichte darunter, die das Pathos aller Freiheitslyrik hatten. Die Radikalen wurden darin angegriffen. Hua Guofeng hatte dem Herausgeber-Kollektiv — allerdings erst nach einigem Zögern — den Buchtitel *Sammlung von Gedichten des Tian An Men-Platzes* in seiner Handschrift geschickt. Er hatte die Zeichen der Zeit erkannt. Er sah, daß er, der während des Tian An Men-Aufstands den Posten des Sicherheitsministers innehatte, verwundbar war. Er versuchte nun, sich der Bewegung, die die Aufklärung der damaligen Ereignisse forderte, anzuschließen. Er war mehr als je zuvor auf Deng Xiaoping angewiesen, der wegen des Tian An Men-Aufstands, wenn auch nicht allein deswegen, seine Ämter verloren hatte.

Die Pekinger *Volkszeitung* veröffentlichte auf Druck der

Wandzeitungen hin »Die Wahrheit über die Tian An Men-Ereignisse«. So lautete jedenfalls die Überschrift der beiden langen Artikel vom 21. und 22. November. An der früheren falschen Darstellung war, wie wir jetzt lesen konnten, natürlich die Viererbande schuld gewesen; ihr Propagandachef Yao Wenyuan ganz besonders, der von einem geplanten, organisierten konterrevolutionären Akt gesprochen und geschrieben habe. Das sei selbstverständlich falsch. Damals habe vielmehr eine spontane revolutionäre Aktion stattgefunden.

Solche formale Bewertungen sind wichtig: Wer damals wegen Beteiligung an einer konterrevolutionären Aktion verhaftet worden war, konnte jetzt die Freilassung und Rehabilitierung fordern. Ob er gleich Erfolg haben würde, das war freilich eine andere Frage; denn die Funktionäre, die damals seine Verhaftung verfügt hatten, saßen ja meist noch auf ihrem Posten. Die amtliche Klassifizierung eines Ereignisses ist in allen kommunistischen Staaten von Bedeutung, bei den Chinesen aber ganz besonders. Bei ihnen kam ja den Herrschern von jeher die Aufgabe zu, *die Dinge zu benennen* »damit der menschliche Geist nicht darunter leidet, mißverstanden zu werden«. Außerdem lieben sie seit jeher Typisierungen, auf der Opernbühne ebenso wie in der Literatur, wo die Strengen Gouverneure, Schamhaften Töchter, Gerechten Richter, die Treuen Feldherrn in Geschichten und Anthologien typisiert dargestellt werden.

Die Benennung der Dinge war und blieb ein Mittel der Herrschaft. Denn wenn die Namen und Begriffe festgelegt waren, konnte das Volk sie nicht mehr nach Belieben ändern.

Die Chinesen lieben die Schwarz-Weiß-Darstellung. Zu dem »Schwarzen« hält man Distanz, mit einem »Weißen« zu verkehren, bringt Gewinn. Wenn die Demonstrationen auf dem Tian An Men-Platz konterrevolutionär waren, mußte man im Gespräch über dieses Thema vorsichtig sein. Waren sie aber ein revolutionärer Akt, konnte man seine Zustimmung offen aussprechen und Strafen für die fordern, die ihn damals unterdrückt hatten.

Auch ein Mensch konnte schwarz sein, wenn er etwa eine schwarze Klassenherkunft, eine schwarze politische Vergangenheit oder wenn er schwarze Gedanken hatte. Man konnte von schwarzer Musik, schwarzer Malerei und schwarzer Literatur sprechen.* Aber selbst wenn etwas schwarz und weiß zugleich ist, lieben die Chinesen zu quantifizieren: Die Kulturrevolution war bis zu Maos Tod zu fünfundneunzig Prozent gut und zu fünf Prozent schlecht. Stalin war zu siebzig Prozent gut und zu dreißig Prozent schlecht. Auf einer Wandzeitung an der Mauer der Demokratie fand ich eine Bemerkung, die ein Leser an den Rand geschrieben hatte: »Mao war zu dreißig Prozent gut und zu siebzig Prozent schlecht.«

Die beiden langen Artikel der *Volkszeitung* beschrieben den Verlauf der Ereignisse auf dem Tian An Men-Platz zwar im wesentlichen richtig und so, wie er auch uns bekannt war; aber wichtige Ereignisse wurden ausgelassen. Es stand in der Zeitung nichts von den Demonstranten, die im Kulturpark, hinter den hohen Mauern des Kaiserpalastes, mit Knüppeln totgeschlagen worden waren. Die Zeitung verschwieg den Namen des Mannes oder der Männer, die befohlen hatten, den Aufstand niederzuschlagen. Wenn man das einem Mitglied der Viererbande hätte anlasten können, dann hätte die Zeitung nicht geschwiegen. Wessen Name wurde hier verschwiegen?

War Wu De gemeint, der damals Stadtoberhaupt war und die Menge über Lautsprecher aufforderte, den Platz zu räumen? Oder der damalige Sicherheitsminister Hua Guofeng? Einmal war in dem Artikel von einem »schwarzen Element« in den städtischen Sicherheitsbehörden die Rede; aber dieses »Element« war wohl nicht gemeint.

Nur ein einziger konnte damals entscheiden. Nur ein einziger konnte den Befehl geben, den Aufstand niederzuschlagen. Niemand als er konnte die Verantwortung für einen solchen Befehl tragen. Er nämlich, der immer die permanente Revolution gefordert hatte. Und dann, als der revolutionäre Geist sich gegen ihn wandte?

Man kann ihn sich vorstellen: Er war in seinem Haus, nur wenige hundert Meter vom Tian An Men entfernt und saß in

---

* Nicht ganz so scharf abzulehnen ist das »Ungesunde«. Ungesund — *bu liang* — sind zum Beispiel Prahlereien, Übertreibung der Produktionsziffern, Vorliebe für extravagante Kleidung, zu langes Haar bei jungen Männern. In der Kulturrevolution wurde das Schlagen, Foltern, die Zerstörung von Kunstwerken, soweit nicht gefördert oder geduldet, nur als Übereifer oder als »ungesundes« Praxis bezeichnet.

seinem schlichten Sessel. Er war schwer leidend, konnte ungestützt weder gehen noch stehen. Seine Worte waren stöhnende, krächzende Laute. Nur seine Sekretärin und einige wenige Menschen außer ihr konnten sie verstehen und übersetzen. Oft schrieb er auf, wenn man seine Worte mißverstand. Sein Geist war noch ganz klar.

Er las die manipulierten Berichte über die Vorgänge auf dem Tian An Men-Platz. Durchschaute er sie? Glaubte er ihnen? Revolutionärer Geist? Der war nur bei ihm. Was sich dort auf dem Tian An Men-Platz erhob, war für ihn die dämonische Fratze des Aufruhrs.

Hat er den Dingen, die hier auf ihn zukamen, den Namen gegeben, wie es Aufgabe des Kaisers war? Oder hat er in dialektischen Sprüngen, die er für philosophisches Denken hielt, die Dinge hin und her gewendet und es den anderen überlassen, die Synthese und den Namen für die Ereignisse selbst zu finden? Nämlich Konterrevolution. Gegen die es nur ein Mittel gab: Niederschlagen! Wir wissen nicht, wie er sich an jenem Tage verhalten hat. Aber man kann es sich denken.

Er liebte es, sich wie der Kaiser in der chinesischen Oper zu verhalten, der einen Mann höflich und gnädig verabschiedet, aber die Höflinge aus einem Blick und einer kleinen Geste erkennen läßt, daß das kaiserliche Drachenantlitz beruhigter wäre, wenn der Mann verschwände. Und das geschieht diskret, ohne daß der Kaiser je wieder davon hört, ohne daß sein Gewissen belastet ist. Er braucht nicht die Verantwortung zu tragen. In den Chroniken und Akten werden weder der Blick noch die kleine Geste vermerkt.

Die beiden Artikel der *Volkszeitung* über die Ereignisse auf dem Tian An Men-Platz vor zwei Jahren waren lang, aber sie verschwiegen, was Mao Zedong dazu gesagt hatte. Sie waren wohlgemeint, aber sie sagten nur die halbe Wahrheit. Sie stellten die Bevölkerung nicht zufrieden.

Chang An — »Dauernder Friede« — ist der alte Name Xians, der Hauptstadt Chinas im ersten Jahrtausend. Die Chang An-Straße in Peking ist ebenso breit wie langweilig. Sie durchschneidet Peking von Ost nach West und führt am Tian An Men vorbei. In der Weststadt wird sie besonders langweilig. Rechts und links stehen einstöckige Häuser, oft hinter Mauern, und nur manchmal ragen höhere, dem imperialen Anspruch der Straße etwas, aber auch nur *etwas* angemessenere Gebäude empor, wie das Minzu-Hotel oder das Telegrafenamt. Bevor man zum Telegrafenamt kommt, muß man an jener wohl hundertfünfzig Meter langen Ziegelmauer vorbei, wo die langen Artikel mit den Beschwerden über die Ereignisse beim Tian An Men-Aufstand erschienen sind. Die ausländischen Korrespondenten in Peking haben die häßliche Ziegelmauer, an der seit dem 17. November Wandzeitungen angeklebt wurden, »Mauer der Demokratie« getauft.

Wandzeitung heißt auf chinesisch *dazibao,* wörtlich übersetzt »Groß-Schriftzeichen-Zeitung«. Wandzeitungen sind eine alte Einrichtung in China. Sie werden schon früh in der Literatur erwähnt. In einer Gesellschaft, in der es keine Volksversammlungen, keine Parlamente, keine Presse gab, waren sie ein geeignetes Mittel, die eigene, private Sache zu einer öffentlichen zu machen.

Jetzt waren sie ein Mittel, in dem sich die öffentliche Meinung unmittelbar ausdrückte. Wandzeitungen anzuschlagen, war eine der verfassungsmäßig garantierten Freiheiten. In der Regel tauchten Wandzeitungen einmal hier, einmal dort auf. Es waren sporadische Aktionen. Man zeigte an, daß man eine Wohnung oder einen Arbeitsplatz tauschen wollte, und heftete oder klebte die Anzeige an einen Laternenpfahl, einen Leitungsmast oder eine Hauswand. Aber manchmal fragte man auch, warum die Tochter, die während der Kulturrevolution in die nördliche Mandschurei verbannt worden war, noch immer nicht zurückkommen durfte. Journalisten und Diplomaten machten einander aufmerksam, wenn sie eine Wandzeitung gesehen hatten, die nicht nur eine private Anzeige enthielt, sondern politisch bemerkenswert war.

Doch es gab auch Zeiten, in denen die Leidenschaften der Bevölkerung so hochgingen, daß überall Wandzeitungen angeklebt wurden, wie in Schanghai nach der Verhaftung der Viererbande oder am Jahrestag von Zhou Enlais Tod. Da waren sie Zeichen der politischen Bewegung im Volk. Wenn die Bewegung abgeflaut war, hingen sie noch Tage und Wochen an Mauern und Holzwänden, von Wind und Wetter zerrissen, bis sie bei einem Großreinemachen ganz verschwanden.

An der Mauer der Demokratie aber hingen sie schon zehn Tage, und nichts deutete darauf hin, daß die Bewegung abflauen würde. Es kamen immer neue Wandzeitungen hinzu, und die Mauer schien zu einer Institution, zu einer Art Hyde Park Corner von Peking zu werden, wo jedermann seine Beschwerden loswerden konnte und wo er ein Publikum fand.

Gewiß, die Wandzeitungen enthielten oft private Beschwerden oder Weltverbesserungstheorien, wie man sie auch im Hyde Park hören konnte. Aber aus den meisten sprach doch ein energischer politischer Protest, der sich zuerst nur gegen die Funktionäre richtete, die den Tian An Men-Aufstand unterdrückt hatten, dann aber, Ende November, weitergingen, über den Anlaß hinaus, und grundsätzlichere Kritik übten. Sie stellten das System in Frage.

Dennoch waren die Leute nicht mehr so erregt wie in den ersten Tagen, als die Bewegung begonnen hatte. Sie waren selbstsicherer geworden. Sie standen in Gruppen zusammen. Die meisten werden zwanzig bis fünfunddreißig Jahre alt gewesen sein. Es war die Generation, in die die Kulturrevolution wie ein Wirbelsturm gefahren war: eine geschlagene, entwurzelte, unruhige, leidgeprüfte Generation. Aber vielleicht war sie gerade deshalb politisch wach und mutig.

Die jungen Leute diskutierten in Gruppen über das, was sie eben gelesen hatten. Manche hockten am Boden und kopierten die Texte, die ein anderer von einer Wandzeitung abgeschrieben hatte, denn vor den interessanten Blättern standen die Leute oft so dicht, daß man lange brauchte, um in die vordersten Reihen zu kommen.

Die Stimmung war freundlich, auch den Ausländern gegenüber. Ein junger Mann fragte mich, aus welchem Land ich komme und wo ich arbeitete. Ich sagte es ihm. Da rief jemand von hinten auf englisch: *»How are you, Mr. Wickert?«* Es war ein junger Mann, den ich nicht kannte. Er sagte, er habe mich einmal im Kohleministerium gesehen. Ich dachte: Es ist vielleicht nicht gut, wenn ich mich hier zu oft sehen lasse.

Wörtliche Auszüge aus den Wandzeitungen:

»Wir fordern die Regierung nachdrücklich auf, für die 90 Märtyrer, die in der revolutionären Bewegung des 5. April ermordet wurden, einen Friedhof anzulegen. Ein Jugendlicher des 5. April.«

Ein Leser hatte mit dem Rotstift einen Kreis um die Zahl 90 gemacht und daneben geschrieben: »Nur 90?«

*

In einer anderen Wandzeitung stand mit dickeren Pinselstrichen geschrieben:

»Die Partei hat uns betrogen. Sie hat uns Demokratie versprochen. Was wir aber bekommen haben, ist die Diktatur des Proletariats!«

*

Unter dem Pseudonym Yao Hanwei, das heißt »(Wir) wollen schützen«, schrieb jemand:

»Der Vorsitzende Mao war groß.
Ministerpräsident Zhou war redlich und offen.
Der Vorsitzende Hua ist weise.
Wer gegen den Vorsitzenden Mao ist,
Wer gegen den Ministerpräsidenten Zhou ist,
Wer gegen den Vorsitzenden Hua ist,
der wird kein gutes Ende nehmen!«

*

Die Wandzeitung, die sich also schützend vor Mao stellte, war beschädigt, als habe man sie abreißen wollen. Sie war mit Bemerkungen vollgekritzelt. Hier eine Auswahl:

»Solche Parolen haben wir in den letzten Jahren genug gehört!«

»Derartige Schlagworte können die Wahrheit nicht ersetzen!«

Wenn du uns in Schrecken versetzen willst, mußt du anders reden!«

»Lächerlich!«

»Hundefurz!«

*

Eine Wandzeitung, die von Arbeitern einer Rundfunkgeräte-Fabrik angeklebt worden war, fordert das Volksgericht auf, gegen die Helfershelfer und Lakaien der Viererbande Anklage zu erheben:

»Wir haben genug von einem Leben ohne Rechtssicherheit, von einem System, in dem man den Genossen Ho Lung nirgendwo im Lande finden konnte, als er ›verschwunden‹ war, obwohl er ein Marschall war und China nur zehn Marschälle hatte. Es ist nicht wahr, daß Demokratie und Menschenrechte nur bourgeoise Klassenparolen des Westens sind.«

*

Am meisten beachtet wurde eine Wandzeitung, die von einem zwölfköpfigen »Demokratischen Forum« der südchinesischen Provinz Guizhou verfaßt war. Sie rief zu einer Generalabrechnung mit dem »Aberglauben und Götzendienst« der vergangenen Jahre auf:

»Amerika ist kapitalistisch. Es ist das höchstentwickelte Land der Welt. Es hat eine Geschichte von nur zweihundert Jahren, aber es hat sich so schnell entwickeln können, weil es frei von Idolen und Aberglauben ist... Demokratie ist die Voraussetzung für das Gedeihen der Wissenschaft. Chinas Erster Kaiser Qin Shihuang ist schon zweitausend Jahre tot, aber der Schatten des Tyrannen ist noch über uns, und wir hören seine Peitsche knallen, wenn von Demokratie und Menschenrechten die Rede ist.«

Diese Wandzeitung hing nicht an der Mauer der Demokratie, sondern am Tian An Men-Platz, gegenüber der Großen Halle des Volkes, wo gerade die Zentrale Arbeitskonferenz tagte, und neben dem Amt für Öffentliche Sicherheit. Sie war grafisch eindrucksvoll aufgemacht. Sie bestand aus sechzig großen Bogen; und immer standen Leute davor, lasen und schrieben sich den Text ab.

*

Eine kürzere, ebenso schön geschriebene Wandzeitung trug die Überschrift »Herzenswunsch!«, aber es folgte kein Heiratsangebot, sondern der Wunsch, eine Ehrenhalle für Zhou Enlai und davor ein lebensgroßes Standbild des Ministerpräsidenten zu errichten, und zwar in Bronze. Unterzeichnet hatten die

Mitglieder des Instituts für Buntmetalle im Metallurgieministerium.

Die Zuteilung des Metalls für den Bronzeguß war damit wohl gesichert.

Der amerikanische Kolumnist Robert Novak war Ende November zu Besuch in Peking, und natürlich besichtigte er auch die Mauer der Demokratie. Er sprach dort über einen Dolmetscher mit den Chinesen, die ihn, als er sagte, er werde am nächsten Tage Deng Xiaoping sehen, sofort umringten. Wenn sie Wünsche hätten, sollten sie sie ihm aufschreiben; er werde sie Deng Xiaoping geben. Er erhielt eine Menge schnell auf Zettel hingekritzelter Wünsche und Fragen. »Aber wie erfahren wir, was Deng geantwortet hat?« wollten die Chinesen wissen. Robert Novak versprach, am nächsten Abend um sieben Uhr wieder an der Mauer der Demokratie zu sein.

Deng Xiaoping sagte am nächsten Vormittag zu einem japanischen Politiker, die Wandzeitungen seien doch etwas ganz Normales. »Sie beweisen, daß die Lage in unserem Land stabil ist. Unsere Verfassung erlaubt sie. Wir können das nicht leugnen und dürfen die Massen nicht kritisieren, wenn sie von ihren demokratischen Rechten Gebrauch machen und Wandzeitungen anschlagen. Wenn die Massen sich ärgern, sollen sie den Ärger auch loswerden können. Nicht alle Ansichten der Massen sind sorgfältig durchdacht; aber das können wir auch nicht verlangen, und das ist auch nicht weiter schlimm...« Zu Robert Novak hat er sich am Nachmittag anscheinend ähnlich geäußert. Ob Novak in dem Interview alle Fragen und Wünsche an Deng weitergeleitet hatte, die ihm »die Massen« übergeben hatten, weiß ich nicht. Hatte er vielleicht Bedenken, die Grenzen zu überschreiten, die einem Gast und Berichterstatter gesetzt sind, wenn er sich die Rolle eines Mittelsmannes zwischen »den Massen« an der Mauer der Demokratie und der Regierung der Volksrepublik China zuschrieb? Er hielt die Verabredung an der Mauer der Demokratie jedenfalls nicht ein.

Statt dessen übernahm es John Fraser, der Korrespondent des kanadischen Blattes *Toronto Globe and Mail,* zu »den Massen« zu reden, freilich ohne Chinesisch sprechen zu können. Er war bis vor zehn Monaten Ballett- und Theaterkritiker seines Blattes gewesen und hatte keine China-Erfahrungen.

Peter Christian Hauswedell rief mich um halb neun abends an und sagte, es seien tatsächlich Massen gekommen. Er schätze, an die dreitausend Menschen. Fraser selbst, kein Freund des *understatement,* sprach später von zehntausend. Als Fraser der Menge über Dolmetscher berichtete, Deng habe die Mauer als gute Sache bezeichnet, sei ein Begeisterungssturm losgebrochen. Hauswedell sagte, er spreche von einem öffentlichen Telefon im Telegrafenamt. Die Menge formiere sich gerade zu einem Demonstrationszug und wolle zum Tian An Men marschieren. Sie sei friedlich. Er werde in gebührendem Abstand folgen und beobachten.

Hauswedell war erstaunt, wie selbstverständlich alles ablief, wie ruhig sich der Zug aufstellte, ohne daß Ordner oder Organisatoren hervortraten. Die Demonstranten forderten die Ausländer auf, zu fotografieren und nachher alles mitzuschreiben. Sie wünschten, daß die Ansichten der Chinesen zu Freiheit und Demokratie in der Welt bekannt würden.

Auf dem Platz des Himmlischen Friedens, am Denkmal für die Gefallenen der Revolution, lasen einige Chinesen noch einmal vor, was Deng Xiaoping gesagt hatte. Die Menge brachte Hochrufe auf ihn, auf Hua Guofeng, auf Zhou Enlai, auf die Freiheit und die Demokratie aus. Dann wandte sie sich zur Großen Halle des Volkes und sang die Internationale und die Nationalhymne. Es war, berichtete Hauswedell, ein bewegender Augenblick.

Ich hatte an dem Abend chinesische Gäste und konnte erst kurz vor zehn Uhr das Haus verlassen. Ich fuhr zum Tian An Men, aber auf dem Platz waren nur wenige Menschen. Es war kalt, etwa zehn Grad unter Null. Ein Staubsturm wehte mir Sand in die Augen. Es war nicht das ideale Wetter für Massenveranstaltungen im Freien. Die Straßenlaternen gaben nur ungenügendes Licht. An der Mauer der Demokratie standen Leute mit Taschenlampen und lasen.

Unter den kahlen Bäumen sah ich mehr Gruppen als gewöhnlich. Die Menschen hatten alle ihre dicken wattierten Hosen und Jacken an und wirkten, da sie oft mehrere Kleidungsstücke übereinander trugen, dick und unförmig. Es waren, soweit ich in der Dunkelheit erkennen konnte, meist jüngere Leute. In der Mitte einer Gruppe wurde laut über Mao diskutiert. Vom Rande der Gruppe kamen Einwürfe. Ich hörte aus dem Dunkel deutsche, präzise gesagt: sächsische Laute. Eine Stimme sagte: »Frach'nse doch mal, was das alles zu bedeit'n hat!«

Es stürmte und staubte so sehr, daß ich manchmal die Augen schließen mußte. Die Chinesen kümmerten sich nicht darum; sie diskutierten weiter. Ich war nicht so warm angezogen wie sie und fuhr nach Hause.

Als ich am Tor des Himmlischen Friedens vorbeikam, gingen die Lampen auf dem Platz aus. Auch in der Großen Halle des Volkes brannte kein Licht mehr.

Hauswedell und Frau Gareis waren in der Botschaft. Wir setzten uns in die Bibliothek und tranken noch einen Kognak gegen die Kälte. Sie berichteten und standen noch ganz unter dem Eindruck dessen, was sie eben erlebt hatten.

Ich verstand das. Sie waren Zeuge eines jener seltenen Augenblicke gewesen, wo sich die einzelnen in einem gemeinsamen Willen gefunden hatten. Die Menge fühlt sich in solchen Augenblicken zu Großem fähig, sie *ist* zu Großem fähig, zu allem, auch zu unüberlegten Handlungen; denn in diesen Augenblicken denkt sie nicht.

Das Pathos solcher Stunden kann ergreifen, auch wenn man nur Beobachter ist. Ich kann es mitfühlen, und doch waren mir diese Augenblicke und Stimmungen des Hochgefühls immer unheimlich, weil ihnen die Helle, die Vernunft, die Logizität fehlen. Sie haben oft genug ins Unheil geführt.

Der Versuch der beiden Korrespondenten Fraser und Novak, zwischen »den Massen« an der abendlichen Mauer der Demokratie und der chinesischen Führung zu vermitteln, war vielleicht aus journalistischem Interesse an einer Sensation entstanden, aber er war auch naiv und nicht ganz bedacht. Wie konnten sie, die nicht Chinesisch sprachen, gewiß sein, daß sie die Menge im Zaum halten konnten! Sie hatten Glück gehabt, daß sie ihnen nicht aus der Hand geglitten war.

Die Frau des Journalisten Fraser, die unter dem Namen Elizabeth MacCallum schreibt, schilderte später in einem langen Artikel, wie sich nach dem Auftritt ihres Gatten an der Mauer der Demokratie ein ganz wunderbares, mit Worten kaum wiederzugebendes freundschaftliches Verhältnis zwischen ihnen und dem chinesischen Volk ergeben habe. Es habe dann zu allen Stunden des Tages und der Nacht bei ihnen angerufen und auf diese Weise den Korrespondenten der Zeitung *Toronto Globe and Mail* wissen lassen, was eigentlich in China los war, während die anderen Korrespondenten, von den ahnungslosen Diplomaten ganz zu schweigen, den Puls der Massen nicht fühlend, völlig im dunkeln tappten. Es war, wenn ich den Artikel richtig verstanden habe, eine Schicksalsstunde nicht nur für Elizabeth MacCallum und ihren Gatten, sondern auch für das chinesische Volk. Der Artikel in der kanadischen Zeitschrift trug den Titel *How my Husband Brought Democracy to China.*

Doch als die Chinesen, ungeachtet der Bemühungen Frasers, ein Jahr danach die Demokratie immer noch nicht eingeführt hatten, verließ er, angewidert von dieser Unvernunft und dem Gerede seiner Kollegen und der Diplomaten, die die Zeit der Demokratie noch nicht gekommen sahen, das Land und schrieb ein Buch, das den schlichten Titel trägt: *The Chinese — Portrait of a People.*

Auch an den nächsten beiden Abenden beschlossen die Leser der Wandzeitungen, von der Mauer der Demokratie zum Platz des Himmlischen Friedens zu marschieren und in gleicher Weise zu demonstrieren; aber der große Geist historischer Stunden wird über Nacht leicht schal, jedenfalls wollte er sich bei den Wiederholungen nicht mehr recht einstellen.

Außerdem waren manche Leser und Autoren der Wandzeitungen enttäuscht, als sie in der *Volkszeitung* lasen, daß Deng Xiaoping, den sie gerade hatten hochleben lassen, in seinen Interviews gesagt hatte, manche Ansichten der Wandzeitungen seien wenig durchdacht und dienten nicht der Stabilität des Staates. Seinen Satz »Wir müssen diese Dinge den Massen erklären und sie zu führen wissen« faßten sie als kaum verhüllte Drohung auf. Wohl zu Recht.

Wenige Tage später wurde den Basiseinheiten der Partei in Peking und Schanghai und wohl auch an anderen Orten eine vertrauliche Direktive übermittelt, in denen die Bürger aufgefordert wurden, Mao weder in Reden noch in Wandzeitungen namentlich anzugreifen. Diskussionen sollten in Zukunft nicht mehr auf der Straße stattfinden, sondern in die Arbeitseinheiten der Betriebe und die Nachbarschaftsorganisationen verlegt werden.

Ein junger Chinese, mit dem ich darüber sprach, sagte bitter: »Glauben Sie nur nicht, daß Deng Xiaoping diese Wandzeitungen wirklich für eine gute Sache hält! Es war ihm natürlich angenehm und nützlich, daß sie die Wahrheit über den Tian An Men-Aufstand forderten, als er in der Zentralen Arbeitskonferenz seine Pläne gegen die alten Maoisten wie Wu De, Wang Dongxing und andere durchsetzen wollte. Außerdem wurde auch Hua Guofeng dadurch in Verlegenheit gebracht. Darum sprach sich Deng eine Zeitlang für etwas mehr Freiheit aus. In diesen Tagen der Konferenz waren die Wandzeitungen in der Tat für ihn ›eine gute Sache‹ gewesen. Jetzt aber hat er sich offenbar in der Führung durchgesetzt, und nun werden die Diskussionen in die Einheiten verlegt, wo man sie leichter kontrollieren kann.«

Es wurden weiterhin Wandzeitungen angeschlagen; dennoch verlor die Mauer der Demokratie an Anziehungskraft. Früher waren viele Leute auf dem Wege von oder zu der Arbeit dort vom Fahrrad gestiegen, um die neuesten Anschläge zu lesen; jetzt fuhren die meisten vorbei. Die Bevölkerung Pekings hatte gefordert, den Tian An Men-Aufstand als revolutionäre Aktion anzuerkennen. Das war geschehen. Es war damit zu rechnen, daß mehr und mehr Politiker rehabilitiert wurden, die früher von den Linken verfolgt worden waren. Die Forderungen der Wandzeitungen nach mehr Freiheit, Demokratie und Garantie der Menschenrechte waren nicht mehr neu. Hinzu kam, daß die amtlichen Zeitungen selbst oft in die Kritik einstimmten, zwar nicht so leidenschaftlich, aber meist besser begründet. Es wurden Leserbriefe in der Presse veröffentlicht, die auch als Wandzeitungen hätten erscheinen können. Die Verfasser der Wandzeitungen sahen sich daher nicht mehr so beachtet wie früher.

Es war bemerkenswert, daß die Studenten sich nicht an der Mauer der Demokratie zu Wort meldeten. Wenn man mit ihnen darüber sprach, sagten sie, sie seien mit ihrem Studium beschäftigt. In den vergangenen Jahren hätten sie durch politische Agitation, durch politische Schulung oder durch die Verschickung »hinab aufs Land« so viel Zeit verloren, daß sie jetzt endlich an ihre Examina denken müßten. Sie waren der Politik müde, und wer von ihnen in der Kulturrevolution gehofft hatte, die Welt umzustürzen und eine neue, bessere heraufzuführen, hatte erkannt, daß der Weg von damals ein Irrweg gewesen war, der nur zerstört, nichts aufgebaut hatte.

Die Professoren und die Intellektuellen überhaupt waren skeptisch, wenn die Rede auf die Wandzeitungen kam. Sie hatten genug von politischen Forderungen, die nur Unruhe schaffen konnten. Sie wollten sich nicht mehr exponieren. Sie träumten noch die Ängste der Kulturrevolution. Sie meinten, es laufe ja ohnehin alles auf eine gewisse, wenn auch nicht durchgreifende Liberalisierung hinaus. Die Intelligenz werde ja wieder gesucht und respektiert. Damit solle man zufrieden sein. Wie lange die neue Phase anhalte, könne niemand voraussehen; aber solange sie währe, wolle man auch etwas davon haben. Die Protestierer seien bestenfalls ehrliche und begeisterungsfähige junge Menschen. Sie hätten nichts zu verlieren. Sicher seien viele ihrer Klagen berechtigt, aber ob sie etwas damit erreichen würden, sei doch sehr zweifelhaft. Im Gegenteil, mit ihren Forderungen könnten sie sich in ein riskantes politisches Abenteuer stürzen, die schwache Liberalisierungstendenz gefährden und sogar die Führung zu repressiven Maßnahmen veranlassen. Selbst unter sonst kritischen chinesischen Journalisten, die mit beachtlichem Mut auf ihrem eigenen Gebiet für einen größeren Freiraum kämpften, hörte ich skeptische Einwände. Sie sagten, sie läsen zwar in den ausländischen Agenturberichten, was wenige Schritte von ihrer Redaktion in den Wandzeitungen stehe; sie selbst aber seien noch nie dort gewesen. Das meiste, was dort gefordert werde, sei in der gegenwärtigen Lage politische Utopie.

Als das Interesse der Pekinger an der Mauer der Demokratie nachließ, änderte sich der Charakter der Wandzeitungen. Die Verfasser waren tatsächlich meist junge Leute, die während der Kulturrevolution oder danach zur Landarbeit abkommandiert worden waren, und jetzt — legal oder illegal — in die Stadt zurückgekommen waren. Sie hatten keine Arbeit. Sie hatten vor zehn Jahren die Schulbank oder die Bank in den Hochschulen verlassen; sie sahen jetzt, daß sie nicht nachholen konnten, was ihnen in den zehn Jahren entgangen war. Viele hatten wohl auch nicht den Mut, ihre Ausbildung fortzusetzen. Sie waren eine verlorene Generation, politisch ausgenutzt, enttäuscht, verbittert, aggressiv.

Aber Larmoyanz oder Selbstmitleid kam in ihren Wandzeitungen nie zum Ausdruck. Sie hatten vielleicht zuviel durchgemacht. Diese Eigenschaften trifft man eher bei Jugendlichen, auch solchen reiferen Alters, an, die unter Konsumterror oder Leistungsdruck zu leiden haben oder die jahrelang dem Luxus eines wohlhabenden, bourgeoisen Elternhauses ausgesetzt waren.

Die Autoren der Wandzeitungen bildeten kleine Gruppen Gleichgesinnter. Einmal waren sie aus dem Gleis geworfen worden, nun wollten sie sich nicht wieder in die alten, ausgefahrenen Gleise zurückversetzen lassen wie die Studenten. Meistens gab man ihnen außerdem nicht einmal eine Gelegenheit, wieder in die alte Routine zurückzukehren. Sie wollten etwas Neues. Etwas Neues jedenfalls für China: Demokratie, Garantie der Menschenrechte, Meinungsfreiheit, Pressefreiheit, Gesetzlichkeit. Es waren bewegende und mitreißende Aufrufe unter den Wandzeitungen, geschrieben mit einem Pathos, das seine Kraft nur aus langer Unterdrückung erhält. Man spürte, daß die Verfasser für ihre Überzeugung eintreten würden. Sie waren mutig in ihrer Kritik an den Verhältnissen in China, an der Verfilzung in der Funktionärsschicht, an der politischen Willkürherrschaft der Funktionäre in vielen Teilen des Landes, der Arroganz der kleinen und großen Machthaber und ihren Privilegien, der Bürokratie, der Lüge in der Propaganda. Ihre Kritik war bitter und traf oft ins Schwarze.

Sie forderten Demokratie und Menschenrechte; aber viele von ihnen wußten nur ungenau, was das war. In rührender Weise erkundigten sie sich manchmal bei Ausländern an der Mauer der Demokratie, wie Demokratie eigentlich funktioniere und wie weit die Freiheit darin gehe. Sie hatten Owen oder Young oder Thomas Morus gelesen, aber die politische Wirklichkeit kannten sie nicht. Woher auch? Die chinesischen Journalisten, mit denen ich darüber sprach, warfen den Autoren gerade diese Unkenntnis der Welt vor. Sie seien Idealisten — und das ist nach kommunistischen Begriffen etwas Falsches und Verwerfliches: Hatte nicht Marx, der Materialist, gegen den Idealismus und die idealistische Philosophie gekämpft? Wenn man heute in China die Demokratie ausriefe, wie diese jungen Idealisten es wünschten, bräche das Chaos herein; denn die alten Revolutionäre und Kader ließen sich die Macht nicht einfach aus der Hand nehmen. Vielleicht sei es möglich, China innerhalb gewisser Grenzen auch im gegenwärtigen System zu demokratisieren; aber das könne nur langsam und vorsichtig geschehen. Gegen Korruption, Verfilzung und »ungesunde« Praktiken in Partei und Verwaltung zu kämpfen, sei legitim; aber das täten sie, die Journalisten, doch auch. Bis zu einem gewissen Grade, muß man einschränkend hinzufügen; denn die Behörden machten ihnen oft Schwierigkeiten, wenn sie Unregelmäßigkeiten oder bürokratischen Schlendrian aufdecken wollten. Mir fiel auf, daß in den Wandzeitungen zwar gelegentlich in allgemeinen Wendungen von den Vorzügen des »jugoslawischen Modells« gesprochen wurde oder daß von der größeren Leistungsfähigkeit des sogenannten kapitalistischen Systems die Rede war; aber die Probleme, die der chinesischen Führung auf den Nägeln brannten oder die offen zutage lagen: unzureichendes Verkehrsnetz, Energiemangel, zu starke Zentralisierung, keine Spezialisierung in der Warenproduktion, Mangel an Anreizen — diese Probleme wurden nirgends erwähnt, geschweige denn untersucht. Auch das war verständlich; denn die Verfasser der Wandzeitungen waren in diesen Fragen unerfahren, und über diese Themen konnte nur mitreden, wer ein umfassendes Bild von der chinesischen Wirtschaft besaß. Woher sollten sie es haben?

Peking war das Zentrum der Protestbewegung. Die Wandzeitungsmauer in Schanghai war bedeutend kleiner und ihre Anschläge zahmer. Ähnlich war es in anderen Provinzstädten. Protestgruppen kamen daher nach Peking, weil sie hier mehr Resonanz erwarteten und die ausländischen Korrespondenten auf ihre Wünsche aufmerksam machen konnten. Eine »Aufklärungsgesellschaft« aus Südchina klebte stilistisch und grafisch hervorragende Wandzeitungen an. Maler aus dem südchinesischen Guizhou stellten Bilder aus, die vom Stil der chinesischen Malerei ganz abwichen und an den frühen Expressionismus anknüpften. Günter Grass tauschte eine eigene Radierung gegen eine Grafik der chinesischen Künstler aus.

Es traten neue, bisher unbekannte Formen des Protests auf: Heruntergekommene, halbverhungerte Bauern aus landwirtschaftlich zurückgebliebenen und wahrscheinlich auch schlecht verwalteten Gegenden Chinas kamen ohne Reisegenehmigung und Fahrkarten in Peking an und erschienen vor dem rotlackierten Tor des Zhongnanhai-Parks, um bei dem Zentralkomitee eine Petition zu überreichen. Da sie nicht vorgelassen wurden, ließen sie sich vor dem Tor zum Sitzstreik nieder und wurden dort von ausländischen Korrespondenten fotografiert und gefilmt.

Da die Bauern keine Reise- und also auch keine Übernachtungsgenehmigung in Hotels hatten, mußten sie sehen, wo sie in Peking unterkamen. Sie schliefen in kleinen Gassen oder in Hauseingängen, wo sie vor Wind und Kälte geschützt waren und der Polizei nicht auffielen, ebenso wie einst die elenden, vom Hunger vertriebenen Bauern, die ich »vor der Befreiung« in Schanghai angetroffen hatte.

Es waren Hunderte, später Tausende, die sich aufgemacht hatten, um in Peking, wo der Weise Vorsitzende Hua Guofeng und das Politbüro regierten, ihre Petitionen vorzulegen. Aber die meisten wurden den Weg durch die langen Gänge der Pekinger Behörden geschickt, wo sich selten jemand fand, der für sie zuständig sein wollte.

Eine Woche lang trat an einer der zentralen Straßenkreuzungen unter einer Tafel, die damals noch eine Losung Maos trug, ein Mädchen aus einer Provinzstadt auf, das dort vor den Vorübergehenden Anklage gegen die Behörden ihrer Stadt erhob, weil sie den Mord an ihrer Schwester nicht untersuchten, sondern ihn vertuschen wollten. Es waren immer viele Menschen um das Mädchen, das wohl an die tausendmal seine Geschichte erzählte. Das Mädchen kam jeden Tag wieder. Sie schlief, wie sie sagte, nachts auf dem Hauptbahnhof. Ich glaubte ihr die Geschichte. Und als einmal wenig Leute umherstanden, gab ich ihr ein paar Yüan, damit sie essen gehen konnte. So also mischte ich mich, entgegen den Grundsätzen, die ich meinen Mitarbeitern immer predigte, in die inneren Angelegenheiten des Gastlandes ein.

Die Parteiführung war über diese Formen des Protestes irritiert. Sie schickte, wie sie bekanntgab, tausend Beauftragte in die Provinzen, die dort als eine Art Ombudsmänner Mißstände aufdecken sollten. Aber wo eine Partei ohne Kontrolle durch das Volk dreißig Jahre regiert, genügen tausend Ombudsmänner nicht. Die Zahl der Bittsteller vom Lande nahm nicht ab.

Die Chinesen sind gegen das Leiden anderer, die nicht unmittelbar zur Familie oder der engsten Nachbarschaft gehören, unempfindlich. Immer mußten Menschen leiden. Glücklich, wer eine Familie hat, die helfen kann! Weder halfen die Behörden noch kümmerten sich Nachbarschaftsorganisationen oder Bürgerinitiativen um die abgerissenen, hungrig herumsitzenden Bauern: Denn würden damit nicht unzählige andere ermuntert, ebenfalls nach Peking zu kommen?

Wenn auch die Pekinger von den protestierenden Bauern und den Wandzeitungen wenig Notiz nahmen, so beschäftigten sich doch die in Peking ansässigen Auslandskorrespondenten ständig mit ihnen. Von ihren chinesischen Kollegen wurden einige dieser Journalisten kritisiert, die morgens mit dem Dolmetscher zur Mauer der Demokratie fuhren, sich die neuesten Anschläge notierten und sie dann ihren heimatlichen Zeitungen oder Agenturen mitteilten in dem Gefühl, ein zutreffendes Bild von der inneren Lage Chinas gegeben zu haben. Am Abend kamen die Nachrichten über *Voice of America* oder andere Rundfunksender nach China zurück und wurden im ganzen Lande gehört. Dadurch erhielten die Texte der Wandzeitungen oft ein ungerechtfertigtes Gewicht. Denn auch Forderungen, die von den meisten Chinesen als bizarr oder jedenfalls als unmaßgebliche Ansicht eines Einzelnen angesehen wurden, zum Beispiel die Forderung nach freier Liebe oder der Zulassung von Bordellen, erschienen in den Nachrichten, als seien dies Verlangen, die von der chinesischen Öffentlichkeit geteilt und als dringlich angesehen wurden.

Je merkwürdiger manche Wandzeitungsbegehren waren, desto mehr wurden sie in den heimischen Redaktionen geschätzt; ja, die in Peking ansässigen Korrespondenten wurden oft aufgefordert, nun mal wieder einige gepfefferte Meldungen von der Mauer der Demokratie zu liefern. Die Forderung nach Freiheit und Demokratie wurde allmählich langweilig. Man brauchte stärkeren Tobak. Und wenn in den Wandzeitungen nichts Aufregendes zu finden war, sprach man mit den Herumstehenden über einen Dolmetscher. Irgend etwas Gepfeffertes fand sich dann schon.

Die japanische Nachrichtenagentur *Kyodo* berichtete einmal, Tausende von Pekingern hätten in einer Demonstration gefordert, Deng Xiaoping solle zum Ministerpräsidenten ernannt werden. Unseren Mitarbeitern, die die Demonstration auch beobachtet hatten, war diese Forderung nicht bekanntgeworden. Als sie sich bei dem *Kyodo*-Korrespondenten erkundigten, antwortete er, er habe einen Teilnehmer der Demonstration ausdrücklich gefragt, ob er sich Deng als Ministerpräsidenten wünsche, und die Antwort sei Ja gewesen.

Die drei deutschen Korrespondenten berichteten zurückhaltend und korrekt, aber einige andere Auslandskorrespondenten hatten weniger Bedenken. Sie hielten enge Verbindung zu den Verfassern der Wandzeitungen, die ihrerseits sahen, daß eine solche Symbiose auch ihnen Vorteile, nämlich ein weltweites Echo, verschaffte. Diese Korrespondenten kamen kaum jemals in die Provinzen außer auf den jährlichen Gruppenreisen, die die Informationsabteilung des Außenministeriums für sie arrangierte. Sie waren überrascht von den kritischen Gedanken, die sie nun zum ersten Mal aus chinesischem Munde hörten. Dies war, meinten sie, die Stimme des Volkes; sie übersahen jedoch, daß es nur die Stimme einer kleinen, politisch aggressiven Gruppe in dem Volk von einer Milliarde Menschen war, mit dem sie im übrigen keinen Kontakt hatten und suchten. Sie gingen morgens zur Mauer der Demokratie, hatten abends ihre Treffs mit den jungen Protestlern und glaubten, damit die Wahrheit über die Lage des Landes und seine vielfältigen Probleme zu kennen.

Diese etwas naive Art der Berichterstattung und die Versuche, über die jungen Protestierer die »Demokratie nach China zu bringen«, hat der Protestbewegung geschadet und sie in den Augen vieler Chinesen, nicht nur der Parteiführer, diskreditiert.

Um Verbindung mit den Protestierern zu bekommen, verfielen die Auslandskorrespondenten manchmal auf originelle Gedanken. John Fraser zum Beispiel klebte an der Mauer der Demokratie eine Wandzeitung an, in der er den Verlust eines goldenen Ringes bekanntgab. Wer ihn finde, möge bitte anrufen. Er gab seine Telefonnummer an, die in Peking, wo es damals kein Telefonbuch gab, bisher praktisch geheim gewesen war. Es meldeten sich auch sofort junge Protestierer bei ihm am Telefon, die Gespräche mit ihm suchten.

Die protestierenden Autoren gingen bald dazu über, kleine hektografierte Zeitschriften herzustellen und zu verkaufen. Es waren meist nur ganz geringe Auflagen. Die Herausgeber ließen die Korrespondenten wissen, wann sie mit ihrem Blatt auf dem Markt an der Mauer der Demokratie erscheinen würden. Die Blätter kosteten umgerechnet nur zehn oder zwanzig Pfennige, von den Auslandskorrespondenten nahm man das Zehnfache; aber der Preis, den die Autoren offen für eine Art Subvention erklärten, wurde gern gezahlt; allerdings ließen einige Journalisten auch keinen Zweifel daran, daß sie in den Publikationen mehr als nur allgemeines Gerede über Freiheit und Demokratie erwarteten. Chinesische Bekannte im Außenministerium, die Presseangelegenheiten bearbeiteten, meinten, dadurch würden Diskussion und Proteste angeheizt. Eine der Klein-Zeitschriften erschien bald in technisch einwandfreier, gefälligerer Aufmachung, der Inhalt war jedoch zahmer als früher, so daß der Verdacht aufkam, eine parteiamtliche Stelle habe die Publikation eingefangen.

Das war jedoch keineswegs der Fall bei der interessantesten Klein-Zeitschrift *Tansuo,* das heißt: »Nachspüren«. Sie wurde von Wei Jingsheng, einem jungen Mann herausgegeben, der schon ein bewegtes politisches Leben hinter sich hatte.

Er war Rotgardist gewesen, war aufs Land verschickt worden; die Linksradikalen hatten ihn ins Gefängnis gesteckt, jetzt war er amnestiert. Er war besonders aktiv, hielt enge Verbindung zu mehr als einem Dutzend ausländischer Korrespondenten; einen jungen Beamten der Britischen Botschaft bat er um ein Vervielfältigungsgerät, allerdings vergebens. In einer Nummer von *Tansuo* erschien ein anschaulicher, gut geschriebener Bericht über Weis Zeit in einem politischen Gefängnis.

Die alten Mao-Anhänger in der Parteizentrale waren empört über die Geduld, die man den jungen Protestierern gegenüber bewies. Aber es waren nicht nur sie, die meinten, die Führung solle endlich »Ordnung schaffen«. Auch Gemäßigtere wurden schwankend, als die Protestierer ihre Kontakte mit den Ausländern während der chinesischen Strafaktion gegen Vietnam fortsetzten und als die Auslandskorrespondenten Nachrichten über militärische Dinge weitergaben, die wohl von den jungen Aktivisten an der Mauer der Demokratie stammten. Die Kritik in der Partei richtete sich vor allem gegen Deng Xiaoping, der die Wandzeitungen noch im November 1978 eine gute Sache genannt hatte. Da auch der Feldzug gegen Vietnam, für den er verantwortlich zeichnete, nicht ganz nach Plan verlaufen war, war er jetzt in der Defensive. In einer Rede vor leitenden Funktionären der Abteilungen und Kommissionen des Zentralkomitees am 16. März 1979 kritisierte er nun die Wandzeitungen und die Protestbewegung. Die Rede wurde nicht veröffentlicht, wir hörten aber von verschiedenen Seiten, was er gesagt hatte.

Einige Tage später nahm Wei Jingsheng in seiner Zeitschrift Deng Xiaoping aufs Korn, weil dieser jetzt der demokratischen Protestbewegung die Verantwortung dafür zuschieben wolle, daß das politische und wirtschaftliche Programm der Parteiführung nur zögernd vorankam. Wei schrieb:

»Will Deng Xiaoping denn die Demokratie? Nein! Er will das in Elend und Not lebende Volk nicht begreifen. Er will nicht, daß es die Macht zurückerhält, die ihm die auf ihre Karriere versessenen Funktionäre entrissen haben. Von unserer spontanen Volksbewegung für die demokratischen Rechte sagt er, wir suchten nur einen Vorwand, um Unruhe zu schüren.

Wir fragen: Was verstehen sie denn unter Demokratie? Wie kann man von Demokratie reden, wenn das Volk nicht einmal seine Meinung frei aussprechen darf!

Das Volk versammelt sich und demonstriert, weil es sich über Unrecht beschweren will, weil es öffentlich anklagen will, weil es Demokratie will. Es demonstriert gegen Hunger und Diktatur ...

Das Volk muß achtgeben, daß Deng Xiaoping sich nicht zum Diktator entwickelt.«

Das war natürlich keine »gute Sache« mehr, und so weit sollte die Meinungsfreiheit auch nicht gehen. Eine Parteidirektive verbot Wandzeitungen, Bücher und Zeitschriften, die sich gegen die »vier Hauptgrundsätze«, den Sozialismus, die Diktatur des Proletariats, die Führungsrolle der Kommunistischen Partei und Marxismus-Leninismus-Maozedongideen richteten.

Es blieb also nicht viel an Angriffszielen übrig.

Ein paar Tage nach dem Erscheinen seiner Sondernummer *Tansuo* wurde Wei Jingsheng verhaftet. Im Oktober, als Hua Guofeng in Europa war und Deng Xiaoping die Geschäfte führte, wurde Wei zu 15 Jahren Haft verurteilt, »weil er einen Ausländer mit militärischen Nachrichten beliefert und offen für den Sturz der Regierung, der Diktatur des Proletariats und des Sozialistischen Systems in China agitiert hatte«.

Die Zeitungen verwandten viel Platz darauf, Stimmen zu veröffentlichen, die dem Urteil zustimmten: Das war ein Zeichen, daß es allgemein als zu hart angesehen wurde, ganz besonders von den Intellektuellen. Ein Jahr vorher hatte Deng gesagt: »Wenn die Massen sich ärgern, sollen sie den Ärger auch loswerden können. Nicht alle Ansichten der Masse sind sorgfältig durchdacht; aber das können wir auch nicht verlangen, und das ist auch nicht weiter schlimm.«

Deng wollte jetzt ein Exempel statuieren, den Anfängen wehren, einen leichten Verstoß hart bestrafen, um weitergehende Kritik zu unterbinden.

Shang Yang hatte bereits vor 2300 Jahren geschrieben: »Wenn man Strafen verhängt, sollte man leichte Verstöße gegen die Gesetze als ernst betrachten. Wenn keine leichten Verbrechen begangen werden, dann besteht auch keine Gefahr, daß schwere begangen werden. Das ist der Sinn des Satzes: Man soll das Volk regieren, wenn es noch an Gesetz und Ordnung festhält.«

Die Presse fand es besonders verwerflich, daß die Dissidenten, wie sie schrieb, Ausländer um Geld und politisches Material gebeten hatten, »um damit gegen das sozialistische System zu agitieren«. Wei Jingsheng leugnete im Prozeß nicht, daß er militärische Nachrichten weitergegeben hatte.

Sie hätten, sagte er, die militärische Lage aber nicht beeinflussen können. Er bestritt, dafür Geld erhalten zu haben, sagte aber aus, *Reuters'* Chefkorrespondent in Peking, Ian Mackenzie, habe ihm 200 bis 300 £ angeboten. Das Geld habe er jedoch nicht erhalten, weil er ihn nicht mehr getroffen habe. Die Nachrichtenagentur *Reuters* dagegen meldete, es sei Wei Jingsheng gewesen, der militärische Informationen angeboten habe, aber Ian Mackenzie habe sie abgelehnt.

Chinesische Schriftsteller, mit denen ich kurz darauf zusammen war, sagten, Deng Xiaoping finde die westliche Kritik an dem Urteil und den neuen restriktiven Maßnahmen gegen Wandzeitungen unberechtigt. Die ausländische Presse wolle der chinesischen Gesellschaft ein Verhaltensmuster aufdrängen, für das sie noch nicht reif sei. Als er vor seiner Amerikareise im Januar gefragt worden war, ob er mit Präsident Carter auch über die Garantie der Menschenrechte sprechen werde, hatte er geantwortet, das halte er nicht für zweckmäßig; denn dann müßte er viel über die Mißachtung der Menschenrechte in den Vereinigten Staaten sagen, und das wäre dem Gastgeber gegenüber doch sehr unhöflich.

Das harte Urteil, das den jungen Wei Jingsheng getroffen hatte, kostete Deng Xiaoping viele Sympathien, vor allem bei denen, die früher seine Rückkehr in die Führung gefordert und auf dem Tian An Men-Platz für ihn und seine Politik demonstriert hatten. Sie wünschten, ebenso wie Wei, eine weitergehende Demokratisierung, und sie warfen Deng vor, er habe zwischen ihnen und einigen Utopisten der Wandzeitungsszene nicht unterschieden, sondern beides in einen Topf geworfen.

Deng Xiaoping ist, wie schon früher erwähnt, kein Liberaler. Liberal ist — wie das Wort »idealistisch« — im kommunistischen Sprachgebrauch eine schlechte Eigenschaft. Liberal heißt: prinzipienlos, schwankend, unentschieden, tolerant gegen das Schlechte, ziellos und undiszipliniert. Liberalismus führt zum Verlust der Autorität des Glaubens an den Sozialismus, führt zu westlicher Demokratie, zu Anarchie, Sittenlosigkeit, Drogensucht, zu Korruption und Pornografie. All das hängt nach Ansicht der alten Funktionäre zusammen, und schrankenlose Meinungsfreiheit würde nur Verwirrung schaffen, vor allem bei der Jugend, die die Kulturrevolution noch nicht überwunden hat. Sollte man zulassen, daß die Protestbewegung sich auf die Universitäten ausweitet und daß es zu einer Studentenbewegung kommt wie im Westen Ende der sechziger Jahre?

»Wenn«, sagte Shang Yang, »das Volk aus einem Zustand heraus, in dem Gesetz und Ordnung herrschen, die Gesetze abgeworfen hat und wenn man dann versucht, der Gesetzlosigkeit Herr zu werden, wird sie nur noch schlimmer. Man soll

Gesetzlosigkeit unterdrücken, solange noch Autorität und Ordnung bestehen.«

Der chinesische Sicherheitsminister Zhao Cangbi sagte mir, die angezeigten Verbrechen hätten im Jahre 1979 gegenüber dem Vorjahr von 400000 auf rund 600000 zugenommen. Die Liste der Verbrechen war ansehnlich und erinnerte an die alten Zeiten. Außer von Wirtschaftsverbrechen wie Wucher, Schmuggel und Devisenvergehen, hörte ich von Bestechung, Urteilskauf, Verkauf wirtschaftlicher und technischer Staatsgeheimnisse, Mord, Brandstiftung, Raub, Diebstahl, Organisation von Glücksspielen, Vergewaltigungen durch Einzelne und durch Banden, Entführung zum Zweck der Prostitution, Organisation von Call-Girl-Clubs und Opiumhandel. Kriminalität und Aufsässigkeit waren am verbreitetsten unter den Jugendlichen, die vom Land in die Stadt zurückgekehrt und jetzt arbeitslos waren. Aus dieser Gruppe aber kamen auch die meisten Verfasser von Wandzeitungen oder Untergrundzeitschriften, die Freiheit, Demokratie und Menschenrechte forderten. Für die *terribles simplificateurs* war der Zusammenhang klar. Da gab es keinen Unterschied.

Auch die Schriftsteller und die jungen Journalisten forderten mehr Freiheit. Sie riskierten etwas in ihren Artikeln und Reden. Sie waren ebenso leidenschaftlich in ihren Forderungen, nur zielbewußter. Doch auch sie hielten wenig von dem Liberalismus, wie er ihnen in Gesprächen mit westlichen Kollegen häufig als Muster vorgehalten wurde. Sie fühlten sich als Diener des Volkes. Die Freiheit wurde begrenzt durch die Sittlichkeit und den Wunsch, dem Volk und Staat zu nützen und ihm keinen Schaden zuzufügen. Als Horst Krüger einmal in der Residenz der Deutschen Botschaft vor Studenten und Germanisten aus seinen Beschreibungen deutscher Städte vorgelesen hatte, waren einige Zuhörer etwas ratlos. Sie fragten, warum er so viel Negatives bei uns beschreibe und so viele Dinge ironisiere. Das waren sie nicht gewohnt. Über die eigene Familie, das eigene Land spricht man vor anderen nur Gutes. Selbstkritik ist notwendig, aber sie soll in den eigenen vier Wänden bleiben; man soll die Schande nicht nach außen dringen lassen. Ein chinesischer Schriftsteller der letzten Dynastie, der in seiner Autobiographie seine Fehler bekannte, wurde deshalb von der Kritik getadelt. »Das tut man nicht.« Das tut man nur, wenn man dazu verurteilt wird. Wenn man gezwungen wird, seine Schande zu offenbaren.

Die politische Führung Chinas hat den Freiraum der Presse erweitert. Es erscheinen viele kritische Artikel über die Mißstände im Lande. Auslandsnachrichten des BBC-Fernsehens werden in den Abendnachrichten *live* aus London übertragen. Ausländische Filme, möglichst mit einer anwendbaren Moral, werden aufgeführt; ausländische Literatur wird in Übersetzungen veröffentlicht. Aber die Führung behält sich vor, die Grenzen des Freiraums, die sie den Medien gewährt, und das Tempo der Demokratisierung zu bestimmen. Man will vermeiden, daß Unruhe, daß eine revolutionäre Situation entsteht. Man will weder eine permanente Revolution noch eine Konterrevolution, noch gar — Gott behüte! — eine neue Kulturrevolution. Die alten Revolutionäre sind, wir haben es schon gehört, Evolutionäre geworden. Anders sieht man die Welt in der Jugend, anders im Alter.

Das Land soll modernisiert werden, aber wie und wie schnell, das bestimmt die Führung, das heißt: das Politbüro. Dabei können Fehler unterlaufen; dabei *sind* Fehler unterlaufen. Die Führung sagt, sie werde sie berichtigen, doch sie möchte nicht durch die öffentliche Meinung zu Umwegen oder Abstrichen gezwungen werden. Sie habe ohnehin schon genug mit widerstrebenden Kräften im eigenen Lager zu tun.

Aber seit man wieder etwas Redefreiheit gewährt hat, wird bei den Massen sogar Kritik an der Partei laut, ja bei den demokratischen Wahlen auf unterer Ebene wird sogar offen Propaganda gegen die Partei und ihre Kandidaten gemacht. Und angesichts solcher Warnzeichen soll man die Demokratie im ganzen Land einführen? Wohl gar geheime Wahlen? Wohl gar Partei und Führung zur Wahl stellen? Du bist wohl nicht gescheit! Nein, das Volk ist für die ganze Demokratie noch nicht reif. Deng Xiaoping selbst hat es ja gesagt.

Man bleibt bei der altbewährten Weise des Regierens, die Konfuzius und Menzius gelehrt haben. Für das Volk sorgt die Regierung, und der Bezirksfunktionär ist wie seine Vorgänger in allen kaiserlichen Dynastien »Vater und Mutter« der Bevölkerung. Die Verwaltung ist *ren zheng*, das heißt eine fürsorgliche, das Volk liebende, ihm Wohltaten erweisende Administration. Und genauso sieht sich auch die Führung der Partei.

»Eine Regierung, die auf dem Prinzip des Wohlwollens gegen das Volk als eines Vaters gegen seine Kinder errichtet wäre, d. i. eine väterliche Regierung, wo also die Untertanen als unmündige Kinder, die nicht unterscheiden können, was ihnen wahrhaft nützlich oder schädlich ist, sich bloß passiv zu verhalten genötigt sind,... ist der größte denkbare *Despotismus* (Verfassung, die alle Freiheit der Untertanen, die alsdann gar keine Rechte haben, aufhebt).« So schreibt Kant in seinem Aufsatz »Über den Gemeinspruch: Das mag in der Theorie richtig sein, taugt aber nicht für die Praxis.« Die Chinesen haben sich in ihrer Geschichte mit diesem Despotismus abgefunden. Sie handelten nach dem Grundsatz *government for the people,* näherten sich manchmal dem Grundsatz *government of the people,* aber erst heute erheben sich einige Stimmen für ein *government by the people,* für das sie aber, wie eine väterliche Stimme von ganz oben verkündet, noch nicht alt und reif genug sind. Denn noch einmal: Stabilität hat Vorrang. Keine Experimente, die die Stabilität gefährden könnten.

Nun werden aber viele Studenten und Wissenschaftler, die im Westen Technologie holen, in ihrem Gepäck auch andere, vielleicht »ungesunde« Gedanken, wie die des Idealisten Immanuel Kant, mitbringen. Darüber wird man dann zu Hause in China sprechen, und man wird genauere Vorstellungen über Menschenrechte, Freiheit und Demokratie haben als vorher. Auch über die Schattenseiten der Demokratien. Man wird wissen, wovon man spricht.

Die Kritik in den Wandzeitungen und den Untergrundzeitschriften war oft treffend und bitter, aber sie blieb an der Oberfläche, weil die Verfasser meist mit den Begriffen des Marxismus-Leninismus und der sozialistischen Klassiker argumentierten. Damit drangen sie nicht zu den Wurzeln der Übel vor. Ihre Gesinnung war ehrenwert, aber die Argumente standen oft auf schwachen Füßen, wenn man sie etwa mit kraftvollen Angriffen der sowjetischen Dissidenten gegen ihr System verglich.

Viele Ausländer in Peking überschätzen die Bedeutung der Wandzeitungen. Ihr Enthusiasmus kannte keine Grenzen, wenn sie neue, vehemente Forderungen oder beißende Kritik an den Verhältnissen lasen. Sie sahen nicht, daß die Einwohner Pekings nur mehr lauen Anteil nahmen: Ende 1979 hatte man die Mauer in einen Park verlegt, wo außer einigen Auslandskorrespondenten kaum einer hinging. Sie schien ohne Folgen zu bleiben.

Die Intellektuellen hatten ihre Karriere im Auge; es ging ihnen ja besser. Nur nicht die neue Richtung durch zu weitgehende Forderungen gefährden! Die Studenten wollten ihre Prüfungen machen und keine Zeit mehr verlieren.

Es blieben die Zu-kurz-Gekommenen, die Opfer der Kulturrevolution, die Landverschickten, die jetzt in die Städte zurückkehrten, sich aber nur schwer wieder in das Leben einordnen konnten, weil die Reihen geschlossen waren und man nirgends eine Lücke fand. Es blieb eine kleine Schar zorniger junger Männer. Ihre Argumente gingen oft nicht tief genug, ihre Ansichten waren manchmal wirr und utopisch; aber sie hatten Mut.

Es werden ihnen sicher Leute folgen, die politisch besser vorbereitet sind und die härter treffen und mehr fordern können. Die Auseinandersetzung über Freiheit und Demokratie in China ist mit dem Urteil gegen Wei Jingsheng und der Verlegung der Mauer der Demokratie nicht abgeschlossen. Sie hat gerade erst begonnen.

Mit Verboten wird man die Entwicklung vielleicht für eine kurze Zeit hemmen können, aber nicht für immer. Die Frage wird vielmehr sein, ob die Führung die Initiative in dem Demokratisierungsprozeß in der Hand behält, ob sie Tempo und Grenzen der Entwicklung kontrollieren kann oder ob sie nachzugeben gezwungen wird. Dabei kommt es weniger darauf an, welches Demokratiemodell angesteuert wird, als darauf, daß dem Volk überhaupt die Möglichkeit gegeben wird, seine Meinung zu sagen und die Politik mitzubestimmen. Wenn die Führung versuchen sollte, wieder zur Zwangsherrschaft zurückzukehren, ist eine Modernisierung nicht möglich. So einfach ist es. Ob die führenden Funktionäre, die in anderen Anschauungen aufgewachsen sind, erkennen, daß ihre alten Führungsmethoden sich für unsere Zeit nicht mehr eignen? Vielleicht könnten sie Rat bei ihren alten Denkern finden.

In einem der ältesten chinesischen Bücher, dem *Buch der Urkunden,* heißt es:

»Das Volk soll geehrt, aber nicht mißachtet werden.
Das Volk ist die Wurzel des Landes...
Selbst die kleinen Leute
Können mich an Weisheit und Tugend übertreffen.
Wenn der König in seiner Regierung oft Fehler begeht,
Werden Unzufriedenheit und Gefahren auftreten.
Noch bevor es soweit kommt, soll man etwas dagegen tun.
Im Umgang mit Millionen Menschen ist mir,
Als führte ich einen Zug von sechs Pferden
An einem morschen Zügel.«

Die Rote Fahne

Peng Chong, groß und stämmig, stets ausgeglichen und freundlich, war ein gestandener Mann, der Sympathie und Autorität ausstrahlte. Er war Partei- und Verwaltungschef der Stadtprovinz Schanghai und damit einer der bedeutendsten Provinzführer. Er war Mitglied des Politbüros, also des höchsten Parteiorgans. Drei Parteiführer der Provinz, denen eine bedeutende Zukunft vorausgesagt wurde, waren vor kurzem ins Ausland geschickt worden, um die Welt kennenzulernen. Peng Chong kam von einer Deutschlandreise zurück und war mit seinen Mitarbeitern bei mir zum Abendessen. Auch den bayerischen Wirtschaftsminister Jaumann, der gerade in Peking war, hatte ich dazu eingeladen.

Ich sagte in meiner Tischrede, Peng Chong glaube wohl, er sei nach Fang Yi das zweite Politbüro-Mitglied, das Deutschland besucht habe. Ein Irrtum. Vor ihnen sei schon ein anderes prominentes Mitglied des Politbüros bei uns gewesen. Nämlich Chen Kwang.

»Wer bitte?« fragte Peng Chong.

Ich wiederholte den Namen. Die Chinesen sahen sich fragend an. Nur der Vizeaußenminister Zhang Wenjin wußte Bescheid.

Er hatte mir vor einigen Monaten erzählt, als er im Jahr 1930 in Berlin noch die Schule besuchte, sei Zhou Enlai durchgereist. Zhou habe damals in der Berliner kommunistischen Tageszeitung, der *Roten Fahne,* einen Leitartikel unter dem Pseudonym Chen Kwang geschrieben. Auf der ersten Seite oben rechts. Er sehe ihn noch vor sich. Man fahnde schon lange nach dem Artikel; aber weder die Chinesische Botschaft in Ostberlin noch die in Bonn hätten ihn bisher auftreiben können.

Ein deutscher Freund hatte mir jedoch geholfen, und ich erhielt eine schöne Fotokopie der *Roten Fahne* vom 27. April 1930 mit dem Artikel Chen Kwangs auf der ersten Seite oben rechts.

Lao Liu stand, wie verabredet, hinter mir und gab mir die Fotokopie. Ich hielt sie hoch, damit jeder sie sehen konnte, und überreichte sie dann feierlich und nach chinesischem Zeremoniell Zhang Wenjin.

Der bayerische Staatsminister Jaumann (CSU) aber sah mit großen und staunenden Augen, wie der Botschafter der Bundesrepublik Deutschland die *Rote Fahne,* das Parteiorgan der alten KPD, hißte. War es schon so weit gekommen?

Zhang Wenjin hielt eine Dankesrede, bewegt und gerührt. Er war, man erinnert sich, persönlicher Sekretär Zhou Enlais gewesen.

Die Geheimniskrämerei der Chinesen

Franz Josef Strauß war Anfang 1975 in Peking gewesen. Es war vor meiner Zeit. Die Chinesen holten ihn am Gästehaus ab, um mit ihm zur Großen Mauer zu fahren. Die Journalisten und seine Begleiter sollten in Peking bleiben. Mein Vorgänger hatte ein Abendessen für die ganze Delegation und hohe chinesische Gäste vorbereitet. Aber Strauß verspätete sich erheblich. Er kam erst nach dem Abendessen. Das war jedoch nicht seine Schuld, sondern die der Chinesen: Sie hatten ihn zu Mao Zedong geflogen, der sich gerade in Mittelchina, ich glaube in Hangzhou, aufhielt. Man hatte die Journalisten hinters Licht geführt. Warum? Ein Grund war nicht einzusehen. Geheimniskrämerei.

Eine Aura des Geheimnisses umgab die höchsten Führer der Partei und des Staates. Sie lebten, wie die Prinzen und Minister der Kaiserzeit, weit entfernt von der Menge. Über das Leben der hohen Funktionäre wurde der Öffentlichkeit nichts bekanntgegeben. Sie fuhren in großen schwarzen Staatslimousinen der Marke *Rote Fahne* durch die Straßen, und die Fenster der Rücksitze waren mit schwarzen Gazegardinen verhangen.

Der chinesische Kaiser hatte keinen Terminkalender. Er rief die Untertanen und auch die Gäste, wann immer es ihm gefiel, manchmal noch vor der Morgendämmerung, denn die Audienzen begannen meist vor Sonnenaufgang. Und wenn der Kaiser gerufen hatte, mußte man eilen. Als Kissinger eines Tages von seinem Pekinger Gästehaus plötzlich zu Mao zur Audienz gerufen wurde und sich nicht genug beeilte, wurde selbst Zhou Enlai, der Ministerpräsident, nervös. Maos Ruf war wie der Ruf des Kaisers.

Bei dem Besuch von Franz Josef Strauß Mitte Januar 1975 wurden nicht nur die Journalisten hinters Licht geführt; auch der hohe bayerische Gast erfuhr nicht, daß während seines Besuchs ein wichtiges innenpolitisches Ereignis in Peking stattfand: In der Großen Halle des Volkes inmitten der Stadt tagte eine halbe Woche lang der Nationale Volkskongreß mit mehreren tausend Abgeordneten, ohne daß der Gast oder die Journalisten es bemerkten und ohne daß der Vorsitzende Mao oder die anderen hohen Gesprächspartner des bayerischen Ministerpräsidenten ein Wort darüber verlauten ließen. Erst als die Delegation wieder in München ankam, las sie davon in den Zeitungen.

Ich begleitete den chinesischen Vizepremier Gu Mu, der für den Bau von Industrieanlagen in China zuständig war, auf seiner Deutschlandreise. Der chinesische Botschafter Zhang Tong zeigte ihm einen Artikel, den Herbert Kremp in der *Welt* über die Trägheit und Uninteressiertheit der chinesischen Arbeiter im Stahlwerk von Wuhan geschrieben hatte.

»Der Artikel ist gut«, sagte Gu Mu, »die Kritik sogar wohlwollend; denn in Wirklichkeit ist es bei uns noch schlimmer. Er sollte in China veröffentlicht werden.«

Ich dachte an den Aufschrei deutscher Gewerkschaftsfunktionäre, wenn etwa ein deutscher Bundesminister seinen Landsleuten den wohlmeinenden Rat geben würde, mehr zu arbeiten, etwa soviel wie die Japaner.

Herbert Kremps Artikel wurde in China ungekürzt und

ohne Kommentar veröffentlicht, und zwar in der Zeitung, die die höchste Auflage überhaupt hatte. Aber obwohl sie in über 9 Millionen Exemplaren gedruckt wurde, sah man sie doch nirgends zum Verkauf ausgelegt, und wir konnten sie auch nicht abbonieren. Sie war vertraulich.

Es war die *Cankao Xiaoxi,* meist als »Referenzblatt« übersetzt. Die Zeitung enthielt nur Meldungen und Artikel ausländischer Nachrichtenagenturen und Zeitungen. Man konnte auch chinafeindliche Artikel, etwa solche, die von TASS verbreitet wurden, darin finden. Der Leser sollte den Eindruck haben, er werde objektiv über das Weltgeschehen und die Weltmeinung unterrichtet.

Aber das Referenzblatt war, wie gesagt, vertraulich, und wenn wir morgens in ein Geschäft kamen, sahen wir oft, wie die Funktionäre es schnell beiseite legten. Dennoch kam es oft, wenn auch nicht regelmäßig, in unsere Hände. Wir waren manchmal über die Offenheit der Kritik, die hier wiedergegeben wurde, überrascht. Einmal wurden zwei lange, objektive, aber in vieler Hinsicht auch kritische Artikel von Fritz Ullrich Fack, dem Mitherausgeber der *Frankfurter Allgemeinen Zeitung,* und von Theo Sommer, dem Chefredakteur der *Zeit,* über ihre Chinareise ungekürzt abgedruckt.

Das Referenzblatt erhalten nur *ganbus,* das heißt »Funktionäre« oder »Kader«. Schon der Leiter einer Produktionsgruppe in einer Volkskommune oder der Vorsteher eines kleinen Ladens und Handwerksbetriebes ist *ganbu* im weiteren Sinne und kann das Referenzblatt beziehen.

Während Chinas militärischer Aktion gegen Vietnam gab das Blatt den Artikel einer Hongkonger Zeitung wieder, in dem es hieß, man könne verschiedener Ansicht darüber sein, ob der Angriff notwendig gewesen sei oder nicht; jetzt aber, wo die Aktion im Gange sei, müsse man sie auch durchstehen und erfolgreich zu Ende führen.

Der chinesische Funktionär, der ein so reserviertes Urteil über die Weisheit des Vietnam-Unternehmens las, fühlte sich ins Vertrauen gezogen. Er konnte annehmen, daß es auch in der Parteiführung unterschiedliche Ansichten darüber gab. Vielleicht war das sogar der Sinn des Abdrucks. Er, der *ganbu,* wußte mehr als Nicht-Funktionäre. Er war Geheimnisträger.

Noch geheimer war *Da Cankao* oder Cankao Ziliao, die »Große Referenz« oder das »Referenz-Studien-Material«, ein Heft, das bis 1980 zweimal (seitdem nur einmal) täglich in einer Auflage von über einer Million Exemplaren erschien. Dieses Heft war umfangreicher, enthielt oft lange oder auch kritischere Artikel der ausländischen Presse über China und wurde nur an mittlere oder höhere Funktionäre abgegeben, die also wiederum mehr wußten und Geheimnisträger höherer Grade waren als die gewöhnlichen Klein-Funktionäre.

Die Einrichtung dieser Informationsblätter ging auf eine Weisung Maos zurück. Ursprünglich wurden sie nur in verhältnismäßig kleiner Auflage veröffentlicht; während der Kulturrevolution wurde die Auflage vergrößert und der Verteilerkreis erweitert. Die Radikalen benutzten diese Geheimzeitungen oft für ihre Zwecke: Während der Kulturrevolution hatte eine kleine Schanghaier Zeitung alte Artikel Zhou Enlais, die er in den zwanziger Jahren unter einem Pseudonym geschrieben hatte, wieder veröffentlicht. Da die Geheimzuschriften aber nur ausländische Nachrichten wiedergeben durften, sorgten die Radikalen dafür, daß eine Zeitung in Hongkong die Schanghaier Artikel Zhou Enlais übernahm und damit den Vorwurf verband, Zhou Enlai sei ein Verräter, er sei für den Tod von Tausenden von Kommunisten in dem Blutbad verantwortlich, das Tschiang Kaischek 1927 in Schanghai angerichtet hatte. Jetzt konnte der Hongkonger Schmähartikel als Auslandsmeldung in der *Cankao Zilao* erscheinen.

Durch diese geheimen Informationsorgane, die natürlich nicht geheimbleiben, ist das chinesische Volk über die Ereignisse in der Welt und die Ansichten der Weltöffentlichkeit besser informiert als die Bevölkerung der anderen kommunistischen Länder. Allerdings wird man Kritik an den Grundsätzen des Marxismus-Leninismus in diesen Blättern nicht finden.

Für die Führungsgruppe gab und gibt es natürlich streng geheime Informationsdienste und Rundschreiben, die nur einen kleinen Verteiler haben. Wir wissen, wie gerade auch sie während der Unruhen am Tian An Men-Platz im April 1976 von der Viererbande manipuliert wurden. Ich habe nie ein Exemplar dieser Informationsdienste gesehen. Vermutlich enthalten sie Nachrichten, die bei uns im *Spiegel* veröffentlicht werden könnten, ohne den Staat in Gefahr zu bringen. Während in den anderen kommunistischen Ländern auch die Masse der Funktionäre meist von Gerüchten leben muß und von der Parteizentrale vorwiegend Befehle ohne eingehende Erläuterung und Begründung erhält, läßt das Zentralkomitee der Chinesischen Kommunistischen Partei oft Dokumente mit wechselndem Verteilerkreis, fein abgestimmt nach Rang und Vertrauen, zirkulieren: einige nur an die höchsten Funktionäre, andere an Parteisekretäre oder an Funktionäre oder an alle Parteimitglieder. In diesen Dokumenten wird die Linie der Partei erklärt, begründet und durch Protokolle, Briefe, etwa des Vorsitzenden Mao an Jiang Qing, und andere Zeugnisse belegt.

Auch in politischen Versammlungen und Schulungsstunden wird streng unterschieden zwischen der Wahrheit, die für das gemeine Volk bestimmt ist, der Wahrheit, die man einfachen *ganbus* anvertrauen kann, und schließlich der Wahrheit ganz geheimen Charakters, etwa neuen Gesetzesvorhaben oder der Rehabilitierung von Unpersonen, von literarischen Werken oder der Auseinandersetzung über die Person Mao Zedongs. Darüber erfährt die Bevölkerung allenfalls etwas, wenn die Entscheidungen gefallen sind. Viele Filme, besonders ausländische, werden nur intern vorgeführt, ein großer Teil der Bücher, die in der Volksrepublik China oder in Hongkong gedruckt werden, sind *neibu,* nur für internen Gebrauch. Die Kriterien, nach denen das Publikum ausgewählt wird, das diese Filme und Bücher zu sehen und zu lesen bekommt, sind unklar und wechselnd.

Dinge geheimzuhalten, sich abzuschotten, Mauern um das Haus und um die Familie zu ziehen, entspricht alter chinesischer Übung. Man fürchtet das Gerede der Leute, und man hat Grund, es zu fürchten. Denn jeder war früher, wie es schon im Buch Shang Yangs zu lesen ist, zur Denunziation verpflichtet; andernfalls wurde er als Komplize ebenso bestraft wie der, der eine abfällige Bemerkung über einen Magistratsbeamten, die Regierung oder gar — aber das kam kaum vor — über den Kaiser gemacht hatte. Die Übung, sich abzuschotten, ist ein Korrelat zu dem Wunsch, in einer lebendigen, eng miteinander verflochtenen Gemeinschaft zu leben.

Wir haben schon an Beispielen gesehen, wie stark der Druck

der Gesellschaft auf den einzelnen ist, nicht nur Druck der Behörden, sondern auch der Nachbarschaft und der Arbeitseinheit. Nur innerhalb der Mauern gibt es Freiräume, freilich nicht viele, denn auch die Ansprüche der Familie beschränken diesen Freiraum, auf dem Land mehr als in der Stadt, früher mehr als heute.

Als die Großfamilie, die Sippe noch Bauzelle des gesellschaftlichen Gefüges war, ließ sie dem einzelnen noch weniger Raum zu individueller Entwicklung. Sie schützte ihn zwar, verlangte allerdings auch unbedingten Gehorsam, Unterordnung und Einordnung. Sie verlangte Schweigsamkeit nach außen über alle Familienangelegenheiten. Die Familie war eine Einheit, die insgesamt Verantwortung trug und insgesamt haftete. Mit ihr stieg und fiel man. »Wenn einer zum Beamten ernannt wird, dann kommen auch alle seine Hunde und Hühner in den Himmel.«

Wenn der Minister aus dem Amt gejagt wurde, verloren auch alle Beamten der Sippe ihre Posten und meist auch ihr Vermögen dazu. Wenn der Kaiser einen Minister köpfen ließ, konnten die Mitglieder der Großfamilie, die nicht ebenfalls geköpft wurden, von Glück sagen. Beispiele für Sippenhaftung gibt es auch aus neuerer Zeit. Die Kinder eines Mannes, der in der zweiten Hälfte der fünfziger Jahre zum »rechten Element« erklärt wurde, durften ihre Hochschulausbildung nicht fortsetzen und mußten gewöhnliche Arbeit leisten. Mit Deng Xiaoping wurde, wir haben es gesehen, seine ganze Familie verfolgt. Mao gilt zwar weiterhin als großer Revolutionär, aber wo sind heute seine Kinder? Wo sind sein Neffe Nao Yuanxin, wo seine Nichte Wang Hairong?

Um sich gegen den Druck der Obrigkeit oder gegen unmenschliche Ausbeutung zu schützen, bildeten sich schon in frühen Zeiten Geheimgesellschaften, die bis in das vergangene Jahrhundert, bis zu dem Boxeraufstand, oft politische Kräfte waren, mit denen der Staat sich nicht gern anlegte, die aber von sich aus, wenn sie stark genug waren, den Staat angriffen und mehr als einmal in der Geschichte den Sturz der Dynastie herbeiführten oder beschleunigten.

Man sollte annehmen, daß bei der Begabung für Geheimhaltung und der langen Erfahrung im Abschotten ganzer Gruppen vertrauliche Angelegenheiten auch im heutigen China nicht an die Öffentlichkeit dringen. Doch dem ist nicht so. Es besteht eine Wechselbeziehung zwischen Geheimnistuerei und Neugier. Gerade das Heimlichtun erweckt Neugier. Zum anderen lieben die Chinesen zu erzählen. Auch Mao liebte, wie Jiang Qing klagte, den Klatsch der »kleinen Sendungen«.

Die Kenntnis vertraulicher Dinge ist ein Privileg der Funktionäre, und selbst der einfachste *ganbu* erhebt sich damit über die Masse. Was aber nützt ihm seine höhere Stellung, wenn er die vertraulichsten Dinge für sich behalten muß und nicht erkennen lassen darf, daß er privilegiert ist! Er wird also diesem oder jenem von seinem höheren Wissen mitteilen. Unter dem Siegel der Verschwiegenheit, versteht sich.

Es gibt aber eine Gruppe, die wesentlich zur Verbreitung des Geheimwissens beiträgt und sie in die »kleinen Kanäle« leitet, eine Gruppe, von der weder die Verfassung noch die Parteistatuten wissen und mit der sich seltsamerweise auch die westlichen Chinaexperten nicht beschäftigt haben, obwohl sie als deutlich erkennbares, gesondertes Stratum der gesellschaftlichen Schichtung zu erkennen sind: Ich meine die Kinder der Funktionäre.

Sie durchbrechen unbekümmert das Schottensystem aller Geheimhaltungsstufen. Sie bedienen sich des »Herrschaftswissens«, das vom Familientisch abfällt, um sich Ansehen zu verschaffen. Sie wissen stets, woher der Wind weht, wann es ratsam ist, in Deckung zu gehen, oder wo man ohne Risiko, ja vielleicht sogar in Erwartung hohen Lobes einen Funktionär oder eine Meinung bekämpfen kann. Viele Informationen über neue Kampagnen oder Richtungsänderungen während der Kulturrevolution oder über intime Ereignisse in den führenden Familien kamen aus ihren Reihen. Sie wußten gut Bescheid.

Dennoch halten viele Altersgenossen Distanz zu den Kindern der Funktionäre. Pan Xiao, »die die Morgenröte erwartet«, schrieb in ihrem Leserbrief an die Jugendzeitschrift, von dem noch die Rede sein wird, sie habe den Sohn eines in Ungnade gefallenen Funktionärs heiß geliebt, und er sie. Als sein Vater aber rehabilitiert wurde, sei auch er aufgestiegen und habe sie sitzenlassen. Er verkehre nun wieder in besseren Kreisen. Ein typischer Vorwurf.

Es kommt vor, daß Funktionäre keine Vorzugsbehandlung für ihre Kinder wünschen. Hua Guofeng wird oft als Beispiel dafür angeführt. Nach dem allgemeinen Urteil aber ist das nicht die Regel. Die Funktionärskinder sind anders als die der *lao bai xing*, der Alten Hundert Familien, des gemeinen Volkes also. Sie steigen mit ihren Eltern hoch, sie können aber auch tief fallen, und ein Freundschaftsverhältnis mit dem Kind eines hohen Funktionärs ist belastend. Mädchen werden von ihren Eltern gewarnt, sich mit dem Sohn eines Funktionärs anzufreunden. »Tür und Tür müssen zueinander passen«, lautet ein Sprichwort, wobei Tür auch die Bedeutung »Familie« haben kann.

Die Privilegien der Funktionäre sind ein ernstes, das Volk bewegendes Thema. Nicht nur Ye Jianying hat es in seiner Rede zum dreißigsten Jahrestag der Staatsgründung angesprochen, auch die Partei sucht diese Vorrechte zu beschneiden und droht denjenigen Strafen an, die für ihre Kinder eine Vorzugsbehandlung zu erwirken suchen.

Der Sohn eines mittelhohen Funktionärs kam durch die Hintertür auf die Peking Universität, das heißt, er wurde ohne Aufnahmeprüfung immatrikuliert. Das erfuhren Studenten, er wurde »entlarvt« und mußte die Universität verlassen. Im nächsten Jahr aber bestand er das Aufnahmeexamen und begann sein Studium zum zweiten Mal. Er teilte das in einer Wandzeitung mit, die er auf dem Universitätsgelände anklebte. Er schrieb, es sei richtig, daß er im vergangenen Jahr durch die Hintertür auf die Universität gekommen sei. Aber selbstverständlich sei er nicht der einzige. Er sei nur als einziger *zurückgeschickt* worden. Die Stellung seines Vaters sei eben nicht hoch genug gewesen.

Die Kinder der Funktionäre gehen in die besseren Kindergärten, sie erhalten Zutritt zu den Kinderpalästen, werden in den »schnellen Klassen« für Begabte unterrichtet. Sie bestehen alle Prüfungen und steigen bald auf. Manche werden auf Auslandsreisen mitgenommen oder erhalten Auslandsstipendien. Sie haben mehr Geld. Die Eltern bringen ihnen von ihren Reisen einen Kassettenrekorder oder eine Kamera mit. Sie wohnen nicht beengt in Apartments, wo jedem Familienmitglied nur vier Quadratmeter Wohnfläche zustehen, sondern in kleinen Häusern, vielleicht sogar im Zhongnanhai-Parkgelände, dem Wohngebiet der obersten Führung.

Doch wir wollen auch nicht vergessen, daß sie selbst dann im Vergleich zu ihren westlichen Altersgenossen recht bescheiden leben und daß bei uns viele Arbeiterkinder weit größeren Aufwand treiben, Motorräder, Autos, Kameras oder Stereoanlagen besitzen, ins Ausland reisen und günstigere Ausbildungs- und Verdienstmöglichkeiten haben als diese Funktionärskinder.

Aber in China ist der Egalitarismus besonders seit der Kulturrevolution stark und radikal. Konfuzius und Menzius hatten gelehrt, daß der Mensch sein Glück in der Gesellschaftsschicht finden könne, in die er geboren war, was Aufstieg durch eigene Tüchtikeit nicht völlig ausschloß; die Namen von Premierministern, kaiserlichen Ratgebern oder Gouverneuren, die aus ärmlichsten Verhältnissen stammten, wurden den Kindern als Beispiele vorgehalten. Dennoch suchte man in der Regel das Glück in der eigenen Klasse und nahm die Vorrechte der höheren Klasse als gegeben hin.

Heute achtet die Bevölkerung eifersüchtig darauf, daß niemand mehr Rechte hat als die anderen. Deshalb halten sich die Funktionärskinder vom gemeinen Volk fern. Sie laden keine Freunde der einfachen Leute zu sich ein. Denn die könnten ja weitererzählen, was sie gesehen haben. Sie schützen ihr privates Leben gegen die Blicke Neugieriger. Und sie fahren wie ihre Eltern in den großen Staatskarossen der Marke *Rote Fahne* hinter schwarzen Seidengardinen.

Der Nebel und der Rauchschleier, der nicht nur über dem privaten Leben der Führungsschicht liegt, sondern auch die Regierungsfunktionen und den Entscheidungsprozeß in der Parteiführung undeutlich macht, hat sich in den Jahren seit Mao Zedongs Tod zwar etwas gelichtet; dennoch vollziehen sich viele politische Entscheidungen und Personalentscheidungen weiterhin unnötigerweise im Halbdunkel, und man fragt sich, ob die Führung nicht mehr Vertrauen im Volk gewinnen könnte, wenn sie die schwarzen Seidengardinen zurückzöge und die Politik öffentlich und allen sichtbar machte.

Die alte Stadtmauer wird etwa zehn Meter breit gewesen sein. Sie war aus luftgetrockneten Ziegeln gebaut. Alles hier war aus luftgetrockneten Ziegeln erbaut worden. Alles verfiel seit Jahrhunderten. Wir sahen hinab auf ein weites Ruinenfeld einer großen Stadt. Es stand kein einziges Haus mehr; aber wir konnten die Straßenzüge noch verfolgen. Die großen Mauernblöcke in der Ferne waren die Mauern des Palastes und des Tempels. Die Mauern waren alle zerborsten.

Und alles war gelb von Lehmstaub. Man sah keinen grünen Baum, keinen grünen Strauch, keinen Grashalm. Vor zwei Jahren, sagten uns die Leute, sei hier das letzte Mal Regen gefallen: zwei Millimeter. Hinter der Stadtmauer begann die Wüste der Turfan-Senke. Im Dunst der Ferne stand wie eine Riesenwand der Huoyan Shan, der Flammenberg. Regenwasser, von der Höhe herabstürzend, hatte einst tiefe, senkrechte Schluchten in die rötliche, hohe Wand gerissen.

Der Mönch Xuanzang, mit seinem heiligen Namen Tripitaka genannt, und seine Begleiter, der Sandfluß-Mönch und Schweinchen, dem man auf den Märschen immer die schwersten Lasten aufbuckelte, hatten ratlos vor diesem Berg gestanden, der ihnen den Pilgerweg nach Indien versperrte. Aber der Begleiter Sun Wukong, der Affenkönig, hatte seine Zauberkräfte spielen lassen, und so überwanden sie dieses Hindernis. Irgendwo mußten noch die Ruinen des Tempels zu finden sein, in dem Xuanzang ein Jahr gelehrt hatte. In dem alten Schelmen- und Wunderroman, dem chinesischen Hausbuch *Die Reise nach dem Westen* waren die Abenteuer dieser an Mirakeln reichen Pilgerfahrt nachzulesen. War es nicht hier, wo ein Zauberer die Gestalt des Königs annahm, den wirklichen König in einem Brunnen versenkte, die Königin und den ganzen Hofstaat täuschte und jahrelang regierte, bis Tripitaka kam und bis Sun Wukong den wirklichen König nach schwerem Kampf mit dem trickreichen Zauberer befreite?

Ein romantisches Gemüt würde hier gerne allein und im Mondschein über die verlassenen Straßen und Gassen der Stadt blicken und sie im Geist wiedererstehen lassen: Gao Chang, die einstmals bedeutende Stadt in der Oase Turfan, mitten in der Wüste Xinjiangs im Tarimbecken. Das wäre ein Stoff für die spätviktorianischen Balladendichter gewesen oder für Bilder von Edward Burne-Jones und die anderen Präraffaeliten! Sie hätten die alten Bewohner wieder lebendig machen können. Wir würden den König in einem kostbaren Brokatgewand sehen, einem Tributgeschenk des Kaisers von China, der es allerdings in seinen Annalen so darstellen ließ, als sei der chinesische Hof es gewesen, der Tributgeschenke empfangen habe. Wir würden den König von Gao Chang von seiner Leibwache umgeben im Garten lustwandeln sehen, mit seinen Haremsdamen scherzend – auch sie Geschenke des Kaisers von China – oder mit Jagdfalken und Geparden zur Jagd über die Wüste hinaus in die Berge des Bogda Shan reitend. Oder ein Botschafter würde auf hohem Kamelrücken mit einer Karawane von Samarkand kommend, nach wochenlangem Ritt durch die Wüste die hohen Mauern der Stadt erblicken und dahinter die Kuppeldächer des Palastes, die weißen Stupas der buddhistischen Tempel. Er würde sich vielleicht die Wochen des Ausruhens vorstellen, in denen die Pferde aus Ferghana für den Hof des Kaisers von China und die Kamele sich wieder erholen konnten. Und er selbst, der nur ein Botschafter *ad interim* und eigentlich Kaufmann ist, würde nicht in einer schmutzigen, betriebsamen, von Ungeziefer wimmelnden Karawanserei, sondern im luxuriösen Hof eines Geschäftsfreundes übernachten, auf kostbaren Teppichen aus Khotan ruhen und von uighurischen oder kasachischen Sklaven bedient werden, die seine türkische Sprache verstehen.

Doch ach, unter uns ist kein romantisches Gemüt! Der Botschafter von heute ist nicht auf Kamelrücken von Samarkand, sondern aus Urumtschi in einem Auto der Marke *Schanghai* gekommen. Er begleitet seinen früheren Chef Gerhard Schröder und dessen Frau. Die Chinesen hatten den ehemaligen Außenminister als »alten Freund« eingeladen: Er hatte schon 1964 – allerdings vergeblich – versucht, amtliche Beziehungen zu China herzustellen, aber dann in Gesprächen mit Zhou Enlai im Jahre 1972 die Aufnahme diplomatischer Beziehungen zwischen Bonn und Peking vorbereitet.

Wir standen nun auf der alten Stadtmauer der Ruinenstadt Gao Chang und fragten uns, wie viele Menschen hier wohl einmal gewohnt hatten. Herr Jung, der Sekretär des Auswärtigen Ausschusses, schlug hunderttausend vor. Mindestens, sagten wir anderen. Jedenfalls hatten damals hier viel mehr Menschen gelebt, als heute in Turfan wohnen. Im Vergleich zu dem alten Gao Chang ist Turfan ein armseliges Dorf. Es ist ja nicht einmal so groß wie die »Alte Stadt am Zusammenfluß«, die auf einer Bergtafel liegt, ebenso verlassen und als Ruine.

Aber wovon haben die hunderttausend Menschen damals in der Turfan-Senke gelebt? Waren die Felsen damals grün? Hat es hier einmal einen Fluß gegeben? War das Netz der unterirdischen Kanäle, die das Schmelzwasser vom Fuß der Berge hierherbringen, der *Kereding,* damals viel ausgedehnter als jetzt?

Warum haben die Menschen die große Stadt Gao Chang und die Stadt am Zusammenfluß verlassen? Wohin sind sie gezogen? Man möchte wieder ein romantisches Gemüt bemühen, aber einer unserer chinesischen Begleiter behauptete, den Grund zu kennen. Er nannte aber gleich drei: Das Wasser war ausgeblieben. Oder man hatte Furcht vor den Moslems. Oder die Mongolen hatten sie vertrieben. Wohin die Bewohner gezogen sind? Der Begleiter wußte es nicht. Vielleicht nach Gansu, in chinesisches Gebiet also, oder in die andere Richtung nach Kaschgar. Heute lebten in Turfan vor allem Uighuren, sagte er. Das ist richtig. Wir hatten auch schon viele getroffen. Aber wir haben auch gesehen, daß es in Wirklichkeit die Han-Chinesen sind, die hier etwas zu sagen haben.

Turfan liegt hundertfünfzig Meter unter dem Meeresspiegel, zweieinhalbtausend Kilometer vom nächsten Meer entfernt, dem Gelben Meer. Es ist umgeben von Wüsten und unwirtlichen Gebirgen. Es ist der tiefste und heißeste Punkt Chinas. Im ersten Jahrhundert v. Chr. war es die bedeutendste chinesische Garnison Chinas in Zentralasien, eine Bastion gegen die Hunnen. Von hier stießen die chinesischen Armeen über tausend Kilometer weiter nach Westen vor, kamen bis zum Balkasch-See und bis zum Kaspischen Meer. Turfan war eine wichtige Station auf der Seidenstraße, die vor zweitausend Jahren China mit dem Abendland verband. Wiederholt ging es dem chinesischen Reich verloren. Es blieb lange Jahrhunderte ein kleines Oasenkönigreich, oft von anderen Völkern überflutet: von Hunnen, Mongolen, Turkstämmen. Aber seit dem

Han-Kaiser Wu Di im ersten vorchristlichen Jahrhundert betrachteten dennoch alle chinesischen Dynastien Turfan als Teil des chinesischen Herrschafts- und Einflußgebiets.

Wir waren auf dem Weg hierher durch ein Tal gefahren, das zu beiden Seiten steil und gewaltig in die Höhe stieg. Erst später, als wir in die Ebene kamen, sahen wir hinter uns den Gipfel des Bogda Shan mit seinen 5500 Metern.

Die Berge waren kahl und grau. Das Wasser des Bergbachs, an dem wir entlangfuhren, floß über graues Gestein. Doch als wir tiefer in die Senke hinabkamen, sahen wir an den grauen Weidenbäumen am Bachufer einen leichten rötlichen Schimmer. Nur in dem farblosen Grau, an das sich das Auge gewöhnt hatte, konnten wir diese Nuance wahrnehmen. Es war Anfang April, und der rötliche Schimmer der Kätzchenknospen kündigte den Frühling an.

Das Tal öffnete sich, und vor uns lag unendlich die Wüste: Gobi, das ist die Steinwüste, und Shamo, das ist die Sandwüste. Die asphaltierte Straße führte schnurgerade über die weite graue Fläche.

Der Horizont war unbestimmt und flimmerte. Es war kein Lebewesen zu sehen, kein Baum, kein Strauch. Nichts gab dem Blick Grund und Gelegenheit, irgendwo zu verweilen. Gobi wie Shamo waren flach wie ein Brett.

Nirgends war ein Punkt, auf dem das Auge ruhen konnte. Die Fensterscheiben unseres Autos isolierten uns von der Wüste, und wir konnten nur ahnen, was alle Wüstenreisenden in Bildern und Andeutungen beschreiben wollten und doch nicht zureichend ausdrücken konnten. Auch ich hatte das Unbeschreibliche einst in anderen Wüsten erlebt und kann nicht sagen, was es war.

Weitab von der Straße ritt ein Mensch auf einem Kamel und ein zweites trottete reiterlos hinterher. Sicherlich hatten sie ein Ziel, und vermutlich gingen sie auch auf einem Pfad, den nur der Reiter in dem weiten Steinfeld erkennen konnte; aber für uns in unserem Käfig schienen sie aus dem Nirgendwoher in das Nirgendwohin über eine endlose Fläche zu gehen. Ich beneidete den Mann.

Konnte man nicht aussteigen? Auf dem zweiten Kamel mit ihm reiten? Unbequem freilich. Die Satteldecke würde sicher voller Flöhe sein, und als Verpflegung am Abend würde er einem allenfalls Brotfladen anbieten oder kaltes Hammelfett.

Aber man würde im Grenzenlosen reiten, und vielleicht einmal, vielleicht nur für einen kurzen Augenblick im Reiten oder abends bei der Rast das Unendliche ahnen. Die *Unio Mystica,* von der auch die chinesischen Taoisten sprachen, die große Einheit. Das sind die kurzen Augenblicke, für die man lebt. Wo man ein Wahrer Mensch ist.

Romantisches Gemüt! Nein, hier konnte man nicht aussteigen. Man kann es überhaupt nicht mehr. Die Abenteuerjahre liegen weit zurück.

Soweit man sehen konnte, zu allen Seiten, war der Boden dicht mit faustgroßen schwarzen Steinen bedeckt.

»Dann hat der Expansionismus bei den Chinesen also eine lange Tradition«, sagte Gerhard Schröder.

»Ja und nein.«

»Was meinen Sie damit?«

Bis Turfan war es noch weit, und ich nahm mir Zeit, das zu erklären.

Man kann die Politik der chinesischen Kaiser in den letzten zweitausend Jahren weder als zwingenden Beweis für noch gegen eine expansionistische Tradition anführen. Es gab eine expansionistische Politik im 2. und 1. Jahrhundert v. Chr., in der Tang-Dynastie im 7. nachchristlichen Jahrhundert und unter den Fremdherrschern der Mongolen und Mandschuren. Die »Politik des langen Zügels« wurde indessen schon vor zweitausend Jahren entworfen und praktiziert.

Bei einer Gesamtbetrachtung der chinesischen Geschichte überwiegen bei weitem die Beispiele, die gegen einen Expansionismus zeugen. Wir finden zu allen Zeiten eine grundsätzliche, oft vehemente Verurteilung jedweder Eroberungspolitik, ganz im Unterschied zur abendländischen Geschichte.

Das sinnfälligste Beispiel für die nichtexpansive Politik der Chinesen ist die Große Mauer. Ein Volk, das unter großen Opfern an Menschen und Geld eine Mauer von vielen tausend Kilometern um sein Land zieht, zeigt, daß es seinen Besitz wahren, aber nicht darüber hinaus Land erobern will.

Auch die chinesischen Grenzen sind im Verlauf der letzten beiden Jahrtausende vorverlegt oder zurückgenommen worden, dennoch ist erstaunlich, wie wenig die heutigen Grenzen Chinas von den Grenzen des chinesischen Herrschaftsbereichs in der Han-Dynastie, also zur Zeit der Römischen Republik, abweichen; nur Tibet ist hinzugekommen, vor etwa zweihundertfünfzig Jahren.

Doch wenn man die frühere chinesische Außenpolitik verstehen will, muß man sich die alten chinesischen Vorstellungen von der Welt vergegenwärtigen.

Es gab den Himmel, *tian,* und es gab »das, was unter dem Himmel ist«, *tian xia.* Im Zentrum dessen, was unter dem Himmel liegt, war China, *zhong guo,* das Reich der Mitte, nicht ein Land unter vielen, sondern die zivilisierte Menschheit überhaupt. Am Rande, in der »äußeren Welt«, lebten nur Barbaren.

Über der ganzen Menschheit aber waltete der Kaiser. Wenn er im Frühjahr die acht heiligen Furchen am Ackerbautempel in der Südstadt von Peking zog, wenn er Reis und vier Arten von Hirse säte, dann sorgte er nicht nur dafür, daß in China Reis und Hirse wuchsen, sondern daß überhaupt etwas in der Welt gedieh, auch bei den Barbaren, die weder die Weltordnung kannten noch über die Grundbeziehungen zwischen den Menschen Bescheid wußten. Wer den Kaiser nicht als Sohn des Himmels anerkannte, verstieß nicht gegen politische Ansprüche der chinesischen Regierung, sondern gegen die Weltordnung.

Die Folgerung, die Barbaren zu bezwingen, um ihnen den Sinn für die Weltordnung beizubringen, haben die Chinesen aber nie gezogen.

»Der König des Staates Qi fragte den Philosophen Menzius, ob er den Staat Yan annektieren solle. Menzius antwortete: ›Freut sich das Volk von Yan, wenn Sie das Land annektieren? Wenn ja, sollten sie es besetzen. Wenn das Volk sich aber nicht freut, sollten Sie es nicht tun.‹ «

Auch Konfuzius riet davon ab, fremde und ferne Länder zu erobern. Ihre Völker sollten vielmehr von der überlegenen Sittlichkeit und Kultur Chinas angezogen und dadurch zivilisiert und friedfertig werden.

Wir lesen oft in der chinesischen Geschichte, daß die Gelehrten-Beamten davor warnten, sich mit den Barbaren anzulegen. »Habt Ihr nicht gehört«, schrieb der Dichter Po Chuyi,

Zeitgenosse Karls des Großen, »daß der Erste Minister von Kaiyuan militärische Aktionen an der Grenze nicht belohnt? Er will nicht, daß sich Angriffsgeist bei der Truppe entwickelt.«

Der Gründer der Ming-Dynastie stellte den Grundsatz auf: »Um die Barbaren, die uns umgeben, zu kontrollieren, genügt es, gut gerüstet zu sein und unsere Grenzbefestigungen in Ordnung zu halten. Wir sollten ihnen Widerstand leisten, wenn sie in unser Gebiet einfallen, aber sie nicht schonungslos verfolgen, wenn sie sich zurückziehen.«

Kaiser Wu Di, dessen Truppen um 100 v. Chr. bis hierher in die Gegend von Turfan kamen, war anderer Meinung. Die konfuzianischen Gelehrten warnten ihn und sagten: »Ein Land kann noch so groß sein — wenn es den Krieg liebt, wird es untergehen. Die Gebiete, die wir den Hunnen abgenommen haben, eignen sich nicht für den Ackerbau. Und außerdem sind diese Wilden einfach unfähig, die Zivilisation zu übernehmen. Es ist besser, sie zu ignorieren. Man soll sie das Vieh in ihren einsamen, wüsten Gegenden weiden lassen.«

Wu Di aber richtete sich nicht danach. Die »Realpolitiker« in der Regierung lachten über die Ansicht der Konfuzianer, daß der Kaiser die anderen Völker allein durch seine Tugend zu sich ziehen und sie zivilisieren könne. »Wo einer stark ist, da kommen die anderen, um ihre Aufwartung zu machen. Wer aber schwach ist, der muß anderen aufwarten.«

Das war auch die Ansicht eines anderen Kaisers dieser Dynastie aus dem 1. Jahrhundert v. Chr., der den Konfuzianern sagte: »Die Han-Kaiser haben ihren eigenen Code, und das ist der Code der Eroberer.« Es waren die letzten chinesischen Kaiser, die sich zu diesem Code bekannten. Dann setzte sich der Konfuzianismus durch, und fortan waren es, bis auf einige Ausnahmen der Tang-Zeit, vor allem nicht-chinesische Dynastien, die auf Eroberung ausgingen, wie die Mongolen der Yuan- und die Mandschus der Qing-Dynastie.

Die konfuzianischen Beamten hatten mit ihren ideologischen Forderungen oft einen schweren Stand, besonders gegenüber dem Militär. Aber im 11. Jahrhundert wurde die Unterordnung des Militärs unter die Zivilgewalt ein für allemal dekretiert. Der Grundsatz gilt noch heute. »Die Partei befiehlt den Gewehren«, heißt es jetzt.

In der Außenpolitik aber führten die konfuzianischen Gelehrten-Beamten die schon erwähnte »Politik des langen Zügels« ein, die den lokalen Potentaten ihre Macht ließ, sie aber in Chinas Suzeränität übernahm und mit China verband. Darüber, daß von Unterordnung oft gar nicht die Rede sein konnte, war man sich am Kaiserhof durchaus klar.

Die fremden Herrscher erhielten vom Sohn des Himmels ein Ernennungsdekret und ein Amtssiegel sowie einen Adelsrang in der chinesischen Hierarchie. Ihre Abgesandten begrüßten den chinesischen Kaiser mit dem Kotau. Sie überbrachten lokale Produkte als Tributgeschenke und empfingen dafür kaiserliche Gegengeschenke.

Gelegentlich wurden Garnisonen in suzeränen Staaten errichtet, zum Beispiel hier in Turfan oder in Lhasa, aber die chinesischen Militärkommandanten kümmerten sich in der Regel nicht um die inneren Verhältnisse. Der hiesige Fürst hätte es sicher als großes Unglück angesehen, wenn das Suzeränitätsverhältnis aufgelöst worden wäre und wenn der Kaiser die Annahme der Tributgeschenke verweigert hätte; denn die Gegengeschenke waren stets sehr viel prächtiger und wertvoller. Damit erkaufte sich der Kaiser Ruhe und Friedfertigkeit der Nachbarn. Das war teuer, aber die Kaiser der Sung-Dynastie rechneten aus, daß eine Armee noch mehr kosten würde. Allmählich wurden den Chinesen die Tributangebote zuviel und zu teuer. Als eine Gesandtschaft aus Samarkand sich erbot, einen Löwen als Tributgeschenk zu senden, lehnte der chinesische Kaiserhof diesen Tribut ab, »weil die Nachbarländer sonst darüber lachen würden«.

»Wer eine Kuh annimmt, muß ein Pferd schenken«, lautet ein chinesisches Sprichwort.

Die Forderungen der Tributleistenden wurden gelegentlich recht unverschämt, zum Beispiel, wenn sie sich die Lieblingskonkubine des Kaisers ausbaten, die dieser darauf in die mandschurische Einöde schickte, weil er sich eine militärische Auseinandersetzung mit dem Khan gar nicht leisten konnte. Ein berühmtes Drama aus der Yüan-Dynastie behandelt diese Episode.

Die kaiserlichen Beamten bemühten sich, das Tributsystem, das in Wirklichkeit ein Versuch war, die fremden Länder durch

Handel und Wirtschaft zu friedlichen Beziehungen mit China zu bewegen, auch auf die »äußeren Gebiete« auszudehnen. Was die Unterwerfungsbedingungen und -gesten betraf, war man großzügig. Als sich der britische Gesandte Lord Macartney im Jahre 1793 zum Beispiel weigerte, den Kaiser mit dem Kotau zu begrüßen, gab man sich damit zufrieden, daß er sein Knie beim Eintritt beugte.

Auf einer Liste aus dem Jahre 1808 wird verzeichnet, welche Länder wann und auf welchem Weg Tribut leisten. Darunter findet man unter anderem:

Holland	Tribut in unbestimmten Abständen; frühere Vereinbarungen sahen Tribut alle fünf Jahre vor	über Kanton
Portugal, Papst, England	Tribut unregelmäßig	über Macao

Gerhard Schröder fand, daß die Eroberung Tibets nicht ganz in das Bild paßte, das ich von den Chinesen zeichnete. Er hatte recht. Dennoch war es auch nicht so, wie es oft dargestellt wird, daß die Chinesen im Jahre 1959 ein seit jeher unabhängiges Tibet heimtückisch überfallen und besetzt haben. Als die Angelegenheit damals vor den Sicherheitsrat der Vereinten Nationen kam, verteidigten die Nationalchinesen, die seinerzeit noch den Sitz Chinas einnahmen, die Aktion der kommunistischen Führung in Tibet und verhinderten, daß Peking deshalb verurteilt wurde; denn seit der Mitte des 18. Jahrhunderts, nachdem es Kangxi, der bedeutendste Kaiser der mandschurischen Qing-Dynastie, erobert hatte, gehörte Tibet zu China und in gewissem Sinn schon seit der Zeit der Mongolenkaiser im 13. Jahrhundert. In Lhasa lag seit 1720 eine allerdings schwache und bald völlig korrumpierte chinesische Garnison. Im vorigen Jahrhundert nahm der chinesische Einfluß in Tibet immer mehr ab. Der Handel in Tibet war bald ganz in nepalesischer Hand, und der politische Einfluß Großbritanniens nahm zu. Nach dem Sturz der Qing-Dynastie im Jahre 1911 erklärte sich Tibet unabhängig, unterhielt aber weiterhin enge Beziehungen zu China, um nicht in andere Abhängigkeiten zu geraten: Sowohl Großbritannien wie Rußland interessierten sich für das Gebiet. Tibet lavierte und hatte damit Erfolg, solange China schwach war.

Als Mao die Macht übernommen hatte, wurde das schwerer. Um zu verhindern, daß kommunistische chinesische Streitkräfte ganz Tibet eroberten, schlossen die Tibeter im Jahre 1951 mit den Chinesen eine »Vereinbarung der friedlichen Befreiung« ab, die den Tibetern regionale Autonomie sichern sollte. Um eine chinesische Garnison in Lhasa kamen sie dennoch nicht herum. Und anders als ihre Landsleute in der Kaiserzeit mischten sich die Chinesen jetzt sehr in die inneren Verhältnisse Tibets ein. Eine Landreform, und die ersten Maßnahmen zur Befreiung der Leibeigenen und Sklaven trafen die Klöster und den Adel schwer. Es kam zu Unruhen. Der CIA, der von Indien aus operierte, hatte dabei wohl auch seine Finger im Spiel.

Einen allgemeinen Aufstand der Tibeter im Jahre 1959 schlugen die Chinesen in wenigen Tagen nieder. Der Dalai Lama, der seine früheren Vereinbarungen mit den Chinesen aufgekündigt hatte, floh mit dem Hof, vielen hohen Geistlichen und Adligen, nach Indien. Tibet wurde zu einer Autonomen Region Chinas erklärt; aber es ist in Lhasa mit Händen zu greifen, daß in allen wichtigen Fragen die Han-Chinesen zu bestimmen haben — wie hier in Turfan.

Die Führung in Peking hatte Tibet besetzt und wieder fest dem Reich eingegliedert, sicher auch aus Sorge, das schwache, weiträumige Land an Chinas Südflanke werde seine Unabhängigkeit auch gegen andere nicht verteidigen können, und es könnte zur Operationsbasis anderer Mächte gegen China werden. Zur Rechtfertigung seines Vorgehens bediente Peking sich des alten Titels, der bis 1911 gültig gewesen war. Die Befürchtungen, Tibet könne unter fremden Einfluß fallen, waren nicht unbegründet. Daß China in Tibet ein Volk, das unabhängig sein will, in seiner Botmäßigkeit hält, kann allerdings schwerlich bestritten werden.

Aber sie haben Tibet nicht in Besitz genommen, um es auszubeuten. Die Chinesen sind in ihrer langen Geschichte nie auf den Gedanken gekommen, ein Land um seines Reichtums und seiner Bodenschätze willen zu erobern oder andere Länder zu annektieren, die von China so weit entfernt lagen wie Macao von Portugal, die Philippinen von Spanien, Indonesien von

Holland, Indochina von Frankreich, Kamerun von Deutschland oder Indien von England. Schon Marco Polo wunderte sich vor sechshundert Jahren über die Bewohner der Stadt Suzhou: »Wenn die Männer dieser Stadt auch nur etwas soldatischen Geist hätten, könnten sie die Welt erobern; aber sie sind überhaupt keine Soldaten, sondern nur gute Händler und geschickte Handwerker.« Der Soldat galt nichts. Wenn früher von Soldaten die Rede war, hörte man stets das Sprichwort: »Aus schlechtem Eisen macht man Nägel, aus schlechten Menschen Soldaten.«

»Wie aber wird sich der Bevölkerungsdruck auf die chinesische Außenpolitik auswirken?« fragte der frühere Außenminister Schröder.

»Jedenfalls kann dieses Problem nicht durch territoriale Expansion gelöst werden. Süd- und Südostasien sind bereits überbevölkert, und Sie haben gestern in Urumtschi selbst von Han-Chinesen gehört, wie gerne sie wieder nach Schanghai und Peking zurückkehren möchten. Schon diese westlichen Gebiete sind für sie Verbannungsorte. China kann mit seinem Bevölkerungszuwachs nur fertig werden, wenn es die Geburtenzahl drastisch beschränkt, den Boden intensiver bearbeitet und die Industrie ausbaut. All das betreibt die chinesische Regierung. Der Boden Chinas reicht aus, um eine noch größere Bevölkerung zu ernähren. Die Vision einer ›Gelben Gefahr‹, der Überschwemmung Asiens und später Europas mit Chinesen, ist ein Hirngespinst.«

Im hohen Norden

Heilongjiang heißt »Schwarzer-Drachen-Fluß«. Er bildet die Nordgrenze Chinas. Die Provinz Heilongjiang ist doppelt so groß wie die Bundesrepublik Deutschland. Vom westlichen Grenzort Mandschuli bis zum östlichen Grenzfluß Ussuri sind es 1400 Kilometer. Harbin ist dic Hauptstadt der Provinz.

Von Harbin waren wir mit dem Nachtzug weiter nach Norden gefahren; im Liegewagen der »harten Klasse«. Bis zwölf Uhr hatten wir mit den Chinesen über ihre Wirtschaftsprobleme gesprochen. Dann hatten wir uns schlafen gelegt. Um fünf

Uhr morgens stiegen wir in Bei-An aus. Bei-An heißt »Nördlicher Friede«. Kein schlechter Name: Von hier aus sind es noch zweihundert Kilometer bis zur chinesisch-sowjetischen Grenze, die in der Mitte des Schwarzen-Drachen-Flusses verläuft.

Es regnete und war kalt. In Jeeps fuhren wir vier Stunden auf holprigen Pisten an weiten Feldern vorbei und durch Laubwälder. Das Land war einsam. Wir kamen auf der ganzen Fahrt nur durch drei Dörfer. Um neun Uhr stiegen wir durchgerüttelt und durchgefroren auf der Staatsfarm Nr. 3 aus: Gutowski, einer der Weisen unserer Wirtschaftsforschung und Präsident des Hamburger Wirtschaftsforschungsinstituts, sein Assistent Klenner und ich. Begleitet wurden wir von drei Herren der Staatlichen Planungskommission in Peking.

Der Leiter der Staatsfarm Nr. 3 begrüßte uns im Regen und sagte, es seien schon einmal ausländische Besucher hier gewesen, und zwar eine sowjetische Landwirtschaftsdelegation. Eine sowjetische? fragten wir. Ja. Im Jahre 1956.

Wir frühstückten in der Kantine der Funktionäre: Sojabohnenkeime, Grüne Bohnen, Reis.

Die Anbaufläche der Staatsfarm war so groß wie bei uns in Deutschland ein mittlerer Landkreis. Man mußte sich an die Größenordnungen erst gewöhnen. Wir fuhren an den Weizenfeldern vorbei; es waren zwei Kilometer lange, zweihundertfünfzig Meter breite Handtücher; eine Doppelreihe von Fichten oder Pappeln trennte jeweils ein Handtuch von dem nächsten. Immer abwechselnd: einmal Fichten, einmal Pappeln. Die Baumreihen sollen den Wind abhalten, der sonst die Ackerkrume fortwehen und Weizen oder Roggen zu Boden reißen würde. Klenner war skeptisch. Das hilft? Doch, es hilft. »Früher haben wir die Baumreihen in einem Abstand von fünfhundert Metern angepflanzt«, sagte der Leiter der Farm, »aber der Abstand war zu weit. Es müssen zweihundertfünfzig Meter sein. Aber das genügt.«

Es regnete noch immer, und wir fanden, daß der Wind immer noch zu stark wehte. Wir hatten unsere Pekinger Sommeranzüge an. Es war ja Juli; aber hier hatten wir nur zehn Grad. Für die Schwarze-Drachen-Fluß-Provinz war das eine hochsommerliche Temperatur. Hier gab es nur 106 frostfreie Tage im Jahr. Es wurde eine Weizensorte angepflanzt, die selbst in dieser kurzen Wachstumsperiode reifte. Aber unvorhergesehene, frühe Frosteinbrüche, die manchmal die ganze Ernte vernichteten, waren nicht selten.

Wir fuhren noch über eine Stunde an den Feldern der Staatsfarm vorbei: zwei Kilometer lange Feldstreifen wie Handtücher, Pappelreihen, Feldstreifen, Kieferreihen, Feldstreifen, Pappelreihen. Dann kamen Sojabohnen- und Maisfelder. Links und rechts des Weges war das Land etwa zwanzig Meter breit unbebaut. Ich fragte den Leiter der Farm, warum diese Streifen nicht bepflanzt seien. Sie seien, sagte er, für die Traktoren zu schmal. »Aber können Sie sie nicht den Angestellten der Farm zur privaten Nutzung überlassen? Die könnten dort ja Gemüse für ihren eigenen Gebrauch anbauen.«

Nein, das ging nicht. Das war absolut unmöglich. Denn dies war ja keine Volkskommune, wo jede Familie ein kleines Stück Land als Privatparzelle benutzen konnte, sondern es war eine Staatsfarm. Hier gab es nur Angestellte.

Ich sagte: »Aber das Land liegt jetzt brach. Es wäre leicht zu bebauen, ist von den Baumreihen am Straßenrand geschützt und bis zu den nächsten Dörfern ist es auch nicht weit.«

»Was Sie sagen, ist richtig«, antwortete der Farmleiter, »aber das hier ist Staatsfarmland. Wir können es den Angestellten nicht zur privaten Nutzung überlassen.«

Unsere Begleiter von der Planungskommission sagten zu uns:

»Da sehen Sie, wie schwer es ist, den Leuten die alten Dogmen auszutreiben. Sie haben keinen gesunden Menschenverstand mehr. Wir werden über die private Nutzung von Brachland in Peking sprechen.«

Der Maschinenpark war groß und eindrucksvoll: Sämaschinen, Motorpflüge, Mähdrescher, Traktoren in verschiedenen Größen, Lastwagen, Jeeps. Sie standen alle scharf ausgerichtet in der zentralen Maschinenstation. Sie waren offenbar auch geputzt worden. Jetzt aber regnete es.

Ob wir eine Parade abnehmen wollten? Nein, wir glaubten ja, daß sie fahren. Staatsfarmen haben einen höheren sozialistischen Status als Volkskommunen. Sie werden deshalb auch bei der Zuteilung von landwirtschaftlichen Maschinen bevorzugt; denn je sozialistischer ein Betrieb ist, desto mehr sollte er produzieren. Das ist die Lehrmeinung, die die Praxis zu beweisen hat. Dennoch sind die Pro-Hektar-Erträge der Staatsfarmen noch immer nicht so hoch, wie die vieler gleich großer Volkskommunen.*

Die Staatsfarm wurde zwar bei der Ausstattung mit Maschinen bevorzugt, die Arbeiter hier wurden aber weniger bevorzugt behandelt. Sie wohnten in primitiven Lehmhütten. Neue waren im Bau. Sie waren ebenso primitiv. Der Leiter der Staatsfarm, der nun schon fünfundzwanzig Jahre hier lebte, klagte über Mangel an Arbeitern. Vor allem fehlten sie ihm zur Erntezeit. Siebentausend Jugendliche waren während und nach der Kulturrevolution hierher verschickt worden. Aber sechstausend von ihnen seien wieder in ihre Heimatstädte zurückgekehrt; die meisten von ihnen illegal. Sie blieben auch da. Sie kämen nicht wieder.

Wir konnten das verstehen. Auch wir würden nicht freiwillig hierher in die Einöde ziehen. Die Chinesen leben gerne eng nebeneinander, in einer vielseitig beschäftigten, gewachsenen Gemeinschaft. Hier muß es trostlos für sie sein, in der zusammengewürfelten Gesellschaft der Staatsfarm, in den einsamen Dörfern mit Reihen von primitiven Lehmhütten, in der Kälte mit nur 106 frostfreien Tagen im ganzen Jahr.

Der Bevölkerungsdruck werde die Chinesen eines Tages zur Expansion in sowjetisches Gebiet zwingen? »Friedlich, wenn Rußland weicht, sonst aber, wenn Rußland hart bleibt, früher oder später im Kampf — in der letzten Auseinandersetzung des Blutes um des Bodens willen.«** Also wohl in die Region des ewig gefrorenen Bodens, die ein paar hundert Kilometer weiter nördlich beginnt, zum Teil schon vor der Grenze zur So-

* Die Ansicht, es gebe in den chinesischen Dörfern »kaum Ansätze zu einer durchgreifenden Modernisierung« und man produziere dort noch »überwiegend mit den gleichen Geräten wie seit Jahrhunderten«, nämlich mit Treträdern oder von Menschen gezogenen Pflügen (Jürgen Domes, Politische Soziologie der Volksrepublik China, Wiesbaden 1980), trifft nicht zu. Ebensowenig stimmt die Behauptung in demselben Buch, es gebe in der Volksrepublik China »mindestens zehn bis fünfzehn Millionen Insassen von Konzentrationslagern«. Sind das vielleicht Angaben, die von Taiwan verbreitet werden? Sie sind indiskutabel.

** Wilhelm Starlinger, Grenzen der Sowjetmacht. Würzburg 1955, S. 119.

wjetunion? Um dieses Land würden sie sich in eine »letzte Auseinandersetzung« mit der Sowjetunion einlassen? Wo es den Chinesen nicht einmal gelingt, das eigene Land bis zu den Grenzen im Norden und Westen zu besiedeln?

Die Augen der Chinesen waren immer auf die Mitte gerichtet. Die Chinesen sind ein Volk der Mitte. Sie schätzen nicht ein Leben am Rande der Welt, am Rande der Gesellschaft.

Grenzland ist für die Chinesen noch immer Verbannungsland. Da ist die Familie fern, das Leben arm und die Verwaltung schlecht. »Der Himmel ist hoch, der Kaiser ist weit.«

Aus einem Gespräch mit Bundeskanzler Helmut Schmidt

Oktober
Ich übergab ihm eine Zwergkiefer, die ich aus Peking mitgebracht hatte. Sie würde in seinem Arbeitszimmer stehen, wenn er in Kürze mit Hua Guofeng sprach.

Ich sagte: »Es ist Huas erste Reise ins westliche Ausland. Alles ist neu für ihn. Er hat gesagt, er wolle lernen. Vor allem will er wissen, wie wir es geschafft haben, nach den Zerstörungen des Krieges unsere Industrie so schnell wiederaufzubauen. Er hat sich die Filme über die Kriegszerstörungen in Deutschland angesehen. Er möchte von Ihnen wissen, worauf das Wirtschaftswunder zurückzuführen ist.«

Der Bundeskanzler Helmut Schmidt lachte: »Ich werde mich hüten! Ich werde mich vielmehr zurückhalten. Man macht mir ohnehin immer den Vorwurf, ich wolle die Leute belehren.«

»Aber Hua Guofeng möchte es wirklich wissen. Die Chinesen schicken viele ihrer höchsten Politiker ins Ausland, auch ihre Provinzführer, damit sie lernen.«

»Gut«, sagte der Kanzler, »wir werden sehen, wie das Gespräch läuft. Haben Sie ihn schon oft gesehen und gesprochen?«

»Ja, verhältnismäßig oft. Zum ersten Mal sah ich ihn, als er ein halbes Jahr an der Macht war. Damals hat er sich in der Diskussion politischer Fragen noch sehr an das vorbereitete Konzept gehalten, jetzt ist er freier. Er hat viel gelernt. In seinen Gesprächen errichtet er keine hohen Gedankengebäude. Seine

Argumente sind einfach, und vielleicht werden Sie sie manchmal für nicht differenziert genug halten. Er ist ein Politiker, kein Theoretiker. Auch Adenauer sprach schlicht.«

Bundeskanzler Helmut Schmidt sagte: »Erst wenn man auf diesem Stuhl sitzt, kann man ermessen, was Adenauer geleistet hat.«

»Hua sucht möglichst den Konsens herzustellen«, fuhr ich fort, »und er ist, wenn man will, chinesischer als Deng Xiaoping, der Konfrontationen nicht scheut und ihnen nicht immer aus dem Wege geht. Hua hat das Staatsschiff, das nach Maos Tod zu scheitern drohte, nicht durch ein großes Manöver, sondern durch kleine, kaum bemerkbare Kurskorrekturen wieder in ruhiges Fahrwasser gelenkt.

Ich habe ihn anfangs unterschätzt, und ich könnte mir denken, daß auch manche Chinesen in der Umgebung Deng Xiaopings ihn unterschätzen. Sie bemängeln zum Beispiel, daß ihm die Bildung fehlt. Er kommt eben vom Lande. Über seine Handschrift rümpfen alle Gebildeten die Nase. Die Handschrift ist bei ihnen ein wichtiger Maßstab zur Beurteilung einer Persönlichkeit. Sie behaupten, wenn er eine Widmungsinschrift zu schreiben habe, müsse er immer erst üben.

Wegen seines bescheidenen, anspruchslosen Auftretens ist er aber im Volk beliebt geworden. In der Führungsschicht, soweit sie nicht aus den alten Gefolgsleuten Maos besteht, beurteilt man ihn zurückhaltender. Manche meinen, er sei noch zu sehr von den Vorstellungen Maos befangen. Er sei unbeweglich und ein Hindernis auf dem Wege zur Modernisierung. Man müßte außerdem wissen, wie sehr ihn seine Vergangenheit belastet.«

Das Gespräch wandte sich dann anderen Fragen zu.

Der chinesische Ministerpräsident in Bonn

24. Oktober

Vor der Ankunft der chinesischen Delegation sagte der Sprecher der Bundesregierung in einem Rundfunkinterview, die Regierung werde sich durch Hua nicht gegen die Sowjets in Stellung bringen lassen. Wollte man die Sowjets unseres

Wohlverhaltens versichern? Die Chinesen empfanden die Bemerkung als Versuch, ihnen den Mund zu verbieten. Bei dem Besuch ließen sie jedoch von der Verstimmung nichts merken.

Der chinesische Partei- und Regierungschef Hua Guofeng kam mit einer großen Delegation. Mit ihm reisten der Planungschef Vizepremierminister Yü Qiuli, der Außenminister Huang Hua, Vizeaußenminister Zhang Wenjin und rund dreißig weitere Beamte und Begleiter. Die Delegation kam mit dem Flugzeug aus Paris. Sie war dort vor fünf Tagen aus Peking eingetroffen. Der Staatspräsident Giscard d'Estaing hatte sie mit großem Pomp am Flugplatz empfangen. Zum Abschied war Ministerpräsident Barre auf dem Flugplatz erschienen.

Am Flugplatz Köln-Bonn waren weder der Bundeskanzler noch der Außenminister. Es war überhaupt kein Bundesminister da. Die Chinesen hatten mitgeteilt, daß sie in erster Linie wirtschaftliche Fragen in Bonn zu besprechen wünschten, zumal die Bundesrepublik Deutschland zweitgrößter Handelspartner Chinas war; aber der Bundeswirtschaftsminister mußte einige Tage vorher nach Indonesien und Südkorea reisen. Ich fragte mich, wer sich wohl alles hier eingefunden hätte, wenn — sagen wir — Breschnew gekommen wäre.

Hua Guofeng wurde am Flugplatz vom Ministerpräsidenten des Landes Nordrhein-Westfalen, Johannes Rau, empfangen. Auch Staatsminister Wischnewski war gekommen. Er und ich waren dem Staatsgast als Ehrenbegleiter zugeteilt.

Das chinesische Fernsehen berichtete jeden Abend eine halbe Stunde über den Besuchsverlauf. Der Unterschied zwischen dem Empfang in Paris und Bonn fiel dem chinesischen Publikum auf, und wir wurden später oft nach dem Grund gefragt. Hua und seine Delegation ließen sich nichts anmerken.

Bundeskanzler Helmut Schmidt und Bundesaußenminister Genscher begrüßten die Staatsgäste, als sie sich am nächsten Tag zum ersten Gespräch im Bundeskanzleramt in Bonn einfanden. Man sprach zuerst in großem Kreise. Hua gab einen Überblick über Chinas wirtschaftliche Lage und die Aufbaupläne; dann zogen der Kanzler und er sich zu einem Gespräch unter vier Augen zurück, wozu aber noch die vier Augen der beiden Dolmetscher, des chinesischen und des deutschen, zu rechnen sind.

Am nächsten Nachmittag trafen sich beide in Schloß Gymnich zu einem zweiten, langen Gespräch. Der Bundeskanzler fand es so interessant, daß er sich nach dem Essen, das Hua Guofeng für seine deutschen Gäste gab, in der Rentei, einem Nebengebäude des Schlosses, noch einmal allein mit ihm unterhielt. Erst nach ein Uhr nachts kamen sie aus dem Salon.

Der Bundeskanzler bat mich, ihn nach Bonn zu begleiten. Unterwegs erzählte er von seinem Gespräch. Er, der mit anerkennenden Urteilen sparsam ist, gab zu, daß die politische Potenz Huas, sein abgewogenes Urteil und die Fähigkeit, in einer halben Stunde ein Exposé der weltpolitischen Lage zu geben, einen tiefen Eindruck auf ihn gemacht hätten. Von einem Versuch Huas, uns gegen die Sowjets in Stellung zu bringen, hatte er nichts bemerkt.

Beim Frühstück fragte Hua, wann ich ins Bett gekommen sei.

Ich sagte: »Kurz vor drei Uhr. Und Sie, Herr Ministerpräsident?«

»Um dieselbe Zeit.« Er hatte noch Telegramme von und nach Peking bearbeitet.

In Trier besuchte er das Karl-Marx-Haus und schrieb in das Gästebuch: *»China verdankt seine Befreiung den Gedanken Karl Marx' und der chinesischen Praxis.«* Der Hinweis auf die chinesische Praxis war ein Zeichen für das neue Selbstbewußtsein der chinesischen Führung. Von Mao Zedong war nicht die Rede. Während des ganzen Besuchs nicht.

Der Bundeskanzler und sein Gast stellten sich gemeinsam der Presse. Hua mag keine Pressekonferenzen, aber er zeigte es nicht. Rudi Dutschke versuchte zu stören, aber als ihm das Wort nicht erteilt wurde, verließ er mit lautem Protest über die Unfreiheit, die von Bonn bis Peking herrsche, den Saal.

Hua wurde gefragt, warum er Berlin nicht besucht habe. Er lächelte und sagte: »Weil Berlin im Programm nicht vorgesehen war und weil ich das Programm des Gastgebers respektiere.« Einige der Journalisten waren nahe daran, für die Antwort Applaus zu geben.

Herbert Kremp von der *Welt* fragte: »Sie haben Presseberichten zufolge zu Helmut Kohl gesagt, die Sowjets suchten im Mittelmeer weiter vorzudringen. Wie würde sich das Vordringen auf die Sicherheit Europas auswirken?«

Hua antwortete: »Mit Rücksicht auf die Bundesregierung möchte ich mich auf ihrem Gebiet nicht über Dritte äußern.«

Er mag keine Pressekonferenzen, vielleicht weil die Fragen zu direkt sind oder zu indiskret. Nachher im Auto sagte er: »Stellen Sie sich vor: Als Carter in Tokio war, wurde er in einer Pressekonferenz gefragt, warum er keine Negerin geheiratet habe! Aber er hat sich gut aus der Affäre gezogen. Er hat geantwortet, er finde es nicht sehr taktvoll, ihm eine solche Frage in Anwesenheit seiner Frau Rosalynn zu stellen.«

Hua lachte. Er war froh, daß die Pressekonferenz überstanden war.

Der Hut des Bonner Protokollchefs

Der Protokollchef des Auswärtigen Amts in Bonn muß viele Wünsche unter einen Hut bringen. Doch der Hut ist zu klein.

Der hohe Staatsgast hat wissen lassen, daß er in Deutschland etwas sehen, daß er etwas lernen will. Er möchte zum Beispiel wissen, wie es bei uns in der Industrie, der Landwirtschaft und im Verkehrswesen aussieht.

Die Länderfürsten aber haben ganz andere Vorstellungen. Ihnen ist der hohe Staatsgast nur willkommen, wenn sie mit ihm gesehen werden können und wenn das Fernsehen darüber berichtet. Sollte die Zeit des Staatsgastes knapp bemessen sein, müssen eben die Besuche bei der Industrie, der Landwirtschaft und bei Verkehrseinrichtungen ausfallen.

Schon die Auswahl der Länder, in die die Reise gehen soll, macht dem Protokoll Kopfschmerzen, wenn sich zum Beispiel herausstellt, daß mehr CDU-Regierungen als SPD-FDP-Regierungen besucht werden sollen. Also wird — nur als Beispiel — erwogen, den Staatsgast am letzten Tag, seinem Ruhetag, noch abends nach Hessen fliegen zu lassen, damit er dort die hessische Landesregierung kennenlernen kann. Wozu ist er denn sonst von fern her gekommen?

Der Staatsgast hat den Wunsch, das Karl-Marx-Haus in Trier zu sehen. Der Flug von Gymnich nach Trier und zurück mit dem Hubschrauber und der Besuch sind, wie das Protokoll ausrechnet, in zweieinhalb Stunden am Vormittag zu schaffen, so daß vor dem Mittagessen noch eine Besprechung mit Wirtschaftlern vorgesehen werden kann. Doch so einfach geht das nicht! Trier liegt in Rheinland-Pfalz, und das Karl-Marx-Haus kann er nur besuchen, wenn er auch zum Simeon-Stift fährt, wo der Bürgermeister eine kürzere oder längere Rede halten wird, die eine freundliche Erwiderung erheischt, wenn er sich dort in das Goldene Buch der Stadt einschreibt, wenn er ein Gespräch mit dem Ministerpräsidenten des Landes über Politik und Wirtschaft in Rheinland-Pfalz und der Volksrepublik China führt und an einem Essen teilnimmt, das der Ministerpräsident für seinen ausländischen Kollegen und für prominente Einwohner des Bundeslandes gibt, wobei wiederum Reden ausgetauscht werden.

Das Fernsehen ist immer dabei. Ja, im Karl-Marx-Haus sieht der hohe Gast nur Scheinwerfer und Fernsehkameras, die ihm aus kürzester Entfernung vor das Gesicht gehalten werden. Von Karl Marx sieht er deshalb wenig.

Eine deutsche Stadt kann der hohe Staatsgast überhaupt nur betreten, wenn er sich in das Goldene Buch einschreibt und Reden wechselt. Zeit dafür hat man ja, weil nur die Besichtigungen gekürzt zu werden brauchen.

Der deutsche Protokollschef würde alle Wünsche unter einen Hut bringen, wenn der ausländische Gast überhaupt nichts von Deutschland sehen wollte, sondern sich darauf beschränkte, seinen Namen in alle Goldenen Bücher zu schreiben und mit den Regierungschefs und den Notabeln aller Bundesländer vor die Fernsehkamera zu treten und mit ihnen zu essen und Tischreden zu wechseln.

Hua Guofeng hatte mir gesagt, er würde gerne einen deutschen Bauernhof sehen, aber der Besuch eines Bauernhofes wurde immer gestrichen. Schließlich bekam er ihn doch noch zu sehen, kurz vor dem Abflug, auf dem Weg zum Flugplatz. Nur fünfzehn Minuten, aber er hat sich trotzdem gefreut; denn er kommt ja vom Lande.

»Als Ihre Techniker das Stahlwerk in Wuhan für uns bauten, haben sie über die schlechte Arbeitsmoral unserer chinesischen Arbeiter geklagt«, sagte Hua. »Darauf haben unsere Arbeiter geantwortet, die Arbeitsbedingungen in Wuhan seien eben auch schlechter als in Deutschland. Aber Ihre Techniker haben entgegnet: ›Als wir nach dem Krieg unsere Fabriken aus den Trümmern wieder aufbauten, da waren die Arbeitsbedingungen bei uns viel schlimmer als bei euch in China.‹ Das war gut geantwortet. Wir würden gerne viel mehr Leute bei Ihnen ausbilden lassen. Nicht nur Studenten, auch Arbeiter, vor allem aber Betriebsleiter, die Ihre Art der Betriebsführung studieren.«

Wir waren im Salonwagen des Sonderzuges, der von Stuttgart nach München fuhr, hatten gefrühstückt und tranken Tee. Als ich sagte, die Produktivität der chinesischen Arbeiter würde sicherlich steigen, wenn man ihnen mehr materielle Anreize gebe, stimmte er zu. Man werde demnächst die Löhne erheblich erhöhen.

Ich erzählte von der Währungsreform, wie jedermann nur 40 Mark hatte und arbeiten mußte, wenn er nicht verhungern wollte. Und wie plötzlich alle Waren zu kaufen waren, als Ludwig Erhard die Rationierung aufhob. Hua hörte aufmerksam zu und stellte Fragen.

Die Landschaft, die draußen an uns vorbeizog, war wie aus dem Bilderbuch. Die Felder waren gepflegt. Das Laub der Wälder begann sich bunt zu färben. Auf den Wegen lag nichts herum. Die Häuser waren sauber. Die Fenster waren geöffnet, und die Hausfrauen lüfteten die Bettdecken. Wir sprachen über den schwäbischen Wahlspruch: »Schaffe, schaffe, Häusle baue.« Und wie man das bei uns mit dem Bausparen macht. Plötzlich wechselte er das Thema und fragte: »Wann sind Sie eigentlich zum ersten Mal nach China gekommen?«

Der Vizeaußenminister Zhang Wenjin, der sich gerade zu uns gesetzt hatte, beantwortete die Frage und sagte: »Vor 36 Jahren.«

Ich sagte: »Noch früher. Im Jahre 1936.«

»Da müssen Sie aber sehr jung gewesen sein.«

»Ja. Einundzwanzig.«

»Und warum sind Sie nach China gekommen?«

»Aus Abenteuerlust. China war fremd und ganz anders und geheimnisvoll.«

»Geheimnisvoll?« fragte er erstaunt.

Ich sagte: »Auch heute halten viele Leute bei uns China noch für geheimnisvoll.«

Er verstand das wohl nicht.

Hua fragte: »Wie haben Sie es damals angestellt, nach China zu kommen?«

Sollte ich ihm genau Auskunft geben, oder sollte ich ganz allgemein und unbestimmt antworten? Ich hatte schon öfter die Erfahrung gemacht: Wenn ich alten Revolutionären darüber berichtete, spürte ich durchaus nicht nur Zustimmung. Sie waren vielmehr ein wenig verlegen und fanden das, was ich ihnen erzählte, anscheinend nicht ganz standesgemäß. Doch ich dachte, Hua Guofeng ist gekommen, um zu lernen. Er soll es hören. Ich antwortete:

»Ich hatte ein Stipendium als Austauschstudent in den Vereinigten Staaten; als das Stipendium abgelaufen war, habe ich mir Geld verdient, und zwar als Arbeiter. In Amerika herrschte noch die Depression, und es war nicht leicht, Geld zu verdienen. Aber ich habe sehr sparsam gelebt und mir etwas zurückgelegt. Damit bin ich dann nach China gefahren. Auf einem japanischen Auswandererschiff. Im Zwischendeck.«

»Gut, gut!« rief Hua ein über das andere Mal, »sehr gut! Und dann?«

»Ich bin ein halbes Jahr in Japan und China umhergereist, und als mir in Schanghai das Geld ausging, habe ich auf einem Frachtdampfer als ›Moses‹ angeheuert; das ist der niedrigste Rang an Bord eines Schiffes, von der Höhe des Kapitäns auf der Brücke überhaupt nicht wahrzunehmen. Auf diese Weise bin ich dann nach einigen Umwegen wieder nach Hause gekommen und habe da zu Ende studiert.«

»Gut, gut«, rief Hua, »unsere Studenten in Deutschland sollten auch arbeiten.«

Wischnewski sagte: »Das ist bei uns nichts Ungewöhnliches. Ich selbst habe nach dem Kriege drei Jahre als Metallarbeiter gearbeitet.«

Auch das fand Hua Guofeng gut. Er sagte: »Ihr Volk ist nach dem Krieg nicht verzweifelt, sondern es hat die Trümmer weggeräumt und das Land wieder aufgebaut. Ich habe, nach all dem Wohlstand, den ich auf meiner Reise gesehen habe, eine Frage: Ist dieser Geist auch in Ihrer Jugend lebendig? Hat sie die gleiche Kraft und Energie, um etwas so Großes aufzubauen?«

Hua Guofeng in München

Vor dem Bahnhof wurden die Nationalhymnen gespielt. Nach dem Deutschlandlied standen die Chinesen bequem. Mein chinesischer Nachbar fragte mich, wie hoch München wohl liege. Ich legte den Zeigefinger auf den Mund. Das Bläserkorps spielte wieder. Als die Bläser die Instrumente wieder absetzten, sagte ich: »Das war die bayerische Nationalhymne.«

»Haben alle Länder eine eigene Nationalhymne?«

»Nein, nur die Bayern, soviel ich weiß.«

Der Ministerpräsident des Freistaates Bayern und der der Volksrepublik China schritten die Front ab. Der chinesische Protokollchef neben mir fragte, ob das die bayerische Nationalgarde sei.

»Es ist die bayerische Polizei.«

»Polizei?« fragte er. Mit gefurchter Stirn dachte er nach, ob er schon einmal gehört habe, daß Regierungschefs die Front von Polizisten abschreiten.

Schon bei früheren offiziellen Besuchen war mir aufgefallen, daß die Chinesen in München von dem etwas forcierten Bemühen der Landesregierung, Bayerns Souveränität und Sonderrolle hervorzukehren, das die übrigen deutschen Stämme nicht so ganz ernst nehmen, befremdet waren. Sie verstanden es nicht, denn sie hatten bemerkt, daß in anderen Bundesländern die Politiker und die Menschen immer zuerst von Deutschland sprachen und ihnen Deutschland zeigen wollten, nicht einen Freistaat Hessen, Niedersachsen oder Baden-Württemberg. Sie hatten in Hamburg auch keine Hamburger Hymne gehört.

Sie verstanden es nicht. Wie sollten sie es verstehen!

Es war ja immer die Einigung, die die Chinesen anstrebten und die ihnen als Verdienst galt. »Es gibt keinen anderen Weg, dem Volk seine Wünsche zu erfüllen, außer wenn man es eint«, hatte schon Shang Yang geschrieben. Qin Shihuang, der Erste Kaiser, gilt als groß, weil er die zivilisierte Welt in einem Staat vereint hatte. Mao gilt als groß, weil er aus dem in sich zerfallenen Land wieder ein Reich, eine Nation gemacht hat, obwohl er, der große Ent-Zwei-Macher, durch seine Lehre und seine Politik spätestens seit der Kulturrevolution diese Einheit wieder zerstört hat.

Der Eigencharakter der Provinzen und Landschaften wird belassen, sofern gleichzeitig der Wille zur Einheit kräftig ist; aber die Eigenart wird nicht forciert, denn man will nicht Provinzialismus kultivieren. Vielmehr wird der Sinn für das Ganze und der Sinn für die Einheit gestärkt. Daher werden in China auch nicht die Dialekte gepflegt, die die Verständigung zwischen Nord und Süd, gelegentlich selbst in ein und derselben Provinz, erschweren oder sogar unmöglich machen, sondern die »Allgemeinsprache« *Putunghua.* Lokalpatriotismus wird als Engstirnigkeit, als Provinzialismus angesehen; Witze über andere Provinzen oder Städte haben in China eine alte Tradition. Heute sind sie verpönt.

Doch der bayerische Protokollchef — ich glaube, er hieß Huber — hatte offenbar Weisung oder auch von sich aus das Bedürfnis, den Chinesen deutlich zu machen, daß sie sich hier im Freistaat Bayern befanden, und er hielt es für überflüssig, daß Leute aus Bonn mitreisten. Hier wird bayerische Politik gemacht. Für den Staatsminister im Bundeskanzleramt, Wischnewski, war daher auch kein Wagen am Bahnhof. Doch das machte nichts, ein Polizeiwagen, dessen Fahrer ihn erkannte, nahm ihn mit zum Prinz-Carl-Palais. Ich fuhr mit dem Außenminister Huang Hua.

Die beiden Bonner Ehrenbegleiter des chinesischen Regierungschefs wurden auch zur Vorstellung bei dem bayerischen Regierungschef und seiner Gattin nicht zugelassen.

Bei der Sitzordnung zum Mittagessen hatte der Protokollchef vergessen, daß die chinesischen Gäste chinesisch sprechen. Es waren keine Plätze für die Dolmetscher vorgesehen; die hatte man vielmehr ihres niedrigeren Ranges wegen alle ans untere Ende der Tafel gesetzt, vielleicht weil sie den Gedankenaustausch zwischen dem Ministerpräsidenten des Freistaates Bayern und seinem Kollegen, dem Ministerpräsidenten der Volksrepublik China, nicht hören sollten. Besonders die beiden deutschen Dolmetscher des Auswärtigen Amtes wurden abgeschirmt.

Es stellte sich jedoch schon bei der Vorspeise heraus, daß des bayerischen Ministerpräsidenten Kenntnisse der chinesischen Sprache begrenzt sind. Zwar hatte er bei der Begrüßung der Gäste auf dem Bahnhof einige chinesische Worte abgelesen. Der Pekinger Dolmetscher aber hatte sie nicht verstanden und auch nicht übersetzt. Er hatte sie für bayerisch gehalten. Da Ministerpräsident Hua Guofeng keine Sprache außer Chinesisch spricht und da er sich, im Unterschied zu Franz Josef Strauß, auch nicht in Latein oder Altgriechisch verständigen kann, kam das Gespräch zwischen beiden nicht so recht in Gang. Der Protokollchef Huber wurde herangewinkt; er erkannte sofort, woran das lag. Er ließ eiligst zwei Stühle herbeischaffen, hinter die beiden Ministerpräsidenden stellen und mit Dolmetschern bestücken. Nun konnte die Unterhaltung beginnen. Die meisten anderen Tischgäste aber hatten damit Schwierigkeiten, weil die anderen Dolmetscher alle am unteren Ende der Tafel saßen und munter miteinander plauderten.

Auch im Hause der Firma Siemens gab es Verständigungsschwierigkeiten, weil sie keine Simultan-Dolmetscher-Anlage zur Verfügung stellte. Es wurde eine Siemens-Telefonanlage vorgeführt. Die Nummer der Chinesichen Botschaft in Bern, so wurde erklärt, sei vorprogrammiert. Der Ministerpräsident Hua Guofeng möge bitte auf einen Knopf drücken. Gleich werde er mit Bern sprechen, und die Anwesenden könnten das Gespräch im Lautsprecher mithören. Aber wir hörten im Lautsprecher nur das Besetztzeichen der Botschaft Bern. Auch bei einem zweiten Versuch. Man hatte die Botschaft Bern nicht vorgewarnt: Der Anruf sollte dort wohl als Überraschung ankommen.

Doch gemach! Auch die Nummer des chinesischen Handelsbüros in London war vorprogrammiert. Das Gespräch war in einigen Sekunden da; aber der Diensthabende in der Telefonzentrale des Handelsbüros wollte nicht so recht glauben, daß sein Ministerpräsident in der Leitung sei. Er hielt das sogar für sehr unwahrscheinlich und glaubte an einen Scherz. Er ließ sich nicht überzeugen.

Hua Guofeng hängte ein.

Im Warenhaus Hertie mußte sich die gesamte Delegation mühsam durch das Gedränge durchkämpfen. In einem der oberen Stockwerke war die Wohnung einer deutschen Durchschnittsfamilie aufgebaut. Die Familie befand sich in der Wohnung. Der Vater war von Beruf Wissenschaftlicher Rat an der Universität, die Mutter Studienrätin. Die Tochter machte Schularbeiten, der Sohn spielte mit elektronischen Geräten. An allen Möbeln standen die Preise des Warenhauses Hertie. Das war sehr anschaulich, und aufmerksam hörten die Chinesen den Ausführungen des Landeswirtschaftsministers Jaumann über Kaufkraft und Löhne zu. Aber daß das die Wohnung einer Durchschnittsfamilie sei, bezweifelten sie nun doch, und sie fragten sich, ob hier nicht vielleicht ein Türke gebaut worden sei. Es ließ sich nicht abstreiten.

Der Vertreter des Warenhauses Hertie nutzte die Stunde und pries die Waren des Kaufhauses Hertie und ihre Qualität an.

Er las Statistiken über den Umsatz des Konzerns vor, die niemand interessierten, und legte der Volksrepublik China in ihrem eigenen Interesse dringend engere Geschäftsbeziehungen zu dem Hause Hertie ans Herz. Herr Jaumann hörte das etwas unruhig an, denn diese Reklame war nicht vorgesehen. Sie brachte wohl auch nicht viel ein, weil die Zielgruppe nicht ganz die richtige war.

Das Abendprogramm sah Richard Strauß' *Salome* vor. Hua Guofeng und die meisten anderen Delegationsmitglieder hatten noch nie eine westliche Oper gesehen. Ich hatte für die *Zauberflöte* plädiert, weil die Handlung chinesischen Vorstellungen von einer Oper eher entsprach. Sie wurde in dieser Saison in München gespielt. Aber das bayerische Protokoll beschied uns, *Salome* sei ausgewählt worden, und dabei werde es bleiben. Es blieb also dabei.

Da die Handlung bei fast völlig abgedunkelter Bühne vor sich ging, nutzten die meisten von der anstrengenden Reise ermüdeten Gäste die Gelegenheit, um die Augen zu schließen.

Die Handlung der Oper verstand niemand, und das war vielleicht auch ganz gut so. Ein hoher Würdenträger fragte mich nachher, ob das ein israelischer Stoff gewesen sei; er frage das nur, weil China keine Beziehungen zu Israel habe. Er war aber nicht ernsthaft beunruhigt.

Das Frühstück fand am nächsten Morgen im Privathaus des Ministerpräsidenten statt. Das war eine gute Idee, denn auf diese Weise sah Hua Guofeng, wie ein deutscher Politiker lebt.

Ministerpräsident Franz Josef Strauß hatte sich in seinen politischen Äußerungen bisher gezügelt, jedenfalls für seine Verhältnisse.

In seiner Tischrede am Tage zuvor hatte er die chinesischen Gäste lediglich davon unterrichtet, daß er wegen seiner Auffassung über die Volksrepublik China lange Zeit Ziel von gehässigen Angriffen gewesen sei. Aber jetzt folge auch Helmut Schmidt ihm auf dem Wege einer vernünftigen Politik, wenn es auch lange gedauert habe.

Der bayerische Ministerpräsident vergaß aber zu erwähnen, daß er, als die Bundesregierung die ersten Kontakte mit der Volksrepublik China aufnahm, nicht Peking, sondern Taipeh besucht und den Austausch von Handelsmissionen zwischen Taiwan und der Bundesrepublik Deutschland gefordert hatte. Wenn die Bundesregierung damals seinem Vorschlag gefolgt wäre, hätten wir wohl noch lange auf eine Normalisierung unseres Verhältnisses zu China warten müssen.

Da Franz Josef Strauß beim Frühstück aber mit Hua Guofeng allein war und der Protokollchef dafür gesorgt hatte, daß auch die beiden Ehrenbegleiter der Bundesregierung und die Bonner Dolmetscher nicht mitfrühstückten, konnte der bayerische Ministerpräsident sich weniger Zwang antun und seine Kritik an der Bundesregierung vertiefen.

Hua beschäftigte sich währenddessen angelegentlich mit seinem Teller. Gewöhnlich aß er morgens nur Kekse zu einer Tasse Tee. Aber das bayerische Protokoll war der Ansicht gewesen, die Chinesen äßen morgens immer Fisch. Es gab daher Seezunge. Wohl aus der Nordsee. Das würde jedenfalls die Mitteilung des Protokollchefs an die Presse erklären, das Frühstück sei »international angereichert« gewesen.

Als der Ministerpräsident Strauß geendet hatte und den

Gast erwartungsvoll anblickte, erwiderte Hua Guofeng nachdenklich: »Dieser Fisch hat zwar viele Gräten, aber er hat sehr gut geschmeckt.«

Am Tegernsee

Wir saßen nebeneinander auf dem Sofa in der kleinen, eleganten Suite des Hotels. Er legte seine Hand auf meinen Arm und sagte freundliche Worte. Er sprach wie zu einem alten Freund, ohne die Distanz, die sich gehört, zu überschreiten. Ich hörte nicht ungerne, was er sagte.

Wir sprachen über die Reise. Die Unterhaltungen mit dem Bundeskanzler hatten einen tiefen Eindruck auf ihn gemacht. Hua bat, ihm zu danken. Er sagte, er sei von der Herzlichkeit überrascht gewesen, mit der die deutsche Bevölkerung ihn begrüßt habe. Er wünsche, daß China und die Bundesrepublik nicht nur das nächste und übernächste Jahrzehnt zusammenarbeiten, sondern noch lange über diese Zeit hinaus. »Das soll keine kurzfristige Angelegenheit sein.«

Auch ich sagte meinen Dank, und nach einer halben Stunde verabschiedete ich mich; denn ich mußte kurz vor ihm von München abfliegen, um in Athen noch das Flugzeug nach Peking zu bekommen, damit ich am nächsten Abend bei dem Konzert sein konnte, das die Berliner Philharmoniker unter Karajan in Peking gaben.

Vorher kam Außenminister Huang Hua in mein Zimmer. Auch er redete warmherzig und persönlich. Wir mögen ihn und seine Frau He Liliang gern und sprachen mit ihnen sonst durchaus nicht nur über Politik. Heute aber redeten wir fast zwei Stunden über die Entwicklung in Südostasien und Afrika. Es war, wie immer, ein offener Meinungsaustausch, bei dem jeder die Ansicht des anderen achtete und zu verstehen suchte, auch wo man nicht übereinstimmte.

Ich habe weder in der Zusammenarbeit mit ihm noch mit den anderen Beamten des chinesischen Außenministeriums eine Enttäuschung oder Verstimmung erlebt. Dagegen haben sie mir oft geholfen, bürokratische Hindernisse zu überwinden oder humanitäre Hilfe zu leisten. Die Bürokratisierung des

Außenministeriums hielt sich in Grenzen, in der übrigen zentralen Verwaltung aber, besonders in der Wirtschaft, war der Dschungel bürokratischer Verordnungen und Kompetenzen nicht immer leicht zu durchdringen.

Während die Chinesen in Verhandlungen über Wirtschaftsfragen manchmal ihre Kräfte überschätzten und wegen der Meinungsverschiedenheiten in der Führung über den Wirtschaftskurs ihre Zusagen manchmal nicht einhalten konnten, war das Außenministerium stets zuverlässig.

In Bukarest war es mir oft begegnet, daß die rumänischen Partner uns übers Ohr hauen wollten, feste Abreden leugneten, Schwierigkeiten erfanden, Druck ausübten und eine ganze Kiste von Tricks anwandten, mit denen sie im Grunde doch nichts erreichten. Die Rumänen sahen, ebenso wie die Sowjets, in dem Verhandlungspartner grundsätzlich den Gegner, dem sie Zugeständnisse abringen wollten und den sie mit schlaumeierischen Listen in eine schwache Position zu drängen versuchten. Damit aber war eine offene Verhandlungsführung von vorneherein ausgeschlossen.

Die Chinesen dagegen legten ihren Standpunkt dar und begründeten ihn. Man kam in der Diskussion schnell zum Kern des Problems und stellte fest, ob und wie weit man hier übereinstimmte. Es wurde nicht um taktischen Positionsgewinn, sondern vom Kern her verhandelt. Aus der Argumentation war dann gewöhnlich schon zu erkennen, wie weit der andere gehen konnte; allerdings mußte man lernen, die meist diskreten chinesischen Zeichen zu deuten. Kissinger, der in seinen Memoiren einen brillanten, zutreffenden Vergleich des sowjetischen und chinesischen Verhandlungsstils zieht, klagt darüber, daß diese Zeichen für amerikanische Ohren manchmal zu subtil waren und nicht begriffen wurden. Aber auch er empfand die Art des Verhandelns in Peking als angenehm und produktiv.

Doch man sollte diese Erfahrungen nicht verallgemeinern. Die Chinesen verhandeln mit Menschen, denen sie vertrauen und mit denen sie sich in grundsätzlicher Übereinstimmung wissen, anders als mit Leuten, denen sie mißtrauen. Die Erfahrungen, die die Sowjets oder Vietnamesen mit ihnen gemacht haben, werden mit unseren nicht übereinstimmen, und man kann annehmen, daß die Chinesen ihnen gegenüber dieselben

Listen der Verhandlungstaktik anwenden, denen sie sich ausgesetzt sehen und die sie ebenfalls glänzend beherrschen, wie die westlichen Diplomaten in früheren Zeiten oft berichtet haben.

Hinter Bombay

In Bombay ist früher Morgen, aber es ist schon sehr warm. Das Flughafengebäude ist alt, schmutzig und ungemütlich. Ich bin froh, als wir wieder in unsere Swiss-Air-Maschine gelassen werden und starten. Meine Tagebucheintragungen über die Reise mit Hua in Deutschland habe ich auf dem Flug geordnet und ergänzt und auch die Notizen über die politischen Gespräche, die hier unerwähnt bleiben, noch einmal durchgesehen. Es sind nur noch sieben Stunden bis Peking.

Hua Guofeng sprach nie über sich, nur wenn man fragte: Und auch dann antwortete er nur kurz. Ja, er habe Kinder. Vier. Mädchen und Jungen. Nein, seine Frau wollte nicht mitkommen. Sie arbeite ja. Sie ist in einer Außenhandelsorganisation für die Sparte Kunsthandwerk zuständig. Aber das erfuhr ich nicht von ihm.

Er war immer gut und korrekt gekleidet. Manchmal hatte er Rasierstoppeln am Kinn. Seine Miene war immer freundlich. Er lachte gerne, oft laut und herzlich. In den politischen Gesprächen war er ernst, aber nicht verschlossen, stets zu einem Lachen bereit. Kinder liebte er. Als bei der Überfahrt auf dem Tegernsee ein dreijähriger Junge mitfuhr, mußte er sich neben ihn setzen. Hua hielt seine Hand und wollte sich mit ihm unterhalten; aber der Junge war zu schüchtern.

Hua war von vollendeter Höflichkeit und Geduld. Als Ministerpräsident Späth sagte, er habe auf seinen Wunsch das Protokoll etwas gekürzt und ihm ein Defilee der Würdenträger Baden-Württembergs erspart, antwortete er: »Ich habe den Wunsch nicht ausgesprochen, sondern der Staatsminister Wischnewski. Ich bin Ihnen aber für diese Erleichterung dankbar.« Im Warenhaus Hertie in München nahm er den Sohn der deutschen Durchschnittsfamilie auf den Arm und hatte Freude, sich mit ihm zu unterhalten. Als die Kameraleute des Fernsehens, die bei uns die Staatsbesucher oft in unwürdiger, unvorstellbarer Weise belästigen, in ziemlich ruppigem Ton riefen: »Los, nimm ihn nochmal auf den Arm! Und ein bißchen länger!« tat er das lächelnd. Den Ton und das Duzen hatten die Dolmetscher nicht übersetzt.

Er war immer bescheiden, aber er hielt sich nicht scheu zurück. Er fragte, wenn er etwas nicht verstand. Seine Argumente waren nie hart oder scharf und so pointiert wie bei manchen seiner Gesprächspartner. Manchmal wirkten sie eher ein wenig treuherzig. Man durfte sicher keine mitreißenden Reformideen von ihm erwarten. Aber er strahlte Vertrauen aus. Er vertrat nie radikale Ansichten. Eine abenteuerliche Politik traute man ihm nicht zu. Ich habe ihn nie aufgeregt gesehen, auch nicht, wenn es sehr eilig herging. Er gab seine Weisungen dann sehr bestimmt, aber nicht hart.

Er wird nie mit dem Schuh auf den Tisch schlagen. Er kommt vom Lande, aus der Provinz, aus ärmlichen Verhältnissen, und doch hat er Autorität und natürliche Würde. Er war auf der Reise immer leise und achtete auf den Rat seiner Mitarbeiter. Sie behandelten ihn mit Respekt, aber sie waren in seiner Gegenwart nicht erstarrt. Auf dem Flug von Hamburg nach München im Airbus bat er den Dolmetscher Hu Benyao, der seit 1982 Gesandter und Vertreter des chinesischen Botschafters in Bonn ist, auf den Platz neben sich, fragte ihn nach Deutschland und den Deutschen aus und lachte oft laut mit ihm. Ich dachte dabei an eine ähnliche Reise mit Ceausescu durch Deutschland, der alle seine Mitarbeiter ständig in Furcht und Schrecken hielt. Niemand lachte in seiner Gegenwart. Ich fragte mich, wie Hua wohl Angriffe pariert, wenn sie gegen ihn geführt werden. Er sah verletzbar aus.

Rom, Rottenburg und Peking

Im November
Die Swiss Air, die in neunzehn Stunden von Zürich nach Peking flog, war die bequemste und angenehmste Verbindung von und nach Europa. Ich war am Flugplatz, um Lothar Späth, den Ministerpräsidenten von Baden-Württemberg, abzuholen.

Er kam mit einer großen Delegation namhafter Wirtschaftsvertreter, weil er mit den Chinesen über eine engere Zusammenarbeit mittlerer Firmen, an denen sein Land besonders reich ist, sprechen wollte.

Wir saßen oder standen im Empfangsraum des Flughafengebäudes und tranken Tee und warteten auf das Gepäck. Auf einem der ersten Koffer stand: *Georg Moser, Rottenburg.* Herr Moser? Ich sah Lothar Späth fragend an. Aus Rottenburg? Ich fragte, wie viele mittlere Unternehmen die Diözese Rottenburg habe. Ministerpräsident Späth aber antwortete, Bischof Moser sei nicht aus weltlichen Gründen nach Peking gereist.

Vielleicht zur seelsorgerischen Betreuung der Delegation? wagte ich zu vermuten.

Auch das nicht. Der Bischof wolle sich vielmehr, sagte der Ministerpräsident, über die Lage der katholischen Kirche in China orientieren. Außerdem wünsche er, eine Messe in der katholischen Kathedrale in Peking zu zelebrieren und seinem Amtsbruder, dem Bischof von Schanghai, einen Besuch abzustatten.

»Der seit Jahrzehnten im Gefängnis ist?« fragte ich.

Ich sagte dem Ministerpräsidenten, solche Wünsche würden, wenn er sie als Delegationschef vorbringe und unterstütze, die wirtschaftlichen Gespräche nicht erleichtern. Im Gegenteil.

Ich sprach auch mit Bischof Moser, der meinte, er könne für die Chinesen vielleicht ein interessanter Gesprächspartner sein, da er vor der Reise mit dem Vatikan über China konferiert habe. Ich gab zu bedenken, daß das Interesse der Chinesen an den Vorstellungen des Vatikans nur mäßig sei; aber er werde darüber sicher mit einem Funktionär der Partei sprechen können, der für Fragen der Religionsgemeinschaften zuständig sei, zum Beispiel in der Akademie für Sozialwissenschaften, wo auch Hans Küng kürzlich gesprochen habe. Am besten sei es, wenn er selbst und als Privatmann die chinesischen Begleiter frage, ob er sich in der Akademie über die Lage der Kirche informieren könne. Ich riet ihm ab, sich unmittelbar mit chinesischen Geistlichen zu verabreden. Das würde sie nur in Verlegenheit bringen, weil sie ohnehin gegen den Argwohn kämpfen müßten, sie empfingen Weisungen vom Vatikan.

Die christlichen Kirchen in China hatten erst kürzlich einige Freiheiten wieder zurückerhalten, ebenso wie die Buddhisten und Moslems. Aber das Mißtrauen, daß ausländische Kirchenleitungen auf das Leben der Christengemeinden in China Einfluß nehmen wollten, war bei den Behörden und der Parteiführung noch stark. Es war auch nicht ungerechtfertigt. Der Argwohn gegenüber dem Vatikan war besonders wach. Er hatte eine lange Tradition.

Der Kaiser Kangxi im 17. Jahrhundert war den jesuitischen Missionaren wohlgesinnt. Sie hatten eine geachtete und bedeutende Stellung an seinem Hof, bis der Vatikan im Jahre 1705 den Jesuiten befahl, den chinesischen Gemeindemitgliedern die Verehrung des Konfuzius und die Ahnenverehrung nicht mehr zu gestatten. Der Kaiser Kangxi fand es unerträglich, daß den Jesuiten, die er als seine Beamten ansah, von Rom aus Weisungen erteilt wurden und daß der Vatikan sich in dem nun schon hundert Jahre währenden sogenannten Ritenstreit ein Urteil über alte chinesische Sitten und Gebräuche anmaßte. Ebenso wie Kaiser Kangxi bestreitet die gegenwärtige chinesische Führung einer ausländischen Kirche die Kompetenz, chinesischen Geistlichen oder Gemeindemitgliedern Weisungen zu erteilen.

Der Bischof von Rottenburg und Stuttgart reiste als Privatmann Moser in der Delegation mit, besichtigte Fabriken und Kommunen, nahm an Konferenzen und Festessen teil und war auch dabei — niemand erwähnte seinen geistlichen Rang —, als der Partei- und Regierungschef Hua Guofeng die Delegation empfing. In dem Gespräch der beiden Ministerpräsidenten Hua und Späth war nur von der Zusammenarbeit mittlerer Unternehmen aus Baden-Württemberg und der Provinz Liaoning die Rede. Was vereinbart wurde, hatte Hand und Fuß, war sinnvoll und vielversprechend.

Die Meldung eines bekannten katholischen Pressedienstes über das Gespräch aber lautete: »Bischof Moser vom chinesischen Ministerpräsidenten Hua Guofeng empfangen.« Damit sollte wohl der Eindruck erweckt werden, der chinesische Partei- und Regierungschef habe mit dem Bischof von Rottenburg über Fragen gemeinsamen Interesses konferiert, und die römisch-katholische Kirche sei eine beachtenswerte Potenz im politischen Leben Chinas. Davon kann jedoch keine Rede sein. Der Bischof und der chinesische Ministerpräsident hatten kein Wort miteinander gewechselt.

Selbst ein im allgemeinen so zuverlässiges Werk wie der *Ploetz* übernimmt in seinem Sonderband *China* die Behauptung, mit dem Besuch des Bischofs von Rottenburg in China und seinen Gesprächen mit der »Patriotischen Volkskirche« zeichne sich eine Wende ab. In Wirklichkeit können Gespräche mit der »Volkskirche«, selbst wenn sie stattgefunden haben sollten, nichts bewirken: Entscheidend ist allein die Partei.

Es ist verständlich, wenn in einer Zeit, wo die katholische Kirche in ihren traditionellen Gebieten an Boden verliert, ihre Presse die Hoffnung nährt, der Vatikan werde in China Fuß fassen. Diese Hoffnungen sind jedoch unberechtigt. Behauptungen über eine angebliche vatikantreue Untergrundkirche, von der kirchliche Kreise gelegentlich raunend reden, sollte man mit größter Skepsis begegnen. Bei der alten Tradition von Geheimbünden in China ist es nicht ausgeschlossen, daß es hier und da eine solche kleine Gemeinde gibt. Aber selbst wenn das der Fall wäre — Hoffnungen lassen sich darauf nicht bauen. Man sollte sich in dieser Hinsicht nichts vormachen.

Schon im vergangenen Jahrhundert und in der ersten Hälfte dieses Jahrhunderts haben die christlichen Kirchen fasziniert auf das große Reservoir heidnischer Seelen in China gesehen und sich in edlem, manchmal auch weniger edlem Wettstreit bemüht, sie zu gewinnen und zu erlösen. Die Kirchen haben damals in China Schulen, Universitäten und sozial vorbildliche Einrichtungen geschaffen; aber trotz hoher finanzieller Investitionen, starker politischer Unterstützung durch die Kolonialmächte und nicht zuletzt selbstloser Arbeit vieler Missionare unter schwierigen Bedingungen war die Zahl geretteter Seelen enttäuschend.

Eine von außen gelenkte Missionstätigkeit hat heute in China keine Chance. Sie würde von der Regierung als Einmischung angesehen und nicht geduldet, von der Bevölkerung aber mit Mißtrauen betrachtet werden. Die Zahl der Christen in China ist nie genau festgehalten worden. Die verschiedenen Kirchen und Sekten waren in der Zählung der bekehrten Seelen oft recht großzügig und suchten einander zu übertreffen.

Selbst wenn es heute für den einzelnen in China völlig problemlos wäre, sich offen zu einer Kirche oder Religion zu bekennen, würde man feststellen, daß die Zahl der Christen nur einen kleinen Bruchteil von einem Prozent der chinesischen Bevölkerung beträgt.

Einige Mitglieder der Delegation des Ministerpräsidenten Späth wollten am Sonntagsgottesdienst in der katholischen Kathedrale von Peking teilnehmen. Es war aber wohl kein Zufall, daß das chinesische Protokoll ausgerechnet für diese Zeit am Sonntagvormittag den Ausflug zur Großen Mauer vorgesehen hatte. Die Delegation fuhr daher zur Mauer, nur der Bischof entschied sich für den Gottesdienst. Als er aber den Wunsch aussprach, die Messe selbst zu zelebrieren, sagten die Chinesen höflich, das lasse sich leider nicht mehr einrichten, da schon andere Dispositionen getroffen seien.

Die Kathedrale steht an dem Ort, wo Matteo Ricci, der erste und bedeutendste jesuitische Missionar in China, bis zu seinem Tod im Jahre 1610 gelebt hatte. Früher lag die Kathedrale im Schatten der südlichen Stadtmauer, jetzt kann man sie von der großen Durchgangsstraße her sehen, die dem alten Zug der Mauer folgt. Matteo Riccis Nachfolger, der Jesuit Adam Schall von Bell aus Köln, hat die Kathedrale errichtet. Sie ist zweimal abgebrannt, das letzte Mal im Jahre 1900, als die Boxer sie in Brand steckten. Kathedrale? Ein großes Wort für die kleine graue Kirche im neugotischen Stil.

Die Kirche war seit einem Jahr besser besucht als früher, und an hohen Festtagen war sie sogar voll. Bischof Moser begrüßte den chinesischen Geistlichen und bat, zum Schluß des Gottesdienstes ein Gebet sprechen zu dürfen. Das, sagte der Geistliche, wäre eine Abweichung von der Liturgie, für die er einer Autorisation seiner Oberen bedürfe. Gegen den Wunsch des Bischofs, am Schluß der Messe den Segen zu erteilen, erhob der chinesische Geistliche keinen Einspruch; als aber die Messe beendet war, erteilte er selbst den Segen und entließ die Gemeinde.

Der Bischof sprach, als er sich von ihm verabschiedete, von der Einen Katholischen Kirche, die immer bleibe und der alle katholischen Christen angehörten. Er entnahm, wie er mir sagte, dem stummen Blick des chinesischen Geistlichen, daß dieser zustimmte. Man sollte auf diesen Blick jedoch nicht viel bauen. Versuche des Vatikans, in irgendeiner Form in das Leben der chinesischen christlichen Kirche lenkend oder helfend einzugreifen, werden zu nichts führen oder allenfalls die christlichen Gemeinden in China belasten. Der Bischof ist ein gebildeter, kenntnisreicher und geschickter Mann. Wenn er, der zum erstenmal in China war, die Situation nicht immer richtig beurteilte, ist das weniger ihm, als denen zur Last zu legen, die ihn in der Heimat oder im Vatikan falsch informiert hatten. Von den aufgebauschten Berichten über die Erfolge seiner Mission wird er selbst wohl am meisten überrascht gewesen sein. (Pater Ladani SJ . . .)

Pater Ladani SJ lebt seit Anfang der fünfziger Jahr in Hongkong. Der Jesuitenpater gibt seit jener Zeit den Pressedienst *China News Analysis* heraus. Im Jahr 1955 sagte er mir einmal, wenn der Kommunismus in China verschwinde, werde das Christentum dort eine Chance haben; denn das chinesische Volk dürste nach den Jahren des platten Materialismus nach einer Religion, die dem Leben des einzelnen Sinn gebe.

Ich neigte zu Zweifel und Widerspruch, war in meinem Urteil aber unsicher. Ich bin heute nicht viel sicherer. Ein Urteil ist schwer, weil es in China zwar seit alters religiöse Grundvorstellungen gibt, weil im Lande der taoistische und buddhistische Volksglauben noch immer nicht tot sind, die tieferen religiösen Erlebnisse — die buddhistische Nirwana-Erleuchtung oder die taoistische Ruhe im Nicht-Handeln — aber keine Entsprechung im Christentum haben. Man kennt im Volksglauben zwar eine Vergeltung für Sünden, das heißt für eine Übertretung der sittlich-religiösen Gebote. Aber Himmel und Hölle sind nach dem Bild der chinesischen Welt geschaffen und ebenso geordnet. Gott ist den Chinesen nie als das Ganz Andere begegnet. Die Begegnung mit dem persönlichen Gott, die »schlechthinnige Abhängigkeit« von ihm, die *religio,* die Erlösung von den Sünden durch göttliche Gnade, die Buße waren nie Themen chinesischen Denkens.

Unter der Frage der Theodizee haben die Chinesen nie gelitten, sich höchstens milde darüber verwundert wie Sima Qian, als er eine Reihe von Ungerechtigkeiten in der Geschichte aufzählte und zusammenfassend schrieb: »Ich bin nun ganz verwirrt. Ist dieser sogenannte Weg des Himmels etwa gerecht? Oder ist er ungerecht?«

Ob Pater Ladanis Voraussage einmal eintreffen wird, scheint mir also zweifelhaft; in einer Hinsicht aber hat er sicherlich recht: Viele denkende junge Chinesen leiden unter der Leere ihres Lebens. Als ich einmal im Fremdspracheninstitut Peking zu Studenten gesprochen hatte und in der anschließenden Diskussion um Fragen bat, war die einzige Frage, die dann auch von anderen aufgenommen wurde: Was lernt man in Deutschland im Religionsunterricht? Man spürte, daß die Studenten nach einer Antwort für sich selbst suchten. Früher fand der einzelne vor den Enttäuschungen, dem Unrecht und Bösen der Welt Zuflucht in der Familie; aber diese Geborgenheit fehlt, wo die Familie auseinandergerissen ist.

Vor einiger Zeit schrieb ein Mädchen unter dem Pseudonym Pan Xiao, »die die Morgenröte erwartet«, einen Brief an die Zeitschrift *Chinas Jugend*. Darin hieß es:

»Ich bin dreiundzwanzig Jahre alt, ich habe also gerade begonnen, das Leben zu erfahren. Doch seine Reize und Geheimnisse faszinieren mich nicht. Als ich sehr jung war, war ich voller schöner Hoffnungen und Träume über das Leben im neuen China. Meine Eltern und ein Großvater waren Mitglied der kommunistischen Partei. Ich war sicher, daß ich dem Kommunismus treu sein und Parteimitglied werden würde . . . Ich neigte leidenschaftlich dazu, mich selbst aufzugeben und berauschte mich daran. Ich schrieb in mein Tagebuch lange Absätze voll revolutionären Elans und richtete mich in Wort und Taten nach revolutionären Helden.«

Sie beschreibt ihre Verwirrung über die Gewalttätigkeit der Kulturrevolution. Sie mußte die Schule verlassen, da die Mutter, von der sie anscheinend getrennt lebt, ihr kein Geld mehr schickte. Sie wurde nicht in die Jugendliga aufgenommen, weil sie einen Funktionär kritisiert hatte. Sie liebte den Sohn eines alten Funktionärs, der von den Radikalen verfolgt wurde.

»Ich bemühte mich zutiefst, die Sorgen, die er wegen seines Vaters hatte, zu mildern. Ich konnte mir überhaupt nicht vorstellen, daß er mir den Rücken kehren und mich verlassen könnte, als sein Vater nach dem Sturz der Viererbande rehabilitiert wurde . . .

Um eine Antwort auf die Frage nach dem Sinn des Lebens zu bekommen, beobachtete ich die Menschen und die Gesellschaft in meiner Umgebung. Ich begann Bücher zu lesen: Hegel, Darwin, Owen, Balzac ... Mein einziger Trost war die Literatur.

Man sagt, unsere Zeit mache Fortschritte, und die Dinge besserten sich. Ich kann diese gewaltigen Schritte aber nicht erkennen. Auch die uns tragende gemeinsame Grundlage, die angeblich alle unsere Anstrengungen lohnen werde, kann ich nicht sehen. Warum wird der Weg, den wir gehen, immer schmaler? Ich bin verzweifelt. Ich habe einmal eine katholische Kirche besucht und an der Messe teilgenommen. Ich habe daran gedacht, mir das Haar abzuschneiden und eine buddhistische Nonne zu werden. Ich habe daran gedacht, mir das Leben zu nehmen ...

Wenn Sie den Mut haben, diesen Brief zu veröffentlichen, würden alle Jugendlichen in China erfahren, was ich denke und fühle. Ich glaube, ihre Gedanken und Gefühle stimmen mit meinen überein ...«

Auf diesen Brief erhielt die Jugendzeitschrift siebzigtausend Leserzuschriften, von denen sie dreihundert veröffentlichte. Aus einem redaktionellen Schlußbericht ging hervor, daß viele Absender ebenso verzweifelt waren wie Pan Xiao. Aber die junge Generation, schrieb das Blatt, schreite fort vom Aberglauben zum Vertrauen auf die Wissenschaft, vom persönlichen Leid zur Verpflichtung gegenüber der historischen Aufgabe, das Land aufzubauen, von Seufzen und Klagen zu harter Prüfung und Arbeit. »Die Suche nach dem Sinn des Lebens ist nie zu Ende«, schloß der Bericht. Er hätte hinzufügen sollen: in einer glaubenslosen Welt.

Ich war ausgezogen, den Neuen Menschen, das Bündel revolutionärer Energien, zu suchen, der den Alten Menschen und seine Schwächen tief unter sich gelassen hatte. War Pan Xiao das, was von ihm übriggeblieben war? Ein Mensch, der Revolution, Sozialismus und Fortschritt als Illusion erkannt hatte und der nun, leer und verzweifelt, nach einer Antwort auf eine Frage tastete, die er nicht einmal formulieren konnte?

Ich höre, wie die Redaktion der Zeitschrift *Chinas Jugend* mich hier unterbricht, zur Ordnung ruft und auf den Waschkorb voller Briefe zeigt, in denen von Pflicht, Hilfsbereitschaft, revolutionärem Bewußtsein, Wachsamkeit, Aufrichtigkeit, Treue zur Partei, Fleiß und Wissenschaftlichkeit die Rede ist. Doch dieser Hinweis kann mich nicht überzeugen. Er wird auch Pan Xiao, die die Morgenröte herbeisehnt, nicht überzeugen. Pan Xiaos Leere liegt in einer tieferen Schicht, und revolutionäres Pathos oder Fingerzeige aus sozialem Verantwortungsbewußtsein heilen ihre Verzweiflung nicht. Das könnte nur eine Antwort bewirken, die transzendentalen Bezug hat. Wie sie aussehen kann, darüber läßt sich lange spekulieren. Pan Xiao hat Hegel gelesen, Balzac, Darwin, Owen . . . Daß Hegel ihr nicht viel weiterhalf, ist zu verstehen, und in den anderen fand sie selbstverständlich auch keine Hilfe. Man hätte sie auf Sokrates, auf Jesus, wie er uns in den Evangelien begegnet, hinweisen können; bei christlichen Denkern, die die Leere Pan Xiaos kannten und darüber geschrieben haben, Kierkegaard etwa oder Augustinus, zögert man schon, weil zuviel unverständlich bleiben würde.

Eine religiöse Antwort, die aus buddhistischen und taoistischen Anschauungen hervorgeht, wäre aber Pan Xiao und anderen Chinesen wohl gemäßer als eine christliche, vermute ich. Denn die Zahl der Chinesen, die noch buddhistischen oder taoistischen Anschauungen nahestehen, ist um ein Vielfaches größer als die kleine Zahl der Christen oder Halbchristen, von den Millionen Mohammedanern vor allem in Westchina gar nicht zu reden. Es hat in der ersten Hälfte dieses Jahrhunderts in China synkretistische Sekten und Kulte gegeben, die Millionen von Anhängern hatten. Solche Kulte könnten, wenn sich überhaupt einmal wieder religiöses Leben in China frei entwikkeln kann, mehr Mitglieder gewinnen als die etablierten Kirchen des Abendlandes, deren Antworten auf die Fragen unserer Zeit vielleicht auch viele Chinesen nicht überzeugen werden.

Doch das sind frei schwebende Spekulationen über Möglichkeiten, die heute nicht bestehen, wo die politische Autorität des Staates und der Partei noch stark genug ist, solche Entwicklungen niederzuhalten. Die Autorität wird fortfahren, den Menschen Antworten zu geben, die keine sind und die die Fragenden nicht zufriedenstellen.

[illegible] vielleicht [illegible] in [illegible] und nicht [illegible] revolutionären Bewegungen [illegible]. [illegible] Leute [illegible] und Wissenschaftlichkeit [illegible] ist.

Doch dieser Hinweis kann mich nicht überzeugen. Es wird [illegible] die [illegible] nicht [illegible] zum [illegible] einer [illegible] und [illegible] oder [illegible] zu [illegible] Verantwortung [illegible]. [illegible] konnte nur eine Antwort [illegible], die [illegible] Bedürfnis [illegible]. Wie sie aussehen kann, darüber läßt sich lange spekulieren. [illegible] Darwin [illegible]. [illegible] nicht viel [illegible] ist zu verstehen, und in den [illegible] fand sie [illegible] keine [illegible]. Man [illegible] auf Sokrates, auf Jesus, [illegible] christlichen Denkern, die [illegible] und [illegible] haben, Kierkegaard etwa oder Augustinus, [illegible] würde.

Eine religiöse Antwort, die aus buddhistischen und taoistischen Anschauungen [illegible] und anderen [illegible] vermutlich. Denn die Zahl der Chinesen, die noch buddhistisch oder taoistischen Anschauungen [illegible] ist [illegible] größer als die kleine Zahl der Christen [illegible], von den Millionen Mohammedanern vor allem [illegible] nicht zu reden. [illegible] dieses Jahrhunderts in China [illegible] Millionen [illegible]. Solche [illegible] überhaupt [illegible] religiös [illegible] Gläubigen, nicht [illegible] Antworten auf die Fragen [illegible] nicht [illegible] verteilt.

Doch das [illegible] Möglichkeiten, die heute noch bestehen [illegible] des [illegible] und des [illegible] solche [illegible] Antworten zu [illegible] und [illegible].

1980

Hörensagen

Im Nationalen Volkskongreß beriet man im Sommer 1979 einen Gesetzesentwurf, der hohe Strafen für Verleumdung vorsah. Zur gleichen Zeit, Ende Juni, erschien an der Mauer der Demokratie eine Wandzeitung in dicken, mächtigen Schriftzeichen, fünfzehn Meter lang. Sie warf Wang Dongxing vor, er habe die Parteizentrale um sieben Millionen Yüan — etwa achteinhalb Millionen Mark — betrogen.

Wang Dongxing hatte, wie schon erwähnt, als Leibwächter Maos begonnen, war bei Maos Tod Chef des Wachregiments gewesen und hatte sich auf die Seite Huas gestellt. Zur Belohnung wurde er Mitglied des Ständigen Ausschusses des Politbüros, und damit einer der fünf ranghöchsten Männer Chinas. Er war also nicht irgendwer.

Rechts neben dem sensationellen, dick geschriebenen Text hing eine Wandzeitung, die Einzelheiten mitteilte: Wang Dongxing habe die sieben Millionen Yüan aus öffentlichen Mitteln benutzt, um für sich und seine Familienangehörigen im Zhongnanhai-Park, wo die höchste Parteiprominenz wohnt, Privathäuser zu bauen. Mit 1276 Yüan pro Quadratmeter seien die Baukosten doppelt so hoch gewesen wie für das luxuriöse Peking-Hotel oder die Große Halle des Volkes. Mit diesem Geld hätte man tausend Arbeiterfamilien Wohnungen bauen können. Wang Dongxing habe sich das Geld unter dem Vorwand erschwindelt, sein Haus sei durch unterirdische Bauarbeiten renovierungsbedürftig geworden. Als ihm die Mittel bewilligt worden waren, habe er aber nichts renovieren lassen, sondern im aufwendigsten Stil neu gebaut und sogar — man denke! — ein von Mao errichtetes Haus, das ihm im Wege war, abreißen lassen.

Für die Wandzeitung zeichnete die Redaktion der Untergrundzeitschrift *Pekinger Frühling* verantwortlich.

Ich sprach mit meinem alten Freund Lao Yang davon, als wir nach dem Abendessen auf der Terrasse saßen. Franz unterhielt sich mit seiner Frau. Wir waren allein.

Lao Yang und seine Frau waren ernsthafte, zuverlässige Menschen. Er war Wissenschaftler, sie hatte ein Amt in einer Behörde. Ich hatte bisher nie bemerkt, daß sie Klatsch liebten; aber sie hörten natürlich viel, und an die Gerüchte, die sie mir heute erzählten, schienen sie zu glauben. Sie waren, wie ich später erfuhr, nicht die einzigen.

Ich sagte: »Wang Dongxing untersteht doch das Wachregiment 8341. Gibt es darin keinen Offizier, der zur Mauer der Demokratie geht und die Wandzeitung einfach abreißt?«

Lao Yang antwortete: »Wenn sie jetzt schon eine Woche hängt, ist das ein Zeichen, daß es ihm an den Kragen geht. Wer weiß, ob er noch das Kommando über das Regiment hat! Und selbst wenn er es hat, werden seine Leute im Regiment wissen, daß er nicht mehr fest steht, und sie werden sich hüten, die Kastanien für ihn aus dem Feuer zu holen.«

»Das Regiment soll ohnehin aufgelöst werden«, warf Lao Yangs Frau ein, die mitgehört hatte. »Es ist schon längst eine Schande. Man braucht sich nur die Funktionärssöhnchen dieser Truppe anzusehen, die da einen Drückebergerposten gefunden haben. Und was in der Wandzeitung von dem Luxus des Wohnhauses steht, wird sicherlich stimmen. Waren Sie einmal in dem Haus des Wachregiments?«

Ich lachte. »Wo denken Sie hin!«

»Natürlich! Man wird Sie da nicht herumführen. Aber ich war drin. Zwischen dem Sun Yatsen-Park und Zhongnanhai. Sie können das Gebäude vom Tian An Men-Platz aus sehen. Man hat jahrelang daran gebaut. Auch da ist alles vom höchsten Luxus, jedenfalls nach unserem Pekinger Standard.«

»Unser Dolmetscher Hendrischke hat aber gesehen, daß auf die Wandzeitung skeptische Bemerkungen gekritzelt worden sind.«

»Vielleicht hat Wang Dongxing noch einige Leute, die es wagen, ein paar Worte hinzukritzeln«, sagte Lao Yang. »Das ist nicht so spektakulär wie eine lange Wandzeitung abzureißen.

Die Skepsis der Kritzeler teile ich aber nicht. Die Vorwürfe sind zu detailliert. Da wird etwas dran sein. Der Mann muß weg. Er gehört nicht in das Politbüro.«

»Warum muß er weg? Stört er denn? Er ist doch nie hervorgetreten. Bei der Einweihung der Mao-Gedenkhalle wieselte er herum, als sei er der Protokollchef, und er zupfte Hua Guofeng und den alten Ye Jianying am Ärmel, damit sie auch richtig zur Kamera standen. Ich habe ihn einmal durch eine Ausstellung begleitet; da machte er einen ganz farblosen Eindruck, und er schien auch nicht besonders intelligent zu sein.«

»Er ist geblieben, was er war — Leibwächter. Aber man darf ihn nicht unterschätzen. Er hat die Dossiers von allen Leuten im Kopf. Er kennt alle schwachen Punkte aller unserer Größen.«

»Aus der Zeit, als er Vizesicherheitsminister war?«

»Nicht allein aus dieser Zeit. Er war eine Art Hofmarschall am Hofe unseres Vorsitzenden. Dort ereignete sich nichts, was er nicht erfuhr.

Große Männer sind einsam, und sie brauchen jemand in ihrer Umgebung, der völlig verschwiegen ist und auch Dinge ausführt, an die der große Mann nur gedacht, die er gar nicht ausgesprochen hat und auch nie aussprechen wird. Wang Dongxing konnte die Gedanken und geheimsten Wünsche des Vorsitzenden Mao erraten. Mit dieser Fähigkeit war er Mao sehr nützlich.«

»Erzähle von Zhang Yufeng!« sagte seine Frau, aber Lao Yang versuchte auszuweichen.

»Der Vorname ist Yufeng?« fragte ich. »Geschrieben mit dem Schriftzeichen yü = Jade und feng = Phönix? Eine Dame also?«

»Man spricht aber nicht gerne davon.«

»Aber man sollte auch *davon* sprechen!« rief seine Frau. »Außerdem wissen es doch schon alle Leute.«

»Vielleicht nicht alle, aber doch viele. Also, Wang Dongxing pflegte dem Vorsitzenden Mao hübsche Mädchen zuzuführen.«

»In seinem Haus im Zhongnanhai-Park?«

»Im Schlafwagen«, sagte Lao Yangs Frau.

»Im Schlafwagen?« fragte ich. »Wo habe ich so etwas schon einmal gehört? Gab es so etwas nicht schon einmal?« Ich konnte mich nicht erinnern. Später fiel es mir ein. »Und eins von den hübschen Mädchen war Fräulein Zhang mit dem Vornamen Jadephönix?«

»So ist es«, sagte Lao Yangs Frau. »Erzähle doch!«

Lao Yang bequemte sich. »Wang Dongxing war bis zuletzt für Maos Sicherheit verantwortlich. Er mußte deshalb auch dafür sorgen, daß der Vorsitzende auf seinen Reisen im Salon- und Schlafwagen nur von Mädchen bedient wurde, die zuverlässig und sicherheitsüberprüft waren. Die Mädchen, die Wang Dongxing aussuchte, mußten aber auch hübsch aussehen. Er kannte ja den Geschmack des Großen Vorsitzenden. Zhang Yufeng war nicht nur hübsch, sondern auch gebildet und intelligent . . .«

»Also, hübsch?« unterbrach ihn seine Frau. »Wir haben sie doch einmal auf einem Foto gesehen, als sie Mao stützte. Sie war zierlich. Aber hübsch? Ich weiß nicht.«

»Jedenfalls muß sie dem Vorsitzenden gefallen haben«, fuhr Lao Yang fort, der anscheinend anderer Meinung war. »Wang Dongxing erriet seine geheimen Wünsche und sorgte dafür, daß sie nach Zhongnanhai versetzt und Mao als Privatsekretärin zugeteilt wurde. Jetzt hatte Mao sie immer bei sich. Sie wurde für seine Geheimsachen zuständig und verwaltete alle seine Notizen, Entwürfe und die Protokolle über seine Gespräche. Sie war Wang Dongxing natürlich sehr verpflichtet und dankbar, der dann auch ihre Schwester in das Haus Maos versetzte. Ihre Klassenherkunft war nicht einwandfrei; aber Mao soll gesagt haben, das sei ihm gleichgültig. Wenn niemand sie haben wolle, dann solle sie zu ihm kommen.«

»Aber der Vorsitzende war doch so alt und gebrechlich«, sagte ich, »man sollte annehmen, daß er über amouröse Anwandlungen längst hinaus war.«

»Vielleicht war er auch in dieser Hinsicht eine außergewöhnliche Persönlichkeit«, sagte Lao Yangs Frau. »Die Geschichte mit Zhang Yufeng hatte ja schon vor langer Zeit begonnen. Das Foto, von dem ich sprach, war, wenn ich mich recht erinnere, im Oktober 1966 in der *Volkszeitung* erschienen. Damals waren Mao, Zhou Enlai, Lin Biao und andere unserer hohen Führer von der Tribüne des Tian An Men bei einem Vorbeimarsch der Roten Garden auf den Platz herabgestiegen und hatten sich inmitten der Massen auf den Boden gesetzt. Da sahen wir zum ersten Mal das junge Mädchen, wie es Mao stützte, und wir wunderten uns, wie es in die Umgebung unserer hohen Würdenträger kam. Solch ein Bild war ganz ungewöhnlich, und jeder fragte sich, wer sie eigentlich war.«

»Und wie erfuhren Sie ihren Namen?«

»Durch die kleinen Kanäle«, sagte Lao Yang, »von hohen Funktionären oder ihren Kindern — und zwar ziemlich bald.«

»Aber was eigentlich dahintersteckte, erst sehr viel später«, ergänzte seine Frau, »als nämlich ein Freund einmal von der Mistgrube im Zhongnanhai-Park sprach und wir ihn fragten, was er damit meine. Erzähle von ihrem Kind!«

»Da ist nicht viel zu erzählen«, sagte Lao Yang, »sie hat ein Kind von Mao bekommen.«

»Wirklich?«

»Es ist kein Gerücht.« Lao Yang spürte meine Skepsis. »Ich habe es etwa ein halbes Jahr vor Maos Tod erfahren. Von einer Ärztin in einem Militärkrankenhaus außerhalb Pekings, wo Zhang Yufeng entbunden hat. Ich könnte Ihnen die Nummer der Klinik nennen. Sie war empört über die doppelte Moral bei uns: über die moralischen Grundsätze, die uns vorgehalten werden, und über die Moral, nach der die Führer selbst leben.«

Als ich nichts sagte, fuhr er fort: »Das ist nicht irgendein Gerede. Über solche Dinge sprach man nicht im Spaß oder aus Klatschsucht. Die Sache war zu ernst.«

»Wissen viele davon?«

»Von Zhang Yufeng und ihrer Rolle im Hause Maos wissen viele. Man spricht aber nur unter Freunden davon. Von Maos spätem Kind wissen dagegen nur verhältnismäßig wenige.«

»Und was sagte Jiang Qing zu Jadephönix?«

»Das weiß ich nicht, aber man kann es sich denken.«

»Sie hatte am wenigsten Grund sich aufzuregen«, warf Lao Yangs Frau ein, »denn daß sie sich, als sie 1937 nach Yenan kam, dem Vorsitzenden förmlich an den Hals geworfen hat, als Mao noch mit He Zizhen verheiratet war, war doch ein Skandal, den auch das Politbüro nicht übersehen konnte. Und außerdem hat sie ja Gleiches mit Gleichem vergolten.«

»Sie meinen ihre angebliche Affäre mit dem Sportminister?«

»Zhuang Zedong war eigentlich nur Tischtennis-Weltmeister, aber sie hat ihn erst zum amtierenden Sportminister gemacht. Aber warum ›angeblich‹? Er hat doch in der Vernehmung alles gestanden.«

»Was?«

»Daß sie ihn eines Abends verführt hat. Sie habe ihn gezwungen, hat er behauptet, und es sei ihm gar nichts anderes übriggeblieben. Er hat in der Vernehmung geweint. Und seine Frau hat ausgesagt, daß Jiang Qing ihn oft abends telefonisch zu sich gerufen habe. Angeblich zu Besprechungen. Ist das nicht alles furchtbar? In ihren acht Modellbühnenstücken war von Liebe nie die Rede. Die Wesen auf der Bühne waren geschlechtslos. Auch in der Literatur las man nichts von Liebe oder von Verlangen. Aber Jiang Qing? Sie machte Qian Haoliang, einen jungen Star der Peking Oper, der die Hauptrolle in ihrer Musteroper *Die rote Laterne* gespielt hatte, zu einem der vier oder fünf Vizekulturminister. Sie ordnete an, daß er seinen Familiennamen nicht mehr benutzte, sondern nur noch den Vornamen Hao Liang führte. Er war viel jünger als sie.

Und einen jungen Tänzer, der in ihrem Musterballett *Das rote Frauenbataillon* den Kompanieführer spielte, Liu Qingtang, beförderte sie ebenfalls zu einem Vizekulturminister.

Der Vorsitzende Mao lag im Sterben, aber sie fuhr mit ihrem Gefolge in die Musterkommune Dazhai, und als sie ihrem Favoriten Hao Liang ein Glas Maotai-Schnaps kredenzte, kniete er nieder und sang die Arie ›Danke, Mutter!‹ aus der *Roten Laterne*.«

»Das war ungehörig?«

»Das war im höchsten Grade ungehörig! Das ist nicht einmal im Spaß erlaubt. Das sind doch Sitten, wie sie früher am Kaiserhof üblich waren. Oder daß sie die junge Schauspielerin Yang Chunxia, die die Hauptrolle in dem *Azaleenberg* spielte, an den Schanghaier Aufsteiger Wang Hungwen verkuppelte! Ein Skandal! Als die junge, hübsche Yang Chunxia später einmal in einer Demonstration mitmarschierte, haben die Leute sie bespuckt. Sie konnte nach der Verhaftung der Viererbande lange nicht auftreten. Heute spielt sie wieder.«

»Es gab Kabalen, Favoritenwesen, Heimlichkeiten und Erpressungen am Hofe Maos wie früher am Kaiserhof«, sagte Lao Yang, »aber für Maos Gattin Jiang Qing war Maos Konkubine Jadephönix nicht nur Anlaß zur Eifersucht, sondern auch ein politisches Problem: Wann immer Jiang Qing etwas über Maos Gespräche wissen wollte, mußte sie sich an die Konkubine wenden. Als der Vorsitzende Mao gestorben war, hat sie versucht, Zhang Yufeng für sich zu gewinnen. Die Witwe wünschte Zugang zu den Geheimakten. Auch Maos Neffe versuchte, über Zhang Yufeng an die Akten zu kommen. Vielleicht vermuteten sie darin Schriftstücke, die ihnen helfen konnten, zur Macht zu kommen.«

»Einen Letzten Willen Maos vielleicht?« fragte ich.

»Möglich.«

»Oder vielleicht wußte man, daß ein solches Testament existierte.«

»Möglich. Zhang Yufeng hatte jedoch Angst. Die Witwe Maos bot ihr sogar Geld an. Aber Jadephönix schätzte die Chancen Jiang Qings offensichtlich sehr gering ein. Sie meldete alles ihrem Protektor Wang Dongxing weiter, der die Zeichen der Zeit auch erkannte und den Marschall Ye Jiangying informierte; und dieser wieder unterrichtete Hua Guofeng.

Sie sehen, Wang Dongxing erfuhr durch Jadephönix alles, was im Hause Maos vor sich ging. Er nannte sie immer Klein-Zhang *(Xiao Zhang),* auch wenn er sich im Politbüro auf ihr Zeugnis berief. Er wußte, was der Vorsitzende sagte und dachte. Dadurch hatte er noch größeren Einfluß auf Mao. Er war vielleicht farblos und nicht sehr intelligent, aber er war gefährlich. Es ist Zeit, daß Leute wie er aus der Parteiführung verschwinden. Sie sind keine Zierde.«

»Und was tut Jadephönix heute?«

»Ich weiß es nicht. Sie wird irgendwo arbeiten. Sie hat sich ja nichts zuschulden kommen lassen. Sie hat sogar Verdienste, denn sie hat verhindert, daß Jiang Qing an Maos Geheimakten herankam.«

»Und ihr und Maos Sohn?«

»Ich weiß nicht, ob es ein Sohn oder eine Tochter ist; aber es wäre dem Kind nur zu wünschen, daß es nicht erfährt, wer sein Vater ist, sondern daß es unbelastet von dem großen Namen aufwächst. — Wir hätten das alles eigentlich gar nicht erzählen sollen«, sagte Lao Yang, »denn solche abgeschmackten Angelegenheiten sollten in der Familie bleiben.«

Lao Yangs Frau war anderer Ansicht: »Nein, es ist gut, daß Sie, bevor Sie in Ihre Heimat zurückkehren, auch von diesen Dingen erfahren, über die wir sonst nur sprechen, wenn wir ganz unter uns sind. Sie verstehen dann vielleicht besser, was wir von einem Hause halten, in dem derartige Dinge vorgingen. Wir finden sie empörend. Sie gehören mit zu dem Bild vom Großen Vorsitzenden.«

»Gewiß«, sagte Lao Yang, »es waren skandalöse Zustände; aber man kann Mao Zedong natürlich nicht allein von daher sehen. Er bleibt trotzdem einer der größten Männer in unserer Geschichte.«

»Natürlich, und ganz abgesehen von seinen historischen Verdiensten erscheint er doch in den Gesprächen, die während der Kulturrevolution *neibu* veröffentlicht wurden, als ein großer und unabhängig denkender Mensch«, setzte ich hinzu.

»Er allein konnte sich diese Unabhängigkeit leisten«, sagte Lao Yangs Frau.

»Er ist eine so vielschichtige Persönlichkeit«, erwiderte ihr Mann, »daß man lange brauchen würde, sie zu ergründen. Man wird das vielleicht erst sehen, wenn in einer Zeit, die über ihn objektiv denken kann, seine Gespräche und Briefe veröffentlicht werden.«

»Er selbst beobachtete sich ja auch sehr kritisch«, sagte ich, »und er gab auch seine Fehler zu. Ich will deshalb das, was Sie mir erzählten, nicht überbewerten. Es beweist nur, daß Mao kein Heiliger war, sondern ein Mensch mit menschlichen Schwächen.«

»Sie sind sehr höflich«, sagte Lao Yangs Frau, die darin strenger dachte, »und auch sehr großzügig: Wenn man ihn richtig beurteilen will, sollte man auch die Ansichten seiner Opfer mit berücksichtigen und vielleicht auch bedenken, daß es Leute gab, die solche Schwächen wie er nicht hatten. Maos Haus in Zhongnanhai war das einzige, das nicht in Ordnung war. Die Familie Deng Xiaopings, Hua Guofengs, das Ehepaar Zhou Enlai lebten harmonisch miteinander. Wang Guangmei war die vierte Frau Liu Shaoqis; aber sie hatte eine glückliche Hand mit seinen Kindern aus früheren Ehen und hielt die Familie zusammen. Im Hause Maos aber war immer Unruhe, da war immer was los.«

Vor einem Jahr hatte ich vor Studenten in Peking gesprochen und ihnen erzählt, daß viele unserer jungen Mädchen eine fremde Sprache in einer *au pair*-Stelle lernten. Sie müßten in einer Familie im Ausland, in der und mit der sie lebten, in der Regel fünf Stunden am Vormittag im Haushalt helfen, zum Beispiel den Frühstückstisch decken, die Kinder waschen, die Zimmer saubermachen; nachmittags könnten sie dann eine Sprachschule oder als Gasthörerin die Universität besuchen. Das Wochenende sei frei, und sie bekämen ein ausreichendes Taschengeld. Außerdem lernten sie, da sie in einer Familie lebten, mehr von Land und Leuten als im Hörsaal.

In der anschließenden Diskussion wollten alle wissen, wie sie zu einer *au pair*-Stelle kommen könnten. Nicht nur die Studentinnen, auch die Studenten sagten, sie seien in Hausarbeit erfahren und scheuten sich nicht davor: Einige hatten immer ihre Geschwister gebadet, andere konnten kochen.

Ich antwortete, bei uns in Deutschland gebe es *au pair*-Mädchen aus den skandinavischen Ländern, aus Frankreich, England und Holland; ich sähe keine Schwierigkeiten in der Aufnahme chinesischer *au pair*-Mädchen. Allerdings sei natürlich die Erlaubnis der chinesischen Regierung erforderlich.

Eben waren alle noch so lebhaft und wißbegierig. Jetzt verstummten sie. Sie fragten nicht weiter.

Ich hatte dann mit dem stellvertretenden Erziehungsminister über das *au pair*-System gesprochen und ihm gesagt, dies sei vielleicht die sparsamste Art, junge Mädchen in einer Fremdsprache auszubilden, da die Regierung praktisch nur die Flugkosten zu tragen brauche. Man könne ja mit einem Dutzend Studentinnen anfangen und dann sehen, ob das Experiment Erfolg habe. Der stellvertretende Minister fand den Vorschlag hochinteressant. Er erhielt ihn von mir auch noch einmal schriftlich. Ich hörte aber nichts weiter. Als ich mich erkundigte, antwortete man, der Vorschlag werde noch geprüft. Auch dem stellvertretenden Ministerpräsidenten Fang Yi, der für Bildung, Forschung und Erziehung zuständig war, erzählte ich davon. Auch er sagte, man solle das prüfen.

Aber wenn immer ich nach dem Ergebnis der Prüfung frag-

te, hörte ich Ausflüchte. Ich erinnerte daran, daß Zhou Enlai, daß Deng Xiaoping in den zwanziger Jahren in Frankreich gearbeitet und gleichzeitig gelernt hätten. Ja, das sei richtig. Ein guter Hinweis. Kurz, das Interesse der chinesischen Behörden war gering. Ich fragte nicht mehr nach.

Die Studenten und Studentinnen waren begeistert gewesen. Die Funktionäre aber hielten es für unpassend, daß eine junge chinesische Studentin in einem deutschen Haushalt Hausarbeit verrichtete. Sollte sie sich ihr Studium etwa als Dienstmädchen verdienen? Sich herumkommandieren lassen und die niedrigen Arbeiten im Haus verrichten, für die die Hausfrau sich vielleicht zu fein dünkte? Sie war Studentin, aber keine Putzfrau, keine Ayi.

Die Intellektuellen waren wieder rehabilitiert. Selbst die Fahrstuhlführerin in dem Hochhaus der ausländischen Diplomaten und Journalisten ließ sich nun wieder den Nagel am kleinen Finger langwachsen, weil das als elegant galt und gleichzeitig ein Zeichen dafür war, daß sie keine körperliche Arbeit zu verrichten brauchte; denn körperliche Arbeit schändet, sie erniedrigt.

»Große Leute haben die *ihnen* zukommenden Aufgaben, und Kleine Leute haben die *ihnen* zukommenden Aufgaben. Die einen arbeiten mit dem Verstand, die anderen mit ihren Muskeln. Die mit dem Verstand arbeiten, herrschen über die anderen; die mit ihren Muskeln arbeiten, werden von jenen beherrscht.«

So schrieb bereits Menzius im vierten vorchristlichen Jahrhundert. Diese Ansicht hat sich über alle Veränderungen hinweg erhalten. Zweieinhalb Jahrtausende später schrieb ein anderer großer Chinese:

»Ich nahm in der Schule die Gewohnheiten eines Studenten an. Ich hielt es nicht für passend, auch nur die geringste harte Arbeit zu tun, zum Beispiel meinen Koffer vor den Augen einer Menge von Studenten zu tragen, die nicht imstande waren, eine Last auf die Schulter zu nehmen oder eine schwere Sache aufzuheben. Ich hatte damals das Gefühl, die einzigen sauberen, reinen Leute in der Welt seien die Intellektuellen, während die Arbeiter, Bauern und Soldaten im Vergleich zu ihnen schmutzig waren. Ich konnte die Kleider anderer Intellektuel-

ler tragen, da ich meinte, sie seien sauber. Aber es war mir zuwider, die Kleidung von Arbeitern, Bauern und Soldaten anzuziehen, da ich das Gefühl hatte, sie sei schmutzig.«

Wer der große Chinese war, der diese Abneigung gegen Arbeiter, Bauern und Soldaten hatte? Mao Zedong. Das Zitat ist einer Rede entnommen, die er im Jahre 1942 gehalten hat.

Die Philosophen, die Literaten, die Examens-Einser, die ebenso dachten wie er, haben China über zweitausend Jahre beherrscht. Es gab einige Unterbrechungen in Zeiten der Wirren, der Aufstände, der Besetzung oder der Bürgerkriege, oder wenn ein Kaiser sich von den Gelehrten emanzipierte, was aber nur wenigen gelang, oder wenn die Eunuchen die Macht am Hof an sich gerissen hatten. Die Gelehrten haben sich jedoch immer wieder durchgesetzt. Ohne sie war China nicht zu regieren. Kann die Diktatur des Proletariats sie entbehren?

Die Gelehrten haben stets für das Ansehen ihrer Klasse gesorgt. Sie hielten Distanz zur Masse. *Odi profanum vulgus et arceo.* Sie trugen prächtige Amtsgewänder, und vor ihrem Haus stand ein Mast mit einer Tafel, die den Examensgrad des Hausbewohners verzeichnete. Sie zahlten weniger Steuern und hatten andere Privilegien, vor Gericht zum Beispiel.

Konfuzius war zwar bescheiden, aber er fuhr in einem zweispännigen Wagen: »Nachdem ich ein öffentliches Amt bekleidet habe, schickt es sich nicht mehr, daß ich zu Fuß gehe.«

Sein Nachfolger Menzius lebte auf größerem Fuße. »Seine Wagenkolonne zählte einige Dutzend Fahrzeuge, und seine Gefolgschaft belief sich auf einige hundert Leute. So reisten sie von einem Fürsten zum anderen und lebten von deren Hof.«

Allerdings fragten sich schon damals seine Philosophenkollegen, ob er nicht ein bißchen zuviel Aufwand treibe.

Aber auch nach ihm brachten es viele Gelehrte, besonders wenn sie Beamte waren, zu Reichtum. Andere blieben arm. Doch auch die armen Gelehrten waren, wenn sie das Examen bestanden hatten, angesehen. Manche ließen sich, wenn sie Beamtenposten bekleideten, von reichen Kaufleuten bestechen und gewährten ihnen dafür einmalige Vorteile; aber nie gaben sie Privilegien der Klasse preis, denn die waren unveräußerlich. Sie bildeten eine eng verflochtene Gruppe, die ihr Monopol, die Erziehung und Bildung vererbte. Ihre Ideologie war der Konfuzianismus, der zur Nächstenliebe, gesellschaftlichem Verantwortungsbewußtsein, Pflichttreue bei Herrscher und Untertanen aufrief, aber auch zur Achtung der Obrigkeit, des Alters, der Bildung, also vor allem auch des Gelehrtenstandes.

Ein großer chinesischer Erzähler des 18. Jahrhunderts, der das Provinzexamen nicht bestanden hatte, hat einen Roman über die Gelehrten geschrieben und darin mit beißender Satire ihre Borniertheit, Arroganz, Pedanterie, Bestechlichkeit, Gewinnsucht und Heuchelei geschildert.

Aber obwohl die Klasse der Gelehrten-Beamten ihre Vorrechte zu wahren verstand, ließ sie es doch zu, daß Angehörige von Kaufmanns- oder Bauernfamilien in den Gelehrtenstand aufstiegen, wenn sie ihre Begabung im Examen beweisen konnten, jener Einrichtung, die wir von den Chinesen übernommen haben. Wer die höheren Examen bestand, gewann damit die Anwartschaft auf einen Beamtenposten, der zwar Ansehen brachte, allerdings oft schlecht genug bezahlt war. Er mußte sich nun dem Code der Gelehrtenklasse unterwerfen.

Sein Katechismus waren die konfuzianischen Klassiker; seine Bildung zeigte er in Zitaten, literarischen Anspielungen, die die Ungebildeten nicht verstanden, und der Fertigkeit, aus den vorhandenen Versatzstücken Gedichte zu schreiben. Dieser Bildungsgang wurde oft kritisiert, weil es »einen Mann in seinen besten Jahren, in denen er die Grundsätze politischen Handelns und der Verwaltung studieren soll, zwingt, sich in ein Zimmer einzuschließen und seine ganze Zeit und Arbeitskraft darauf zu konzentrieren, Gedichte und Reimpaare zu verfertigen«. So hieß es in einer Kritik des Reformpolitikers Wang Anshi, der im 11. Jahrhundert lebte. Aber trotz der Kritik und mancher Reformversuche blieb es bei dem literarischen Kanon.

Dennoch war China, von Krisenzeiten abgesehen, gut und bis zum 18. Jahrhundert in der Regel sogar besser verwaltet als die Länder Europas zur gleichen Zeit. Die Diskussion über Methoden der Verwaltung und Verwaltungsreformen bewegten sich auf einem Niveau, das Europa erst Jahrhunderte später erreichte. Das trifft auch auf Debatten über wirtschaftliche, finanzpolitische und politische Grundsatzfragen zu, auf Auseinandersetzungen über Expansions- oder Defensivpolitik sowie über Modelle von Land- und Finanzreformen.

Den Stein der Weisen haben die chinesischen Beamten-Gelehrten allerdings auch nicht gefunden, was man jedoch vielleicht nicht ihnen, sondern eher der Unzulänglichkeit des Menschen anlasten sollte. Aber die beamteten Gelehrten haben etwas Wichtiges getan: Sie haben den Kaiser oft vor Irrwegen bewahrt oder ihn wieder auf den rechten Weg zurückgeführt. Sie haben oft gezeigt, daß die sittlichen Forderungen des Konfuzianismus nicht nur leere Worte waren, und sie haben ihren Widerspruch gegen den Kaiser, seine Politik oder sein Verhalten oft furchtlos, manchmal höflich, manchmal aber in ganz ungewöhnlicher Schroffheit vorgebracht und nicht selten dafür mit dem Leben zahlen müssen, worauf sie es manchmal anscheinend sogar angelegt hatten — der Ehre und des Nachruhms wegen.

Im vorigen Jahrhundert trifft man auf Zeichen des Verfalls bei ihnen — nicht das erste Mal in der Geschichte. In diesem Fall kann das mit dem Niedergang der Qing-Dynastie zusammenhängen, vielleicht aber auch damit, daß die chinesische Welt, die sich bisher als Zentrum der Zivilisation angesehen hatte, nun mit der überlegenen Technik und Wissenschaft der westlichen Welt zusammengestoßen war.

Etwas Undenkbares war eingetreten, und die chinesischen Gelehrten weigerten sich lange, das Undenkbare zu denken. Sie begegneten dem Westen mit der gleichen Arroganz, die der Westen der chinesischen Kultur entgegenbrachte. Erst gegen die Jahrhundertwende gewannen die Reformer in China an Boden.

Sie sahen, daß China vom Westen zu lernen hatte. Viele studierten in den nächsten Jahrzehnten im Ausland und setzten sich, nach China zurückgekehrt, für die Erneuerung des Staates ein. Ihr Nationalbewußtsein wuchs mit den Demütigungen, die China von den Kolonialmächten erdulden mußte. »Jedermann ist für alles verantwortlich, was unter dem Himmel geschieht«, lautet eine alte konfuzianische Maxime. Als sie sahen, daß nicht Tschiang Kaischek, sondern Mao es war, der den Befreiungskampf gegen die japanischen Besatzungsarmeen mit Energie führte, schlugen sich viele zu ihm nach Yenan durch. Die bedeutendsten Schriftsteller, die in ihren Werken die unerträglichen sozialen Zustände, besonders auf dem

Lande, darstellten, waren auf seiner Seite. Sie alle hofften, er werde das öffentliche Leben reinigen und eine neue, gerechte Ordnung einführen.

Als er einen neuen, geeinten Staat geschaffen hatte, wandten sich ihm auch viele Intellektuelle zu, die bisher abseits gestanden hatten. Es gab nun wieder eine chinesische Nation, die keiner anderen Nation mehr Zugeständnisse machte, auch der Sowjetunion nicht. Die fremden Konzessionen im Lande waren verschwunden. Mao hatte den ausländischen Kirchen die Universitäten genommen und sie in die Hände der chinesischen Gelehrten gegeben. Die Amerikaner hatte er in Korea gezwungen, mit China zu verhandeln; und die Sowjets hatten ihre Sonderrechte in Port Arthur wieder an die Chinesen zurückgeben müssen. China war wieder wer.

Doch die Kehrseite sahen die Intellektuellen schon bald. In derselben Rede, in der Mao geschildert hatte, wie ihm, dem Studenten, allein die Intellektuellen rein und sauber erschienen waren, sagte er weiter, nachdem er Revolutionär geworden sei, habe er bemerkt, »daß im Vergleich mit den Arbeitern und Bauern die nicht-sozialistischen Intellektuellen unrein waren, die Bauern und Arbeiter aber letzten Endes die reinsten. Obwohl ihre Hände schmutzig waren und ihre Schuhe voll Kuhmist, waren sie in Wirklichkeit sauberer als die bürgerlichen und kleinbürgerlichen Intellektuellen. Das nennt man einen Gefühlswandel, den Wechsel von einer Klasse zur anderen«.

Man staunt. Von einer Klasse zur anderen? War er denn ein Gelehrter, der in die Klasse der Proletarier überwechselte? Er war doch als Sohn eines Bauern geboren. In Wirklichkeit war es so, daß die Gelehrten nichts von diesem Bauern hatten wissen wollen, der einen fast unverständlichen Hunan-Dialekt sprach, sein Leben lang übrigens. Als er sich in seinen Lehrjahren nach einer Vorlesung einmal an den berühmten Geisteswissenschaftler Hu Shih wandte, ließ der ihn einfach stehen, als er hörte, der junge Mann sei nur Hilfsbibliothekar. Das schmerzte, das verletzte seinen Stolz. Mao wandte sich von den Intellektuellen ab. Er hat diese arrogante Behandlung nie vergessen und sie den Intellektuellen später hundertfach heimgezahlt. Das Gefühl, ihnen unterlegen zu sein, lebte in ihm lange nach.

»Die Professoren«, erinnerte er sich im Jahre 1958, »wir hatten Angst vor ihnen, als wir in die Städte kamen. Wir verachteten sie nicht, wir zitterten vor ihnen. Wenn wir vor so hochgelehrten Leuten standen, hatten wir das Gefühl, Nichtse zu sein.«

Mao hat nie ein gutes Wort für die Intellektuellen übriggehabt, obwohl er sich im Grunde doch als Intellektueller fühlte und mit Recht fühlen konnte und es sogar zuließ, daß er in einem monumentalen Gemälde als junger Mann in wallendem grauen Gelehrtengewand dargestellt wurde.

Mao hatte mit den Intellektuellen nur Schwierigkeiten. Einen der ersten großen Zusammenstöße hatte er schon 1954 und 1955 mit dem bedeutenden Literaturkritiker Hu Feng, der Maos Ansichten über die Aufgaben der Dichter und Schriftsteller für falsch hielt, dies öffentlich erklärte und der auch in seinem Briefwechsel mit Freunden diese Meinung vertrat.

Diese Briefe kamen durch Verrat eines Adressaten in die Hände der Partei. Sie wurden im Jahr 1955 in der *Volkszeitung* veröffentlicht, begleitet von kurzen Kommentaren Maos. Er stellte die Ansichten Hu Fengs als Verbrechen hin. Feinde ohne Gewehre, schrieb er, könnten gefährlicher sein als Feinde mit Gewehren. Hu Feng wurde vor Gericht gestellt und zu vierzehn Jahren Haft verurteilt. Als er während der Kulturrevolution freigelassen wurde, stellte man ihn noch einmal vor Gericht. Diesmal wurde er zu lebenslanger Haft verurteilt. Erst einige Zeit nach der Ausschaltung der Viererbande wurde er wieder entlassen. Er wurde rehabilitiert, erhielt einen Ehrenposten im Schriftstellerverband; aber er ist geistig umnachtet.

Als Mao in den Jahren 1956 und 1957 die Losung herausgab: »Laßt hundert Blumen blühen und hundert Schulen miteinander wetteifern«, schien es, als wolle er seinen Frieden mit der Intelligenz machen; aber er hatte offenbar die Opposition unterschätzt, die sich unter den Intellektuellen gebildet hatte. Sie nutzten die ihnen gewährte Gelegenheit zur offenen Meinungsäußerung, und die Welle der Kritik, die die Partei traf, brachte die Partei ins Taumeln. Es war eine fundamentale, heftige, furchtlose Kritik an der Partei, dem System, den Leistungen und ihren Führern, auch an Mao selbst.

Die Intellektuellen mußten bitter für ihre Kritik büßen, nicht nur, als die Losung der Hundert Blumen zurückgenommen und die Kritiker als ›rechte Elemente‹ verfolgt, verbannt und deklassiert wurden, sondern bis in Maos letzte Jahre. Die sogenannte Kulturrevolution traf mit voller Wucht die Intelligenz. Die Zahl derer, die umgebracht wurden oder sich das Leben nahmen, ist nicht bekannt. Anders als für den kleinen Mr. Wang, dem die Kulturrevolution auch Glück und Abenteuer beschert hatte, waren diese Jahre für die Intellektuellen eine Zeit ständigen Terrors, der Erniedrigungen, der Furcht und der Verfolgung.

Nur Nicht-Intelligenz bringe Revolutionäre hervor, hieß es. Professoren waren von vornherein verdächtig, konterrevolutionär zu sein; den Hochschulabsolventen ging es nur wenig besser. Rein und unschuldig waren allein die Erstsemester, die gerade aufgenommen worden waren. Je weniger man wußte, desto besser. Großer Held wurde jener junge Student, der aus Protest gegen das Prüfungswesen ein leeres Blatt abgegeben hatte. Die Intellektuellen waren die ›stinkende neunte Kategorie‹ der Volksschädlinge.

Mao und die Ultralinken haben die Intellektuellen aber als Klasse nicht vernichten können. Sie haben ihr im Gegenteil ein höheres Klassenbewußtsein gegeben und sie fester zusammengeschmiedet. Die Intellektuellen hielten auch in der Zeit der Verfolgung zusammen, trafen sich und sprachen über die Krise des Staates. Seit der Hundert-Blumen-Kampagne und der Kulturrevolution sind sie der Partei entfremdet. Die Zusicherungen, die den Intellektuellen jetzt gegeben werden, hören sie mit Skepsis an. Mao hatte schon zu Beginn der Kulturrevolution gesagt, Techniker seien am ehesten bereit, den Sozialismus anzunehmen, danach kämen die Naturwissenschaftler, »aber die Geisteswissenschaftler sind die Schlimmsten«. Und ein anderes Mal hatte er gesagt, das Proletariat müsse seine eigene Intelligenz hervorbringen. Es ist ihm nicht gelungen, die Intelligenz und das sozialistische System zusammenzuführen. Es ist in China nicht anders als in den übrigen sozialistischen Staaten. Die Intellektuellen laufen im System ohne Begeisterung mit, aber sie sind nicht Motor der Entwicklung.

Vor hundert Jahren versuchten chinesische Reformpolitiker

in der sogenannten Yangwu-Bewegung, China zu modernisieren. Man wollte vom Westen technische und naturwissenschaftliche Kenntnisse erwerben, die konfuzianische Wert- und Gesellschaftsordnung in China aber sollte davon nicht berührt werden. Diese Bewegung scheiterte bald, weil sich beide Forderungen nicht vereinen ließen.

Heute ist man in China noch immer nicht weiter, wenn man fordert, das Land zu modernisieren, aber darauf besteht, daß die marxistisch-leninistische Wert- und Gesellschaftsordnung, die ihre Wurzeln in der längst vergangenen Welt des vorigen Jahrhunderts hat, in keiner Weise dadurch beeinträchtigt werden dürfe. Also: »Wasch mir den Pelz, aber mach ihn mir nicht naß!«

Aus der Partei hört man manchmal, man müsse die naturwissenschaftlichen und technischen Berufe fördern, die Geisteswissenschaftler aber zügeln und streng auf den marxistisch-leninistischen Weg einschwören. Daß solche Versuche scheitern werden, ist leicht vorauszusehen, denn Geistes- und Naturwissenschaften entwickeln sich miteinander und befruchten sich gegenseitig.

Die Partei in China bemüht sich zwar in mancher Hinsicht um die Intellektuellen, in den letzten Jahren mehr als früher. Sie weiß, daß sie ohne ihre volle Mitarbeit das Land nicht modernisieren kann; denn die alten Revolutionäre sind den neuen Aufgaben nur selten gewachsen. Die Intelligenz verweigert sich zwar nicht, da sie patriotisch ist; aber sie hält Distanz und bleibt skeptisch.

Dabei ist es gerade die Intelligenz in China, die politisch denkt und politisches Verantwortungsgefühl hat, nicht das Proletariat, wo immer das in China zu finden ist. In der Intelligenz lebt nach wie vor der Gedanke, daß jedermann für alles unter dem Himmel verantwortlich ist. Die Intellektuellen machen sich Sorge um das Wohl des Ganzen, nicht nur um ihre Klasse. Der Staat ist ihnen nicht etwas Fremdes, zu dem sie Distanz halten oder gar grundsätzlich in Opposition stehen wie viele unserer deutschen Schriftsteller, sondern eine Aufgabe, für die sie sich kompetent fühlen. Der Beruf des Politikers erscheint ihnen nicht suspekt, sondern sie meinen, daß er ihnen gemäß ist, weil er höchste Ansprüche an den Menschen stellt, nicht nur an seine Intelligenz, sondern an sein Verantwortungsbewußtsein, seine Fähigkeit, vernünftig zu handeln, mit anderen Menschen umzugehen, sie zu beeinflussen und für sie zu sorgen. Die Partei wird die Intellektuellen weder durch materielle Zugeständnisse noch durch Privilegien oder Ehrungen zur uneingeschränkten Mitarbeit an den politischen und wirtschaftlichen Zielen gewinnen, wenn sie es ihnen verwehrt, die Ziele und den Weg dahin mitzubestimmen. Schließlich haben *sie* zweitausend Jahre das Reich regiert, nicht Revolutionäre und Eroberer.

»Vom Pferd aus kann man ein Reich erobern, aber nicht verwalten«, sagten Ratgeber dem Bauern Liu Pang, als er erster Kaiser der Han-Dynastie geworden war. Abgewandelt würde man heute sagen: Mit der Faust der Revolutionäre kann man die Diktatur des Proletariats errichten, aber nicht das Land verwalten und modernisieren. Man braucht die Intellektuellen.

Der Geist ist nicht zu zähmen. Man kann ihn freilich unterdrücken, und es wird in der Partei sicher Funktionäre geben, die am liebsten wieder Kampagnen gegen Gelehrte und Schriftsteller loslassen würden, wenn diese etwas Kritisches schreiben. Das Muster dafür hat man schon von Mao. Kritiker, deren Argumente stark und gefährlich waren, wurden einfach zu Volksfeinden erklärt, unter die Konterrevolutionäre eingereiht und bekämpft.

»Es ist ein Verbrechen, Konterrevolutionären zu erlauben, alles zu sagen, was sie wollen«, verkündete Mao. »Dagegen ist es legitim, ihnen gegenüber Diktatur anzuwenden. Das ist eben unser System.«

Das ist die bequemste Methode, mit Kritik fertig zu werden, jedenfalls für kurze Zeit. Nutzbringender und gescheiter allerdings wäre es, wenn die Partei mit den Kritikern argumentierte. Aber es ist für die älteren Funktionäre schwer einzusehen, daß revolutionärer Geist allein nicht genügt, sondern daß China seine Probleme nur lösen kann, wenn es ein Bündnis mit der Intelligenz eingeht. Vor der Intelligenz aber haben die Funktionäre nach wie vor oft Angst, da ihr weder die Väter des Marxismus noch Parteibeschlüsse heilig sind und da die Wissenschaftler sich nicht der Diktatur der Partei unterwerfen wollen, sondern nur eine Diktatur der Fakten anerkennen.

Der Artikel über Theorie und Praxis aus dem Jahr 1978, der Deng Xiaopings Handschrift trug, hatte zwar erklärt, Theorien seien keine unveränderlichen ewigen Wahrheiten und man solle den Marxismus-Leninismus nicht »wie ein religiöses Dogma anbeten«; aber ein Dreivierteljahr später hatte Deng Xiaoping Marxismus-Leninismus und Maozedong-Ideen wieder für unantastbar erklärt. Offenbar kommt der Sozialismus ohne Dogmen und ohne Gläubige nicht aus.

Die Intellektuellen, jedenfalls die Wissenschaftler unter ihnen, sind aber in der Regel im Glauben schwach. Sie haben in der Wissenschaft Erfolge meist dann, wenn sie Glaubensthesen anzweifeln und alte Theorien durch neue ersetzen.

Warum die chinesischen Kinder nicht am Daumen lutschen

Otto war wieder zu Besuch in Peking. Er hatte Hildegard, seine ständige Begleiterin, mitgebracht. Wir saßen in der Bibliothek und erzählten und kamen vom Hundertsten ins Tausendste, wie immer.

»Warum lutschen die Kinder in China nicht am Daumen?« fragte Otto.

»Seit wir heute mittag in Schanghai abgeflogen sind«, erläuterte Hildegard uns, »stellt er jedem, den er trifft, diese Frage.«

»Du übertreibst«, sagte ich.

»Aber keiner weiß eine Erklärung«, meinte Otto.

»Weil schon die Frage nicht stimmt«, rief Hildegard. »Natürlich lutschen auch die kleinen Chinesenkinder am Daumen. Du weißt es nur nicht, weil die Eltern sie nicht in die Restaurants und zu den Cocktails mitbringen.«

»Aber ins Theater und in die Oper«, antwortete Otto.

»Da sperren alle Kinder Mund und Nase auf; aber auf dem Nachhauseweg lutschen sie am Daumen. Alle Kinder gehen erst einmal durch die orale Phase. Das ist überall so. Das hat die Wissenschaft längst bewiesen.«

Otto fragte: »Nennst du die Psychologie etwa eine Wissenschaft?«

Franz konnte etwas Konkretes beisteuern. Sie hatte schon

einmal einen chinesischen Säugling am Daumen lutschen sehen; allerdings ziemlich lustlos, und zwar am Daumen und einem Bettzipfel. In der Kinderkrippe in Changsha. Er war dabei, einzuschlafen.

»Das wird es sicher geben«, sagte Otto, »und das meine ich auch nicht. Bei Säuglingen ist das überhaupt nicht zu verwundern. Aber wenn sie etwas älter sind, hören sie auf.

Heute saßen in der Wartehalle des Flughafengebäudes in Schanghai neben uns auf den Bänken zwei Chinesenkinder mit ihrer Mutter. Sie waren vielleicht vier und fünf Jahre alt. Das Mädchen hatte eine Stoffpuppe in der Hand, und der Junge hielt die Hände im Schoß. Sie bewegten sich kaum, aber sie beobachteten alles, was in der Wartehalle vor sich ging. Da kamen ein deutsches und ein amerikanisches Lehrerehepaar, jedes mit zwei Kindern. Sie setzten sich auf die Bankgruppe hinter uns, aber die vier Kinder tobten wie die Wilden in der Wartehalle umher.«

»Eine Pest«, ergänzte Hildegard, die doch so kinderlieb ist.

»Sie schubsten sich, aber erst als sie eine Bonsai-Kiefer vom Ständer gerissen hatten und als Leute kamen, um die Scherben aufzulesen, riefen die Eltern die Kinder zu sich. Sie sollten wenigstens einen Augenblick stillsitzen. Das taten sie auch. Einen Augenblick. Aber das eine deutsche Kind nahm den Daumen in den Mund, und auch ein amerikanisches, und dann lutschten die beiden selbstvergessen und zufrieden daran. Warum können chinesische Kinder eigentlich stillsitzen, unsere aber nicht?«

Ich erzählte, daß vor einigen Jahren eine Gruppe amerikanischer Kinderpsychologen eine Studienreise durch China unternommen hatte und daß ihnen ähnliches aufgefallen war. Sie haben darüber in einem Buch berichtet.*

Otto wollte wissen, wie sie sich die Unterschiede zwischen dem Verhalten chinesischer und unserer Kinder erklärten.

»Sie haben auch keine Erklärung. Sie haben nur festgestellt, daß die chinesischen Kinder sich in den ersten Monaten ihres Lebens ebenso verhalten wie die amerikanischen, daß sich aber schon sehr früh etwas ändert. Sie sind ruhiger in ihren Bewe-

* William Kessen, Kindheit in China. München 1976

gungen; sie lernen schnell, sich der Gemeinschaft anzupassen. Sie sind nicht so aggressiv. Sie schlagen sich seltener als unsere. Sie zerstören nicht das Spielzeug des anderen. Nur einmal haben die Amerikaner gesehen, daß ein Kind das andere schubste, so daß es hinfiel. Dann kam eine Erzieherin, tröstete das gefallene Kind, und eine andere Erzieherin schickte den Angreifer, der half dem hingefallenen Kind die Hose abzuklopfen und sauberzumachen.«

»Woher kommt es, daß die chinesischen Kinder nicht so aggressiv sind?«

»Ich habe oft genug beim Besuch von Kindergärten gehört, daß die Erzieherin von dem einen oder anderen schwierigen Kind erzählte, das sich nicht einordnen wollte und sich ebenso benahm wie unsere Kinder«, sagte ich.

»Natürlich gibt es das. Aber erheblich weniger. Die Erzieherinnen erzählen davon, weil es für sie etwas ganz Ungewöhnliches ist. Aber habt ihr selbst jemals solche Kinder gesehen, wenn ihr einen Kindergarten besucht habt?«

»Das haben wir nicht«, sagte Franz. »Daß die Kinder so lammfromm sind, kommt sicherlich daher, daß sie immer so dicht bei der Mutter aufwachsen, immer Körperkontakt mit ihr haben und daß sie sich ihnen jederzeit liebevoll zuwendet und sie auf den Arm nimmt, wenn sie weinen.«

»Das ist die klassische Erklärung, die die Kinderpsychologen immer bereit haben. Aber sie trifft hier nicht zu. Auch die Amerikaner fanden sie nicht bestätigt; denn die meisten Kinder, die sie gesehen hatten, waren schon bald nach der Entwöhnung in die Kinderkrippe gekommen, wo zwar in der Regel ein und dieselbe Pflegerin für jedes Kind sorgte, aber eben nicht die Mutter. Die Pflegerinnen sagten, sie nähmen die Kinder nur selten auf den Arm. Wenn ein Kind weine, redeten sie ihm gut zu; offenbar auch dann, wenn es noch gar nichts verstand. Sie wollten überzeugen.«

Otto lachte: »Richard Wilhelm erwähnte in einem seiner Bücher, daß der chinesische Ausdruck für Kinder ›beruhigen‹ — *hong* — eigentlich Kinder ›beschwindeln‹ heißt.«

»Und dann fiel den Amerikanern auf, daß die Motorik der Kinder schon sehr früh eingeschränkt wird. Das beginnt damit, daß man sie fest wickelt. Später regt man sie nicht zu heftigen und hastigen Spielen an, überschenkt sie nicht mit Spielzeug, und wenn sie beginnen, sich wild zu bewegen, beruhigt man sie. Die Amerikaner waren überrascht, wie wir auch immer überrascht waren, über die Sanftheit und Kontrolliertheit der Kinder, die keineswegs gedrillt wirkten, sondern entspannt waren. Wenn sie stehen und gehen können, fassen sie sich an, und wenn einer aus der Reihe geht, wird er nicht beschimpft oder bestraft; die Kindergärtnerin stellt ihn nur wieder an seinen Platz. Sie haben mehr Geduld als unsereins.«

»Vielleicht«, sagte Otto, »sind die Kinder nicht so motorisch veranlagt wie unsere; und vielleicht vererbt sich diese Anlage. Die Chinesen haben ja auch so gut wie keine Volkstänze.«

»Die Amerikaner haben sich mit dieser Frage nicht beschäftigt. Von Vererbung und Vererbungslehre wollen sie nicht so viel wissen.«

»Schlagen chinesische Eltern eigentlich ihre Kinder?« fragte Hildegard.

»Natürlich«, sagte Otto, »das kommt vor. Die Partei ermahnt die Eltern zwar, es zu unterlassen und die Kinder im Geiste Maos zu erziehen und ihnen, wenn sie ungezogen sind, vorzuhalten, daß dies nicht im Sinn des Großen Vorsitzenden sei oder daß der Mustermensch Lei Feng sich besser benommen hätte. Sicherlich hat die Parteipropaganda etwas genützt, und die Kinder werden weniger geschlagen; aber solche Gewohnheiten der Eltern, die früher sogar ihr Kind totschlagen konnten, wenn es ungehorsam war, kann man nicht in wenigen Jahren austreiben.«

»Aber was«, fragte Hildegard, »tun die Kindergärtnerinnen, wenn ein Kind ganz aus der Reihe tanzt und sich etwa so benimmt wie die beiden amerikanischen und deutschen Kinder im Flughafen in Schanghai?«

»Dann geht man zu Gemeinschaftsspielen über. Man spielt zum Beispiel Busfahren, wo jeder eine bestimmte Rolle hat: Fahrer, Schaffner, Fahrgast. Oder man spielt Küche: Einer ist Koch, einer schält das Gemüse, ein anderer wäscht ab. Und dabei lernen die Kinder schon früh, daß jeder mithelfen muß.«

Franz sagte, er sei immer über die Ruhe in den chinesischen Klassen erstaunt. »Die Kinder zappeln nicht herum, sie reden nicht miteinander, unterbrechen den Lehrer nicht, sondern sitzen eine Stunde lang gerade und aufrecht da und haben die Arme hinter dem Rücken verschränkt. Schon die Sechsjährigen. Und wenn ein Kind sich gemeldet hat und vergißt, die Hände wieder auf den Rücken zu legen, korrigiert die Lehrerin das ohne ein Wort, wenn sie an seinem Platz vorbeikommt. Und trotzdem folgen die Kinder lebhaft dem Unterricht, sie sehen weder gedrillt noch geduckt aus.«

Ich sagte: »Genau das haben die Amerikaner auch bemerkt. Außerdem fiel ihnen auf, daß auf dem Schulhof, wenn das Spiel etwas zu wild wurde, stets eine Lehrerin eingriff und es wieder in ruhige Bahnen lenkte. Ohne Tadel und Strafen. Ich hatte bei Besuchen von Schulen immer den Eindruck, daß die Lehrer dem Schüler nie das Gefühl geben, er verstoße gegen den Willen des Lehrers, sondern gegen das Interesse der Klassenkameraden oder die allgemeinen Regeln der Gemeinschaft. Auf diese Weise bekommen die Kinder schon in den ersten Jahren das Gefühl, daß sie sich einordnen und die anderen berücksichtigen müssen. Wir lernten das ja früher auch in der Klasse, die mich zum Beispiel in vieler Hinsicht mehr erzogen hat als die Lehrer und die mir manche Flausen ausgetrieben hat. Soziales Verhalten lernt man nicht in Sozialkunde, sondern in der Gemeinschaft. In ihr bildet sich der Charakter. Aber die Blindheit unserer Pädagogen, die den Klassenzusammenhalt schwächen und aus den Schülern Kursteilnehmer machen — das ist ein langes Kapitel.«

Otto stimmte zwar zu, meinte aber, die Disziplin werde den chinesischen Kindern nicht in allen Schulen auf so feinfühlige Art beigebracht, wie wir es beobachtet hätten. Wir wüßten schließlich wohl auch, daß die Lehrer manchmal recht handfesten Druck anwendeten, um die Kinder zu Gemeinsinn und Anpassung an das zu erziehen, »was sich gehört«.

Ich sagte: »Das können wir ja auch im *Traum der roten Kammer* sehen. Die Personen des Romans wägen jedes Wort, das sie aussprechen, in jedem Kapitel errötet einer oder will vor Scham in den Boden versinken, weil er etwas gesagt hat, was der andere vielleicht als versteckten Tadel oder als Anspielung ansehen könnte.«

»Aber war die ständige Rücksichtnahme auf andere nicht eine Last?« fragte Hildegard.

Otto gab das zu. »Aber«, sagte er, »viel schlimmer war es, allein zu sein. Auch dafür gibt es übrigens in dem Roman ein bedeutendes Beispiel. Und ich entsinne mich, einmal die Klage einer Frau aus dem 16. Jahrhundert gelesen zu haben, deren Mann gestorben war. ›Über mir habe ich keine Eltern mehr, unter mir keine Kinder, neben mir keine Brüder. Kann ein Mensch Schlimmeres erleiden? Wohin kann ich gehen?‹«

»Was hat sie getan?« fragte Hildegard.

»Sie ging natürlich ins Wasser und ertränkte sich«, antwortete Otto. »Was blieb ihr als alleinstehender Frau damals anderes übrig?«

Franz gefiel das alles nicht. »Ich bin höchst erstaunt, wenn ich dich so reden höre«, sagte sie. »Man tut nur, was absolut korrekt und im Einklang mit den ungeschriebenen Gesetzen der Gesellschaft steht. Wohin führt denn die chinesische Erziehung? Zu Mustermenschen wie Lei Feng, den die Zeitungen ihren Lesern bis zum Erbrechen vorhalten und der von Edelmut und Gemeinsinn nur so trieft und — was sehr verdächtig ist — jede seiner guten Taten detailliert in seinem Tagebuch vermerkt hat. Er gleicht aufs Haar jenen konfuzianischen Mustersöhnen und Musterfrauen, denen frühere Generationen nacheifern sollten. Dabei sind alle diese Mustermenschen doch aus der Retorte, und wenn man sich in der chinesischen Gesellschaft umsieht, hat man manchmal Mühe, den Gemeinsinn zu entdecken.«

»Nicht alle solche Mustersöhne sind aus der Retorte.«

»Es gibt eben beides«, antwortete Otto, »auch Eigenbrötler, Egoisten, Außenseiter, arrogante, unhöfliche, taktlose Menschen. Das Entscheidende aber ist, daß die Gesellschaft diese Eigenschaften nicht billigt und sie nicht durchgehen läßt.

Ein Kind, das in der Wartehalle umhertobt und Bonsai-Kiefern umwirft, macht, daß die Eltern Gesicht verlieren. Wer sich schlecht benimmt, bringt seiner Familie Schande, weil sie ihn nicht gut erzogen hat. Man ermahnt schon die kleinsten Kinder mit dem Satz: ›Was davon wohl die anderen Kinder denken!‹ Lachen sie vielleicht? Wird man zum Gespött der anderen? Nichts wäre schlimmer.« Hildegard hatte Zweifel. Sie erinnerte an die Kulturrevolution. Hatten Kinder da nicht Eltern denunziert, gegen Lehrer gehetzt oder sie sogar umgebracht?

Otto sagte: »Immer kommst du mit der Kulturrevolution! Sie ist die Kehrseite chinesischen Wesens. In der einen Revolution werden die Pfaffen, in der anderen die Feudalherren, wieder in der anderen die Großgrundbesitzer umgebracht. Die Roten Garden wandten sich gegen die Lehrer, die ihnen hatten beibringen wollen, es gehöre zum guten Ton, sich den gesellschaftlichen Regeln zu fügen. Die Roten Garden meinten, man müsse sich schämen, wenn man nicht gegen sie angeht.«

»Vor zwei Jahren«, sagte ich, »sprachen wir zwei chinesische Damen, die am Nationalen Frauenkongreß teilgenommen hatten.

Sie hatten auf dem Kongreß beschlossen, daß die Lehrer in der Schule nichts mehr durchgehen lassen und daß die Kinder die Eltern und Lehrer ehren sollen.«

»Ja, das haben sie beschlossen«, sagte Franz, »aber wenn ich daran denke, wie Frau Gu über ihren Sohn klagt! Er sei widerspenstig, launisch, verwöhnt, wählerisch und manchmal ganz unleidlich.«

»Der Sohn ist ihr einziges Kind«, erklärte ich Hildegard.

»Ich soll ihr ein Buch über Pädagogik besorgen«, setzte Franz hinzu.

Otto schrie auf, als habe man ihm einen Schmerz zugefügt: »Nein, tu das nicht! Tu ihr das nicht an! Daß die Chinesen erzogen werden, miteinander auszukommen, daß in der chinesischen Gesellschaft trotz aller Ausnahmen, die ihr so beredt angeführt habt, mehr Gemeinsinn herrscht als bei uns und daß sie trotz aller Aufstände, Fremdherrschaften und Kulturrevolutionen immer wieder zu ihren alten Werten zurückfanden, kommt nur daher, daß die Chinesen von Konfliktpädagogik als Anleitung zur Devianz oder der Verstärkung neue Leitbilder durch die *peer groups* infolge Rückkopplung noch nichts gehört haben.«

»Mag sein«, sagte ich, »aber ich habe den Verdacht, daß sich in der chinesischen Erziehung und Gesellschaft vieles ändern wird, wenn sich die Ein-Kind-Ehe durchsetzt, wie sie jetzt so heftig propagiert wird. Dann müssen vielleicht auch die Chinesen zu unseren Pädagogik-Büchern greifen.«

Otto, der alte Konfuzianer, stöhnte nur. »Eine apokalyptische Vision!« sagte er.

Der Himmelstempel oder die Vollkommenheit

Das Auge streift über das Vollkommene und ist glücklich, daß alles, was es erblickt, so ist, wie es ist. Es kann gar nicht anders sein. Den Gedanken, der etwas daran ändert, wird das Auge sofort berichtigen, weil er die Vollkommenheit stört.

Der Kaiserpalast in Peking ist nicht vollkommen in diesem Sinne. Goethe würde ihn inkommensurabel oder inkalkulabel nennen, wie den *Wilhelm Meister.* Den Kaiserpalast kann das Auge nicht mit einem Blick umfassen. Man kann ihn sich nur aus Einzelansichten zusammensetzen. Der Eindruck ist zwar groß, aber erst im Durchschreiten erlebt man ihn. Der Himmelstempel in Peking dagegen steht uns ganz in seiner Vollkommenheit gegenüber.

Es ist mein letzter Tag in Peking, mein letzter im Auswärtigen Dienst. In den vergangenen Jahren war ich manchmal, wenn ich mit der Welt nicht im reinen war, zum Himmelstempel gefahren. Sein Anblick gab Ruhe, Heiterkeit und Gelassenheit.

Ich trete vor ihn nur auf dem vorgeschriebenen Weg, von Süden nämlich. Wer von Norden kommt und unterhalb der Umfassungsmauer durch den Hain alter Lebensbäume an ihm vorbeigeht, wird nichts von seiner Schönheit erkennen. Man muß sich ihm auf dem Weg nähern, den der Kaiser früher gegangen ist, wenn er sich am Neujahrsfest dorthin begab und das Vertrauen des Himmels erbat, das für ihn ebenso wichtig war wie das des Volkes.

In dem aufgeregten Treiben des Abschiedstages habe ich mir Zeit für diesen letzten Besuch freigehalten.

Lao Zhou fährt mich. Er ist in den letzten Jahren nicht schlanker geworden, sondern einem Buddha immer ähnlicher, jedenfalls was die Körperfülle betrifft. Er fährt mich zum Park des Himmelstempels in der Südstadt.

»Passen Sie auf!« hatte Oberschwester Anna, die mich kostenlos in einem leeren Zimmer des Deutschen Hospitals logieren ließ, damals zu mir gesagt, »Sie müssen durch die Tianqiao-Gegend. Da läuft viel Gesindel herum. Gaukler, Bettler, Diebe, Akrobaten. Ich werde eine Rikscha rufen.« Aber ich hatte mir den Weg beschreiben lassen und ging zu Fuß. Die Rikscha konnte ich mir sparen. Das war nun vierundvierzig Jahre her.

Am Himmelsaltar war damals ein Teil der Balustrade abgebrochen. Zwischen den blauen Dachpfannen des Himmelstempels wuchsen Gräser, wie auf so vielen Tempel- und Palastdächern der Stadt. Die Fensterscheiben des Tempelrunds waren eingeschlagen, die Türen zugenagelt; aber man konnte durch das Schnitzwerk hineinsehen: Man sah verstaubte Bretter, Stangen, Baumaterial. Das Gebälk des untersten Daches hing etwas herunter. Es war morsch. Die Farben am Holz waren abgeblättert. Der goldene Knauf an der Spitze des obersten Daches stand etwas schief.

Yongle, der große Ming-Kaiser, der die Hauptstadt von Nanking nach Peking zurückverlegt, der den Kaiserpalast und sein eigenes prächtiges Grabmal errichtet hatte, er hatte vor gut einem halben Jahrtausend auch den Himmelstempel, den Himmelsaltar und die ganze Anlage bauen lassen. Die Lebensbäume mit der knorrigen Rinde unten im Park sind noch aus seiner Zeit. Der Tempel allerdings ist nicht mehr ganz derselbe, jedenfalls nach unseren westlichen, präzisen Begriffen. Ende des vorigen Jahrhunderts hatte ihn nämlich ein Blitz getroffen, und er war abgebrannt. Das war ein böses, böses Omen. Es sprach nicht für die Tugend des Himmelssohnes auf dem Thron.

Noch schlimmer freilich war es im Jahr 1820 gewesen, als der Himmel es nicht bei Zeichen und Warnungen belassen, sondern nach amtlicher und sicherlich unwahrer Darstellung die Sache selbst in die Hand genommen und den Kaiser Jiaqing mit einem Blitzstrahl erschlagen hatte. Da war nun keine Ausrede mehr möglich, und da war offenbar gewesen, daß der Himmel ihn seines kaiserlichen Amtes nicht mehr für würdig hielt.

Als aber der Himmelstempel abgebrannt war, hatten die kaiserlichen Behörden versucht, sich herauszureden und, sicher auf Betreiben der Kaiserinwitwe Cixi, verbreitet, ein Hundertfüßler habe es gewagt, auf dem goldenen Knauf des Tempels emporzukriechen. Er hatte wohl gemeint, auf diese Weise geradeswegs in den Himmel vordringen zu können. Der Himmel jedoch habe erzürnt einen Blitz herabgesandt, der freilich nicht nur das größenwahnsinnige Insekt, sondern den Himmelstempel dazu vernichtete.

Aber das Volk wußte, daß die Minister des Kaisers diese Geschichte nur erfunden hatten, weil sie eine natürliche, einleuchtende Erklärung brauchten, damit niemand auf den Gedanken kam, der Brand des Himmelstempels sei ein Zeichen für die Untugend des Kaisers und ein böses Omen für das Reich. Das Volk glaubte daher kein Wort von der Geschichte mit dem Hundertfüßler.

Der Himmelstempel wurde unverzüglich wieder aufgebaut: Säule für Säule, Balken für Balken, wie man ihn zur Zeit des Kaisers Yongle errichtet hatte. Es ist also derselbe Tempel.

Damals war ich ganz allein in dem Zedernhain und im Tempelgelände gewesen. Und in der Tianqiao-Gegend, das heißt der Gegend der Himmelsbrücke, belästigten mich weder Gaukler noch Bettler, Diebe oder anderes Gesindel; nur einen Menschenauflauf bemerkte ich, ging hin und sah, als ich näher kam, einen Markterzähler, der auf einem Hocker saß. Die Menschen um ihn waren ganz in seinem Bann. Er sah mich kommen, die Zuhörer nicht. Vielleicht erzählte er gerade eine grausliche Geschichte von einem Dämon mit gelben Haaren, langer Nase und grauen Augen — jedenfalls deutete er auf einmal mit ausgestreckter Hand auf mich, die Menschen drehten sich um, und es war schwer zu sagen, wer mehr erschrocken war: Das Publikum, das sich plötzlich einem leibhaftigen, gelbhaarigen Dämon gegenübersah, oder ich, den die Menschen mit starrem, keineswegs freundlichem Blick ansahen. Nur der Markterzähler saß auf seinem Hocker und schlug sich auf die Schenkel und hörte nicht auf zu lachen.

Heute fährt mich Lao Zhou. Jetzt sind hier keine Geschichtenerzähler, keine Gaukler, Akrobaten und ähnliches Gesindel mehr zu sehen. Jetzt zahlt man Eintritt. Im Zedernhain steht ein Karussell.

Ich gehe auch heute zuerst zum Himmels*altar.* Drei kreisrunde, übereinanderliegende, sich in jeder Stufe nach oben verjüngende Marmorbalustraden umgeben die runde, weite Altarterrasse, zu der man auf weißen Marmortreppen hinaufsteigt. Über der Terrasse ist der Himmel, und ihr Rund entspricht dem Rund des Horizonts, der die Erde, die Ebene von Peking streng und gerade vom hohen Himmel trennt. Nur im Westen und Nordwesten wird der Horizont von den Duftenden Bergen, deren Konturen weich im Dunst der Ferne durchscheinen, unterbrochen. Doch das erinnere ich nur, sehen kann ich es nicht. Wenn ich jetzt auf der Altarterrasse stehe, versperrt schon ganz in der Nähe ein Hügel aus dem Schutt der abgetragenen Stadtmauer Pekings den Blick, und ringsum in der Ebene von Peking stechen Fabrikschornsteine wie Nägel spitz in die gerade Linie des Horizonts.

Ich gehe zur Mittelplatte. Hierhin kam der Kaiser zur Wintersonnenwende und vollzog das heilige Opfer und brachte urtümliche Opfergaben dar: Rinderfleischbrühe, gekochtes Getreide, Fisch, Kuchen und eingemachtes Gemüse, Weihrauch und blaue Seide. Denn blau ist der Himmel.

Nur der Hofstaat begleitete den Sohn des Himmels: die Notabeln, die Eunuchen und die Wachen, nicht mehr als vielleicht tausend Mann. Die Frauen des Palastes blieben zu Hause. Ihre Anwesenheit hätte den Himmel beleidigt. Auch das profane Volk wurde nicht eingelassen; es blieb vor dem Heiligtum und hatte nie Gelegenheit, den Himmelsaltar und den Himmelstempel zu sehen.

Ich stehe auf der mittelsten Marmorplatte. Auf ihr pflegten die Kaiser bei dem Opfer zu knien und dem Himmel Rechenschaft über das vergangene Jahr abzulegen.

China war das Reich der Mitte, und dieser Stein war die Mitte der Erde, wie den Juden der Tempel zu Jerusalem, den Griechen der Omphalos zu Delphi, den Römern der Lapis Niger auf dem Forum und den Christen lange Zeit Sankt Peter die Mitte der Welt gewesen war.

Man möchte darüber lächeln, daß sie alle die Mitte der Welt zu haben glaubten — lächeln, nicht ohne Wehmut. Denn wir haben sie ja längst verloren und wissen nicht recht, wohin wir gehen und wohin wir eigentlich wollen. Wir lassen es eben darauf ankommen und trösten uns: Bisher ist ja alles gutgegangen.

Wenn der Kaiser von China auf diesem Stein kniete und betete, spürte er, daß er allein mit dem Himmel war, auch wenn der Hofstaat und die Offizianten umherstanden.

Auch ich spüre es jedesmal, wenn ich auf diesem Stein stehe. Ich spreche natürlich nicht mit dem Himmel.

Mit dem Himmel zu sprechen, war Vorrecht des Kaisers, und es war eine unerhörte Anmaßung, wenn die Christen in das Reich der Mitte kamen und verkündeten, Krethi und Plethi könnten mit dem Himmel reden und zu ihm beten.

Ich stehe auf der mittelsten Platte und sage etwas ganz Harmloses, zum Beispiel: »Hier stehe ich in der Mitte des Erdkreises. Könnt ihr mich verstehen?«

Ich höre meine Worte, als kämen sie aus dem Innern der Erde und stiegen geradewegs auf zum Himmel. Ich habe das Gefühl, ganz allein in der Welt zu sein, niemand könne mich hören hier unten auf der Erde.

Reiseführer fordern ihre Touristen auf, das akustische Phänomen zu erleben. Manche lachen, wenn sie sich auf den Stein stellen und irgendeinen Unsinn rufen; aber die meisten kommen sehr schnell vom Mittelpunkt des Erdkreises herunter und treten wieder zu ihrer Reisegruppe. Es ist ihnen nicht ganz geheuer.

Natürlich ist es einer jener akustischen Tricks, wie die Chinesen sie lieben, und unsere Wissenschaftler hätten sicher wenig Mühe, ihn zu erklären. Aber ich will ihn gar nicht erklärt wissen. Ich begebe mich gern in den Bann dieser Sensation: Wo sonst in der Welt bin ich allein mit dem Himmel? Wo sonst kann ich mit ihm aus der Erde heraus sprechen?

Ich trete vom Stein zurück und gehe durch die Touristengruppe. Der Reisebegleiter erklärt ihnen gerade die Zahlensymbolik der Steinplatten, der Balustraden, spricht von Yin und Yang, von der Bedeutung des Quadratischen, das die Erde, und des Runden, das den Himmel symbolisiert. Sie werden das alles bald wieder vergessen.

Auf dem vorgeschriebenen Weg, den auch der Kaiser immer gehen mußte, begebe ich mich über die marmorbelegte, erhöhte kaiserliche Straße zum Himmels*tempel* und ignoriere den hohen Schuttberg links von mir, den eine barbarische Stadtverwaltung hierhin gesetzt hat. Es ist ein ziemlich langer Weg, und ein namhafter Kunsthistoriker behauptet, dies sei der weiträumigste Opferbezirk, den die Menschen überhaupt jemals angelegt hätten.

Das hohe Torgebäude mit seinem Dach versperrt die Sicht auf den Himmelstempel. Geduld! Man muß erst durch das Tor hindurch, aus dem Dunkel des Torgangs in den rechteckigen Hof, und nun steht er wieder vor mir in aller Vollkommenheit.

Auch hier stehen wir, wie bei dem Himmelsaltar, vor drei kreisrunden Marmorbalustraden, die, sich verjüngend, eine auf der anderen liegen. Treppen von Süden und Norden, Westen und Osten führen auf die Terrasse. Und auf ihr steht in der Mitte der Tempel, die Halle des Jährlichen Gebets.

Es ist ein kreisrunder Zentralbau. Die Wand wird von Holzsäulen gegliedert, die aber nur zur Hälfte aus der Wand herausragen. Sie tragen das unterste kreisrunde Dach. Darüber und über einem Tambour liegt mit kleinerem Durchmesser das zweite und über einem weiteren Tambour und noch einmal verjüngt das dritte Dach. In seinem Scheitelpunkt steht der goldene Knauf, über den der sakrilegische Hundertfüßler in den Himmel zu gelangen hoffte, wie der kaiserliche Hof verbreiten ließ und was man deshalb auch nicht zu glauben braucht.

Drei weiße Marmorbalustraden, drei blaue Dächer liegen, sich von einer Stufe zur anderen verjüngend, übereinander. Aber der oberste Tambour ist höher als der untere, und die beiden unteren Dächer sind nur leicht, kaum sichtbar geschwungen, das oberste aber viel stärker. Ja, ändere nur in Gedanken die Proportionen! Es geht nicht. Es würde alles zusammenfallen. Man kann auch am Parthenon nichts ändern und am Tadsch Mahal. Der obere Tambour *muß* höher sein, sonst wäre das dritte und oberste Dach nur eine trockene Wiederholung, und es würde sich nicht erheben, sondern auf dem Gebäude lasten. So aber und mit seiner stärker geschwungenen Linie wirkt es leicht. Nicht *zu* leicht, nicht luftig und frivol, sondern selbstverständlich, natürlich und anmutig.

Man muß den Dreiklang der Marmorbalustraden mit dem Dreiklang der Dächer zusammensehen, zusammenhören. Die Balustraden mit den Treppen führen empor zur Terrasse, und auf ihr, in ihrer Mitte, wird der Tempel wie ein kostbarer Solitär dem Himmel präsentiert.

Eine große goldumrahmte Tafel hängt vor dem oberen Tambour an der Südseite des Himmelstempels, dem Eingangstor gerade gegenüber. Sie unterbricht den Zusammenklang der Dächer. Ja, nimm die störende Tafel in Gedanken nur weg! Da sieht man, die Melodie würde zu süß. Und außerdem muß die Tafel ja dasein, der Tradition, der Heiligkeit wegen. Mit goldener Schrift steht auf blauem Grund »Halle des Jährlichen Gebets«. Man kann auch übersetzen »Halle des Erntegebets«.

Es versteht sich von selbst, daß ein solcher Bau keine Dachreiter ertragen kann, den bösen Prinzen auf einem Hahn reitend, die Fabelwesen und dergleichen Schnickschnack. Die haben auf den Nebengebäuden im Tempelhof Platz. Da passen sie allenfalls hin.

Die Wände, die Säulen und die Dachstühle sind aus Holz. Die Wand des Erdgeschosses ist rotbraun gestrichen. Die Tamboure tragen Muster in Gold und Grün. Die Dachziegel aber sind tiefblau und, je nach dem Licht der Sonne, manchmal auch mit einem leichten Violett-Ton. Sie sind glasiert, und der weiße Marmor gleißt, die Augen blendend, in der Mittagssonne: So möchte ich schreiben; denn so habe ich es oft gesehen.

Aber ach, so ist es heute leider nicht. Der Staubsturm von gestern hat eine gelbe Staubschicht auf die preußischblauen Dachziegel geweht, so daß sie nun stumpf aussehen, und der Marmor ist gelblich und gleißt mitnichten. So wird es bleiben bis zum Frühjahr oder bis zum Frühsommer, wenn der erste Regen wieder fällt und alles wieder sauberwäscht.

Dann sollte ich vielleicht wiederkommen.

Noch einen Blick! So niedrig soll er sein? Aber alle Reiseführer stimmen darin überein, daß er nur dreißig Meter hoch ist. Er paßte dann also ganz bequem in das Mittelschiff des Kölner oder Straßburger Doms, von Chartres ganz zu schweigen.

Und doch wirkt er groß, obwohl hier keine Säulenakkorde rauschen, obwohl es weder gewaltige Bogen noch hohe Wölbungen, noch in die Höhe schießende Pfeiler gibt.

Auch der Mensch hat vor ihm noch Platz. Er wird nicht erdrückt und überwältigt. Es wird ihm beim Anblick des Tempels vielmehr leichter. Die Formen des Baus sind streng und majestätisch. Hier wird auf Distanz gesehen. Und doch ist er heiter und schön.

Er ist in Ruhe mit sich selbst, wie ein Sinnbild des Auftrags, den der Kaiser hier vom Himmel empfing und den er zu erfüllen hatte: nämlich durch seine Tugend Himmel und Erde in Harmonie zu halten.

So, es ist Zeit. Also gehen wir wieder! Es ist schon fast ein Uhr, und Lao Zhou könnte einen Schwächeanfall erleiden, wenn wir nicht unverzüglich zur Residenz zurückfahren, wo das Mittagessen für ihn bereitsteht.

In der Torhalle sehe ich noch einmal zurück: Da steht er also wie damals, als ich ihn zum ersten Mal gesehen hatte. Er beglückt noch immer das Auge, und das Auge ist noch immer empfänglich für seine Schönheit.

Also, gehen wir!

Ausblick

1. Februar
Das Flugzeug hat auf der neuen Piste des Flughafens Peking abgehoben. Die Erde ist braun. Wir lassen die Stadt im gelbbraunen Dunst zurück, der seit dem letzten Sandsturm über der Ebene liegt. Vor den Westbergen, noch im Steigen, dreht die Maschine nach Südosten ab.

Es ist noch nicht einmal vier Jahre her. Am Vormittag hatte ich das Beglaubigungsschreiben überreicht. Am Abend standen wir mit chinesischen und deutschen Gästen auf der Terrasse der Residenz. Es war Mondfest, der fünfzehnte Tag des achten Monats nach dem alten Mondkalender. Der Vollmond schien hell.

»Jetzt beginnt der Herbst«, sagte einer der chinesischen Gäste. Es klang bedrückt.

Meteore waren vom Himmel herabgestürzt. Die Erde hatte gebebt, und Hunderttausende waren dabei umgekommen. Die Führung war gespalten, dem kranken Mao waren die Zügel längst entglitten. Das Land stand vor einer wirtschaftlichen Katastrophe. Das Volk war seit dem Terror der Kulturrevolution verängstigt. Es fürchtete die Radikalen und die vom Vorsitzenden verkündete permanente Revolution.

Während wir auf der Terrasse standen und den Herbstmond betrachteten, starb im Zhongnanhai-Park der Vorsitzende Mao Zedong.

Vier Wochen später hatte Hua Guofeng die Radikalen verhaftet. Es gelang ihm in kurzer Zeit, die Führung, in die er auch Deng Xiaoping aufnahm, zu stabilisieren. Das Land blieb ruhig. Das Volk stimmte dem neuen Kurs zu, der sich langsam, aber allen sichtbar, von dem Kurs Maos entfernte und Ziele ansteuerte, die den Menschen Hoffnung auf ein freieres und bequemeres Leben gaben, ein Leben, frei vielleicht sogar von politischer Willkür.

Die Wandlung ist noch nicht abgeschlossen. Sie ist nicht aus einem gewaltigen Kraftakt entstanden, sondern sie kam auf Taubenfüßen und schien sich von selbst zu ergeben. Sie ergriff alle Bereiche des Lebens und alle Zonen des Landes.

Die Stabilisierung und die scheinbar mühelos eingeleitete Wandlung ist eine große politische Leistung; sie ist in erster Linie Deng Xiaoping zuzuschreiben. Sie ist aber auch ein Zeugnis für die politische Reife und Vernunft des chinesischen Volkes.

Wohin steuert China? Es wäre leicht, China eine große Zukunft vorauszusagen; denn alle Voraussetzungen sind vorhanden. Aber nicht die Beschaffenheit des Weges, sondern die Verfassung des Wandernden wird entscheiden, wohin Chinas Langer Marsch durch den Nebel der Zukunft führt.

China zählt heute eine Milliarde Menschen. Jedes Jahr kommen elf Millionen dazu. Die Maßnahmen zur Geburtenbeschränkung sind hart und treffen jede junge Familie. Die Geburtenzuwachsrate sinkt langsam, aber mit dem Übergang zur Kleinfamilie wird sich auch vieles in der Lebensanschauung der Chinesen ändern.

Die Bevölkerung erwartet eine Linderung der Not und einen höheren Lebensstandard. Sie ist nicht bereit, nur für das Glück ferner Generationen zu arbeiten, vor allem nicht, wenn den Menschen das Weiterleben in einer großen Familie nicht mehr gestattet sein soll. Das Volk ist zwar genügsam, die Ansprüche sind bescheiden, besonders auf dem Lande, wo achtzig Prozent der Bevölkerung leben. Das Volk arbeitet fleißig, aber nur, wenn sich die Arbeit lohnt.

Die Zahl der Arbeitslosen wird noch zunehmen, die sozialen Spannungen in der chinesischen Gesellschaft, aber auch regionale Spannungen zwischen entwickelten und weniger entwikkelten Provinzen werden mit der fortschreitenden Modernisierung wachsen.

Die Einführung marktwirtschaftlicher Grundsätze in die bisher zentral gelenkte Planwirtschaft des großen Landes ist eine außergewöhnliche Aufgabe für die chinesischen Planungsbehörden. Fehlplanungen werden sich nicht vermeiden lassen, denn es gibt kein Vorbild, von dem man lernen kann. Die einfache Übernahme unseres Modells der sozialen Marktwirtschaft würde die Probleme der chinesischen Wirtschaft nicht lösen. Man wird schrittweise vorgehen müssen und auf Experimente nicht verzichten können. Als erstes wird man die Fehler der Vergangenheit korrigieren müssen. Es wird vielleicht ein Jahrzehnt dauern, bis China eine stabile Ausgangsbasis für seine Industrialisierung erreicht hat. Dann aber sind die Aussichten gut, wenn die Führung in Peking sich von den Fakten und Auskünften der Computer leiten läßt, so unbequem sie auch sein mögen. China könnte dann eine Wirtschaft erhalten, die modern und leistungsfähig ist und sich sehr von der verkrusteten, Arbeit und Material verschwendenden sowjetischen unterscheiden würde.

Auf dem Wege zu einer entwickelten, modernen Wirtschaft sind Rückschläge, die Korrekturen notwendig machen, unvermeidlich. Dadurch wird sich die große und mächtige Schicht der mittleren Funktionäre in ihrer Skepsis gegenüber den neuen Ideen vielleicht bestätigt sehen. Ihre Trägheit und Unbeweglichkeit könnte die Reformen so behindern, daß sie auf halbem Wege steckenbleiben.

Diese Gefahr droht auch der politischen Entwicklung. Im Sommer 1978 war der Artikel erschienen, in dem die Praxis zum einzigen Maßstab für die Richtigkeit aller Theorien erklärt wurde. Theorien, hieß es, seien keine ewigen Wahrheiten. Es sollte keine politischen oder wirtschaftlichen Dogmen mehr geben. Inzwischen aber hat man wieder Schongebiete für den Sozialismus, die Führungsrolle der Partei, den Marxismus-Leninismus und die Ideen Mao Zedongs eingerichtet. Das ist ein ernstes Zeichen der Schwäche. Man fürchtet eine Diskussion dieser »vier Grundprinzipien«. Um diese Diskussion aber wird man nicht herumkommen, wenn man China zu einem modernen Staat entwickeln will. Ohne die Öffnung zum Westen kann China nicht industrialisiert werden. Mit der Öffnung zum Westen aber werden sich auch die Forderungen der Intelligenz nach mehr Freiheit und politischer Mitsprache des Volkes verstärken. Vor allem in der Jugend wird sich die Unruhe verstärken. Man spürt es schon jetzt. Die Führung wird die Forderungen der Jugend und der Intellektuellen auf die Dauer nicht ignorieren können.

Es sind Leute in der Parteiführung, die das erkannt haben. Aber die Partei zögert. Sie steht auf dem Sprungbrett, aber sie fürchtet sich, ins Wasser zu springen. Sie hält sich ängstlich an den vier Grundprinzipien fest, denn sie fürchtet, wenn sie sie losläßt, die Führungsrolle zu verlieren. Sie könnte das Land modernisieren und China zu einem blühenden Staat machen und zugleich an der Macht bleiben, wenn sie sich selbst an Haupt und Gliedern reformierte und damit das Vertrauen des Volkes wieder erwürbe. Aber dann würden viele der alten Funktionäre, die unfähig, korrupt oder einfach zu alt sind, ihre bequemen Sessel räumen müssen. Sie haben vergessen, was einer der großen Philosophen des Altertums, Xunzi, gesagt hat: »Nicht dem Herrscher zuliebe hat der Himmel das Volk geschaffen, sondern dem Volk zuliebe schuf der Himmel den Herrscher.«

Deng Xiaoping hat gesagt, die Partei habe das Vertrauen des Volkes verloren. Sie müsse es wiedergewinnen. Das ist tatsächlich das zentrale Problem.

Der Schüler Zigong fragte den Meister Konfuzius, wofür die Regierung in erster Linie sorgen sollte. Der Meister antwortete: Für ausreichende Nahrung, für ausreichende Streitkräfte und für das Vertrauen des Volkes. Der Schüler fragte, worauf die Regierung am ehesten verzichten könne. Der Meister sprach: Am ehesten auf die Streitkräfte; dann auf die Nahrung, denn die Menschen müssen ohnehin einmal sterben. Wenn das Volk aber kein Vertrauen zum Herrscher hat, dann kann man nicht regieren.

Der Schüler fragte weiter: Aber Meister, Sie haben den Sozialismus, die Führungsrolle der Kommunistischen Partei, die Diktatur des Volkes, den Marxismus-Leninismus und die Maozedong-Ideen vergessen.

Keineswegs, antwortete der Meister lächelnd, auf die vier

Grundprinzipien kann man am ehesten verzichten, eher noch als auf die Streitkräfte. Denn sind sie wichtiger als die Sicherheit oder die Ernährung des Volkes? Und gibt es nicht viele Völker unter dem Himmel, denen es besser geht als dem chinesischen Volk, obwohl in ihnen die vier Grundprinzipien nicht angewandt werden?

Der erste Absatz des Zitats ist eine freie Übersetzung aus den *Gesprächen* (XII,7) des Konfuzius.

Die Innen- und Wirtschaftspolitik der Volksrepublik China schwankte seit jeher von einem Extrem zum anderen. Die Führung war nie für längere Zeit stabil. Richtungs- und Machtkämpfe waren nicht die Ausnahme, sondern die Regel. Zu einem stabilen Staat mit einer langfristigen, berechenbaren Politik aber wird China schwerlich, wenn die chinesische Führung fortfährt, zwischen Extremen zu schwanken und wenn der Wechsel in den Ämtern weiterhin nur von einer kleinen Gruppe von Machthabern hinter verschlossenen Türen verabredet wird.

Die chinesische Parteiführung fürchtet sich, Sachprobleme oder Personalfragen dem Volk zur Entscheidung vorzulegen. Ja, nicht einmal die Partei soll darüber diskutieren. Das Zentralkomitee, der Parteikongreß und im staatlichen Bereich der Nationale Volkskongreß bestätigen nur, was das Politbüro und seine führenden Männer längst beschlossen haben.

Die Kommunistische Partei will das Vertrauen des Volkes wiedergewinnen? Aber sie selbst traut dem Volk ja nicht über den Weg. Denn es könnte sich gegen den Sozialismus oder — noch schlimmer — gegen die Führungsrolle der Partei aussprechen und gegen die Machtpositionen, die viele als ihre Erbhöfe betrachten, gegen die Interessenverfilzung, den zur lieben Gewohnheit gewordenen Machtmißbrauch und gegen die Korruption in unbeobachteten Ecken des Landes und der Verwaltung. Das alles zu erhalten ist vielen Funktionären wichtiger als die Modernisierung des Landes.

Daher fürchtet man wahre Demokratie und ein Mehrparteiensystem; und eine Demokratie, in der das Volk wirklich etwas zu sagen hat, wird diffamiert als »bourgeoise Demokratie«. Die chinesische Führung hat zwar einige demokratische Verfahrensweisen in Betrieben, in Kreisen und kleineren Städten erlaubt, eine weitergehende Demokratisierung erscheint ihr aber wohl zu riskant; man müßte dann ja auch Meinungsfreiheit erlauben, und es könnte zu Angriffen gegen die Parteizentrale und die führenden Politiker des Landes kommen. Vielleicht fürchtet sie auch eine destabilisierende Wirkung der Wahlkämpfe und Wahlen, ohne zu bedenken, daß gerade das gegenwärtige System Stabilität verhindert und die fatale, die ganze Geschichte Chinas und auch der Kommunistischen Partei durchziehende Neigung zu Machtkämpfen und Intrigen begünstigt. Das System verhindert eine vernünftige Kompetenzabgrenzung in der Verwaltung, da manche Politiker ihren Arbeitsbereich als ihre Domäne betrachten und den Kompetenzkonflikten mehr Aufmerksamkeit widmen als ihrer eigentlichen Aufgabe.

Wir haben jetzt unsere Flughöhe erreicht. Es gibt Tee und Gebäck. Die Maschine fliegt ruhig. Die Sonne blendet, der Himmel ist tiefblau und in dieser Höhe natürlich wolkenlos. *Tian xia,* »was unter dem Himmel ist«: China, das Land der Mitte — es liegt im Dunst der Tiefe.

Es ist in den vergangenen vier Jahren, die ich hier gelebt habe, vieles besser geworden. Das Leben in China ist jetzt leichter. Die Parteiführung gibt sich als »Vater und Mutter« des Volkes, wie einst die Mandarine. Die Funktionäre sorgen für das Volk, denn sie glauben zu wissen, was für das Volk gut und was nicht gut ist, und sie wissen auch, was für sie selbst gut ist. Es herrscht mehr Rechtssicherheit als früher. Die Zeitungen sind lesbarer geworden; sie drucken sogar empörte Leserbriefe ab. Mutige Journalisten schreiben manchmal mutige Artikel. Das Fernsehprogramm ist unterhaltsamer. In den Nachrichten werden Berichte von BBC und anderen Fernsehgesellschaften des Auslands übernommen. Man kann sogar Breschnew und den Papst sehen. Es darf auch wieder gelacht und geliebt werden — beides in Grenzen natürlich. Man lebt nicht mehr so geduckt wie früher. Man wagt sich wieder vorsichtig aus den Häusern heraus, spricht wieder, hofft wieder; aber man ist auf der Hut.

Das furchtbare Erlebnis der Kulturrevolution ist zwar noch nicht überwunden, aber es lastet beim Aufstehen in der Frühe nicht mehr so sehr auf dem einzelnen. Die Erinnerung ist nicht mehr ganz so schmerzhaft; nur des Abends oder des Nachts kommt sie wieder. Das Volk hat seine Sicherheit noch nicht gefunden. In vielen Menschen lebt die Furcht, daß wieder ein neues Unheil kommen könnte. Sie haben Angst.

Wovor?

Sie wissen es nicht.

Vor dem, was auf sie zukommt. Vor der Zukunft.

»Wenn die Pferde sich vor den Leinen des Geschirrs fürchten, kann der Herr nicht sicher fahren. Wenn das Volk sich vor der Regierung fürchtet, kann der Herrscher seiner Stellung nicht sicher sein.

Wenn die Pferde sich vor den Leinen des Geschirrs fürchten, dann hilft nur eins: sie beruhigen. Wenn das Volk die Regierung fürchtet, dann hilft nur eins: es besänftigen.«

So schrieb Xunzi vor über zweitausend Jahren.

Wenn die Partei das Vertrauen des Volkes wiedergewinnen will, muß sie ihm zuerst die Angst nehmen. Doch die Partei selbst zweifelt. Sie ist sich ihres Weges noch nicht sicher. Sie sucht. Hat sie vielleicht Angst vor dem Volk?

»Der Herrscher ist das Boot; das Volk ist das Wasser. Das Wasser kann das Boot tragen; das Wasser kann das Boot kentern lassen.«

Wiederum Xunzi.

Die Oberfläche des Wassers ist heute noch verhältnismäßig ruhig; das chinesische Volk ist geduldig und wartet ab. Aber seine Geduld hat Grenzen. In der Jugend besonders gibt es schon heute einen Konsens der Kritik am ganzen System. Die Jugend ist seit der Kulturrevolution weniger geduldig. Sie ist heute nicht mehr bereit, die Anschauungen der Älteren unbesehen zu übernehmen. Es gibt heute, anders als im alten China, eine junge Generation, die anders denkt als die ältere, und die etwas anderes will.

Wenn das Volk heute auch weder gelassen noch gelöst ist, so ist es nach dem Schock der Kulturrevolution doch für Schwarmideen, politische Träumereien und wolkiges Gerede nicht anfällig, weniger anfällig etwa als die Jugend, viele Intellektuelle und manche Politiker unseres Volkes.

Das chinesische Volk denkt realistisch, aber die Menschen zögern, ihre Gedanken auszusprechen. Sie warten, bis die Regierung gesagt hat, welche Gedanken weiß und welche schwarz sind. Bis dahin vertrauen sie ihre innersten Gedanken nur ihrer Familie oder ihren besten Freunden an. Würden sie sie auch der Wahlurne anvertrauen?

Das werden sie vielleicht noch lernen müssen. Aber die Chinesen lernen schnell.

Heute erweckt man wieder die traditionelle chinesische Malerei, und man entmutigt Künstler, die mit neuen Formen experimentieren. Man rät den Schriftstellern von »formalistischen Experimenten« ab und greift diejenigen an, die kein rosiges Bild von dem heutigen Leben malen, nicht die Erleichterungen beschreiben, sondern von der tief in den Menschen wirkenden Furcht, ihrer Unsicherheit und Verwirrtheit und von der Unwahrhaftigkeit des politischen Lebens reden. Die Partei maßt sich an zu wissen, was schwarze und weiße, gesunde und ungesunde Literatur und Kunst ist. In Wirklichkeit hat sie davon natürlich keine Ahnung, und alles, was man bisher von ihr an Ratschlägen und Kritik darüber zu hören bekam, ist reiner Unsinn.

Die Ratschläge der Schriftsteller in Dingen der Politik sind gemeinhin nicht viel besser; aber wenn sie über die Menschen und das Leben im Volk schreiben, sollten die Politiker zuhören.

In den ältesten Zeiten sangen zur Winterzeit Männer und Frauen miteinander, und wenn sie Beschwerden hatten, klagten sie darüber in ihren Liedern. Kein Thema war ihnen verboten. Im ersten Monat des Jahres, vor der Frühjahrsbestellung, schickte die Regierung alte Männer und Frauen aus, die dafür bezahlt wurden, die Gedichte und Lieder zu sammeln. Sie läuteten ihre Glocken mit hölzernem Klöppel am Rande der Wege und sammelten die Lieder ein, die das Volk sang, und die Gedichte, die es gedichtet hatte. Der Großmeister der Musik ordnete sie dann nach Stil und Rhythmus und trug sie dem Kaiser vor. »Und so, auch ohne den Palast zu verlassen, vernahm der Kaiser alle Meinungen und Beschwerden des Volkes.«

So schreibt vor über zweitausend Jahren *Liji, das Buch der Sitte des älteren und jüngeren Dai.*

Wenn heute die Schriftsteller aussprechen, daß der Kaiser keine Kleider anhat oder daß ein Ding, das die Partei weiß angestrichen hat, darunter schwarz ist oder stinkt oder brennt oder tot ist, dann greift die Partei sie an, weil sie »pessimistisch« seien. Wo bleibt in den Schriften das Positive? Die aufbauende Kritik? Die Hoffnung? Literatur soll doch »aufbauen«. Dennoch ist es möglich, daß sich vieles ändert, nicht durch revolutionäre Beschlüsse, sondern unmerklich nach alter chinesischer Weise, nicht stetig, sondern auf und ab, hin und zurück, aber im ganzen doch in der richtigen Richtung. Es ist möglich, vielleicht, aber nicht gewiß. Vorerst wird es wohl so weitergehen wie bisher, langsam bergauf; aber werden nicht manche Hoffnungen welken? Werden sich die unsichtbaren Spannungen im Volk, in der Jugend zumal, verstärken und wieder einmal ausbrechen?

Wir überfliegen den Jangtse. In einer Biegung leuchtet er rotgolden durch den Dunst zu uns herauf. Weit unter uns und gerade noch zu erkennen ist das Raster der Kanäle und Wassergräben.

Wird die chinesische Führung selbstsicherer werden und es dem Volk erlauben, seine Begabung in einer modernen Welt auf dem Weg zu einem modernen Staat zu entwickeln? Der Weg ist offen, allerdings ziemlich steil, und überall im Gelände stehen veraltete Wegweiser, viele aus dem vorigen Jahrhundert und manche noch aus der Zeit des Konfuzius. Sie zeigen Seitenpfade, die bequem aussehen und die einem altbekannt vorkommen, die aber bald enden.

Auch in China hört man den Ruf nach Garantie der Menschenrechte. Der Ruf wird lauter werden. Daneben aber ist das Bewußtsein von den Menschenpflichten stärker als bei uns. Egoismus und persönlicher Vorteil sind Hauptantriebskräfte auch des chinesischen Menschen. Sie werden jedoch mehr als bei uns eingeschränkt durch soziales Verantwortungsbewußtsein und die Bereitschaft des einzelnen, sich und die privaten Wünsche dem Wohl der Gemeinschaft – der Familie, der Nachbarschaft, der Volkskommune, dem Betrieb, der Nation – unterzuordnen; nicht immer freiwillig, gewiß, aber man nimmt die Last der sozialen Pflichten leichter auf sich. Auch der Chinese strebt nach Privateigentum; aber er ist eher bereit, es mit der Familie zu teilen. »Jeder einzelne trägt die Verantwortung für alles, was unter dem Himmel geschieht.«

Selbstverwirklichung findet in China nicht im gesellschaftsfreien Raum statt; nur im Dienst der Gesellschaft und als Mitglied von Gemeinschaften kann sich der einzelne »verwirklichen« oder seine Persönlichkeit entfalten. Der extreme Liberalismus, der auf die Bedürfnisse der anderen keine Rücksicht nimmt, eine allgemeine Permissivität, die Weigerung, sich der Gesellschaft anzupassen, der Versuch, aus ihr »auszusteigen«, finden in China kaum Befürworter, auch nicht unter den individualistischsten Künstlern. In früheren Zeiten war es anders. Da kam es sogar vor, daß Herrscher »ausstiegen« und Eremiten wurden.

Doch das war nicht konfuzianisch; das war nicht die Regel. Das Wohl des Ganzen steht im chinesischen Denken noch immer höher als die Freiheit der Persönlichkeit; in der Praxis freilich nicht immer.

Mit vielen dieser alten, traditionellen Vorstellungen denken die Chinesen moderner als wir und sind für die Zukunft besser gerüstet: Denn in einer enger werdenden und sich immer mehr verflechtenden Welt ist eine Begrenzung der individuellen Freiheiten und eine Rückbesinnung auf die sozialen Pflichten unvermeidlich.

Wenn man die günstigen und ungünstigen Voraussetzungen für die Zukunft Chinas abwägt, ergibt sich, daß die Chinesen durchaus eine Chance haben, den neuen Langen Marsch durchzustehen und ihr Ziel zu erreichen. Aber nur eine Chance, nicht mehr.

Unter uns liegt ein See. Es wird der Taihu sein mit den Städten Wuxi und Suzhou. Rechts vor uns liegt die Dunstglocke über Schanghai. Wir landen nicht, wir fliegen weiter nach Osten, auf das Meer zu.

Wird China in der Auseinandersetzung mit dem Geist des Westens, mit seiner Wissenschaft und Technik die traditionellen Wertvorstellungen auf den Abfallhaufen werfen und alles umarmen und übernehmen, was vom Westen kommt, Gutes und Schlechtes? Eine alte Sorge der Chinesen, schon über hundert Jahre alt! Ich glaube, sie wird übertrieben. Selbst wenn die Parteiführung die Türen Chinas weit aufstoßen würde, so daß alles hereinkommen könnte, selbst wenn in Schanghai dort unten die alte Seele oder doch eine ihr verwandte wieder einziehen sollte — die Seele Chinas hat ihre Heimat nicht in den Städten, sie wohnt seit jeher auf dem Lande. Dort wird sie auch in einem Zeitalter der Technik und weltweiten Nivellierung der Kultur lange überleben können.

Vielleicht werden einige Traditionen verblassen. In der Geschichte verblassen immer Traditionen. Aber China ist reich an Überlieferung. Es wäre gut, wenn der Westen möglichst bald davon Notiz nähme und sich möglichst viel von diesem Reichtum aneignete, bevor er vom Allerwelts-Strandgut überlagert wird. Manche unserer Völker könnten viel davon gewinnen, unseres zum Beispiel, vor allem in den Fragen, in denen wir uns so schwertun, nämlich dem Leben miteinander und in der Gesellschaft.

Jetzt überfliegen wir die Jangtse-Mündung. Sie ist so breit wie eine Meeresbucht. Bis weit ins Meer hinein ist das Wasser des Flusses an seiner gelben Farbe zu erkennen. Hinter uns wird China eins mit dem Horizont. Eine Saite klingt an, schwingt lange nach und verklingt.

Ich nehme Abschied. Ich nehme *meinen* Abschied und lege den Hut des Beamten ab. Es wird mir gar nicht schwer; es ist leichter, als ich gedacht hatte; und was ich mir bisher immer versagt hatte, erlaube ich mir jetzt: die Brille eines Propheten aufzusetzen. Doch auch jetzt kann ich nicht erkennen, ob China seinen Weg entlang den ein wenig versetzten und neu gestrichenen Leitplanken Maos nimmt, der sich bald im Dickicht und unwegsamen Gelände verliert, oder den steilen Weg bergauf.

Sicher aber ist, daß ein industrialisiertes, politisch einiges China mit einer Bevölkerung von mehr als einer Milliarde Menschen in der Welt Wirkungen ausüben würde, die unsere heutigen Vorstellungen weit übertreffen. China würde eine Macht werden, die schon im Laufe ihres Entstehens das Bild der Welt ändern und die Handelsströme umlenken würde. Vielleicht würde die Kraft Chinas, Japans, Südkoreas, Taiwans und Hongkongs bewirken, daß das wirtschaftliche und politische Gravitationszentrum der Welt sich in den Pazifik, nach Ostasien verlagert, fernab von Westeuropa, das in endlosen

Debatten in Brüssel und Straßburg beweisen würde, daß es zu einem großen Entwurf nicht mehr fähig ist. Und die Sowjetunion würde weiterhin lustlos an einem Gebäude bauen, dessen Grundriß, vor einer Generation entworfen, ihr viel zu groß ist, an einem Gebäude, das auf Fundamenten steht, die zu schwach sind.

Gewiß, es ist keineswegs sicher, daß China den steilen Weg nach oben nehmen wird; aber wir dürfen es nicht ausschließen. Der Gedanke an die Machtfülle, die ein industrialisiertes, politisch starkes China haben würde, ist nicht unbedingt und nicht für jedermann gemütlich, selbst nicht für diejenigen, die das Wort von der »gelben Gefahr« für töricht halten. Am ungemütlichsten aber dürfte eine solche Vorstellung in Moskau sein.

Über die Tendenzen der chinesischen Politik in einer so fernen Zukunft kann ein unerfahrener Prophet keine verbindlichen Aussagen machen; doch ein Blick auf die Geschichte und die überlieferten Grundvorstellungen kann uns vielleicht einige Hinweise geben. Wir haben gesehen, daß das chinesische Herrschafts- und Einflußgebiet der Han-Dynastie vor zweitausend Jahren im großen und ganzen den heutigen Grenzen Chinas entspricht. Nur Tibet ist dazugekommen, vor etwa zweihundertfünfzig Jahren, Korea dagegen ist weggefallen. Welch ein Gegensatz zu Europa!

China hatte nie eine missionarische Idee wie der Islam oder das Christentum oder — in säkularisierter Form — der Panslawismus. Die Chinesen hatten nie etwas dagegen, wenn die Barbaren jenseits der Grenzen am chinesischen Wesen genesen wollten; aber wenn ihnen der Sinn danach stand, mußten sie sich ins Reich der Mitte begeben und dort die menschliche Gesittung und Bildung erwerben. Fremde Länder zu erobern, damit sie an den Segnungen der Zivilisation teilhaben konnten, wurde nicht für notwendig angesehen. Es gibt keine andere Zivilisation, die so wie die chinesische über zwei Jahrtausende Eroberungskriege verurteilt hat.

Daß sich manche chinesischen Kaiser — im letzten Jahrtausend waren es nur die mongolischen und mandschurischen Fremdherrscher — sich darüber hinweggesetzt haben, steht auf einem anderen Blatt.

Prophezeiungen bedürfen keiner Begründung, und historische Beispiele ergeben keine zwingenden Beweise. Überdies wissen wir, daß eine neue, die Massen faszinierende Idee — sie kann noch so absurd sein — oder eine mitreißende Persönlichkeit ein Volk für eine begrenzte Zeit veranlassen kann, auch gegen seine Geschichte und seine überkommenen Grundsätze zu handeln. Doch dieser Vorbehalt ist für jede weit in die Zukunft sich hinauswagende, spekulative Aussage gültig.

Mir scheint, daß das chinesische Volk nach den Erfahrungen in Maos letzten Jahrzehnten gegen Utopien und den Gedanken einer permanenten Revolution für lange Zeit gefeit ist. Es wünscht in seinem Umfeld Ruhe und Frieden und sich selbst Stabilität, Rechtssicherheit und die Möglichkeit, einen politisch und wirtschaftlich modernen Staat aufzubauen.

NACHBEMERKUNG

Da dieses Buch nicht für Wissenschaftler geschrieben wurde, habe ich es nicht durch viele Fußnoten und Quellennachweise belasten wollen; statt dessen beschränke ich mich auf einige allgemeine Bemerkungen:

Die klassischen chinesischen Schriften (Konfuzius, Menzius, das Buch der Lieder, das Buch der Urkunden, die Lehre vom mittleren Weg) zitiere ich nach der fünfbändigen chinesisch-englischen Ausgabe *The Chinese Classics* von James Legge, Oxford, 1893², Nachdruck: Hongkong, 1970. Konfuzius wurde nur nach den »Gesprächen« (Lun Yü), dem Werk mit der relativ zuverlässigsten Textüberlieferung, zitiert. Soweit deutsche Übersetzungen von Richard Wilhelm vorlagen, habe ich sie berücksichtigt, ohne ihnen immer ganz zu folgen. Für den *da tung*-Text (S. 583) aus *Liji,* dem Buch der Sitte, habe ich die Übersetzungen Wolfgang Bauers und Richard Wilhelms benutzt.

Für Hilfe bei der Übersetzung der alten Texte, kritische Durchsicht und wertvolle Anregungen danke ich Herrn Dr. Ma Tsie, Frau Nelly Ma, Herrn Chen Daxing und zwei weiteren chinesischen Freunden.

Für Zitate aus den Werken der Philosophen Xunzi, Han Feizi und Shang Yang habe ich die englischen Ausgaben von H. H. Dubs, W. K. Liao und J. J. L. Duyvendak benutzt. Den Historiker Sima Qian zitiere ich nach *Selections from Records of the Historian, written by Szuma Chien, transl. by Yang Hsien-yi and Gladys Yang,* Peking, 1979.

Die Bemerkung über die Geschichte des chinesischen Wortes für »Freiheit« (Seite 14) verdanke ich einer Mitteilung von Frau Dr. Barbara Hendrischke, Bonn.

NACHWORT ZUR TASCHENBUCHAUSGABE: EIN WIEDERSEHEN

Nun bin ich zurückgekehrt, bin wieder in China.

Das Volk wünsche Ruhe und Frieden, Stabilität, Rechtssicherheit und einen modernen Staat, hatte ich geschrieben, als ich 1980 Abschied nahm. Die chinesische Regierung hat inzwischen viel getan, um dem Volk diese Wünsche zu erfüllen, und man staunt über all die Veränderungen in so kurzer Zeit, reibt sich die Augen, muß zweimal hinsehen: Das ist das Land, in dem vor kurzem noch Mao Zedong regierte? Das ist aus seinen ›Neuen Menschen‹ geworden?

In Peking, wo sich früher enge *hutungs* hinzogen, hinter deren hohen Mauern sich die ›Vier-Ecken-Häuser‹ mit ihren kleinen Innenhöfen verbargen, stehen heute charakterlose Hochhauskisten. Wo immer man hinkommt, wird gebaut. Auch in den Dörfern bei den Ming-Gräbern. Jedes vierte Haus ist neu.

Vor der Halle am Grab des großen Kaisers Yongle, unter den Bäumen, wo wir uns einmal mit den drei Höfers Gedanken über das Wesen des Einhorns gemacht hatten, stehen nun Attrappen von Kaiserinnen und dahinsprengenden Helden, hinter die man mit geliehenem Helm oder Kopfputz treten und sich fotografieren lassen kann.

Da gehe ich lieber zu dem alten, verlassenen Kaisergrab hinter dem Hügel, Bach und Dorf, das früher *off limits* für uns war, wo Eitelkeit und Vergänglichkeit der Welt aus dem schiefen, verfallenen Dachgebälk blickten. Phylax pflegte, wenn wir nicht hinsahen, mit einem Satz auf die Altarplatte zu springen, weil er von da den Grabbezirk am besten überblicken konnte. Ach, Phylax springt längst nicht mehr. Er ist schon im Dunkel der Vergänglichkeit verschwunden.

Es sind inzwischen noch ein paar Ziegel vom Grabturm herabgefallen. Aber sonst ist alles wie eh und je. Der Steinaufgang zur Mauer, die den weiten Grabhügel umgibt, ist noch so schief, glatt und verbogen wie damals, und man ist ständig in Gefahr abzustürzen. Hier ist seit Jahrhunderten nichts repariert worden. Kein Mensch kommt hierher. Das touristische Potential der Eitelkeit der Welt ist noch unentdeckt.

Die Hafenfront Schanghais, der *Bund*, ist ein einzigartiges, eindrucksvolles Denkmal der Architektur aus dem Anfang unseres Jahrhunderts. »Der *Bund* bleibt so wie er ist«, sagte Ruan Chongwu, der Stellvertretende Bürgermeister Schanghais. »In Peking setzt man jetzt Hochhäuser mitten in die Altstadt. Wir haben aus dem Fehler gelernt.«

Vielleicht aber hatte Herr Ruan auch aus den Greueln unserer deutschen Städteplaner gelernt und war nur zu höflich, mich an das Rathaus von Bonn zu erinnern: Er war nämlich bis vor kurzem Wissenschaftsattaché an der Chinesischen Botschaft in Bad Godesberg.

Auch die alte Avenue Joffre, heute Huaihai Lu, mit ihren Platanen zu beiden Seiten der Fahrbahn und den vielen kleinen Geschäften soll bleiben. »Wenn wir sie antasten«, sagte er, »verliert Schanghai seinen Charakter.«

Ich ging durch die Huaihai Lu und bog links in eine Seitenstraße ein, in der zweistöckige Einfamilien-Reihenhäuser standen, noch aus der Vorkriegszeit.

Yuan Xueifeng, eine alte Freundin, hatte mich zum Tee eingeladen. Wir saßen mit ihren drei Söhnen, die alle studierten, auf Korbstühlen auf der Veranda. »Der Vorsitzende Mao ist kaum zehn Jahre tot«, sagte sie, »und schon haben die meisten vergessen, wie es in seinen letzten Jahren und unter der Herrschaft der Viererbande bei uns zuging.«

Ich hatte Yuan Xueifeng ein halbes Jahr nach Maos Tod kennengelernt. Sie hatte in den dreißiger Jahren die Shaoxing-Oper in Schanghai gegründet. Die Truppe bestand nur aus Frauen, den ›Zwölf Schwestern‹, die auch die Männerrollen spielten. Yuan Xueifeng aber war der Star. Jedermann in China kannte sie. Die Viererbande hatte sie verhaftet, weil sie zu populär war. »Wenn sie auftritt, müssen wir abtreten«, hatte einer der Vier gesagt.

Sie durfte jahrelang ihr Zimmer nicht verlassen und in der Haft keinen Ton singen. Die Kinder nahm man ihr weg, auch den Jüngsten, der gerade geboren war. Sie sah ihn erst wieder, als er schon zur Schule ging. Jetzt saß er mit uns beim Tee. »Die meisten«, fuhr sie fort, »*wollen* auch gar nichts mehr von der Kulturrevolution wissen. Sie wollen sie vergessen. Sie *haben* sie schon vergessen.«

»Aber wo bleibt da ihr revolutionäres Bewußtsein?« fragte ich. Da lachten alle, und der älteste Sohn sagte: »Die meisten wollen doch heute nichts anderes als ihr Vergnügen.«

Als ich Yuan Xueifeng beim Abschied fragte, ob ich ihr eine Freude mit ein paar Schallplatten machen könne, sagte sie »ja!« und bat um Mozart und Beethoven. Der jüngste Sohn, auch befragt, nannte heißen *Rock 'n Roll* und *Break Dance.* Ich mußte mir von ihm erst erklären lassen, was *Break Dance* ist.

Eine Tanzepidemie hat neuerdings die Jugend Chinas ergriffen. ›*Disco-Dance*‹ ist in Schanghai sogar Lehrfach der mittleren und oberen Klassen. Es gibt Eltern und Großeltern, die darüber entsetzt sind: Das *müsse* doch zur Sittenlosigkeit führen. Aber die Schulbehörden behaupten, dieser Tanz diene der Körperertüchtigung, für die jedoch sonst nicht viel getan wird, außer wenn es um Spitzensportler geht. Überall wird gebaut, aber wo sieht man neue große Sportplätze und Schwimmbäder? Vergnügungsparks mit schwindelerregenden Achterbahnen und Riesenrädern werden dagegen überall errichtet. Nicht weit von den Ming-Gräbern soll ein Golfplatz und am Grunde des großen Staubeckens ein Unterwasser-Glaspalast des Drachenkönigs angelegt werden. Und in Schanghai hat man den alten Vergnügungspalast ›Die Große Welt‹, der vor dem Kriege dem berüchtigten Gangsterboß Huang Jinrong gehört hatte, ›auf allgemeinen Wunsch des Publikums‹ wiedereröffnet; freilich werden die dort gebotenen Vergnügungen nicht ganz so mannigfaltig sein wie in alter Zeit.

›Vergnügt euch!‹ ist die neue Parole. Sie kommt, es ist kaum zu glauben, von oben. Die Zeiten des verbissenen Ernstes und der Angst sind vorbei. Eine Jugend, die tanzt, denkt nicht daran, Kulturrevolution zu machen. Und wenn sie es doch einmal zu bunt treiben sollte, kann man ja schließlich immer noch einschreiten.

In Schanghai liefen verschiedene ausländische Filme, die natürlich unter sittlichen Gesichtspunkten streng geprüft und von anstößigen Stellen gereinigt waren. Es gab *Kramer gegen Kramer* mit Dustin Hoffman, *Tulipe noire,* einen französischen Abenteurerfilm, einen *Agatha-Christie-* und einen *Kungfu*-Film aus Hongkong.

Heintje ist einer der beliebtesten Schnulzensänger in China. Selbst bei einer Massenkundgebung am Nationalfeiertag ertönte aus den Lautsprechern seine ergreifende Stimme. Er sang: ›Kleine Kinder – Große Sorgen‹ und brachte damit die zum Nachdenken, die sich leichtsinnigen Träumen von einer großen Familie mit vielen Kindern hingaben.

Im August 1978 hatte der Vizeerziehungsminister gefragt, ob wir fünfhundert chinesische Studenten auf unseren Universitäten aufnehmen würden. China wolle seine begabtesten Studenten im Ausland ausbilden. Er hoffe, es könnten eines Tages zehntausend werden. Das schienen den westlichen China-Experten ganz utopische Vorstellungen zu sein, die man nicht ernst zu nehmen brauchte. Heute jedoch studieren allein in den USA zwölftausend und bei uns über fünfzehnhundert Chinesen, die Praktikanten und Lehrlinge gar nicht eingerechnet.

Tausende chinesischer Wissenschaftler, Künstler, Schriftsteller, Kaufleute und Techniker kommen jedes Jahr zu uns. Der Austausch von Konzerten, Filmen, Fernsehberichten, Opern und Ausstellungen blüht. An der Tongji-Universität in Schanghai lehren zwanzig deutsche und fünfzig chinesische Lektoren die deutsche Sprache, viertausend Studenten sprechen hier Deutsch. Es gibt keinen anderen sozialistischen Staat, der sich der Welt so weit öffnet. China ist unter ihnen heute der fortschrittlichste.

Dem chinesischen Volk sind viele kleine und einige größere Freiheiten gewährt worden. Das Leben ist ungezwungener, die Kunst freier, die Literatur selbstbewußter geworden; sie läßt sich die Themen nicht mehr vorschreiben. Die Presse ist lebendiger, deckt gelegentlich Mängel auf und greift auch schon einmal die unteren und mittleren Behörden wegen Schlamperei, Verschwendung oder gar Korruption an. Hua Guofeng, in dessen Zeit die ersten Krokusse der Freiheit zu blühen begannen, ist in den Hintergrund gedrängt worden. Er war doch noch zu sehr dem Geiste Maos verhaftet.

Der Jugend mag dieser Geist und die Kulturrevolution fremd geworden sein, nicht so den Älteren: Als im Jahr 1984 die Presse wieder von der Dekadenz und den verderblichen Einflüssen des Auslands zu reden anfing, zogen sich die

Intellektuellen erschrocken in ihr Schneckenhaus zurück und waren nicht mehr zu sprechen. Heute reden die meisten wieder entspannt und offen.

China ist ein sozialistischer Staat. Aber daß man es mit den Vorstellungen von Karl Marx und Friedrich Engels zu einem modernen Industriestaat entwickeln kann, glauben selbst in der Pekinger Führung heute wohl nur noch wenige. Dennoch ist die Partei, die mit Marx und Mao angetreten war, entschlossen, sich die Macht nicht entwinden zu lassen. Vielleicht wird sie dem Volk noch mehr Freiheiten gewähren, aber aus dem Sattel läßt sie sich nicht heben. Am Grundsatz von der Führungsrolle der Partei darf nicht gerüttelt werden.

Man soll daher nicht erwarten, daß China sich in absehbarer Zeit zu einer Demokratie wie der unseren entwickelt, die ja übrigens auch noch recht jung ist. Aber schon halten manche Leute jeden Staat, der unser erst kürzlich geläutertes Demokratieverständnis nicht prompt übernimmt, für rückständig, wenn nicht gar für kriminell, obwohl es der Opposition doch selbst in den westlich orientierten Staaten Asiens nur ganz ausnahmsweise gelingt, die Regierungspartei aus dem Amt zu verdrängen.

Als ich China im Jahr 1980 verließ, waren es die politischen Freiheiten, nach denen viele fragten. Als ich jetzt wiederkam, fragte man nach Geld. Ein merkantiler Geist hat Stadt und Land ergriffen, und es herrscht eine Stimmung, wie wir sie aus den fünfziger Jahren, der Zeit des Wirtschaftswunders, kennen. Die Moral gedeiht darin nicht. Vor neun Jahren gab es in dem Kosmos der Reislandschaften keine Gerichte, vor denen man den Nachbarn verklagen konnte, der einem das Wasser abgegraben hatte (S. 193). Heute kann man klagen, und fünf Millionen Bauern haben sich schon gegen den Diebstahl ihrer Ernte und ihres Wassers versichert.

›*Enrichessez-vous!*‹ hatte Guizot, Minister des Bürgerkönigs Louis Philippe, den Franzosen zugerufen, und ebenso lautete die Losung, die die Führung in Peking ausgab. Hatte man recht gehört? ›Bereichert euch!‹ Doch, so lautete die amtliche Weisung. Die Chinesen ließen sich das nicht zweimal sagen.

Auf dem Lande, wo achtzig Prozent der Bevölkerung leben, wird überall gebaut, und Fernsehantennen sind in den Dörfern bald keine Seltenheit mehr. Die Volkskommunen, mit denen Mao in einem Satz ins kommunistische Zeitalter springen wollte, sind oder werden aufgelöst. Die Bauern bearbeiten den Boden, der ihnen zugeteilt wurde, nun in eigener Verantwortung und zahlen dem einzigen Grundbesitzer, dem Staat nämlich, eine Art Pacht.

Die landwirtschaftliche Produktion ist seitdem beträchtlich gestiegen, und wenn es auch noch Millionen von armen und notleidenden Bauern gibt, so hat sich im allgemeinen der Lebensstandard auf dem Land doch erheblich erhöht, so daß viele Bauern schon ihr Kapital in kleinen Betrieben, Transportunternehmen oder Hotels in den Städten anlegen. Die vielberedeten ›Zehntausend-Yuan-Bauern‹ verdienen etwa dreißigmal soviel wie der Durchschnitt. Sie trifft der Neid derer, die schlechter weggekommen sind, vor allem also der Menschen mit festem Lohn und Gehalt, die bei den ständig steigenden Preisen damit nicht auskommen: es sind die Arbeiter, Angestellten und auch die mittleren und unteren Parteifunktionäre.

Es ergeben sich Spannungen zwischen arm und reich. ›Die Reichen brauchen Schutz!‹ lautete kürzlich die Schlagzeile einer überregionalen Pekinger Tageszeitung – wahrlich eine ungewöhnliche Forderung in einem Staat, der im Zeichen von Karl Marx angetreten ist!

Nun soll der Reformkurs, wie ihn Gu Mu schon vor vielen Jahren im Gespräch mit Wolfram Engels entworfen hatte, auch auf Städte, Gewerbe und Industrie ausgedehnt werden. Da aber ergeben sich Probleme.

Es fehlen zum Beispiel Leiter für die großen und mittleren Betriebe. Man trifft zwar in China viele Männer und Frauen, die große Unternehmen ausgezeichnet führen. Sie haben gelernt, nach einem vorgegebenen Plan möglichst viel zu produzieren; aber sie haben nie gelernt, nach Gewinn oder Verlust zu fragen, und von den Gesetzen der Marktwirtschaft verstehen sie gar nichts.

Staat und Partei haben begonnen, sich ein paar Schritte aus der Wirtschaftslenkung zurückzuziehen. Die Geschäftsleute stehen schon in den Startlöchern und hoffen, der Staat werde ihnen noch mehr Freiraum geben, so daß sich die Privatbetriebe vermehren können. Denn jedermann will, der amtlichen Losung gehorsam, so schnell wie möglich und soviel wie möglich Geld machen. In der Wahl der Mittel ist man dabei nicht pingelig.

Die chinesische Wirtschaft ächzt während des Aufschwungs in allen Fugen. Am geschwindesten ist er in den Küstengebieten, langsamer im Innern des Landes. Es kommt in manchen Wirtschaftszweigen und Regionen zu stürmischer Aufwärtsentwicklung, zuweilen zu Überhitzungen, so daß Peking doch wieder lenkend eingreifen und auf die Bremse treten muß, allerdings vorsichtiger und nicht mehr so hart wie früher. Denn erwünscht ist ein stetiger, wenn auch langsamer Anstieg, der es gestattet, Ungleichgewichte auszugleichen.

Die Regierung hat viele Preise für Konsumgüter und selbst für einige Grundnahrungsmittel freigegeben, was zu der Teuerung geführt hat. Wie aber können sich marktgerechte Preise bilden, wenn der Staat die Löhne und Gehälter festgelegt hat? Man versucht es jetzt mit einem System teils ganz freier, teils in gewissem Rahmen freier und teils weiterhin gebundener Preise. Das ist sehr kompliziert, und pfiffige Geschäftemacher nutzen das System zu schnellen und ungerechtfertigten Gewinnen.

Es ist eben leichter, die Marktwirtschaft eines Landes in Planwirtschaft umzuwandeln, als den umgekehrten Weg zu gehen, zumal wenn Staat und Wirtschaft erst lernen müssen, welche Gesetze den Markt regieren. Die Weisungen aus Peking greifen oft nicht. Man nimmt bei uns gewöhnlich an, autoritäre Regime könnten ihre Befehle schnell und prompt durchsetzen. In den sozialistischen Ländern ist das durchaus nicht immer der Fall. In ihnen werden vielmehr häufig auch sinnvolle Anordnungen der Regierung von der Bürokratie oder dem verfilzten Apparat der Partei erstickt.

Auch das Volk ist widerspenstig, und in Peking klagt man darüber, daß sich im Lande Sprüche verbreiten wie ›Ihr da oben habt eure Politik, wir aber haben unsere.‹

Überall hört man von ›ungesunden Praktiken‹. Zu den alten, von denen früher die Rede war, sind neue hinzugekommen, nämlich Korruption, Devisenschmuggel, Warenschmuggel, Unterschlagung und andere Wirtschaftsvergehen, von denen viele schon eine ehrwürdige Tradition in Chinas alter Vergangenheit haben.

Man hört in Peking manchmal, diese Phänomene sollten nicht überschätzt werden; denn den neuen Wirtschaftskurs könnten sie nicht ernsthaft gefährden. Wirklich nicht? Sie breiten sich schnell wuchernd aus, und wenn man nicht bald rigoros gegen sie vorgeht, kann das zart aufkeimende Vertrauen der Regierung schnell dadurch erstickt werden. Es wäre nicht das erste Mal in der chinesischen Geschichte.

Doch das sind bei weitem nicht alle Schwierigkeiten, vor denen China heute steht. Die meisten ergeben sich aus der radikalen Strukturveränderung der Wirtschaft, für die es nirgends einen Präzedenzfall gibt, so daß man Schritt für Schritt vorgehen und jeden Fehltritt sofort korrigieren muß. Schwankungen, Verzerrungen und Spannungen sind in diesem Prozeß schnellen Wachstums unvermeidlich. Wir kennen solche Erscheinungen ja auch aus der Europäischen Gemeinschaft. Aber man erhält ein falsches Bild, wenn man nur auf die Probleme und möglichen Gefahren blickt, die großen Erfolge jedoch übersieht, die die neue Wirtschaftspolitik schon jetzt gebracht hat. Bisher hat die Pekinger Führung, wenn die Wirtschaft auf ihrem neuen Kurs in Untiefen geriet, manchmal zwar etwas hastig, im Grunde aber meist richtig reagiert. Wenn sie sich den nüchternen, allein an der Praxis orientierten Blick bewahrt, und vor allem, wenn die innenpolitische Lage stabil bleibt, sind die Chancen für das Gelingen des großen wirtschaftlichen Experiments gut.

Der neue Kurs ist Deng Xiaopings Werk. Deng ist nicht unsterblich. Was geschieht, wenn er nicht mehr da ist? Wird man den Kurs umkehren? Ist er überhaupt noch umkehrbar? Das sind Fragen, die sich nicht nur westliche Beobachter, sondern auch Chinesen stellen.

Mao Zedong hat China geeint und in dem geeinten Land, von Fanfaren- und Posaunenstößen begleitet, eine Ordnung errichtet, deren Pfeiler bis in die Wolken reichen sollte. Doch viele Gewölbe, auch solche, die er für die wichtigsten gehalten hatte, die sozialistischen nämlich, stürzten schon während des Baus zusammen, andere bald nach seinem Tod.

Deng Xiaoping, der Baumeister des neuen Chinas, weiß, wie unsicher der Boden ist, auf dem eine neue Ordnung stehen muß. Darum legt er ein festes Fundament, regelt – anders als Mao – seine Nachfolge und sorgt dafür, daß seine Erben, wenn sie ihr Amt antreten, in den entscheidenden Gremien der Partei eine feste Basis für die neue Politik haben.

Sein Kurs hat in der Bevölkerung, die freilich manchmal auch übertriebene Erwartungen damit verknüpft, starken Rückhalt. Unter den mittleren Funktionären, hier und dort anscheinend auch in der Armee oder unter Studenten finden sich Skeptiker oder Gegner. Ihre Zahl wird jedoch weiter abnehmen, wenn die Erfolge der neuen Politik anhalten. Sollte sie aber in Turbulenzen geraten, sollte sich die Teuerung zu einer Inflation steigern oder sollten solche gewagten Experimente wie das der wirtschaftlichen Sonderzonen mißlingen, würden die Gegner sicherlich Aufwind bekommen und ihn auch zu nutzen wissen.

Eine Rückkehr aber zur zentral gelenkten Planwirtschaft, theoretisch zwar möglich, wäre in der Realität nur durchzusetzen, wenn die Parteiführung sich darin einig wäre, daß die ganze Richtung falsch war. Die führenden Parteigremien aber sind, auch wenn über einzelne Schritte verschiedene Ansichten diskutiert werden, auf den gegenwärtigen Kurs eingeschworen. Anzeichen für einen totalen Meinungsumschwung sind zur Zeit nicht zu erkennen.

Japan hat sich dem Westen vor hundertzwanzig Jahren geöffnet. China hat damals die historische Stunde verpaßt. Die Reform Deng Xiaopings will nun, soweit das überhaupt möglich ist, in den kommenden Jahrzehnten aufholen, was der Kaiserhof der Qing-Dynastie damals versäumt hat. Für dieses weitgesteckte Ziel braucht China nicht nur innere Stabilität, sondern auch auf lange Zeit eine friedliche Umwelt.

Chinas Beziehungen zu den europäischen Staaten sind problemlos, auch zu Großbritannien, seit beide Seiten sich über die Rückführung Hongkongs in den chinesischen Staatsverband geeinigt haben. ›Zwei Systeme, ein Land‹ lautet die Pekinger Formel, die auch für die Wiedervereinigung mit Taiwan gelten soll. Die Taiwan-Frage steht nach wie vor zwischen Peking und Washington. Aber China hat sie in den letzten Jahren, ohne grundsätzliche Positionen preiszugeben, zurücktreten lassen.

Auch im Verhältnis zur Sowjetunion haben sich die Grundpositionen nicht geändert, wenn auch beide Seiten ihre Konfrontationspolitik aufgegeben, ihren Handelsaustausch verstärkt und den Kultur- und Sportaustausch wiederaufgenommen haben. Man spricht wieder miteinander, aber der Dialog ist kühl, das Mißtrauen in Peking ist unverändert stark. Dennoch könnte eintreffen, was der Ost-Berliner Botschafter Liebermann mir vor vielen Jahren gesagt hat: bestenfalls werde das Verhältnis zwischen Peking und Moskau so wie zwischen der DDR und der ›BRD‹. Allerdings, bis Peking und Moskau sich Milliardenkredite gewähren, wird es wohl noch eine Weile dauern.

Im Außenministerium in Peking hält man eine weitere Verbesserung des bilateralen Verhältnisses zu Moskau nicht für unmöglich, fügt aber hinzu, man werde sehr auf der Hut sein und ständig prüfen, ob die Sowjets ihre Zusicherungen einhalten. Keinesfalls aber werde man zulassen, daß Moskau ›die chinesische Karte‹ ausspiele. Peking werde sich nie wieder in politische Abhängigkeit begeben, sich nie als Instrument einer anderen Macht mißbrauchen lassen, und nie werde Pekings Annäherung an einen anderen Staat gegen Dritte gerichtet sein.

Nun habe ich viele alte Bekannte in Peking und Schanghai wiedergesehen, war in Dörfern und kleinen Provinzstädten, habe neue Industrieunternehmen, Bauern in ihren Höfen, private Kleinbetriebe, ehemalige Kommunen, Kirchen, Museen, Tempel und Schulen besichtigt und mich auch einige Tage in der Wirtschafts-Sonderzone Shenzhen an der Grenze zu Hongkong umgesehen, wo man mit einem der Marktwirtschaft weiter angenäherten System experimentiert:

Wo vor einigen Jahren noch Reisfelder waren, geht man heute durch eine Schlucht von dreißig oder vierzig Stockwerke hohen Häusern. Das Stadthaus hat sogar fünfzig und oben ein drehbares Aussichtsrestaurant. Jede Woche, so höre ich, wird hier ein neues Hochhaus fertig.

In Schanghai hatte ich Bürgermeister Ruan Chongwu gefragt, ob man auch daran denke, seine Stadt zu einer Wirtschafts-Sonderzone zu erklären.

»Nein«, hatte er geantwortet, ›Schanghais Anteil an der chinesischen Wirtschaft ist so groß, daß wir das Risiko nicht eingehen können. Ein Fehlschlag des Versuchs an einem Objekt dieser Größe könnte der Ruin unserer ganzen Wirtschaft sein.«

Der Zug fährt vom Bahnhof Shenzhen über die Lowu-Brücke nach Hongkong. Man braucht nicht mehr zu Fuß hinüberzugehen.

In Hongkong traf ich Sammy Lee, der – man entsinnt sich vielleicht – ›Sammy‹ heißt, weil er vor dem Weltkrieg mit ›Samarkand‹-Teppichen gehandelt hatte. Damals hatte er einen kleinen Laden in Pekings ›Chinesenstadt‹, in der Qianmen-Straße, wo ich manchmal mit ihm Tee trank, Teppiche ansah und gelegentlich auch einen kaufte. Heute ist er einer der großen Händler und Experten in ostasiatischen Antiquitäten. Während meiner Botschafterzeit hatte er mich, wenn immer er nach Peking kam, besucht, und wir hatten dann in einem mohammedanischen Restaurant ›Mongolischen Feuertopf‹ gegessen.

Er war gerade wieder in seiner Heimat, der Provinz Shandong, bei seinen Verwandten gewesen. Sie sind Bauern. »Zur Zeit Maos«, sagte Sammy Lee, »als sie einer Kommune angehörten, dauerte es jeden Morgen stundenlang, bis sich die Bauern versammelt hatten, um hinter einer roten Fahne aufs Feld zur Arbeit zu marschieren. Immer wieder wurden sie durch den Dorflautsprecher aufgefordert, nun doch endlich zu kommen. Aber sie hatten immer noch etwas zu tun, und wenn es nur ein bißchen nieselte, blieben sie zu Hause. Heute dagegen, wo jeder für seine eigene Rechnung arbeitet, sind sie schon bei der Dämmerung auf dem Feld, auch wenn es in Strömen gießt. Dann legen sie sich eben ihren Strohumhang über die Schultern. Nach Hause aber kommen sie erst, wenn es schon dunkel ist. Und auf dem Wege singen sie, auch wenn sie müde sind.«

Ted Youde ist jetzt Sir Ted und Gouverneur der Kronkolonie. Er ist der Architekt der britisch-chinesischen Vereinbarung über Hongkong. Auch er war gerade in Nanking und

Schanghai gewesen und hatte bei dieser Gelegenheit einen Provinzgouverneur getroffen, der gestand, sich vor kurzem eine Woche inkognito in Hongkong aufgehalten zu haben, um herauszufinden, warum die gleiche Zahl von Arbeitern mit den gleichen Maschinen in der gleichen Zeit in Hongkong dreimal soviel produzieren wie in seiner chinesischen Provinz.

Wir saßen auf der Terrasse des *Government House* und hatten von dort einen Blick auf den Hafen und das gegenüberliegende Kowloon. Ich erinnerte Ted an den Neujahrstag 1977, knapp vier Monate nach Maos Tod. Ich hatte gerade dem Auswärtigen Amt berichtet, ein Kurswechsel deute sich an. Es scheine, als wolle Hua Guofeng liberaler regieren und vielleicht sogar an die relativ gemäßigte Innenpolitik Maos aus der Mitte der fünfziger Jahre anknüpfen. Das Fernschreiben war weg, aber nun war ich nicht mehr sicher, ob ich, auf so wenige und geringfügige Anzeichen gestützt, so weittragende Voraussagen hätte machen dürfen.

Da kamen der britische Kollege Ted Youde und seine Frau Pam zum Mittagessen. Er hatte ähnlich berichtet. Sein Fernschreiben war weg, und jetzt hatte auch er die gleichen Zweifel wie ich. Doch als wir noch einmal alle Anzeichen geprüft hatten, waren wir uns sicher: An einer Änderung des Kurses war nicht mehr zu zweifeln.

Jetzt in Hongkong mußten wir uns eingestehen, daß wir viel zu vorsichtig gewesen waren. Eine so radikale Wende, wie sie sich heute in China vollzieht, hatten wir damals nicht vorausgesehen.

Register

Da Deng Xiaoping, Hua Guofeng, Mao Zedong und Zhou Enlai im Text häufig erwähnt werden, gibt das Register nur die Seiten an, auf denen ausführlich von ihnen die Rede ist.

N
China
0 100
600
SOWJETUNION
MONGOLISCH
Urumtschi
Turfan
Kaschgar
XINJIANG (SINKIANG)
FGH.
Yarkand
Takla Makan Wüste
GANSU (KANS
Dunhuang
Jiuquan (Ch
Khotan
AK.
Quaidam-(Tsaidam-) Becken
ASCH-
MIR
Go-erh-mu (Golmud)
Koko Nor
Xin
QINGHAI (TSINGHAI)
TIBET
NDIEN
Salween
Mekong
SICH
Brahmaputra
Lhasa
NEPAL
(SZEC
BHUTAN
INDIEN
BURMA
YÜNNA
Golf von Bengalen
LAO

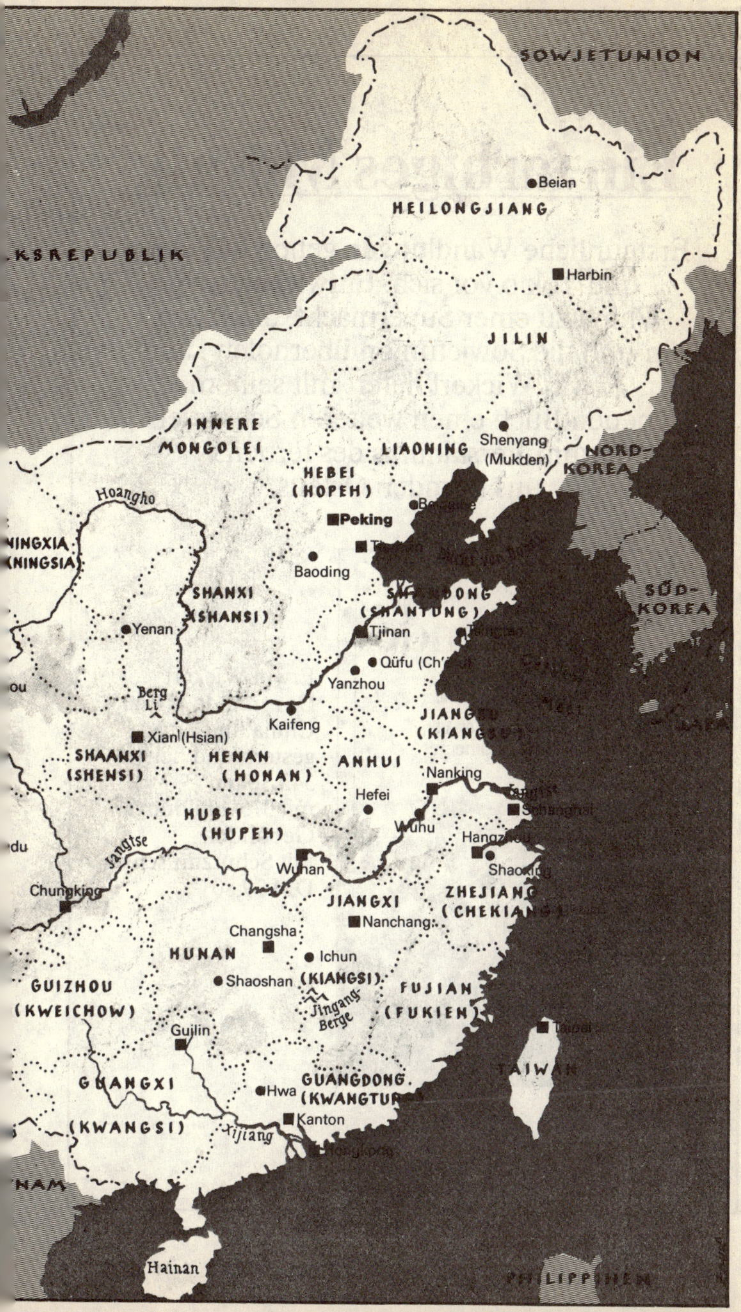
SOWJETUNION
Beian
HEILONGJIANG
KSREPUBLIK
Harbin
JILIN
INNERE
MONGOLEI
LIAONING
Shenyang
(Mukden)
NORD-
KOREA
HEBEI
(HOPEH)
Hoangho
Peking
NINGXIA
(NINGSIA)
Baoding
SHANXI
(SHANSI)
SÜD-
KOREA
Yenan
Tjinan
Qüfu
Yanzhou
Berg
Li
Kaifeng
Xian (Hsian)
SHAANXI
(SHENSI)
HENAN
(HONAN)
ANHUI
Nanking
Hefei
Wuhu
HUBEI
(HUPEH)
Jangtse
Wuhan
Chungking
JIANGXI
ZHEJIANG
Nanchang
Changsha
HUNAN
Ichun
Shaoshan
(KIANGSI)
GUIZHOU
(KWEICHOW)
FUJIAN
(FUKIEN)
Jingang-
Berge
Guilin
TAIWAN
GUANGDONG
Hwa
(KWANGSI)
Kanton
Xijiang
Hainan